ካብ ጐርፊ ተዘክሮ

ዓቐበት ቍልዕነትን ኰትትናን

ብ

ተክአ ተስፋይ

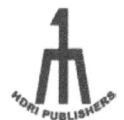

ኣሕተምቲ ሕድሪ
ኣስመራ 2024

ኣሕተምቲ ሕድሪ
178 ጐደና ተጋደልቲ
ቊ. ገዛ 35
ቊ.ሳ.ጰ. 1081
ተለ. 291-1-126177
ፋክስ 291-1- 125630
ኣስመራ-ኤርትራ።

ካብ ጐርፊ ተዘከሮ
ዓቕበት ቊልዕነትን ዅትትናን
ኣስመራ፣ ኤርትራ።

© 2024 ተኪኤ ተስፋይ

ዅሉ መሰል ደራሲ ሕሉው እዩ።

ISBN - 978-99948-0-179-4

ዲዛኞ ገበር- ናይኣብ ኤርምያስ።
nayabermiasg20@gmail.com
ስርርዕ- ተኪኤ ተስፋይ።

ብኣገልግሎት ማሕተም ሳቡር ኣብ ኣስመራ ዝተሓትመ
Printed in Asmera by Sabur Printing Services

መእተዊ

ነዚ ብጽሑፍ ከስፍር ዝደረኸኒ፣ ኣብ ሕብረተሰብና ብዛዕባ ገዛእ ርእሲ ምጽሓፍ ከም ነውሪ ወይ ጃህራ ስለ ዚርአ፣ ብፍላይ እቶም ኪጽሕፉ ኽእለት ዘሎዎም ኣያታትና ወይ ዓቕሚ ዝነበሮም ኣቦታትና፣ ብዛዕባ እቲ ዘሕለፉዎ ናብራ ምስ ገድሊ፣ ፖለቲካ ወይ ጅግንነትን ቅያን ማእሰርትን ዘይተተሓሓዘ ምስ ዚኸውን፤ "ነዚ ደኣ እንታይ ብጽሑፍ ከስፍረሉ፣" ብዚብል ዓሻ ኒሕ፣ ብዛዕባ እቲ ተራ ዚመስል ግና ኣዝዩ ኣገዳሲ ዕለታዊ ህይወቶም ኣብ ወረቐት ኣስፊሮም ዝገደፉልና ትውፊት ዳርጋ የለን እንተ በልኩ ኣየጋንንኩን።

ኩሉ ወዲ ሰብ ዜሕልፎ ናብራ፣ ብዝተወሰነ ደረጃን ኣጠማምታን ኣገዳስነት ኣሎዎ። ንኣብነት ቅድሚ ኽልተ ወይ ሰለስተ ሚእቲ ዓመት፣ ናይ ሓደ ተራ ኤርትራዊ ዕለታዊ ህይወት ከመይ ይመስል ከም ዝነበረ ኽንፈልጥ ኣይምደለናንዶ፤ ኣተሓሳስባኡ፣ ኣጠማምታኡ፣ እምነቱ፣ ማሪቱ፣ ምስዚ ናይ ሕጂ ምንጽጻሩ'ኽ ኣይምጠቐመንዶ፤ ምግቡ፣ መሳትዮኡ፣ መዳቕሶኡ፣ ክዳኑን ግርባቡን፣ መዕቌቢኡ ኸመይ ይመስል ከም ዝነበረ ምጥላልከ ኣይምመ'ሰጠንዶ፤

ብዙሕ ግዜ ሰባት ብዛዕባ ቐደም፣ ብፍላይ ባዕላትና ንዝተመከርናሉ እዋን ኣዘንቢያም ኬዘንትዉዎን ኬዕልሉሉን ይስማዕ እዩ። ዓገብ ኪብሃሉ ዚክኣል ኣይኮነን። ከመይሲ፣ ብጽሑፍ ዝሰፈረ መርትዖ ስለ ዘየለ። እንተ ዚህሉ ግና ነቲ እንተስ ብግርህነት፣ እንተስ ሰኣን ኣፍልጦ፣ እንተስ ብተንኰል ዝተማህዘ ሓሶት መረን ምኾነ።

ህይወት ናይዚ ጸሓፊ'ዚ እምበኣር፣ ብመስተንክር ቅያን፣ ልቢ ብዜንጠልጥል ብርቂ ዛንታን ዘንቈጥቈጠ ኣይኮነን። ኣብ ብዙሕ ሸነኹ፣ ካብቶም ናይ መተዓብይቱ ኣመና ዘይፍለ፣ ግና መብዛሕትኦም፣ ኣረ'ውን ዳርጋ ኹላቶም ዝተመከርዎ ምቕሉል ናብራ እዩ። ኣንቢብኩም ክትዘናግዑሉን ክትምሃሩሉን ክትዓግቡሉን ተስፋ እገብር።

ንኣቶ ዘምህረት ዮሃንስ፣ በቲ ወትሩ ኸይተሓለለ ንኸጽሕፍ ዜተባብዓንን ፍናን ዚህበንን፣ ንኡ ዘሎኒ ጥልቂ ኣኽብሮት እናገለጽኩ፣ ስለቲ ዝገበረለይ ዘበለ ሞሳይ ካብ ምግላጽ ሓሊፈ፣ ንወረታኡ በቲ ዚግባእ መጠን ክፈድዮ ዓቕሚ የብለይን። ንኣቶ ኤፍሬም ሃብተጽየን ነቲ ብኮምፕዩተር ተጻሒፉ ዝተውድአ ኣንቢቡ ጠቓሚ ርእይቶን መኣረምታን ስለ ዘበርከተለይ ኣዕዚዘ እመስግን፤ ንኣቶ ክፍለጽየን በርህ፣ ብዙሕ ጠቓሚ ሓሳባት ብፍላይ ድማ ሓደሓደ ናይ ባህሊ ቓላት ኣብ ምጥላል ዘበርከቶ ግደ ቀሊል ኣይኮነን'ሞ ብልቢ ኣመስግኖ። ንኣቶ ቴድሮስ ገብረእግዚኣብሄር፣ ነታ በዅሪ ትርጉመይ

"ፒኖክዮ" ቁም ነገራ ተረዲኡ፣ ኣብቲ ናይ "ቀውጢ እዋን" ብርሃን መዓልቲ ኸም እትርኢ ዝገበረ፣ ብድሕሪኡ'ውን ወርትግ ክሳዕ ለይቲ ሎሚ ዜተባብዓኒ፣ እቲ ፍትሕን ሕያውነትን ዘይተፈልዮ ጽቡቕ ግብሩ ከቶ ዝርስዖ ኣይኮነን። ነቦይ ኣሰፋው ዘለቀ፣ ትንቢታዊ ብዚመስል ለበዋ፤"እዛ ፎቶግራፍ እዚኣ፣ ኣብ ቁም ነገር ኬውዕላ ዚኽእል ንስኻ ጥራይ ኢኻ፣" ኢሎም፣ ነቲ ፈጺሙ ዘይርከብ ናይ ወዲ ኣዚዙ ፎቶግራፍ ከም ህያብ ስለ ዝወፈዩለይ ብልቢ ኣመስግኖም። ከምቲ ዝተተንበይዎ ድማ ነዛ መጽሓፍ'ዚኣ ኽብርቲ ዕንቍ ኾይናታ ኣላ። ብጀካ'ዚ፣ ንተምሃራይ ናይኣብ ኤርምያስ፣ ናይዚ መጽሓፍ'ዚ ገበር ዲዘኞኡ ብውሕልና ስለ ዘዳለወለይ ኣዕዚዘ ኽመስግኖ እፈቱ።

ኣብ መጠረሽታ ነታ ወትሩ እተተባብዓንን ኣብ ህይወተይ ድማ ሓጋዚተይ ዝኾነትን ፍቕርቲ ብዓልቲ ቤተይን ኵላቶም ስድራይን ከማሱ ግቡእ እዩ።

ተኪኤ ተስፋይ
ኣስመራ 2023

፩

ህይወት ኣብ ኣባሻውል

ኣቦይ፣ ኣብ ሓንቲ ዝበለየትን ገበር-ኣልቦን ናይ ዘበን ጥልያን መወከኢ.ቱ፣ ናተይን ናይቶም ምንኣሰይ ኣሕዋተይን ዝርዝር ሽማትን ውልደትናን ኣብ ዘስፈረሉ ገጽ፣ ብ11 ጥሪ 1944 ከም ዝተወለድኩ ዚምስክር ብላቢሽ (ርሳስ) ጽሒፉ ሽም ዝነበረ ኣዐርየ እዝክር። ኣብቲ ግዜ'ቲ፣ ሕጻን ብዝተወልደ፣ ከምዚ ሎሚ ዚግበር ዘሎ ኣብ ቤት-መዛገጃ ወሲድካ ምዝገባ ዳርጋ ብኹላቶም ደቀባት ከንድ'ቲ ፍሉጥን ልሙድን ኣይነበረን።

ኣነ ንስድራይ በዅሪ ውላዶም ኣይኮንኩን። ኣደይ፣ ሮማ (ሮማን) ብዝተባህለት ምዕባየይ እያ ተቐንጪጫ። ግና፣ ከምቲ በቲ እዋን'ቲ ብሰንኪ ብጒድለት ፕሮቲን ዚኸሰት ሕማም-ጻዕዳ (በሰብ ሞያ ጥዕና ኪሾከር ዚብልዎ) እዛ በዅሪ ዓይኖም ንጒድጓድ ኪውፍዩ ተገደዱ። በዚ ምኽንያት'ዚ እዩ 'ተከአ' ዚብል ሽም ዝተዋህበኒ።

ዝባን ጨርሒ

ኣብ ፈለማ ቊልዕነተይ ዝተላለኹዎ ኣካባቢ፣ ኣብ ጫፍ እቲ ብዝተጐረ ኣኻውሕ ዝቖመ ዅርባ ኣባሻውል፣ ኣብቲ ንምዕራብ ዚጥምት ቊልቊለቱ ኣብ ዝተደኰነ፣ ገሊኡ ብእምንን ብጸብርን፣ ገሊኡ ድማ ብጸሓይ ብዝደረቐ ብሎኬቲ ጭቃ ዝተነድቀ፣ ብመራት ቊርጽራጽ ዚንጎታት ዝተኸድነ መረባዕ መሰል ገዛውቲ እዩ ዝነበረ። ኣብ ዝባን እቲ ዅርባ፣ ጨርሒ ዚብሃል፣ ኣብ ዓንዲ ዝተገጥመት ሓንቲ ድምቕቲ ናይ ኤለክትሪክ መብራህቲ ሽም ዝነበረት'ውን ዋግዋጎኣ ኣይርስዓንን። እታ ንሕና እንቕመጠላ ዝነበርና ንእሽቶ መረባዕ፣ ካብቲ መጐራብትታ እትፍለ ኣይነበረትን። ካብታ መረባዕና ፍንትት ኢላ፣ ኖራ ዝተለቕለቐ ናይ ባራካ ዝነበረ ጣዋሉን ዚንጎታትን ተረቓቒዓ ዝተሰርሐት፣ ኣደይን ካልኦት ኣንስቲ ጐረባብትናን በብተራ ጣይታ ዚኻስሳላን ቅጫ ዚስንክታላን ክሽነ'ውን ነይራ።

እታ መንበሪት ክፍልና፣ ሕጂ ንምዝካራ ኸፍትን ከለኹ፣ መስትያት ዜብሉ ብመዕጸዊ ዚግፍተን ጸቢብ መስኮት ዝነበራ፣ ብደብዛዝ ገምጋመይ፣ ካብ ሰለስተ በርባዕተ ሜትሮ ዘይትገፍሕ እያ ነይራ። ኣብ ውሽጣ፣ እቲ ኣቦይ ዚድቅሰሉ ትርኣስን ትርጋጽን ዘሎዎ ኻብ ሓጺን ዝተሰርሐ ዓራት ከም

ዝነበረ ትዝታኡ ኣሎኒ። ብጀካኡ፣ ኣቦይ፣ ጋባርዲኑን እቲ ዝርካቡ ኻልእ ኽዳውንቱን፣ ኣደይ ድማ ሓደ ንእዋን ሕጽኖታ ዜዘኻኽራ ኣዝያ እትፈትዎ ብሩር ዝመርገፉ ቈጻልን ቀይሕን ዝእድያቱ ጥልፉን ዚቕመጠሉ ገርማዕ ጸቢብ ኣርማድዮ ነበረ። ሓንቲ ንእሽቶ ናይ ዘበን ጥልያን ኮሞዲኖ፣ ሓደ ንእሽቶ ሰደቓ፣ መብዛሕትኡ ግዜ ብቐይሕ ታ'ቤቶ ዝተሸፈነ፣ ኣብ ልዕሊኡ ሓድሓደ ኣቕሑ ንምቕማጥ ወይ ከኣ ሓሓሊፉ ኽዳን ኣቦይ ንምስትራር ዚዝውተር ነበረ። ኣብቲ ተመዛዛዩ፣ ብዙሕ ዘገልገለ ኻራ፣ ሒደት ማንካታትን ፎርኬታታትን ሓደ መብረድን ይቕመጠሉ ነይሩ። እቲ ገርማዕ ኣርማድዮ ሃንገፍታ ፈውሲ ባልዕ ተፈልዩዎ ኣይፈልጥን። ኣብ ልዕል'ዚ፣ ሓደ እርግ ዝበለ ብሊኬቶ ዚዕጸ ዓቢ ሳንዱቕ ካብቲ ምርኡይ ሞቢለታት ናይዛ ንእሽቶ ገዛና እዩ ነይሩ። እቲ ዓቢ ሳንዱቕ፣ ደሓር ምስ ዓበኹ ኽም ዝተገንዘብኩዎ፣ ውሽጡ፣ *"ላ ደመኒካ ደል ኮርዮረ፣"* ካብ ዝተባህለ መጽሔት ብዝተረኽበ ወረቓቕቲ ብኾላ ዝተለጠፎ ነበረ። ኣብ ውሽጡ፣ ኣቦይ ሓደ ግዜ ኣብ ፋብሪካ ሳእኒ ኺሰርሕ ኸሎ ዚጥቀመሉ ዝነበረ መራፍእን ጭፈታን፣ ብድባሩ ዝተጠምረ በብዓይነቱ ብቡናዊ ሕብሪ ዝተሓትመ ናይ ደ'ቀ'ባትን ቦታታትን ኤርትራ ፎቶግራፍ ዘሎዎ ካርቶሊናታት፣ ብርክት ዝበለ ንኣሽቱ ዘይሰርሕ ላምባዲናታትን ደረቕ ባተርያታትን፣ ዝተበላሸወን ዝደረቐን ቤናታትን፣ ካልእ ብርግጽ ዘይፈለጥኩዎ ቀንጠመንጥን ዝሓዘ ነበረ። ብጀካ'ዚ፣ ኣብ ልዕሊ'ቲ ገርማዕ ኣርማድዮ ወርትግ ተቐሚጠን ዝርእየን ዝነበርኩ ሓንቲ ጥርቡሽን ሓደ ናይ ወተሃደር ጥልያን ቆብዕ ካስኮን ከም ዝነበረ ይዝከረኒ።

እታ ሓንቲ ዝኽፍላ ገዛና ባይታኣ ሌጣ ምድሪ እዩ ነይሩ፤ ስለዚ፣ ኣደይ ንግሆ-መጸ ድሕሪ ጸሓይ በርቂ፣ ምስ ቈረስና፣ ቅድሚ ዝኣገረ ነቲ ባይታ ብማይ ነብኒባ ኽትከስትሮ ግዲ ነበረ። ናብራና ኣዝዩ ፈኵስ ደኣ ይኹን እምበር፣ ኣደይ ዓራት ከተንጽፍ፣ ገዛ ኽትወጋግን፣ ጸብሒ ኽተብስል፣ ኣቕሑ ኽትሓጻጽብ፣ ዝርካቡ ብላይን ትካብን ኽዳውንትና ኽትጨጃጭቕ፣ ኣብ ሳልስቲ ወይ ራብዕቲ መጎጎ ኣጕዳ ጣይታ ኽትካስስ፣ ነይራ ነይራ ድማ ብእድኒ ኣርግሀ፣ ብላኻ፣ ብቕሔ ጽልሚ ኽትሰፊ ወጋሕ ዕርብ ተብሎ ነበረት። እዚ ኹሉ ኽትገብር ከላ ብደርፌ ኽየሰነየት ኽተሰላስሎ ዘይትኽእል እዩ ዚመስል ዝነበረ። ሽሕ'ኳ ወላዲተይ እንተ ኾነት መልክዓን ንእስነታን ኣዐርዮ እየ ዝዝክሮ። ቍመታ ኣዝያ ሓጻር፣ ሽለላኣ ተሪር፣ ቀያሕ፣ ጸጕራ ድፍን ሽርበ ሳርዴታ ዘሎዎ፣ ኣብ ልዕሊ ኾርኾረኣ ብደቂቕ ኣዕናቍ ዝተሰርሐ ኣልቦ ኽም ዝነበራ ኣጸቢቐ እዝክር። ኣብ ማእከል ግንባራ፣ ከምተን መብዛሕትኣን ናይቲ ሽዑ እዋን ኣንስቲ ኸበሳ ሓንቲ ውቃጦ መስቀል ነይራታ። ክዳና ከምተን ደቂ ዘበና ኣንስቲ ሸቃሎን ሓረስቶትን ዚለብስኦ፣ ኣቡጀዲድ ወይ

ደበላን ካብ ዚብሃል ዓለባ ዝተሰፍየ፣ ብሸነኽ ድሕሪቱ ኣብ ታሕቲ ቐይሕ ትልታል ጨርቂ እድያት ዝጠበቖ ቐምሽ ነበረ።

ዘዚ ኣጋጣም'ዚ፣ እቲ ብዓል ኣደይ ዋኒን ገዝኣን እ'ናካወና ዚደርፍኦ ዝነበራ ምዝካሩ ኣገዳሲ ይመስለኒ። መብዛሕትኡ ግዜ፣ ኣብቲ ሕብረተሰብ ንዝተኸስተ ነውራም ተግባር ዚወቅስ ዕደረ እንተ ነበረ'ኳ፣ ብዓይኒ ኣደራድራ ኺርአ ኸሎ ግና ካብዚ ሕጂ በዞም ደቅና ዚድረፍ ዘሎ ኣዝዩ ዝተፈልየ እዩ ነይሩ። ንኣብነት፤

ዮሃንስ መንገሻ
በዓል ወርቂ ጫማ
ሰብኣይ ጓል ብዶማ፥
ዮሃንስ ሓለፈ
በየን ኣ'በለየ።

ኣታ 'ዛሃላይ ጓል ገብረ
ብጓላ ወዲኣ 'ብረረ፥
ለተንክኤለይ ተቓኒኒ
ሰለፋ ዚጥዕም ባኒ።

ዮሃንስ ወዶም ነቦይ መንገሻ፣ እቶም ሸሞም ኣብ ኣባሻውል ጥራይ ዘይኮነስ ኣብ ምሉእ ኣስመራ ግኑን ዝነበረ ኸይኮነ ኣይተርፍን። እቲ ደርፊ ሃተውቀጠው ይምሰል ደኣ'ምበር፣ ገለ ዝሓብኦ ምስጢር ከም ዝነበሮስ ኪግመት ይከኣል። ኣስከሬን ናይ ዘርኣይ ደ'ረስ ካብ ዓዲ ጥልያን ኣብ ዝመጸሉ ድማ፤

ዘርኣይ ክንድ'ንበሳ ዘርኣይ ክንድ'ንበሳ፣
ዘርኣይ ክንድ'ንበሳ፣
ኣብ ማእከሎም ኣትዩ ገይሩዎም ኲልሰሳ
ገይሩዎም ኲልሰሳ።

እናተባህለ ኸም ዝተደርፈሉ ይዝከረኒ።

ካብ ዘበን ዕስክርና ጣልያን ዝጸንሐ'ውን ነይሩዎ፤

**ደስታ ዕላማ*
ኸብዲ ኸሻየ፣
ካብ ሰኮንዶ
ብርለ ተኸሲሻ።

ንዲ ማማየ
ማማየ ማማ
ክሓዝለክዶ
ኸብለኪ ባባ

*ሰኮንዶ ዝተባህሉ በጠሎኒ፣ ኣብ እንዳ ደስታ ዕላማ ዝሸማ ኹማሪት

ሜስ ልሒፎም ብስኽራን እምባጓሮ ፈጢሮምስ፣ ብርለታታ ምስ ተሰብረ ስለ ዘዕደየቶም እዩ እቲ ደርፊ ተደርዲሩላ ይብሃል፤ በቲ ግዜ'ቲ ካሕሳ ምብላዕ ከም ነውሪ ይቝጸር ስለ ዝነበረ።

ምሸት፣ ኣብ ኣባሻውል፣ እቲ ዝተጠቕሰ ብጭቃን ብመራት ዚንጎን ዝተሰርሐ ገዛውቲ፣ ሓሓሊፉ ብሉቸ፣ መብዛሕትኡ ግና ብቐንዴል ወይ ሒሹ እንተ ተባህለ ብፋኑስ እዩ ዚበርህ ዝነበረ። ማይ ንዚስተ ይኹን ንዝኾነ ኻልእ መዓላ መብዛሕትኡ ግዜ ብጅርባ እናዞሩ ኻብ ዚሸጡ ይዕደግ፣ ኣብቲ ማይ ቦጥ ኪኣትዋሉ ዚኽእላ ዘበለ ቦታ ድማ ብነዊሕ ተዘርጋሒ ቱቦ ናብ ፉስቶ እናተመልአ ይሸየጥ ነበረ።

እቲ ዝተኻረናዮ ገዛ ኣብ በሪኽን ቍልቍለትን ስለ ዝተደኰነ፣ ማይ ቦጥ ዚዕደሎ ኣይነበረን። ስለዚ፣ ካብ ማይ ቡምባ ኣብ ንእሽቶ በርሚል ሓጺን እናቐድሓ ኻብ ዚሸጣ ኢና እንዕድግ ዝነበርና። ዋጋኡ ኽንደይ ከም ዝነበረ ኣይፈልጥን፤ ግና፣ እቶም ዓማውል ዚኽእሉዎ ብተዛማዲ ሕሱር ከም ዝነበረ እግምት። እተን ነዚ ብርቱዕ ጻዕሪ ዚሓትት ዕማም ዜሰላስላ፣ መብዛሕትአን ደቀንስትዮ፣ ካብ ከባቢ ዓዲ ግራት ተሰዲደን ዝመጻ ዝተፈላለየ ዝዕድሚአን፣ ገሊአን ጕራዙ፣ ገሊአን ድፍን ዝቝናኖአን እየን ነይረን። እተን ብዕድመ ዝበሰላ መብዛሕትአን ሰብ ሓዳርን ስድራን ከም ዝነበራ፣ እረ ገሊኣተንስ መጕራብ'ትናን ኣብ ሓጕስናን ጓሂናን ዚካፈላ ወራዙትን ሕያዎትን ከም ዝነበራ እዝክር።

መንግስትኣብ ዝተባህለ ዓርከይ ዝተላለኹዎ ኣብዚ ሰፈር'ዚ ነበረ። ክልተና ኽዳውንትና እጀ-ጠባብ፣ ጽጕርና ኽእ ልክዕ ከምቶም ካልኦት መሳቱና ከለላ እዩ ነይሩ። ክልተና፣ ከም ዓለምና ጫማ ዚብሃል ኣይነበረናን። ኣብ ከባቢ ገዛውትና ንሓያሎ ኣዋርሕ፣ እረ'ውን ንገለ ዓመታት ክንዘናጋዕን ክንሰሓቕን ይዝከረኒ። እቶም ኣብ ትሕተና ዝነበሩ ጕረባብቲ፣ ገሊኦም ናሕሲ ገዝኦም ማዕረ'ቲ እንጻወተሉ ጕልጎል ስለ ዝነበረ፣ ተደናቢርና ናብቲ ጸቢብን ብዝተጨቓጨቐ ንኣሽቱ ገዛውቲ ዝተኸ'በ ቐጽሮም ከይንነጥብ ወለድና ስግኣት ነይሩዎም። ግናኸ፣ ዝኾነ ማዩ ዝሰተየ ሰብ፣ ጕረቤት ይኹን ሓላፍ መገዲ ስለ ዚስህረልና ካብ ምቕማትና ዓዲ ኣይወዓለን።

ኣቦይን ኣቦይ ተኽለን፣ ንመንግስትኣብ ዓርከይ ወላዲኡ፣ ክልቲኣቶም ኣብ ራድዮ ማሪና፣ ወተሃደራት ኣመሪካ ዝሰፈሩዎ መደበር እዮም ዚሰርሑ ነይሮም። ኣቦይ ኣብ ራድዮማሪና ዕዮ ዝጀመረ፣ ሳላ እቲ ናይ ቀረባ ሓለቓኡ ዝነበረ ኢጣልያዊ ግብጣን እዩ። ሰራዊት እንግሊዝ ናብ ኣስመራ ኣብ ዝኣተወሉ፣ ቤቱ ኸይተበሳበሰ በቲ ዝተዋህቦ ትእዛዝ ስለ ዝሓለወሉ፣ ሞሳኡ ንምምላስ ብናቱ ደገፍ ኣብቲ ቐደም ናይ ኢጣልያ ዝነበረ ደሓር ኣመሪካውያን

ዝሰፈሩዎ መደበር ከም *"ሣውስ ቢይ"* ስራሕ ጀመረ። ግብጣን ኣማስያኡ ናይ ኣመሪካ ዜግነት ረኺቡ ምስታ መርዓቱ ኻብ ኤርትራ ንጸለማኡ ተሰናበተ። ሓሓሊፉ፣ ነቦይ ካብታ ሰበይቱ ብኢጣልያንኛ ዝተጻሕፈ ደብዳበታት ይመጾ ኸም ዝነበረን ንሓያሎ ዓመታት ከም ዝዓቌሮን ይዝከረኒ።

ኣብዚ ሸነኽ ኣባሻውል'ዚ ንኽንደይ እዋን ከም ዝተቐመጥና ርግጸኛ ኣይኮንኩን። ጸጸኒሑ ኣብ ተዘክሮይ ዚቕልቀል እንተሎ፣ ምስቲ ባና ናይታ ኣብ ዝባን ጨርሒ ዝነበረት መብራህቲ፣ ወርሒ ኳዕ ኢላ ኣብ ዝበርሃትሉ ወይ ኣብ ግብ ዝበለ ኸውታ፣ መሰማዕታን ቈየጃን ዚጥዕም ኛርኛውታ ደማሙን ብልዕሊ ዚንኅና ዚሰማዕ ጥሪብሪብታ ግናዐንን እዩ ነይሩ።

ብእዋን ክራማት፣ ኣይሂ ዝናም እናወረደ፣ ኣደይ ካብ መሸረብ ብገረወይና እናመልአት ናብታ ንሓያሎ ዓመታት ዘገልገለት መ'ራት ፉስቶና ኸተዕሉ እዝክር። በቲ ጥቓ ገዛና፣ "ሃያ በለስ!" ዚብል ድምጺ ምስ ዚሰማዕ፣ ካብቲ ኣቦይ ንኣስቤዛ ዝሃባ ኣዝዩ ውሱን ገንዘብ ብዘዋለደቶ ግርስሳቕ ወድ-ግርስሳቕ፣ ካብቲ ሸሻይ ክረምቲ ንመጀመርታ ግዜ ኽጥዕሞ ኸም ሕልሚ ትዝ ይብለኒ። ኣቦይ ኣብ ገዛ ምስ ዚህሉ'ውን እዚ ሸሻይ'ዚ ክሳዕ እንመንዎ ንበልዖ ነበርና።

ኣብዚ ሰፈር'ዚ ኸለና እዩ፣ ኣብ ትሕት'ቲ ሸው ኸም መጕዚት ኮይኑ ንኤርትራ ዜመሓድር ዝነበረ መንግስቲ እንግሊዝ ዜገልግሉ ዝነበሩ ገለ ሱዳናውያን ወተሃደራት ፖሊስ፣ ካብቲ ናይ ኣጽዋር ግምጃኦም ብዘይ ፍቓድ ኣልዒሎም ብዝዓጠቕዎ ጠበናጁ፣ ሃይማኖት እናፈለዩ፣ ልዕሊ ኣርብዓ ንጹሃት ኤርትራውያን ዝቐተሉ። እቲ ምኽንያት፣ ሓደ ብጫዮም ኣብ ከተማ ቐታሊኡ ኽይተፈልጠ ሞይቱ ስለ ዝተረኽበ፣ ንኡ ንምብቃል እዩ ዝነበረ ያኢ ይብሃል። እዚ ደሓር ካብ መጻሕፍቲ ኸም ዘንበብክዎ ኣብ ነሓሰ 1946 እዩ ኾይኑ።

ኣብቲ እዋን'ቲ፣ እቲ ምንኣሰይ ሓወይ ናይ ሒደት ኣዋርሕ ናጽላ ኸም ዝነበረ ኣደይ ንሓያሎ ዓመታት ተዕልለሉ ነበረት። እቶም ወተሃደራት ብቐትሩ ነገር ደልዮም ፊንፊን ኪብሉ ድሕሪ ምውዓል፣ ናብ ኣጋ-ግዘ፣ ነቲ ኣብ ከባቢ ኣባሻውል ዚርከብ ህዝቢ፣ ብዘይፈልጦ ቛንቋ እ'ናጓጠጡን እ'ናዋጠሩን ኪቐትሉ ጀመሩ። ሕሉፍ ሓሊፎም'ውን፣ እቲ ህዝቢ መከላኸሊ ጾር ከም ዜብሉ ስለ ዝተኣማመኑ፣ ክሳዕ'ቲ ንሕና እንቕመጠሉ በሪኽ ሰፈር መጽኡ። ኣብቲ ሰዓት እቲ፣ ኣደይ ነቲ ናጽላ ምንኣሰይ ሓዚላ፣ ኣብታ ብኣረጊት ጣዋሉን ዚንኅታትን ዝተረቓቐዐት ክሽነ ጣይታ ትኻስስ እያ ነይራ። እቶም ደም ንምፍሳስን ንበቐልን ዘንቀዱ ሶዳናውያን፣ ኣብቲ ሓጹር ዘይነበሮ ገዛውትና ብዝበጽሑ፣ ከምቲ ኣደይ ከተዘንትወሉ ኸላ ዝሰማዕኩዎ፣ ብጭርታ ናይቲ ኽሽነ ርእያቶም እያ። ብዛዕባ ጠበንጃ እንዶ ስለ ዘይነበራ

ግዳ፣ ናብቲ ዝነበረቶ መጺኦም ከይቐትሉዋ፣ ክሳዕ ዚኸዱላ ኣብቲ ደበንገረ ሸንሽጕ ናይቲ ኸሸነ ኣጽኒና ኸትድበቕ ወሰነት። እቶም ሶዳን እንተስ ንምቕራብ ድፍረት ይስኣኑ፣ እንተስ ይተሃወኹ ኣይተፈልጠን፣ ናብቲ ጌና ጽዑቕ ትኪ ዚፍነወሉ ዝነበረ ኸሸነ በድራጋ ድሕሪ ምትኳስ፤ "ተዓል! ተዓል!" ተበሃሂሎም፣ ካልእ ግዳይ እንተ ረኸቡ ንምልካም ብታህዋኽ ብድሕርታ ንእሽቶ ገዛና ብዝነበረ ጸቢብን ሕልኽላኽን መሽጕራጕር ንዓቕብ ተዓዝሩ። እንተ ኣደይ'ሞ፣ ልክዕ ተኸሲ ኺስማዕን፣ እቲ ማሕዘላ ተበጥሪሱ ኻብ ዝባና ንታሕቲ ኺሰትኸ ኪፍለጣን ሓደ ኾነ። ሳላ ንእስነትን ፈጣን ግብረ-መልስን፣ እቲ ሕጻን ከይወደቐ ተንሻቲቱ ናብ ሕቝፉ ኸም ዚውዕል ገበረት። ለከስ፣ ከምቲ ንሳ እተዘንትዎ፣ ሓደ ኻብቲ ኣብ ማእገራ ዚውዕል ቀጢን መሓንገጢ ናይቲ ማሕዘል ጥይት እዩ በቲኹዎ!

እቶም ግፍዐኛታት ወተሃደራት ሓንቲ ሰበይቲ እትርከቦም ብዙሓት ሰባት ከም ዝቐተሉ ይዝንቶ። ካብኡ ንላዕል'ውን ትንፋስ መሕለፉ። ሳላ ኣባሻውል ዝኾነ ግና ኣይከኣሉን። ከምቲ ጸኒሑ ዚዕለል ዝነበረ፣ ኣብ ገለ ሸነኽ ናይቲ ሰፈር፣ ኣንስቲ ኣባሻውል፣ ተሓባቢረን ንሓደ ኸልተ ኻብቶም ግፍዐኛታት "ሶዳናውያን" ብበርበረ ኣዒቶም ገፊነን ክሳዕ ዚደናበሩን ዚሃድሙን ገበራኦም።

ሓደሽቲ ጐረባብቲ

ብድሕርዚ ድማ እዩ ኻብቲ ጥቓ ጨርሒ ውርድ ኢልና ናብ ካልእ ገዛ ኽራይ ዝገዓዝና። ኣደ'ኳኸና ናይቲ ገዛውቲ ግና ምስቲ ኣብ ላዕሊ ዝነበርናዮ ተመሳሳሊ እዩ ነይሩ። ጐረባብትና ብዙሓት ነበሩ።

ካብ ኩላቶም ዘይርስዖን፣ ሓንቲ ጸሃይቱ ዝሸመን፣ ጠልቃፍን ውዕይትን ጓል ዝነበረተን፣ ነደይ መሳትይቲ ቡና ዝነበራ እየን። እታ ጓለን፣ ካብኣን ዝወረሰቶ'ዩ ይመስለኒ፣ ኣዝያ ቐያሕ ነበረት። ኣደይ ቡን ምስኣ ኺሰትያ ምስ እትዕድመን፣ ብዛዕባ'ታ መትከር ጓለን፣ ማለት፣ ከመይ ጌረን በርበረ ኸም ዝዓጠናኣ፣ ወይ ምስ እግሪ ዓራት ብገመድ ምሉእ መዓልቲ ኸም ዝቐየድኣ እናስካሕክሓ ኸየዕለላ፣ እቲ ወግዒ ቡን ዝተባረኸሉ ግዜ ኣይዝከረንን። እታ ኽሳዕ ክንድ'ቲ ዘምረራኣ ጓለን ዕድመኣ ኻብ ኣርባዕተ ዓመት ዘይበዝሕ መሰታይ እያ ነይራ።

ኣደይ'ውን፣ ብናተን ምኽሪ ተደፋፊኣ፣ ከምኣን "ቀ'ጻዕ" ምእንቲ ኽትበሃል፣ ሓደ መዓልቲ፣ "ኣብ ኣወል ቡንና ሃዊኹና፣" ብዚብል ምስምስ፣ በገመድ ምስቲ እግሪ ዓራት ኣቦይ ከም ዝኣሰረትኒ ኣይርስዓንን። ንሳተን ካብ ምንክሽካሽ ጀሚሩ፣ መሸላ ተዓምቢቡ፣ ገለ ኻብኡ ንማሪት ተባሂሉ ኣብቲ

ምድሪ ተዘርዩ፣ ዕጣን ኣብ መበኰርያ ተደኪሩ፣ ኣወል፣ ካልኣይ፣ በረካ፣ ደረጃ እናበላ ኽሳስ ሰራርበ ቡነን ኪጕርድዓ ኽለዉ፣ ኣነ ግዳ ኑብለይ ናብ ዚሐረድ በጊዕ ዝተቐየርኩ ኾይኑ ኽሳዕ ዚስምዓኒ ተቐፊደ ኣምሰኹ። ከምቲ ወትሩ ቈልዑ እንገብሮ ዝነበርና፣ እቲ ንደቂ ሕድርትና ኢለን ዝዘረውኦ ዕምባባ መሸላ'ኳ ኽቃጸጸን ኣይተፈቕደለይን።

እዚ ተርእዮዚ፣ ነዞም ናይ ሎሚ ንኣሽቱ ወለዶ ኣዝዩ ጨካንን ስራሕ ኣረሜንን እንተ መሰሎም ዜገርም ኣይኮነን። በቲ ግዜ'ቲ ግና ወለዲ ቐ'ጻዓት ምስ ዘይኾኑ፣ ደቃቶም ብኡ ኣቢሎም ከይፋልሉን ናብ ዕውልና ኽይወድቁን ዚብል ኣተሓሳስባ ይግዝኡ ኽም ዝነበሩ ኪርሳዕ ኣይግባእን። ገለ ዓነጅል ወለዲ ግና ኣይተሳእኑን። ሓንቲ "ሕ'ልፍቲ ቐጻዒት" ክትከውን ዝፈተነት ደንቆሮ ኣደ ንኣብነት፣ ንጓላ በርበረ እናዓጠነታ ኽላ ኣብ ኢዳ ኽም ዝሓወየታ ሽው ኺውረ ይዝከረኒ። ኣብቲ ግዜ'ቲ መሰል ቈልዓ ዚብሃል ኣይነበረን ይመስለኒ። ከም ዝተኣስረት ኣይሰማዕኩን። ወላዲ ኣይክሰስ ሰማይ ኣይሕረስ ብዚብል ምስላ ገዲፎምዋ ግዲ ኾይኖም።

ብጀካ'ዚ፣ ኣብቲ ጐረባብትና ሓንቲ ኣሚና እትብሃል ሰበይቲ ነይራ። ትርኢታን ናብራኣን ካብተን ካልኦት ኣንስቲ ፍልይቲ እያ ዝነበረት። ንበይነይ ወይ ምስ መሳቶይ ኣብቲ ደበንገረ ድርኩኹት ገዛኣ ኣብ እንጻወተሉ ግዜ፣ መብዛሕትኡ እዋን በቲ ጭራሕምራሕና ኣይትርበሸን እያ ነይራ። ጋሻ ናብ ገዝኣ ኣብ ዜላግሰሉ ኣጋጣሚ ግና፣ "ሃያ ኺድ ነጂስ!" ወይ "ሃያ ኺዱ ነጂስ!" ክትብለና እዝክር። ደሓር ልቢ ምስ ሰ'ኸዕኩ ኻብ ዕላል ብዓል ኣደይ ከም ዝተረድኣኒ ግና፣ ለከስ ጠንቋሊት እያ ነይራ! እቶም ሰባት ሸለብ ገለብ እናበሉ ናብኣ ዜላግሱ ዝነበረ ድማ ዛዕጐል ከተውድቐሎም እዩ ነይሩ ያኢ!

እቲ ኣዝዩ ታሕቲ ኣረጊት ዚንጎታት ናይቲ ገዛውቲ፣ ቀጽቀጽ ብጽውቕ ዓለባ ሳሬት ዝተወርረ እዩ ነይሩ። ምስቶም መሳቶይ፣ ነተን ተካላት ሳሬት ካብቲ ዘድበያሉ ዓለባኣን ኣዘንጊዕና እናኣረና ኣብ መራት ታኒካ ንእከበን ነበርና። ሕብረን ካብ ጠቃር ሓምኹሽታይ ክሳዕ ሽሮዋይን ጸሊምን ብሩህ ሓምኹሽታይን ዕሮርዋይን ዝተደባለቐ ዝተፈላለየ ነበረ። ክንሕዘን ከለና ከየምልጣና እንተ ዘይኮይኑ መርዛማት ኪኾና ኽም ዚኽእላ እንዶኡ ኣይነበረናን።

ኣብ ፊት እቲ ቐጽርና፣ ሓንቲ ዕምርቲ ሸባኻ ነይራ። ነቲ ንዓቕብ ናብ ዝባን ጨርሒ ዜውጽእ ጸቢብ መገዲ፣ በቲ ድልዱል ልዕሊ ባይታ ኣስፋሕፊሑ ዝተቐልቀለ ሰራውራ ኽትዓግቶ እትደናደን ትመስል ነበረት። ኣብ ትሕት'ቲ ድኑ ጽላላ፣ ኣደይ ትብለጽ ዝተባህላ ዚቕመጣላ፣ ብገርጫዕ ማዕጾ ዕንጨይቲ ተረጊጣ እትውዕል ዳዕሳስ ጓሮ ነበረት።

ንግሆ-መጸ፣ ኣደይ ትብለጽ ካብ ገዝኣን ወጺኣን ተሰዊረን ቅድሚ

ምውዓለን፣ እተን ሰብኡተን ጋሕጋሕ ምድሪ ኣቑሪሰን ዘፋነዋ ጐረባብቲ፣ ዘዕገርገረ ውላደን ምእንቲ ኺቕጻዕ ናብአን እየን ዜምጽእኦ ነይረን። ኣደይ ትብለጽ ሓደ ወትሩ ሒዘንኦ ዚርኣያ ግርም ዝተሰ'ብሐ ሓጺር ሓለንጊ ነበረን።

ካብቲ ብትሕተና ዝነበረ ቐጽሪ ውሪድካ፣ ሓደ ግፍሕ ዝበለ ናብ ሹቕ ገጹ ዘቕንዐ ዘይጥጡሕ ጸርግያ ነበረ። ወሰነ-ወሰኑ ብርክት ዝበሉ ሰፈይት-ኽዳንን እንዳ ስዋን ዝተሰርዖ እዩ ነይሩ። ካብቲ እንዳ ሳርቶታት፣ ድምጺ ናይተን ሰፈይቲ ማኪና ብዘይ ዕረፍቲ ኺንጥቕጠቕ፣ ካብቲ እንዳ ስዋ ድማ ኣውታራት ጅማት መሰንቆ ብዓርማም ድምጺ ኼጥረምርም ይዝከረኒ። እተን መሰንቆ ገሊአን ገልዐን ብዘይተመልጠ ቈርበት ዝተገነወ፣ ኵርኩመን እናሳዕ ዚቃነን ዘይምዕቡልን ነበረ።

ኣብ ኣባ ሻውል፣ ኣብቲ እዋን'ቲ እንዳ ስዋ ኺብሃል ከሎ፣ ከምዚ እዞም ናይ ሎሚ ወለዶ ዚመስሎም፣ ሰኽራማትን ብሽጋራ ዝተምበኹ ዓዋሉን ኣመንዝራታትን ዲዕዲዕ ዚብሉሉ እንዳ ጽሉላት ዝነበረ ኽይመስለኩም። ናይ ሽው እንዳ ስዋ፣ መብዛሕትኡ ግዜ ሰብኡተን ዝሞቱወን ወይ ዝፈትሑወን፣ ዓመዊለን ጽያፎም ዝኸተቱ፣ ብህድኣት ዜዕልሉን ብኣኽብሮት ዚጥምቱወንን እየን ነይረን። ብዙሓት ካብኣተን፣ ብተወሳኺ ጣይታን ሽሮን እናሸጣ ደ'ቀን ዘምሃራን፣ ክሳዕ እቲ ዝለዓለ ኣካደምያዊ ደረጃ ዝብጽሓን ም'ዃነን ምዝኽኻር ግቡእ ይመስለኒ።

ካብተን ኣብ መሸጣ ስዋ ዝተዋፈራ ርሕቕ ዝበላ ጐረባብቲ፣ ኣደይ ድንግሉን ኣደይ ለትሄትን እንብለን፣ እተን ዳሕረወይቲ ኽሳደን ነዊሕ ውቁጥ፣ ኣብ ጽቡቕ ኮነ ሕማቕ ኣጋጣሚ ካብ ስድራና ዘይፍለያ ክልተ ኣሕዋት ነበራ። ምስ ወለደይ ኣመና ኻብ ምምሕዛወን ዝተበገሰ፣ ዳርጋ ኣሞታተይ ኮይነን እየን ዚስመዓኒ ነይረን። ክልቲአን፣ ወርትግ ኣብ መንጎ ዘረባአን፤ "ወይለከይ ተምቤን ዓብዱ ዓዲ!" እናበላ እየን ዜዝምራ ዝነበራ።

ሓደ "ፈጊ" ዝሽሙ የመነታይ ዚውንና ንእሽቶ ድኳን፣ ካብዚ ልዒሉ ዝተጠቕሰ ክርንኪሕ መገዲ እግሪ ለጠቕ ኢላ ትርከብ ነበረት። ኵሉ ጐረቤት ንዕለታዊ ናብርኡ ዚኸውን ከምኒ፣ ዘይቲ፣ ሽኮር፣ ቈጽል-ሻሂ፣ ባኒ፣ ቡን፣ ዕጣን፣ ክርቢት ወይ ንሕጽቦ ዚኸውን ሳምና፣ ሊን ካብኡ እዩ ዚዕድግ ነይሩ። ድኳኑ፣ ዚተክኽ ጥዑም ጨና ሰንደል ተፈልዩዎ ኣይፈልጥን።

ኣብ ገዛና፣ ንመብሰል ምግቢ፣ ብጀካ እቲ ልሙድ ፈርኔሎ ሓንቲ ብላምባ እትሰርሕ ፕሪሙስ ነይራትና። ክትውላዕ ከላ ድምጻ እዝኒ ዚርብሽ እዩ፣ ግና ኣይጸልኣን'የ ነይረ። መቕለመታ ምስ ዚዕበስ፣ ካብ እንዳ ፈጊ "መርፍእ-ፕሪሙስ" ተገዚኡ ተጠርሺቑ እዩ ዚጽረግ ዝነበረ። እታ ፕሪሙስ ንሓያሎ ዓመታት ከም ዘገልገለት እዝክር።

ብጀካ'ዚ፣ ሓደ ዓቢ መስታረሪ ፌሮ ነይሩና። እቲ ፌሮ ላዕላዩ ኸም ሳጽን ተኸፊቱ፣ ውሽጡ ብንህሪ ፈሓም ተመሊኡ እዩ ዚንቡ ነይሩ። ናይ ኣቦይ ናይ ክቲ ልብሱ፣ ሓደ ናይ ዘበን ጥልያን ጋባርዲኑ ጥራይ እዩ በዚ ፌሮ'ዚ ዚስታረር ዝነበረ።

ሓደ መዓልቲ እንታይ ከም ዝደፋፍኣኒ ኣይዝከረንን፣ ነቦይ ከምቶም ገለ ደቂ ጐረባብትና ዚለብሱዎ ኻብ ካኪ ዝተሰፍየ ኽዳን ኪዕድገለይ ኣዕዘምዚምኩ። ኣማስያኡ፣ ሕራይ ስለ ዝበለኒ ኣዝየ ተሓጐስኩ። ድሕሪ ገለ መዓልቲ ናብቲ ኣብ ትሕቲ ገዛውትና ዝነበረ ተርታ ሰፈይቲ ኽዳን መሪሑ ወሰደኒ። እቶም ዋና እቲ ድኳን፣ ነታ ኣብ ክሳዶም ዝወዓለት መዓቀኒት ሜትሮኦም መዚዞም፣ ብኣ ገይሮም ኣብ በበይኑ ሸነኽ ኣካላተይ ዓቀኑኒ። እቲ ኽዳን ኪዛዘም ንኣይ ኣዝዩ ነዊሕ ግዜ ዝወሰደ ኸይኑ ተሰምዓኒ። ሓደ ንግሆ ግና ካብ ድቃሰይ ተበራቢረ እናተመጣላዕኩ ኣዒንተይ ቋሕ ብዘበልኩ፣ ዘይተጸበኹዎ፣ ኣብቲ ዓቢ ሳንዱቕና ካብ ካኪ ዝተሰፍየ ጁባን ቍምጣን ኣብ ቅድመይ ተሰጢሑ ረኣኹ።

"በል፣ ክዳንካስ ተወዲኡ፣ እስከ ዓቅኖ፣" በለኒ ኣቦይ።

እቲ ኽዳን ንፋልማየይ ስለ ዝነበረ፣ ኣቦይ እናሓገዘኒ ለበስኩዎ። ቍምጣ ካኪ ጥራይ ዘይኮነስ ብኸልተ ጐኑ ዓበይቲ ጁባ ዝነበሮ ጅርግዕጋዕ ሳርያን። ብታሕጓስ ፍንጭሕ ጭድድ በልኩ። ኣደይ ነቦይ ንኣስቤዛ ዚኸውን ገንዘብ ምስ እትሓቶ፣ ኢዱ ኣብ ጁባኡ ኣእትዩ፣ ካብቲ ዘይጽንቀቕ ዚመስል ገንዘቡ ኺህባ ብዙሕ ግዜ እዕዘብ ስለ ዝነበርኩ፣ ብዝተኸዳደንኩ ተቐዳዲመ ኢደይ ናብቲ ጁባይ ኸተትኩ። መዓት ታዕሪፋ ዘጊነ ኽውጽእ እየ ሓሲበ።

" ገንዘብ'ኳ ዜብሉ!" ኣዕረምረምኩ።

ኣቦይ ዘረባይ ገሪሙዎ እናሰሓቐ፣ "ገንዘብ ስቕ ኢልካ ዚርከብዶ መሰለካ!" በለኒ'ሞ፣ ንኡን ነደይን ኣብ ኢዶም ከም ዝሳለሞም ድሕሪ ምግባር፣ ቈሪሱ ስለ ዝነበረ ናብ ስራሑ ኸደ። ነተን ጐረባብትና'ውን ከም ወለደይ ተሳለምኩወን። "ባዕልኻ ኣብልዮ፣" ኢለን ድማ መረቓኒ። ካብቲ እዋን'ቲ ጀሚረ እጀ-ጠባብ ኣይተኸደንኩዎን።

ሓደ ክሳዕ ሕጂ ዘየልዓልክዎ ጉዳይ፣ ኩነታት ንጽህና ናይ ውሽጢ ኣባሻውል እዩ። መብዛሕትኡ እቲ ገዛውቲ ዓይን-ምድሪ ኣይነበሮን። ፈቖዶ ኾርናዕ ናይ ቈልዑን ዓበይትን ቀልቀልን ሽንትን ምርኣይ ልሙድ እዩ ነይሩ። ናይ ንጽህና ወረቐት በቲ ወደ'ባት ዘይፍለጥ ስለ ዘይነበረ፣ ሰባት ዓበይቲ ኾኑ ንኣሽቱ፣ ቀልቀሎም ብእምኒ እዮም ዚማስሉ ዝነበሩ። ብሰንኪ ዋሕዲ ማይ ቈልዑ ብፍላይ ገጾም ዘይሕጸቡሉ ኣጋጣሚ ውሑድ ኣይነበረን።

በዚ ምኽንያት'ዚ፣ ሕማም ዂልመትን ጀርባዶን ብፍላይ ኣብ ሕጻናትን ዘይደልደሉ ቈልዑን ስዕሩር ነበረ።

ሓደ ንግሆ፣ ኣብ ረፍዲ፣ ጸሊምን ጻዕዳን ዝተጐልበባ ጠላይን ደናግል፣ ናብቲ ገዛውትና መጺኣን፣ ንዂላትና ኣብቲ ሰፈር እንርከብ ቈልዑ ኣብ ግልባጽ ኣዒንትና ፈውሲ ዂልመት ኪልብጣልና እዝክር። ክፉእ ርእየን ዘሰላሰልኦ ናይ ጽድቂ ተግባር ይመስለኒ።

ካልእ ንተቐማጦ ኣባሻውል ዝያዳ ዜሻቕል፣ ጕዳይ ሰረቕትን ከተርትን እዩ ነይሩ። በዚ ምኽንያት'ዚ፣ ኩሎም ተቐማጦ፣ ፈገር ማዕጾ ኸፊቱ ምእንቲ ኸይኣቱ፣ ብጥስትን ካልእ ምስ ተነቓነቐ ዚገላጠም ኣቕሓ ኣጸጋጊዖም እዮም ዚዓጽውዎ ዝነበሩ። ሰረቕቲ ግና ማዕጾ ሰይሮም ጥራይ ኣይኮነን ናብ ገዛ ኣትዮም ንብረት ሰብ ዚወስዱ ዝነበሩ። ነቲ ብእምንን ብጸብርን ወይ ብብሎኬቲ ጭቃ ዝተሰርሐ መናድቐ'ውን ብማሕረሻ እናሰርሰሩ እዮም ዚፈግሩ ነይሮም።

ኣቦይ ገረመድህን ዝተባህሉ፣ ጭራ-ዋጣ ብምህራም ግኑን ዝነበሩ ኣዝማሪ፣ ሓደ ለይቲ፣ ኣብ ጥዑም ድቃስ ከለዉ መንደቕ ገዝኦም ብማሕረሻ ኺኰዓት ሰምዑ። መስኮቶም ከፊቶም ንቝልቁል እንተ ጠመቱ፣ ኣርባዕተ ወንጫራት እናተበራረዩ ኣብ እግር'ቲ ገዝኦም ኪሰርስሩ ረአዩ። ነታ ወርትግ ኣብ ልዕሊ ዓራቶም ዚሰቕሉዋ ጭራኦም ብሰላሕታ ኣውሪዶም ድማ ኣብቲ መስኮት ተገምጊሞም በቲ ኸውታ ለይቲ፤

'ዕዳጋ ዓርቢ ብኣኻ ጸልሚታ!
ገዛ ብርሃኑ ብኣኻ ጸልሚታ!
ገዛማንዳ'ወ፣ ብኣኻ ጸልሚታ!
ገዛሽኒሻ ብኣኻ ጸልሚታ!
ኣባሻውል'ውን ብኣኻ ጸልሚታ!
ካባይ ካብ ገረመድህን ነይትረክብ ቍራስ ጣይታ!'

ኢሎም ምስ ገጠሙሎም፣ ወዮም ጋን ኮይኑዎም ተዓዚሞም ኬዳምጹ ዝጸንሑ ሰረቕቲ፤"ኣቦይ ገረመድህን ዲኹም! ገዛኹም ምዃኑ መኣስ ፈሊጥና፣ ኣይትሓዙልና፣" ኢሎም ሃደሙ ይብሃል።

ሓደ መዓልቲ፣ ዓርከይ መንግስትኣብ፣ ከመይሉ ኸም ዝመጸ እንድዒ፣ ንግሆ ምድሪ ናብቲ ገዛና ደበኽ በለ። ንሱ'ውን እጀጠባብ ምልባስ ኣቋሪጽዎስ፣ ነቲ ናተይ ዚመስል ካብ ካኪ ዝተሰፍየ ብራቴሎ ዘሎዎ ቍምጣን፣ ካብ ዓለባ ዝተሰፍየ ካሚቻን ለቢሱ ነበረ። ስድራኡ ኸማና ናብ ካልእ ሸነኽ ኣባሻውል ግዒዞም እዮም ነይሮም።

ድሕሪ ቍርሲ፣ ተተሓሒዝና፣ በቲ ንጋሻ ዜወንድብ መሽጐራጕር እናመርሐኒ ናብ ገዝኦም በጺሕና። እዚ ሰኺ እንዳባ ጥበለ ዝተ ካረዩዎ ገዛ፣ ካብ ዝባን ጨርሒ ብሸነኽ ደቡብ ቍሩብ ውርድ ኢሉ ኣብ በሪኽ ደንደስ ዝተደኰነ ነበረ። ቤተ'ኽስያን እንዳ-ማርያምን እታ ቕድም ድምጻ ጥራይ ዝሰምዖ ዝነበርኩ ካተድራለን ንመጀመርታ እዋን ኣብ ቅድመይ ተሰጢሐን ረኣኽወን። ብሸነኽ ምብራቕ፣ ኣብ እግሪ፣ ገዛ-ብርሃኑ፣ ክንዮኡ ድማ መደበርን ገዛ ኸኒሻን መቓብር እንዳማርያምን ኀቦ ኣርባዕተ ኣስመራን ተዘርጊሑ ረአኹ። ኩሉ'ዚ ንኣይ መሳጢ ነበረ።

ካብቲ ገዝኦም ወጺእና፣ በቲ ብጥቓኦም ንቍልቍል ናብ ሹቕ ዜምርሕ ብኣ'ኻውሕ ዝቖመ 'ኸርንኪሕ ጸቢብ መገዲ እግሪ ሒዝና ወረድና። ብርቅዕቃዕ ዚንጎን ጠዋሉን ዝተሓጽረ ጭቕጫቕ ንኣሽቱ ገዛውቲ እናተሸለኹለኹና፣ ኣብ ሓደ ብኽልተ ጐኑ ኣንጠረኛታት፣ ኣለምቲ፣ እንዳ-ስዋ፣ እንዳ ሜስ ከምኡውን የመናውያን ዚውንንዎ ድኳናት ዝተሰርዓሉ ጐደና በጻሕና። ነቲ ጽርግያ ሓመድ ተኸቲልና 'ሽኣ ናብ ሓደ መዓደሊ ማይ ቡምባ ዝነበረቶ ቕርዓት በጻሕና።

ኣብ ዙርያ እታ ቡምባ፣ ገሊኣን ጋመ፣ ገሊኣን ድፍን ዝተቘነና፣ ሰውነተን ብዝተበጣጠቐን ድርዕቶ ዝበዝሖን ደጋል ከዳን ንማለቱ ዝተሸፈነ ብዙሓት ደቀንስትዮ ጭራሕምራሕ ይብላ ነበራ። ማይ ካብ ቡምባ ዜዕርቓ፣ ተርታ ሒዘን ብትዕግስቲ ዚጽበያ፣ ብጮተን ነቲ ዝመልአ ንእሽቶ በርሚል ኣብ ምሕንጋጡ ዚሕግዛ፣ ዕላል ዝሓዛ፣ ዚቋየጃ፣ ኮታስ ዕግርግር ዘሎዎ ትርኢት እዩ ነይሩ። ኣብቲ ዙርያኡ 'ሽኣ፣ ካልኦት ምልሶን ሃንዛን ዚሸጣ ነበራ። ሎሚ እታ ቡምባ ማይ የላን፣ እቲ ቦታ ግና ክሳዕ ሕጂ "ማይ ኣባሻውል" እናተባህለ ይጽዋዕ ኣሎ። መንግስትኣብን ኣነን ነዚ ኹሉ ርኢና፣ ኣነ ናብ ገዛይ ንሱ ድማ ናብ ገዝኡ ኣቕኒዕና ተፈላለና። ካብኡ ንደሓር፣ ኣባሻውል ብደቡባ ብምብራቓ ብሰሜና ኮታስ ብኹሉ ሸነኻ ውሽጥን ውሻጠኣን ፈሊጥናያ 'ሽም ልብና እንዕንድረላ ገዛውትና ኾነት።

ኣብዚ 'ኻልኣይ ገዛ-'ኸራይ ንኽንደይ ዓመት ከም ዝጸናሕና ኣይዝከረንን። ግና፣ ካብ ክልተ ዓመት ዚዛይድ ኣይመስለንን። ከመይሲ፣ ብጀካ ጸሓይ ዝነበሮ ዕለታት፣ ደበና ዘንጐድጕደሉ፣ በርቂ ዘንተውልሓሉ፣ መሽምበባ ማይ ንልዳትና ዝሃጸፈሉ፣ በረድ ኣብቲ ብጭርታ ዝመልአ ኣረጊት ዚንጎና ዘሕጨውጨወሉ ወይ ኣብ ወሰን መገዲ እግሪ ቅራፍ በለስ ዝረኣኽሉ ኣጋጣሚ ኣይዝከረንን። ሓደ ትዝ ዚብለኒ ግና፣ ኣቦይ ጋሕጋሕ ምድሪ፣ ንብዓል ቅዱስ ዮሃንስ ይኹን ነፋስጋ ብርግጽ ዘይዝከረኒ፣ ሓደ ወጠጦ 'ኺጠብሕ ከሎ ጥራይ እዩ። ቅድም'ዚ ብዓል'ዚ፣ ሓደ መዓልቲ ኣብ ኣጋ ፋዱስ ኣብቲ ቐጽሪ ገዛውትና ኣብ ባይታ ተርፌቼ ብዕትበት እናተጻወትኩ 'ሸለኹ፣ ብሃንደበት፤

"መስሓል ካራ!" ዚብል መወዓውዒ ደሃይ ሰማዕኩ። እቲ ቓና ናይቲ መ'ወዓውዒ ንቐልበይ ስለ ዝሰሓበ፣ እቲ ደሃይ ክሳዕ ዚደግም ጸወታይ ኣቋሪጸ ተጸናጸንኩ።

"መስሓል ካራ!" ደገመ እቲ ረክላም።

ብጕያ ናብቲ እቲ ድምጺ ዝመጸሉ ሸንኽ ንቝልቁል ወረድኩ። ኣብ ጥቓ ድኳን ናይ ፌጊ፣ እቲ ኣስቤዛ እንዕድገሉ የመናዊ፣ ሓንቲ ዓባይ ተደፋኢት ዓረብያ-መሰል መቓን ዘሎዋ ንዋት፣ መንኰርኰራ ንቐዕሩር ተገልቢጡ ኣብ ባይታ ተዋዲዳ ረኣኹ። እቲ ኻብ ዕንጨይቲ ዝተሰርሐ መንኰርኰራ ግና ካብተን ዝለመድናየን ተደፋእቲ ዓረብያታት ምሒር ዝዓበየ ነበረ። ኣብ ዙርያኣ፣ ብዙሓት ከክንዳይ ዚኾኑ ቈልዑን ገለ ኣንስትን፣ ነዛ ጕዳም ዝትርኢ.ታ ንዋት ዛጊት ዓጕኅሙዋ ጸንሑኒ። ኣብ ጐና፣ ሓደ ኣብ ርእሶም ቆብዕ መሳሊ ዝወደዩ ሰብኣይ፣ ገጾም ጽሙእ፣ ምስ ሓደ ኻባይ ዝዓበየን ዝፈርዘነን ቈልዓ ኾይኖም ዛጊት ኣብ ስራሕ ተጸሚዶም ነበሩ። እቲ ወዲ ነቲ ማኒልያ ናይቲ ዓብዪ መንኰርኰር የዙሮ ነበረ። እዝኒ ዚስንጥቕ ጽንጹር ድምጺ ናይቲ ዚስሓል ኣቕሓን፣ ጭራሕምራሕ ናይተን ካራታትተን ንምስሓል ከካብ ገዛውተን ናብቲ ዝነበርናዮ ዝወሓዛ ኣንስትን፣ ዕግርግር ናይቶም ነዚ ዘይልሙድ ኣጋጣሚ ንምርኣይ ዝተዓኰጉ ቈልዑን ሓለፍቲ መገድን ነቲ ቦታ ንግዜኡ ዕሙር ዕዳጋ ኣምሰሎ። እቶም ሰብኣይ፣ ኩሉ'ቲ ኺስሓል ዝመጸ መጠባብሒ ኣብሊሖም ብዝወድኡ፣ ነቲ ቺንግያ ኣምሊቖም፣ ነታ ዓረብያ ገልቢጦም በቲ ዓቢ መንኰርኰራ እናሸከርከሩ፤

"መስሓል ካራ!" በሉ'ሞ፣ ን'ኻልእ ዓሚል ኣገልግሎት ንምሃብ ዘኻሕታኦም ቀጸሉ።

"መስሓል ካራ!" እናረሓቐ ሃሰሰ እቲ ደሃይ።

ሓደ ፈጺመ ዘይርስዖ፣ ወርትግ ዝዝክሮ ኣጋጣሚ ግና ነይሩ። ኣደይ ኣብ ዘይዓቕመይ፣ ናብ ሓደ ኣብቲ ጥቓ ገዛውትና ዝተገብረ ውራይ መርዓ፣ ሓምሽተ እንጌራ ዝሓዘ መሶብ ከተሰክመኒ ዝፈተነትሉ ዕለት እዩ። እተን መሓዙታ፣ ደቀን ካባይ ትርንዕ ዝበሉ ስለ ዝነበሩ፣ እቲ ነዊሕ እግሪ ናይቲ ኣብ መንበስበስታኦም ዝዓለበ መሶብ ከይከወሎም ደድሕሪ ኣደታቶም ኪኽተሉ ኽለዉ፣ እቲ ናተይ ግና ንዓይነይ ኣመና ስለ ዝጋረደ፣ ደሃይ ኣደይን መሓዙታን እናኣዳመጽኩ እየ ዝስዕበን ነይረ። እቲ ዝረግጾ ባይታን እቲ ዚስጕም ኣእጋረይን ጥራይ እዩ ዚርእየኒ ዝነበረ። ኣብ መንጎ'ዚ፣ ኣብ ቅድመይ ኣንጻር እቲ ዝጐዓዘሉ ኣንፈት ዝቖመ ኽንድቲ ናተይ ዚኸውን ካልእ እግሪ ስለ ዝረኣኹ፣ እናተገናጨርኩ፤

"እስከ ኻብ ቅድመይ ተኣለ፣" ኣጕረርኩሉ ነቲ ዘይርኣየኒ ዝነበረ ቈልዓ።

"ንስኻ ተኣለ!" ገዓረለይ ንሱ'ውን ብዓጸፋ።

ኣነ ድማ፣ ነቲ ኣብ ቅድመይ፣ ብትሕት'ቲ ዝተዳዕነንኩሉ እግር-መሰብ ዝተቐልቀለ ማዕጣጥ እግሩ ጥራይ ርእየ፤

"ካብ ቅድመይ ተኣለ'የ ዝብለካ፣ እንተ ዘየሎ..." ኢለ ዘረባይ ከይወዳእኩ፣ ደፊኡ ምስ መሰበይ ኣብቲ መገዲ-እግሪ ኸሳዕ ዝርዕራዕ ከንበለኒ። ኣደይ እናወጨጨት ክትረድኣኒ መጸት። ለከ እቲ ወድስ ካባይ ዝዓበየ እዩ ነይሩ! ብዕድል እቲ ጣይታ ኻብቲ መሰብ ኣይተኻዕወን።

ካልእ ዚዝክረኒ፣ ኣብ ኣባሻውል ሓደ ናይ ዓሳኽር ጣልያን ዲቪዛ ዚመስል ምሉእ ልብስን፣ ቆብዕን፣ መጠምጠም ዳንጋን ዝወደየ፣ ወርትግ ኣብ ድርኩኹት ዳስ ናይ መርዓ ወይ ኣብ ጥቓ እንዳ ስዋ ኾይኑ ዚጸረፍ ነዊሕ ሰብኣይ እዩ ዝነበረ። ትርኢቱን ወጅሁን ብፍላይ ድማ እቲ ብስኻር ሽጕርቲ ዝመሰለ ጸዋግ ኣዒንቱ ኣዝዩ የፍርሃኒ ነበረ። ሓደ መዓልቲ'ኳ ኣደይ ብኢደይ ሒዛትኒ እናኸደት፣ ኣብ ስኻር ከሎ ንገለ ዝተጸረፍዎ ዓበይቲ ቈልዑ ደንጎላ ኣልዒሉ ብሓባር ከም ዘኅየየና እዝክር። ኣነ ድማ ነደይ ምድፋሩ ስለ ዘሕረቐኒ ኻብኡ ኣዐሪና ብዝረሓቕና፤

" ነቦይ ክነግረልካየ!" ፈከርኩሉ ብዓውታ።

ንምሽቱ ነቦይ ብዛዕባኡ እንተ ነገርኩዎ ኣይተገደሰለይን። ዝያዳኡ ድማ ኣሕረቐኒ። ሰባት ነቲ ሰብኣይ "ባህታ ጨዓሎ" እናበሉ እዮም ዚጽውዑዎ ነይሮም።

፪

ካራቫንሰራልዮ

ካብዚ ሕጂ እንቕመጠሉ ዝነበርና ገዛ ዝለቐቕናሉ ዕለት ትዝ ኣይብለንን። ኩሉ ርያና ብሓንቲ ደርጓዕ ዓረብያ-ጀበሊ ኽም ዝገዓዘ ጥራይ እዝክር። እዚ ብናተይ ግምት ኣብ 1948 ወይ 1949 ኣቢሉ እዩ ዚኸውን ዘሎ።

እቲ ዝተኻረናሉ ሰፈር 'ሪጋ ፌሮቪያ' ዚብሃል፣ ኣብ ጥቓ መቓብር እንዳ ማርያም ዚርከብ፣ ክፉል ናይቲ በቲ ሓፋሽ ህዝቢ "ገዛ ኽኒሻ" ዚጽዋዕ ሰፈር እዩ ዝነበረ። ካብ ሃዳሙ (ኣርባዕተስመራ) ዝተበገሰ ርባ "ማይበላ" ብመንጎ'ቲ መቓብርን እቲ ሰፈርን ሰንጢቑ ንምዕራብ ይውሕዝ። ከምዚ ሎሚ ብኮንክሪት ተኸዲኑ ብቕጥራን ተለቢጡ ኸይተሰወረን፣ ኣብ ወሰኑ ብዝተሃንጸ ሽቓቕ ከይጋዕዘየን ከሎ፣ እቲ ርባ፣ ብፍላይ ድሕሪ ኽረምቲ ንቈልዑ መውዓሊና እዩ ነይሩ። ኣብ ልዕሊ እቲ ሓሓሊፉ ዝተዓቝረ ጽሩይ ማዩ፣ ጽምብላሊዕን መራሕ-ማይን ይዝንብዩ፣ ለኻኹቶ በራሪ ሓሸራን ትንንያን ንምቝላብ ነቲ ቕራሩ ተኸቲለን ይሽላበባሉ ነበራ። ምሸት ምሸት፣ ድምጺ ቝርያብን ዕንጭራርን መንካዕን ተፈልዩዎ ዘይፈልጥ፣ ብተዛማዲ ንጹህ ወቕታዊ ዛራ ወይ ዕያግ ዚርከቦ ነበረ። እዚ ርባ'ዚ፣ ብፍላይ ንኣና ንቈልዑ ንምድህሳሱ ኣወናዋኒ፣ ስድራና ዘይፈለጥዎ ሓንቲ ግርስሳቕ ዘይከፍሉሉ ኣጸደ-ሕጻናት እዩ ነይሩ።

ንመደበር ብሸነኽ ምብራቑ፣ ሓደ ሓሓሊፉ በለስ ዝበቘሎ ቐይሕ ጸጸራይ ሓጺር ኩርባ ኣሎ። ኣብ ገምገም እቲ "ማይበላ" ሓንቲ መዓደል ማይ ቡምባ ነይራ። ካብኣ ሒደት ሜትሮታት ንምብራቕ፣ ነቲ ርባ ብእዋን ክረምቲ ኾነ ድሕሪ ቐውዒ ኣብ ሓጋይ ሰብን ጥሪትን ዚሳገሩሉ ጸቢብን ሓጺርን ድልድል ነበረ። ካብቲ ቡምባ ማይ ንምዕራብ ቍሩብ ወርድ ኢሉ፣ ኣብቲ ገምገም ማይበላ፣ ብስሚንቶ ተነዲቑ ዝተሃንጸ፣ ተቐማጦ ጐሓፎም ዜራግፉሉ ጕዱፍ ነበረ። ኣብቲ ጕዱፍ፣ ብጀካ'ቲ ኻብ ከባቢ እቲ ገዛውቲ ዝመጸ ድሕድሕ፣ ካብ ኣናጹን ደማሙን ኣኸላባትን ክሳዕ መጽዓኛታት ይድርበየሉ ስለ ዝነበረ ጠንቂ ሕማም ኪኸውን ምኽኣለ። ማ'ኻይን "ኣጀያ" ዕለት ዕለት ብስሩዕ እናገፈጣ ስለ ዚጸርግኦ ግና ብዙሕ ዜሰክፍ ኣይነበረን።

ምስቲ ቐይሕ ኩርባ ዝተጐዝጐዘ፣ ሓደ ገዛ-ኽራማ ዚብሃል፣ ብታኒካታት ተረቓቒዑ ዝተሰርሐ ጭቕጫቕ ገዛውቲ ነይሩ። እዞም ክራማ ዚብሃሉ ሒዶት ኮም፣ ደቂ ናይጀርያ እዮም ኪብሃሉ ሰሚዐ። ተኹሪር'ውን ንብሎም ኔርና። ንእግረ-መገዲ ናብ መካ ኺነግዱ በስመራ ኺሓልፉ ኸለዉ ኣብቲ

ቦታ ሽም ዘንቆሩ ይዝንቶ። ሓደ "ኣባ ቐሺ" እንብሎ ወዶም፣ መሰታና ምሳና ኣዕዋፍ ብመንትግ ዚሃድን ነይሩ። ምናልባት እቲ መበቈል ሽሙ "ባኬሺ" ኸይኮነ ኣይተርፍን። "ባኬሺ" ዚብሃል ወዲ ናይጀርያ ፕሮፈሽናል ተጻዋታይ ኩዕሶ ዘሎ ይመስለኒ።

ኣብ መንጎ እቲ ቐይሕ ሓጺር ኩርባን እቲ መቓብርን ዝተሰጥሐ ጐልጎል፣ ናይ ኣርባዕተስመራ ዚሕረስ መሬት እዩ ነይሩ። ኣብዚ ዚጥቀስ ዘሎ ግዜ፣ እቲ መቓብር መካበብያ ኣይነበሮን። እቲ ሕሩስ መሬት ብሸነኽ ሰሜናዊ ምብራቑ ምስቲ መቓብር ልጉብ እዩ ዝነበረ። ሓድሓደ ግዜ፣ ሰብ ብገለ ምኽንያት ናብቲ ሕሩስ መሬት ኣርሒቑ ምስ ዚኣቱ፣ ብሃንደበት ኣብ ጐኑ ሳምዕ ዝተተርኣሰ ኾምራ ኣእማን ይርኢ'ሞ፣ መቓብር ከም ዝኾነ ብዝፈለጠ ብስንባደ ጋእ ይብል ነበረ።

ኣብ ጥቓ'ቲ ገዛ-ኽራማ ሓደ ናይ ህዝቢ ዓይኒ ምድሪ ነይሩ። እቲ ዓይን-ምድሪ በብግዜኡ ምስ ዚመልእ፣ ሓንቲ ዓባይ ናይ ኣጀያ መጻይት-ማኪና መጺኣ ነቲ ጠ'ቃር ሓተላኡ ኣብቲ ሕሩስ መሬት ትድሕድሖ ነበረት። ሽታኡ ዓዲ ዜሕድግ እዩ ነይሩ። እቲ ሕሩስ፣ ዓይኒ ድሕሪ ምሓዙ፣ ማንም ሓላፍ መገዲ ቐልቀሉ ኣብኡ እዩ ዜራግፍ ዝነበረ።

ኣብቲ ንሕና ናብ ሪጋ ፌሮቭያ ዝመጻእናሉ ወርሓት፣ እቲ ግራውቲ ንቑጽ ድንኩል ጥራይ ነበሮ። ሓደ ቐጢን መገዲ-እግሪ፣ ብጥቓ'ቲ ገዛ-ኽራማ ተጸጊዑ ብማእከል እዚ ሕሩስ'ዚ ሰንጢቑ ናብ ሪጋ ፌሮቭያ ዜምርሕ ነይሩ።

እቲ ሓድሽ ዝተኻረናዮ ገዛ፣ ዋናኡ ኣደይ ለተሱስ ዚብሃላ፣ መኽደኒኡ ዚንጎን ሙራለን ጥራይ እዩ ነይሩ። ክራዩ ንወርሒ ካብ ኣርባዕተ ሽልን ዚዛይድ ዝነበረ ኣይመስለንን። ክልተ መስትያቱ ነቓዕ፣ ብሽንቲ ሃመማ ዝጠቀረ መሳኾቲ፣ ሓደ ብቕድሚት ሓደ ብድሕሪት ነይርዎ። መንደቑ ሓርፋፍ ብጻዕዳ ኖራ ዝተለቕለቐ፣ ባይታኡ፣ ከምቲ ናይ ኣባሻውል ሓመድ ዘይኮነስ ብልሙጽ ስሚንቶ ዝተለበጠ ነበረ። እዚ ንኣይ ሓድሽ ነገር ነበረ። ምስቲ ኻንሸሎና ብሰንኰፍ ኣረጊት ጠዋሉ ዝተገርዘ፣ ክንድ'ቲ ንሕና ዝተኻረናዮን ብሓደ ጐኑ ድማ ንኣሽቱ ዚካረ ተርታ ጓሮታት ዝነበሮን ቀጽሪ ድማ ነይሩ። ዋንኡ ኣደይ ኣቕላስያ እየን ዚብሃላ ነይረን።

ካብቶም መጀመርታ ዝተላለኽዎም ደቂ ገዛውትና ተኪኤ መኾሲ እዩ። ኣቦታትና'ውን መኾስታት እዮም ነይሮም። በዚ ምኽንያት'ዚ፣ ተኪኤ ዓብን ተኪኤ ንእሽቶን ንብሃል ነበርና። እቲ ዓቢ ዝተባህለ ደጊም ኣነ'የ። ብድሕሪኡ፣ በብዕለቱ ዝተላለኽዎም መሳቶይ፣ መለስ ተኸሉ፣ ኣንጀሎ ወደ'ደይ ጕያይ፣ ገረመስቀል ዓጭም ምስ ሓዉ መሓሪ፣ ፍጹም ወልደማርያም፣ ካሕሳይ ተስፋይ፣ ክፍለ ወድ'ደይ እልፋጋ፣ ሳህለ ዓንድንኪኤል፣ ኣሕፈሮምን ኣብርሃ ሓዉን ካብቶም ዘይርስዖም እዮም። ዮሃንስ ገረመስቀልን ግርማይ ሓዉን፣

ግርማይ ወድ-ገሬ፣ ወድ-ጓለን ነደይ ኣቕላስያ፣ በረኸት ዓንድንኪኤል፣ ካባና ዚዓብዩ፣ እዚኣቶም'ውን ደቂ ሪጋ ፌሮቨያ እዮም ነይሮም።

ኣደይ፣ ሳላ ጀበና፣ ምስተን ሓደስቲ ጐረባብታ ኸትላለ ግዜ ኣይወሰደላን።

ሪጋ ፌሮቪያ ነንበይኑ ዝዓዶምን ዝዓሌቶምን ነባር እዮም ነይሮሙዋ። መብዛሕትኦም፣ ብግዜ ጣልያን ሽቕለት ደልዮም ካብ ትግራይ፣ ጐንደር፣ ወሎ፣ ጐጃም፣ ከምኡ'ውን ካብ ካልእ ሽነኽ ኢትዮጵያ ዝመጹ ነበሩ። ናብታ ሽው ሳላ መግዛእቲ ብተዛማዲ ዝያዳ ዕምርቲ ዝነበረት ኣስመራ። ኣረ'ውን፣ ገለ ኻብኣቶምስ፣ ካብ ላሊበላ ዝመጹ'ዮም ይመስለኒ፣ ኣብ ሓንቲ ኣብቲ ኸባቢና ዝነበረት ጸባብ ጓሮ ተኻርዮምስ፣ ምሸት ዓይኒ ኺሕዝ ከሎ ኣይደርፌ ኣይቍዘማ ብዚጥዕም ገዓሮም ንብምሉኡ እቲ ጐረባብቲ ኺርብሽዎ ይዝከረኒ። ደሓር ምስ ዓበኹ፣ ካብ መሳርሕተይ ኢትዮጵያውያን ኬዕልሉን ኪጨራረቑን ከም ዝሰማዕኩዎ፣ ከምኡ እንተ ዘይገይሮም ን"ሕማም ደዌ" ኽም ዚቃልዑ ማሪት ስለ ዝነበሮም እዮም።

ሪጋ ፌሮቪያ ሓደ ኽፋል ናይ "ዞባ ካራቫንሰራልዮ" እያ። ኣብዚ ዚዝንተወሉ ዘሎ እዋን መጕዚታዊ ምሕደራ እንግሊዝ፣ እቲ ብዘበን ጥልያን ዝቖመ ኣመሓዳድራ ብዙሕ ኣይተለወጠን። ከምተን ካልኦት ዞባታት ኣስመራ ተመሳሳሊ ኣገልግሎት ጽሬት፣ ሓለዋ ጥዕና፣ ዳንነት እዩ ነይሩዋ። እቲ ዞባ ብሓፈሻ ስለምንታይ "ካረቫንሰራልዮ" ኽም ዝተባህለ ኣይፈልጥን። ኣብ መዝገበ-ቓላት ተወኪሰ ኽም ዝተረድኣኒ ግና፣ ካብ ቋንቋ ፋርስ ዝመንጨወ፣ ምናልባት ብጣልያን ወይ ብቱርኪ ኣቢሉ ናብ ሃገርና ዝተኣታተወ ኣጸዋውዓ ኪኸውን ይኽእል።

እቲ ገዛውትና ዳርጋ ስሩዕ ህይወት እዩ ነይሩዎ። ናብራ ናይቶም ሰባት ካብቲ ናይ ኣባሻውል ብዙሕ ዚፍለ ኣይነበረን። ናይተን ስድራ ኣቦታት፣ ካብኣቶም ብርከት ዝበሉ፣ ኣብ ፌሮቪያ፣ ኣብ ነንበይኑ ትሑት ሞያ ዝተዋፈሩ እዮም ነይሮም። ብጀካ'ዚ፣ ኣብ ዝተፋላለየ ሽነኽ ኣስመራ፣ ኣብ ናይ መንግስቲ ስራሓት፣ ኢጣልያውያን ኣብ ዚውንንዎ ትካላትን ፋብሪካታትን፣ ከም ሓገዝቲ ሰብ ሞያ፣ ኣሳሰይትን ተለኣኣኽትን ኣብ ትካላት ወሃብቲ ኣገልግሎት ዝተቘጸሩ እዮም ዝነበሩ። እዚኣቶም ዂላቶም፣ ጋሕጋሕ ምድሪ ወፊሮም ቀትሪ ናብ ገዝኦም ንምሳሕ ተቐልቂሎም፣ ዳግም ናብ ስራሕ ተመሊሶም ክሳዕ ዕራርቦ ኣብቲ መለሳ-ኣልቦ ዕዮኦም ተጸሚዶም ዚውዕሉን ዜምስዩን ነበሩ። እቶቶም ካብ ኢድ ናብ ኣፍ ነበረ። ከመይሲ፣ እቲ ብዘበን ጥልያን ኣብ መንጎ እቶም "ኢንዲጂኒ" ዚብሃሉ ሸቃሎን ኢጣልያውያን ኣስራሕቶምን ዝነበረ ዘርኣዊ ርክብ ክሳዕ'ዚ እዋን'ዚ ኣይተለወጠን።

እዚ ኺብሃል ከሎ፣ ብነብሶም ዚሓድሩ ደቀባት ኣይነበሩን ማለት ኣይኮነን። ንኣብነት ማኪና ጽዕነት ዚውንኑ'ኳ ነይሮም። ሒደት ደኣ'ዮም

እምበር፣ ናይ ገዛእ ርእሶም ኣስባሾ፣ እንዳ መጥሓን፣ እንዳ ካልሶላዮ፣ ባራት ዜካይዱ'ውን ነይሮም።

እቲ ሰፈር ጥጡሕ ጽርግያ ሓመድ ስለ ዝነበሮ፣ ማይ ብቦጥ ይዕደል ነበረ። ከምዚ ኸነሱ ግና ኣብ ከባቢ ማይ ባውዛን ካብ ዚርከብ ብርከት ዝበለ ዒላታት፣ ካብ ረፍዲ ኣትሒዞም ክሳዕ ዕራርቦ፣ ገረወይናኣም ናብ መዓምቝ ኣጥሊቖም ማይ ዚግልሉ፣ ጅርባ ዝተለጠጣ ወይ ሌጣ ኣእዱጎም እናገንሑ ንየው ነጀው ዚመላለሱ ማይ ዚሸጡ ብዙሓት እዮም ነይሮም።

ብጀካ ሰብ ጅርባ፣ ሪጋ ፌሮቪያ ዳርጋ ዕለት-መጸ፣ ካብ ረፍዲ ጀሚሩ ኽሳዕ ፋዱስ፣ ካብ ክንዮ ሃዳሙ ብዚመጽኣ ዕንጨይቲ ዝተጻዕና ቃፍላያት ገመል ተጐዝጒዘን ዚሓልፋሉ እዩ ነይሩ። እቶም ጐይተተን ሸሃያት ብፍሉይ ኣገባብ እናገንሑ እዮም ዜግርዕወን ነይሮም። ኣብቲ ሰፈርና ብዝበጽሓ፣ ብኽንደይ ገዓርን ዓዕታን እናተነዋነዋ፣ ዚዕጸፍ ዘሎ ዓርሞሸሽ መንበር ኪመስላ ድሕሪ ምብራኸን፣ ጨው ኣብ መለሊኽ እናመልኡ የቕሒሙወን ነበሩ። እዚ ኹሉ ንኣና ንህርቡታት ቈልዑ ትንግርቲ እዩ ነይሩ። እቶም ሸሃይ ግዳ ኣመና ናብኣተን ከይንቐርብ፣ ብፍላይ ድማ ብድሕርአን ከይንጽጋዕ የባርሩና ነይሮም። እተን ኣግማል ብቕሒሞ ጨው ብዝዓገባን ብዘዕረፉን፣ ጐይተተን መሊሶም ከምቲ ናይ ቅድም ብዚመስል ኪትንስኣ ይገንሑወን። እናገዓራን እናዓፈራን እናተናዋነዋን ብድድ ኢለን ከኣ ጕዕዞአን ናብ ከተማ ገጸን ይቕጽላ ነበራ።

"ሓሊብ ሓሊብ!" ዚብሉ ትግረ ድማ ነይሮም። ደቂ ጕልዒ ምዃኖም ደሓር እየ ፈሊጠ። እዚኣቶም'ውን ናብ ሪጋ ፌሮቪያ የላግሱ ነበሩ። ጸባ ጤል እዮም ዚሸጡ። እዚ፣ ናጽላ ወይ ቈልዑ ብዘሎወን ኣንስቲ ኣዝዩ ፍቱው ነበረ። እቲ ጸባ ኣብ ብዓል መንጠልጥሎ ንእሽቶ ገረወይና ተመሊኡ፣ እንተ ዘይተጋገየ፣ ብጨናፍርን ኣቕጽልትን ኪልዓው ዝተደብአ እዩ ዝነበረ። "ቀጢን" ብዚብሃል ንእሽቶ ታኒካ እናተሰፍረ ድማ ይሸየጥ ነበረ።

ኸጠራሙስ ደ'ለዋ (ዘ'ሎዋ) ጠራሙስ!
ጠራሙስ ደ'ለዋ ጠራሙስ!"

እዚኣቶም፣ መብዛሕትኦም ካብ ከባቢ ዓዲ ግራት ዝመጹ፣ ጠራሙስ ካብ ገዛውቲ እናዓደጉ፣ ወይ ብበደላ እናኣከቡ፣ ናብርኦም ዚመርሑ ህርኩታት መንእሰያት እዮም ነይሮም። በዚ ደሃዮም'ዚ ድማ ንህይወት እቲ ገዛውትና ብዓቕሞም የዐምሩዎ ነይሮም። ሎሚ፣ ካብዞም ጠራሙስ ብምእካብ ዝጀመሩ ሰባት፣ እቲ ብሳናቲም ዚቕጽር መኽሰቦም ናብ መስተን ካልእ ኣባኻኒ ወልፍን ከይዘረዉ፣ ፍሉጣት ሃብታማት ናይዛ ኸተማና ዝኾኑ ኣለዉ ወይ ነይሮም።

ክራማ ዓሌላ ቲዲ'ጉ በርበረ!
ኒሺል ጉማማ! ቲዲጉ በርበረ!"
ኒሺል ጉማማ! ቲዲጉ በርበረ!"

"ክራማ ኣለናኩም፣ ጐሓፍ ንወሰድ! በርበረ ንወ'ቅጥ!" ማለት'ዩ መስለኒ። እዚኣቶም'ውን ገና ኣብ ኣባሻውል ከለና፣ እቲ ዜማ ዘሎዎ መወዓውዒኦም ንሰምዖ ዝነበርና፣ ኣቐዲመ ዝጠቐስኩዎም ማሕበረኮም እዮም።

ዒላም ዒላም!" ዚብል ዜማ ዘሎዎ ኻልእ ደሃይ ካብ ግዳም ዚስማዕ ድማ ነይሩ።

"ኣዴኺ ቐያሕ ድያ ጸ'ላም! ጓል'ዛ ወ'ላም!" ይብል ሓደ ወስላት መሰታና ርሕቕ ካብ ዝበለ ቦታ ተሓቢኡ።

"ኤህ! ከመይከ ተመንቈስ!" ትምልሽ ወያ ዝተቘጥዐት ሸያጢት ዒላም።

"ኪርኪርኪር!"

"ከመይከ'ስናንካ ይደርቀም!"

"ኪርኪርኪር!"

"ዒላም ዒላም!" እናረሓቐ ይቕጽል እቲ ዜማ ዘሎዎ ደሃይ።

እዚ ሽሕኳ ናይ ቈልዑ ኣኼስ ተግባር እንተ ኾነ፣ ኣብቲ ዝነበርናዮ ዕድመ፣ ንኣና ገንዘብ ዘ'ይኽ'ፈሎ፣ ህንጻ ዘ'የድልዮ፣ መጻሕፍቲ፣ መምህር ዘ'ይጠልብ *ሙዓለ-ሕጻናት* እዩ ነይሩ። በዚ ኣጋጣም'ዚ፣ ክሳዕ'ዚ ዘዘንትወሉ ዘለኹ እዋን ኣነን እቶም መሳቶይን ትምህርቲ ገና ኣይጀመርናን።

ኣብ ኣባሻውል ከለና፣ ጐረባብትና ፍርቅ-መዓልቲ ኸም ዝኣኸለ ዚፈልጡ፣ ደወል ናይ ካተድራለ ብምስማዕ ነበረ። ኣብ ገዛ ሽኒሻ ምስ መጻእና ግዳ ብጀካ'ቲ ዝለመድኩዎ ደወል፣ ካልእ ፍሉይ ዝቓናኡ ደወል ናይ ቤተክርስትያን ከም ዝነበረ ኸስተብህል ግዜ ኣይወሰደን። ናይታ ግንባ ብቕዲ ኤውሮጳ ዝተነድቀ ቤት-ክርስትያን ከኒሻ እዩ ነይሩ። ብፍላይ ድማ ሰንበት መጸ፣ ምእመናና ንኣምላኾም ምእንቲ ኺስብሑን ኬመስግኑን፣ ካብቲ ዝተደኰነትሉ በረኸ ቀይሕ ከርከስ፣ ደወላ ኣብ መላእ ገዛ ሽኒሻን ካራቫንሰራልዮን ታሕታይ ሹቕን ክሳዕ ዚስማዕ ብንጽል ቃና ተቃልሕ ነበረት።

ግዜ እናሓለፈ ብዝኸደ፣ በብቕኑብ ንሪጋ ፌሮቭያ ጥራይ ዘይኮነስ ንብምሉኡ እቲ ገዛ ሽኒሻ ዚብሃል ክሳብ ድብዚቶን (ዶፖዚቶ) ፌሮቪያን ማይ ባሕርያን፣ ቤት-ግዮርጊስን፣ ሃዳሙን፣ መደበርን፣ መሸጐራጕሩ ኸይተረፈ ኸለልዮን ክፈልጠን ከኣልኩ። ገሊኡ፣ ምስቶም መሳቶይ፣ ገሊኡ ድማ ምስቶም

እምበር፣ ናይ ገዛእ ርእሶም ኣስባሾ፣ እንዳ መጥሓን፣ እንዳ ካልሰላዮ፣ ባራት ዜካይዱ'ውን ነይሮም።

እቲ ሰፈር ጥጡሕ ጽርግያ ሓመድ ስለ ዝነበሮ፣ ማይ ብቦጥ ይዕደል ነበረ። ከምዚ ኸነሱ ግና ኣብ ከባቢ ማይ ባውዛን ካብ ዚርከብ ብርከት ዝበለ ዒላታት፣ ካብ ረፍዲ ኣትሒዞም ክሳዕ ዕራርቦ፣ ገረወይናኦም ናብ መዓምኞ ኣጥሊቖም ማይ ዚግልሉ፣ ጅርባ ዝተለጠጣ ወይ ሌጣ ኣእዱጎም እናገንሑ ንየው ነጀው ዚመላለሱ ማይ ዚሸጡ ብዙሓት እዮም ነይሮም።

ብጀካ ሰብ ጅርባ፣ ሪጋ ፌሮቪያ ዳርጋ ዕለት-መጸ፣ ካብ ረፍዲ ጀሚሩ ኸሳዕ ፋዱስ፣ ካብ ክንዮ ሃዳሙ ብዚመጽኣ ዕንጨይቲ ዝተጻዕና ቃፍላያት ገመል ተጕዝጒዘን ዚሓልፋሉ እዩ ነይሩ። እቶም ጕይተተን ሸሃያት ብፍሉይ ኣገባብ እናገንሑ እዮም ዜግርዐወን ነይሮም። ኣብቲ ሰፈርና ብዝበጽሓ፣ ብኸንደይ ገዓርን ዓዕታን እናተነዋነዋ፣ ዚዕጸፍ ዘሎ ዓርሞሸሸ መንበር ኪመስላ ድሕሪ ምብራኹን፣ ጨው ኣብ መለሊኽ እናመልኡ የኞሑሙወን ነበሩ። እዚ ኹሉ ንኣና ንህርቡታት ቈልዑ ትንግርቲ እዩ ነይሩ። እቶም ሸሃይ ግዳ ኣመና ናብኣተን ከይንቐርብ፣ ብፍላይ ድማ ብድሕርአን ከይንጽጋዕ የባርሩና ነይሮም። እተን ኣግማል ብኞሕሞ ጨው ብዝዓገባን ብዘዕረፋን፣ ጕይተተን መሊሶም ከምቲ ናይ ቅድም ብዚመስል ኪትንስኣ ይገንሑወን። እናገዓራን እናዓፈራን እናተናዋነዋን ብድድ ኢለን ከኣ ጕዕዞአን ናብ ከተማ ገጸን ይቕጽላ ነበራ።

"ሓሊብ ሓሊብ!" ዚብሉ ትግረ ድማ ነይሮም። ደቂ ጕልዒ ምኻኖም ደሓር እየ ፈሊጠ። እዚኣቶም'ውን ናብ ሪጋ ፌሮቪያ የላግሱ ነበሩ። ጸባ ጤል እዮም ዚሸጡ። እዚ፣ ናጽላ ወይ ቈልዑ ብዘሎወን ኣንስቲ ኣዝዩ ፍቱው ነበረ። እቲ ጸባ ኣብ ብዓል መንጠልጥሎ ንእሽቶ ገረወይና ተመሊኡ፣ እንተ ዘይተጋግየ፣ ብጨናፍርን ኣኞጽልትን ኪልዓው ዝተደብአ እዩ ዝነበረ። "ቀጢን" ብዚብሃል ንእሽቶ ታኒካ እናተሰፍረ ድማ ይሸየጥ ነበረ።

"ጠራሙስ ደ'ለዋ (ዘ'ሎዋ) ጠራሙስ!
ጠራሙስ ደ'ለዋ ጠራሙስ!"

እዚኣቶም፣ መብዛሕትኦም ካብ ከባቢ ዓዲ ግራት ዝመጹ፣ ጠራሙስ ካብ ገዛውቲ እናዓደጉ፣ ወይ ብበደላ እናኣከቡ፣ ናብርኦም ዚመርሑ ህርኩታት መንእሰያት እዮም ነይሮም። በዚ ደሃዮም'ዚ ድማ ንህይወት እቲ ገዛውትና ብዓቕሞም የዐምሩዎ ነይሮም። ሎሚ፣ ካብዞም ጠራሙስ ብምእካብ ዝጀመሩ ሰባት፣ እቲ ብሳናቲም ዚኞጽር መ'ኽሰቦም ናብ መስተን ካልእ ኣባኻኒ ወልፍን ከይዘረዉ፣ ፍሉጣት ሃብታማት ናይዛ ኸተማና ዝኾኑ ኣለዉ ወይ ነይሮም።

ክራማ ዓሌላ ቲዲ'ጉ በርበረ!
ኔሺል ጉማማ! ቲዲጉ በርበረ!"
ኔሺል ጉማማ! ቲዲጉ በርበረ!"

"ክራማ ኣለናኩም፣ ጐሓፍ ንወሰድ! በርበረ ንወ'ቅጥ!" ማለት'ዩ መስለኒ። እዚኣቶም'ውን ገና ኣብ ኣባሻውል ከለና፣ እቲ ዜማ ዘሎዎ መወዓውዒኦም ንሰምየ ዝነበርና፣ ኣቐዲመ ዝጠቐስኩዎም ማሕበረኮም እዮም።

ዒላም ዒላም!" ዚብል ዜማ ዘሎዎ ኻልእ ደሃይ ካብ ግዳም ዚስማዕ ድማ ነይሩ።

"ኣዴኺ ቐያሕ ድያ ጸ'ላም! ጓል'ዛ ወ'ላም!" ይብል ሓደ ወስላት መሰታና ርሕቕ ካብ ዝበለ ቦታ ተሓቢኡ።

"ኤህ! ከመይከ ተመንቈስ!" ትምልሽ ወያ ዝተቘጥዐት ሸያጢት ዒላም።

"ኪርኪርኪር!"

"ከመይከ'ስናንካ ይደርቀም!"

"ኪርኪርኪር!"

"ዒላም ዒላም!" እናረሓቐ ይቕጽል እቲ ዜማ ዘሎዎ ደሃይ።

እዚ ሽሕኳ ናይ ቈልዑ ኣኼስ ተግባር እንተ ኾነ፣ ኣብቲ ዝነበርናዮ ዕድመ፣ ንኣና ገንዘብ ዘ'ይኽ'ፈሎ፣ ህንጻ ዘ'የድልዮ፣ መጻሕፍቲ፣ መምህር ዘ'ይጠልብ *ሙዓለ-ሕጻናት* እዩ ነይሩ። በዚ ኣጋጣም'ዚ፣ ክሳዕ'ዚ ዘዘንትወሉ ዘለኹ እዋን ኣነን እቶም መሳቶይን ትምህርቲ ገና ኣይጀመርናን።

ኣብ ኣባሻውል ከለና፣ ጐረባብትና ፍርቅ-መዓልቲ ኽም ዝኣኽለ ዚፈልጡ፣ ደወል ናይ ካተድራለ ብምስማዕ ነበረ። ኣብ ገዛ ኽኒሻ ምስ መጻእና ግዳ ብጀካ'ቲ ዝለመድኩዎ ደወል፣ ካልእ ፍሉይ ዝቓናኡ ደወል ናይ ቤተክርስትያን ከም ዝነበረ ኽስተብህል ግዜ ኣይወሰደን። ናይታ ግንባ ብቕዲ ኤውሮጳ ዝተነድቀ ቤተ-ክርስትያን ከኒሻ እዩ ነይሩ። ብፍላይ ድማ ሰንበት መጸ፣ ምእመናና ንኣምላኾም ምእንቲ ኺስብሑን ኬመስግኑን፣ ካብቲ ዝተደኰነትሉ በሪኽ ቀይሕ ከርከስ፣ ደወላ ኣብ መላእ ገዛ ኽኒሻን ካራቫንሰራልዮን ታሕታይ ሹቕን ክሳዕ ዚስማዕ ብንጽል ቃና ተቃልሕ ነበረት።

ግዜ እናሓለፈ ብዝኸደ፣ በብቑሩብ ንሪጋ ፌሮቨያ ጥራይ ዘይኮነስ ንብምሉኡ እቲ ገዛ ኽኒሻ ዚብሃል ክሳብ ድብዚቶን (ዶፖዚቶ) ፌሮቪያን ማይ ባሕርያን፣ ቤት-ግዮርጊስን፣ ሃዳሙን፣ መደበርን፣ መኸጐራጕሩ ኽይተረፈ ኽለልዮን ክፈልጠን ከኣልኩ። ገሊኡ፣ ምስቶም መሳቶይ፣ ገሊኡ ድማ ምስቶም

ካባና ዕብይ ዝበሉ ንምሕምባስ፣ ንመንትግ ዚኸውን ናይ ካመራዳርያ ጎማ ንምዕዳግ ናብ መደበር ብምኻድ፣ ወይ እቶም ኣያታትና ንግጥም ዞዕሶ እግሪ ብዅዕሶ ኻልሲ ኣብ ዚንቀሳቐሱሉ ግዜ ከም ዓጀብቲ ወይ ቲፎዞ ብምዃን።

ኣብ ክረምቲ፣ ኣብቲ ደንደስ ርባ ተገምጊምና ነቲ ብጥቓ ገዛውትና ዚሓልፍ ብርቱዕ ውሕጅ ንዕዘብ፣ ኣብቲ ጥሉል ባይታ "ኣወራራስ ዓለም" ንጻወት፣ ንኣሽቱ ቐራር ብጸብሪ ንኸትር፣ ጭቃ ዋለኻ ጌርና በብዓይነቱ ምስሊ እናሰራሕና ንዘናጋዕ ነበርና። ኣብ ወርሓት ቅዱስ ዮሃንስን መስቀል ብራቕን፣ ከም ወትሩ ንሆየሆየ ዚኸውን ንቑጽ ቈልቋል ብበትሪ ኽንሽዅሽዅን ንሕሩድ ዝተዓደገ እንስሳ እንተሎ ብሳዕሪ ግዳም ክንቅልብን ዕለታት እናጸብጸብና ንጽበ ነበርና።

ንቤት-ገርግስ ንፋልማየይ ዝረኣኹዎ ዕለት ብትኽክል ኣይዝክሮን። ሽሙ ኺርቓሕ ግና እሰምዕ ነይረ። ሓደ ድሕሪ ቐትሪ፣ ኣቦይ ካብ መንጎ ጸወታይ ጸዊዑ፣ ኣብታ ሮንዴላ ብሽክለታኡ ኣጐርበተኒ። ካብቲ ኣሰልካዪ ዚመስል ህይወት መለሳ ምእንቲ ኺኾነኒ ኢሉ'ዩ ይመስለኒ። ነቲ ፔዳለ እናረገጸ፣ በቲ ኣብ ጥቓ ባር ሮማ ዚርከብ ዓቢ ሚዛን ማኻይን ጽዕነት ተጐዝጒዝና ንጸጋም ተጠወና'ሞ፣ ናብ ድ'ብዚቶ ዚወስድ ሓውሲ ዓቐብ መገዲ ቕጥራን ሒዝና ገስገስና።

ኣቦይ ፔዳለኡ ብሓይሊ እናረገጸ፣ እቲ ጎማ ሮንዴላ ናይ ብሽክለታኡ ኸም ዚብ'ወዝ ጠላዕ እናተጥራዕርዐ ጕዕዞና ቐጸልና። ጐማ ናይ ሮንዴላ ምስ ዚኣርግ ጠራዕራዕ ዚብል ድምጺ እዩ ዚህብ። ጸኒሑ፣ እንዳ መረንጊ ምዃኑ ዝፈለጥክዎ ፋብሪካን እታ ብርሑቕ ኡእታኣ ኽሰምዖ ዝሓገኹን ዝኸረምኩን ሲረና ዘላቶ ናይ መገዲ ባቡር ቤት ጽሕፈትን ሓሊፍና፣ ኣብቲ ብቐይሕ ሕጡብ ዝተነድቀ ኣጀያ በጻሕና። ቀጺሉ፣ ብየማን ጸጋሙ ብዕሙር ዝተፈላለየ ዝጅሩ ቈጠቍጥ ዝተሸፈነ ጐቦታት ሰንጢቕና፣ ነቲ ፎረስታለ ዚቕመጡሉ ቐጽሪ ብጸጋምና ተጐዝጒዝናዮ በቲ መገዲ ቕጥራን ቐጸልና። ኣቦይ ዓቐብ ስለ ዝኾነ እናላህልሀ ፔዳለ ምርጋጽ ኣየቋረጸን።

ብድሕረናን ብቕድመናን ዝመጸ ባሊላ፣ ባቱራ ዚብሃላ ንኣሽቱ ማኻይንን ሽንቲ ኡኖን ትሬንታ ኳትሮን ዝሕላገተን ዓበይቲ ናይ ጽዕነት ማኻይንን መጠንቀቕታ ቢብታኣን እናነፍሓ ብቕድመናን ብድሕረናን ተጸጊዐናና ሓለፋ። እተን ንኣሽቱን ዓበይትን ማኻይን ዞላቶም ዘወርተን ጸዓዱ እዮም ነይሮም።

ኣብ መወዳእታ፣ እቲ ጽርግያ ንቝልቁል ኪሃትፍ ኣብ ዝጀመረሉ ጽሙው ቦታ ምስ በጻሕና፣ ኣቦይ ፔዳለ ምርጋጽ ኣቋረጸ። ብዙሕ ከይገስገስና ኣብቲ ቝልቍለት ጽርግያ ቕምና። ካብይ ከም ዝመጸ ዘይተረድኣኒ ሽታ

ናይ ዚነድድ ነገር ብንፋስ ተጸይሩ ናብ ጽርንቕተይ በጽሐ። ካብቲ "ስካሪኮ" ዝተባህለ መራገፍ ጐሓፍ ዝነቐለ ኸም ዝነበረ ደሓር እየ ፈሊጠ።

"እተን ኣህባይ ትርእየንዶ'ለኻ! " ሓተተኒ ኣቦይ።

"ኣበየ'ለዋ!" ጠየቕኩ ናብቲ ብሸነኽ የማን ዝነበረ ኾረቢት እናማዕደኹ።

"ኣብቲ እናዋልካ" በለኒ ኣቦይ ናብቲ ብትሕቲ እቲ ዝቖምናሉ ቕጥራን ብሸነኽ ጸጋሙ ናብ ዝነበረ ደንጐላን ግውርን ዝበዝሖ ቑልቑለት እ'ናመልከተ።

ዜገርምዩ፣ ካብቲ ዝነበርናዮ ካብ ሰላሳ ሜትሮ ኣብ ዘይዛይድ ርሕቀት፣ ሓደ ዕስለ ኣህባይ ተዘሪወን ረአኹ። እተን ዋጭላት ገሊኤን ኣብ ዝባን ኣዴታተን ዝሓኾራ፣ ገሊኤን ድማ ኣብ ደረተን ተንጠልጢለን ነበራ። ኣብ መንጎኦም፣ መቐመጫኡ ቐይሕ ስጋ ዚመስል፣ ጽዑቕ ነዊሕ ፋረ ዝነበሮ፣ ብግዝፉ ምርኡይ ህበይ'ውን ነይሩ። እዚ "ጋውና" ኸም ዚብሃል ኣቦይ ነገረኒ። ትርኢቱ ኣዝዩ ኣፍርሃኒ። መልክዑ፣ ንገለ ኻብቶም ገለ ነገር ምስ ዝብድል፣ በቲ ደም ዝሰረበ ኣዒንቶም ዚገንሑኒ ሽያባት ኣረገውቲ ሰባት ኣዘኻኸረኒ። ብሃንደበት፣ እቲ ጋውና ህላወና ዝረበሾ ኺመስል፣ ዓይንዓይንና እናጠመተ ግርጻኑን ዓቃቢቶኡን ኸሳዕ ዚቕላዕ ከናፍሩ ኣገፉጹ ጋሕግሐ፤ እቶም ዝተረፉ፣ ንኡ ተኸቲሎም ከም ዕቡዳት እናዘለሉን ተኣንጒዶም እናበድሁን ዋጭዋጭታኦም ፈነዉ። እቲ ትርኢት ንኸምዚ ኸማይ ዝኣመሰለ ንእሽቶ ቈልዓ ኣዝዩ ዜፍርህ ነበረ።

ናይ ነገር ቈልዓ ኸ'ይተርፍ ግና፣ ኣቦይ ዝኾነ ኺገብር ከም ዘየጸግሞ ብምትእምማን፣ ካብቶም ደቀቕቲ ቓውጫት ንሓደ ኺሕዘለይ ሓተትክዎ።

"ዘይኸውን'ዩ ዝወደይ፣ ሃየ ንዓናይ ንመለስ፣" መለሸለይ።

"ኣንታ'ቦ...፣ ካብተን ንኣሽቱ ሓንቲ ጥራይ፣" ቀጸልኩ ምስናይ ምኒንታይ።

"ተጸሊልካ ኢኻ 'መስለኒ፣ ከተቕትለኒ!"

"... እቲኣ ንበይና ዘ'ላኸ... ኣንታ'ቦ... "

ምእንቲ እቲ ዝበሎ ሓቂ ም'ዃኑ ኺርድኣኒ ኢሉ'ዩ ይመስለኒ፣ ብሽክለታኡ ኣብቲ ባይታ ኣንጺፉ ናብተን ዕስለ ኣህባይ ኪቐርብ ፈተነ። እቲ ጋውና ምስ ብጮቱ ኼድሓርሕር ጸኒሑ ብሃንደበት ግልብጥ በለ፣ ከናፍሩ ኻብ ናይ ቅድም ብዝረሓበ ኣገፉጹ፣ ግርጻኑን ዓቅዓቃቢቶኡን ቀሊዑ ደጋጊሙ እናጋሕግሐ ኼጥቅዕ ተደናደነ።

"ዎዎዎ! ከተቕትለኒ ኢኻ ኣንታ ቈልዓ፣" በለኒ ድማ ብሽክለታኡ ኻብቲ ባይታ እናልዓለ። "ሃየ ተላይ ተጐርበት! ናብ ገዛ ኸንምለስ ኢና፣" ወሰኸ ብቑጥዓ።

ክንምለስ ከለና እቲ መገዲ ቕጥራን ቑልቑል ስለ ዝነበረ ኣቦይ ከምቲ ቕድም ብቐጻሊ ፔዳል ምርጋጽ ኣየድለዮን። ድሕሪ ሒደት ምሽክርካር ወያ ሮንዴላ ክትሸዂኹ ግዜ ኣይወሰደላን።

“ማኖብርዮ ቀጥ ኣቢልካ ሓዞ!” በለኒ ኢዱ ኻብኡ እናለቐቐ።
ነቲ ማኖብርዮ ከም ዝፈነዎ ብዝረአኹ ብብህራረ ኣእወኹ።
“ኣጆኻ ቀጥ ኣቢልካ ጥራይ ሓዞ፣” በለኒ። ኣነ ግና፣ ”እምቢ ኽንወድቕ ኢና፣” እናበልኩ ብራዕዲ ኣውያተይ ፈነኹዎ።
“ኣንታ ኽመይ ዘሉኻ ምሽሙሽ ወኻርያ ኢኻ!” ኢሉ፣ መሊሱ ኣእዳዉ ኣብቲ ማኖብርዮ ኣዕለበ። በቲ ቕድም ዝመጻእናሉ መገዲ ድማ ብደሓን ሰላም ናብ ገዛና ኣቶና።

ሓደ መዓልቲ ኣብ ኣጋ ፋዱስ፣ ኣቦይ ሓንቲ ርእየያ ዘይፈልጥ ብሽክለታ ተወጢሑ ንምሳሕ ናብ ገዛና መጽአ። ናይ ገሊኦም ኣዕሩኹ ንግዜኡ ዝተለቅሓ መሰለኒ። እታ ብዓልቲ ፋናለን ባራፋንጎን፣ መንኰርኰራታ ብንፋስ ዚምላእ ጎማ፣ ካቴናኣ ኽዉል፣ ኮታስ ካብታ ናይ ቅድሙ ዝሓሸት ብሽክለታ፣ ገንዘብ ሓላሉ ምኺና ዝተረድኣኒ፣ መዓልቲ መጸ ናብ ስራሑ

ካብ ሮንዴላ ናብ ብዓልቲ ካመርዳርያ፤ ሪጋ ፌሮቭያ 1948

ብኣ ጥራይ ኼመላለስ ምስ ጀመረ ነበረ። ካልአይ ኢድ ምኻና ትርኢታ ዚምስክሮ ነበረ። እዚ ግና ንኣይ ዜገድስ ኣይነበረን። ኣብቲ ፈለማ እዋን ነቦይ ኣብዛ ብርቂ "ሓዳሽ" ብሽክለታኡ ኼወጥሓኒ ደጋጊመ ኣሽግሮ ኽም ዝነበርኩ ብተደፋንቖ እዝክር። እታ ንሓያሎ ዓመታት ዘገልገለቶ ሮንዴላኡ ናበይ ከም ዝተሸርበት ንግዜኡ ኣይፈለጥኩን። ናብ ዓድና ናብ ኣባርዳእ ንንግደት ተሓምቢለ ብዝኸድና፣ ኣስከሬና ኣብቲ ሰንቀ ህድሞ እንዳቦሓጎይ ተንጠልጢሉ ምስ ረኣኹ ሓወቦይ ወልዳይ ከም ዝኣከባ ኽፈልጥ ከኣልኩ። ክሳዕ'ዚ ቖረባ እዋን ድማ እቲ ካቴናኣ ጀንጣ ይመስል ተንጠልጢሉ ነበረ።

፫

ቤት ትምህርቲ እንዳ ቢዘን

እቶም ምሳይ ኪጻወቱን ኪጓየዩን ኪሰሓቑን ዚውዕሉ ዝነበሩ፣ ዳርጋ ኹላቶም ኣብ እንዳ ሃለቃ ምህሮ ስለ ዝጀመሩ በይነይ ተረፍኩ። ንሳቶም ኣብ ትምህርቲ ኣብ ዚውዕሉሉ ሰዓታት ጽምዋኡ ኼረኽበለይ ጀመረ። ልዕል-ኹሉ ድማ ኣጋ ምሸት ካብ ትምህርቲ ምስ ተመልሱ፣ ንወለዶምን ኣብቲ ገዝኦም ንዝጸንሑ ዓቢ ሰብ ኢዱ ተሳሊሞም፣ "ዝረገጽካዮ ለምለም፣ ዝተመሃርካዮ ንቐለም ይግበረልካ ዝወደይ፣" ተባሂሎም ብዝተመረቑን፣ ኣዴታቶም ካብ ጊባቦኣን ቅጫ፣ ጣይታ ወይ ዝተረኽበ ነገር ጠዓሞቶም ኪህባኦም ምስ ረኣኹ ኣዝየ ቐናእኩ። ብፍላይ መኹሰይ ተኪኤ ኣብ እንዳ ቢዘን ትምህርቲ ምስ ጀመረ። ስለዚ፣ ከም ሰበይ ክኸውን ተመነኹ። ተኪኤ ብዛዕባ "የኔታ"፣ ብዛዕባ'ቶም ዓበይትን ንኣሽቱን መማህርቱ፣ ብዛዕባ ኣብኡ ዝተማህሮ መዛሙር ብዜተሃራርፍ መገዲ እናሳዕ ምስ ደገመለይ ህንጥይናይ ሰማይ ዓረገ። የኔታ እንተ ኣዕገርገርካ ብሻቦጥ ከም ዚገርፉ ምስ ነገረኒ ግና፣ ሓቂ ይሓይሽ፣ ኣዝየ ፈራህኩ። ከምዚ ኸነሱ ግዳ ከመይ ገይረ ኣብኡ ትምህርቲ ኽጅምር ከም ዝኽእል ተገዲሰ ሓተትኩዎ።

"እንተደለኻ ሎሚ ኽትጅምር ትኽእል ኢኻ፣" በለኒ መኹሲ ሓደ ቐትሪ ድሕሪ ምሳሕ።

"ዋእ! እቶም የኔታ በታ ሻቦጥ እንተ ገረፉኒኸ!" ሓተትኩዎ እናተጠራጠርኩ።

"ስቕ ኢልካ ኽምቲ ንሕና እንገብሮ ኣብ ሳእና ጥራይ ተሳለማ። ኣብኡ ትምሃር መሲሉዋ ትም ክትብልያ፣" በለ ኼደፋፍረኒ። ተኪኤ ነቶም የኔታ፣ ንሶም ኣብ ዘይሰምዑዎ፣ ወትሩ በንስታይ ጾታ እዩ ዚረቑሖም ዝነበረ። ኣነ'ውን ጸኒሐስ ንኡ ደኣ ተኸተልኩ።

"ምናልባሽ እንተ ፈለጠትኒኸ! " ሓተትኩዎ።

"ኣይትፈልጠካንያ!"

"ብድሕሪኡኸ! "

"ንስድራኻ ትነግሮም'ሞ ንወርሒ ሓንቲ ሽልን ከተኽፍለካ'ያ።"

እቶም ከምኡ ኣብ እንዳ ቢዘን ዝጀመሩ ኻልኦት መሳቱና'ውን ልክዕ ከምቲ መኹሲ ዝበሎ ገይሮም ደራርዑኒ፤ ነደይ ከይነገርኩ ድማ ምስኣቶም ናብ እንዳ ቢዘን ኣምራሕና።

ትምህርቲ ሰዓት ክልተን ፈረቓን ኣቢሉ እዩ ዚጅምር ዝነበረ። ሽዓ ስለ ዝመጻእና፣ እቲ ቐጽሩ ሰብ ዜብሉ ጸምዩ ጸንሓና። ልክዕ ኣብቲ በሪ ናይቲ ኻንሸሎ እንዳ ቢዘን ክንበጽሕ ከሎና፣ ብዓል መኾሲ፣ "የኔታ እንሀዉ! የኔታ መጺኦም!" ኢሎም፣ ብጉያ ኸይዶም፣ ንሓደ ኻብ ሸነኽ እንዳ ማርያም ናብቲ ቐጽሪ ገጾም ዚግስግሱ ዝነበሩ ብዓል መጠምጠምያ ቐሺ፣ ኣብ ቅድመኦም እናተደበሩ በብተራ ጫማኦም ተሳለሙ። ኣነ'ውን፣ ብደመነፍሲ ብዚመስል፣ ከምኡ ገበርኩ። የኔታ ንኹላትና በብቲ ተርታና ብጉርምርምታ መረቑና። ቍንጽብ ዝበሉ ቐይሕ፣ ሽለላ ገጾም ተሪርን ጽቡቕን፣ ጭሕሞም ምሉእ ከም ዥሕሊ ዝምጽላሙ ነበረ። መሪጌታ ገብረስላሴ እዮም ዚብሃሉ ነይሮም።

እታ ንሰራሕተኛታት ፌሮቪያ ኸተዘኻኽር እትድህ ዝነበረት ሲረና፣ ናይ ሰዓት ክልተ ውዕዉዕ ኣውያታ ፈነወት። የኔታ ናብታ ጐር ናይቲ ንሶም ዚምህሩሉ ሂላ ኽፍሊ ዝተጸግዐት ንእሽቶ ኣስታንሳ መደቀሲቶም ካብ ዚኣትዉ ጸኒሖም እዮም። ተመሃሮ በብሓደ ናብቲ ቐጽሪ ኺመጽኡ ጀመሩ። እቶም ከክንዳና ዚኾኑ፣ ማይ ዝመልአ ጥርሙስ ኣንጠልጢሎም፣ እቶም ዕብይ ዝበሉ ድማ መጽሓፍ ፈደሎም፣ ኣርባዕተ ወንጀሎም ወይ ዳዊቶም ሒዞም በብተራ ናብቲ ዓቢ ቐጽሪ ኣተዉ። ጸጕረን ብመሃረብ ዝተጐልበበ፣ ክዳውንተን ክሳዕ ዥርኹረአን ዝበጽሐ፣ ንኣሽቱን ናብ ጕርዝና ዝተጸግዓን ኣዋልድ ብግደአን ሸናዕ እናበላ ናብቲ ቐጽሪ ኣተዋ።

ሰዓት ክሳዕ ዚኣክል፣ እቶም ንኣሽቱ እናዕገርግሩን እናዓንደሩን እናተጓየዩን እናተባኸዩን ኣሕለፍዎ። እቶም ዕብይ ዝበሉ፣ ገሊኦም ዥዕሶ-ኻልሲ ገይሮም ኣ'ቀባቓብ ይጸወቱ፣ ገሊኦም የዕልሉ (ይተሓኻኸዩ)፣ እቶም ንኣሽቱ ብኣጋጣሚ ምስ ዚርብሹዎም ድማ ይጻረፉን ይጋንሑን የጕርሩን ነበሩ። እተን ኣዋልድ ካብቶም ኣወዳት ፍንትት ኢለን፣ ገሊአን በብጽምዲ ወይ ንውልቀን ሓንዳይን ዝልዝልን ኪጸወታ ኸለዋ፣ እተን ዝተረፋ እናዕለላ፣ እናሰሓቓ፣ እናተጫረቓ፣ እናተሸማጠጣ ኣሕለፉኦ።

ብኡንብኡ፣ ናብቲ ብዚንጎ ዝተኸድነ ሂላ ገዛ እንኣትወሉ ሰዓት ኣኸለ። ሓደ ብዕድመ ኣዝዩ ዚመርሓና፣ ታረቀ ዝተባህለ፣ ከምኡ ድማ ብርሃነ በቀለ፣ ግርማይ በራኺ፣ ካሕሳይ ገረመድህን (ወዶም ነቦይ ገረመድህን ዋጣ) ብዝሸሞም እናተሓገዘ ኽንስራዕ ኣዘዘ። እቶም ብጮተይ ነቲ ነገር ተላሚዶሙዎ ስለ ዝጸንሑ፣ እቶም ዝሓጸሩ ብቕድሚት እናኾኑ በብቐመቶም ተሰርዑ። ንኣይ'ውን ደፋፊኦም ምስኣቶም ለኪሞም ኣብቲ መስርዕ ጸንበሩኒ። ሓድሽ ክነሰይ ዝተገደሰለይ ኣይነበረን።

ምስቶም ደቂ ገዛውተይን ሸዑ ንፈለማ እዋን ዝተቓላዕኩዎም ካብ በበይኑ ሸነኽ ናይ ኣስመራ ዝመጹ ኻልኦት ቈልዑን ብተርታ ናብቲ

ንመጀመርታ ግዜይ ዝርእዮ ዝነበርኩ ገፊሕ ገዛ ኣተኹ። እቶም ጥርሙስ ማይ ኣንጠልጢሎም ዝመጹ፣ ንብረቶም ኣብ ጥቓ'ቲ ማዕጾ ኣብ ዝነበረ ኾርናዕ እናኣቐመጡ ናብ ሓደ ብተርታ ዝተዋደደ ሒደት ርቦታት እናምርሑ ጎኒንጎኒ ተጐዛጒዞም ኮፍ በሉ። እቶም ዓበይቲ ኣብ ድኳታት መሳሊ ኣብ ዙርያ የኔታ ተቐመጡ።

ብኡንብኡ፣ እታ ኽፍሊ ዜማ ብዘሎዎ ኣመሃህራ ንባብ ናይ ፊደላት ኽትናወጽ ጀመረት። ኣብ መንጎ'ዚ ጭራሕምራሕ ዘሰነዮ ዕማም ምህሮ፣ እቶም የኔታ፣ ንገለ ኣብ ንባቡ ዝተገኣግአ ሰነፍ ተምሃራይ ብግቡእ ምእንቲ ኺደግሞ ባዕሎም እናንበልበሉ ኪእርምዎ ኸለዉ ጐሊሑ ይስማዕ ነበረ። ኣነን፣ እቶም ከማይ ዝኣመሰሉ ጀመርትን፣ ዛጊት ንባብ ዝመለኹ ኻባና ዕብይ ዝበሉ ፊደል ዜቑጽሩና ተመሃሮ ተመዲቦሙልና ኽምቶም መሳቱና ደሃይና ኣብቲ ጭራሕምራሕ ተጸንበረ። ንኣይ ሓደ ሓ'ጂ ዝተባህለ ገዚፍ ጸሊም ኰተቴ፣ ገጹ ሃዝሃዝ ዜፍርህ ተመዲቡለይ፣ ብሓደ ብላይን ብረሃጽ ኢድ ዝጋዕግዐን መጽሓፍ ፊደሉ ገይሩ ኺምህረኒ ጀመረ። እንዶ ትምህርቲ ስለ ዘይነበረኒ፣ እቲ ሃፋ ናይ ኣፉ ኣብ ጕንድ-እዝነይ ክሳዕ ዚፍለጠኒ ተተጸጊዑ ንዚግዕረለይ ዝነበረ ፊደላት ብግቡእ ከደግሞ ኣጸገመኒ። ኣብ ነፍስ-ወከፍ ብጌጋ ዘተንባህኩዎ ፊደል ርእሰይ እናኾርኰመ ስለ ዘሕሰረኒ፣ ናብቲ ቤት ትምህርቲ ብምምጻአይ ዳርጋ ተጣዓስኩ።

ከም ዘይውዳእ የለን፣ ድሕሪ ብዙሕ ኵርኰማ፣ ካብቲ ምህሮ እንፍ'ደሰሉ ሰዓት ኣኸለ። ኩላትና ተሰሪዕና፣ እቲ ኣቐዲሙ ዝተጠቕሰ ብርሃነ በቀለ ዝተባህለ ገዲም ተማሃራይ እናመርሓና፣ ንኣይ ሽዑ ብዘይተረድኣኒ ቛንቋ፣ ብኣምሓርኛ፣ ሓንቲ “ያ ጐበዝ ኢትዮጵያ” ዚብል ኣዝማች ዘሎዋ መዝሙር ኣዘመረና። ብድሕር'ዚ፣ እቲ ስርዓት ብ“ሰላም ለኪ”ን ብኣቡነ ዘበሰማያትን ተዛዘመ። እታ መዝሙርስ'ኳ፣ እቶም ደቅ-ገዛውትና እናተወላደፉ ኺደርፉዋ እሰምዖም ስለ ዝነበርኩ ኣይሓደሰትንን። እዚ ኹሉ ፍጻመ'ዚ ንኣይ ኣዝዩ ዜድምምን መሳጥን ነበረ። ካብዚ ዝተበገሰ'ዩ መስለኒ፣ እቲ ሓ'ጂ ኣብ ርእሰይ ኬዕልበለይ ዘምሰየ ዝናብ ናይ ኵርኩም ብቕጽበት ካብ ኣእምሮይ ዝሃሰሰ። ተምሃራይ ስለ ዝኾንኩ ደስ በለኒ!

ካብቲ ቤት ትምህርቲ ወጺእና፣ ምስቶም ደቂ ገዛውትና እናተጻወትኩን፣ እናተጓየኹን፣ እናተደፋፋእኩን ብታህዋኽ ናብ ገዛይ ኣምራሕኩ።

“ኣደ ተሎ ጠዓሞተይ ሃብኒ!” ኢለ እናጨደርኩ ናብ ውሽጢ ገዛና ተደርገምኩ። እቲ ኣብ ኢድ ምስላም ስለ ዘይለመድኩዎ ኣይዘከርኩዎን።

“ድማስ ከኣ ጠዓሞት ተራእዩካ!” ኣጕረረትለይ ኣደይ። “ኣበይ ኢኻ ውዒልካ ኣንታ ታስሙ! ምሉእ ኣጋ ምሸት ቈሊኻኒ ኽተምሲ! ኣንታ እንታይ'የ ዝገበርካ! ብስነይ ዝልዝል ዝልዝልዶ ኽብለካ!”

ምሉእ ድሕሪ ቐትሪ፣ ናበይ ኣቢለ ኽም ዝተሸረብኩ ስለ ዝሓርበታ

ኸትሻቐል እያ ኣምስያ። እተን ምስኣ ዝጸንሓኒ ኣንስቲ'ውን፣ "ኣንታ ግናይ፣ ነዘን ኣደ'ኻስ ከምዚ ጌርካ ኸተጸልለን! ናበይ ኢ'ኻ ጠፊእካ፤ ንኣ'ኻ ኼናድያ ዘይበጽሕኦ የብለንን" እናበላ እናተቐባበላ ገንሓንን ገሰጻንን።

እተን ኣንስቲ እንተ ዘየናግፋኒ ነይረን፣ ብርግጽ ም'ኸትከተትኒ። እቲ ዝነገርኩዋ ኣይኣመነቶን።

"ደሓን፣ ምሸት ነቦ'ኻ ኸነግሮ'ንድየ፣ ባዕሉ ኺስሃለካዩ!" ጥራይ መለሸትለይ።

ኣቦይ ከምቲ ኣደይ ዘፈራርሓትኒ ኣይገበረን።

ንጽባሒቱ ናብቲ ቤት ትምህርቲ ኸኸይድ ኣይፈቐደትለይን፤ ምሉእ ንግሆ ከሳዕ ፍርቂ መዓልቲ ኸኣ ኽበኪ ኣርፈድኩ። ኣቦይ ንምሳሕ ኪመጽእ ከሎ፣ ገና ዕሚም እናበልኩ ረኺበኒ። ነቲ ትምህርቲ ዚ'ኸውን ሓንቲ ሽልን ሂቡ ባዕላ ናብቲ ቤት ትምህርቲ ኸተብጽሓኒ ድማ ነገራ።

የኔታ ኣዝዮም ተሓጒሶ። "በዚ ሎሚ፣ ክንደይ ቈልዑ ብወለዶም እናተጐትቱን ፈንጠራዕ እናበሉን እናእወዩን ናብ ምህሮ ኣብ ዚውሰዱሉ፣ ባዕሉ ዚ'ኸይድ ውላድ ረ'ኺብኩምስ ትሽ'ርዩሉ፤ " ድማ በሉዋ።

ሀ ግዕዝ!... ሁ ካዕብ!...

ከምዚ ኢለ ናብ ዓለመ-ትምህርቲ ኣብ ሓምሻይ ዓመተይ ጀመርኩ። ድሕሪ ገለ ኣዋርሕ፣ ጸሎት ኣቡነ ዘበሰማያት፣ መን ፈጠረካ፣ ሰላም ለኪ ጥራይ ዘይኮነስ፣ እቲ ዓቐብ ዝመሰለኒ ፊደላት ኣቡጊዳን፣ ኣብቲ ገበታ ሃዋርያ ዝነበረ መልእክተ ዮሃንስን ብምሉኡ ኸለልዮን ክመልኮን ከኣልኩ። ካብ በብሓደ ንባብ ናብ ወርድ ንባብን ግዕዝን ከሳዕ ዝሰግር ድማ ንኣስታት ክልተ ዓመት ዚ'ኸውን ኣብ እንዳ ቢዘን ጸናሕኩ።

ብርክት ምስ ዝበሉ ሓደሽቲ ኣዕሩኽን መተሃላል'ኸትን'ውን፣ እንተስ ብጸወታ እንተስ ብባእሲ ተላለ'ኹ። ሓደ 'ኻብቶም መሳቶይ ፈለማ ነገረይ ዝደለየኒ ዳዊት በላይ ከም ዝነበረ ፍ'ጹም ኣ'ይርስዓንን። ካልኦት ከምኒ፤ ብዓል የማነ ብሉ፣ ኬኬል (ገረዝጊሄር)፣ መልኣከ በላይ ወዲ ገዛ-ሸኒሻ፣ ታደሰ ወድ-ባጽዕ፣ ሃይለ ስላሴ ገብረልኡል፣ ዘርኣጽየን ገብረሉኡል፣ ሃይለ ካስማይ፣ ሃይለመለኮት (ሸረሪት)፣ ግርማይ በራኺ፣ ግርማይ ገረንስእ (ኣቦኡ ሰኣላይ) ዝኣመሰሉ ይርከቡዎም። ካብ ኣዋልድውን ብዓይኒ ማዕዶ ጥራይ ዝፈለጥኩወን፣ ሽዋ ዝተባህለት ቀያሕ ደፋርን ውዕይትን ካባና ፍርዝን ዝበለት፣ ሽማተን ሕጂ ዘይዝከረኒ መልክዐን ጽቡቓት፣ ኣሓቶም ንብዓል ሃይለ ስላሴን ዘርኣጽየንን፣ ከምኡ'ውን ካልኦት ነበራ።

ገለ 'ኻብቶም ተመሃሮ ካብ ርሑቕ፣ ካብ ሃዳሙ (ኣርባዕተ'ስመራ) ዝመጹ ነበሩ። ብፍላይ ጸሃየን መንግስትኣብን ዝተባህሉ ኣሕዋት ብዛዕባ ዝብኢ

ዜዘንትዉልና ዝነበረ ዕላል፣ ኣብቲ ዕሽል ልበይ ራዕዲ ኣሕደረለይ። ኣቦኣም ኣብ ፌሮቪያ ዚሰርሑ ነበሩ። ኣብቲ ግዜ'ቲ፣ ሸፋቱ ክሳብ'ቲ ናይ ስራሕ ቦታኦም ኣትዮም ዝቐተሉዎም እዮም። ጸሃየ፣ ዝብኢ ንሰበይቲ ኸም ዚንዕቓ ንሰብኣይ ከም ዚፈርሆ ንግሆ መጺ ኼዘንትወልና ኸሎ፤

"ኣነ ሓው ንግስቲ፣
ቈሓም ሓምኹሽቲ፣
ፈረሶም ይገብሩኒ፣
ቈልዓ እንተ ረኣኹ ብላዕብላዕ ይመጸኒ፣
ሰበይቲ እንተ ረኣኹ ሰሓቕ ይስዕረኒ፣
መኹስ ሒዛ ትጐየኒ፣
ሰብኣይ እንተ ረኣኹ፣ ጸሕጸሕ ይመልቈኒ!"
ብበትሪ ይዘብጠኒ።"

እናበለ ይደጋግመልና ነበረ።

ብድሕር'ዚ፣ ስሩዕ ተምሃራይ እንዳ ቢዘን ተባሂለ፣ ከም ሰበይ ማይ ብጥርሙስ ሒዘ፣ ናይ ንግሆን ኣጋ-ምሸትን ተመላላሲ ኾንኩ። ካብቶም መሳቶይ፣ ኣባራክዮ (ነፋሪት)፣ ኳኾ፣ ጃልባ፣ ብዝተዓጻጸፈ ቈጽሊ ወረቐት፣ ብፈትሊ ድማ ብኸልተኡ ኣጻብዕ ዚጽወት ዓራት ድሙ፣ ናይ መልጎም ሽረር ካልእ መዘናግዕን ተመሃርኩ። እዚ ንኣይ ፍሉይ ተመክሮ ነበረ። ኣብ ርእስ'ዚ፣ ኣምሓርኛ ዝግጥሙ ፖለቲካ ሓዘል ሠዛሙር ተመሃርኩ። ልዕሊ ኹሉ ዘሐጐሰኒ፣ ሓደ መዓልቲ፣ የኔታ ኹላትና ንእዋን በዓላት ዚኸውን ዲቪዛ ኽነስፊ ኸም ዘሎና ብዘበሰሩና ነበረ። እዚ ንወለደይ ተወሳኺ ዕዳ እንተ ነበረ'ኳ፣ ግዜ ዝጠለቦ ትእዛዝ ስለ ዝነበረ ኣይተቓወሙን። ኣቦይ ኣብ መንጎ ትምህርቲ፣ ባዕሉ ብኣካል መጺኡ፣ መጠኑ ዘይፈለጥኩዎ ገንዘብ ከፈለለይ።

እቲ ዲቪዛ ስፌቱ ተወዲኡ ኣብ ኢድና ኽሳዕ ዚበጽሕ ብዙሕ ሰሙናት ሓለፈ። ትእምርቲ ባንዴራ ኢትዮጵያ ዝጠበቐ ቐብዕን (ከም ሕሳብ 'በረ' ናይ ወተሃደር) ቃምሻን፣ ቊምጣ-ስረን ዘጠቓለለ ዲቪዛ እዩ ነይሩ። ናይ ምንታይ ኣጋጣሚ ም'ዃኑ ኣብ ዘይዝከረኒ፣ ነዚ ዲቪዛ'ዚ ተኸዲንና፣ ብሰልፊ፣ ናብቲ ብትሕቲ እንዳ ማርያም ዚርከብ እንዳ ኣቡን ከድና። እቶም ኣቡን፣ ኣቡነ ማርቆስ፣ ካብ ሓደ ሰገነት ዚመስል ናባና ተቐልቀሉ'ሞ፣ ብብሩህ ገጽ ምዕዶ ይኹን ለበዋ ትዝ ዘይብለኒ ሓጺር መደረ ኣስምዑና። ብድሕር'ዚ፣ ካብ ሓደ ኽርእዮ ዘይከኣልኩ መትሓዚ፣ ዜሕጩልጭል ሰልዲ ሽልን ሓፊሶም ኣብ ልዕለና ዘረዉ። ብሃንደበት ዋጭዋጭን ኣውያትን ኮነ። እቲ ኣብኡ ዝተኣከበ ዲቪዛ ዝለበሰ ተምሃራይ፣ ነቲ ገንዘብ ንምሽማው ተጸቓቐጠን ተደፋፍኣን።

እቶም ፍርዝን ዝበሉ፣ ነቶም ንኣሽቱ ኣንጺሎም እናርሓቑ ብዙሕ ኪእከቡ ኸለዉ፣ እቶም ዓቕሚ ዜብሎም ግና ዳርጋ ጥራይ ኢዶም ተረፉ። ኣነ ሓደ ኻብዞም ዳሕረዎት ነበርኩ። ሓንቲ ሽልን ጥራይ ክኣሪ ኽኣልኩ። በቲ ግዜ'ቲ፣ ገንዘብ ረኺበ ኢልካ ኽም ድላይካ ዚሕሸሽ ኣይነበረን። ስለዚ፣ ነዛ ሽልን እዚኣ ሒዘ ገዛይ ምስ በጻሕኩ ነደይ ኣስተለምኩዋ። ነደይ ኩሉ'ቲ ነገር ኣዘንተኹላ። ካልኦት ብዙሕ ኪኣርዩ ኸለዉ፣ ኣነ ግና ሓንቲ ጥራይ ከም ዝረኸብኩ እናስተማሰልኩ ነገርኩዋ።

"ደሓን ዝወደይ፣ እዝስ መን ሓሲቡዎ፣ እኹል'ዩ!" ጥራይ በለትኒ።

ሓደ መዓልቲ የኔታ፣ "ጽባሕ ድሕሪ ቐትሪ ብሓባር ስእሊ ኽንልዓል ኢና'ሞ፣ ጽሩይ ዲቪዛኹም ወዲኹም ተውጃጂህኩም ምጽኡ፣" በሉና። ብር ኢልኩም ተሓጐሱ እዮም ኢሎሙና። ንጽባሒቱ ድሕሪ ቐትሪ፣ ዋና ፎቶ ኣዲስ ዘመን፣ ኣቶ ገረንስኣ (ኣቦኡ ንግርማይ)፣ ኣጋ ሰዓት ሰለስተን ፈረቓን መጽኡ'ሞ፣ ኣብቲ ምብራቓዊ ጐኒ ናይቲ ገዛ ኣቡን እንብሎ ዝነበርና ህንጻ፣ ነቲ ሊላ ዕምባባ ብዘሎዎ ሓረግ ዝተመራረወ ሓጹሩ ብዝባንና ገይሮም ሰርዑና። ከይነዕለብጥን ኣብ ዘዘለናዮ ክንረግእን ደጋጊሞም እናኣጠንቀቑን እናተጋንሑን ከኣ በታ ካሜራኦም "ቀጨም!" ኣቢሎም ኣልዓሉና። ነዚ፣ ከክንደይ ከም ዝኸፈልና ኣይዝከረንን፣ ካብ ፍርቂ-ሽልን ወይ እንተወሓደ ታዕሪፋን ፈረቓን ከም ዘይበዝሕ ግና እግምት።

ድሕሪ ቑሩብ ናይ ተርባጽ መዓልቲ፣ እቲ ስእሊ ካብ ፎቶ ኣዲስ ዘመን መጸ። ኣስታት ኣርብዓ እንኸውን ተምሃሮ ኢና ኔርና። ከመይ ከም ዝተለዓልኩ ኽርኢ እንተ ተመልከትኩ፣ መልክዐይ ቀልጢፈ ኽለልዮ ኣይከኣልኩን። ሓደ ኻብቶም ኣብ ጥቓይ ዝነበሩ መሳቶይ፣ "ኣብዚ እነኻ!" በለኒ። ኣብቲ ፎቶግራፍ፣ ዳርጋ ኹላቶም ናብቲ ሰኣላይ እዮም ዚጥምቱ ነይሮም፣ ኣነ ግና እንተስ መጠንቀቕታ ናይ ኣቦይ ገረንስኣ ዘይተሰወጠኒ ኾይኑ፣ እንተስ ምስቶም ጥቓይ ዝነበሩ ኽታረኽ ቀልባዕባዕ ኣብዝሕ፣ ዳርጋ ብጐኒ እየ ተላዒለ። ገዛና ነቲ ስእሊ ምስ ረኣዩዎ፣ ነዚ ስለ ዘስተብሃሉሉ፣ "ከም ኣመልካ ኽትቀላባዕዶ ኣልዓሉኻ፤ በል፣ እንቋዕ'ኳ ወተግካ ሂብካ ኣይተሰኣልካ!" ጥራይ በሉኒ።

ኣብ መወዳእታ ዓመት፣ ንምዕጻው ቤት ትምህርቲ ዚኸውን መደብ ንምድላው ተዓጠቕ ተሸብሸብ ኮነ። እቶም ብልጫ ዚግብኦም ተምሃሮ ደጊም ብየኔታታቶም ተመሪጾም ተፈልዮም እዮም። ኵላተን እንዳ ሃለቃ፣ ተመሃሮኣን ኣብቲ ብምዕራብ ሽነኽ መቓብር እንዳ ማርያም፣ ንመደበር ብወገን ሰሜኑ ዝነበረ ሜዳ ንኺስለፉን ታዕሊም ንኺመሃሩን ለኣኻ። ነቲ ታዕሊም ዚመርሕን

ዚምህርን፣ ብፊሽካ ኣሰንዩ ዜሰልጥንን መምህር ሳህለ ዕቑባንድርያስ ዝተባህለ እዩ ነይሩ። መልክዑ ቐይሕ ጽቡቕ፣ ለማሽ ዝጸጉሩ፣ ዘናጥ ዝኣለባብሳኡ ኸም ዝነበረ ይዝከረኒ። እቲ ታዕሊም ንሓያሎ መዓልቲ ቐጸለ። እቲ ሰልፊ ኣብ ክልተ ጉጅለ ዝተኸፍለ ነበረ። እቲ ቐዳማይ ሰልፊ፣ ብታምቡር ዚሃርም ባንድ ዚምራሕ፣ ዕብይ ዝበሉ ተምሃሮ ዘሳተፈ እዩ ነይሩ። እቲ ኻልኣይ፣ ንኣሽቱ ተምሃሮ ጥራይ ዘካተተ፣ ንሕና "ሓንጨመንጪ" እንብሎም ዝነበሩ እዮም። ንብልጫ ዝተሓርዩ መሳቶይ፣ ካብ ናይ ከበደ ሚካኤል መጻሕፍቲ "የዕውቀት ብልጭታ" ወይ "የትንቢት ቀጠሮ" ዝተቘንጨለ ግጥምታት ሸምዲዶም ኬጽንዑ ዝተዋህቦም እዮም ነይሮም። ኣነ ግና መደበይ ምስቶም ሓንጨመንጪ ኾነ። በዚ ኣዝየ ሓረቕኩ። ተኪኤ መኾሰይ፤

"ክላእ! የኔታ መዳለዊት'ያ በለኒ!"። ኣነውን ምሉእ ብምሉእ ምስቲ ሕሜቱ ተሰማማዕኩ።

ምስ ታዕሊም ተተሓሒዙ ብርክት ዝበለ መዛሙራት ከም እንመሃርን ከም እንደጋግሞን ተገብረ። መብዛሕትኡ እቲ መዛሙር ንሕብረት ኤርትራ ምስ ኢትዮጵያ ዜወዓውዕ እዩ ዝነበረ። *"ተነሱ ታጤቂ (ታጠቁ)"፣ "እሰይ የምስራች"፣ "ቅዱስ ቅዱስ፣ ቅዱስ ኣልፋ" "ይኑርልን ለክብራችን፣ ሃይለ ስላሰ፣"* ዚብል መልእኽቲ ዘሎዎ፣ ጐረሮና ኽሳዕ ዚነቅዕ ኣብቲ ብስጕምቲ ተዓለምቲ ብተጐን ዝተዓለሰ ጐልጎል ክንዝምር ወራሕና።

መወዳእታ ቤት ትምህርቲ ብዝኣኸለ፣ እቶም ዓበይቲ ተምሃሮ ብመምህር ሳህለ ዕቑባንድርያስ እናተኣልዩን እናተመርሑን፣ እቶም "ሓንጨመንጪ" ድማ እናተኸተልናዮም ናብ እንዳ ማርያም ኣምራሕና። ኣብቲ ቐጽሪ ኽንበጽሕ ኸለና፣ ሓደ መለሳ ዜብሉ፣ ኣዝዩ ኣሰልካዪ፣ "ትርአይዋቶ..." ዚብል ላካ ዝበዝሖ ስብከት ይኹን መደረ ክፈልዮ ዘይከኣልኩ፣ ናይ ኣባ ንፍታሌም ዝተባህሉ ፈላሲ ደሃይ ይጋዋሕ ነበረ። እቲ መደያይቦ ቤተክርስትያን ጻትንጻት ብሰብ መሊኡ እዩ። እቲ መራሒ ባንድን እቶም ብልጫ ዚወስዱ ተምሃሮ ዘካተተ ናይ ዓበይቲ ሰልፍን፣ ብድሙቕ እልልታ እናተሰነዩ ኣብቲ ቕርዓት ተሰርዑ። እቶም ሓንጨመንጪ ኣብ ወሰን ከም እንኾልኰል ተገብረ። ንኣይ ዘይተረድኣኒ መደረታት ብኣምሓርኛ ተገብረ። ብድሕር'ዚ እቶም ንቝዓት ተባሂሎም ዝተመርጹ ተመሃሮ፣ ካብቲ ቐንዲ መስርዕ ተምሃራይ ኣብ ቅድሚት እናቐረቡ ነቲ ዝሸምደድዎ ግጥምታት ኣብ ቅድሚ እቶም ኣብቲ ኣፈፌት ቤተክርስትያን ዝተቐመጡ ዓበይቲ ዓድን ካህናትን ዘካተቱ ክቡራን ዕዱማት ኣንበልበሉዎ። ኣማስያኡ ብልጫ ተዓደለ፣ እቲ በዓል ድማ ተዛዘመ። ንብልጫ ስለ ዘይተሓረኹ ብቕንኢ እናሕዘንዘንኩ ናብ ገዛይ ተመለስኩ። ትምህርቲ ኸኣ በዚ ኣገባብ'ዚ ብወግዒ ተዓጽዩ ተባህለ።

ሽርኽምርኽ ዘሎዋ!

ከም ቀደምና ናብ እንዳ ቢዘን ምምልላስና ግና ኣየቌመን። ሓደ መዓልቲ ብሓደ ዘየጣለልኩዎ ኣጋጣሚ ብመስርዕ ናብ ሓዝሓዝ ተወሰድና። ኣብ ሓደ ብሃንገፍታ ስዋ ዝዘቕበበ ዳስ ክንኣቱ ይዝከረኒ። ሕጂ ኽሓስቦ ኽለኹ፣ ምናልባት በዓል ኣቡነ ተኽለሃይማኖት ወይ ደብረ ታቦር ነይሩ ይኸውን። ኣብቲ ሰብኡት ተዓዳሞ ጥራይ ሆጭ ዝበሉሉ ውሽጢ ዳስ፣ ሰቲ ኣብ ዝተነስነሶ ቐይሕ ዝሓመዱ ባይታ ኾፍ ከም እንብል ተገብረ። ድያቆናትን ኣቕሽሽትን፣ ከም ሓደ ዓንቃፌ ኣቕሓ ብልዕለና እናተሳገሩ ኣብ ማእከል'ቲ ብዋዕዋዕታ ሰብኡት ዓለምን ካህናትን ጥራይ ዝተባሕተ ዳስ ንየው ነጀው የምሰስዉ ነበሩ። ገለ ኻብቶም ድያቆናትን ካህናትን መስተ ኣብዚሖም እናተሰናደሉ ብልዕለና ድሕሪ ምስጋር፣ ካብቲ ዳስ ናብ ግዳም እናወጹ፣ ድሕሪ ብዙሕ ደቓይቕ ዝወሰደ ጽንሖት እናተደናበሩ ይምለሱ ነበሩ። በቲ ሓመድ ዝተኸድነን ዝተፈናኸሐን ከብድ-እግሮም ከይዕምጥቑና ክሳዕ እንሰግእ ድማ ዳግማይ ብልዕለና እናዘለሉ፣ ናብቲ ብትርብዒት ዝተዋደደ ናይ ርቦ መቐመጢኦም ይምለሱ ነበሩ።

ሓደ ኽንዲ ብዓል ኣቦይ ዚኾኑ ጨሓም ቀሺ፣ መጠምጠምያኦም ካብ ርእሶም ክሳዕ ዚዘናበል በቲ መስተ ዝተኻእሉ፣ ንኣይን ንሓደ ኣብ ጐነይ ዝነበረ መሰታይ መማህርተይን ንስክላ ጨፍሊቖሙና ነይሮም። ከም ሃልሃልታ ዘሎዎ ሽግ ሆየሆየ ተሳጊሮሙና ኽኣ ኣብ ማእከል እቲ ንየው-ነጀው ዚወናጀር ዝነበረ ህዝቢ ተሸርቡ። ካብቲ ኣብ ልዕለና ኼንጸላሉ ዝጸንሐ ሓደጋን ንሱ ዘስዓበለይ ራዕድን ተገላጊለ ውነይ ብዝተመልሰ፣ ኣብ ጥቓ'ቲ ተረፈቔሉ ዝነበርኩ ቐይሕ ሓመድን ጸጸርን ዝበዝሖ ባይታ፣ ሓንቲ እተብለጭልጭ ብሩር መሳሊት ሰልዲ ተሰጢሓ ረኣኹ። መን ከም ዘንጠባ ኣይፈለጥኩን። ምናልባት እቶም ከይሕምትሉና ዘስግኡኒ ቐሺ ነይሮም ይኾኑ። ዝኾነ ኾይኑ፣ ኣብቲ እዋን'ቲ ሓንቲ ሽልን ቀሊል ዝዋጋኣ ገንዘብ ኣይነበረትን። ዓይነይ ምእማን እናሰኣንኩ ነታ ሽልን በጒ ኣበልኩዋ።

"ሽርኽምርኽ ዘሎዋ!" ኣሕሸኹሸኹ እቲ ኣብ ጐነይ ዝነበረ መማህርተይ።

"ኣነ'የ ረኺበያ፣ ናተይ እያ!" መለሽኩሉ ኣነ'ውን ብሕሽኹታ።

"ኣነ ድማ ርእየያ'የ፣ ኣማቕለኒ!" በለኒ እቲ መማህርተይ።

"እምብለይ!"

"ጽናሕ፣ ንየኔታ እንተ ዘይነጊረልካ!"

"ንገር!"

ኣብ ገዛ ምስ በጻሕኩ፣ እታ ሽልን ነደይ ሃብኩዋ። ካበይ ከም ዝረኸብክዋ ኣጥቢቓ ሓተተትኒ። ካብ ገለ ሰሪቐ ዘምጻእክዋ ኸይኸውን ኢላ ይመስለኒ።

ኣነ ድማ ኣብቲ ውራይ ኣብ ባይታ ወዲቓ ከም ዝጸንሓትኒ ነገርኩዋ። ከምቲ ልዒለ ዝበልክዎ፣ ሽልን ኣብቲ እዋን'ቲ ሒደት ገንዘብ ኣይነበረትን፣ ስለዚ፣ ከይሓሸሽኩ ስለ ዘረከብኩዋ፤ "ንፉዕ ዝወደይ፣" ኢላ ተቐበለትኒ።

ንጽባሒቱ ይኹን ኣብ ሳልስቲ፣ ብልክዕ ኣይዝክርን፣ ከም ወትሩ ንግሆ ድሕሪ ቍርሲ ጥርሙስ ማየይ ሒዘ ናብ እንዳ ቢዘን ከድኩ። ኣብ ውሽጢ ቐጽሪ ናይቲ ቤት-ትምህርቲ፣ ኣብ ጐን'ቲ ገዛ ኣቡን ዚብሃል ብሽነኽ ምብራቑ፣ ኣብቲ ብሓረግ ዝተመርወ ሓጹሩ፣ የኔታ ብሒደት ዳዊትን ኣርባዕተ ወንጌልን ዚደግሙ ተምሃሮ ተኸቢቦም ነቲ ጥዑም ጩራ ጸሓይ ብራቕ እናስተማቐሩ ተቐሚጦም ረኣኹዎም። ካብቶም ተምሃሮ ሓዲኦም ኣናጐየየ ናባይ መጺኡ፤

"የኔታ ይጽውዑኻ'ለዉ፣" በለኒ።

ስለምንታይ ከም ዝተጸዋዕኩ እናገረመኒ ሰዓብኩዎ፣ ናብኦም ቀሪበ ኸኣ እግሮም ተሳለምኩ። ከምቲ ኻልእ መዓልቲ ኣብ ክንዲ ዚምርቑኒ ግና ናጴባ ብዝኾነኒ ሕቶ፤

"እታ ዝረኸብካያ ሽልን ኣበየ'ላ!" በሉኒ።

ብሃንደበት፣ እቲ ኣብቲ ዳስ "ሸርኽምርኽ ዘሎዋ!" ዝበለኒ መሰታይ መማህርተይ ኣብ ጥቓኦም ከም ዝነበረ ረኣኹዎ። ከምታ ፈኸራኡ ኸም ዝጠርዓለይ ከኣ ተሰወጠኒ። ሕስይስይ እናበልኩ፤

"ነደይ ሂበያ!" መለሽኩ ብራዕዲ። ብፍላይ ድማ የኔታ ኻብቲ ኣብ ሓጹር ዝተሓላለኸ ተኽሊ መዝሒቖም ዝሓዙዎ ንመግረፊ ዚኸውን ምልምል ሓለንጊ ሓረግ ኣብ ኢዶም ዓትዒቶም ምስ ረኣኹ ኣዝየ ፈራህኩ።

"ሓሲኻ ኢኻ ኣንታ ቐጣፊ!" በሉኒ የኔታ፣ ኣብ ዳንጋይ ሰለስተ ወይ ኣርባዕት ሽራጥ ስምብራት ክሳዕ ዚትብተብ ድማ በቲ ሽም ስልኪ ዝምቕጣኑን ዝምትራሩን ሓረግ ገረፉኒ። ኬሕምም ጉዳም'ዩ።

"ኣይሓሰኹን የኔታ! ሓቀይ'የ የኔታ!" እናበልኩ ወጨጭኩን ኣእወኹን።

"ሓሺሽካያ ኢኻ ኣንታ ወስላት! ሃየ ኣምጽኣያ!" ቀጸሉ የኔታ ነቲ መግረፍቲ ኸየቋረጹ።

"እንተደሊኹም ነደይ ሕተቱዋ፣ ሓቀይ'የ የኔታ!" ደገምኩ፣ ገበታ ንብዓት እናርገፍኩን እናሰዓልኩን እናምነነኹን።

"ድሕሪ ቐትሪ ኣደኻ ሒዝካ ምጻእ፣" ኢሎም ይኺድ ሓደጉኒ።

ቀትሪ ኣብ ገዛ ምስ በጻሕኩ፣ ኩሉ'ቲ ዘጋጠመ ነደይ ነገርኩዋ። ድሕሪ ምሳሕ፣ በ'ደይ ተሰንየ ናብቲ መሪጌታ ዚነብሩሉ፣ ኣብ ጐን'ቲ እንመሃረሉ ሂላ ገዛ ዚርከብ ንእሽቶ ጐር ክፍሊ፣ ኣብቲ ብፍርቂ ዝተገፍተነ ማዕጾኡ ኳሕኳሕና። የኔታ ክሳዕ ሰዓታት ትምህርቲ ዚኣክል ኬዕርፉ ጸኒሖም፣ ከፊቶም ነደይ ብኣኽብሮት ተቐበሉዋ። መስቀሎም ምስ ኣሳለሙዋ ድማ ብዛዕባ እታ ዝረኸብኩዋ ሽልን ኣልዒሎም፣ ሂበያ እንተ ኾይነ ንኼረጋግጹ ኸም ዘጸውዑዋ ነገሩዋ። ኣደይ በቲ ኣነ ዘዘንተኹላ መሰረት፣ ከመይ ኢሉ ነታ

ሽልን ከም ዝረኸብኩዋን፣ ትኽ ኢለ ድማ ንኣ ኽም ዝስተለምኩዋ ምስክራ ሃበት። የኔታ ኻብቲ ሽው ንግሆ ዘርኣዩኒ ቍጡዕ መንፈስ፣ ብዝተፈልየ፣ ብዝለ'ውሀ ኣንደበትን ብኣባታዊ ሓልዮትን፤

"ርኢኻ ተክአ ወደይ፣ ዝቐጻዕኩኻ ቐንጠብጠብ ከይትለምድን ኣማስያኡ ድማ ሰራቒ ወይ ዕዋላ ኼንካ ምእንቲ ኽይትዓብን'ዩ። ሕዪ ግና እታ ሽልን ከም ዘይሓሸሽካያ ኣደኻ ኻብ መስከራልካ፣ ኣገናዕ! ኪድ ምስቶም መሳቶኻ ተጻወት፣" በሉኒ።

"ሓቅኹም የኔታ! እንተ ቐጻዕኩሞ ውላድኩም እንድኣሉ!" ወሰኽት ኣደይ። ካብኡ ወጺኤ ኽአ ናብቶም ኣብ ግዳም ጭራሕምራሕ እናበሉ ዚዕንድሩን ዜዝረምብጡን ዝነበሩ ብጮተይ ተጸንበርኩ።

ቦምባባኖ!

እቲ ክንዮ'ቲ ርባ ወርትግ እንጻወተሉ ዝነበርና ጐልጎልን ሰባት ቀልቀሎም ዜራግፉሉ ቃድራታትን ኪሕረስ ካብ ዚጅመር ደጊም ኣዋርሕ ኮይኑ ነበረ። ዓኺያት ሃዳሙ (ኣርባዕተስመራ)፣ ብጀካ ሰንበትን እዋን በዓላትን፣ ንግሆ መጸ ጕናናኦም ወድዮም፣ ገሊኦም ኣብ ኣድጊ ተወጢሖም፣ ገሊኦም ናይ ሕርሻ ናውቶም ሓንጊሮም፣ ማሎም እናኾብኰቡ ነታ ንእሽቶ ድልድል ናይቲ ማይበላ ሰጊሮም ንሪጋ ፌሮቪያ ኺስንጥቑዋ ወሪሖም እዮም። ኣበይ ከም ዚውዕሉ እንዶ ኣይነበረንን። ማሎም ኬብልዑ ወይ ግራት ኪሓርሱ ናብ ከባቢ ማይ ጭሆት ይወፍሩ ኽም ዝነበሩ ግና እግምት።

ክራማት ብብርቱዕ ዝናብ ተሰንዩ ኣተወ። እቲ ብጸሓይ ሓጋይ ደሪቑን ጸሚኡን ዝጸንሐ መሬት ድማ ህይወት ኪለብስ ጀመረ። እቲ ቓዲሩ ዝሓገየ ግራውቲ ብሓድሽ ብቝሊ ስገም ተኸድነ። መናድቕ ገዛውትናን ደንደሳቱን ብድሙቕ ሓምላይ ሰበባ ኺግርበብ፣ ኣበየ እግሪ ሓጹርን ቦዱ መሬትን፣ ጠፊኡ ዝጸንሐ ሓምሊ ልሕቲትን ሙግያን ሮማድን ኪጭኽጨኽን ኼስፋሕፍሕን ነዊሕ ግዜ ኣይወሰደን። ኣባ ጨጐራ፣ ጐደበ፣ ጺን፣ ሕንጉጉ፣ ብሓድሽ ጸዓት ኣብ ማእከል'ቲ ኣቝጽልቲ ኺንፈሓኹን ኪነጥሩን፣ ኣብ ልዕሊ ባይታን ማእከል ዘራእትን ድማ ኬሕለኽልኹን ኪርምስመሱን ተራእዩ።

ነቶም ቈልዑ ዘበልና፣ እዚ እዋን'ዚ ኣዝዩ ተፈታዊ ነበረ። እቶም ሓደሽቲ ደቂ ገዛውተይ ብቓንጫ ሙጕያ ፊጽፊጽ ከመይ ጌርካ ኽም ዚስራሕ ዝመሃሩኒ ሽው ነበረ። ድምጺ ናይቲ ፊጽፊጽ ከከም ርጕድን ንውሓትን እቲ ቓንጫ ኽም ዚፈላለ ብዘይ ዝኾነ ኣስተምህሮ፣ ብተግባር እነለልየሉ ንጥፈት እዩ ነይሩ። ገለ ኻብቲ ፊጽፊጽ ምስ ዚሕንግድ ድማ፤

"ኣደይ ሓጐሳ፣
ሸንፋእ ድቬሳ፣
እዚኣ'ንዶ 'ላምዓለይ!"

እናበልና ክሳዕ ዜፋጺ ወይ ፍጹም ክሳዕ ዚኣቢ ንፍትን ነበርና። ደም ቊልዕነት ኣዝዩ ውዑይ ስለ ዝኾነ፣ ኣብ ጸወታና ትህኪት ቦታ ኣይነበሮን።

ክረምቲ ብዝገስገሰ መጠን፣ እቲ ዝናም ጸዓቐ። ሓደሓደ ግዜ ንሓያሎ መዓልቲ ጸሓይ ከይተቐልቀለት ብኻፉ ወይ ብጀለምታ ኺዘንም ከሎ፣ እንሓንሳእ ድማ ብበረድን ሃጽፍን ተሰንዩ ዚወርደሉ ዕለታት ነበረ።

እቲ ኻብ መፋስስ ኣርባዕተስመራ ተበጊሱ ብጥቓ ሪጋ ፌሮቪያ ዚሓልፍ ርባ፣ ብማእከሉ ኣዝዩ ሓታል ጒርፌ፣ ገፊጥመፊጥ ተሰኪሙ ብናህሪ እናገንፈለን እናተሃንደደን ንምዕራብ ገጹ ተሃንፈፈ። እቲ ቊጡዕ ውሕጅ፣ ነቲ ዝጸሮ ግፋዕ፣ ብዝሞተት ድሙ፣ ከልቢ፣ ደርሆ፣ ኣንጭዋ ኣሰንዩ እናኣሰራሰረ ኻሳዕ ፊት መደበር ድሕሪ ምብጻሕ፣ ናብ ሓደ ዜፍርህ ድቕድቕ ጸላም ናይቲ መትረብ ይሽምሞም ነበረ። "ሓንቲ ኣረጊት ሰበይቲ ኺሳገራ ኺብላ ውሕጅ ወሲድወን፣ ሓደ ቈልዓ በርቂ ቐቲሉዎ፣ ሓደ ገዛ ብዝናብ ፈሪሱ ነቶም ኣብ ውሽጡ ዝተዓቊቡ ጸቒጡዎም፣" ዚብል ወረ፣ ሓደ ኻብቲ ቐሳነት ዚኸልእ ባህርያት ናይ ክረምቲ እዩ ዝነበረ። በዚ ምኽንያት'ዚ፣ ስድራናን ጒረባብትናን ናብ ግዳም ከይንወጽእ ወይ ናብቲ ብጥቓ ገዛውትና ዚሓልፍ ውሕጅ ከይንቐርብ ኣዘውቲሮም ይምዕዱና ነበሩ። ከምዚ ኸነሱ፣ ዝናም ብዝዛረየ፣ ነደታትና ኣሽኪዕና፣ ዋላ ብርቱዕ ውሕጅ ይሃሉ፣ እንተ ወሓደ ኣብቲ ወሰኑ ኼንና፣ ኣብቲ ጥሉል ባይታ ዓ'ንኬል ሓ'ንጺጽና ኣወራራስ ዓለም ወይ ከኣ ካብቲ ደንደስ ርባ ብዝሓጠጥናዮ ጭቃ ዋላ'ኻ፣ በብዓይነቱ ምስሊ እናሰራሕና ንጻወት ነበርና። ሓደሓደ ግዜ፣ ከም ዓቢ ፍንጃል ዝቐርጹ ጭ'ቃ ሰሪሕና ኣብቲ ስሚንቶ ናይታ ማይ-ቡምባ ቊልቁል ኣፍ እናላጋዕና ከም ዚትኰስ ክንገብሮ ኣዝዩ ደስ ዚብል ነበረ። ነዚ መጻወቲ ጭቃ፣ "ቦምባባና" (ቦምባ-ማኖ ብልሳን ትግርኛ) ንብሎ ነበርና። ብጭቃ ዝተሰርሐ ቦምባ-ማኖ ሽሙ ደኣ'ዩ ደስ ዘይብል'ምበር፣ ነቶም ብኡ እንዘናጋዕስ ንኣእምሮና ዜማዕብል ጠቓሚ ተግባር እዩ ዝነበረ። ኣብቲ እዋን'ቲ፣ ናይ ብሓቂ ዚትኰስ ሓደገኛ "ቦምባ" ግና ብዙሕ ነይሩ እዩ።

ሓደ መዓልቲ፣ ኣብታ ኣብ ምብራቓዊ ጐኒ መደበር ዘላ ቐያሕ ኵርባ፣ ሓደ ብርቱዕ ሂምታ ንምልእቲ ሪጋ-ፌርቪያ ኣናወጻ፣ ኩላትና፣ እቶም ኣብ ኣፈፌት ገዛና ብሰላም ክንጻወት ዝጸናሕና ቈልዑ ድማ ንግዚኡ ልብና ተመልሐ። ውነና ብዝተመልሰ፣ እንታይ ከም ዘጋጠመ ኽንርኢ ነቲ በዴታትና ዚውርወረልና ዝነበረ መግናሕትን መሰማዕታን እዝኒ ኸይሃብና፣ ተኣኪብና

ናብቲ ዜርዕድ ፍንጀራ ዘጋውሓሉ ሸነኽ ጕየና። እተን ኣብቲ ናሕሲ ግንቢ መደበር ዝጋብያአን መዓት ረጋቢት፣ ካብ ሰፈረን ተተመሽኲተን ኣብቲ ዝተረበሸ ጠፈር ተዘራሪገን ኪበርራ ድሕሪ ምጽናሕ፣ ብዕስለ ተመሊሰን ኣብኡ ዓለባ።

ብኡንብኡ፣ እቲ ሂምታ፣ ካብቲ ኣብ ምብራቓዊ እግሪ ናይታ ቐያሕ ዠርባ ኸም ዝመጽአ፣ ነቲ ዜሰንብድ ጉድ ኪርኢ ኻብ ዝተኣከበ ሰብ ክንፈልጥ ከኣልና። ብዕድል ሰብ ኣይተጐድአን። እቶም "ቅላጋ" ዜውጽኡ ሰባት፣ ትረፉ ኢሉዎም፣ ኣብ ጥቓኡ ስለ ዘይጸንሑ ንስክላ እዮም ኣምሊጦም። እቲ ቕላጋ፣ ካብ ዝተላሕመ ቊርጽራጽ ሜታላት እናመኽኸ ዚፈስስን ዚውህለልን ዓረር እዩ ነይሩ። እቶም ሰባት ናብቲ መቕሎ ዘእተውዎ ቊራጽ ሜታል እምበኣር፣ ናይ ዘበን ጥልያን ቦምባ እዩ ነይሩ። እዚኣቶም ሒደት ካብቶም ኣዝዮም ዕድለኛታት እዮም። ከመይሲ፣ ኣብቲ እዋን እቲ፣ ቈልዑ ኾነ ዓበይቲ፣ ዝረኸብዎ ሓጺን ኬርስኑ ወይ ኪቕጥቅጡ ህይወቶም ዝሰኣኑ ውሑዳት ኣይነበሩን።

ትምህርቲ እንዳ ቢዘን ከም ቀደሙ ቐጸለ። ንፖለቲካዊ ሃዋህው ሕብረት ኤርትራን ኢትዮጵያን ዜንጸባርቕ መዛሙር፣ በቲ ናይ ቊልዕነት ደሃይና ተደርፊን ተጨደረን። ሃይለ ስላሰ፣ ኣስፋወሰን፣ ልዑል መኰንን፣ ኣክሊሉ፣ ዚብል ገሊኡ ሽማት በኸሪ እዝነይ ዝሰማዕኩ ሽው እዩ ነይሩ። ብፍላይ ሓንቲ *"ያ ጐበዝ ኢትዮጵያ!"* ዝኣዝማቻ መዝሙር ነይራ። የኔታ ብኢትዮጵያ ዝመጸ ነግፈረግ ዘይብሉ ፈታዊኣ እዮም ነይሮም። ብዛዕባኣ ኣልዒሎም ኪዛረቡ ኸለዉ፣ ሓንቲ መዓርን ጸባን ዚውሕዘላ፣ በብዓይነቱ ፍረታትን ዘራእትን ዚበቕለላን ዚጕልዓላን ሃገረ ብጹኣን ከም ዝኾነት ገይሮም እዮም ዜዘንትዉልና ነይሮም። ብልቢ ንኣምኖም ድማ ነበርና።

ሓደ ኣጋ ምሸት፣ ከም ወትሩ ነታ *"ያ ጐበዝ ኢትዮጵያ!"* ኽንዝምራ ኸለና፣ የኔታ ምስና ብሓባር ኬዚሙዋ ጸኒሖም፣ እቲ ኣዝማች ኣዐርዩ ዘየዕገቦም ግዲ ኾይኑ፣ ኣብ ክንዲ *"ያ ጐበዝ ኢትዮጵያ፣"* ካብቲ ናትና ብዝዋዕውዐ ደሃይ *"ምድረ-ገነት ኢትዮጵያ!"*እናበሉ ኣረሙና'ሞ፣ ንሕና'ውን ድሕሪ ቊሩብ ደርበሽበሸ፣ ከምቲ ናቶም፣ *"ምድረ-ገነት ኢትዮጵያ!"*እናበልና እናደጋገምና ኣጋዋሕናያ።

ቦኖ ፌስታ!

ክረምቲ በብቕሩብ እናዛረየ ኸደ። እቲ ርባ ኸም ቀደሙ ጸርዩ ብቕርያብን ብውንጅርን፣ ኣብ ልዕሊ ዝባኑ ብዚሸኾራተቱ ትንዅሉብን

መልአ። ሻቑትን ፋሕሩን ጭሩ ገበላን ናብኡ እናላገሳ ጐረሮአን አርወያ፣ ለኺኹቶ ንየው ነጀው እናተሸላበባ ኻብቲ ፍድፍድ ሽሻይ ናይ ዚዝምብዩ ሓሸራታት ከም ልበን ማእረራ፣ መራሕ ማይን በብዓይነቶም ጽምብላሊዓትን በቲ ማራኺ ሕብርታቶም ነቲ አካባቢ ዝያዳ ግርማ አጐናጸፍዎ።

ከምቲ ኣብቲ ዝሓለፈ ዓመት ናብ ገዛ ኸኒሻ ምስ ገዓዝና ዝጸንሓና፣ ካብ ሸነኽ አርባዕተስመራ፣ ዕንጨይቲ ዝተጻዕና ቃፍላይ ዚመርሑ ሽሃይ፣ ኣብ ዝባን ርእሶም ሶል ዝደረቡ ዝተሓናገረ ገረወይናን ዘንቢልን ተሰኪሞም፣ መቑለቦም ዓቲሮም ገበታ እናረሃጹን እናተናእኩን ዚዘኻዘኹ ሰብ በለስ፣ ኣእዱግ እናገንሑ ዚሓልፉ ሰብ ማይ ጅርባ፣ ካብ ምብራቓዊ ኣጻድፍ ዝመጹ ሓሊብ ዚሸጡ ሓረስቶትን ሰብ ጥሪትን፣ ህይወት ዑደት ምኺና ብዜዘኻኽር ኪቕልቀሉ ጀመሩ።

ብሸነኽ አርባዕተስመራ፣ ብጀካቶም አቓዲሞም ዝተጠቕሱ ኣራግጽ፣ ንቑጽ ቈልቋል ዝተሰከሙ'ውን ተወሰኹዎም። ንቕዱስ ዮሃንስን መስቀልን ሆየሆየ ዚኸውን እያዳት እዩ ነይሩ። ከም መሳቶይ ቈልቋል ተዓዲጉለይ ንጐረባብትናን ንሓለፍቲ መገድን ከሳግር ዕድል ዝረኸብኩሉ አጋጣሚ እዩ ዝነበረ። እቶም ዕብይ ዝበሉ ደቂ ገዛውትና ዝተተኰሰ ቈልቋሎም ደራሪቦም ብበትሪ ብስሙር ረምታ እናዘበጡ ሓደ ኻብአቶም ከራራይ ኮይኑ፤

ኢያሆየ! *ሆ!*
ሆየ ዘይበለ *ሆ!*
ካባና'ፈለ! *ሆ!፤*
(ኣዝማች ብሓባር)
ኢያሆየናና ወይ ዓይና ወይ ሰ'ና!
ኢያሆየ ጉድየ ወይ ሰ'ና መኾደድየ! ወዘተ...

እናበሉ ኺጭፍሩ ዝሰማዕኩ ኣብዚ ዓመት'ዚ ነበረ። እቲ ግጥሚ ትሕዝቶኡ ሃተውቀጠው ይምሰል ደእ'ምበር፣ ንኣናስ ኣዝዩ ደስ ዚብል ነባሪ ትዝታ ዚገድፍ ኣጋጣሚ እዩ ነይሩ። ወለድና ግና በዚ ግጥም'ዚ ሕጉሳት አይነበሩን፣ ናይ ገጠር ሆየሆየ ካብዚ ኸም ዚፍለን፣ ኣብ ከንዲ ቈልቋል ድማ "ሽግ" ዚብሃል ካብ ቀጠንቲ ጉንድታት ቈጥቋጥ ወይ ጭራሮ ዝተዳለወ ጥማር እያድ ከም ዚውላዕ እዮም ዜዘንትዉልና ነይሮም።

ንጽባሒቱ ኣቦይ፣ ከም ወትሩ፣ ነቲ ዝዓደጎ ጤል ኪሓርድ ጋሕጋሕ ምድሪ ተንስአ። ኣነ፣ ከምቶም መሳቶይ፣ ነቲ ጤል ካብቲ ኣብ ጥቓ'ቲ ርባን ደረት ግራውትን ተጨኽጪኹ ዝበቘለ ሳዕሪ እናምጻእኩ ኽቕልቦ እየ ቐንየ። እቲ ጤል፣ ዝተመደበሉ ጽሕፍቶ ዝተረድአ ይመስል እናገዓረ

ኺንቁ ብዝሰማዕኩዎ ከብደይ ኣሕበጭበጨኒ። ኣቦይ ንኣይ ደም ከይነጥረኒ ናብ ውሽጢ ቤት ክኣቱ ኣዚዙ፣ ኣደይ መሓውሩ ኽየፈራግጽ እናሓዘትሉ፣ ኣውያት ናይቲ እንስሳ ብገዓርን ብዓዕታን፣ ብዚሰሓግን ብዚኰላለፍን ትንፋስ እናተተክአ ኽሳዕ ዜጽቅጥ ብስቡር ልቢ ኣዳመጽኩ። እቲ ኣየር ብኡንብኡ ብዘዕገርገረኒ ሽታ ደምን ፈርስን ኪዕለስ ተፈለጠኒ።

ኣቦይ ነቲ ጤል ጕምቦ መሓውራቱ ቈጺኑ፣ ቈርበቱ ገፊፉ፣ ናውቲ ኸብዱ ፈ'ሪሱ፣ ንድሎት ዚኸውን ጨጕራ፣ ሽንፍላ፣ ሓሞት ፈላልዩ፣ ዚትታዕ ተቲዑ፣ ዚስጠ ሰጥዩ፣ ዚድርበ ናብቶም ካበየ ሽጓሽጕ ተተቓልቂሎም ብምውርራይ ጭንን ዚብሉ ደማሙን ኣኽላባትን ሰንድዩ ናይ ጥ'ብሐት ዕማሙ ወድአ።

መሬት ብዝረፈደ፣ ኣደይ ውራይ ቀኑርሲ ኽትገብር፣ ንጸብሕን ንድሎትን ዚኸውን ስጋን ጨጕራን መዓናጡን ኣብ ኣጻብዕ እግራ ብዝቐርቀረቶ ኻራ ክትክንትፍ፣ ጣይታ ንምኽሳስ መጎጎ ኽትኣጓጕድ፣ እቲ ድኩት ዝመልአ ናብራኣ ኣብ ምስልሳል ተጸምደት። እቲ ገና ታተ ኺብል ዝጀመረ ተስፋልደት ዝሽሙ ምንኣስ ምንኣሰይ ሓወይ ኣብ ትሕተኣ እናሕለኽለኸ ኽተምሰሱ ኽላ ብሃንደበት፣ ሓደ ልቢ ዚመልሕ ተኹሲ ኣብቲ ልዳት ገዛና ተባረቐ።

"ቦኖፈስታ ኣያ ተስፋይ!" ዚብል፣ ክልተ ጕራዕ ደሃያት ካብ ግዳም ተሰምዐ። ብቐጽበት ኣፍንጫ ዚስርስር ሽታ ናይ ዝነደደ ኽርቢት ሃንገፍ በለኒ።

ክልተ ወርጠበታት፣ ጀርጋዕ ዝስፍየቱ ሓድሽ ካኪ ሳርያን ጁባ ምስ ጠገለ ዜብሉ ፈያር ቍምጣ ዝለበሱ ናብ ውሽጢ ቤትና ተደርገሙ። ምስቲ ነዊሕ መሓውሮምን ካብኡ መንጕዱ ዚርአ ኣብራኾምን፣ ኣባላት ናይቶም ብድሕሪ ገዛና፣ ኣብቲ ቐጽሪ እንዳ ፈሓም ዝነበረ ቖማት ቀላሚጠሳት ዝሰፈሩ ዕስለ ሊሎታት መሲሎም ተራእዩኒ። ኣብ ኢዶም "ገ" ዝቐርጹ ሓጺን፣ በቲ ነዊሕ ሸነኹ ዓትዒቶም ሒዞም ነበሩ። እቲ ንልብና ዝመልሐ ጠበንጃኦም ንሱ ምኳኑ እዩ። ኣደይ ብቐጽበት ስለ ዘለለየቶም፤

"ዋይ! ንስኻዶ ድማ ኢኻ ኣስፍሃ! ኣብዚ ኾፍ በሉ። መዓሮይ ለተኺዳን ከመይ ኣለዋ፧ "

"ደሓን ኣላ።"

"መዓሮይ ጃሪኸ፧"

"ደሓን ኣላ።"

እቶም ኣወዳት ነቦይ መቐርቡ እዮም ነይሮም። ምቕማጦም ኣብቲ ኣብ ጥቓ ቤተኽስያን ገብሪኤል ኣኽርያ ዚርከብ፣ እንዳ ባንዳ ዚብሃል ኣጓዱ ናይ ዘበን ጥልያን እዩ ዝነበረ። ክልተኣቶም ኣቦታቶም ብህይወት ይንበሩ ኣይንበሩ ኣይፈለጥኩን።

"ሃየ'ስከ ኻብቲ ድኳ ተንስኡ!" በለና ኣቦይ ብሓውሲ ቑጥዐ ንኣይን ነቲ ምንኣሰይን፤ ናብቶም ኣወዳት ምልስ ኢሉ ኸኣ፤ "ዘመድና ኽንበጽሕ

ኢልኩምስ ካብ እንዳ ገብሪኤል ናብዚ መጺእኩም፣ ብራዎታት፣ እስከ ኻብቲ ሕሩድ ቍርሲ መሳሊ ግበርሎም!" ወሲኹ ኣዘዛ ነደይ። ኣደይ ካብቲ ብልዕቲ ናይቲ ዝተሓርደ ጤል ቀናጢባ ብጠስሚ ቘላልያ ግርም ሕምቶ ኣዳለወት'ሞ፣ ምስ ውዑይ ጣይታን ኣዋዘን ቀረበትሎም። ካብቲ ዛጊት ዝፈልሐ በራድ'ውን ኣብተን ክልተ ነጻል ጻዕዳ ኣዛናት ሻሂ ቖድሓትሎም።

እቶም ደቂ ነቲ ሽሻይ ሓመድ ኣስሓንዎ፣ ነቲ ሻሂ'ውን ኣየናሕሰዩሉን። ናብ ካልእ ዘመድ ኣላጊሶም ንደቁን ሰበይቱን ኬባህርሩ ዝተሃወኹ ኽመስሉ ብቕጽበት ብድድ በሉ። ኣቦይ ድማ፤

"በል፣ ከምዚ ጌርኩም ካብ ምብጻሕና ዓዲ ኣይትውዓሉ፣" እናበለ ንሓዲኦም ኣብ ኢዱ ገለ ነገር ኣዕመኾ። እቲ ተቐባሊ፣ እቲ ዝተጀንጀኖ ርእዩ ናብ ጁባኡ ድሕሪ ምኽታት፣ በቲ ዝተመጠዎ ገንዘብ ኣዝዩ ስለ ዝተሓጐሰ'ዩ 'መስለኒ፤ "የቐንየልና ኣያ ተስፋይ፣ በኖ ፌስታ! ዓመት ንዓመት የድግመና!" ድሕሪ ምባል፣ ክልተኣቶም ውራይ ተኾሲ ጠባንጃኦምን ምእረራ ሰልዶምን ኬሰልጡ ናብ ካልእ ዘመድ ኣምርሑ።

ኣጋ ሰዓት ሓደ፣ እቲ ኣደይ ከተዳልዎ ዝወዓለት ናይ ድሎትን ጸብሕን ሽሻይ በብሓደ ኣብ ልዕሊ ጣይታ ዝተነጽፎ ቕርጫት ተቐረበ። ኣደይ ለትሄት፣ እቲ በዓል ምሳና ኼሕልፋኦ ኽም ወትሩ ካብ ኣባሻውል መጺኤን ነበራ። እቲ ድሎት ሓሞት ኣብ ልዕሊኡ ፈሲስዎ ተቐረበ። ኣነ ድማ፣ ጨጐራ ኣንኳይዶ ሓሞት ፈሲሱዎስ፣ ብሌጣኡ ናብ ኣፍንጫይ እንተ ቐረበ'ኳ የሰገድግደኒ እዩ ነይሩ። ስለዚ፣ ኣቦይን ኣደይን ኣደይ ለትሄትን እቲ ምንኣሰይን ነቲ ድሎት ተመጊቦም ክሳዕ ዚውድኡ ኽጽቅጥ ተገደድኩ። ጸጋይ ዚፍንፍኖ ነገር ኣይነበረን፣ ግርም ገይሩ በልዐ። ኣማስያኡ እቲ ጸብሒ'ውን ተቐረበ። ከም ሰበይ ክሳዕ ዝጸግብ ካብቲ ኣጐምጃዊ ሽሻይ ተመገብኩ። ብድሕሪኡ፣ ነቶም ዓበይቲ በብተራ፣ ስዋን ኣረቕን ቡንን ተቐሪቡ ተሰትየ።

ዕለታዊ ተርእዮ ሪጋ ፌሮቪያ

ድሕሪ ቅዱስ ዮሃንስን መስቀልን ህይወት ከም ቀደሙ ቐጸለ። እቲ ተሓሪሱ ስገም ዝተዘርአ ኣብ ጥቓ ገዛውትና ዝነበረ ግርሁ ሸዊቱ፣ ገሊኡ ንምቕንጣብ ብዜተሃራርፍ ደም ሰረበ። ክሳዕ ሽው ብዙሕ ኣቕሊበለን ዘይጸናሕኩ፣ ተምሃሮ "እንዳ ሴታ" (ቤት ትምህርቲ ኣዋልድ)፣ ዦላተን ጸጕረን ብምኣረምያ ተጐልቢቡ፣ ቀምሽን ክሳዕ ዦርኾረአን ዚበጽሕ፣ ካብ ሸነኽ እንዳ ኽራማ ተቐልቀላ። ብማእከል'ቲ ግራሁ ብተብተብ ኣብ ዚሓልፋሉ ህሞት፣ ንየማን ወይ ንጸጋም እናተኣልያ ኻብቲ ሸዊት ምስ ዚግርብባ፤

ኣው'ረ ው'ረ!
ሓደ ግራት ተወረረ!
ኣይሓረስቶ ኣይጐልጐለቶ፣
'ውሪረ ወድኣቶ!
'ውሪረ ወድኣቶ!

እናበልና ከም እሙን ሓላዊ ኽልቢ ኻብቲ ተግባራተን ከም ዚቑጠባ ንገብረን ነበርና። እተን ኣዋልድ መመልከቲቶአንን ዓባይቶአንን ኣከናቲበን እ'ናወዛወዛ፤

"ኣንቱም ግናያት! ጽንሑ'ጆኹም። ብፍላይ ንስኻ ኣንታ ጠ'ቃር፣ ጠ'ቃር'ወ ጠ'ቃር!" ኢለን ይፍክራልና። እቲ ጠቃር ዝተባህለ፣ ገሚትኩምዎ ትኾኑ— ኣነ'የ።

ኪጐይያና ዘይሕሰብ'ዩ ነይሩ። ምኽንያቱ ኣቦይ "ቡካቲ" ዝተባህሉ ሓላው በሪ ናይ እንዳ-ሴታ ኽይዓግቱወን ኬርክባ ነይሩወን። "ቡካቲ" ሳጓእም'ዩ ነይሩ። ኣቦይ ቡካቲ ነተን ደንጐየን ዝመጻ፤

"ክሳዕ ሕጂ እንታይ ኽትዋርያ ጸኒሕክን ኣንትን *ቡካቲ!* " ዚብል ዘለፋ ላካእም እዩ ነይሩ። እተን ኣዋልድ ግና እቲ ናይ ቅ'ለት ቃል ዘይትሰምዖ ጸርፊ ዳርጋ ደርፊ ኾይኑወን፤

"በጃኹም'ባ ኣቦይ *ቡካቲ!* ንሎም-መዓልቲ ጥራይ ኣሕልፉና። ካልእ መዓልቲ ኣይንደግምን፣" እናበላ ኣምሪረን ይልምናእም፣ ከም ዘይጭኩንለን ብልበን እናፈለጣ። ድሕሪ ብዙሕ ልመናን ብ"ቡካቲ" ዝተሰነየ መግናሕትን ድማ ይእተዋ ይሓድጉወን ነበሩ።

ብጀካ'ቲ ዘይውዳእ ዚመስል ትምህርቲ ናይ እንዳ ቢዘን፣ ቀዳመ ሰንበት ጨራሩ ኣብ ምህዳን፣ ሓመሳ ንምርኣይ ወይ ኪሕምብሱ ንዚኸዱ ብዕድመ ዚመርሑና ደቅ-ገዛውትና ክዳውንቶም ክንሕልወሎም ናብ ማይ ባውዛን ምቕልቃል ኣይገደፍናዮን።

እቶም ብዕድመ ዚመርሑና፣ ዝርካቡ ኽዳኖም እናቐንጠጡ፣ ዘዘሊሎም ናብቲ ብዒባ ኽብትን ብጭቃን ዝተበትዐ ማይ ይድርገሙ ነበሩ። እቲ "ቐላይ" ዕምቈቱን ቅርበቱን ስለ ዘይተፈልጠ፣ እዚ ተግባር'ዚ ሓደገኛ ድፍረት እዩ ዝነበረ። ኣብ እዋን ክራማትን ድሕሪ መስቀልን፣ ኣበዮ ሰብ ሰርሓ ራህያታት ኪሕምብሱ ኺብሉ ጥሒሎም ዝሞቱ ቈልዑን ኣጓብዝን ቍጽሮም ውሑድ ኣይነበረን። ወለደይ ውዑይ ስለ ዝኾንኩ፣ ውዒለ ሓዲረ ሓደ ኻብዞም ግዳያት ከይከውን ምሒር ሻቕሎት ነይሩዎም።

ሪጋ ፌሮቪያ ግዳ፣ ብጀካ ናይተን ቃፍላይ ገመልን፣ ሰብ በለስን፣ ሰብ

ማይ ጅርባን፣ ገና ዘየውካእኩዎ ካልእ ኣራግጽ'ውን ነይሩዋ። ኣረ'ውን እቲ ዝበዝሐ ኣራግጽ እኳ ደአ!

መዓልቲ መጸ፣ ኣብቲ ኣብ ፊት ገዛውትና ብተለምዶ "መቓብር እንዳ ማርያም" ዚብሃል፣ ሰብ ሓመድ ኣዳም ይለብስ ነበረ። ኣብቲ እዋን'ቲ፣ ሬሳ ብመጐበር ብዝተጐልበበ ዓራት ተጸይሩ እዩ ናብቲ ኣብ መንጎ ገዛውትናን ኣርባዕተ ኣስመራን ዝነበረ ዓቢ ኽርባ መቓብር ዜምርሕ ዝነበረ። ከምቲ ኣቐዲሙ ዝተጠቕሰ፣ እቲ መቓብር ሓጹር ኣይነበሮን፣ ዳርጋ ኽሳዕ'ቲ እንጻወተሉን ጨራሩ እንሃድነሉን ሕሩስ ጐልጎል ዚበጽሕ እዩ ነይሩ።

ዚበዝሕ ግዜ፣ ሬሳ ኻብ ሸነኽ መደበር እዩ ዚመጽእ ነይሩ። ካብ ቤተኽስያን እንዳ ማርያም ተበጊሱ፣ ጸሎተ-ፍትሓት ኪግበረሉ ብውሑዱ ኣብ መገዲ ኽልተ ወይ ሰለስተ ግዜ የዕርፍ ከም ዝነበረ ትዝ ይብለኒ። ገሊኡ ቐብሪ ብዝሑል ከበሮ "መረግዲ" ዝተሰነየ ኪኸውን ከሎ፣ ሓሓሊፉ ድምጺ 'ምስርቃና' ዝተባህለት ዓይነት ታቱላ'ውን ኪድህ ንሰምዕ ነበርና። እቲ ቐዳማይ ወግዒ፣ ንዝሞተ ኻህን ኪኸውን ከሎ፣ እቲ ዳሕረዋይ ናይ ዝሞተ ወዲ ኣኽሱም ወይ ኣብ ከባቢኡ ዚርከቡ ህዝቢ ምዃኑ ጸኒሐ እየ ፈሊጠ። እቲ ቐብሪ፣ ዓበይቲ ድባብን ባንዴራ ኢትዮጵያን ዝጸሩ፣ በብዓይነቱ ዜብዘቕዝቕ ዝሕብሩ ኣልባሳት ዝወደዩ፣ ዓበይቲ መሳቕልን ጽንሃሃትን ብዝሓዙ ድያቆናትን ካህናትን እናተመርሐ፣ ዓጃባይ ድማ ቤተሰብ ዚርከቦ ደቅ-ተባዕትዮ ብድሕር'ቲ መጐበር፣ ቀጺለን ድማ ቤተሰብ ዚርከባኦ ደቅ-ኣንስትዮ ዘጠቓለለ ነበረ። ዚበዝሕ ግዜ ሓመድ-ድብ ኣብ ኣጋ ፍርቂ-መዓልቲ እዩ ዚፍጸም ነይሩ።

ናይ መወዳእታ ጸሎተ-ፍትሓት፣ ኣብ መንጽር እታ ማይ ዙምባ ናይ ገዛውትና፣ ኣብቲ ኣዘውቲርና እንዕንድረሉ ጐልጎል ይሰላሰል ስለ ዝነበረ፣ መጐበር ቅልቅል ብዝበለ፣ ካብቲ ቦታ ንእለ ነበርና። ብማዕዶ ኾንና ነቲ ስርዓት ክንዕዘብ ግና ዕድል ነይሩና።

እቲ መጐበር ንመወዳእታ ግዜ ኣብዚ ዝተጠቕሰ ቕርዓት ብዘዕረፈ ዚፍጠር ምርኢት ንምግላጹ ኣዝዩ የሸግር። በቲ ሓደ ሸነኽ፣ ካህናት ጽንሃሃቶም እናህገጉ ማህሌቶም ኬዚሙን፣ ካብ ዓበይቲ መጻሕፍቲ ብራና እናንጐድጐዱ ኺደግሙን ከለዉ፣ ኣዝማድን መቕርብን ናይቲ ዝሞተ ሰብ፣ ገለ በብጽምዲ፣ ገለ ድማ ብጕጅለ ኾይኖም ርእሶም ኣብ መንጎ ኽልተ ቀላጽሞም ቀርቂሮም እናገዓሩ ዚበኽዩን ዜእውዩን ነበሩ። እቲ ዚቕበር ሰብ ብዓል ቃል ኪዳን እንተ ኾይኑ፣ እታ ኣሚኑ ጸጕራ ተኣሲሩ፣ ጸሊም መንጠሊና ተደሪቡላ፣ "ኣይፋልካን! ኣይፋልካን!" ዜሰምዕ ብዚመስል መመልከቲቶኣ እናወዛወዘት እያ ንየው ነጀው እትዛባዘብ። እተን ዝተረፉ መሳንይቲ፣ ገለ ድግዲጊት ዓጢቐን፣ ጐረሮአን ላሕቲቱ ብኽያት ኣብዩወን ኽይተፈለጠን የማነ-ጸጋም ዚዝዃዝዃ፣ ገለ ቐላጽመን ንላዕሊ እናሰንደዋን እናውረዳን ነባጅጎ ዚማለዳ ዚመስላ፣ ገለ

ተጠሊዐን ዜእውያ፣ ገለ ገጻን ዚብሕጅራን ጸጕረን ዚነጽያን፣ ሓደ ኽልተ ኸአ ርእሰን እናኣተግነና ብዜፍርሕ ደሃይ ዜጕርዓ ነበራ። ድሕር'ዚ ኹሉ መግደራ፣ እቲ ግብኣተ-መሬት ይፍጸም፣ ቀባራይ "ምለስ" ይብሃል፣ እቲ መቓብር ድማ ናብቲ ናይ ወትሩ ጽምዋኡ ይኣቱ። እተን ንግዚኡ በቲ ዋዕዋዕታ ተረቢሸን ዝጸንሓ ኣዕዋፍ፣ ጭቕጭቕታአንን መዛሙራተንን ነቲ ናይ ሓዘን ጭራሕምራሕን ዋይታን በብቑሩብ ይትክአ።

ኣብዚ መቓብር'ዚ ዚፋኖ መዋቲ ግና ብድባብን፣ ብመስቀልን፣ ከርበ ብዜህግግ ጽንሃሃትን፣ ብዋይታ ቐባርን ጥራይ ዝተዓጀበ ኣይነበረን። ሓንቲ ነተን ናይ ሽው እዋን "ባቱራ" እትመስል ጠቃር ንእሽቶ ናይ ጽዕነት ማኪና፣ ኣብ ሳልስቲ ወይ ራብዕቲ ትመጽእ ከም ዝነበረት'ውን ኣዐርየ እዝክር። ፍሉጥ ሰዓት ኣይነበራን፣ መብዛሕትኡ ግዜ ኣብ ድሕሪ ቐትሪ ኣጋ ዕራርቦ፣ ሳሕቲ ኣብ ረፍዲ፣ ብሰላሕታን ብሃንደበትን በርደግ ትብል ነበረት። ሓደ ጽልሙ ንእ ዚመስል፣ ኣብ መንከሱ ቈርጫጭ ጭሕሚ ዝነበሮ፣ ገጹ ጽሙእ ሰብ ኣብ ድሕሪኣ ተሰቒሉ እያ እትመጽእ። እቲ ሰብኣይ፣ ጸጕሩ ተቘርጢጡ ሽርበ ዝተቘነነ፣ ፈለማ ብዝረኣኹዎ ተደናገረኒ። ሽርበ ኸም ብዓል ኣደይ ዝኣመሰላ ጥራይ ዚቕነናእ ስለ ዝመሰለኒ።

እቲ ዜስደምም እዚ ጥራይ ኣይኮነን። ብኡንብኡ፣ እታ ማኪና ኻባና ቑሩብ ርሒቕ ኢላ፣ ኣብ ጥቓ ሓደ ብኣፍራዛን ብመጋሕፈልን ኪኰዓት ዝጸንሐ ጕድጓድ ደው ትብል። እቶም ሽየስተብሃልናሎም ዝጸናሕና ነቲ ጕድጓድ ዝፈሓሩ ሽቃሎ ብድድ ኢሎም፣ ሓደ ኹልንትናኡ ብፋሻ ዝተገንዘ ሬሳ ኻብ ድሕር'ታ ማኪና ኣብ ምውራድ ነቲ ብዓል ሽርበ ይሕግዝዎ። ነቲ ግኑዝ ብሸነኽ ርእሱን እግሩን ብሳምቦ ኣንጠልጢሎም ድማ ናብቲ ጕድጓድ ይኸ'ቱዎ። በቲ ኣቐዲሞም ዝፈሓርዎ ሓመድ ብመጋሕፈል ደብዮም ብዝዛዘሙ፣ እታ ጠቃር ማኪና፣ ነቲ ብዓል ሽርበን ነቶም ሰብ ኣፍራዛ ሽቃሎን ሒዛ ትዕዘር። ድባብ የ'ለ፣ ምስርቃና የ'ለ፣ ጽንሓሕ የ'ለ፣ ከርበ የ'ለ። ዝተኣሰረ ጸጕሪ የብሉ፣ ኣውያት የብሉ፣ ብኽያት የብሉ፣ ንብዓት የብሉ፣ ዜጕርዕ ደሃይ የብሉ። ናይ ጸለማ ፈነወ! እተን ኣዕዋፍ ናይቲ መላእ መቓብር ጥራይ፣ በቲ ዜተከዝ ዜማአን ዚሳተፍአ ጽሙው ቀብሪ! እቲ ደ'ገ ነገር፣ ኩሉ ሬሳ ፈሪሱ ናብ መሬት ተቐያራይ ምኺኑ እዩ።

ከምቲ ዝኣመሰለ ፍጡር፣ ሓደ ኻብቶም ኣብዚ ኸተማና ብዝተፈላለየ ምኽንያት ፈቐዶኡ ሞይቶም ዝተረኽቡ፣ ዘመድ ኮነ ቐባሪ ዜብሎም ድኻታት ከም ዝነበረ ደሓር እየ ፈሊጠ።

ብባእሲ ሓራምዝ ሳዕሪ ይህሰ

ሓደ ምሸት፣ ዓባየይ መሓሪተ፣ ብምንታይ ምኽንያት ም'ዃኑ ሕጂ ዘይዝክሮ፣ ንግሆ ኣብ ኣጋ ረፍዲ ኻብ ወከድባ ንዕዳጋ ምስ ወረደት፣ ኣብ ከተማ ውዒላ ምድሪ ዓይኒ ኺሕዝ ከሎ ንምሕዳራ ናብ ገዛና በርደግ በለት። ሽዑ ኣደይ ጻሕሊ ኣብ ፊርኔሎ ሰኺቲታ፣ ንድራር ዚኸውን ጸብሒ ኣብ ምድላው ነበረት። ከምቲ ኻልእ መዓልቲ እንተ ዚኸውን፣ ብኡንብኡ ጀበና ምሰኸተተት። ቅ'ድም ድራር ከተዳሉ ግድን ስለ ዝኾና ግና ከምኡ ኣይገበረትን። ዓባየይ ብዛዕባ ናይ ዕዳጋ ውዕሎኣን፣ ካብ ዓዲ ኸትመጽእ ከላ ኣብ መገዳ ዘጓነፉ ነገርን ነደይ ከተዕልላ ጀመረት። ሽዑ ኣነን እቲ ምንኣሰይን ኣብ ጥቓኣን ኣብቲ ልሙጽ ባይታ ተረፊቕና ነበርና። መብዛሕትኡ ኻብቲ ዕላል ኣእምሮይ ኪመምዮ ዘይኽእል ንቕልበይ ዚስሕብ ኣይነበረን። ኣብ ሓደ ኻብቲ ዘልዓላኦ ኣርእስቲ ግና ዓባየይ፤

"... እንድዒ፣ ነገር ዝደለዩ እዮም ዚመስሉ። ሕኒን እ'ናሉ ሴፎም የንበጥብጡ ነይሮም፣" በለት እናንቀጥቀጠትን ኣእዳዋ ዘርጊሓ ንእመቤታችን እናማለደትን።

"ህእ፣ ይስተረና! ምስ ደቅና ኸይውድኡና ጥራይ" በለት ኣደይ ካብቲ ናይ ዓባየይ ብዘ'ይፍለ ራዕዲ።

"እታ እምቤታችንከ ናበይ ከይዳ፤ ትሕልወኩም ግዲ ትኸውን!" መለሸት ዓባየይ።

ኣነ ኻብቲ ምንኣሰይ ዝያዳ ልቢ ስለ ዝሰቘርኩ፣ እዚ ሕንቅልሕንቅሊተይ ዚመስል ዕላል ኣዝዩ ኣፍርሃኒ። ጽንሕ ኢለ ግና፣ "ዒራ ኣ'ቦይ ኣሎ፣ ንሱ ኺዘርየልና'ዩ፣" ኢለ ምስ ነብሰይ ተቘራቘርኩ'ሞ ተጸናናዕኩ። ብድሕሪኡ ብዛዕብኡ ኻልእ ዕላል ስለ ዘይሰማዕኩ ፍጹም ረሳዕኩዎ።

ድሕሪ ሒደት ሰሙን ሓደ ድሕሪ ቐትሪ፣ ሰሉስ ወይ ረቡዕ መዓልቲ ይመስለኒ፣ ኣብ እንዳ ቢዘን ኣብ ትምህርቲ ኸለና፣ ካብ ሽነኽ ታሕታይ ሹቕ ብርቱዕ ሂምታ ተሰምዐ። ኵላትና ብስንባደ ኣቕባሕባሕና። ጽንሕ ኢሉ፣ ተረጕረጕታ ጠበንጃ ተደምጸ።

"ኣጆኹም ኣይትፍርሁ!" በሉና የኔታ። እቲ ዝውቱር ናይ ካህን ሓበሻ ጻዕዳ ቐምሽን ስረን ለቢሶም፣ ጸሊም መንጠሊና ደሪቦም እዮም ነይሮም። ኣብቲ ጥቓ ማዕጾ ቖይሞም፣ ኵላትና ብጽሞና ኽነድምጸም ድሕሪ ምንጋርን ካብ ስንባደና ድሕሪ ም'ርግጋእን፤

"ሕዚ፣ የማን ጸጋም ከይበልኩም ገዛኹም ኪዱ፣" በሉና። "ሰሚዕኩምዶ፤ ትኸ ኢልኩም ናብ ገዛኹም..."

ካልእ ዘረባ ኺውስኹ ዕድል ኣይሃብናዮምን። እቶም ነኣሽቱ ዘ'በልና

ጥርሙስ ማይና ንምልዓል ሓንሳእ ድሕሪ ምድፍፋእን ምዕግርጋርን ተበታቲንና ብዘብዘብ ካብቲ ቐጽሪ ወጻእና። ጸጺኒሑ ተረግረጕርታ ስለ ዝቐጸለ እቲ ሃዋህው ዝያዳ ዜሻቕል ኮነ።

ኣብ ርእሶም ጠቃር ሓምላይ ሽሓኒ መሰል ድርዒ ዝወደዩ፣ ዲቪዛ ካኪ ዝለበሱ፣ ጠበንጃ ዝተሓንገጡ ጸዓዱን ጸለምትን ወተሃደራት ዝጸዓነት ጠቃር ሓምላይ ዝሕብራ ዓባይ ሎሪ ብጥቓና ንዓቐብ ሓለፈት። ሓንቲ ተመሳሳሊ ዝሕብራ ዜንሰይስይ ዘንጊ ኣንቴና ዘሎዋ ንእሽቶ ማኪና ትመርሓ ነበረት። ተኹሲ ሓሓሊፉ ምትርጕራት ኣየቋረጸን።

ኣብ ጥቓ ገዛ ኸበጽሕ ከለኹ፣ ኣደይ ከምተን ካልኦት ጐረባብትና ዛጊት ኣብ ሸቐልቀል ጸንሓትኒ። ምስ ረኣየትኒ ኣዝያ ተሓጐሰት፣ ሒዛትኒ ድማ ናብ ገዛ ኣተወት።

ጸጺኒሑ ድምጺ ዚባረቕ ጠበንጃ ም'ቕላሑ ቐጸለ። ሓንቲ መጓረቲት ኣእማን ማኪና፣ ፈቐዶኡ ሞይቶም ናይ ዝተረኽቡ ጽፍጻፍ ሬሳ ተጸዒና ናብቲ ጥቓ መቓብር መጺኣ ቖመት። ኩሉ'ቲ ጐረባብቲ ነዚ ጕድ'ዚ ኽርኢ ከካብ ገዝኡ ወጸ። ናብታ ማይ ቡምባ ዚቕድሓላ ነቚጣ ድማ ተሃንደደ። ኣነ'ውን ከም ህዝበይ ናብኡ ገጸይ ጐየኹ። እታ ማኪና፣ ነቲ ጽፍጻፍ ሬሳ፣ ልክዕ ከምቲ ንጽዕነት ኣእማን እትገብሮ፣ ዝባና ኣንቈልቍላ ኣብቲ ባይታ ኣፍሰሰቶ። ኵሉ'ቲ ተዓዛቢ ብድንጋጸ ኽንፈሩ እናመጸየ ጥራይ ይጥምት ነበረ። ብሃንደበት፣ ክሳዕ ሕጂ ኽየስተብሃልናሉም ዝጸናሕና፣ ኣብቲ በሪኽ ከርከስ ናይቲ መቓብር ዝነ'ቈጡ ዕጡቓት ሱዳናውያን ሓይሊ-ፖሊስ፣ ነቲ ህዝቢ ኻብቲ ቦታ ኺእለ ጠበንጃኦም ኣወጣወጡ። እቲ ሰብ፣ እቲ ቕድሚ ሒደት ዓመታት ኣብ ልዕሊ ህዝቢ ዘውረድዎ ግፍዒ ኻብ ኣእምሮኡ ስለ ዘይሃሰሰ ይመስለኒ ብቕጽበት ካብቲ ቦታ ተሰወረ።

ኣብቲ ኽንዮ እንዳ ተኪኤ መኹሲ ኣብ ዝነበረ ተርታ ገዛውቲ፣ ሞት ናይ ሓደ መቕርቦም ስለ ዝተረድኡ፣ እቲ ጐረባብቲ ብኣውያት ተናወጸ። ብኻልእ ሸነኽ'ውን፣ ብተመሳሳሊ ኣገባብ ጸጺኒሑ ስለ ዝቐጸለ፣ እቲ ገዛውቲ ኣብ ርእስ'ቲ ናብ ጸላም ዜምርሕ ዕራርቦ ም'ዃኑ፣ ብብ'ኽያትን ብሓዘንን ናብ ደልሃመት ተለወጠ። ኣቦይ፣ ምናልባት ሓደ ኻብዞም ግዳያት ከይኸውን'ሞ እታ ንእሽቶ ቤትና ብዋይታን ብመልቀስን ከይትምግደር ኣዝየ ፈራህኩ። ብ'ኽያት ዳርጋ ኺስዕረኒ ቐረበ። ኣብ መንጎኡ ግዳ፣ ኣቦይ ዘይኣመሉ መብራህቲ ኺውላዕ ከሎ በርደግ በለ። እቲ ሽው ዝተሰምዓኒ ታሕጓስን ረፍታን ክገልጾ ቓላት ይውሕደኒ።

እንተ ኾነ ግዳ ንጽባሒቱ ናብ ስራሕ ም'ኻዱ ኣየቋረጸን፣ እንጌራ ስለ ዝኾነ። እቲ ድምጺ ተኹሲ ጠበንጃ'ውን ጸጺኒሑ ምቕላሑ ቐጸለ። ኣብቲ መጀመርታ መዓልቲ፣ መብዛሕትኦም ካብቶም ግዳያት ናይቲ ቕትለት፣

እቶም ዓማውል ናይቲ ኣብ እግሪ ኣባሻውልን ምሕራድ ስጋን ዝነበረ እንዳ ስዋታት ከም ዝኾኑ ወለደይን ካልኦት ዓበይትን ኬዕልሉ ሰሚዐ ነይረ።

እቲ ህውከት ብዝተጀመረ፣ ንጽባሒቱ ይኹን ኣብ ሳልስቱ፣ ኣብ ኣጋ ፍርቂ መዓልቲ፣ ኣደይ ድንግሉ ዓይነን ብብኽያት ዓምጢሉ ናብ ገዛና መጸ። ዝርንዝሕ እናነብዓ ኽኣ ቍዘማ ብዚጥዕም ኪበኽያ ጀመራ። ኣቦይ እንታይ ከም ዝተረኽበ ሓተተን። ሓደ ካብቶም ዓመውለን ኣብ ቅድም'ቲ እንዳ ስዋአን በቶም ሽው ጸጥታ ኣብ ምኽባር ዝነበሩ ሱዳናውያን ኣባላት ፖሊስ እንግሊዝ ብግፍዒ ኽም ዝተቐትለ እናሕነቕነቓ ነገራኦ።

"ኣብ ውሽጢ ሓንቲ ኻብተን መጐራበብትና ኺሰቲ ኣርፌዱስ ሶዳን ዝጸዓነት ማኪና ከትሓልፍ ምስ ሰምዐ፣ ናብ ግዳም ወጺኡ ዓብዓባይቶኡ እናወጣወጠ፣ 'ኣቢቦ ኢስጦብያ!' ምስ በለ ብጥይት ድፍእ ኣቢሎሞ፣ ድፍእ ደኣ ተብሎም ባዕላ'ታ ወላዲተ ኣምላኽ።" ኣዒንተን ደም ሰሪቡ፣ እቲ ሃዝሃዝ ገጸን ምስቲ ናይ ኳኾ ጽልመን ኣዝየን ኣፍርሃኒ። "እቲ ዝቐተሎ ሶዳን በዚ ጥራይ ድዩ ኣኺልዎ መሲሉካ! " ቀጸላ ኣደይ ድንጉሉ፣ " ከም ዝሞተ ኼረጋግጽ፣ ካብታ ማኪና ዘሊሉ ወሪዱ ኣብ ልዕሊኡ ጠጠው ኢሉ፣ በቲ ሳእኑ ደጋጊሙ ኣብ ከብዱ ምስ ረገጸ'ዩ ናብ ብጮቱ ዝተመልሰ።" ዋይታአን መሊሰን ኣወዓውዓአ።

"ብድሕረኡኸ! " ሓተተ ኣቦይ።

"እዋእ፣ ኣማሲኡስ እታ ሬሳ 'ትኣሪ መጺኣ ውሲዳቶ።"

"ንምንታይ ደኣ ሕጂ ናብዚ መጺእኪ! "

"ወይለከይ ተምቤን ዓብዪ ዓዲ! ደሃይካ ኽገብር ግዲ ኣንታ ተስፋይ። ካብ ትጠፍእ'ኮ ሳልስት'ኻ ኾይኑ። ደሓንዶ ይኸውን፣ ኢለ ተሻቒለ'የ መጺአ።"

ካልኦት ዚፈልጠም ዝተጐድኡ ሰባት እንተለዉ ምስ ሓተተን ከኣ ሽሞም በብሓደ እናረቝሓ ኣርድኣአ። ዳሕራይ ልቢ ምስ ሰቔርኩ ኽም ዝተገንዘብኩዎ፣ መብዛሕትኦም ካብቶም ግዳያት፣ ኣብ ፖለቲካ ኢድ ዘይነበሮም ትሑት ዝናብራኦም ሰባት እዮም ነይሮም።

ዝኾነ ኾይኑ፣ ድሕሪ ቍሩብ መዓልቲ፣ ሓደ ንግሆ ኣጋ ሰዓት ሸሞንተ፣ ሓደ ኣስላምን ክርስትያንን ዘጠቓለለ፣ ብኻህናትን መሻይኽን ዝተመርሐ ሰልፊ ኻብ ወገን መደበር ናብቲ መቓብር እንዳ ማርያም ብዝግታ ኺመጽእ ተራእየ። ነበርቲ ሪጋ ፌሮቪያ፣ ዓበይቶም፣ ቈልዑቶም ነቲ ዚተምም ሰልፊ ንምርኣይ ከካብ ገዛኦም ወጹ። ኣብ ጥቓ እታ ማይ ቡምባ ድማ ተኾልኩሎም ቆሙ። ኣነ'ውን ሓደ ኻብኦቶም ነበርኩ።

"ተመስገን፣ ሰላም ኮይኑ! ሰላም ኮይኑ!" ዚብል እፎይታ ዝተሓወሶ ሕሽኹታን ዕጉምጉምታን ነቲ ሃዋህው መልኦ።

እቲ ሰልፊ፣ ኣብቲ ኻልእ መዓልቲ መጐበር ዜዕርፈሉን ቅዳሰ ዚግበረሉን ቅርዓት ናይቲ መቓብር ቆመ። ሓደ ንኣይ ዘይተረድኣኒ፣ ብዝተፈላለዩ ዓበይቲ ሰባት ዝተገብረ መደረን ካልእ ስርዓትን ብዝተኸናወነ ድማ እቲ ሰልፊ በቲ ዝመጸ ኣገባብ ተመልሰ። ከምቲ ደሓር ካብ መጻሕፍቲ ዘንበብኩዎ፣ እቲ ሰልፊ ኣብ መቓብር ኣስላም'ውን ብተመሳሳሊ ስርዓት እዩ ተፈጺሙ።

ህይወት ሪጋ ፌሮቨያ ኸም ቀደሙ ቐጸለ። ቀትሪ ኣብ እንዳ ቢዘን ኣብ ትምህርቲ እውዕል። ምሸት ምሸት ከም ዓለመይ ምስቶም ደቅ-ገዛውተይ እጻወት። ሓድ ሓደ ግዜ ድማ ተኣኻኺብና ኣብ ትሕቲ'ታ ኣብ ቅድሚ ኻንሸሎና ዝነበረት ናይ ፓሎ መብራህቲ ጽውጽዋይ ንነጋገር፣ ደርፊ ወይ መዝሙር ንሰማማዕ።

ክፍለ ወደ'ደይ እልፉጋ *"ማይ ቦኒ ሊዝ ኦቨር ዚ ኦሸን"* ኪደርፈልና ወትሩ ንልምኖ ኔርና። ትርጉም ናይታ ደርፊ እንዶኡ ኣይነበረናን። ኣብቲ፣ *"ብሪምባኽ፣ ብሪምባኽ፣ ኦ ብሪምባኽ ማይ ቦኒ ቱ ሚ"* ዚብል ኣዝማቻ ምስ በጽሐ ኸኣ ምስኡ ብሓባር እናኣወዓዎዕና ንደጋግማ ነበርና። መን ከም ዝመሃሮ እዝግሄር ዋንኡ። ፍጹም ወደ'ቦይ ወልደማርያም ድማ ብዛዕባ ሃጸይ ዮሃንስን ድርቡሽን ዘይውዳእ ዚመስል ሕካያ ነይሩዎ። ነዚ ግና፣ ዋላ'ቶም ዕብይ ዝበሉ ዓንተራትና እዮም ብጽሞና ዜዳምጽዎ ነይሮም። ካብ ቤት ትምህርቲ ዝሰነቐ ፍልጠት ኣይነበረን። ሓደ ሓጐስ ዝተባህለ ኣኮኡ ደጋጊሙ ዝነገሮ ኸይኮነ ኣይተርፍን።

ብድሕርዚ "ገገዛኹም ኪዱ ሓዊ ኣንጒዱ፣" ይብሃል። ነናብ ገዛውትና ድማ ንዕቄብ። ኣብቲ ግዜ'ቲ፣ ብወገን ኣርባዕተ ኣስመራ ነቐዋ ኣዛብእን ግሕገሓ ወኻሩን ምስማዕ ዜገርም ኣጋጣሚ ኣይነበረን። ሓደሓደ ግዜ ምስኡ ብሓባር፣ ናይ መርድእ ኣውያት ካብ ርሑቕ ይድህ። ብሕልፊ ሰማይ ጸልማት ተኸዲኑ፣ እቲ መቓብርን ከባቢኡን በቲ ኸም መልኣከ-ሞት ብሰላሕታ ዝመጸ ግመ ምስ ዚጕልበብ እቲ ኣውያት ኣዝዩ ዜጃጁ ነበረ። ደሃይ ናይቶም ኣእወይቲ፣ ገሊኡ ምስቲ እንተይታ ናይቶም ብሸነኽ ኣርባዕተ ኣስመራ ዚቕልቀሉ ኣዛብእ ዜጋጊ ነበረ።

ምስ መንግስተኣብ ዓርከይ ርክብና ኣይተበትከን። ንሱ ናብቲ ሕጂ ዝነብረሉ ዝነበርኩ ይመጽእ፣ ኣነ ድማ ናብ ገዝኦም እንሓንሳእ ዳርጋ "ለማናይ ከይሓርአ"፣ ኣቦይ ተኸለ ናብ ስራሕ ደድሕሪ ምኻዶም ኣብ ቍርሲ ኣርክብ ነበርኩ። ሸው፣ ከይተሰከፍኩ ኣብቲ ናይ ንግሆ ቑርሶም እየ ዝውረም። እታ ኣዝየ ዝፈትዋ ጥዕምቲ ናይ ቀሸር ሻሂኦም ኣየቛረጸትን።

ተናገር!. . . መሓር!

ሓድሓደ ግዜ'ውን፣ ኣብቲ ጐረባብትና በኸሪ እዝንና ዝኾነ ኣጋጣሚ ይኸሰት ነበረ። ሓደ ምሸት፣ ኣብቲ ብገርዚ ጠዋሉ ዝተፈልየ ገዛውቲ ኣደይ ኣቕላሰያ፣ ብሃንደበት "እምቢሕ! እምቢሕ!" ዚብል ዜጕርዕ ደሃይ፣ ምስናይ "ሓዝዎ ኸይትለ'ቁዎ" ዚብል ጭድርታ ናይተን ካልኦት ጐረባብቲ ተሰምዐ። ኣደይ ኣብ ገዛ ኣይነበረትን። ለከ ሓንቲ ኻብተን ነዚ ትዕይንት'ዚ ዜዳምቓ ኣንስቲ እያ ነይራ። እንታይ ከም ዝተረኸበ ኸርኢ ስለ ዝተሃንጠኹ በቲ ገርዚ ጸሊቔ፣ ብመንጎ'ተን ኣብ ቅድሚ ሓደ ጓሮ ዝተዓጕዳ ጐረባብትና እናተሸለኽለኽኩ፣ ናብቲ ኣፍ-ደገ ተጸጋዕኩ።

ኣደይ ፋና፣ እተን ኣብ ካልእ መዓልቲ ትርኢተን ለዋህ ምንም ዚጓድኣ ዘይመስላ፣ ወጅህን ፍጹም ተለዊጡ፣ ኣዒንተን እናፈረረ፣ ልክዕ ከም ቈልዓ እናበኸያ፤ "ኣታ'ንታይ ገይረኩም'የ፣ ግደፉኒ'ንዶ! እንታይ ገይረኩም'የ ዘይትገድፉኒ!" ኪብላ ጸኒሐን፣ መሊሰን ከም ዜሸካዕልላ ዘለዋ ኪርኪር እናበላ ኪስሕቃ ስለ ዝረአኹ ተደናገረኒ። ክልተ ወይ ሰለስተ ዝኾና ኣንስቲ፣ ሓንቲኣን ዚተክኽ ጐማ ሒዛ፣ እተን ዝተረፋ ነደይ ፋና ከረው ኣቢለን ሒዘናአን ነበራ። እተን ዚተክኽ ጐማ ዝሓዛ ሰበይቲ ናብ ኣፍንጫአን እናኣጸግዓ፣ ደጋጊመን፤

"ተናገር፣ መን ኢኻ፧ " በልኣን።

"እንታይ ገይረኩም'የ ዘይትገድፉኒ! እምቢሕ!" እናበላን ርእሰን እናኣተግነና ኣጕርዓ ኣደይ ፋና።

"ከይትገድፍኣ። ኣለፉልፍኣ!" በለት ሓንቲ ኻብተን ሊቃውንቲ ናይ ሕማም ጠቢብ።

"ኪርኪርኪርኪርኪር!"

"ሓርኢ ደርሆ ኣስትይኣ!" ወሰኸት ካልእ ካብተን ጕጅለ ኣ'ለፋለፍቲ።

"ሃየ ሓርእ-ደርሆ ድለያ! ኪዳ'ስከ፣ ሓርኢ ደርሆ 'ንተሎወን ንጀ'መር ሕተትኣን!"

"ተናገር! ኣበይ ኢኻ ረኺብካያ፧"

"እምቢሕ! ኣብ ዕዳጋ'የ ርእየዮ!" ርእሰን እናኣተግነና መለሻ ኣደይ ፋና።

"ሃየ መን ኢኻ ተናገር! ተናገር!"

"ኣንታ መሓሩኒ!"

"ከይትለቅኦ! መሓር ደኣ በልኦ!"

"መሓር!"

"እንታ ዘይትገድፉኒ!"

"መሓር!"

"ይቕረ በሉለይ!" በላ ኣደይ ፋና ብሃንደበት።

"ኣይትደግምን!"

"ይቕረ በሉለይ!"

"መሓር ኣይትደግምን! "

"ምሒረ'ለኹ ኣይደግምን! ይቕረ በሉለይ! መሊሰ ኣይደግምን፣ ይቕረ በሉለይ!"

"ካብቲ ሓርኢ ደርሆ ኣስትይኣ!"

ድሕሪ ብዙሕ ናይ ምሕረት ምሕጽንታን፣ መጥሓን ተሰኪመን ይቕረ በሉለይ ምባልን፣ ብማይ ዝተበጽበጸ ሓርኢ ደርሆ ምጕርዳዕን፣ ብፍላይ ድማ ንሽምዚ ሽማይ ቈልዓ ብዜሰንብድ ድሕሪ ምጕራዕን እቲ ትዕይንቲ ተዛዘመ። ኣደይ ፉና ኣብ ከቢድ ድቃስ ተዋሒጠን ኣጽቀጣ። ሓደ ኣዝዩ ዘደናገረኒ ነገር ግና ነይሩ። ስለምንታይ እየን እተን ኣንስቲ ነደይ ፉና ብተባዕታይ ጾታ ዝረቑሕኣን!

ንጽባሒቱ ኣደይ ፉና፣ ብጀካ ቑሩብ ቀጨውጨው፣ ናብቲ ንቡር ህይወተን ተመልሳ። እተን ሕያወይትን ለዋህን ኣደይ ፉና ግና በተን ጕረባብቲ መዓመሪ ዕላል ኰን ካብ ምዃን ኣየምለጣን።

ሰኣን "ዲ ኤም ከይ" ዝጠፍአ ህይወት

እቲ ምንኣስ ምንኣሰይ ተስፋልደት ዝሽሙ ሓወይ ብሞት ዝተፈልየና ኣብዛ ዓመት'ዚኣ ድሕሪ ጸሊም ክረምቲ እዩ ነይሩ። ተስፋልደት፣ ቀይሕ፣ ጸጕሩ ለማሽ፣ ኣፍንጭኡ ጥፍንቕ ዝበለ ጐልጐሉ ዝወድአ ኣስታት ወዲ ሰለስተ ዓመት እዩ ዝነበረ።

ኣደይ ንተስፋልደት ክትወልድ ከላ፣ ኣደይ ለተጽየን ዝተባህላ ፌርሜረ ናይ ከኒሻ እየን ኣሕሪሰንኣ። እቲ ዝተወልደሉ ዕለት፣ ኣጋ ሰዓት ሓምሽተ ድሕሪ ቐትሪ ነበረ። ሽው ኣብ እንዳ ቢዘን ዝጀመርኩሉ ዓመት ስለ ዝነበረ፣ ካብ ትምህርቲ ተፈዲሰ ኣብ ገዛና ብዝበጻሕኩ፣ ኣብቲ ድርኮኹቱ ብዙሓት ጕረባብቲ ረኣኹ። ገሊኣን ተደቢረን ግንባረን ኣብ ባይታ ኣዕሊበን ንማርያም ዚልምና፣ ገሊኣን ብጭንቀት ገጸን ተጨምጊጉ እናሳዕ ከንፈረን ብድንጋጸ ዚመጽያ፣ ገሊኣን ዝኾነ ነገር ሒዘን ካብ ገዛ ናብ ግዳም፣ ካብ ግዳም ናብ ውሽጢ ብተብተብ ዚወናጨፋ፣ ገሊኣን ድማ፣ "ኣታ፣ እተን ኣደይ ለተጽየንከ እንታይ ኮይነን እየን ደንጕየን!" ዚብላ፣ ኮታስ ንኣይ ኣዝዩ ዘሰንበደኒ ሃዋህው እዩ ኣጋጢሙኒ። ህርጕ ኢለ ኸኣቱ ብዝተደናዕኩ፣ እተን ኣብቲ ድርኮኹት ዝጸንሓ ኣንስቲ ኸልከላኒ። ኣብ ውሽጢ፣ ኣደይ ብቓንዛ ኽትጸዓር እሰምዓ ነበርኩ።

ኣብ ከምዚ ኹነት ከለና እምበኣር'ዩ፣ ብሃንደበት ሓንቲ ሰብነተንን

ቀላጽመንን ኣዝዩ ረጕድ፣ ሕጽር ዝበላ፣ ኣዒንተን ፍሩይ ክነሱ፣ ካብ ዕድመ ምድፋእ ዝተላዕለ ግልባጹ ዝሃዝሃዘ፣ ርእሰን ብንቑሕ ጻዕዳ መአረምያ ዝተጠርነፈ ሰበይቲ ናብቲ ንእሽቶ ኻንሸሎና ዝተቐልቀላ። ከዳነን ንጹህ፣ ናይ ኣላዪት-ሕሙም ነዊሕ ቀምሽ ነበረ። ኣብ ኢደን ሓደ ዓቢ ኻብ ኣደጎ ዝተሰፍየ ቦርሳ ሒዘን ነበራ። ኣደይ ለተጽየን፣ ነተን ኣብቲ ልዳት ተኣጕደን ዝጸንሓ ኣንስቲ ኪእለያለን ኣዘዛአን። ነተን ኣብ ውሽጢ ዜምሰስዋ ዝነበራ'ውን ዳርጋ ንኹላተን ኣውጽአአን። ኣነ ኣብቲ ጥቓ ኽሽነና ኾይነ ልበይ ብጠልጠሉ ተዓኒደ ተረፍኩ። ኣደይ ሓደ ነገር ከይትኽውን ኣዝየ ፈራህኩ።

ድሕሪ ንኣይ መዋእል ኮይኑ ዝተሰምዓኒ ሓያሎ ደቓይቕ፣ ካብ ውሽጢ ገዛና ሓደ ቐጢን መሪር ብኽያት ዕሸል ተሰምዐ። እተን ኣብ ግዳም ዝነበራ ኣንስቲ ብእፎይታ ገጸን በርሀ። ንማርያም ስለቲ ለውሃታን ምሕረታን እናመስገና ኣብቲ ባይታ ተተደቢረን ሰገዳ። ኣማስያኡ፣ ኣደይ ለተጽየን እቲ ገዚፍ ቦርሳአን ኣንጠልጢለን ካብቲ ገዛና ወጽኣ፣ ከምቲ ኣመጻጽአአን ድማ ዘገም እናበላ ናብ ቤተን ኣምርሓ። እቲ ነደይ ዝሃብአ ኣገልግሎት ገዛና ኣይከፈሉሉን፣ ብናጻ እዩ ነይሩ።

ሓንቲ ኻብተን ጕረባብቲ፣ ሸውዓተ ሳዕ ኣወዓዊዓ ዓለለት።

ኣብዚ ዓመት'ዚ ግና ተስፋልደት ሓወይ ኣብ ጽቡቕ ሃለዋት ኣይነበረን። ኣደይ ጡብ ካብ እተሕድጎ ጀሚሩ ጥዕናኡ እናነከየ ኸደ፣ ሰብነቱ ብፍጥነት መንመነ፣ ሰሓቑን ንጥፈቱን ድማ ብኡ መጠን ጐደለ። ድሕሪ ሒደት ሰሙን መታልሑን ኣዒንቱን ቈልቈለ። ወለደይ ዚገብርዎ ጠፍኦም። ገለ ኻብተን ጕረባብትና፣ ነደይ ናብቲ ኣብ መደበር ዚርከብ ዓረብ ከይዳ "ዓይነት ከተውጽኣሉ" መኸራኣ።

እዚ ዓረብ'ዚ፣ ብዙሓት ኣንስቲ ዳርጋ ኽም ሓደ ፈጣሪ ዜምልኽአ "ፈላጣይ" እዩ ዝነበረ። "ፈላጣይ" ማለት ድማ ጠንቋላይ-ሓኪም ማለት እዩ።

"እንድዒ ናብኡ ኽይወስዶስ ፈሪሀ። እቶም ኣቦና እንተ ሰሚዖም፣ ናብ ጠንቋላይ ወሲድክዮ ኢሎም ከይሰሃሉኒ!" በለት ኣ'ደይ።

ኣቦና እትብሎ ዘላ ነቦይ'ዩ። ጠንቈልትን ከምኣቶም ዝኣመሰሉን ኣይፈቱን እዩ ዝነበረ።

እቲ ሕማም ቅድሚ ሕጂ ንበኹሪ ጓሎም ስለ ዝመንጠለ፣ ወለደይ ኣዝዮም ፈርሁ። ኣደይ ብትእዛዝ ኣቦይ፣ ንተስፋልደት ናብቲ "እንዳ ኽንከን" ዚብሃል ጥቓ እንዳ ሴታ ዚርከብ ናይ መንግስቲ ትካል ሕክምና ወሰደቶ። እታ ኣብኡ ዝመርመረቶ "ስላስ ቺና" እትብሃል መጕዚት ጥዕና፣ ነደይ ሩዝ ኣፍሊሓ መማዩ ጥራይ ከተስትዮ ኣዘዘትላ። ኣደይ ከምቲ ንሳ ዝኣዘዘታ ገበረት። ተስፋልደት ሓወይ ቀትሪ ኾነ ምሸት ምግቡ ማይ ሩዝ ጥራይ ኮነ። ጥዕናኡ ግና ኣብ ክንዲ ዚምሓየሽ በብመዓልቲ እናገደደ ኸደ፣ እቲ ዕሸል

ኣካላቱ ኺህዝህዝ፣ ኣዒንቱ ኺዕምብስ ጀመረ፣ ኣእጋሩ ሓበጠ፣ ጸጕሩ ረገፈ። ኣማስያኡ ምግቢ ኺለኽፈሉ ኣብ ዘይኽእል ደረጃ በጽሐ።

ሓደ ንግሆ፣ ኣቦይ ጋሕጋሕ ምድሪ ኣብ ሃዳሙ ናብ ዚርከቡ ቐሺ ሰርጽ ዝተባህሉ ወድ-ሓወቦኡ ኸደ። ኣቦይ ቀሺ ሰርጽ መስቀልን ሓንቲ ንእሽቶ ደወልን ሒዞም ምስ ኣቦይን ምስቶም ኣባት ነፍሲ ናይ ስድራናን ናብ ገዛና በርድግ በሉ። እታ ደወል፣ ቅድሚ ሽዑ ኣብቲ ጐልጎል ምስ መሳቶይ ክንጻወት ከለና፣ ብሃንደበት ሬሳ ናይ ሕጻን ሓቑፎም ናብቲ መቓብር ንዚግስግሱ ጕጅለ ሰብኡት ዚመርሕ ካህን ዜንጨልጭላ ኸም ዝኾነት ብቐጽበት ተሰወጠኒ። ሰብነተይ ብራዕዲ ተግነብነበ። ኣብቲ ህሞት እቲ፣ እቲ በቶም ጕጅለ ሰብኡት ተሓቝፉ ናብቲ መቓብር ዚፋኖ ሕጻን ተስፋልደት ሓወይ ከም ዝኾነ ኽቕበሎ ኣዝዩ ጸገመኒ።

ኣብታ ጸላም ዕለት እቲኣ፣ ካብቲ ጐረባብትና ብዙሓት ኣንስቲ ናብታ እንኮ ዝኽፍላ ገዛና፣ ገና መሬት ከይነግሀ ኺመጻ ጀመራ። ኣብ ጥቓ ኣደይ እጕድ ኢለን ድማ ተቐመጣ። እታ ብርሃና ዜጭለምልም ፋኑስና ነቲ ሃዋህው ናይቲ ኽፍሊ ዝያዳ ድብነት ኣልቢሳቶ ነበረት። ኣቐዲመ ኣየተኵርኩሉን ደኣ'ምበር፣ ተስፋልደት፣ ኣብ ጥቓይ፣ ኣብቲ ኣደይ ምስቲ ምንኣሰይ እትድቅሰሉ ዓራት ተጋዲሙ ይስሓግ እዩ ነይሩ። ክልተ ወይ ሰለስተ ዚኾና ኻብተን ጐረባብቲ፣ ኣብ ጥቓኡ ኣብ ድኳ ተቐሚጠን ኣመቱ ዚገብራ ነበራ።

ኣደይ ኣዒንታ ቓዚኑ ነበረ። እተን ኣንስቲ ሓሓሊፈን ነንሓድሕደን የሕተኸትኺ ወይ ብድንጋጸ ሽንፈረን ይመጽያ ነበራ። ገሊአን ሓደስቲ መጻእቲ፤ "እዚ ቈልዓስ'ምበኣር ኣይሓሾን፣" እናበላ፣ ናብተን ኣቐዲመን ኣብኡ ዝጸንሓ ኺጽንበራ ኸለዋ፣ ካልኦት ደቀን ዘየቕረሳ ድማ፣ "እስከ ኣመት እቶም ደቅና ድማ ኽገብር፣" እናበላ ነናብ ገዛውተን ዚኸዳ ነበራ።

ኣነን እቲ ምንኣሰይ ሓወይን፣ ሽዑ ኻብ ዓራትና ገና ኣይተንሳእናን፣ በቲ ኣራግጽ ናይ ኣንስቲ ስለ ዝተበራበርና ግና በቲ ዘይልሙድ ተርእዮ ኺደናገርናን ከነቕባሕብሕን ግዲ ነበረ። ካብተን ጐረባብትና፣ እቲ ዝነበርናዮ ሃለዋት ብዘስተብሃላ፣ ንሓወይን ንኣይን ናብ ገዝአን ወሲደን ቤት ዘፍረዮ ምስ ደቀን ኣቕረሳና።

ጸሓይ ብጭቕ ክትብል ከላ፣ ብሃንደበት ካብ ገዛና ዋይታን ቍዘማን ተሰምዐ። እተን ዘቕረሳና ጐረቤት፣ ንሓወይን ንኣይን ምስ ደቀን ክንዘናጋዕ ገዲፈን፣ ብስንባደ እናዕጕምጕማ ብታህዋኽ ናብ ገዛና ኣምርሓ። እቲ ብኽያት ናይ ሰብኡትን ኣንስትን እናዋዕውዐ ኸደ። ናይቶም ሰብኡት ልቕሶ፣ "ወደይ፣ ወደይ ወደይ!" ዚብል ተደጋጋሚ ኣይኣይታ ኺኸውን ከሎ፣ ናይተን ኣንስቲ ግና ድሕሪ ሒደት ህሞት፣ ዝሕቱልን ዜተክዝን ኣሕዘንዛኒ ዜማ ብዚጥዕም

ብኺያተን ኣብቲ ናይ ንግሆ ሃዋህው ፈ'ንዋእ። እቲ መልቀስ ኣብ መንጎ እናሃድኣን ተመሊሱ ድማ እናዋዕውዐን ምድሪ በጣዕ ከሳዕ ዚብል ቀጸለ።

ኣጋ ሰዓት ትሽዓተ ኺኸውን ከሎ፣ ብሃንደበት፣ እታ ግናይ ንእሽቶ ቃጭል ድምጻ ብብርትዕ ዝበለ ቐዝማን ዋይታን ተሰንዩ ናብ ኣእዛንና በጽሐ። እቲ ኣዝየ ዝፈትዎ ተስፋልደት ሓወይ ንመጠረሽታ እዋን ይፋኖ ኸም ዘሎ ተረዲኡኒ ብድድ ኢለ ናብ ገዛና ጐየኹ። ኣብቲ ጥቓ ኣፈፌትና ኽበጽሕ ኸለኹ፣ እቲ ሰብኡት ጥራይ ዝሓዘ ሒደት ጉጅለ ቐባሮ፣ በቶም ነታ ንእሽቶ ቃጭል ዚድውሉ ብዓል መጠምጠምያ ጽሙእ ቊንጹብ ኻህን እናተመርሐ ብጥቓይ ሓለፈ። ሓደ ኻብቶም ሰብኡት፣ ነቲ ሬሳ ንእሽቶ ሓወይ ሓቚፉ ነቶም ብዓል ቃጭል ኪኸተል ከሎ፣ እቶም ዝተረፉ፣ ኣቦይ ዚርከቦም፣ ብድሕረኦም ሰዓቡ። ብኡንብኡ፣ እቲ ጉጅለ ናብቲ መቓብር ገጹ ኣምርሐ። ኣነ'ውን፣ ንሳቶም ርሕቕ ብዝበሉ፣ እናተገላጋእኩ ኽሳዕ'ቲ ማይ ቡምባ በጻሕኩ። በይነይ እየ ነይረ።

ድምጺ ናይታ ቃጭል ምስቲ እናረሓቐ ዝኸደ ጉጅለ ቐባሮ እናሃሰሰ ኸደ። ኣብ እግር'ቲ ኸርባ፣ ኣብቲ ሓሓሊፉ ዒቃን ዕረን ካልእ ቈጠቝጥን ዝበቘሎ ብኾምራ ኣእማን ዝተደኰነ ንኣሽቱ መቓብራት ምስ በጽሑ ኽኣ ቘሙ። ኣብኡ፣ ዛጊት ሓደ ጉድጓድ ተኻዒቱ ነበረ። እቲ ሓመድ ድብ ኸምቲ ነቶም ዓበይቲ ተሰናበትቲ ዚወስደሎም ብዙሕ ኣይጸንሐን። እቶም ጉጅለ ብኡንብኡ፣ ነቲ ሰብ በሊዑ ዘይጸግብ ዚመስል ገዚፍ ኸርባ ዝባኖም ሂቦም ናብ ገዛና ገጾም ኣምርሑ። እታ ቃጭል ኣላኣ ስለ ዘብቅዐ ህጣማ ጠፍአ። ኣቦይ'ውን ጋቢኡ ተጐምጒሙ ንወዱ ኣብኡ ገዲፉ ምስኣቶም ይምለስ ነበረ። ከምቲ ኻልእ መዓልቲ ዚገብሮ፣ በቲ ጥቓይ ኪሓልፍ ከሎ፣ ናብኡ ብምምጻእይ እንተ ወሓደ ብዓይኑ ዚገንሓኒ መሲሉኒ ነይሩ። ከምኡ ግና ኣይገበረን። ከየቕለበለይ ምስ ብጮቱ ናብ ገዛና ኣተወ።

ተስፋልደት ንሓያሎ መዓልቲ ኺልቀሰሉን ዓሱር ኪግበረሉን ትዝ ይብለኒ። በብቝሩብ ግና እዚ ድብንት'ዚ ኻብ ገዛና ተቐንጠጠ፣ እቲ ንቡር ህይወትና ኸኣ ከም ቀደሙ ቐጸለ።

ሎሚ፣ ሳላ ግዜን ንፋዓት ተመራመርትን፣ እዚ ቐዛፊ ሕማም'ዚ "ዲ ኤም ከይ" ብዚብሃል ኣብ ተራ ድኳን ብኣዝዩ ሕሱር ዋጋ ዚሸየጥ ምግቢ ሕጻናት ተወጊዱ ብኡ ዚጥቃዕ ሕጻን ዳርጋ የለን።

፬

መገሻ ናብ ዓዲ

ቀውዒ ኣብ ገዛና ብስራት ሽሻይ ስለ ዝኾነ፣ ስድራና ብዓብዪ ተስፋ እዮም ዚጽበዩዎ ነይሮም። ኣብቲ ቅድሚኡ ዓመት፣ ኣብ ጕንበተ-ሰነ፣ ሓወቦይ ወልዳይ ናብ ገዛና መጺኡ፣ ብዛዕባ ዘርእን ናውቲ ማሕረስን፣ ብዛዕባ ግራት ምስ ኣቦይን ኣደይን ኪላዘቡ ትዝ ይብለኒ። ፍርቂ፣ መስለስ ወይ ርባዕ፣ ንዘርኢ ዚኸውን እኽሊ፣ ጐልጓል፣ ጻህያይ፣ ጕስያ፣ ኣንበጣ፣ ወዘተ ዚብል ንኣይ ፍጹም ዘይተረድኣኒ፣ ነደይ ግና ብሕልፊ ኣዝዩ ኣገዳስን ኣከራኻርን ኣርእስቲ ነይሩዎ። ሓወቦይ፣ ንዥሉ'ቲ በዚ ንኣይ ስንክሳር ዚመስል ቃላት ኣሰንዩ ዘቕረቦ ጠለብ ንምትግባር፣ ካብ ኣቦይ ገለ ገንዘብ ሓተተ። ነቶም ኣብ ጻህያይን ጐልጓልን ዚውዕሉ ንስዋኦምን ንዓሰቦምን ዝሓተቶ ነይሩ ይኸውን።

ሓደ መዓልቲ ግና፣ ኣደይ ምስ ኣቦይ ክትላዘብ ድሕሪ ምሕዳራ፣ ንጐረባብትና ናብ ዓዲ ኸም እንኸይድ ነገረተን። ንእግረ-መገደን ኣመት ገዛና ኺገብራ ሕድሪ ኢላ ኸኣ ንኣይን ነቲ ምንኣሰይን ሒዛ ተበገስና። ተስፋልደት ደጊም መይቱ እዩ፣ ስለዚ፣ ክልተና ጥራይ ኢና ተሪፍና። ገፊፍ እናበልና፣ ናብቲ ጥቓ ማይ ኣባሻውል፣ ኣብ ወሰን እቲ ዓቢ ጽርግያ ዚርከብ ተርታ ድኳናት ዝነበሮ በጻሕና። እታ ናብ ኣባርዳእ እትወስደና ኣውቶቡስ መበገሲኣ ኣብኡ እዩ ነይሩ። ኩሉ እቲ ድኳናት፣ በቶም ህርኩታት፣ ዓላ ዝመልሓሶም፣ ልዙባት፣ ብተለምዶ "ጀበሊ" እንብሎም ዝነበርና ደቂ የመን ዚውነን እዩ ነይሩ።

ኣብቲ መበገሲ ኸንበጽሕ ከለና፣ ብግምተይ ኣጋ ሰዓት ሰለስተን ፈረቓን ወይ ኣርባዕተ ርብዒ ጕደል ነይሩ ይኸውን። ኣብኡ፣ ሓንቲ ኣውቶቡስ ጥራይ ጸንሓትና። ቅድሚኡ ኣውቶቡስ ዚብልዎ ተሰቒለ ኣይፈልጥን፤ ስለዚ፣ ንኣይ ዓብዪ ኣጋጣሚ እዩ ዝነበረ። ገለ ረፋዓት፣ ናይ ተጓዓዘ ንብረት ተተሰኪሞም፣ በቲ ዳሕራይ ሸነኻ ብዝነበረ ልጉብ መሳልል እናሓኹሩ ኣብ ፖርቶ-ባጋልያ ይጽዕንዎ ነበሩ። እታ ኣውቶቡስ፣ እቲ ነዊሕ ኣፍንጫኣ፣ ኮፈኖኡ ልክዕ ከም ዝተገንጸለ ቈጽሊ ጥራዝ ንጐኒ ተኣልዩ፣ ሞቶረኣ ተቐሊዑ ነበረ። ሒደት ሰባት፣ ነቲ ዝተገየጸ ኣካላ ዚምርምርዎ ዘለዉ ኺመስሉ ቀላጽሞም ናብ ማእከሉ እናሰደዱ ኺብርብርዎ ኸለዉ፣ ሓደ ኻልእ ኣብ ጥቓ ማዕጾ ናይታ እቱናብለ ዝቐመ፣ ኣብ መንከቡ ዓቢ ቦርሳ ዘንጠልጠለ፣ ነቶም ክንድይብ

ናብኣ ዝቐረብናᎍ "ሃየ እተዉ! እተዉ! ክትብገስ ቀሪባ'ያ!" እናበለ ኸንሳፈር ኣተባብዓና። እዚ እቲ "ፋቶሪኖ" ዚብሃል እዩ ነይሩ።

እታ ኣውቶቡስ ዳርጋ መሊኣ ስለ ዝነበረት፣ ኣቲና ኣብቲ ብድሕሪት ዚርከብ ብዕንጨይቲ ዝተሰርሐ ኣረጊት ርቦ-መሰል መንበር ተቐመጥና። ገለ ኻብቶም ዛጊት ኣብ ውሽጣ መቐመጢ ዝሓዙ፣ በቲ መስትያት ዘይነበሮ መሳኹታ ርእሶም ኣቐልቂሎም፣ ምስቶም ኣፋነውቶም ብዓውታ ሰላምታን ሕድርን ለበዋን ይለዋወጡ ነበሩ። ገሊኦም ብሃንደበት ካብ መቐመጢኦም ተንሲኦም፣ እናተደፋፍኡን ኣናተጐናነጹን ወጺኦም፣ ከይተገዝአ ዝተረስዐ ቡን፣ ጨው፣ ቃዕቃዕታ፣ ስቢሎ፣ ማዕተብ፣ ወይ ንኡ ዚመስል ነገራት ንምዕዳግ ናብ ሓደ ኻብቲ ድኳናት ይድርገሙን ተመሊሶም ካብኡ ይወጹን ነበሩ። ኣብ መንጎ'ዚ፣ ሓደ መዓመምያ ዝገበሩ ዳዊት ዝተኾልኮሉ ኻህን ናብታ ኣውቶቡስ እትው በሉ'ሞ፣ ካብቶም መኾፈሊ ሒዞም ዝጸንሑ ሰባት፣ ደቂ ዓዶም ግዲ ኮይኖም መስቀሎም ድሕሪ ምስላምን ሒደት ናይ ሰላምታን ደሃይ ቤተ ሰብን ድሕሪ ምጥይያቕን ኣብታ ዝሓዙዋ መንበር ኪቕመጡ ለመንዎም። እቶም ካህን ግና ኣበዩᎍ ድሕሪ መሓሕል ዝበዝሖ ልመናን እብያን ግና፣ ኣቦይ ቀሺ እናመረቑ ኣብኣ ተቐመጡ። እቲ ስፍራኡ ዝለቐቐ ሰብ ድማ ምስቶም ካልኦት ብጮቱ ተጨቓጪቑ ተኾየጠ።

ኵሎም እቶም ክልተ ጸጕሪ ዘብቈሉ ሰብኡትን ጋዕሳማት ኣንብዝን፣ በትሪ ዘይሓዘ ወይ ሻፎ ኣብ ትሽትሹ ዘይቀርቀረ ኣይነበሮምን። ገሊኦም፣ ኣብ ውሽጥ'ታ ኣውቶቡስ ኮፍ መበሊ ንምሓዝ ኣብ ዚንቀሳቐሱሉ፣ እዚ ኣባትር'ዚ ዓይኒ ሰብ ከየንቊር ዜሰክፍ እዩ ነይሩ። ክዳውንቶም፣ ካብ ጀዲድ ዝተሰፍየ እጀጠባብን ስረ ግትርን ኮይኑ፣ ብልዕሊኡ ብግዙእ ዝተወንዘፈ ተመሳሳሊ ዝዓለባኡ ነጸላ ዝተደረቦ ነበረ። ኣንስትን ቈልዑትን'ውን ውሑዳት ኣይነበሩን። እተን ኣንስቲ፣ ከምቲ ናይቶም ሰብኡት ቀሚሽንን ነጸላአንን ካብ ኣቡጀዲድ ዝተሰፍየ ነበረ። ኵሉ'ቲ ተሳፋሪ፣ ሰብኣዮም ሰበይቶም ኣብ ክሳዱ ማዕተብ ዘይወደየ ዳርጋ ኣይነበረን። ገለ ኻብቶም ኣፋነውቲ፣ ኣብ ሓምኹሽታይ ርዕዙው ኮናዊ መጠቕለሊ ወረቐት፣ ብፋሕሻው ድባሩ ዝተጠምረ ቡን በቲ መስኰት እናሸለኹ፣ ነቶም ዛጊት ዝተሳፈሩ፣ ምስናይ ብዙሕ ለበዋን ሕድርን የቐብሉዎም ነበሩ። ኣብ ዙርያ እታ ኣውቶቡስᎍ "ሃያ ለሚን ለሚን! ለሚን ለሚን ለሚን! ሓለዋት ሓለዋት ሓለዋት! ሃያ ሓለዋት ሓለዋት! ለሚን ለሚን ለሚን! ኮሮመለ ኮሮመለ ኮሮመለ! ሃያ ኮሮመለ ኮሮሜለ!" እናበሉ እናተሸላበቡ ነቶም ተሳፈርቲ ኺዕድጉሎም ዓንቀሮም ክሳዕ ዚስንጠቕ ዚግዕሩ ንኣሽቱን ዓበይትን ኣወዳት ነበሩ።

ኣማስያኡ፣ ብሃንደበት እቲ ጐራር ድምጺ ሞቶር ብጽዑቕ ትኪ ተሰንዩ ጀመረ። እቲ ተዓጻፊ ኮፎኖ ነቲ ኣፍንጫ ኣውቶቡስ ከዲኑ ተገጥመ፣ ሓደ

ኻብቶም ነታ ማኪና ኺፍትሹ ዝጸንሑ፣ ነቲ ብጸሊም ዘይቲ ዝጋዕዘየ ኣእዳዉ ብሓደ ጠቃር ኣረጊት ጨርቂ እናጸራረገ፣ ነጢሩ ኣብቲ መንበር ናይቲ ዘዋራይ ተቐመጠ፣ ነቲ ፐዳለታት እናሳዕ እናረገጸ ኸኣ ነታ ኣውቶቡስ መመሊሳ ኸም እተጕርዕን እተንእርእርን ገበረ።

እቲ ቐድም ዝተጠቐሰ ዓቢ ቦርሳ ዝሓዘ ሰብኣይ፣ ናብቲ ዝነበርናዮ ምስ በጽሐ፣ ነደይ ሓደ ሕጂ ዘይዝከረኒ መጠን ገንዘብ ክትከፍል ሓተታ። እንተ ዘይተጋግየ ናይ ክልተ ሰብ እዩ ሓቲቱ። ኣደይ ግና ናይ ሓደ ሰብ ጥራይ ክትከፍል ከም ዚግባእ ተኸራኸረት። ሓደ ኣብ ጐና ዝነበሩ ሽበት ዘር ዘበሉ ዓጣር ዝግንባሮም ሰብኣይ፣ ንሶም ንኣይ ኣብ ብርኮም ከም ዜቐምጡኒ፣ ኣደይ ድማ ነቲ ምንኣሰይ ከም እትሓቝፎ ምስ ነገሩዎን ምስ ለመኑዎን ድማ እዩ እናዕዘምዘመ ዝተሰማምዐ።

ብሃንደበት፣ እቶም ብግዳም ኮይኖም ኬፋንዉና ዝጸንሑ ሰባትን እቲ ብዝባኖም ዝነበረ ተርታ ድኳናትን ንድሕሪት ገጹ ዚዕዘር ዘሎ ኾይኑ እናተራእየኒ ቍሩብ ኣንጸራረወኒ። ኣውቶቡስ ቢብ ዚብል ጥሩምባኣ ኣድሃየት። ለከስ እቶም ብግዳም ዝነበሩ ኣፋነውትን እቲ ብድሕረኦም ዝነበረ ድኳናትን ዘይኮነ ዜዝሕጥ ዝነበረስ፣ እታ ዝተሳፈርናላ ኣውቶቡስ እያ ንቕድሚት እትጕዓዝ ዝነበረት። እዚ ንኣይ ሓድሽ መስተንክር ተመክሮ ነበረ። ከምዚ ኸነሱ ግና ከሳዕ ዝለምዶ፣ ንግዜኡ፣ እቲ ብእግሪ ዚጕዓዝ ሰብ፣ ዓረብያ ዚደፍእ ረፋዕ፣ ካሮሳ ዚስሕብ ጋላቢ ፈረስ፣ ንድሕሪት ዚግስግስ ዘሎ እናመሰለኒ መገዲ ቐጸልና። እቲ በቲ መስኮት ዚርእ ርሕቕ ዝበለ ጐላጕል ድማ ምስ ኣእዋሙ ገዛውቱን ሕምብሊል እናበለ ንድሕሪት ተዓዝረ። እታ ኣውቶቡስ ብዙሕ ፍጥነት ኣይነበራን። ከምዚ ኸነሱ ግና ገፊፍ እናበለት ጕዳይፍ ክንበጽሕ ብዙሕ ግዜ ኣይወሰደን። ጕዳይፍ በቲ ግዜቲ ዳርጋ ዚበዝሕ ገዛውታ ህድሞ ኸም ዝነበረ እዝክር።

ኣውቶቡስ ገፊፍ እናበለት መገዳ ቐጸለት። እቲ ብጨዓ፣ ሰራው፣ ሒሑት ዳንዴር፣ ታህሰስ፣ ዕረ፣ በብዓይነቱ ዘራእቲ ዝተሸፈነ ጐላጕል ሕጅ'ውን በብተራ ሸንኮለል እናበለ ንድሕሪት ተዓዝረ። ኣብ ዝበጽሓቶ ዓዲ ሰብ እናውረደት ኣማስያኡ መሬት ዓይኒ ኺሕዝ ከሎ ኣብ ኣባርዳእ በጻሕና።

ዓባየይ ኣብቲ ውሻጠኣ ኸተምስሱ ጸንሓትና። ርእሳ ብምሉኡ ሓድሽ ልጻይ እዩ ዝነበረ። ኣብቲ ብዙሕ ዝኣፉ ብጭቃን ብዒባን ዝተነድቀ ሓጺር እጉድ እቶና፣ ኣብ ሓደ ኣፉ ቕጫ ስገም ዚስንከተሉ መቐሎ፣ ኣብቲ ኻልእ ድማ ሓምሊ ዚጥጠቐሉ ማይ ዚፈልሓሉ ጠቃር ቀ"ራዕ መ'ሰል ተሰኺቲቱ ነበረ።

ኣብቲ ገዛ፣ እቲ ሕሳስ-ልደ ሓወ'ቦይ ዓንዳይ፣ ህይወት እትብሃል ጓል ኣሞይ ምስ ሓዋ የዕብዮ ብርሃነ፣ ከምኡ ድማ ትብለጽ ሰይቲ ሓወቦይ ወልዳይ ምስ ክልተ ደቃ ጸንሑና። እተን ኣንስቲ እናመጨኛ ሰዓማና።

ምስቶም መሳቱና ደቂ ሓወቦናን ወደሞናን ድማ ብኡንብኡ ናብ ጸወታናን ዕላልናን ኣተና። እቲ መሰታይ የዕብዮ ወደሞይ ብፍላይ፣ ሓንቲ ኣዝያ ዘስሓቐትኒ ጽውጽዋይ ናይ መርዓ ድሙን ኣንጭዋን ዘዘንተወልና ሽው ኸም ዝነበረ ኣጸቢቐ እዝክር።

"እቶም ደማሙ ወራድ-መርዓ ናብቲ ዳስ እንዳ ጓል-ኣንጭዋ ዘላቶ እናደ'በሉ ንምእታው ለጋው ሽቦ ኪብሉ ኸለዉ፣" ኢሉ ኣዘንተወልና የዕብዮ ወደሞይ፣" ከራራይ ድማ፤

'ክበብ ክበባቸው!' ይብል።' ተቐበልቲ ድማ፤

'ንብላው ንብላው! ንብላው ንብላው!' ምስ በሉ፣ እተን ኣብቲ ኣፈፌት ዝጸንሓ ኣናጹ ኸኣ እናዓለላ፤

'ንሕና'ውን ፈሊጥናስ፣ ጒድጓድና ፍሒርና!' ኢለን ነናብ ጒጒድጓደ ሽርብ!" ኢሉ የስሕቐና ነበረ። ነዚ መሊሱ ኼዘንትወልና ምስ እንሓ'ቶ ከይሰልከዮ ደጊሙ ደጋጊሙ ይነግረና ነበረ።

ለይቲ ኣብ ዓዲ

እዋን ድራር ብዝኣኸለ፣ ኣቦሓጎይ ገብረ፣ ሓወቦይ ወልዳይ ከካብ ዘምሰይዎ ስለ ዝመጹ፣ ኩሉ ኣባል ቤተሰብ ኣብታ ምውቕቲ ውሻጠ ተረኸበ። ሓንቲ ብቐጻሊ ጸለሎ እናብነነት እተውለብልብ ቀንዴል፣ ነቲ ሃሳስ ብርሃና እናፈነወት ኣብ ሓደ ጒርጓሕ ናይቲ ኸብሒ ተቐሚጣ ነበረት።

ሓደ ዓቢ ገበራ ኣብ ማእከል ባይታ ናይቲ ውሻጠ ተቐመጠ። ብዓል ወልዳይ፣ ዓንዳይ፣ ኣደይ፣ ኣደይ ትብለጽ፣ ነቲ ዓባየይ ክትስንክቶ ዘምሰየት ከክንዲ መሸረፈት ዚኸውን ዡምራ ቕጫ እናፈትፈቱ ኣብቲ ገበራ መልእዎ። ብድሕር'ዚ፣ እቲ ዝተጠጠቐ ቕርዳድ ሓምሊ ማዩ ተኻዕዩ ብዝዘፈፈ፣ ኣብ ልዕል'ቲ ዝተፈትፈተ ቕጫ ተገልበጠ። ጥሑን በርበረን ፍሩይ ጨውን ተወሲኹሉ ኸኣ ብዓቢ ምድዋ ተኾሰ። ዘይቲ የብሉ፣ ሽጒርቲ የብሉ፣ ኮሚደረ የብሉ። ኩላትና ኣብ ዙርያ እቲ ገበራ ተቐመጥና፣ እቶም ንኣሽቱ ዘበልና፣ ኣብ ትሕት'ቶም ዓበይቲ ኼንና። ነቶም ዓበይቲ ብተወሳኺ፣ ካብቲ ገደና ዝተቐንጠበ ጒዕ ኣብ ኣረጊት መብልዕ ቍርሲ ተቐረበ። እቲ መኣዲ ብባርኾት ኣቦሓጎይ ተመወሰ። እቶም ሓወቦታተይን ደቆምን ደቂ ኣሕዋቶምን ልክዕ ብጠስሚ ዝተኸሸነ ዝግኒ ዚበልዑ ዘለዉ ይመስል ብህርፋን ሓመድ ኣስሓኑዎ። ጸጋይ ሓወይ'ውን ከምኣቶም ክሳዕ ዚጸግብ በልዐ። ኣነ ግና እቲ መቐረቱ ስለ ዘይፈተኹዎ ቀምጨጭ ክብል ብዙሕ ኣይበላዕኩን።

ማይ ካብ ዕትሮ ብርብዒት ተቐዲሑ መጸ። እቶም ዓዓበይቶም፣ ነቲ ርብዒት ካብ ኣባሓጎይ በብዕድመኦም እናተቐባበሉ ሓንፈፉዎ። እና'ኺውዳእ፣

ካብቲ ዕትሮ ተቐዲሑ ተተክአ። ነቶም ንኣሽቱ ግና ብሓደ ብዙሕ ዘገልገለ ዚመስል ንእሽቶ ታኒካ ተፈልዩልና ልክዕ ከምቶም ዓበይቲ በብተራ ዝዓቕምና ጕረሮና ኣርወና።

መኣዲ ተላዒሉ፣ ኣብ ክንድኡ ሃልሃልታ ዘሎዎ ብዒባን ጭቃን ዝተሰርሐ ምድጃ ተቐረበ። ብድሕር'ዚ፣ ክሳዕ እዋን ድቃስ፣ እቶም ሰብኡትን ኣንስትን ብዛዕባ ዝተፈላለየ ንናብራኦም ዚምልከት ጕዳይ እናልዓሉ ጕጅም ኪብሉ ኣምሰዩ። ኣብቲ ኺቕህም ዝጀመረ ምድጃ ጭራሮ ይውሰኽሉ ወይ እያድ እናተረጕረጕሉ ይሳወር ነበረ። ምስቲ ውሻጠ፣ ብቖፎታት ካብ ዝተገርዘ ምድሪ ቤት፣ ጸጸኒሑ፣ ድምጺ ናይ መጕስዕ ዚመልሱ ኸብትን ሾሪፍታ ኣድግን፣ ብሽታ ናይ ዚነጥብ ዒባን ፋንድያን ተሰንዩ ናብ እዝንናን ኣፍንጫናን ይበጽሕ ነበረ። ኣማስያኡ፣ እቶም ንኣሽቱ ዘበልና ክንታኽስ ስለ ዝጀመርና፣ ነናብ መዳቕሶና ተመራሕና።

መዳቕሶና ማእሲ ዝተነጽፎ ንእዲ እዩ ነይሩ። ኣነን ጸጋይ ሓወይን ምስቲ ሕሳስ ልደ ሓወቦይ ዓንዳይ፣ ኣብቲ ምድር-ቤት ኣብ ዚርከብ ንእዲ ምስቶም ማል ክንሓድር ተወሰነ። እቲ ወገፊ ጥቓና ስለ ዝነበረ፣ ኣብቲ ንእዲ ኸንድይብ ከለና ሓደ ኣዝዩ ድኹም ኒንታ ሰሚዐ እንታይ ምዃኑ ሓተትኩ። ሓወቦይ ዓንዳይ፣ ካብቲ ኣብ ልዕለና ኣብ መንጎ እቲ ናሕስን መንደቕ ወገፈን ዝተነብረ ቐፎ ዝመጸ ድምጺ ንህቢ ምዃኑ ምስናይ'ቲ ወዲ ኸተማ ብምዃነይ ዜከሻምሽ ጭርቃኑ ነገረኒ። ኣስዕብ ኣቢሉ'ውን፣ ብቐትሩ መጺእና ኔርና እንተ ንኸውን በቲ ሽታ ናይቲ ኣብ ጕዕዞ ኸለና ዝተናኸፍናዮን ዝዓማጠርናዮን ለሚን ተሳሒቡ ኺነኽሰና ይኽእል ከም ዝነበረ ኣዘኻኸረኒ።

ኣየባ'ቲ ማእሲ ናይቲ ንእዲ ኺቑርር! እሔሔሔው! እቲ ዝርካቡ ረቂቕ ክዳንና ኣውጺእና፣ ጥራይ ነብስና ኣብቲ ኸትከት ዚብል ኣደን ኽንግምሰስ ስለ ዝተኣዘዝና፣ ነቲ ዛሕሊ ዝያዳ ኣግደደልና። ምእንቲ ኽንማምቕ ተኣጓጕድና ደቀስና። እቲ ዝተደረበልና ወጮ ቀኑብ እዩ ኣማሚቑና፣ ሓሓሊፉ ክንጋፈፍ ከለና ኸኣ ብጐኒ ዝኣተወ ዛሕሊ ኻብ ቀምታና እናኣበራበረ ድቃስ ከልኣና። ንሱ ጥራይ ከይኣክል፣ ትኳንን ቍንጭን'ውን ግደኦም ገበሩ። ኣብ መንጎ'ዚ፣ ድሕሪ እኩላ ብሃንደበት፣ ካብታ ኣብ ጥቓ እንዳ'ቦሓጎይ እትርከብ ቤተኽስያን ቍስቋም ሓደ ድሙቕን ጽንጹርን ድምጺ ቓጭል ተዳህየ። ኣቦሓጎይ፣ ኣብቲ ንእዲ ናይቲ ወገፊ ኻብ ዝተገምሰሰሉ ኣትሒዙ እናዕጕምጕመ ጸሎት ኪደግም ምስ ሓደረ፣ ነቲ ደሃይ ብዝሰምዐ ብድድ በለ። ሰብ ምእንቲ ኸየበራብር ድማ ብሰላሕታ በቲ ግብ ዝበለ ጸልማት ናብቲ ቤተኽስያን ኣምርሐ።

ብኡንብኡ፣ ካብታ በተኽስያን፣ ጸጸኒሑ ዚውዕውዕን ዚቕህምን፣ እንሓንሳዕ ብኸበሮን ብጸናጽልን ዝተሰነየ ማህሌት ኪጋዋሕ ጀመረ። ካብ ርሑቕ ከም ማዕበል ዝመጸ ቕብብል ነቐዋ ደራሁ፣ በቶም ክሳዕ ሽው ህላወኦም ዘየስተብሃልኩሉ ኣብ ተንጠልጣሊ ዋላ ናይቲ ህድሞና ዝሰፈሩ ኩኩናያት

ብተዳራጊ ውዕዋዐ ተመለሸ። እቲ ዝተረፈ ለይቲ፣ ቍጡዕ ነብሒ ኣኽላባት፣ እንጉይታ ኣዛብእ፣ ዊውታ ወኻሩ፣ ዘርጠብታ ዒባን ጨረቕረቕታ ሸንትን ናይተን ምሳና ዝሓደራ ማል፣ ምስናይ'ቲ ሽታኡ እናተበራረየሉ ሓለፈ። ምስናይ'ዚ ኹሉ መንከላልኣን እቲ ዝነበረ ዛሕልን ግና ሓሓሊፉ ድቃስ ይወስደኒ ነበረ።

ድሕሪ ነዊሕ ኾይኑ ዝተሰምዓኒ ለይቲ፣ ድኹም ጭቕጭታ ዑፍ ናብ እዝነይ በጽሐ፤ ብመንጎ'ቲ ቐጽቀጽ ናሕስን መንደቑን ብዝነበረ ፈቓቕ ድማ ሰማይ ከብዲ ኣድጊ ኽም ዝመሰለ ረኣኹ። እቶም ሓወቦታትና ዛጊት ተበራቢሮምስ፣ ኣመት ናይተን ማል ኪገብሩ ጀሚሮም ነበሩ፣ እናገንሖን እናኾብኰቡን ከኣ ካብቲ ምድር-ቤት ናብቲ ደምበ ኣውጽኡወን። ኣነን እቲ ምንኣሰይ ሓወይን፣ ሓድሽ ነገር ንምርኣይ ስለ ዝተሃንጠና፣ ብሰላሕታ ካብቲ ንእዲ ወሪድና ደድሕረኣቶም ሰዓብና። ኣብ መንጎቶም ማል፣ ሓደ "ጋፎ" እናበሉ ዝረቑሑዎ ኣድጊ ነበረ። ጋፎ ዝበሉዎ፣ ብምኽንያት እቲ ንግንባሩ ዚሸፍን ጐፍንፍ ዳፍላኡ እዩ ነይሩ። ነቶም ዝተረፉ ኸብቲ ኸኣ፤ "ኰሒል"፣ "ሻግራይ" "ጐባይ"፣ "ባሩድ፣" "በሪሀ"፣ "ሓምራ"፣ "ጉማ"፣ ወዘተ ኢሎም ኪጽውዕዎምን ኪገንሑዎምን ምስማዕ ንባዕሉ፣ ልክዕ ከምቲ ወለድና ንኣና ኺኾርዩልናን ኪምዕዱናን ከለዉ ዜርእይዎ ሰሃሮ ኾይኑ ተሰምዓኒ። ሓወቦይ ወልዳይ ነተን ላሕምታት ኣብ ኰሮ እናሓለበ፣ እቲ ዓሊጋ ዘሎዎ ጸባ ኣብ ኣልባ ተመልአ።

ቀትሪ ኣብ ዓዲ

እቲ ቐሐ-ጽልሚ ዝቐደደ ሰማይ፣ ብብጭቕታ ጸሓይ ተተክአ። ደሃይ ኣዕዋፍ እናጸዓቐን ዜማኡ እናዓመረን ከደ። ክንድኡ ዝምብዛሓን ኣዕዋፍ ቅድሚ ሽው ኣይረኣኹን። መብዛሕትአን ፋሕሩ ዚብሃላ፣ ዝባንን ሓመዳይ ቡናዊ ዝተረፈ ግልግለአን ሓምኹሽታይ እየን ነይረን። እኒ ዋሪ፣ ባሬቶ፣ ኳትራ፣ ኣቜዳ፣ ኩምብራዛ፣ ጭሩ ገበላ፣ ካልኦት ጀረንን ጃንዳአንን ዘይፈልጠን'ውን ንኣተን ኣሰንየን፣ በብዕስለ፣ በብጭፍራ፣ በብጽምዲ፣ ካብ ኣእዋም ናብ ባይታ ወይ ካብ ደምበ ናብ ደምበ ወይ ናብ ኳና ዜበርራ፣ ምስቲ ጭራሕምራሐን፣ እምቡሕታን ሒሕታን ናይ ከብቲ፣ ሜእታን እምቤዕታን ናይ ጠለ-በጊዕ ሀለለ ኣድግን ተደማሚሩ ነታ ምልእቲ ዓዲ ብህይወት ኣዕለቕለቓ። ብኡንብኡ፣ ካብ ኰሉ ሀድሞታት ጽዑቕ ዒግታ ትኪ እናተብለኾለኹ ነታ ዓዲ ልክዕ ብሓዊ ጸላኢ ዝተተኰሰት ኣምሰላ።

ዓባየይ ምሳሕና ኽንበልዕ ናብቲ ውሻጠአ ኣጸውዓትና። ምሳሕና! ዓባየይ ቍርሲ ማለታ'ዩ ዚኸውን ኢለ፣ እቲ ዝተቐረበለይ ክበልዕ ተዳለኹ።

ኣብ ጐኒ እቲ ኣብ ህጡር ሃልሃልታ ዝተኣጕደ ንእሽቶ መቕሎ፣ ጽፍጻፍ ቕጫን ከረው ዝበለ ጎጎታትን ተቐሚጡ ነበረ። ጀበና ኣብ ምድጃ ተሰኺቲታ ጸጸኒሓ ተንተግትግ ነበረት። ቀጺሉ፣ ፍትፍት ቅጫ ብሽሮ ብሓደ ሕጂ ዘይዝከረኒ መትሓዚ ተቐረበልና'ሞ፣ ድሕሪ ባርኾት ክንበልዕ ተፈቒደልና። ኣንኳይዶ ዘይቲ ዘይኣተዎስ፣ ብዘይቲ ዝመቀረ ሽሮ እንተ ዚኸውን'ውን ብኡ ዝተዳለወ ቕጫ ፍትፍት ንሸውሃተይ ዚኸፍት ኣይነበረን። ስለዚ፣ ፈውሲ ሞት ቀምጨጭ እናበልኩ በላዕኩ። እቲ ፍትፍት ተወዲኡ መኣዲ ምስ ተላዕለ፣ እቶም ዓበይቲ ዝተሳተፍዎ ቡን ብጨው ከም መዕረግያ ተሰትየ። ብኡ ኸኣ እቲ ቍርሲ ተዛዘመ። እቶም ዓበይቲ ኣንብዝ ናብ መሮር ኪወፍሩ ሳንጣታቶም ብቕጫን ብጎጎን ተጠርነቐ፣ እተን ደቀንስትዮ ድማ ኣብ ውራይ ም'ልዓልን ምልቕላቕን ኣቕሑ መኣድን ቡንን፣ ኣብ ምውዳድ መሕቌን ጸባን፣ ኣብ ምቅርራብ ንመውረድ ማይ ዚኸውን ሳራሙን ተጸምዳ። ቈልዑ ዘበልና ግና ብጀካ ጸወታን ዕንደራን ካልእ ጣጣ ስለ ዘይነበረና፣ ተወልደ ወዲ ሓወቦይ ወልዳይን፣ ጸጋይ ሓወይን፣ ኣነን ብኡንብኡ ናብ ግዳም ወጻእና።

እቲ ብግዒሮ ናይተን ማል፣ ዋዕዋዕታን ደርፍን ናይ ጓሶት፣ ነብሒ ናይቶም ዜሰንዩወን ኣኻልብ ኪናወጽ ዝጸንሐ ቅርዓት ዓዲ በብቑሩ ኪሃድእ ጀመረ። እተን ማል ብዘገምታ ነናብ'ቲ ሳዕሪ ዚምእርራሉ መውዓሊአን ኣርሒቐን ተሰወራ። እዋን ኣዐርዩ ምስ ረፈደ፣ ኣብ ከባቢና ዝነበረ ጕልጎል ፍጹም ጸረረ።

ሰለስተና ኣብታ ዓዲ ዝነበረ መሽጐራጕር ዘይረገጽናዮ ኣይነበረን። ዋሪ፣ ባሬቶ፣ ፈሲ'ደኢ.ታይ፣ ኳኹቶ፣ ሓርእ-ወርሒ፣ መዓረምጹ ወዲ፣ መዓረምጹ ጓል ዚብል ቃላት በኸር-እዝነይ ሰማዕኩን ብዓይነይ ድማ ረኣኹን። ብዝሓለፍናዮ ደምበ ዚሃምም ድምጺ ንህቢ ይስ'ማዕ ነበረ።

ፍርቂ-መዓልቲ ምስ ኮነ፣ ምስ ተወልደ ናብ እንዳ ኣቦሓጎና ተመለስና። እቲ ህድሞ ብጀካ ዓባየይን ኣደይን ሰይቲ ሓወቦይ ትብለጽን፣ እቶም ዝተረፉ ኣባላት ኣይጸንሑናን። እተን ኣንስቲ ብሸነኽ ክትራ ኾይነን ኣብቲ ባይታ ኣሳፊሐን ሒደት እኽሊ እናኣረያ ኸለዋ ረኸብናየን። ነደይ ምሳሕ ክትህበኒ ምስ ሓተትኩዋ፣ ዓባየይ ነቲ ማእረአ ኣቋሪጻ፣ እናሰሓቐት፤

"ዓንተቦይዶ ኽይተመሳሕካ፤ " በለትኒ።

"ንሱ ደኣ ቍርሲ'ንድዩ!" መለሽኩላ እናተኾርፈፍኩ። ተወልደ ብቕያዐ ግይጽ በለ።

"ቍርሲ ዲኹም ትብልዎ ኣበ'ስመራ፤ ንሕና ድማ ቍርስናን ምሳሕናን ኢና ንብሎ፣" በለትኒ ዓባየይ፣ እቲ ባህርያተይ ከም ብዓል ተወልደ ብዘይ ምኽንያት እናገረማን እናኣስሓቓን። ነታ ሰይቲ-ወዳ ድማ፣ "ትብለጽ፣ ብራሕ እንተሎኪ፣ ካብቲ ተረፍ ቅጫ ገለ ዚብላዕ ግበርሎም፣" በለታ። ኣደይ ትብለጽ

ከምቲ ሓማታ ዝኣዘዘታ፣ ሒደት ብራሕ ኣምጺኣ፣ ቍንጣሮ በርበረ ወሲኻ፣ ኣብ ሓደ ጭሐሎ መሳሊ ቐረበትልና። እናኣቛሰና ምእንቲ ኸንበልዖ ድማ ነንእሽቶ ግማዕ ቕጫ ዓዲላ፣ "ብልዑ'ዞም ደቀይ ብሩኻት፣" በለትና። ብራሕ ስለ ዘይፈቱ፣ ናይ ነገር ከብዲ ኾይኑኒ ቀምጨጭ እናበልኩ ተመገብኩ።

ካብ ኩሉ ዝገደደ ስቓይ ዝኾነኒ፣ ወልፊ ሻሂ እዩ ነይሩ። ዓባየይ ሻሂ እናበልኩ ነደይ ብዙሕ ከምነኑወላ ብዝሰምዓትኒ፤

"ናትካስ ከኣ ሓልፊ! ሻሂ ኻበይ ከተምጽኣልካ፧ እንተ ደለኻ እንሆልካ ብራሕ። ሻሂ መስተ ጀበሊ እንታይ ዚጠቅም ኮይኑ'ዩ!" በለትኒ ክምስታን ጽውግታን ብዝተፈራረቖ ወጅሂ። እቲ ዝጐልሓየ ርእሳን ክምስታ ዝተሓወሶ መግናሕታን ኣፍሪሁኒ ምኒንታይ ኣቋረጽኩ። ብልበይ ግና፣ እታ ኣብ ኣስመራ ኣብ ገዛና ዋጋ ዘይህባ ዝነበርኩ ሻሂ ኸረኸባ ኣዝየ ሃረር በልኩ። ዓባየይ፣ እቲ ስምዒተይ ካብ ገጸይ ዘንበበቶ ኽትመስል፣ እናሰንገለት፣ "ጽባሕ ምስታ እቱናብለ ናብ ኣስመራ ዚኸዱ እንተ'ለዉ፣ ሒደት ሽኮርን ቈጽል-ሻህን ኪማልኡልካ ኽንልእከልካ ኢና ዝወደይ፣" በለትኒ። በዚ ኣዝየ ተሓጐስኩ። እታ ሻሂ ዝሰትየላ ንግሆ ክትመጸለይ ድማ ብዓቢ ተስፋ ተጸበኹ።

ብጽሖት ናብ ዓጽመ ስጋ

እቲ ህይወት ከምዚ ልዒሉ ብሓጺሩ ዝተገልጸ ኾይኑ፣ ዕለት መጸ ተደጋጋሚ እዩ ዝነበረ። መዓልትታት፣ ሰሙናት እናሓለፉ ብዝኸደ መጠን፣ ነታ ዓዲ ደምበታታን መሸጐራጕራታን ጥራይ ዘይኮነስ፣ ገደናታታን ርባታታን እንታይ ከም ዚመስል ጨረፍታኡ ንምርኣይ ዕድል ረኸብኩ። ኣደይ ድሕሪ ናይ ሒደት መዓልቲ ጽንሖትና፣ ከም ልማድ ናይቲ ሽዑ እዋን፣ ነቶም ዓጽመ-ስጋና ምምጻእ ምእንቲ ኺፈልጡን ምስ ኣዝማድና ድማ ምእንቲ ኽንላለን፣ ንኣይን ንሓወይን ሒዛ ናብ ገገዝኦም ኣብጽሓትና። ሓንቲ ኻብተን ብእርጋን ዝሓመቓ፣ ኣብ ጸሓይ ተኻሲሰን ኪጽለዋ ዝረኸብናየን ነቦይ ኣንስቲ ሓወቦታቱ፤

"እዚኸ እቲ በኸርኺ ድዩ፧" ሓተተኣ ነደይ።

ርእሰን ከም ናይ ዓባየይ ዝጐልሓየ፣ ጸጕሪ ኼብቕል ጀሚሩ ነበረ። ገጸን ንዕድመኣን ብዚሕብር መጠን ኣመና ዓጢሩ፣ ኣስናነን ጓህሚሙ፣ ደሃየን ከኣ ሳሕሊሉ ነበረ። ዓይነን ብዜስደምም ተኣምር ደቂቕ ዕንቍ ኺመስል እናውራሕርሐ ብቐውታ ጠመታኒ።

"እወ፣ ኣደይ ማህተት" መለሸት ኣደይ።

"ንዕኒ'ስከ ዛወድይ ስዓምኒ!፣" በቲ ንኮህማምኦን ዝኸደነ ረቂቕ ከንፈረን

ድማ ኣብ ምዕጉርተይ ኣፍኲሰን መጨቓኒ። ነቲ ምንኣሰይ'ውን ብተመሳሳሊ መገዲ ሰዓማኦ።

ሓንቲ ኻልእ ከንዲ ኣደይ እትኸውን፣ ኣዒንታ ደቂቕ፣ ዓርቃም፣ ጸጕራ ዝደፈነትን ብልኻይ ዝተላሕጕነን፣ ካብቲ ውሻጠ ህድሞ ናብ ክትራ በለኾ በለት'ሞ፣ ምስ ኣደይ ዳርጋ ንሓያሎ ደቓይቕ ኮይኑ ዝተሰምዓኒ ምዕጉርቲ ንምዕጉርቲ እናኣጠዋወቓን ብተደጋጋሚ እናተጠያየቓን ተሰዓዓማ። ብድሕር'ዚ እታ ሰበይቲ ብሃንደበት ናባይን ናብ ሓወይን ግልብጥ ኢላ፤

"እዚኸ እቲ ምንኣሳ ንሮማ ድዩ!... ጐቢዙልኪ፣ ኣሰይ! ንዓስከ ዓሊባበ ስዓመኒ፣" ኢላ፣ ገና ኸይተዳለኹ፣ ንርእሰይ ኣብ መንጎ'ቲ መንጓድን ተሪርን ኣጸብዓ ቐርቂራ ምሉእ ገጸይ ብልኻይ ክሳዕ ዜብለጭልጭ ደጋጊማ መጨቐትኒ። "ዓሊባበ" ዝበለትኒ፣ ነቲ ቕምቃም ጸጕረይ ስለ ዝረኣየት እዩ። እቶም ከክንዳና ዚኾኑ ደቂ እቲ ቍሸት፣ ዥላቶም ከለላ ወይ ጭንግዓት እዮም ነይሮም። ከምቲ ቐደም ኣነ ኣብ ኣባሻውል ከለኹ ዝነበርኩዎ። እቲ ምንኣሰይ'ውን ካብ ተመሳሳሊ ምጨቓ ኣየምለጠን። ምዕጉርቱ ኽሳዕ ዜውላህልህ እናገላበጠት መጥመጠቶ።

ከምዚ እናበልና፣ ዳርጋ ንብምልእታ ዓዲ ኹለልናያ። ኣደይ ዘይኣተወቶ ደምበ ኣይነበረን። ከመይሲ፣ ከምኡ እንተ ዘይገይራ ኣብ ልዕሊ ዓጽመ-ስጋ ብዓል ቤታ ወይ ኣብ ልዕሊ ደቅ-ዓዱ ኽብረት ከም ዜብላ ስለ ዜቑጽራ፣ ነውሪ እዩ ነይሩ። ኣብ ገሊኡ ገዛ፣ ነቶም ብዕድመ ዝደፍኡ ጥዕናኦም ምስ እትሓቶም፣ ዘረባኦም ብምሒር እርጋን እናንፈጥፈጠ፤

"ኤእ! ደሕሪ ደጊም ደኣ እንታይከ ኽንውስኽ፣... ገንዘቡ ደኣ ይኣክብ ፈጣሪ። መዓልቲ ጥራይ የጸብ'ቆ...ቀበርትና ይግበርኩም፣" እናበሉ ዝመረቑና ነበሩ።

ኣብ ኣባርዳእ ንኽንደይ እዋን ከም ዝጸናሕና ኣይዝከረንን። ኣዋርሕ ኮይኑ እዩ ተሰሚዑኒ። ወልፌ ናይ ሻሂ፣ ህርፋን ጣይታ ዳርጋ ብዓይነይ ኪወጽእ ደለየ። ህርፋን ጣይታ እንተ በልኩ ገሪሙኩምዶ! ዘየገርም ከኣ ኣይኮነን። እቶም ዓዲ፣ ብጀካ ቕጫ ስገምን ጎጎን፣ ካልእ ዚስንክት ነገር ዚፈልጡ ኣይመስሉን እዮም ዝነበሩ። ኣቐድም ኣቢሉ፣ እቶም ሓበሻ፣ ብዘበን ጥልያን "ፌኖ" ዝተባህለ ሓርጭ በቲ ገዛኢ ስርዓት ኣቢሉ ምስ ተኣታተወ፤

ቅጫ ፌኖ፣ ብሮብሮ ቦኖ፣ ብሮብሮየ፣
ቅጫ ስርናይ፣ ብሮብሮ ግናይ፣ ብሮብሮየ፣
ቅጫ ስገም፣ ብሮብሮ መርገም፣ ብሮብሮየ።

ኢሎም ደረፉሉ ይብሃል። *"ብሮብዮ"* ማለት *"ፕሮፕርዮ"* ንዚብል ቃል ጥልያንኛ ብትግርኛዊ መልሓስ ዝተለወጠ እዩ። ኣባርዳእ ግና እዚ ደርፍ'ዚ ናብ እዝና ዝበጽሐ ዚመስል ኣይነበረን። እተን ተካላት ኣንስቶም፣ ንግሆ ኾነ ምሸት ካብ መሸረፊት ዕብይ ዝበለ ቕጫ ስገም "ብሮብዮ መርገም" ኪቕጭቅጫን ኪግግዋን ወጋሕ-ዕርብ የብልኦ ነበራ። ለይት-ለይቲ ድማ ከም ዛርቲ በብስፍሎ መዲደን ኣብ ልዕሊ መጥሓን ኪፍሕፍሓ ይሓድርኦ። ከምዚ ሎሚ ጠሓኒት ብቐሊሉ ተረካቢት ኣይነበረትን። ሓንቲ እንዳ መጥሓን፣ እንተ ዘይ ዘንጊዐዮ ዋናኣ ኢጣልያዊ፣ ኣብ ዓድ'ቀ ነይራ፣ መብዛሕትኡ ግዜ ትበላሾ ስለ ዝነበረት ግና ናብኣ ምኻድ ዜተኣማምን ኣይነበረን። መኣስ ከም ዚድቅሳ እዝጊ ዋንኣን። ነደይ'ውን እዚ መስርሕ ህይወት'ዚ ግርም ኣረኻኺቡላ እዩ።

እቲ ብሓወቦታትና ዝተሓርሰ ናይ ዋሬዳ ግራሁና ኣብ ዝተፈላለየ ኣንፈት ናይቲ ዓዲ ይርከብ ስለ ዝነበረ፣ ምሸት-ምሸት ዕላሎም ብዛዕባኡ ጥራይ እዩ ነይሩ። ብሓደ ሸነኽ፣ እቲ ዘራእቲ ጽቡቕ ከም ዝነበረ ብተስፋ ኺዛረቡ ጸኒሖም፣ ቀጺሉ ብሸነኽ ትግራይ ኣንበጣ ኸም ዝተራእየ ብዓብዪ ሻቕሎት የዕልሉ ነበሩ። ንኣይ፣ ኣንበጣ ማለት እቲ ሓደሓደ ግዜ፣ ብፍላይ ንግሆ ኣብ መንደቕ ገዛውትና ዓሊቡ ገርበብ ኪብል እንረኽቦ ስለ ዝመሰለኒ፣ ስለምንታይ እዚ ደቂቕ ፍጥረት'ዚ ኽሳዕ ክንድዚ ራዕዲ ኸም ዘሕደረሎም ኪርድኣኒ ኣይከኣለን። ንሳቶም ግዳ በንበጣ ዝመጸ ዋዛን ፈዘዛን ከም ዘየሎ ኣምሲሎም እዮም ብተደጋጋሚ ዚጓጀሙ ዝነበሩ።

ኣነ፣ እቲ ዕላል ኣንበጣ ኾነ ዕላል ዘራእቲ ምስቲ ቈለይ ዚኸይድ ስለ ዘይነበረ፣ መብዛሕትኡ ግዜ ናብታ ዝሕልቲ ማእሲ ዝተነጽፉ ንእዲ ክሳዕ ዝሕንከየብ ፍግም እናበልኩ እየ ዝሰምዕ ነይረ።

ሓጺር ምልሶት ናብ ኣስመራ

ሓደ መዓልቲ ኣዐርዩ ምስ ረፈደ፣ መራር ጸሓይ ኣብ ዝነበረትሉ፣ ኣደይ ካብቲ እንዳ'ቦሓጎይ ቍልቍል ኢሉ፣ ኣብ እግሪ ጸድፊ ናብ ዚርከብ፣ ዓመት ምሉእ ማይ ዚርከቦ ርባ ማይ-ነፍሒ ንኣይን ንሓወይን ብታህዋኽ ሒዛትና ወረደት። ምስኣ፣ ዝርካቡ ዝረስሐ ኽዳውንታን ነጸላታታን ተማልአት። ስለምንታይ ከም ዝተሃወኸት ኣይተረድኣንን። ኣብ ልዕል'ዚ፣ ንብዓል ዓባየይ ዳርጋ ኸይነገረት እያ ተበጊሳ። ቅድሚኡ ምሸት ግና ሓደ ንኣይ ዘይነጸረለይ፣ ኣደይ ብዛዕባ ንግብሪ መሬትን መኼዳን ኣመቓርሓ እቶትን ዚምልከት፣ ምስ ሓወቦታተይ ኣብ ዝዘተየትሉ ግዜ፣ ኣቦሓጎይ ተቘጢዑ ኺዛረብ ከም

ዝሰማዕክዎ ዘከርኩ። ኣቦሓጎይ፣ ብዙሕ ዘረባ ኾነ ታዕታዕ ዘይፈቱ፣ ዕጉስ፣ ኣብ ቃሉ ጽኑዕ እናተባህለ እዩ በቶም ዓዲ ዚፍለጥ። ስለዚ፣ እቲ ቕጣዐኡ ንኣይ ከይተረፈ ኣሰንበደንን ገረመንን።

"ሰብኣይኪ ነዚ ዘይጠቅም እቶት ክትጸባጸቢ ኻብ ዚሰደኪ፣ በቲ ኣማሪካ ብግሕጦ ዚኸፍልዎ ዘለዉ ገንዘብ ከምቶም መሳቶኡ ገዛ እንተ ትዕድጉሉ ወይ ካልእ ቁም-ነገር እንተ ትገብሩሉዶ ኣይምሓሸን፤ " ኢሉ እንተላይ ነደይ ብዚልክም ቃና ተዛረባ።

"ኣንቱም ኣቦ፣ መኣስ'ሞ ተጋጊኹም፣" ብትሕትና መለሸት ኣደይ ኣዝያ ተኸብሮ ስለ ዝነበረት።

"እወ! ገንዘቡ ኣብ ስዋ እንዳ ዋጋይን ቢራ እንዳ ስዩም ባር ተቤረ ኻብ ዜጥፍእ፣ ቁም-ነገር እንተ ዚገብረሉ ምሓሸ፣" ወሰኸ ኣቦሓጎይ ቕጥዓኡ ኸይነከየ። ብድሕርዚ ዘረባ ኣይወሰኸን። ኣነ በዚ ወቐሳ'ዚ ኣይተሓጐስኩን።

እምበኣርከስ፣ ኣደይ ናብቲ ርባ ብዘይ ኣፍልጦ ዓባየይ ዝወሰደትና፣ ካብዚ ኣብ መንጎ ደ'ቅኸተማን ደ'ቅገጠርን ዚኸሰት ዝነበረ ቐሊል ግና ብሸለልታ ዘይሕለፍ ዘይምርድዳእ ዝተበገሰ ም'ኻኑ ጸኒሑ እዩ ተሰቑሩኒ።

እቲ ናብ ማይ ነፍሒ ዜውርድ ጸድፊ ኼፍርሃኒ ጉድ እዩ ዝነበረ። ቅድሚኡ፣ ሓንሳእ ወይ ክልተ ሳዕ ዚኸውን እናእወ'ኹ ኽሳዕ'ቲ ርባ በጺሐ ነይረ። ካብ ኵሉ ዜሕፍር፣ እቶም መሳቶይ ደቂ-ሓወቦይ ኵኑ እተን ማይ ዚጓርታ ኣዋልድ፣ ዳርጋ ብጕ'ያ እዮም ዚወርዱዎ ነይሮም። እቲ ምንኣሰይ ሓወይ ከይተረፈኳ፣ ካባይ ዝተብዐ ስለ ዝነበረ ነደይ ኣየሸገራን። ከም ኣመለይ እናእወ'ኹ ድሕሪ ብዙሕ ድርርዕን ድህለትን ጸላም ቀትሪ ኣብቲ ርባ በጻሕና።

እቲ ርባ፣ ወሰነወሰኑ ብሰትን ሸላንን ብበብዓይነቱ ሳዕርን ሮማድን ወቂቡ ብሓቂ ንዓይኒ ዚማር'ኽ ነበረ። ከምቲ ንቡር፣ ኣብ ልዕሊኡ ዚዝምብዩ መራሕ ማይን ማእለያ ዜብሎም ትንንያን፣ ንኣቶም ኪቈልባ ዚሻባበባ ለ'ኻኹቶን ብሒቶሙዎ ነበሩ። ኣብቲ ኸባቢ፣ ብጀካና ኻልእ ሰብ ኣይነበረን። እተን ማይ ዚወርዳ ኣንስትን ኣዋልድን እንተ'ኾና'ውን ኣይነበራን። ሓደ ኽልተ ሃካያት ኣዋልድ ዝገደፉኦ ዚመስል ሳራሙ፣ ማይ ዘይመልአ ምስ ድብኦኡ ኣብ ከውሊ ዘሎዎ ደንደስ ተሸኵዑ ተቐሚጡ ነበረ። ሒደት ድቕቕ ዝበላ ደርሆማይ፣ ኣብ ማእከል እቲ ማይ ኪሕምብሳ ጸኒሐን፣ ህላወና ብዝተገንዘባ ተተንቕተን ናብ መዓምቕ ተሸርባ።

ኣደይ ነቲ ኽዳውንታ በብሓደ ዘፍዚፋ፣ ኣብ ሓደ ምስቲ ደንደስ ዝተጸግዐ ዓቢ ልሙጽ ደንጎላ እናጀፍጀፈት ሕጽቦኣ ጀመረት። ደጊማ ደጋጊማ እናኣለኸት፣ ሸብጢ እናጕረፈትን እናለቕለቐትን ሕጽቦኣ ቐጸለት። ምስ ጸረየ፣ ምእንቲ ኺነቕጸላን ኪነቕሓላን ኣብ ልዕሊ እቲ ሳዕሪ ሰጥሓቶ። ብድሕርዚ፣ ንሱ ኽሳዕ ዚነቅጽ፣ ንኣይን ንሓወይን፣ ካብ ገዛ ብዓለባ ኣቡጀዲድ ቋጺራ ኻብ

ዝተማልኣቶ ጎነን ቅጫን ከከም ምርጫና፣ ነንእሸቶ ገሚዓ ሃበትና። ጠምየ ስለ ዝነበርኩ ብህርፋን በላዕኩ።

ኣነን ሓወይን ነቲ ዝሃበትና ጎነን ቅጫን ኣብ እንጀርፈሉ ግዜ፣ ካባና ኸውል ኢላ ኸዳና ኣውጺኣ ምሉእ ሰብነታ ተሓጽበት። ኣዐርየ ርግጸኛ'ኳ እንተ ዘይኮንኩ፣ ቅድሚ ሒደት መዓልቲ፣ ምናልባት ምስተን ኣንስቲ ሓወቦታተይ ኣብ ጐብጥሽ ኣትያ ኸም ዝነበረት እግምት። ስለዚ ድማ ይኸውን ሰውነታ ኣዐርዩ ኽሳዕ ዚቕርጺ ንሓያሎ ደቓይቕ ደጋጊማ ብዘይ ሳሙና ዝተሓጽበት። ኣብ ኣባርዳእ፣ ኣብቲ እዋን'ቲ ሳሙና ዚዕደገሉ ኣስባሾ ኣይነበረን። በዚ ምኽንያት'ዚ ኸኣ እዩ ነቲ ኽዳውንታ'ውን ብሸብጢ ዝሓጸበቶ።

እቲ ኣደይ ዝሃበትና ሕርጓቶ ድሕሪ ምብላዕና፣ ኣብቲ ዙርያና ኣብ ዝነበረ ሳዕሪ ኣሳፊሕና ተቐመጥና። ካብቲ ዝነበርናዮ ንሰሜን፣ ኣብቲ ለጥላጥ ገፊሕ ስንጭሮ፣ ክሳዕ'ቲ ኸሳድ-ኣምበጣ፣ ሕጽሕጽ ዚብሃል ናብ ዓድ-ሙሳ ዚወስድ መሬት ኣባርዳእ ብዘራእቲ ዘይተሸፈነ ዳርጋ ኣይነበረን። መብዛሕትኡ፣ ስገም፣ ሓሓሊፉ ድማ ከምኒ ዓይን-ዓተር፣ ሰበረ ዝኣመሰለ ጥረ ከም ዝነበረ እዝክር። ካብቲ ብሱል ኣእካል'ውን ነይሩዎ ኪኸውን ይኸእል'ዩ። መብዛሕትኡ ጭዕዩ ንዓጺድ ድልዊ ነበረ።

እቲ ዝተሰጥሐ ኽዳውንቲ፣ ምስቲ ዝነበረ ብርቱዕ ጸሓይ ኪነቅጽ ግዜ ኣይወሰደን። ልክዕ ከምቲ ዝተጸበየቶ፣ እቲ ጻዕዳ ኽዳውንታ እንቋቝሖ ኺመስል ነቚሐ። ነቲ ንጹህ ቀሚሻን ነጸላኣን ተኸዲና፣ ነቲ ዝተረፈ ጠርኒፋ ኻብቲ ርባ ናብ ዓዲ ተበገስና። እቲ ዜገርም፣ ነቲ ጸድፊ ኽወርዶ ደኣ'ዩ ዘፍርሃኒ'ምበር ንቝልቁል ከይጠመትኩ ኽድይቦስ ኣይተጸገምኩን።

ናብ እንዳቦሓጎይ ከየላገስና፣ ነቲ ቤተኽስያን ሓሊፍና ናብቲ ናብ ኣስመራ ዚወስድ ቐይሕ ዝሓመዱ ጽርግያ ተጸንበርና። ኣብቲ ዓዲ፣ ኣብ ግዳም ተወር ዚብል ፍጡር ኣይነበረን። ድምጺ ጭሩ ኾነ ኽልቢ ኪድህ ኣይተሰምዐን። እቶም ኣብ ሰሰዓት ብቕብብል ዚንቅዉ ኩኩናያት ከይተረፉ፣ ብትህኪት ዝተሰነፉ ኺመስሉ ህጣሞም ጠፍአ። ኩሉ፣ ካብቲ ዘይምሕር ጸዳል ናይታ ጸሓይ ኪእለ ዝወሰነ ኺመስል ኣብ ትሕቲ መመጽለሊኡን ማዕደሻኡን መዕጐፍጐፊኡን ተኸዊሉ ነበረ።

ሰለስተና፣ ኣደይ ንሓወይን ንኣይን ኣኸቲላ ጽርግያ ሒዝና፣ ነቲ ምቕማጥ ራውያ ዚበሃል ብርኽ ዝበለ ከርከስ ሓሊፍና ኻብታ ዓዲ ወጻእና። ኣደይ ሰብ ከይርእየና ዝተጠንቀቐት እንተ ተጠንቀቐት፣ ካብ ዓይኒ ሃገረሰብ ዜምልጥ ከም ዘየለ ኣዐርያ ትፈልጥ እያ። ደርዘናት ትኩራት ኣዒንቲ፣ ካብ ውሽጢ ምድር-ቤት፣ ካብ ክትራ፣ ካብ ወገፈ፣ ካብ ደገሰላም፣ ካብ ቀጽሪ ቤተኽስያን ብዓይኒ ቈረኛ ይከታተለና ኸም ዝነበረ ኣይተጠራጠረትን።

"ናበይ ኢና!" ሓተትኩዋ ኣማስያኡ።

"ናብ ኣስመራ፣" መለሸትለይ።

ብምሒር ታሕጓስ ምእማን ሰኣንኩ። ካብ ቅጫን ጎጎን ብራሕን ተገላጊለ፣ ሻሂ ኽሰቲ፣ ባኒ ኽምድኽ ከም ዝኾንኩ እናሓሰብኩ ብሽዓ ኣስመራ ኽንበጽሕ ተሃወኽኩ።

"ኣውቶቡስ ክትመጸና ድያ፧ "

"ሕጂዶ ኣውቶቡስ ነስመራ ትኸይድ'ያ፣ ናብቲ ርባ ቅድሚ ምኻድና'ንድያ ሓሊፉ። ኣጆኻ፣ ብእግርና ብሽዓ ኽንበጽሕ ኢና፣" በለትኒ።

በቲ ረመጨት እቲ፣ ጕዕዞና ብሕዱስ መንፈስ ጀመረ። እዋን ብግምት ናብ ሰዓት ክልተ ድሕሪ ቐትሪ ኣቢሉ እዩ ነይሩ። ኣብቲ ኸሳዕ ሽው ብሩህ ዝጸንሐ ሰማይ፣ በብቕሩብ ብርክት ዝበለ ደበና ኺቐውም ጀመረ። ሰግለለቱ ኾርባን ስንጭሮን ጨረርን ገደልን ከይዓገቶ እናተንፈሓኾ ናባና እናኺበጽሕ፣ ካብቲ መሪር ጸሓይ የናግፈና ነበረ።

ብሸነኽ ደቡብ፣ እቲ ብበብዓይነቱ ዝበጽሐን ዝደረኸን ዝጨዓየን ዘራእቲ ስገም፣ ዓጸ፣ ስርናይ፣ ዕፉን፣ መሸላ ግምቢሉ፣ መሸላ ኹደን፣ ሰበረ፣ እንጣጢዕ፣ ብርስን፣ ዓተር፣ ኮታስ ከከም'ቲ ዝተዘርአ፣ ነቲ ብንኣሽቱ ቐራራት ዝተሰናጠቐ ሓባጥ-ጐባጥ መሮር ብምሉኡ ኽዲኑዎ ንልቢ ዜረስርስ ትዕይንቲ ነበሮ።

ድሕሪ ኣዝዩ ነዊሕን ኣድካምን ጕዕዞ፣ ንዓዲ ራእሲ ሓሊፍና ኣብ ዓሻ ጐልጎል በጻሕና። እቲ ምንኣሰይ ኪደክም ስለ ዝጀመረ፣ ኣደይ ጸጸኒሓ በቲ ነጻላኣ ኽትሓዝሎ ግዲ ኾና። እዋን ብሰላሕታ ገስገሰ፣ ኣብቲ ኻብ ዓዲ ጓዕዳድ ምስ ሓለፍካ ንምብራቕ ገጹ ዚጥወ ቐጥራን ክንበጽሕ ከለና ኽኣ ናብ ኣጋ-ዕራርቦ ኺጽጋዕ ጀመረ።

እተን ኣብ መንገኣ ኣስመራን መንደፈራን ዚመላለሳ ትሬንታ ኳትሮን፣ ቬንቲ ኡኖን ኣውቶቡሳትን ናይ ጽዕነት ማኻይንን፣ ገለ ጸዓዱ ድማ ዚዝውሩወን ባሊላታትን ባቱራታትን ስለ ዝጸረራ፣ እቲ መገዲ ዳርጋ ፍጹም ጸመወ። እዚ ኽፉል ናይዚ ጸርግያ'ዚ፣ የማነ ጸጋሙ ነዋሕትን ዕሙር ዘቕጽልቱ ረጕድቲ ቐላሚጦስ ዝተዓጀበ ስለ ዝነበረ፣ ኣብቲ ፍርቅ-ርሕቀቱ ብዝበጻሕና ብፍላይ፣ እቲ ብጽላሎቱ ዝተፈጥረ ደበንገረ ምስቲ ሽው ዝሰፈነ ጽምዋ እንተላይ ነደይ ዜፍርህ ነበረ። ኣብቲ ኽባቢ፣ ብጀካ ናይ ክልተና ጠፉዕታ እግሪ፣ ካልእ ዚስማዕ ኣይነበረን።

"ኣብዚ ኸለና እንተ ደኣ ጸልሚቱ፣ ዝብኢ ኺበልዓና'ዩ፣" በለት ኣደይ ብሻቕሎት፣ እቲ ጽምዋ ኣፍሪሁዋ ግዲ ኾይኑ።

ምናልባት ሓደ ህዉኽ ዝብኢ እንተ ዚመጽእ እንታይ ምገበርና፧ ከምቲ ኣብ እንዳ ቢዘን ክምሃር ከለኹ ኻብቶም መማህርተይ ደቀ'ርባዕተ ኣስመራ ዝሰማዕኩዎ፣ "ኣነ ሓዊ ንግስቲ፣ ቈሓም ሓምኾሽቲ... . ፣" እናበለ ቅድም

ንኣይ፣ ብድሕሪኡ ኸም መማችርቲ ኣፍ ነቲ ንእሽቶ ሓወይ ከይምንጅኸና ሰጋእኩ። ነደይ ግና ከምቲ እቶም መማህርተይ ዘዘንተዉለይ እናወከኸ ኺስሕቃ ኸሎ ተቐጀለኒ።

ዝኾነ ኾይኑ፣ ድሕሪ መወዳእታ ዘይነበሮ ዚመስል ጠፋዕታ እግሪ፣ መሬት ኬድገግስ ከሎ ብሎኮ ጕዳይፍ ረገጽና። ኣብ ማእከል ከተማ ምስ ኣቶና ድማ መሬት ኣዐርዩ ጸልመተ። ኣደይ ናብዚ ቦታ'ዚ መጺኣ ስለ ዘይትፈልጦ እዩ ይመስለኒ፣ ንግዚኡ ኣበይ ከም ዝነበርና ምፍላጡ ሓርበታ። ንሰባት፣ እንዳ ማርያም በየን ከም ዚርከብ እናሓተተት ድማ ብኸንደይ ጋዶ ኣብ ሪጋ ፌሮቪያ ኣብ ቀጽሪ ገዛና በጻሕና።

ንብጊሓቱ፣ ካብ ድኻን ሽኮርን ቈጽሊ ሻህን ባንን ተዓዲጉ፣ ድሕሪ ንኣይ መዋእል ኮይኑ ዝተሰምዓኒ ሰሙናት፣ ነቲ ኣደይ ዘፍልሓትልና ዕሙር ሻሂ ምስ ባኒ እናኣቋሰኹን እናስተማቐርኩን ታፍላይ ኣዐገስኩ።

ብኡንብኡ ግና፣ ሓደ ዕራርቦ፣ በታ ገርማዕ ኣውቶቡስ ናብ ኣባርዳእ ተመሊስና ሓደርና።

ዓጺድ

ድሕሪ ኸንደይ መዓልቲ ምዃኑ ኣብ ዘይዝከረኒ፣ ኣደይ ንኣይን ንሓወይን ጋሕጋሕ ምድሪ ኣበራበረትና። መሬት ዳርጋ ጸላም እዩ ዝነበረ። እቲ ልሙድ ምሳሕን ቍርስን ብድምር ቀማሚሳና ኸኣ ሰለስተና፣ ንሓወቦይ ወልዳይን ንወዱ ተወልደን ተኸቲልና ኻብቲ ህድሞ ወጻእና። ወልዳይ፣ ማዕጺድን ጎንን ቅጫን ዝተተኸተኸ ሳንጣ፣ ማይ ዝመልአት ሽፋና ዝተቐንጠጠ ናይ ዘበን ጥልያን ሻኳ ተሓንጊጡ ነበረ። ተወልደ ንዚስተ ዚኸውን ማይ ዝመልአ መንጠልጥሎ ሓዘ።

ኣነን ሓወይን ከብድ-እግርና በቲ በላሕቲ ኣእማንን ብኳኹቶን ዚኣክል ዕንክይክይ እናበልና ኣብቲ ጸልማት ምድሪ ሰዓብናዮም። ድሕሪ ናይ ሓደ ሰዓት ኣቢሉ ዝወሰደ ዕንክይክይ ዝበዝሐ ጕዕዞ፣ ብየማነ ጸጋምና መብዛሕትኡ ስገም ዝዘራእቱ ዝበጽሐ ግራውቲ እናረኣና መገዲ ማል ተኸቲልና ኣብ ገምገም ጸዳፍ ቍልቍለት ቅድሚ ምብጻሕና ቖምና። ኣብዚ ግዜ'ዚ መሬት ዳርጋ በሪሁ፣ ሰማይ ቂሐ ጽልሚ ቐዲዱ ነበረ።

እቲ ደው ዝበልናሉ ግራት ቀይሕ ጣፍ ዝተዘርኣሉ ነበረ። ኣደይን ኣቦይ ወልዳይን ነጸላታቶምን ሳንጣታቶም ኣብ ትሕቲ ንእሽቶ ዕምርቲ ጨዓ ድሕሪ ምቕማጥ፣ ነቲ ዓጺድ ከመይ ከም ዚዓ'ሙዎ ቍሩብ ተቜራቜሩ'ሞ ብትግሃት ስራሕ ጀመሩ። እቲ ዕዮ ምእንቲ ኺሰልጥ ብደርፌ ኣሰነዩዎ። ተወልደን፣

ጸጋይ ሓወይን፣ ኣነን ኣብ ጥቓ'ቲ ነጸላን ማይ ዝመልአ መንጠልጥሎን ተኾርሚና ተቐመጥና። ብዙሕ ኸይጸንሐ፣ እቲ ብኣውልን ህቦን ተሸፊኑ ዝጸንሐ ዘራእትን ኣብቲ ወሰን ግራት ዝነበረ ሳዕርን ቈጠቍጥን፣ ብጸዳል ናይታ ኽትቅልቀል ዝጀመረት ጸሓይ ምህፋፍ ኣትሓዘ። እቲ ዓዲ ከምኡ ኢሉ ኽሳዕ ረፍዲ ቐጸለ። ኣቦይ ወልዳይን ኣደይን ድኻም ዚስምዖም ኣይመስሉን ነበሩ። እናደረፉን፣ ሳሕቲ'ውን ቍሩብ እናዕረፉን እናዕለሉን፣ ጸሓይ ከይመረረት ከላ ስራሖም ንምዕማም ዳምዳም በሉ። ጸጺሑ፣ ካብቲ ብትሕቲ ሓደ ጸድፊ ዚርከብ ብሰራውን ታህሰስን ጨዓን ዝተኸድነ መሬት፣ "ካ...ካ...ካ...ካካካካካካ!" ዚብል ኣብቲ መላእ ከባቢ መቓልሕ ዝመለሰ ድምጺ ናብ እዝንና ይበጽሕ ነበረ። ተወልደ እቲ ድምጺ፣ ቃቕቃቕታ ናይ ቈጃሕ ከም ዝኾነ ነገረና።

ኣብ ኣጋ ፍርቂ-መዓልቲ፣ እቲ ዓዲ በብናዕርን በብግብላዎን በብ'ንዳእትን እናተኣከበ ዳርጋ ናብ ምዝዛም በጽሐ። ንኣና ነቶም ቈልዑ፣ እቲ ጕዳይ ዓዲ ሓደ ኣሰልካዪ ነገር እዩ ነይሩ፣ ስለዚ፣ ክሳዕ'ቲ እቶም ወለዲ ስራሖም ዚዛዝሙ፣ ኣብ ዙርያ እቲ ግራት እናዓንደርና ኣሕለፍናዮ። እቲ ኻብ ገዛ ዝተማላእናዮ ማይ ብኹላትና ብቑጠባ እናተጕርድዐ ስለ ዝተወድአ፣ ኣነን ተወልደን ካብ ሓደ መገዲ ፍርቂ-ሰዓት ኣቢሉ ዚኸውን ርባ ኼድና በቲ ሻኻን መንጠልጥሎን መሊእና ኸነምጽእ ተላኣኽና። ጸሓይ ኣዝያ መራር ነበረት። ምስ ተመለስና፣ ካብቲ ኣብ ሳንጣ ዝተተኸተኸ ጎጎን ቅጫን ክንቋርፍ ዅላትና ኣብ ትሕቲ እቲ ጽላል ገረብ ጨዓ ተቐመጥና። ድሕሪ ምምጋብና፣ ምድሪ ኽሳዕ ዚውልውለልና ኣብኡ ጸናሕና፣ ምድሪ ጠለስ ብዝበለ ድማ ብሰለይታ ናብ ገዛና ኣምራሕና።

ሓሕ!

ኣብቲ ብድሕሪኡ ዝቐጸለ ዕለታት፣ ኣደይ ምስቶም ኣሕመትሙታ ኽም ወትሩ ጋሕጋሕ ምድሪ እናወፈረት ነቲ ዝተረፈ ግራህና ኣብ ምዕጻድ ከም ዝተጸምደት ኣዐርየ እዝክር። ኣንበጣ እናቐረበ ይመጽእ ስለ ዝነበረ ብዘይ ዕረፍቲ እዮም ሰሪሖም። ነደይ ንሓያሎ መዓልቲ ስለ ዘይረኣናያ፣ እንተወሓደ ኣነ ኣዝየ ናፈቕኩዋ። ድሕሪ ሰሙናት ዝወሰደ ድኻም እቲ ዓዲ ዳርጋ ናብ ምዝዛም በጽሐ።

ሓደ መዓልቲ፣ ኣብ ኣጋ ሰዓት ሓደ ናይ ድሕሪ ቐትሪ፣ ብሃንደበት፣ ኣብቲ ምሉእ ዓዲ ብርቱዕ ራዕዲ ብዘሕደረ ኸስተት፤ "ኣንበጣ መጺኡ! ኣንበጣ

መጺኡ! ኣንበጣ መጺኡ! ጠፋእና!" ተባህለ። ኵሉ ሰብ ከካብ ገዝኡ ወጸ። ናብቲ እታ ኣውቶቡስ ከም ፌርማታ እትቼመሉ 'መቓብር ቀሺ-መዝገበ' ገጹ ድማ ጐየየ። ኣደይን እቶም ኣብ እንዳ ኣቦሓጎይ ዝነበሩ ኣባላትን ከም ህዝቦም በተግ ኢሎም ናብኡ ተሃንደዱ። እቶም ንኣሽቱ ዝኾንና'ውን ከብከብ እናበልና ደድሕረኦም ሰዓብና። ኣብቲ ቦታ፣ ሰብኡትን ኣንስትን ቈልዑን፣ ኣብ ብርኽ ዝበለ ቓልዕ ኾይኖም፣ ኣዒንቶም ብራሕ ኢዶም ኣጽሊሎም፣ ናብ እምባ ጠቐራ ገጾም ብሻቕሎት የማዕድዉ ነበሩ። ብልበይ ድማ፣ "ክሳዕ ክንድ'ዚ ዜርዕድ ፍጥረት ካብ ኮነ፣ ኣዝዩ ገዚፍ ዓይነት ኣንበጣ ኪኸውን ኣሎዎ፣" እናበልኩ፣ ከም ሰበይ ራሕ ኢደይ ኣብ ልዕሊ ሸፋሽፍተይ ኣልጊበ እቲ ዓርሞሸሽ ፍጥረት ኣበይ ከም ዘሎ ንምርኣይ ብዓይነይ ኰለልኩ። ኣንበጣ ዚብሃል ኣይረኣኹን! ገለ ኻብቲ ምስ እምባ ጠቐራ ዝተጐዝጐዘ ዓበይቲ ኵርባታት፣ ምስቲ ርሕቀቱ ደርማስ ኣንበጣ ኾይኑ ስለ ዝተራእየኒ፣ ዘይም'ንቕ'ናቐ ገረመኒ።

"ሃእ! ናብ ጣላ ገጹ'ዩ መስለኒ!" ኣቐረበ ርእይቶኡ ሓደ ኣብ ጥቓና ኻብ ዝነበሩ ሰብኡት በትሩ ናብቲ ኣነ ዝጥምተሉ ዝነበርኩ ኣንፈት እና'ወጣወጠ።

"ኣትዩና ደኣ ዘይትብሉ! ጠፋእና! ጠፋእና!" በለት ሓንቲ ቼቓር ሰበይቲ።

"ኣንበጣ ሰብ ይበልዕ ድዩ፤ " ሓተትኩዋ ነደይ ኣብ ጐና ኾይነ።

"እ'ኸሊ'ምበር፣ ሰብ ደኣ ኸመይሉ ኺበልዕ!" መለሸትለይ ነቲ ዓሻ ዘረባይ ዘይተገደሰትሉ ኽትመስል።

"ሃእ! ትርእዮዶ'ለኻ፤ እንሆ ዕላማ ተኺሉ! ኣንፈት ኪቕይርዩ'መስለኒ!" በለ እቲ ናይ ቅድም ሰብኣይ።

"ሓቅ'ኻ፣ ብዓዲ ኽልከልቲ ኣቢሉ ናባና'ዩ መስለኒ!" ኣጋውሐ ሓደ ኻልእ።

"ሃየ በብዝሓዝናዮ ሓሕ ንበል፣" ገዓረት እታ ቈቓር ሰበይቲ።

ኣብ መንጎ'ዚ፣ ሓደ ቕድሚ ሕጂ ርእየዮ ዘይፈልጥ፣ መላእ ኣካላቱን መንፈሩን ብጫ ሓበጀረዋይ ኣንበጣ ኣብ ጥቓይ ዓለበ። ግዝፉ ኽንድ'ቶም ንግሆ ንግሆ ኣብ መናድቕ ገዛውትና ብጐሪ ኽርዲዶም ዝጸንሑና፣ ብቐሊሉ በእዳውና ዓምጢርና እንሕዞም ሓመዳይ ጐደበ እዩ ዚመስል። ሕብሩ ፍሉይ ስለ ዝኾነኒ፣ ኣብ ጥቓይ ብዝዓለበ፣ ምስናይ'ቲ መጋዝ መሓውሩ ለቀብ ኣበልኩዎ።

"ኣትዩና፣ ሓሕ ንበሎ! ሓሕ ንበሎ! ሓሕ ንበሎ!" ጨደረ ኹሉቲ ኣብ ጥቓና ዝነበረ ህዝቢ።

ብኡንብኡ፣ ንምእማኑ ብዜጸግም ክስተት፣ እዚ ሓሸራ'ዚ፣ ካብ ሰማይ ሓሰር ዚዘንም ዘሎ ይመስል፣ ሰብ ንሓድሕዱ ምርእኣይ ክሳዕ ዚስእን ነቲ ዝነበርናዮ ጐልጎል ኣጐልበቦ። ድምጹ ዚረግፍ ደረቕ ኣቝጽልቲ ኺጥዕም ኣሕሸውሸወ። እቲ ኣብ ከባቢ ዝነበረ ዘራእትን ቈጠቝጥን፣ ኣብ ቅድሚ ዓይንና ብቕጽበት፣ ካብቲ ንቡር ቀለሙ ብሕብሪ ናይቲ ሓሸራ ተተክአ።

ሽው ድማ እዩ ኣዕናውነቱ፣ ኣብ ግዝፊ ዘይኮነስ ኣብ ብዝሑ ኸም ዝኾነ ዝተሰቈረኒ።

ከምቲ ደሓር ካብ ዕላል እቶም ዓበይቲ ዝሰማዕክዎ፣ እቲ ኣንበጣ ዕድመኡ ኣረጊት እዩ ነይሩ። እዚ ኻብቲ ብጫ ሕብሩ ምፍላጥ ይከኣል። በዚ ምኽንያት'ዚ እዩ ዚመስል፣ ኣብቲ መዓልት'ቲ ብዙሕ ጉድኣት ከየውረደ ነታ ዓዲ ለኸዩዋ ጥራይ ዝሓለፈ።

ወለላን ደበኾናን

ብድሕር'ዚ፣ ኣደይን እቶም ሓወቦታትናን እንታይ ከም ዝገበሩ ኣይፈልጥን። ካብቲ ኣጋውሎምን ዕላሎምን ግና ኣብ መኼዳ ናይቲ ዝተዓጽደ ኣእካልን ነቲ ምህርቲ ኣብ ክሻታት እናመልኡ ናብ ገዛ ምጕራትን የሕልፍዎ ኸም ዝነበሩ እግምት። ሓደ ምሸት፣ እቲ ልሙድ ቅጫን ሓምልን ዝትሕዝቶኡ ድራር እናተመገብና ኸለና፣ ወልዳይ ነቦሓጎይ፤

"እዚ ንህቢ ድምጺ ለዊጡ'ሎ፣ ኣንቈራ ገይሩ ደኣ ኸይኸውን!" በሎ።

"ኣየናዮም'ዩ! " ጠየቐ ኣቦሓጎይ።

"እዚ ብሸንኽ ደምበ ዘሎ።"

"በል፣ ርኢኹም ምስ ዓንዳይ ቀልጢፍኩም በርብሩዎ።"

"እሞ ጽባሕ እንተ በርበርናዮኸ! " ሓሳብ ኣቕረበ ወልዳይ።

"ጽቡቕ፣" መለሸ ኣቦሓጎይ።

ከምቲ ኣቐዲሙ ዝተባህለ፣ ኣብቲ ዓዲ ኻብ ክልተ ወይ ሰለስተ ንላዕሊ ቖፎ ንህቢ ዘይወነነ ደምበ ይከሰስ እዩ ዝነበረ። ብሕልፊ እቲ ዕስለ ኣብ ዜቕትረሉ ሰዓታት፣ ምልእቲ ዓዲ ናብ ሓንቲ ዓባይ ቆፎ ዝተቐየረት ኽትመስል ብሃመምታ ኣናህብ ተዕለቕልቕ ነበረት። ኣብ ፈለማ ንህቢ ኣዝዩ የፍርሃኒ ነበረ። ሓደ ወይ ክልተ ሳዕ ዚኸውን'ውን ተነኺሰስ ሕንዙ ኽንድምንታይ ከም ዜቐንዙ ተመ'ኪረሉ እየ።

ንጽባሒቱ ተወልደን ጸጋይን ኣነን፣ ኣብቲ ገምገም ጸድፊ ናይ ማይ-ነፍሒ ኽንሳሓቕን ክንጓየን ኣርፊድና፣ ኣጋ ቐትሪ ምስ ኮነ ናብ ገዛና ንምለስ ነበርና። ኣብቲ ኣፈፌት እንዳ'ቦሓጎይ ክንበጽሕ ከሎና፣ ካብ ንቡር ዝጸዓቐ ዕስለ ንህቢ፣ ንእሽቶ እኩብ ግመ ኺመስል ካብቲ ወገፋና ብነድሪ ናባና ኺግስግስ ጐፍንጐፍ ተጋጠምና። እንኽወለሉ ጸግዒ ኣይነበረን። ከይንከስ ፈሪሀ፣ ገጸይ ንምክልኻል ኣእዳወይ እናኣፈናጠርኩ ናብ ገዛ ገጸይ ጐየኹ። ዓባየይ እንታይ እዋን ከም ዘስተብሃለትሉ ካብቲ ኣዳራሽ በለኾ በለት። እቲ ንህቢ ኣየናሕሰየለይን። ብማእከሉ እናሰንጠቕኩ ኽሓልፍ ከለኹ፣ ኣብ

ኣብ ወርሒ ታሕሳስ 1950 ምስ ገለ መቕርብናን ን"ተሓምበለ" ካብ ኣስመራ ምስ ዝመጻ ኣጋይሽን። ብድሕሪት ብሸነኽ የማን ዘላ ጓል 12 ዓመት ሓዳስ መርዓት እያ።

ዓይነይን ኣፍንጫይን ብብርቱዕ ሸቕታ ኽንከስ ተፈለጠኒ። ዓባየይ ኣብ ቀሚሻ ኽዊላ ሒዛትኒ ናብ ውሽጢ ተደርገመት።

ምሸት እቲ ቖፎ ብዚትክኽ ኵቦ እናተኣልየ ተበርበረ። ዓባየይ ካብቲ ጎኒ መዓር እናቘረሰት፣ ነቶም ቈልዑ ዘበልና ዓደለትና። ዓይነይ በቲ መንከስቲ ጡጥ ኢሉ ዓምቢሱ ነበረ።

እቲ ዋህዮታት ናይቲ ጋርና ግና ወለላ መዓር ጥራይ ዝመልአ ኣይነበረን። ኣብ መንጎኡ ጻዕዳ ሓሰኻ ዚመስል ስለ ዝረኣኹ ኣፈንፊኑኒ፣ ዚብላዕ እንተ ኾይኑ ነደይ ሓተትኩዋ።

"እሂናይ ደኣ ዘይብላዕ!" በለትኒ ዓባየይ ተቐዳዲማ። "ኣንቈራ ስለ ዝገበረዩ። ካብቲ መዓር ንሱ ይጥዕም። ሃየ፣ ከምታ ዝነኸሰካ ዓጠቕ እና'በልካ ብልዓዮ ዝወደይ።"

ሓቃ ድማ፣ ኪጥዕም ጉዳም'ዩ። ሓሓሊፉ፣ ገለ ኻብቲ ጎኒ-መዓር ዓርዓር መቐረት ዝነበሮ'ውን ነይሩ። እዚ፣ "ደበኹና" ኸም ዚብሃል ተነገርኩ።

ክንደይ እዋን ከም ዝሓለፈ እንድዒ፣ ሓደ መዓልቲ ንግሆ፣ ድሕር'ቲ ዝውቱር ምሳሕ ዚብሃል ቍርሲ፣ ካብ ምህርቲ ግራት ዝተረኽበ ብጽሒት ኣብ ኣኽያሸ ተመሊኡን ተሸሪቡን፣ ኣደይ በቶም ኣብቲ ኸባቢ ዝተረኽቡ ኣንብዝ እናተሓገዘት ናብቲ ኣውቶቡስ እትቖመሉ ወሰን ጽርግያ ኣብጽሓቶ። ናይ ነገር ሓማትን ሰይት-ወድን ከይተርፍ፣ ምስ ዓባየይ ብሓደ ዘይተረድኣኒ ምኽንያት ተኻርየን ዳርጋ ኽይተሰናበተተን እያ ንኣይን ንሓወይን ሒዛትና ናብቲ ጽርግያ ዝኸደት። ናብ ኣስመራ ንቕሎ ኸም ዝኾነ ምስ ፈለጥኩ ኣዝየ ተሓጐስኩ። ኣውቶቡስ ቀልጢፉ ኽትመጽእ እናተመነና ድማ ብትዕግስቲ ተጸበና።

መብዛሕትኡ ግዜ፣ እታ ኣውቶቡስ ጕሳስ እንተ ነበረት'ኳ፣ መሬት ኣዐርዩ ኽይረፈደ እያ እትመጽእ። ኣውቶቡስ ከም ወትሩ ብሸዓ ኣይመጸትን። ኵላትና እቶም ክንጐዓዝ ዝተዳለና ኽኣ ሰንፈላል ኮንና። መሬት ኣዝዩ ቐቲሩ ናብ ፍርቂ መዓልቲ ቐረበ። ኣውቶቡስ ግና ሕጂ'ውን ኣይተቐልቀለትን። ካብቶም ተጸበይቲ ገሊኦም ናብ ገዛውቶም ተመልሱ፣ ኣደይን ንሕናን ግና ምስ ካልኦት ሒደት ተስፋ ኽይቈረጽና ፍጭም በልና። ሰዓት ናብ ድሕሪ ቐትሪ ገጹ ገስገሰ፣ ሕጅ'ውን እታ ኣውቶቡስ ኣይተቐልቀለትን። ገለ ኻብ ሕምብርቲ ብእግሪ ዝመጹ ደቅ'ታ ዓዲ፣ እታ ኣውቶቡስ ከም ዝተሰብረትን ምስ ተዓረየት ክትብገስ ም'ኻናን ወረ ኣምጽኡልና። እዚ ኽንጽበ ኣተባብዓና። ኣብ መንጎ'ዚ፣ ኣብ ኣጋ ሰዓት ክልተ ኣቢሉ ዓባየይ ናብቲ ዝነበርናዮ በርደግ ኢላ ነደይ ብቑጥዐ፤ "ነዞም ቆልዑ ብሓደ ኣፊቱ ጸሞም ከተውዕልዮም፣" እናበለት፣ ናብ ኣርባዕተ ዝተገምዐ ውዑይ ጎኒ ኣምጺኣ ንኣይን ንሓወይን እቲ ዝተረፈ ድማ ነደይ ሂባ ናብ ገዝኣ ተመልሰት።

አማስያኡ፣ አውቶቡስ ሆየ፣ ከምቲ ኣመላ ገበታ ትከን ቀይሕ ደሮናን እናብለኽለኽት መጽኣት። እቲ ኣኽያሽ ናይ ኣደይ ከምቲ ናይ ካልኣት ኣብ ላዕሊ ተጻዕነ። ኣብ ኣጋ ሰዓት ሓምሽተ ኸኣ ኣብቲ ጥቓ ማይ ኣባሻውል ዚርከብ ዝነበረ መዓልቦኣ ወረድና። ኣኽያሽና ኸመይሉ ናብ ገዛና ኽም ዝበጽሐ ኣይዝከረንን። ካብ ሓደ ብዚዛይዱ ሰብ ዓረብያ ኽም ዝተኻረተ ጥራይ እየ ኽግምት ዝኽእል። ከምዚ ሎሚ ብማኪና ምጉዓዙ ዚሕሰብ ኣይነበረን። ብደሓን ሰላም ድማ ኣብታ ምቕልልቲ ግና ምውቕቲ ቤትና ኣቶና። "ቤት፣ ወይዛ ጥዕምቲ ቤት፣" እናበሉ ኺዝምሩላ ሓቃቶም እዮም። ህይወት ሪጋ ፌሮቪያ ድማ ከም ቀደምና ቐጸልናዮ።

ቺነማ ካምቦኒ (ኮምቦኒ)

ኣብ ቤት ትምህርቲ ቢዘን ዳርጋ ሳልሳይ ዓመተይ ረገጽኩ። እቲ ህይወት ተምሃራይ መለሳ ስለ ዝሰኣንኩሉ ኺምነወኒ ጀመረ። ኣብቲ ዝሓለፈ ዓመት መሳቶይ ዝነበሩ፣ ካብ እንዳ ሃለቃ ወጺኣም ናብ ዘመናዊ ኣስኳላ ዝኣተዉ ነይሮም። ገሊኦም ኣብ ገዛ ኸኒሻ፣ ገሊኦም ኣብ ደቦዚቶ፣ ገሊኦም ኣብ ቸንትሮ፣ ገሊኦም ኣብ ኣኽርያ፣ ገሊኦም ኣብ ሕብረት። ሓደ ኻብኣቶም ተኪኤ መኾሰይ እዩ ነይሩ። መንግስትኣብ ዓርከይ'ውን፣ ነቲ ኣብ እግሪ ኣባሻውል ዚምሃረሉ ዝነበረ እንዳ ቐሺ በረኸት ገዲፉ፣ ኣብ ቤት ትምህርቲ ኮምቦኒ ጀመረ። ብዛዕባ'ቲ ኣስኳላኦምን ኣብኡ ዝተማህሮን ብዙሕ ስለ ዘዕለለኒ ኣዝየ ቐናእኩ። ብፍላይ፣ ((ቲ ኣብ((ኡ ዝነበረ ቺነማ ናይ ምርኣይ ዕድል፣ ንኣይ ኣዝዩ ዜተሃራርግፍ ነበረ። ተንቀሳቓሲ ፊልም ንመጀመርታ እዋነይ ዝረኣኹ፣ ኣብ እንዳ ቢዘን ኣብታ ዝሓለፈት ዓመት ነበረ። ንሱ ግና፣ ምንም'ኳ ንግዜኡ ብርቂ እንተ ኾነኒ ብዛዕባ ህይወት ሓረስቶት ኣፍሪቃ ዜርኢ ዶኩመንታዊ ጥራይ እዩ ዝነበረ።

ሓደ ሰንበት መዓልቲ ግና፣ መንግስትኣብ ዓርከይ ብዘቕረበለይ ዕድመ፣ ነቲ ኣደይ ብሳሙና ጀፍጂፋ ሓጺባ ዘስታረረትለይ ስረን ሳርያን ጁባይን ወድየ ቺነማ ኽርኢ ብሓባር ናብ ኮምቦኒ ኣምራሕና። እቲ መእተዊኡ በቲ ምብራቕ ሸነኹ ስለ ዝነበረ፣ ብኽልተ ወሰኑ ብተርታ ኣእዋም ዝተዓጀበ ጽርግያ ሓመድ ሓሊፍና፣ ኣብ ድርኾኹት ሓደ ዓቢ በሪ በጻሕና። ኣብቲ ኣፍደገ፣ ብዙሓት ከክንዳይ ዚኾኑን ገለ ድማ ብዕድመ ዚመርሑን ኣወዳት ተዓጒጎም፣ ኣእዳዎም እናወጣወጡ ጭራሕምራሕ ኪብሉ ጸንሑና። ዥላቶም ከምቲ ናተይ ብዝተኻእለ መጠን እታ ዝርካባ ኽዳኖም ኣጻዕድዮም ዝመጹ እዮም ነይሮም። ኣብቲ መእተዊ በሪ፣ ሓደ ኻብቶም በቶም ሓለቓ ኣስኳላ

ዝተመዘዘ ወዲ፣ እቲ ደሓር ግኑን ተጻዋታይ ኹዕሶ እግሪ ዝኾነ ኢ.ታሎ ቫሳሎ፣ ካብቶም ምእንቲ ኺምረጹ ሽሙ ደጋጊሞም ዚጽውዑ ዝነበሩ በብሓደ እናሓረየ ናብ ውሽጢ እቲ ቐጽሪ ቤት-ትምህርቲ የእትዎም ነበረ። ኣነ'ውን፣ ከም ሰበይ ኢ.ደይ ኣውጺአ ነቲ ወዲ ኬቕልበለይ ሽሙ ደጋጊመ ጨራሕኩ፣ ዕድል ገይረ ድማ ተሓርየ ኣተኹ።

ኣብ ውሽጥ'ቲ ቐጽሪ፣ ነቲ ቐንዲ ህንጻ ሓሊፍና፣ ኣብቲ ምዕራባዊ ሸነኹ ምስ በጻሕና፣ ብዙሓት ተምሃሮ ናይቲ ቤት ትምህርትን ከማይ ኣብቲ ኣፍደገ ተመሪጾም ዝኣተዉን ጸንሑና። ሓንቲ ቈልዑ ዝሓቖፈት ሰለል፣ በቶም ተራ ዚጽበዩ ኻልኦት ደቅ'ቲ ቤት ትምህርቲ እናተደፍአት፣ ብናህሪ ንየው ነጀው ትወዛወዝ ነበረት። እቶም ዝተረፉ፣ ከም ድሙን ከልብን ዚጓየዩ፣ ንሓድሕድ ዚጸዋውዑ፣ ሕልኮ ዚጠማጠሙ፣ ገለ ኣብቲ ሳዕሪ ዝነበሮ ባይታ ተቐሚጦም ዜዕልሉ፣ ገለ ድማ ሰዓት ነዊሑዎም ብስልካየ ዚጽበዩ ነበሩ። በቲ ሰሜናዊ ሸነኹ ኣብ ዝነበረ ጐልጎል ድማ ሒደት ተዓዘብቲ ዚርከብዎም ብኹዕሶ ካመራዳርያ ዚጻወቱ ኣባጽሕ ከም ዝነበሩ ትዝ ይብለኒ።

ሰዓት ብዝኣኸለ፣ ኣብ ቅድም'ቲ መቓምጦ ናይቲ ሜዳ ኹዕሶ ተሰለፍና። ብድሕርዚ፣ ስነ ስርዓት ሓሊና ብመስርዕ በቲ ኮሪዶራት ናይቲ ቐንዲ ህንጻታቱ ሓሊፍና፣ ናብ ውሽጢ ሓደ ርሒብ ኣዳራሽ ኣቶና። ኣብኡ፣ ንብዙሓት ተምሃሮ ኮፍ ኬብል ዚኽእል ተርታታት መናብር ስለ ዝነበረ ልክዕ ከምቲ ኻልኦት ዝገበርዎ ርእየ ኣብ ሓደ ሰድያ ተቐመጥኩ። መብዛሕትና ቈልዑ ስለ ዝነበርና፣ እቲ ዓቢ ኣዳራሽ ብጭራቕምራቕና ተረበሸ። ብኡንብኡ ግና ሓደ ተሪርን ድሙቕን ጣቕዒት ተዳህየ'ሞ፣ እቲ ኹሉ ተምሃራይ ጸጥ በለ። ሓደ ረቂቕ ዝኸፈፉ መነጽር ዝወደዩ፣ ጻዕዳ ልብሲ ኻህን ዝገበሩ ፈረንጂ ኣብ ቅድመና ቖይሞም ረኣኹ። ለከስ፣ እቶም መንግስተኣብ ዓርከይ ብዛዕብኦም ብዙሕ ዘዕለለኒ "ኣባ ጋስፓሪኒ" ዚብሃሉ ንሶም እዮም ነይሮም። ኣብ መንጎ ራሕ-ኢ.ዶም፣ ሓንቲ ንእሽትሊት መስቀል ዝነበራ ጸሊም መቑጸርያ ዓሚኾም ነበሩ። ኣብቲ ፊትና መንደቕ፣ ሓደ ኣብ ውሽጢ ዓቢ መቓን ዝገጠመ እቲ ምስሊ ፊልም ዚፍነወሉ ዓለባ ተገቲሩ ነበረ።

ኣባ-ጋስፓሪኒ ናይ ቤት ትምህርቲ ኮምቦኒ ኣካያዲ እዮም ነይሮም። ህድኣት ብዝሰፈነ፣ በታ መቑጸርያኦም እናኣሰነዩ፣ ሓደ ንኣይ ኣዝዩ ነዊሕ ኰይኑ ዝተሰምዓኒ ጸሎት ኣድገሙና። ንሱ ብዝተወድአ፣ ብዛዕባ'ቲ ኽንርእዮ ዝተዳለወ ፊልም ብጭይፍ ዝበለ ትግርኛ ሓጺር መግለጺ ሃቡና። ሓደ ጣልያን ቋንቋና ኺዛረብ ስለ ዘይተጸበኹ፣ ከመይሲ፣ እቶም ሽዑ ገና ኣብ ሃገርና ዝነበሩ ጣላይን ይጽየኑዎ ስለ ዝነበረ ኣዝዩ ገረመኒ። ትግርኛ ዚኽእል ጥልያን! እሞ ኸኣስ ከይተጸየነ! እዚ ንኣይ መስደምም እዩ ዝነበረ።

ዝኾነ ኾይኑ፣ እቲ ፊልም ካብቲ ኣብ ዝሓለፈ ዓመት ንመጀመርታ

ግዜይ ዝረአኹዎ ኣዝዩ ዝተፈልየ ዛንታ ዚነግር እዩ ነይሩ። ብዘይ መጠን ድማ ተሓጐስኩ። እታ ሽው ዝረኣኹዋ ፊልም፣ ኣርእስታ ብጣልያንኛ "ሴንሳ ፋሚልያ" ዚብል ነበረ። ሓደ እዋን ኣብ ህይወተይ፣ ነዛ ሽው ዝረኣኹዋ ናይ ተንቀሳቓሲ ስእሊ ዛንታ ናብ ቋንቋ ትግርኛ ኽትርጐማ ዚብል ግምት ኣብ ኣእምሮይ ፍጹም ኣይነበረን። ብድሕሪኡ ሰንበት-መጸ ናብ ኮምቦኒ ምምልላስ ዳርጋ ወልፊ ኾነኒ።

መብዛሕትኡ ግዜ፣ ካብቲ ኣዳራሽ ቺነማ ናይ ኮምቦኒ ኣብ ኣጋ ሰዓት ሓምሽተ ወጺእና እናተደፋፋእናን እናተጓየናን እናወከኽናን ኢና ናብ ገዛውትና እንምለስ ዝነበርና። ምስቶም ከማይ ኣብቲ ቺነማ ዘምሰዩ መሳቶይ ደቂ ሪጋ-ፌሮቪያ ኴንና፣ ኣብ እግረ-መገድና ዝነበረ ናይ ድኳናት መሳኹትን ሸትሪናታትን እናቐምና ንዘይንዕድግ ተተዓኒድና ንርኢ ነበርና። ሓድሓደ ግዜ'ውን በቲ ብሓመድ ዝረስሐ ኣእዳውና ነቲ ጽሩይ መስትያታቶም ነጋዕዝየሎም ስለ ዝነበርና፣ ሕጂ ኽሓስቦ ኽለኹ ኺጸልኡና ሓቃቶም እዮም።

ብሕልፊ ዘይርስዓኒ፣ ቀቅድሚ ባር ዚሊ ምብጻሕና፣ ኣብ ሓንቲ መስኮት ሓደ ሓምላይ ዝግልግለኡ ዑፍ ነበረ። ንፋልማይ ግዜይ ዝረኣኹዎ ሕንጻይ ወይ ፓፓጋሎ ንሱ እዩ ነይሩ። ገለ ኻብቶም መሳቱና ብጣልያንኛ ገለ ቓላት ከም ዚድርጕስ ምስ ነገሩኒ፣ ብእዝነይ ስለ ዘይሰማዕኩ ኣይኣመንኩዎምን። እታ ዋናኡ፣ ኣብ ጥቓኡ ዕጉግ ምባልናን ነቲ ዑፍ ምእንቲ ኺዛረብ ኢልና እንገብሮ ወስታታትን ስለ ዚርብሻ ወርትግ እናተጻረፈት ተባርረና ነበረት።

ኣዛብእ ኣርባዕተ'ስመራ

ኣብቲ ዓመት'ቲ፣ ሓደ ፍጹም ክርስያ ዘይክእል ጕዳም ነገር ተኸስተ። ኣብ ሓጋይ፣ እቶም ምሸት-ምሸት ክሳዕ'ቲ መጸወቲና ጐልጎል ዚመጹ ዝነበሩ ኣዛብእ፣ ብሃንደበት፣ ነቲ ኣብ እግር'ቲ ጎቦ ዝነበረ መቓብራት፣ ብፍላይ ድማ ነቲ ናይ ሕጻናት እናፈሓሩ ሬሳ ምብላዕ ጀመሩ። ብዙሕ ሰብ በቲ ነገር ኣዝዩ ሰንበደ። ብፍላይ ሓድሽ ሓመድ ዝለበሰ ሬሳ ናይ ሕጻን ነቶም ኣዛብእ ብቐሊሉ ጻሕቲሮም ምግቢ ዚረኽቡሉ ስለ ዝኾነሎም፣ ድሕሪ ገለ መዓልትታት ኣዝዮም ገርገሩ። ንግሆ-መጸ፣ ሓደ ወይ ክልተ መቓብር ከም ዝተፋሕረን ሬሳ ድማ ቐለብ ዝብኢ ኽም ዝኾነን ግናይ ወረ ምንዛሑ ቐጸለ። ብኡ መቒሩዎምን ወልፊ ኾይኑዎምን ናብ ህያው ሰብ ከይሳገሩ ተፈርሀ።

ዝኾነ ኾይኑ፣ ድሕሪ ሒደት መዓልቲ፣ እቶም ኣዛብእ መርዚ ዝተገብረሉ ስጋ በሊዖም፣ ኣብቲ ምዕራባዊ ሸነኽ ናይቲ ጎቦ መቓብር ከም ዝተረኽቡ

ዜበስር ወረ ኣብቲ ገዛውትና ብብጊሓቱ ኸም ባርዕ ተዘርግሐ። ሰብ ገና ኣይቈረሰን፣ ከምዚ ኸነሱ ግና ብዙሓት ካብቶም ጐረባብትና፣ ነቲ ነገር ንምጥላል ናብቲ ዝተባህለ ቦታ ኣምርሑ። ኣነ'ውን፣ ነቲ ኣደይ እተሰምዓለይ ዝነበረት መጠንቀቕታ ዕሽሽ ኢለ ምስኣቶም ጐየኹ። ኣብቲ ምዕራባዊ ሸነኽ ከንበጽሕ ከለና፣ ካብ በበይኑ ኣንፈት ናይቲ ኸባቢ ዝመጸ ብዙሕ ሰብ ተኣኪቡ ጸንሓ'ና።

"በሎ! በሎ! ገና ኣይሞተን! ከይትገድፎ1 ጐበዝ፣ ተጠንቀቑ ኸየዘንግዓኩም! ቈልዑ ረሓቑ! ኣታ ቈልዓ ከላ ረሓቕ! ከይበልዓካ!" ዚብል ጭድርታን ጭራሕምራሕን ነቲ ሃዋህው ኣናወጾ።

ብሃንደበት፣ ዳርጋ ኣብቲ ጥቓ ቐድሚት ምስ ቀረብኩ፣ ገዚፍ ደንጐላታት ዝሰፍሰፉ ኣንብዝን ዓበይቲ ሰብኡትን፣ ቅድሚ ሕጂ ርእየዮም ንዘይፈልጥ ክልተ ገዘፍቲ ኣ'ኻልብ ዚመስሉ ኣራዊት፣ ኣብ ልዕሊ ቐርቅርቶም እናውደቑ ኺፍጽፍጹዎም ከለዉ ኣርከብኩ። እቲ ትርኢት ናይቶም ኣዛብእ ንኣይ ኣዝዩ ዜሰንብድ ነበረ። ሓደ ኻብኣቶም፣ ጸዕዳ ዝጽጋረቱ ምሒር ገዚፍ፣ ገና ብቓንዛ ይንቁን ይግዕርን ነበረ። እቲ ኻልኣይ፣ ካብቲ ቐዳማይ ዝቈንጸበ፣ ጸሊም ትኵትኳዕ ዘሎዎ ሓም'ኹሽታይ ብዓል ጕንጕነ እዩ ነይሩ። በቲ መርዝን ቅጥቀጣን ደ'ኺሙ ትንፋስ ዳርጋ ኣይነበሮን።

ሰብኡት፣ ኣንስቲ፣ ኣንብዝ፣ ቈልዑ፣ ኮታስ ኵሉ ነቶም መከረኛታት ኣራዊት ይረግሞም፣ ገለ ነቲ ትርኢቶም እናተጸየነ ይገልጾም፣ ገለ ድማ ብኣንክሮን ኣግርሞን ጥራይ ይጥምቶም ነበረ። ሓደ ኽልተ ሕ'ሉፋት ተቐማጦ ናይቲ ኸባቢ ሓኤታታት ድማ፣ ነቶም ግዳያት ምስ ኣናብስ ዝገገዩዎም ብዚመስል፣ ብዘይ ዲኖን ፋረን፣ ጋይም ዓትዒቶም፣ ዝመረተ ጕራዴኦም እናንበጥበጡን እናደበሉን "ቱታ!" እናበሉ ዚፍክሩ ኣይተሳእኑን።

ጸሓይ ኣዐርያ ኸብ ብዝበለት፣ ከብደይ ቀንጥዩኒ ቍርሰይ ከም ዘይበላዕኩ ዘከርኩ። ከምቲ ብጕያ ኻብ ገዛይ ዝወጻእኩ ብጕያ ናብኣ ተመለስኩ። ኣደይ ኣምሪራ ተቛየቈትኒ፤ ቍርሲ ግና ኣይከልኣትንን። ሸዑ መዓልቲ ኹሉ ዕላል ብዛዕባ'ቶም ክልተ ኣዛብእ ጥራይ ኮነ።

ሓደ ኻብቶም ኣዛብእ ኣብ እዝኑ ተሰቒሩ ኸም ዝነበረ ብዝተወርየ፣ እቲ ዕላል ዝያዳ ዓመረን ደመቐን። ጀበና ኻብ ወትሩ ብዝዛየደ ተሰ'ኽተተት፣ ከም መቋስይቲ ዕላል፣ ካብ ኣወል ክሳዕ ደረጃ ኽትቅዳሕን ክትጕርዳዕን መሬት ደጋጊማ ወጊሓ ዓረበት።

"ወያ ዝብእስ ርኢ'ኽንኣዶ ኣትን ኣበባ፤ " በላ ሓንቲ ኻብተን ጐረባብትና ኣደይ ጀመር።

"ኣይረኣ'ኹዋን፣ እዚ ብታሉ ወደይ ግና ተመለስ እ'ናልኩዎ ጋሕጋሕ ምድሪ ናብኡ ኸይዱ ኼጸልልኒ ኣርፊዱ፣" መለሸት ኣደይ።

"ብኻ ደድሕረኡ ኼድክን፣ ኣይ ጕድ እንዲና ርኢና!"

"እንታይ ተረኺበ!"

"እታ ሓንቲ ዝብእስ ያኢ ኣብ እዝና ስቍሬን ነይሩዋ ኢሎማ!"

"እንታይ ስቍሬኑ!"

"ዋእ! ስቍሬን፣ ስቍሬንዶ ጠፊኡክን!"

"ኣትን'ታይ ኢኽን ትብላ፣ ዘይንሰምዖ'ባ የብልናን።"

"ንሱ ጥራይ ድዩኽ! ድማ ኸአ ጠባብ'ያ ነይራ ኢሎማ!" ቀጸላ ኣደይ ጀመር ብሓውሲ ሕሽኹታ።

"ገደደ! ናይ ልብኽን ዲኽን!"

"ኣዕጽምቲ'ቦይ! ኣይ'ቶም እንግሊዝ ከይተረፉ'ንድዮም ኪርእዩዋ መጺኦምስ ነታ ስቍሬን'ኳ ወሲዶማ ተባሂሉ።"

"ህእ፣ እሞ ጠፋእና!"

"ጠፋእና ጥራይ ድዩኽ! ተደ'በብናዩ ዚብሃል'ምበር!" ኣጣለላ ከየወላወላ ኣ'ደይ ጀ'መር።

"ኣትን ሓቅኽን ዲኽን! " ሓተተት ኣደይ ፍርሃታ ኽይነከየ።

"ኣቦይ ዝኣተዋ ጕድጓድከ! ወረ ብዓልቲ ላጌን'ያ ያኢ ነይራ! ቈልዑ ጐደቦ ዝገደፈትሎም የብላን፣ ዝገደፈትሎም የብላን ኣበባ ሓብተይ። ወ'ድእ'ያ ኣቢላቶም፣ ወይዛ ርግምቲ!"

"እዋይ'ዛ ቍርሕቲ!. . . ኣቲ ኽንደይከ ትሓስም! ዒራ ኣፍ የብሎምን ኢላ ድያ ቐቈልዕቶም ትውድእ! "

"ወይለከይ! ማዩ ዝሰተየ እንተ ኾይኑስ ከይብልላ ፈሪሃ ትኽውን፣ ብ'ልል ኣቢላታ'ላ ደኣ'ምበር ባዕላ እታ ማርያም ኣስመረይቲ!" በላ ኣደይ ጀ'መር።

"እንቋዕ'ኳ መርዚ በሊዓ ዕሉው በለት! ነዞም ደቅናስ ኣይመናሕሰየትሎምን!"

"ወይለከይ! እንታይ'ላ ኽተናሕሲ።"

"እምበኣርከስ ለይት-ለይቲ ናብ ዝብኢ ትልወጥ'ያ ዚብሉዎስ ሓቂ'ዩ! "

"ሓቂ ጥራይ! ሎሚ ንግሆ'ኳ ብዓይንና ርኢና! ካብኣ ዝረገመት፣ ሰብ ዘደንገለት ካልእ ብዓልቲ መርሓኖ ድማ'ላትክን፣" ወሰኻ ኣደይ ጀ'መር።

"ዋይ ጠፋእና! ኣንትን ጀመር፣ እንታይ ደአ ኢና ንገብሮ፣ እዞም ድቅናኽ እንታይ ይኾኑ!"

"ስጋ ሓሰማ ዘይተብልዕዮም ኣንትን ኣበባ፣ ድሕር'ቲ ናይ ፉና፣ ነቲ ወደይን ነታ ጓለይን ካብቲ ባር ሮማ ዓዲገ ኣብልዕ ምስ ኣበልኩዎም ቀሲነ።"

"ፎእ! ብማዕዶ'ዩ ዜስገድግደኒ!"

"እንታይ ደኣ'ሞ 'ገበር። ንሱ እንተ ኣብሊዕክንኦም ግና ተንከስ ኢሉ ዚቐርቦም ጠቢብ የለን።"

"እሞ እናረአኹን እናሰማዕኩን ከሓጥእ!"

"እታ ዝሓለፈ ወርሒ ንፋና ዝሓዘተን'ውን ንሳ'ያ እትሕመ፣" በላ ኣደይ ጀመር።

"ለከንዶ ግዳ!... ለከንዶ ግዳ!... ብቐሊሉ'ኳ ኣይተለፋለፈትን። ፋና'ኳ ነቲ ሰብኣይ ዘየልዕሎ መጥሓን በጐ ኣቢለን ምስ ተሰከምኦን፣ ነቲ ሓርኢ ደርሆ ግስም ምስ ኣበልኦን'የ ኣማን ብኣማን ጠቢብ ኣሎ ኢለ ዝኣመንኩ፣" በለት ኣደይ ብርግጸኛ ኣንደበት።

"በላስከ ደሓን ሕደራ ኣበባየ! ኣቦና ኽይመጸ ድራር ክንሰራርሕ። ካብ ሰሪ መዓቱ ጥራይ ይሰውረና። እዚ ዝበልኩኽን ስጋ ሓሰማ ግዳ ኽይትርስዕየ ሓደራ። ክትቀስናስ ኣብልዓኦም ደኣ።"

"ሕራይ ጀመር'የ። እንታይ ደኣ'ሞ፣ ፈጣሪ ይቕረ እንተይሉስ ደሓር ንናስሓሉ።"

እዚ ወረ'ዚ፣ ኣብ ሪጋ ፌሮቪያን ካራቫንሰራልዮን ጥራይ ተሓጺሩ ኣይተረፈን፤ ዳርጋ ኹላ በዚ ማሪት'ዚ እትኣምን ሰብ ሰሚዓቶስ ንሓያሎ እዋን ከም ዝተናፈሰን ዝተገማድሐን ይዝከረኒ። ገለ ለባማት ግዳ፣ እቲ እንግሊዛውያን ናብቲ መቓብር ምምጻኦም፣ ነዚ ማሪት'ዚ ፈሊጦም፣ ነቲ ህዝቢ ሓበሻ ምእንቲ ኼላግጹሉ ለይቲ ምድሪ ባዕላቶም መጺኦም ዝሰቑሩሎም'ዩ ዝበሉ ነይሮም።

ሎሚ፣ እዚ ብድራማዊ ኣገባብ ኣስፊረዮ ዘለኹ ኽም ሕልሚ ዚዝከረኒ ሓቀኛ ዕላል፣ ነዚ ንእሽቶ ወለዶ ኽይርድኦ ይኽእል'ዩ። ከመይሲ፣ ሎሚ እዚ ጠቢብ ናብ ዝብኢ ይልወጥ'ዩ ዚብሃል ማሪት ዳርጋ የለን። ይወኣዮም ኣዛብእ! ብናተይ ግምት፣ እቲ ስቕሩን ምናልባት ተመራመርቲ እንስሳታት መሮር፣ ንምንቅስቓሳቶም ምእንቲ ኺከታተሉ ኣሃዝ ዘሎዎ ንእሽቶ ሜታል ኣብ እዝኖም ዝሰኾዑሎም ነይሩ ይኸውን እብል።

እቲ ብሰሪ'ቶም ኣዛብእ ዝተኸስተ ጉድ ወረኡ በብቑሩብ እናሃሰሰ፣ ኣገዳስነቱ ድማ እናነከየ ኸደ። ድሕሪ ንኣይ ዘይዝከረኒ እዋን ከኣ እቲ መቓብር ብዙርያኡ ብድልዱል መንደቕ ተኸብ'በ።

ደሓን ኩኒ እንዳ ቢዘን

ክረምቲ እናቐረበ ኸደ፣ ከምታ ዝሓለፈት ዓመት ድማ ንመዕጸዊ ቤት ትምህርቲ ንምድላው ታዕሊም ብኣላይነት መምህር ሳህለ ዕቑባንድርያስ ተጀመረ። ድሕሪ ብዙሕ ናይ ልምምድ እዋን ወያ መዓልቲ ደበኽ በለት። ከምታ ዝሓለፈት ዓመት፣ ዅለን እተን ናይ እንዳ ሃለቃ ኣብያተ ትምህርቲ ኣብ ዝተሳተፋሉ፣ እቲ ብዓል ኣብቲ ቐጽሪ እንዳ ማርያም ተቓንዐ። ኣብዚ ዓመት'ዚ ግና ምስቶም ሓንጨመንጨ ዘይኮነስ፣ ምስቶም ብታምቡረኛታት

እናተመርሑ ዚምርሹ ዓበይቲ ስለ ዝተመደብኩ ኣዝየ ተሓጒስኩ፣ ሓበን'ውን ተሰምዓኒ። የኔታ ሓደ ኣብ ቅድም'ቲ ተዓዛቢ ህዝቢ ወጺአ ብቓል ዘንጒድጒዶ ናይ ኣምሓርኛ ግጥሚ ኽጽንዖ ዝሃቡኒ ነይሩ። ትሕዝቶኡ ንግፍዒ ፋሺሽቲ ኢጣልያ ዚገልጽ እዩ ነይሩ ይመስለኒ፣ ክሽምድዶ ድማ ኣዋርሕ ወሰደለይ።

ኣብቲ ኣፈፌት ቤተ'ክስያን ኣብ ዚርከብ መደያይቦ፣ ብርክት ዝበሉ ዓበይቲ ዓድን ካህናትን ዘጠቓለለ፣ ህዝቢ ብቕርጺ ፍርቅ-ኽቢ ጾንጾት ተ'ኾልኲሉ፣ ካብ ንግሆ ኣትሒዙ ኺጽበ ጸንሐ። እቲ ቐንዲ ሰልፊ ተምሃራይ፣ ኣነ ዝርከቦም፣ ታምቡር ብዚወቕዑ ፊተውራሪታት እናተመርሐ፣ እቲ ኺለማመዶ ዝሓገየ መዛሙር ብኣምሓርኛ እናዘመረ፣ ብውዕዉዕ እልልታ ተሰንዩ ኣብቲ ቕርዓት ምስ በጽሐ ቖመ። እቲ መዛሙር ንጃንሆይን ንቤተሰቦምን ንኢትዮጵያን እናወደሰ ንኤርትራ ምስኣ ኽትሓብር ዚጕስጕስ ነበረ። እቶም ዝተረፉ ድቕቕ ዝበሉ "ሓንጨመንጪ" እንብሎም ዝነበርና ተምሃሮ ድማ ብኽልተ ጐኒ ናይቲ ቕርዓት ኣብ ቅድም'ቲ ህዝቢ ተሰርዑ።

ብድሕርዚ፣ በቶም ሓለፍቲ ናይቲ ኣብያተ-ትምህርትን ካልኦት እንታዎት ምኻኖም ዘይፈለጥኩዎም ምዕሩጋት ሰባትን ብዙሕ መደረ ተገብረ። እዚ እዋን'ዚ ደጊም ኣብ 1950 ኣቢሉ እዩ ነይሩ። ህዝቢ ኤርትራ፣ ገሊኡ ምስ "እኖና ኢትዮጵያ ይሕሸና" ዚብል፣ ገሊኡ ብጥምረት ኣስላም ተወዲቡ ነዚ ሓሳብ'ዚ ዚቃወም፣ ገለ ኤርትራ ናጻ ሃገር ትኹን እናበለ ዚምጕት፣ ገለ ኸኣ ኤርትራ ንግዜኡ ኣብ ትሕቲ ጣልያን ትጽናሕ፣ ዚብል ጭርሖ እናልዓለ ዚከራኸረሉን ሓድሓደ ግዜ ድማ ዚጐናፈጠሉን እዋን እዩ ነይሩ። ስለዚ፣ እቲ መዛሙራትና ነቲ ሕብረት ምስ ኢትዮጵያ ዚድግፍ ከም ዝነበረ ዜጠራጥር ኣይኮነን። ኣብ መጠረሽታ፣ እቶም ናይ ኣምሓርኛ ግጥምታት ክንሽምድድ ዝሓገና፣ በብሓደ ናብ ቅድሚት እናወጻእና፣ ከምቲ መምህራንና ዝመዓዱና ጌርና ኣንጕድጕድናዮ፣ ዓስቢ ናይዚ ድኻም'ዚ ድማ ብልጫ ተዋህበና። ኣቦይ በዚ ደስ በሎ። ንድሕሪ ቐትሩ፣ ንኣይን ነቲ ምንኣሰይን፣ ንሓንቲ ነደይ ዋጋይ ኻል ሓወን ሒዙና ናብቲ ጥቓ 'ኻርሸሊ ዚርከብ ዝነበረ ፎቶ ኣዲስ ዘመን ወሰደና'ሞ ንመዘከርታ ስእሊ ተለዓልና። ናብ ባር "ተቨረ" ወሲዱ'ውን፣ ሓሓደ ጣሳ ካፑቺኖ ምስ ፓስተ ዓደገልና። እታ ዕለት እቲኣ ንኣይ ብሓቂ ዓባይ መዓልቲ እያ ነይራ።

ከረምቲ ኸም ቀደሙ ብብርቱዕ ዝናብን ውሕጅን ጨፈቃን ተሰንዩ ኽይተፈለጠና ሓለፈ። ኣነ ድማ ከምቶም መሳቶይ ካብቲ እንዳ ሃለቃ ዚብሃል ተገላጊለ፣ ናብቲ ስሩዕ ትምህርቲ ዚርከቦ ኬእትዉኒ ንስድራይ ሃወኽኩዎም።

ኣማስያኡ ኣቦይ ኣብ ወንጌላዊት ቤት-ትምህርቲ፣ ብዘልማድ "ቤት-ትምህርቲ ገዛ ኸኒሻ" ዚብሃል ከም ዝጀምር ኣበሰረኒ። ወለደይ፣ ኣብኡ ንምእታው ሰብ ዜድሊ ስለ ዝመሰሎም መን ኪሕግዘናን ኬማልደልናን

ጽምብል መወዳእታ ዓመት ናይ እንዳ ሃለቃ ኣብ እንዳ ማርያም፤ 1950።

ከም ዚኽእል ደጋጊሞም ተመያየጡ። ድሕሪ ብዙሕ ቍርቍር፣ ንኣስኳላ ብዚምልከት፣ ካብ ኤፍረም ኣማንኤል ዝተባህለ ዘመድና ኽኒሻ ዝሓሸ ስለ ዘይነበረ፣ ቤት ትምህርቲ ምስ ተኸፍተ፣ ኣደይ ናብኡ ሒዛትኒ ኽትከይድ ከም ዚሓይሽ ተሰማምዑ።

መዓልትን ከልብን ከይጸዋዕካዮም ይመጹ ኽም ዚብሃል፣ ወንጌላዊት ቤት ትምህርቲ ኣብ ጽ'ባሕ ብዓል መስቀል ተኸፍተ። ኣደይ፣ ከምቲ ምስ ኣቦይ ኣቐዲሞም ዝወድእዎ፣ ብንግሆኡ ናብ እንዳ'ቦይ ኤፍረም ወሰደትኒ። ናብ ስራሑ ንምኻድ እናተሸባሸበ ኸሎ ኢና ኣብቲ ገዝኡ በጺሕና። ኣደይ ትምህርቲ ኣብ እንዳ ቢዘን ከመሃር ከም ዝሓገኹ፣ ሕጂ ግና "'ናብ ገዛ ኽኒሻ ኣእትዉኒ፣" እናበልኩ ኽም ዘሸገርኩዎም ምስ ነገረቶ፣ ናባይ ግልብጥ ኢሉ፤

"ወድ ሓወይ፣ ኣንቢብካን ጽሒፍካን ትኽእልዶ፣" ሓተተኒ።

"እወ፣" መለሽኩ።

"በሊ፣ ኣብዚ ናትና ኻብ መላመዲ ስለ ዚጅምሩ፣ ናብ መምህር ጸሃይቱ ውሰድዮ'ሞ፣ ኣብ ቀዳማይ ክፍሊ ኣመዝግብዮ። ኣብ መላመዲ ንብላሽ ዓመት እንተ ዘየጥፍአ ይሓይሽ፣" በላ።

"እሞ መምህር ጸሃይቱኸ፣ ይቕበላናዶ፧ " ሓተተት ኣደይ ኣሸበሸብ ናቱ ሓገዝ እንተድለየ ብዚእንፍት። ንሱ ግና እቲ ዝነበራ ስ'ኪ ስለ ዝተረድኦ፤

"ግዲ የብልክን፣ ናብኡ ኼድኪ ጥራይ ብሽዓ ኣመዝግብዮ። ኣይከትኣብየክን'ያ፣" በላ ብዜረጋግጽ ቃና።

ኣደይን ኣነን በቲ መልሲ ስለ ዘይዓገብና እናተጠራጠርና ናብ ገዛና ተመለስና።

፫

መባእታ ወንጌላዊት ቤት ትምህርቲ

ሰዓት ትሽዓተ ኪኸውን ከሎ፣ ኣደይ ንኣይን ነቲ ምንኣሰይን ኣኸቲላ ናብቲ መምህር ጸሃይቱ ዚምህራሉ ዝነበረ ኽፍሊ ኸድና። ኣብታ ኽፍሊ ብዙሓት ደቆም ኬመዝግቡ ዝመጹ ወለ'ዲ ጸንሑና።

መምህር ጸሃይቱ ኣብ ገዛ-ኸኒሻን ካባቢኣን ብዓልቲ ዝ'ና እየን ነይረን። ሽም መምህር ጸሃይቱ ኣብ ዚርቋሓሉ ግዜ፣ ኣብ ውሽጡ ራዕዲ ዘይስምየ ተምሃራይ መባእታ ዳርጋ ኣይነበረን።

ኣደይ ንኣይ ሒዛ ኣብ ቅድሚ ሰደቓ መምህር ጸሃይቱ ቐረበት። ኣብ ልዕሊ እቲ ሰደቓ፣ መመዝገቢ ደብተርን ደረሰኘን፣ ኣብ ቀለም ዚጥማዕ ብርዕን መንቀጽ ቀለም ወረቐትን ነበረ። ከምቲ ኣቦይ ኤፍረም ዝበሎ ከምዝገብ ጸገም ኣየጋጠመን። ኣደይ፣ እቲ ዜድሊ ገንዘብ ምስ ከፈለት (ንዓመት ካብ ሓደ ጅነ ወይ ሓምሽተ ሽልን ዚበዝሕ ከም ዘይነበረ ትዝ ይብለኒ) "ርሾቡታ" ተዋህባ፣ መኣስ ናብቲ ቤት ትምህርቲ ኽመጽእ ከም ዚግብኣኒ'ውን ተነገርና። ኣደይ ነቲ ንእሽቶ ሓወይ'ውን ኪኣቱ ዚኽእል እንተ ኾይኑ ንመምህር ተወከሰተን።

"ክንድይ'ዩ ዕድሚኡ፧ " ሓተታኣ መምህር።

"ኣርባዕተን መንፈቕን፣" መለሸት ኣደይ።

"ኣዩ! ገና ጸወትኡ ዘይወድአ! ንዓመታ ዘይኮነሉ፧"

"መውዓሊ እንተኾኖ ኢለ እንድኣለይ።"

"ግድን ካብ በልክስ'ምበኣር ናብቲ መላመዲ ወሲድኪ ኣብ ፍ'ቃር ወይ ምልእቱ ኣመዝግብዮ፣" በላኣ።

መምህር ፍ'ቃርን መምህር ምልእቱን'ውን ናብ ዕብየት ገጸን ዘምርሓ ገዳይም መምህራን እየን ነይረን። ኣደይ፣ ከምቲ መምህር ዝሓበርኣ፣ ናብቲ ብሸነኽ ምብራቕ ናይቲ ጨሳ ወንጌላዊት ቤተክርስትያን ወሲዳ ኣብ መምህር ፍ'ቃር ኣመዝገበቶ።

ኣብ ሳልስቱ ይኾን ወይ ኣብ ሰሙኑ ዘይዝከረኒ፣ እቲ ቤት ትምህርቲ ስሩዕ ስራሑ ስለ ዝጀመረ ደወል ቤት ትምህርቲ ገዛ ኸኒሻ፣ ከምቲ ልሙድ ናብ ኵሉ'ቲ ጨሳ ናይቲ ኣስኳላ እናተዞረት ኣድሃየት። እቲ ተምሃራይ ብምሉኡ፣ ኣብ ትሕቲ ትዕዝብቲ መምህሩ፣ ኣብ ኣኣፈፌት ናይታ ኽፍሉ

በብኸልተ ተርታ ተሰርዐ። ኵላትና እቶም ኣብ ቀዳማይ ክፍሊ ዝተመዝገብና ድማ ናብ ክልተ ተጐራበትቲ ኣስታንሳታት ኣመቓሪሖም ኣእተዉና።
ሽዑ መዓልቲ ዝኾነ ዓይነት ትምህርቲ ኸም ዘይተዋህበ ትዝ ይብለኒ። ድሕሪ ሓጺር ምይይጥን ምኽክርን ናይቶም ጐረባብቲ መምህራን፣ ኵላትና ንጽባሒቱ እቲ ስሩዕ ትምህርቲ ኸም ዚጅመርን ኣብቲ ምዱብ ሰዓታት ድማ ኽንመጽእ ከም ዚግባእን ተነጊርና ነናብ ገዛውትና ተፋኖና።

ንጽባሒቱ ድሕሪ ደወል ኣብ ድርኾኹት ክፍልና ተሰራዕና። ሓንቲ መምህር ጸሃይቱ ዝኣዘዝኣ ጓል፣ ብሓደ ሸነኽ ቀይማ፣ ጽንጽያ ምሳና ተጐርቢቶም ከይኣትዉ መኣረምያኦ ኻብ ርእሳ ቐንጢጣ ብኡ እናሰጐጐትልና፣ ንሰን ባዕለን ድማ በቲ መንጽራ ቼይመን፣ በብተርታ ንዝዘርጋሕናዮ ኣእዳውና ብኸብዱን ብዝባኑን ክንግልብጥ እናኣዘዛ፣ ኣጽፋሩ ዝነውሐን ዝረስሐን ተምሃራይ ከይህሉ ይከታተላ ነበራ። ኣብ መንጎኡ፣ ሓደ ኻባታትና ኣጽፋሩ ዘንውሐ ምስ ተረኸበ ድማ፤
"እስከሉ ኣጽፋርካ! እድያት ክሳዕ ዜውጽእ ኣበይ ኔርካ፤ ኣዴኻ የላን ድያ፤ ጽባሕ፣ ኣጽፋርካ ኸይተኸላእካ እንተ መጺእካ ኸሰ'ጐካ'የ!" ኢለን ኣሸኰኻሉ፣ ንሽዑ ግና መጀመርታ መዓልቲ ስለ ዝኾነ ይእቶ ፈቐዳሉ። ንኹላትና ድማ ኣጽፋርና ኸይተኸላእና እንተ መጺእና፣ ናብቲ ኽፍለን ክንኣቱ ኸም ዘይፍቀደልና ተመሳሳሊ ስምዕታ ሃባና። ነቲ ስምዕታአን ልክዕ ከም ቃል ኣምላኽ ብጽሞና ኣዳመጽናዮ።
እንተኾነ ግዳ ኣጽፋርናን ኣእዳውናን ጥራይ ኣይኮነን ዚርእይኦ ነይረን። ገጽና ብግቡእ ከም ዝተሓጸብናን፣ በቲ እዋን'ቲ ብሰሪ ጉድለት ጽሬትን ኣፍልጦ ኽንክን ጥዕናን ከም ለበዳ ተዘርጊሑ ዝነበረ "ዓበቕ" ዝተባህለ ኣዝዩ ተመሓላላፊ ሕማም ቈርበት ከይህልወና'ውን ብጥንቃቐ እየን ተኸታቲለና። ዓበቕ ዋላ ነቶም ደቂ ርኹባት ኢና በሃልቲ ዘይንሕፍ ዝነበረ እዩ። ሳላ እቲ ጥንቁቕ ፍተሻ ናይ መምህር ድማ ሓደ ተምሃራይ "ዓበቕ" ከም ዘሎዎ ተፈሊጡስ፣ ምእንቲ ኸየልግበልና፣ ንጽባሒቱ ፈውሲ ተለኺዩ ድኻኡ ሒዙ ኺመጽእ ነጊረን ናብ ገዝኡ ኣፋነዋኦ።
መምህር ጸሃይቱ፣ ሓፈሻዊ ትርኢተንን ወጅህንን ካብ ብዓል ኣደይ ዚፍለ ኣይነበረን፣ እንትርፎ መምህር ምኻነን። ጸጕረን ሽርበ ምስ ሳርዴታኡ፣ ካብ ሹት ዝተባህለ ዓለባ ዝተሰፍየ ጽሩይ ቀምሽ ዝለበሳ፣ ዕድመ ናብ ምድፋእ ዘምርሓ ኽደረይቲ ሰበይቲ እየን ነይረን። ኣብዚ ቐረባ እዋን፣ ብቐሺ (መምህር) ካርል ጆሃን ሉንድስትሮምን ብቐሺ እዝራ ገብረመድህንን ኣብ ዝተደርሰት "ከኒሻ" ዘርእስታ መጽሓፍ፣ ንባህሪአን ብትኽክል ዚገልጽ ሕጡብ ጽሑፍ ከንብብ ዕድል ረኺበ ነይረ። ብመሰረት እቲ ኣብቲ መጽሓፍ ዝሰፈረ ሓበሬታ፣ ሓንቲ እመቤት ብሪታ ኣድሉንድ ዝተባህላ፣ ኣብ 1912

ኣብ በለዛ መምህር ዝነበራ ሸወደናዊት ልእኽቲ ወንጌል፣ ኣብ ድያርዮኣን ብዛዕባ መምህር ጸሃይቱ ኸምዚ ዚስዕብ ኣስፊረን ከም ዝነበራ የውክእ፤

"ጸሃይቱ፣ ሓነ ኣብ በለዛ ምስ ኣተኹ እያ ብኡንብኡ ትምህርታ ዝወድአት። እተን ሸማግለ መምህር ኣደይ ብ'ሪቱ ኺሰናበታ ምስ ቀረባ ኸኣ ጸሃይቱ ነቲ ቦታኣን ንግዜኡ ተኪኣ ነቶም ንኣሽቱ ቈልዑ ኸትምህር ጀመረት። እቲ ምርጫ ዜዋጽእ ኮይኑ ተረኽበ። ኣብ በለዛን ኣብ ኣስመራን ኣብ ዝነበረ ኣብያተ ትምህርቲ ናይቲ ቤተ ክርስትያን ምምሃር ቀጸለቶ። ንገለ ዓመታት'ውን፣ ኣብ ገሽናሽም ከም ልእኽቲ ወንጌል ኣገልገለት። ጸሃይቱ ኻብ ቊልዕነታ ኣትሒዛ ኣካለ-ጕድእቲ ነበረት። ስድርኣ ኸትምርያ ዘይትኽእል ስለ ዝኾነቶም፣ ናብ ገዳም ኪልእኩዋ መዲቦም ነበሩ፣ ሓደ ኣብቲ ምስዮን ዚዓዪ ዝነበረ ዘመዶም ግና፣ ኣብ ክንድኡ ናብቲ ኣብ በለዛ ዚርከብ ቤት ትምህርቲ ኼእትዉዋ ኣተባብዖም። ኣብኡ ሰዓቢት ናይቲ እምነት ኮነት፣ ኣብ ሀይወታ ሓደ ኽተውቅየሉ እትኽእል ሞያ ድማ ረኸበት። ጸሃይቱ ጽንዕቲ፣ ሓደሓደ ግዜ ድማ ጨካን ነበረት፤ ካብቶም ተመሃሮኣ ግና ፍቕርን ክብረትን ኣጥረየት። እቲ ንሳ እትምህረሉ ኽፍሊ ወርትግ ስርዓት ዝሰፈኖ ነበረ። ኣብ ቤተክርስትያን፣ እቶም ንኣሽቱ ቈልዑ ኣብ ፊት ምድር-ቤት እዮም ዚቕመጡ ነይሮም፤ እቲ ስብከት ኣመና ምስ ዚነውሕ ድማ ጸወታ ናብ ምጅማር እዮም ዚወናወኑ ዝነበሩ። ኣብ ጥቓኦም ጸሃይቱ ምስ እትህሉ ግና ብሓንቲ ቈላሕታ ብዓይና ቕጺዓ እያ ሰጥለበጥ እተብሎም ዝነበረት።"

እምበኣርከስ፣ እዘን ኣርካን መምህርት እዚኣን'የን፣ ኣብቲ ኣፍ ደገ ቈይመን ናብታ ኽፍሊ ኽንኣቱ ኸለና፣ በቲ ትኩር ኣዒንተን ዚከታተላና ዝነበራ። ክዳውንትና ተጀራጊዑ ይ'ሰፊ፣ ብድርዕቶ ይ'ለ'ገብ፣ ይጸ'ብቕ፣ ይሕመቕ፣ ሳእኒ ይሃልወና ወይ ባዶ እግርና ንኹን ኣይኮነን ንእን ዜገድስ ዝነበረ። እታ ኣውራ ሰሃሮኣን፣ ዝርካባ ኽዳንና ጽርይትን ንጽህትን ምኻናን፣ ኣካላትና ብማይ ከም ዝወጅሀን፣ ኣጽፋርና ድማ ደገል ከይሕዝ ወይ ከኣ ከምቲ ንሰን ዚብልኦ፣ "እድያት" ከየውጽእ ኣዘውቲርና ኽንክ'ልኦን ምርግጋጽ ጥራይ እዩ ዝነበረ። ንእግር መገዲ ኺርሳዕ ዘይግባእ፣ ዳርጋ ኹላትና ናብታ ኽፍሊ እንኣቱ ዝነበርና ቈልዑ፣ ዝኾነ ይኹን ዓይነት ሳእኒ ኣይነበረናን። ዋላ'ቶም ደቂ ርኹባት ዚብሃሉ፣ ኣቦታቶም ኣብ ንግድ ዝተዋፈሩ ወይ ዓበይቲ ናይ መንግስቲ ሰብ መዚ ዝነበሩ። ብጀካ ሓደ ኽልተ፣ ኣከዳድናኦምን ኣወዳድያኦምን ዳርጋ ኸም ሰቦም እዩ ዝነበረ።

ኵላትና፣ ናብ ውሽጢ ብዝኣቶና፣ ጸጽምዲ ሰድያ ኣብ ዝነበሮ ጠረቤዛታት

ከከም ተርታና ተመቻራሕናዮ። እቶም ድቓቕ ዝበልና ኣብ ቅድሚት፣ እቶም ፍርዝን ዝበሉ ብድሕሪት ኴንና ነታ ኽፍሊ መላእናያ። ኣብ ቅድመና እቲ መምህር ዚቕመጣሉ ሓደ ሰደቓ ምስ ሰድያኡ ነበረ።

ኣብ ውሽጥ'ታ ኽፍሊ ቦታይ ኣብ ቅድሚት ብዝሓዝኩ፣ ፈለማ ንቐልበይ ዝሰሓበ፣ እቲ ሰለስተ ዝእግሩ መቐሚ ዝነበሮ "ጸሊም-ሰሌዳ" እዩ። እቲ ሰሌዳ፣ ከምዚ ናይ ሎሚ ኻብ ፈኩስ ነገር ዝተሰርሐ ዘይኮነስ ኣዝዩ ረዚን ልሙጽ ቀጸላ ኸውሒ ኸም ዝኾነ ጸኒሑ እየ ፈሊጠ።

ብጀካኡ፣ ኣብቲ መናድቕ ናይቲ ኽፍሊ፣ ብግምት ቍመቱ ሰብዓ፣ ውርዱ ሚእቲ ሰንቲ ሜትር ኣብ ዝስፍሓቱ ረጕድ ርቡዕ-ኵርናዕ ካርቶን ዝተሓትመ ናይ ቅብኣታት ቅዳሕ ተሰቒልዎ ነበረ። ደሓር ጸኒሑ ኸም ዝተረድኣኒ፣ እቲ ሰለስተ፣ ካብ መጽሓፍ ቅዱስ ዝተወሰደ ዛንታ ዚውክል እዩ ነይሩ። ብፍላይ ጠብላሕታ ዘሕደረለይ ግና፣ ስእሊ ናይ ሓደ ነዊሕ ርዕዙው ዝማእለማኡ ቐምሽ ዝለበሰ፣ ጀምጃም ጸሊም ዝጭሑሙ ኣብ ባይታ ተምበርኪኹ፣ ቀላጽሙ ዘርጊሑ ናብ ሰማይ እናጠመተ ዚምህለል ሰብኣይ ነበረ። ኣብ ቅድሚኡ፣ ኣብ ጫፉ ህጡር ሃልሃልታ ዝነበሮ ብኣእማን ኣብ ዝተኻነየ ኣርባዕተ ዝጕኑ በሪኽ ጨርሒ ይርአ። ክንዮኡ ርሕቕ ኢሉ፣ ከምኡ ተመሳሳሊ ግና ሓዊ ዘይነበሮ ጨርሒ ይርአ። ኣብ ዙርያ'ዚ ኻልኣይ ጨርሒ፣ ብዙሓት ካህናት ዚመስሉ ጨሓማትን ዘይጨሓማትን፣ ንኣካላቶም ብኻራ እናቐንጀጡ፣ ኣብ ዙርያኡ ዚያዱ ሰባት ይርኣዩ። ዳሕራይ መዓልቲ መጽሓፍ ቅዱስ ብሓጺሩ ድሕሪ ምምሃርናን ምጽናዕናን፣ እቲ ጨርሒታት መሰውኢ ከም ዝኾነ፣ እቲ ጨሓም ሰብኣይ ነብዩ ኤልሳእ፣ እቶም ክንዮኡ ኣብ ዙርያ'ቲ ሓዊ ዘይነበሮ መሰውኢ ዚዓዱ ዝነበሩ ድማ ነብያት በዓል ከም ዝኾኑ ኽፈልጥ ክኣልኩ። ኣብተን ዝተረፋ ኽልተ ስእሊ ዝነበረ ትሕዝቶ፣ እቲ ሓደ ደቂ እስራኤል ኣብ ምድረበዳ ሲና ነርብዓ ዓመት ኺህውትቱ ኸለዉ፣ እግዚኣብሄር ንቐለቦም ዚኾና ብርኒጎታት ምስ ሰደደሎም፣ ንኣተን ንምሓዝ ኪሻመዉ ኸለዉ ዜርኢ ነበረ። ብዝባንና ኣብ ዝነበረ መንደቕ ዝተሰቕለ ኸኣ ናይ ነብዩ እዝራ ምኳኑ ብዘይተረጋገጸ ዕላል ክፈልጥ ክኣልኩ።

ብኡንብኡ፣ ኵሉ'ቲ መስርዕ ተምሃራይ ኣብ በቦታኡ ተቐመጠ። እቲ ዝሓዝናዮ ጠረቤዛ፣ ነፍስ-ወከፉ ቀለም ዚምልኣሉ ንእሽቶ ጕድጓድ ነበሮ። ካብ ምሒር ኣገልግሎት፣ ካብቶም ብኡ ኣቢሎም ፍልጠት ዝቐሰሙ ተምሃሮ ብዝወረዶ ማህሰይቲ ብዙሕ በሰላ ዘትረፈ ነበረ። ዝባኑ ብላማ ኻብ ዝወረዶ ቕንጅሕጻሕን ናይ ሽማት ብርቃሕን፣ ኣብ ልዕለኡ ብዝተኻዕወን ብዝደረቐን ኮፐያቲቮን ቀጠልያን ቐለማትን ፍጹም ተደዊኑ ነበረ። እታ ኽፍሊ ሰለስተ መሳኹቲ ነበራኣ። ሓንቲ ንምብራቕ፣ ሓንቲ ንደቡብ፣ ሓንቲ ንሰሜን ዚጥምታ።

መምህር ጸሃይቱ ናብ ውሽጢ ኣተዋ'ሞ ኣብ ጐኒ እቲ ሰደቓእን ቈማ። እቶም ዛጊት ኣብቲ ቤት ትምህርቲ ጀሚሮም ዝጸንሑ፣ ከካብ እቲ ዝተቐመጡሉ ሰድያ ብድድ በሉ፣ ኣነ'ውን ንኣቶም ተኸቲለ ኸምኡ ገበርኩ። እታ ኽሳዕ ሽዑ ዘየስተብሃልኩላ ሓለንጊ ኣብ ልዕሊ እቲ ሰደቓእን ኣንቢረን ድማ፤

"ደሓንዶ ሓዲርኩም ተምሃሮ፣" በላና።

"ደሓንዶ ሓዲርክን መምህር፣" ኣጋውሐ ብድምር እቲ ናይ ቈልዑ ደሃያት።

" 'ጸሓይ ብሓድሽ በረቐ፣' ኽንዝምር ኢና፣" በላ መምህር።

እታ መዝሙር ፈጺመ ሰሚዐያ ዘይፈልጥ እያ ነይራ። እቶም ብጐነይን ብድሕረይን ዝነበሩ መሳቶይ ብዓውታ ኺዝምሩ ኸለዉ፣ ኣነ ኽሳዕ ዚውድኡ ብሓውሲ ሕንከት ተዓኒደ ተረፍኩ። ትሕዝቶኣ ኸምዚ ዚስዕብ እዩ፤

ጸሓይ ብሓድሽ በረቐ፣
ተመስገን ዎ ልዑል፣
ብሕዱስ ሓይሊ ተስፉ'ውን፣
ደሃይ ታሕጓስ ኣልዕል።

እታ መዝሙር ሰለስተ ኽፋል እንተ ነበራ'ኳ፣ ቈልዑ ስለ ዝኾንና ከይነውሓና ወይ ከይብርትዓና ተባሂሉ ነታ ቐዳመይቲ ጥራይ ኣዘ'መራና። ብድሕርዚ እተን መምህር፤

"ኣማንኤል ጸሊ፣" በላ።

ሓደ ኻብቶም ኣብ ቅድሚት ዝነበርና፣ ኣማንኤል ዮሃንስ ናፍዕ ዝተባህለ፣ ገጹ ኣዝዩ ጽሙእ፣ ሰብነቱ ዕባራ፣ ብትግርኛ ገይሩ፣ ቅድሚ ሕጂ ሰሚዐዮ ዘይፈልጥ ጸሎት ብፍጥነት ኣንጐድጐዶ። እቲ ወዲ ባዕሉ ሓሲቡ ብዘይ ሰጋእመጋእ ምጽላዩ ኣዝዩ ደንጸወኒ። ብመንፍዓቱ ተደመምኩ።

መምህር ኮፍ ክንብል ኣዘዛና'ሞ፣ ካብ ሽዑ ንደሓር ኵላትና በብተራ ኸም እንጽሊ ኣፍለጣና። ከመይ ገይረ ባዕለይ ሓሲበ ኸም ዝጽሊ ሓርቢቱኒ ተጨነቕኩ። እቶም ዝተረፉ መማህርተይ፣ በዚ ድምብርጽ ከም ዘይበሎም ብዘስተብሃልኩ፣ "እምበርዶ ምስ'ዚኣቶምሲ ተወዳዲረ ኽወጸ'የ፧" በልኩ ብልበይ።

ሽዑ መዓልቲ፣ መምህር ኵሉ'ቲ ንትምህርቲ ዜድልየና ነገራት፣ ከምኒ "ኳዴርኖ" (ጥራዝ) ናይ ትግርኛን ናይ እንግሊዝኛን ናይ ቍጽርን፣ ከምኡ ድማ ሓጺር ዛንታ መጽሓፍ ቅዱስ እንተላይ ርሳስን መደምሰስን ክንዕድግ ከም ዜድሊ ነገራና።

እዚ ኹሉ ዚኸውን ዘሎ፣ ቅድሚ ሰብዓ ዓመት ኣብ 1951-1952 ዓመተ ትምህርቲ ኸም ዝነበረ ምዝካር የድሊ። ኣብቲ ግዜ'ቲ፣ ኤርትራ ገና ኣብ

ትሕቲ እቲ "ምምሕዳር እንግሊዝ" እናተባህለ ዚጥቀስ መጕዚት መንግስቲ ዝነበረትሉ እዩ ነይሩ። ሽዑ፣ ህይወት ናይቲ ዚበዝሕ ተምሃራይ ካብዚ ናይ ሎሚ አዝዩ ዝተፈልየ ነበረ። እቲ እዋን እቲ፣ ዙሉን ሃገራት ዓለም፣ ካብቲ ኣባህራርን መዘዝኖን ካልኣይ ኲናት ዓለም ገና ዘይተላቐቓሉ ሃዋህው ከም ዝነበረ ኺዝንጋዕ የብሉን። እቲ ብሰንኩ ዝሰዓበ ሕሰምን መከራን፣ ሽዑ ገና ኣይሓልሓለን፣ ጽልዋኡ ድማ ግሎባዊ ነበረ። ህዝቢ ኤርትራ'ውን ካብቲ ኣደራዕ'ቲ ብዩን ኪሽውን ዘይሕሰብ እዩ ነይሩ። በዚ ምኽንያት እዚ፣ ዝበዝሐ ተምሃራይ፣ ገጹን ኣካላቱን ሰኣን እኹል ማይን ሳምናን፣ ዝተመጣጠነ ምግብን፣ ፋሕሻውን ዝተጕሳቘለን ነበረ። ክዳውንቱ፣ ወሃ እንተ ተባህለ፣ ብራተሎ ዘሎዎ ካኪ ቝምጣ፣ መብዛሕትኡ ግዜ ስፍየቱ ብተልመዴን ሳርቶ ዝተጀራግዐ፣ ካብ ምሒር ዝውተራ ዝተበጣጠቐ ሓደው ብትከባ ዝተለጋገበን ብድርዕቶ ዝተጸጋገነን እዩ ነይሩ። ካብ እኒ ኮረያ ዝኣመሰላ፣ ኣብቲ ሽዑ እዋን ካብቲ ተሸሚመናሉ ዝነበራ ኹናት ገና ዘይተላቐቓ ሃገራት ብኾንትሮባንዳ ዝመጸ ኻልኣይ ኢድ ክዳን ወይ ጁባ መሳሊ ድማ ነይሩ። ከምዚ ኣብ መጠረሽታ ዝተረቝሐ ዓይነት ክዳን ዝለበሰ ተምሃራይ፣ ንባዕሉ ኽም ሓደ ዕድለኛ ሰብ ገይሩ እዩ ዚቈጽራ ዝነበረ። ካብዚ ዝተበገሰ፣ "ኮረያ" ዝሳጓኣም ኣወዳት ብርክት ዝበሉ ነበሩ። እዚ ኺብሃል ከሎ ግና ገለ ኣዝዮም ርኹባት ዝወለዶም ጽቡቕ ዝኣከዳድናኦምን ጫማ ዚወድዩን ኣይነበሩን ማለት ኣይኮነን።

ትምህርቲ ኣብ ገዛ ኸኒሻ ኻብቲ ናይ እንዳ ቢዘን ኣዝዩ ዝተፈልየ ኾይኑ ረኺብኩዎ። እቲ ቤት ትምህርቲ ብሓደ ሰብ ጥራይ ዚምሓደር ዘይምኳኑ ሓደ ኻብቲ ዘየመሳስሎ ነገር ነበረ። እቲ ተቐዋም፣ ብሓደ ሓለቓ ቤት ትምህርቲ ዚብሃል ብዓል-መዚ እዩ ዚናነ። ኣብቲ እዋን'ቲ፣ መምህር መስፍን ገብረህይወት ዝተባህሉ እዮም ነዚ መዚ'ዚ ተሰኪሞም ዝነበሩ። ቊመቶም ሕጽር ዝበለ ረጕድ ከም ዝነበሩ እዝክር። ብባህሪኦም ጽኑዕን ሓያልን ስለ ዝነበሩ፣ እቲ ተቐዋም ልክዕ ከም ዕዮ-ሰዓት ብልሙጽ መስርሕ ምኻዱ ንባዕሉ ምስክር ነበረ።

ካብቶም ኣብ ገዛ ኸኒሻ ኽመሃር ከለኹ መጀመርታ ዝጸንሑኒ ወይ ድሒሮም ዝተጸንበሩ መምህራን፣ ካብ ደቂ ተባዕትዮ፣ መምህር ተኽለጽዮን ደባስ፣ ኣባ ወልደኣብ፣ መምህር ኤልያስ ህብትዝጊ፣ መምህር በየነ ተኽሉ፣ ክልቲኦም መምህር ዮሃንስ (ሽም ኣቦታቶም ዘይዝከረኒ)፣ መምህር ባህይብላ ጉብሳ፣ መምህር ሙሳ ኣሮን (ንመምህር መስፍን ከም ሓለቓ ቤት-ትምህርቲ ዝተክኡ)፣ መምህር ኣማንኤል ሃይለ፣ መምህር ሰመረ ገደል፣ መምህር በርሀ ሃይለ፣ መምህር ገብርኣብ ጋሮይ፣ መምህር ኣርኣያ ገብረሚካኤል፣ መምህር ዮሴፍ ገብረወልድ፣ መምህር ሃብትኣብ ፍረ፣ ክልተ ምሕረትኣብ ዝሽማቶም መምህራን፣ መምህር ዘወንጌል (ኣብ ዘይሰምዑና 'ውንጅር' እንብሎም)፣

መምህር ዘርኢት፣ ካብ ደቀንስትዮ ድማ ብጀካ መምህር ጸሃይቱ፣ መምህር ፍ'ቃር፣ መምህር ምልእቱ፣ መምህር ምሕረት ባይሩ፣ መምህር ጽርሓ ኣስፍሃ፣ መምህር ምሕረት ገሬሱስ፣ መምህር ትዕበ ዳዊት፣ መምህር ህይወት፣ መምህር ብጫ ተኸለጽየን እዝክር። ኣብዚ እነዘንትወሉ ዘለና እዋን እቲ ቤት ትምህርቲ ክሳዕ ሻድሻይ ክፍሊ ጥራይ እዩ ዚምህር ዝነበረ። ካብኡ ንደሓር ኣበይ ይቕጽልዎ ኸም ዝነበሩ ኣይፈለጥኩን። ምናልባት ናብ ኣስኳላ ቪቶርዮ ይሓልፉ ነይሮም ይኾኑ።

ትግርኛ ንጀመርቲ

ካልእ ካብቲ ኣብ ገዛ ኸኒሻ ዝመሰጠኒ ነገር ብገዛእ ቋንቋይ ምምሃረይ ነበረ። በብቑሩብ ድማ ብመምህር ጸሃይቱ ኣቢልና፣ ዛንታ መጽሓፍ ቅዱስን፣ ቍጽርን፣ ኣስተዋጽኦ ፍልጠትን ተመሃርና። ኢድና ምእንቲ ኸነጽሪ፣ ኣብ ኳዴርኖታትና (ጥራዝ) ዝሓንጠጣልና ትኹል፣ ቈናን፣ ጋድም ሕንጻጻት ዕለት ዕለት እናተዋህበናን እናተኣረመልናን ኣብ ክፍሊ ወይ ከም ዕዮ ገዛ ንኡ "ኸነድቅል" ሓያሎ ሰሙናት ሓለፈ።

እቲ ኻብቲ ቤት ማሕተም ናይቲ ምስዮን ዝዓደግናዮ "ሓጺር ዛንታ መጽሓፍ ቅዱስ" ንኣይን ከምዚ ኸማይን፣ ምስ ቋንቋና ስለ ዘላለየና ኣዚና ንፈትዎ ነበርና። እቲ ኻብ ፊኖ ዝተዳለወ ኮላ ናይቲ ቤት ማሕተም ሃንገፍታኡ ክሳዕ ሕጂ ኻብ ተዘክሮ ህዋሰይ ኣይጠፍኣን። ብመምህር ወልደኣብ ወልደማርያም ዝተዳለወ መጽሓፍ ንባብ'ውን ካብኡ እየ ዓዲገዮ። እዚ ንወለደይ ብዓቕሞም ብዙሕ ከም ዝነበረ ኣይሰሓትኩዎን።

ንግሆ-መጸ፣ ካብቲ ሓጺር ዛንታ መጽሓፍ ቅዱስ ሓሓደ ሕጡብ ጽሑፍ ኣጽኒዕና ኸንመጽእን፣ በብተራ እናተንሳእና ድማ ብቓልና ኸንደግም ንሕተት ነበርና። እዚ ንኣፍልጦና ኣብ ቃላት ትግርኛ ከም ዘስፍሖን፣ ንኣንደበትና ኸም ዘማዕበሎን ፍሉጥ'ዩ። ብጀካ'ዚ፣ እታ "ትግርኛ ንጀመርቲ" ዘርእስታ ኣቶ ወልደኣብ ወልደማርያም ዘዳለዉዋ መጽሓፍ፣ መሰረት ዘትሓዘትኒ ኣዝየ ዝፈትዋ ዝነበርኩ መጽሓፍ እያ። ኣቦሓጎይ ከይተረፈ፣ ነታ መጽሓፍ እቲኣ ኣዝዩ ይግደሰላ ስለ ዝነበረ፣ ካብ ዓዲ መጺኡ ኣብ ገዛና ምስ ዚውዕልን ዚሓድርን፤

"ተክእ ወደይ!" ኢሉ ይጸወዓኒ ነበረ።

"ዎ ሆይ!" እምልሸሉ ኣነ።

"እስከ ኻብታ ናይ ወልደኣብ መጽሓፍ ኣንብበለይ፣" ይብለኒ። ኣነ ድማ ምእንቲ ኺምርቐኒ፣ ደስ እናበለኒ፣ ካብቲ "ንጉስ ኣንበሳ ህዝቡ ጸውዐ፣" ዚብል ኣርእስቲ፣ ነቲ "ድሙ ኣብ ቅድሚ ንጉስ ኣንበሳ" ዚብል ክፋሉ ኣንብበሉ።

ኣቦሓጎይ እናሰሓቐ፣ "እየ ድሙ! 'ካብቶም ካልኦት እንስሳ ዝበለጹ ዕጡቓት ንሕና ኢና፣' ዶ በለት፤ ኣየርእየላ! ነንበሳ ኸአ ዘመድካ'የ ያኢ ኢላቶ፣" ድማ ይብል። ቀጺሉ ኸአ፣ "ኣንበሳ ግና ፈሊጡዋ! 'ጠባይኪ ኸፉእ እዩ፣ ግብዝ እኺ፣' ኢሉዋ።" ብድሕሪ'ዚ እናኸመስመሰ፣ "በረኸት ኣብርሃምን ይስሓቕን ያእቆብን ይዕሰልካ ዝወደይ፣" ኢሉ መሪቑ ናብ ጸወታይ ክኸይድ የፍቅደለይ ነበረ።

ካልእ መዓልቲ ድማ ኣቦሓጎይ፣ "ተክአ ወደይ፣ እስከ ኻብቲ ናይ ወልደኣብ፣ ብዛዕባ ደሃያት ንፋስን ዝናብን ዝጸሓፎ ኣንብበለይ ይብለኒ'ሞ፣ ከምዚ ዚስዕብ ኣንብበሉ ነበርኩ።

"ንፋስ ይነፍስ፣
ዝናብ ይሃምም፣
ተመን ይፋጺ፣
ከብሮ ዲም ይብል፣
መለኸት ናርናር ይብል፣
መፍለስ ዥሪፍ ይብል፣
ኣንበሳ እር ይብል
ነብሪ ሑብ ይብል፣
ሀበይ ቱሕ ይብል፣
ኣወናት ጫውጫው ይብሉ፣
ኣዋልድ ሕሽኹሽኹ ይብላ'
ኣቦሓጎ ይስዕል።"

ኢለ ብዘንበብኩሉ፣ ኣቦሓጎይ ሕጅ'ውን እናሰሓቐ፣ "እየ ወልደኣብ፣ ኣቦሓጎ ይስዕልዶ በለና፤ ኣቦሓጎ ኻልእ ቁም-ነገር የብሉንዶ በለና፤ ሓቁ፣ ነይተጋገየ፣ ንስዕል'ምበር ካልእ ደኣ በየናይ ዓቕምና!" ኢሉ ኸም ወትሩ መሪቑ ናብ ጸወታይ ክኸይድ ይሓድገኒ ኸም ዝነበረ ብተደፋንቖ እዝክር። ኣቦሓጎይ ከምኡ ዝበለ፣ ምናልባት፣ ነቲ ብግዜ መግዛእቲ ኢጣልያ፣ ክሳዕ እቲ ብጸ'ናዕቲ ዝመልአ መሬት ተምቤን መሪሹ፣ ኣብቲ ብምረቱ ጣልያን ከይተረፈ እናስካሕክሑ፣ እናሳዕ፣ *"ላ ባታልያ ዲ ተንቤን"* እናበሉ ዜልዕሉዎ ዝነበረ ውግእ ስለ ዝተሳተፈ'ሞ፣ ነቲ ዋጋ ጸማ ዝሰኣነሉ ቕያ ስለ ዝዘከረዶ ይኸውን እብል ሕጂ ዕድመይ ናብቲ ናቱ ገጹ ስለ ዝተገማገመ። ንእግረመገዲ፣ እቲ ኣብ ክፍልና በብተራ ንግሆን ምሸትን እንገብሮ ዝነበርና ጸሎት ኣብዘን ክልተ መጻሕፍቲ ከም ዘሎ ብዝፈለጥኩ ከጽንዖ ግዜ ኣወሰደለይን።

ካብታ ዓመት እቲኣ ንደሓር፣ ከም ተምሃራይ ገዛ ኸኒሻ ኾይነ ሓድሽ ህይወት ጀመርኩ። ድሕሪ ሓጺር ግዜ፣ ምስቶም መማህርተይ ዳርጋ ምስ መብዛሕትኦም ተላለኹ። መምህር ጸሃይቱ፣ ነቲ ኣብ ሓጺር ዛንታ መጽሓፍ ቅዱስ በብተራ ዘንበብናዮ፣ ኣእምሮና ብዚርድኦ ቛንቋ ኺገልጻልና ኸለዋ ብጽሞና ንሰምዖን ነበርና። እታ መጀመርታ ምስ መጽሓፍ ቅዱስ ዘቃልዓትኒ ትሕዝቶ ኸምዚ ዚስዕብ እያ እትብል፤

እግዚኣብሄር ብመጀመርታ መዓልቲ ሰማይን ምድርን ፈጠረ። ምድሪ ድማ ጥራይ ነበረት። ጸልማት ኣብ መዓምቑ ማያት ነበረ። መንፈስ እግዚኣብሄር ድማ ኣብ ልዕሊ እቲ ማያት ይዝምቢ ነበረ።

እቲ ቓላት ቋንቋይ ከም ዝኾነ ኣይሰሓትትኩዎን፣ ከምኡ ኸነሱ፣ ካብቲ ወትሩ ዝሰምዖን ዝዛረበሉን ዝተፈልየ ጽባቐን ጥበብን ዘሎዎ ኸም ዝነበረ ኣብቲ ዕሽል ልበይ ተፈለጠኒ። ግዜ እናቐጸለ ብዝኸደ፣ ካብቲ "ሓጺር ዛንታ መጽሓፍ ቅዱስ፣"፣ ብዛዕባ ኣፈጣጥራ ኣዳምን ሔዋንን፣ ብዛዕባ ማይ ኣይሂ፣ ብዛዕባ ኣብርሃም፣ ይስሓቕ፣ ያዕቆብ፣ ብዛዕባ'ቲ ሕልሚ ዚፈትሕ ዮሴፍን ኣሕዋቱን፣ ብዛዕባ ፈርኦን፣ ብዛዕባ ሙሴ ንእብራውያን ኣሕዋቱ ኻብ ባርነት ኣውጺኡ ናብታ እግዚኣብሄር ዝተመባጽዓሎም ምድሪ ኸንኣን ከም ዝመርሖም ዜውክእ ታሪኽ ኣንበብናን ኣጽናዕናን።

እቲ ዛንታታት ብዓይነ-ሕልናይ ክሳዕ ዚርኣየኒ ኣዝዩ መሳጢ ነበረ። እቲ ዝተፈጸመሉ ቦታን እቶም ኣብኡ ዝተጠቕሱ ሰባትን፣ በቶም ክሳዕ ሽው ኣብ ዙርያይ ዝረኣኹዎምን ዝተላለኹዎም ሰባትን ቦታን ኣዛሚደ ኣብ ኣእምሮይ ክቕጅሎም ባህርያዊ እዩ ነይሩ። ንኣብነት እቲ ሙሴ፣ "ሳእንኻ ኻብ እግርኻ ኣውጽእ፣" ዚብል ትእዛዝ እግዚኣብሄር ዝሰምዓሉን፣ ጽላት ናይ ዓስርተ ትእዛዛት ዝተቐበለሉን ከረን ሲና፣ ኣብታ ኣብ ጥቓ ገዛውትና ንመደበር ብሸንኽ ምብራቑ እትርከብ፣ ኣብ እግራ ኹሉሳዕ ቅላጋ ንምውጻእ ህጡር ሃልሃልታ ዚኣጐዱላ ቐያሕ ጎቦ ዝተፈጸመ ኾይኑ እዩ ዚርኣየኒ ዝነበረ።

ብጀካ መጽሓፍ ቅዱስ፣ ቊጽሪ፣ እንግሊዝኛ፣ ጽባቐ ጽሕፈት፣ ስእሊ፣ ተመሃርና። መብዛሕትኡ መምህር ጸሃይቱ እየን ዚምህራና ዝነበራ። ቊጽሪ ብፍላይ ኣብ ምድማርን ምጒዳልን ዘተኰረ እዩ ዝነበረ። መምህር ጸሃይቱ፣ ብመምህር ይስሓቕ ተወልደመድህን ዝተጻሕፈ፣ "መባእታ ቍጽሪ ብትግርኛ" ኻብ ዘርእስቱ መጽሓፍ እናተወከሳ እየን ዚምህራና ነይረን። እንግሊዝኛን ስእልን ግና ግደ ናይ መምህር ዮሃንስ እዩ ነይሩ። መምህር ዮሃንስ ምሳና ብዙሕ ኣይቀጸሉን። ካልእ ስራሕ ረኺቦም ስለ ዝተሰናበቱ፣ ብመምህር ጽርሓ ኣስፍሃ ዝተባህላ ተተክኡ።

ብጀካ'ቲ ኣብ ላዕሊ ዝተረቘሐ ዓይነት ትምህርቲ፣ መዛሙር ትግርኛ'ውን ተመሃርና። እቲ ትሕዝቶኡ፣ ብመንጽር ጽፍፈት ቋንቋን ዜማን ንኣይ ሓድሽ ተመክሮ ነበረ። ካብተን መምህር ጸሃይቱ ዝመሃራና መመዛሙራት፣ ሓንቲ ኸሳዕ ለይቲ ሎሚ ኻብ ኣእምሮይ ዘይገለለት ከምዚ ዚስዕብ ትብል፤

1. ምስ ማለይ እወፍር፣
ጸሓይ ኣብሪቖ (2)፣
ምስ ማለይ እወፍር፣
ጸሓይ ኣብሪቖ (2)፣
ዕንዱረይ'ውን እሃርም
ኣብቲ ርሑቕ በረኻ፣
ኣብ ጸምጸም መሮር (2)።

2, ወኻርያ ኸይዘርወን፣
እጥንቀቕ እየ (2)፣
ወኻርያ ኸይዘርወን፣
እጥንቀቕ እየ (2)፣
ካባይ ይሃድሙ'ቶም ተኻሉ
ኣብቲ በረኻ፣
ኣብ ጸምጸም መሮር (2)።

እዚ ሰብዓ ዓመት ይገብር፣ ምስቶም ሽዑ መሳቶይ ዝነበሩ ንኣሽቱ ኣወዳትን ኣዋልድን ተምሃሮ ቐዳማይ ክፍሊ ደጋጊምና ዝዘመርናዮ እዩ። እቲ ዜማ፣ ካብ ናይ እንዳ ቢዘን ዝተፈልየ እዩ ነይሩ። እቲ ናይ እንዳ ሃለቃ ኸም ደርፊ ሓበሻ ሓምሽተ ቃናዊ (ፐንታቶኒክ) ኪኸውን ከሎ፣ እቲ ናይ ወንጌላዊት ቤት-ትምህርቲ፣ ከምቲ ናይ ኤውሮጳውያን ክላሲካዊ ሙዚቃ ሸውዓተ ቃናዊ (ዲያቶኒክ) ነበረ። ኣብቲ ግጥሚ ገለ ዝረሳዕኩዎ ወይ ዘዘናበልኩዎ ቃላት ኪህሉ ይኽእል'ዩ፣ ከመይሲ፣ ካብ ተዘክሮይ ጥራይ ዘስፈርኩዎ ስለ ዝኾነ። ከም ሓደ ናይ ርሑቕ ዘመን ሕልሚ ኣብ ኣእምሮይ እናተቐጀለ ስለ ዜቃልሕ ድማ ነቲ ንጸለማኡ ዝተዓዝረ ጥዑም እዋን ብተደፋንቖ የዘኻኽረኒ።

ኣብተን ኽፍልታት ናይ መምህር ጸሃይቱን ናይ መምህር ጽርሓን፣ ኣብ ነፍስ-ወከፈን ኣስታት ሰላሳ ወይ እንተ ወሓደ ዕስራን ሓምሽተን ኣወዳትን ኣዋልድን ዘጠቓለለ ተምሃሮ ከም ዝነበርና ትዝ ይብለኒ። እቶም ኣወዳት፣ ካብተን ኣዋልድ ኣዚና ንዛይድ ኔርና። መብዛሕትኡ እቲ ሕብረተሰብ፣ ትምህርቲ ንጓለንስተይቲ ዚጠቕማ ኣይመስሎን እዩ ዝነበረ። ብዙሓት ካብዘን ሕጂ ዝጠቕሰን ዘለኹ ተምሃሮ ንኣብነት፣ ናብ ሓምሻይ ክፍሊ ኽሳዕ ዚበጽሓ፣ ብዘይ ድልየተን ኣብ ንኡስ ዕድመአን ተመርዕየን ኣብ ሓዳር ከም ዝተቖርና ብንሂ እዝክር።

ካብቶም ኣወዳት ኣብ ኣእምሮይ ዝመጹ፣ ተስፉይ ኣፈወርቂ ምስ ሓው ዘካርያስ ኣፈወርቂ፣ ተኽላይ ኣፈወርቂ፣ የማነ (ብሉ)፣ ሙሉጌታ (ሽም ኣቦኡ ዘይዝክሮ ወዲ ኸረን ወይ ገለብ)፣ ይሕደጎ (ትርኢቱን ባህሪኡን ንእሽቶ ቡሉስያ ዚመስል ወዲ ሓዝሓዝ)፣ ኣሰፋው ኣስመሮም፣ ኣሰፋው (ሽም ኣቦኡ ዝረሳዕኩዎ)፣ ተስፋየሱስ መሓሪ፣ ሓጐስ ጸጋይ፣ ምኪኤል መንግስ (ወደ'ደይ ሓጐሳ)፣ ኣማንኤል ዮሃንስ፣ ኣማንኤል ኣስረስ፣ ኣማንኤል ክብሮም፣ ገብረኽርስቶስ (ዘመደን ንመምህር ጸሃይቱ)፣ መለስ ተኪኤ፣ ኣብርሃም ሳህለ፣ ኣማንኤል ሳህለ፣ ኣማረ ኣፈወርቂ፣ ጸሃየ ጀርመን፣ ምስግና ኽፍሉ፣ ያዕቆብ ተስፉይ፣ ግርማይ መስፍን፣ ምሕረትኣብ ሃብቱ፣ በላይ ክብሮም፣ ምኪኤል በየነ፣ በላይ ጸጋይ (ድንሽ)፣ ነጋሲ በየነ፣ ኣስመላሽ ጊለ፣ ገረዝግሄር (ከኬል)፣

በረኸት ባይሩ፣ ኣብርሃም ሃብቱ (ጎሚስ)፣ ክፍለማርያም (፤)፣ ክብርኣብ ገብራይ (ንእሽቶ መልኣኽ)፣ ፍቓዱ ካሳ፣ ገረንድርያስ፣ ተኸስተ (ሽም ኣቦኡ ዘይዝክሮ)፣ ሃይለ ብስራት፣ ሰመረ ተስፋማርያም (ኲረሻ)፣ ኣብርሃም ጊለ እዮም። ካብተን ኣዋልድ ድማ፣ ፍረወይኒ ገብረስላሰ፣ ናጽነት ሓጐስ፣ ጽገረዳበየነ፣ ብርኽቲ ወልደኣብ፣ ስምረት ኪዳነ፣ ያለም እምባየ፣ መብራት ድራር፣ ውነሽ ወልደንክኤል፣ ትዕበ ስዩም፤፣ ርግኣት፣ ምዕራፍ፣ ደሃብ። እተን ናይ መጠረሽታ ቐልጢፈን ብሓዳር ተቖሪነን ካብ መኣዲ ትምህርቲ ዝተኾልፋ እየን። እቲ መምህር ጸሃይቱ ኻብ ገዝኡ ድኳ ሒዙ ኺመጽእ ዝነገርኦ ዓበቕ ዝነበሮ ወዲ ምሳና ብዙሕ ኣይጸንሐን። ነቲ ኸነጽንዖ ዝተነግረና "ሰደቓ ቢታጎራ" (ፒታጎራ) ቐልጢፉ ስለ ዝመለኾ ብሽዓ ናብ ካልኣይ ክፍሊ ኽም ዚሰግር ተገብረ። ዓበቑ ሓውዩሉ ምስ ሰቡ ኽም ዝተጸንበረ'ውን ይዝከረኒ።

እቲ መስርሕ ትምህርቲ፣ ካብ መዓልትታት ናብ ሰሙናት፣ ካብ ሰሙናት ናብ ኣዋርሕ ቀጸለ። ንግሆ-መጸ ሰዓት ትሽዓተ፣ ቃጭል ተደዊላ ተመሃሮ ነናብ ክፍሎም ብዝኣተዉ፣ ምልእቲ ቤት ትምህርቲ ገዛ ኸኒሻ፣ ብበበይኑ መዛሙራት፣ ብትግርኛ፣ ብእንግሊዝኛ ሳሕቲ ድማ ብኣምሓርኛ ተድለቕልቕ ነበረት። ብድሕር'ዚ፣ ጸሎት ተጸልዩ ስሩዕ መደብ ይጅምር። ሰዓት ዓሰርተ ምስ ኣኸለ፣ እንተ ዘይረሲዕዮ፣ ንርብዒ ሰዓት ዕረፍቲ ንወጽእ። እዋን ዕረፍቲ፣ እቶም ኣብቲ ቐዳማይ ክፍሊ ዝነበርና፣ ኣብ ዙርያ ሓንቲ ጒንዳን ጨናፍራን ብኣባ ጨጐራ ዝተወርረት ኦም በርበረ ጸሊም ክንጓየን ኣኹድር ክንራጋሕን ግዜ ኸይተፈለጠና ይሓልፍ ነበረ። እተን ኣዋልድ ግና ኣብቲ ንእሽቶ ሓመዳይ ሜዳ፣ ዓይኒ መምህር ጸሃይቱን መምህር ጽርሓን እናተቛመተን፣ መብዛሕትኡ ግዜ ሓሸውየ ወይ እንድያለ ወልዱ (እምብያለ ወልዱ) ይጻወታ ነበራ። ገለ'ውን ግልል ኢለን ብሓንዳይ ዚዘናግዓ ነይረን። ሓደሓደ ግዜ እተን ኣዋልድ ነወዳት ንምትንኳስ ይመስለኒ፤

"ኣቲ ጸብሒ ድስቲ፣
ጸብሒ ድስቲ፣
ኣወዳት ለብዘበን ዳርጋ'ንስቲ፣
እንኪ ጋባ ሃቢ፣
ጠሓንለይ እምቢ! ወዘተ..."

እናበላ ሓሸውየ ኺጻወታ እዝክር። ገለ ኻብቶም ጐ'በዝና ዚብሉ ፋራታት ድማ፣ ክብረቶም ያኢ ተተንኪፉስ፣ ጸጸር ኣልዒሎም ዅርኹርእን ኲራዕ ኬብሉወን ዚድርብዩለን ከም ዝነበሩ'ውን ናይ ትማሊ ትዝታ እዩ። ድሕሪ ቐትሪ፣ ካብ ሰዓት ሰለስተ ጀሚሩ ብተመሳሳሊ ኣገባብ ይሓልፍ ነበረ።

ዝባን ፊተውራሪ ሓጐስ!

እዚ ኹሉ ኪኸውን ከሎ ህይወት ሪጋ ፌሮቪያ ኸም ቀደሙ መለሳ ዜብሉ ቐጸለ።

ጐረባብትና፣ ብፍላይ እተን ኣንስቲ፣ እንሓንሳእ ከም መሓዙት ኪስሕቃን ኪጨራረቓን ቡን ኪጸዋውዓን ጸኒሐን፣ ኣብ ገለ ህሞት እንተስ ብቔልዓ፣ እንተስ ብመጎነ፣ እንተስ ብማይ፣ እንተስ ብለቓሕ በሰሮ፣ እንተስ ብኻልእ ጢጥቅሚጥ ኪቋየቛን ኪዘላለፋን ኪተሓማመያን ምርኣይን ምስማዕን ኣካል ናይዚ ህይወት'ዚ ነበረ። ኣደይ ታፍላ ንኣብነት፣ ንብዓል ኣደይ ብዕድመ ዚመርሕአን ከነሰን ናግራም እየን ነይረን። ከመይ ኢለን ከም ዚናበራ ብጀካ'ተን ክንድአን ዚኾና ኣንስቲ፣ ንሕና ቘልዑ እንዶኡ ኣይነበረናን። ሰብነተን ምሒር ስለ ዚከናኸና፣ ጽጕረን ወርትግ ቍኑን፣ ሓደሓደ ግዜ ድማ ዘው ዝበለ ምሹጥ፣ ከዳነን ከምተን ሰብ ሓዳር ወዛል ዘይኮነስ፣ ዅሉ ግዜ ጽሩይ ስለ ዝነበረ፣ በተን ጐረባብቲ ብጽቡቕ ዓይኒ ዘይጥመታ እየን ነይረን። ምስ ኣደይ ፋና እንታይ ከም ዘጻልአን፣ ዓይንን ሓመድን እየን ነይረን። "ዝባን መንግስቲ፣ ዝባን ፊተውራሪ ሓጐስ እግር-እግረይ ክትስዕቢ!" ኺበሃሃላ ንጐረባብቲ ኣደንጊለን እየን።

ብዛዕባ ፊተውራሪ ሓጐስ ካብ ተላዕለ፣ ብወገነይ ዘጋጠመኒ ሓደ ጕዳም ነገር ከዘንቱ።

ቅድሚ ትምህርቲ ናብ እንዳ ቢዘን ምጅማረይ፣ ካብቶም ደቂ ገዛውትና፣ ሓደ ካሕሳይ ዝተባህለ መሰታይ ናይ ሓመድ መቛሕምተይ ነበረ። ኣቦኡ ኣብ ፌሮቪያ እዮም ዚሰርሑ ነይሮም። ኣዲኡ፣ ከደረይቲ ጽብቕቲ ኽነሰን፣ ሓንቲ ዓይነን ሓባል እየን ነይረን። ነደይ መሳትይቲ ቡንን፣ ተስፋልደት ሓወይ ኪመውት ከሎ ድማ መተሓዝንታ ኸም ዝነበራ እዝክር። ሓደ መዓልቲ፣ ምስ ካሕሳይ እምኒ ኽንደራብ ኸለና ኣብ ግንባሩ ፈጋእኩዎ። ካሕሳይ ግንባሩ ደም እናጽረረ ብኣውያት ናብ ገዝኡ ጐየየ። ኣነ ብስንባደ ተዓኒደ ተረፍኩ። ብኡንብኡ፣ ኣዲኡ፣ ኣደይ ኣረጋሽ፣ ሓራስ ነብሪ ኺመስላ ወደን እናንተታ ኻብታ ጸባብ ገዝአን በለኸ በላ'ሞ፣ እታ ሓባል ዓይነን ከይተረፈት እናፍረራ፤ "ዝባን መንግስቲ! ዝባን ፊተውራሪ ሓጐስ!" እናበላ ናብ ገዛና ኣምርሓ።

ኣደይ ሽው ኣብ ክሽነ ጣይታ ትኻስስ እያ ነይራ። እቲ ዚንድር ደሃይ ናብኣ ዘንቀደ ኸም ዝነበረ ንግዜኡ ኣይተረድኣን። ኣደይ ኣረጋሽ ነቲ ኣብ ግንባሩ ደም ዜጽርር ዝነበረ ወደን ኣብ ቅድሚኣን ገቲረን፣ "ዝባን መንግስቲ! ዝባን ፊተውራሪ ሓጐስ እግር እግረይ ኽትስዕባ!" ኢለን፣ ነደይ ከምዛ ቕድሚ ሽው ዘይፈልጥኣ ኺመስላ ምስ ውላደን ናብቲ እንዳ ዳኛ ጐየያ።

ኣደይ፣ እቲ ነገር ክሳዕ ዚርድኣ ገለ ህሞት ሓለፈ። እንታይ ከም እትገብር ጠፊኡዋ ኽተዕገንግን ጸኒሓ፣ ካልኣት ጐረባብቲ'ውን ተርታ ኽም ዚጽበያ ኽይዘንግዐት፣ እቲ ዝተረፈ ብሑቖ እተን ብዓልቲ ተርታ መጐራብ'ትና ብሕድሪ ኺኻስሳላ ናብ ምልማን ኣተወት። ኣብ መንጎ'ዚ፣ ካኪ ሳርያን ዝኸዳኖም ብዓል ባርኔጣ፣ ቀይሕ ጽሙእ ዝገጾም ሰብኣይ፣ ምስ ኣደይ ኣረጋሽ ናብቲ ጸቢብ ኻንሸሎና በርደግ በሉ'ሞ፣ በቲ ኽም ናይ ኣረጊት ወጠጦ ዚጥዕም ቐጢን ላሕታን ደሃዮም፤

"ንስኺ ዲኺ ኣደ'ቲ ፈጋኢ፥ ሃየ ሕጅሕጂ ኣብ ቅድሚ ፊተውራሪ ሓጐስ ጥብ በሊ!" እናበሉ ነደይ ኣሸኰኹላ። "ተሎ በሊ! እግር-እግረይ ሰዓቢ'የ ዝብለኪ! እንተዘየለ ኣብኣ ትደኺ! ህእ!" ወሰኹ እቶም ሰብኣይ። ርእሶም ብነገር ተጠርኒቑ ምስካሙ ዝኸበዶም ይመስል እናነውነዉ፣ ብፈጣን ስጕምቲ ምስ ኣደይ ኣረጋሽ ናብቲ እንዳ ዳኛ ገጾም ተመርቀፉ። ለከስ እዞም ሰብኣይ እዚኣም፣ ናይ ኣቦይ ፊተውራሪ ሓጐስ "ውላድ-ዳኛ" እዮም ነይሮም። ትርኢቶምን ወጅሆምን፣ ፈጣሪ ንውላድ-ዳኛ ኢሉ ጠፍጢፉ ዝሰርሖም እዮም ዚመስሉ። ነገር ኪርከብ ከሎ፣ እቲ ጽሙእ ጸዋግ ገጾም እንተ ዘይበርሀ'ኳ፣ ሰውነቶም ሓድሽ ህይወት ዝተሰኸዮ ይመስል ንጡፍ እዮም ዚኾኑ።

እቲ ኽሲ ናብ መዕለቢኡ ኽሳዕ ዚበጽሕ ሓያሎ ኣዋርሕ ዝወሰደ ኾይኑ ተሰማዓኒ። ወለደይ፣ እንሓንሳዕ ንኣይ ሒዞሙኒ፣ እንሓንሳዕ ንበይኖም ሰሙን ወይ ክልተ ቕነ መጸ ናብቲ ኣቦይ ፊተውራሪ ሓጐስ ዚዳንዩሉ ይርከቡ ነበሩ። ኣቦይን ኣደይን፣ ምስቶም በቲ ዘጋጠመ ድንገት ዝሰንበዱን ሓልዮቶምን ሰሃሮኦምን ዚገልጹ ፊተውትን ፈለጥትን ኣብ ዚዘራረቡሉ ግዜ፣ ንኣይ በኹር-እዝነይ ዝኾነ ቓላት ኪረቑሑ ደጋጊመ ሰማዕኩ። ኣብ ጽባሕ እቲ ወዲ ናብ እንዳ ሓኪም ከይዱ ዝተመልሰሉ ዕለት ንኣብነት፤

"ሓኪም *ጕናቢለ'* ክንደይ ኢሉዎ፧ " ሓተቱ ኻብቶም ጐረባብቲ።

"እንድዕኸ፣ ገና ኣይፈላጥናን፣" መለሸት ኣደይ።

" *ጕናቢለ* ይውሓደልኩም ደኣ'ምበር ሰበይትስ ነገረኛ'ያ ትመስል፣ ካሕሳ ኽትበልዓኩም'ያ፣" በለ እቲ ናብ ገዛና ኺበጽሕ ዝመጸ ሰብ። ናባይ ግልብጥ ኢሉ ኸኣ፤ "ንስድራ'ኻ ኣብ ምንታይ ጸገም ከም ዘእተ'ኻዮም ርእ። ደጊም ቀርኒ ኽተውጽእዶ ደሊ'ኻ፧ ቈልዓ'ይኮንካን፣ ለብም!" ኢሉ ገንሓኒ። እቲ መግናሕቲ ዜሸቕርር እንተ ነበረ'ኳ፣ ብዙሕ ዚጽላእ ኣይነበረን። ናይ ገሊኣቶም ግና ሕ'ሉፍ እዩ ዝነበረ። "ካብ ገዛ ዘይትሰጉዎ፣" ዚብሉ ወረጃታት ኣይተሳእኑን። ዢላቶም ቈልዓ ሓምሽተ ዓመት ጥራይ ከም ዝነበርኩ ዝረስዑዎ እዩ ዚመስል ዝነበረ።

ብድሕር'ዚ፣ ሓደ መዓልቲ ወለድና ኣብቲ ውሽጢ እንዳ ዳኛ፣ ኣብ ቅድሚ ፊተውራሪ ሓጐስ፣ "እወሓስ ኣግብእ! ደናብ! ፍጀት! እምም! ይሰልሰለልካ! ወዘተ." እናተበሃሃሉ ኺከራኸሩ ኸለዉ፣ እቲ ዝፈጋእኩዎ ቈልዓን ኣነን

ኣብቲ ኣፈፌቱ ኈንና ንጻወት ነበርና። ኣብቲ መዓልቲ እቲ፣ ኣቦይ ተኽለ ደባስ ሓያል ተማጓታይ ስለ ዝነበሩ፣ ወግዒ ዳንነት ዚፈልጡ ኣንደበተ ርቱዕ ምኻኖም ብገዛና ስለ ዝተኣምነሎም፣ ንነቦይ ኪሕግዙ ምስኡ ኣብ ቅድሚ ዳኛ ቐሪቦም ነበሩ።

እቲ ወዲ ቝስሉ ሓውዩስ እቲ መሸፈኒ ቺሬቶኡ እናተቐልጠ ስለ ዘሸገሮ፣ ምእንቲ ኸይወድቆ ብመመልከቲቶኡ እናሳዕ ይጥውቖ ነበረ። ኣብ መንጎ'ዚ፣ እቶም ውላድ ዳኛ ንኽልተና ናብቲ መጋባእያ ኽንኣቱ ጸውዑና። ኣብ ቅድሚ ሓደ ኣብ መንበር ዝተቐመጡ፣ ከም ጡጥ ዝጻዕደወ ጀምጀም ጭሕሞም ሸማግለ ሰብኣይ ቀረብና። ተዘክሮይ እንተ ዘይሃሲሱ፣ ካብቲ ኽዳኖም ዚዝከረኒ እቲ ጻዕዳ ጋቢኦም ጥራይ እዩ። ፊተውራሪ ሓጐስ ንሰም ባዕሎም እዮም ነይሮም።

"ንዑስከ ቕረቡ'ዞም ደቀይ፣" በሉና ንኽልተና ብኽምስታ። "ከመይሉ ፈግኣካ!" ሓተትዎ ናብቲ ወዲ ብምትኳር ከምስታኦም ከይነከዩ።

እቲ ወዲ ነቲ ኺወድቕ ዚደናደን ዝነበረ ቺሬቶ ናይ ቍስሉ ብመመልከቲቶኡ እናደገፈ፣ ከየጋንነ፣ ኩሉ እቲ ፍጻመ ብናይ ቈልዓ ኣንደበት ኣዘንተወሎም። ብድሕርዚ፣ ናባይ ተገልበጡ'ሞ ብፍሽሑው ገጽ፣ " ንስኻኸ ዝወደይ፣ ከመይ ክትብል ፈጋእካዮ! " ሓተቱኒ።

ኣነ ኸኣ፣ ከምቲ ናይቲ መ'ባእስተይ ዚመሳሰል ክነሱ፣ ብዛዕባ እቲ ኣብ መንጎና ዝተኻየደ ናይ ጸጸር ዳርባ፣ ንሱ ብዙሕ ሳዕ ከም ዝሰንደወለይ፣ ደደኒነ ድማ ኸም ዘስሓትኩዎ፣ ኣነ ግና ሓንሳእ ጥራይ ደርብየ ጨሚተ ኣብ ግንባሩ ከም ዝወቓዕኩዎ ብሓውሲ ሓበን ኣዘንተ'ኹሎም። ኣቦይ ፊተውራሪ ሓጐስ ምስቲ ጻዕዳ ጀምጀም ጭሕሞም ከምከም እናበሉ ሰሓቑ። ኣቦይን ኣቦይ ተኽለን ግና ኣይሰሓቑን፣ ገጾም ብሕርቃን ሕ'ምቶ መሲሉ ረኣኹዎም። ስለምንታይ ነቲ ቕያ ዝመልኦ ዛንታይ ምስ ሰምዑ ኸም ዝተቈጥዑ ኣይተረድኣንን። ብድሕርዚ፣ እቶም ውላድ ዳኛ ናብ ግዳም ኣውጽኡና።

ኣማስያኡ፣ ገዛና ሓንቲ በጊዕ ካሕሳ ኺኸፍሉ ተፈርደ። እዚ ንወለደይ ኣዝዩ ልቢ ዚሰብር ብያን እዩ ዝነበረ። ጸኒሑ ግና እተን መናግርትና ኣደይ ኣረጋሽ፣ ኵሉ ጐረቤት ዓይንኺዓይንኺ ስለ ዝበለን፣ እቲ ኻሕሳ ኺተርፍ ረደያ። ምስ ወለደይ ከኣ ተዓረቓ። ብድሕሪኡ፣ ክሳዕ ብሞት ካብዛ ዓለም ዚፍለያ ነደይ መሓዛኣ ኸም ዝነበራ እዝክር።

ኮምብሽታቶን ልደትን

ተምሃራይ ገዛ ሽኒሻ ኾይነ፣ ምስ ብዙሓት መሳቶይ ሌላ መስረትኩ። ምስቶም ዕብይ ዝበሉ ደቅ-ገዛውትና፣ ናብ ዝኽዱዎ ዘበለ እናዞርኩ፣ ቅድሚ ሽው ርእየዮ ምስ ዘይፈልጥ ብዙሕ ሸነኽ ናይ ኣስመራ ተቓላዕኩ። ሓደ ምሸት፣

ብዓል ግርማይ ገረመስቀልን፣ ግርማይ ወዲ ገሬን፣ ዮሃንስ ገረመስቀልን፣ ናብቲ ኺሕክዩና ዝቐነዩ'ሞ ብተመስጦን ብሃረርታን ዝሰማዕናዮ *"ምስትራ"* ዚብሃል መዘናግዒ ተማሊኦሙና ኸድና። ሕጂ ኸም ዚዝከረኒ፣ እቲ ቦታ ኣብ ጥቓ'ዚ ሕጂ እንዳ ኣባሓበሽ ዚብሃል ብሸነኽ ምዕራቡ ዝተደኰነ ስፍራ ኾይኑ ይስምዓኒ። ኣብኡ፣ በብዓይነቱ፣ እዚ'ዩ ኺብሎ ዘይከኣልኩ ኣቕሑ ዝተዘርግሐ ዓቢ ቐጽሪ ጸንሓና። ኣብ ማእከሉ፣ ሰባት ተቐሚጦም ዚዞሩሉ መናብር ናይ ሸወለለ ይሽክርከር ነበረ። መብዛሕትኦም ካብቶም በጻሕቲ፣ ኤውሮጳውያን ኣውራ ድማ ጠላይን ነበሩ። ብጀካ ንመሸጣ ዝተዳለወ በብዓይነቱ ኣቕሑ፣ ብሒደት ገንዘብ ኣቕሓ ዚርከቦ ክእለት ዚሓትት መዘናግዒታት ነይሩ። ንኣብነት፣ ብፍርቅ-ሽልን፣ ብዘንጊ ንዝተንጠልጠለ ቐለቤት ኣብ ክሳድ መስተ ዝሓዘ ጥራሙስ ብምስኳዕ እትዕወተሉ ጸወታ ከም ዝነበረ እዝክር። ብሓጺሩ ሰባት ዚዛነዩሉን ሓደሓደ ነገራት ብሕሱር ዋጋ ዚዕድጉሉን ሎሚ "ባዛር" እንብሎ እዩ ዝነበረ።

ቅነ ልደት ኪኸውን ከሎ፣ ንመሰለም ጽሕዲ ዚኸውን ዘውረቕረቐ መጠቕለሊ ካራመለን፣ ኣቕሑ ህያብን፣ ባኮታት ሽጋራን ንምእራይ ናብ ኮምብሽታቶ ምኻድ ናብ ሪጋ ፌሮቪያ ምስ መጻእና ዝፈለጥኩዎ፣ ኣዝዩ ዝፈትዎ መሕለፍ ግዜ እዩ ዝነበረ። ብሕልፊ ቐዳም ንግሆ ምስ ኮነ፣ ኣዴታትና እቲ ናይ ትምህርቲ ኽዳውንትና ምእንቲ ኸይነርስሐ፣ ንመጻወቲና ዚኸውን እርግ ዝበለ፣ ሓደሓደ ግዜ'ውን ድርዕቶ ዝበዝሖ ቑምጣ ኣልቢሰን እየን ክንጻወት ዚፈቕዳልና ነይረን። ሓቃተን ድማ። እቲ ስረታትናን ቃምሻታትናን ኣብቲ ጐልጎል ክንዕንድርን ክነንገርግርን ግዜ ስለ ዘይንህቦ፣ ብኡንብኡ ጠይቂ ኣድጊ ኺመስል እዩ ዚረስሕ ዝነበረ። ከምዚ ተኸዲንና ኢና'ምበኣር ምስ ደቂ ገዛውተይ፣ ነቲ ዝተጠቕሰ ንመሰለም ጽሕዲ ዚኸውን ወረቐት ንምእራይ ናብ ኮምብሽታቶ ንኸይድ ዝነበርና።

ኣብቲ ግዜ'ቲ፣ ኣብቲ ማእከል ከተማ፣ ኣብ ከባቢ ቺነማ ኢምፐሮ፣ ብዙሓት ጸዓዱ፣ ካብ ሽማግለታት ክሳዕ ሕጻናት ዘጠቓለለ ብሒቶሙዎ ንዝረኣየ፣ ኣብ ኤውሮጳ'ምበር፣ ኣብ ኣፍሪቃ ምህላዉ ምተጠራጠረ። ገሊኦም ቡን፣ ካፑቺኖ ወይ ማኪያቶ ኣብ ውሽጢ ብህድኣት ኣብ መናብር ተቐሚጦም ዚሰትዩ፣ ሃነንታኡ ምራቕ ዜምልእ፣ ንኣና ነቶም ቈልዑ ሓበሻ ኣዝዩ ርሑቕ ዝዋጋኡ ፓስተን ፒ'ሳን ዶልሽን ብሕንቃቐ ዚጐርሱን ዚስሖልሉን መሳቱና ጠላይን፣ ኣብቲ ትሕቲ መጽለሊ ናይቲ ባርን ኣብቲ መገዲ ኣጋርን ኮይኖም ገሊኦም ጀላቶ ዚልሕሱ፣ ገለ ብጐጅለ ኣእዳዎም ብነድሪ እ'ናወሳወሱ ብዓውታ ዜዕልሉን ዚስሕቁን ዚውክኹን በጽሕታት ጠላይን፣ ገለ ጐብዝና ዘሰነፎም ጐንበለታት ድማ ነተን ብጥቓኦም ዘዝሓለፋ ጐራዙ ብነዊሕ ፋጻ ኣሰንዮም ድሕሪ ምዕዛብን ካብ ጸጕረን ክሳዕ ኰርኾረኣንን ድሕሪ ምጥማትን "ኬ ጋምበ!"፣ "ኬ ካፔሊ!" "ኬ... ወዘተ. (እዚ ቓላት'ዚ ደሓር ምስ ጐበዝኩ

ዝተረድኣኒ'ዩ) እናበሉ ኼኣሸሙወን ዚፍትኑ፣ ኮታስ ጸብጺብካ ዘይውዳእ ትዕይንቲ እዩ ዝነበረ። እቶም ዝርካቦም ሓበሻ፣ ነዞም ጸዓዱ እዚኣቶም እናተሸበድበዱ ዜሳስዩ ወይ ልኡኽ ንምብጻሕ ንየው ነጀው ኪጐዩ ዚርአዩ፣ ገሊኣቶም ኣዝማድና፣ ገሊኣቶም ድማ ነቶም መማህርትና ኣቦታቶም ኪኾኑ ዚኽእሉ ዝነበሩ እዮም። እቲ ጐደና፣ ወሰነ ወሰኑ ባሊላታት ተጐዝጕዘን ዝቖማሉ፣ ብማእከሉ ድማ ቀጢን ቢብታኣን እናድሃያ ንየውነጀው ዚመላለሳሉ ነበረ። እታ ኻብ ኣባሻውልን ካብ ሪጋ ፌሮቪያን ኳንና ሽም መፍለዪት ግዜ እንጥቀመላ ዝነበርና ደወል ናይ ካተድራለ፣ ነቲ ግንባ ብቐረባ እንርእዮ ኣብዚ ቕንያት እዚ እዩ ነይሩ። ዘውረቕረቕ መጠቕለል ካራመለ ኽንኣሪ ክሳዕ ባር ሮያልን ክንዮኡን ዝኸድናሉ ግዜ ውሑድ ኣይነበረን።

ኣማስያኡ፣ ኩሉ'ቲ ንመሰለም ጽሕዲ ዚኸውን ነገር ምስ ተኣከበ፣ እቲ ዚተርፍ ጽሕዲ ምርካብ እዩ ነይሩ። እዚ ግና ቐሊል ዕማም ኣይነበረን። ገለ ኻብቶም ዕብይ ዝበሉ ደቂ ገዛውትና፣ ጋሕጋሕ ምድሪ ናብ ቤት ግዮርጊስ ከይዶም፣ ካብ ዓይኒ ፎረስታሊ ተኸዊሎም እዮም ኦም ጽሕዲ ዚቈርጹ ዝነበሩ። እንተ ተታሒዞም ግና ጣጣኡ ቐሊል ኣይነበረን።

ሽው ዓመት ልደት ከመይ ከም ዝሓለፈ ትዝታኡ ኣሎኒ። እቲ ኻብ ኮምብሽታቶ ንመሰለም ጽሕዲ ዝኣከብኩዎ ዘውረቕረቕ መጠቕለሊ ንኣሽቱ ኣእማን እናመላእኩ፣ ካራመለ ዚመስል ስልማት ኣዳለኹ። ነቲ በብዓይነቱ ዝሕብሩ ባኮታት ሽጋራ ድማ እናቈራረጽኩ ብዚግዛግ ቅርጺ ኣዋሲበ ተወሳኺ መጌጺ ከም ዚኸውን ገበርኩ። ነዚ ጕዳይ'ዚ ጽሕዲ ሓበሻ እዩ ተመራጻይ። ተረካባይ ስለ ዘይነበረ ግና፣ ካብ ገሊኡ ገዛውቲ ሓንቲ ንእሽቶ ጨንፈር ጽሕዲ ጣልያን ለሚነ ኣሕለፍኩዎ።

ጣጣ ናይ ኤዛመ!

መርመራ ገዛ ኸኒሻ ዚውሃብ ኣብ ቅንያት ልደት እዩ ዝነበረ። መምህር ጸሃይቱ ኣብ ክንዲ "መርመራ"፣ "ኤዛመ" እየን ዚብልኦ ነይረን። "ኤዛመ" ብኢጣልያንኛ መርመራ ማለት እዩ። ንሕና ግና ኣይተረድኣንን። ኣብቲ ግዜቲ፣ እተን መሳቱና ኣዋልድ ጥራይ ዚጻወታኦ "ሃክቲ ኤዛመ" ዚብሃል ጸወታ ተቐልቂሉ ስለ ዝነበረ፣ ብዛዕብኡ ዚዛረባ ዘለዋ እዩ መሲሉኒ። ስለዚ ድማ ብሻቕሎትን ብጭንቀትን ዘይኮነስ፣ እታ መዓልቲ ቐልጢፉ ክትመጽ'ሞ ኽዕንድር እዩ ርድኢተይ ዝነበረ። መምህር ጸሃይቱን መምህር ጽርሓን ግና ንግሆን ምሸትን "ኤዛመ" ኽም ዝኣተወ ኸይትርስዑ ካብ ምባል ኣይተሓለላን።

ሓደ ንግሆ፣ ናብ ክፍሊ ኣቲና ኽምቲ ልሙድ "ንመስግኖ ንኣምላኽና" ዘርእስቱ መዝሙር ዘሚርና ብዝተጸለየ፣ መምህር ጸሃይቱ ንኹላትና ሓሓደ ቈጽሊ (ፎልዮ) ዓደላና። ንሰን ባዕለን ጀምሩ ኽሳዕ ዚብላና ገለ

ነገር ከይንሕንጥጥ ኣጠንቂቐን፣ ርሳሳውትና ብስርዓት ክንጸርብ ኣዘዛና። መጽረቢ ርሳስ ከም እትግምትዎ፣ ከምዚ ናይ ሎሚ ንኡ ተባሂሉ ብፍሉይ ዝተሰርሐ ንእሽቶ ብልሓት ዘይኮነስ፣ እቲ ተራ ንመላጸ ጸጕሪ ዚኸውን ላማ እዩ ዝነበረ። ስ'ባር ላማ እናተለቓቕሕና ድማ ላቢሳትና ጸረብና። እቲ ሰሌዳ ንግዜኡ ብዘይተረድኣኒ ምኽንያት፣ ዝባኑ ናባና ተገልቢጡ ቖይሙ ነበረ። ብድሕርዚ፣ እቲ ገጹ ናባና ኸም ዚጥምት ተገብረ'ሞ፣ ኣብቲ ሰሌዳ፣ ካብቲ ኽንመሃሮ ዝሓገና ዝተዋጽአ ሕቶ ብኾርሽ ከም ዝተጻሕፈሉ ኣስተብሃልኩ። እቲ ቈጽልታት ናቱ ምላሽ ክነስፍረሉ ኸም ዝተዓደልና ተነግረና። እቶም ቅድሚኡ ዓመት ኣብ ገዛ ኽኒሻ ዝተማሃሩ በዚ ኣይሰንበዱን፣ ከምቲ ዝተነግሮም ብቕጽበት መልሶም ኬስፍሩ ጀመሩ። ብዕድል፣ ትምህርተይ ብግቡእ ክከታተልን ክጽንዕን ስለ ዝወራሕኩ፣ ከምቲ ኻልኦት ኪገብርዎ ዝቐነዩ ኣይሸምድድ ደኣ'ምበር፣ ሕማቕ ዚብሃል ነጥቢ ኣየመዝገብኩን። እቲ ተመክሮ ግና ግርም መለበሚ ኾነኒ። ብድሕሪኡ "ኤዛመ" ካብ "ሃክቲ ኤዛመ" ኣዝዩ ዝተፈልየ ምዃኑ ኣዐርዩ ተሰቈረኒ።

እውይ ጸሓይ ጸልሚታ!

ኣብ መንጎ'ዚ፣ ሓደ ረፍዲ መምህር ጸሃይቱ፣ ሽዑ መዓልቲ ጸሓይ ከም ኣትጽልምት፣ ስለዚ ድማ ብሽዓ ናብ ገዛና ኽንከይድ ነገራና። ዜፍርህ ነገር ከም ዘይኮነ፣ ብዘይ ዝኾነ ይኹን መኸወሊ ብቐጥታ ናብኣ ኽይንጥምት ድማ ተላበዋና። ክንዕዘብ እንተ ደሊና፣ ንመረጼን ብጸለሎ ናይ ሽምዓ ወይ ቀንዴል ኣጠ'ቒርና ኽንጥቀም ከም እንኽእል ሓበራና።

ካብ ክፍሊ ብዝተፋኖና፣ እቲ ግርደት ጸሓይ ከመይ ከም ዚመስል ምእንቲ ኽየምልጠኒ ብጕያ ናብ ገዛና ኣምራሕኩ። ኣብ ጥቓ ገዛውትና ኽበጽሕ ከለኹ፣ እቲ ሰብ ነቲ ወረ እንታይ እዋኑ ኸም ዝሰምዮ፣ ብዙሓት ጐረባብትና ገጻን ብራዕዲ ተዳሂሉ፣ ገሊኤን እዝግዮ ዚብላ፣ ገለ ዜቕባሕብሓ፣ ገለ ጸሓይ ፈጺማ ግብ እትብል መሲሉወን ንመምልእ ቐንዴል ላምባ ኼናድያን ኪለቓቕሓን ኬዕለብጣን ጸንሓኒ። እቲ ብጸሓይ በጣዕ ኢሉ ዘርፈደ መሬት በብቑሩብ ቐዝሒ ኺወርሮን ኼድገስግስን ጀመረ።

ኣብ መንጎ'ዚ፣ ኣደይ ታፍላ ኻብ ገዝኣን ሓንቲ ዝበርሀት ቐንዴል ሒዘን ወጻ። ኣዒንተን ናብ ሰማይ ኣቕኒዐን ከም ዚማለዳ ዘለዋ፣ ነታ ናጻ ኢደን ዘርጊሐን፣ ምስ ዘፋር ንብዓተን እናበኸያ በቲ ቕድመይ ሓለፉ። ትኽ ኢለን ድማ ናብ እንዳ'ደይ ፋና ኣምርሓ። እንታይ ደኣ ረኺቡወን ኢለ ደድሕረአን ሰዓብኩ።

"ይቕረ በላለይ ፋና ሓብተይ፣ በዲለክን'የ!" በላ ነደይ ፋና ኣብ ብርከን እናተደፍኣ።

"ኣይፋልን ታፍላየ፣ ኣነ'ንድየ በዳሊት፣ ንስ'ኽንሲ ኽንደይኳ ተዓጊስክናኒ! ዝተረፈና ግዜ ስለ ዘየለስ ይቕረ ደኣ በላለይ!" መለሻ ኣደይ ፋና፣ ንሰን'ውን እናነብዓ።

"ኣይፋልክንን ፋናየ፣ ኣነ'የ ኣ'ባሲት፣ ኣነ እዛ ወሽላ'ኸ! ኣነ እዛ ሓሳዊት!"

"ኣይፋልክንን ታፍላየ፣ ኣነ'ባ ደኣ እዛ መጣቑሲት፣ ኣነ'ዛ ለኹመኛ! ኣነ እዛ መቀናደቢት!"

ኣደይ ታፍላን ኣደይ ፋናን መወዳእታ ዓለም ዝኣኽለ መሲሉወን እየን ኣብ ቅድሚ ኣባጅጎ ኽይቀረባ ኽለዋ ብኣጋ ነናተን ሓጥያት ኪናስሓ ዚ'ቀዳደማ ዝነበራ።

ካብቲ ናታተን ንስሓ ብር ኢለ፣ ናብቲ ዝምጸኣኒ ጕዳይ ትዕዝብቲ ግርደት ጸሓይ ተጸመድኩ። ከምቲ መምህር ጸሃይቱ ዝመዓዳና፣ ሓደ ብርሃን ኣሕላፊ መሬጽን ኣብ ልዕሊ ሃልሃልታ ቐንዴልና ጸልየ ኣጠ'ቒረ ንፋልማይ እዋነይ ግርደት ጸሓይ ተዓዘብኩ። ዘይርሳዕ ተመክሮ ድማ ነበረ።

ብድሕር'ዚ ኣብ ጐረባብትና ራዕዲ ዝፈነወ ናይ ግርደት ዕለት፣ ጸሓይ ከም ቀደማ ደሚቓ ምብራቓ ቐጸለት። ድሕሪ ሒደት ቅንያት ግና ሓደ ጋሕጋሕ ምድሪ ኣብቲ ጐረባብትና ነዳር ቈየቛ ኣጋውሐ።

"ኪዲ ደኣ ኺዲ! ታፍላ ጠራጢት'ምበር ፈሳዊት ኣይብሉ'ኽን!" ተሰምዐ ሓደ ኽዕናን ደሃይ። እቲ ደሃይ ናይ ኣደይ ታፍላ እዩ ነይሩ።

"ኪዲ! ነዚ ደኣ እንታይ ከትጀሃርሉ ኢኺ፣ ቍቋ! ቍቋ'ወ፣ ቍቋ! ንሕናስ ኣይንጠርጥ ኣይንፈሱ!" መለሸ ደሃይ ኣደይ ፋና።

ፋስጋን ዕርገትን

ከምዚ እናበለ እቲ ዓመት ናብ ምዝዛም ገጹ ቐረበ። ፋሲካ ኸም ቀደሙ ዓቕሚ ኸም ዘፍቀዶ፣ ንስኡናት ጐረባብትን ፈተውትን ብዘቓደሰ ሕሩድን ስዋን ማዕሪጉ ሓለፈ። ኣቦይ ንኣይን ንሓወይን፣ ናብቲ ብዙሓት፣ ሰኣን ኣፍልጦ፣ እንዳ ጸረ-ማርያም እናበሉ ኼናሸውዎ ዚፍትኑ ዝነበሩ ቤት ትምህርቲ የእትወና ደኣ'ምበር፣ እቲ ናይ ኣቦሓጎታቱ "ሃይማኖተ-ኣበው" ሽለል ኣይበሎን። ከምቲ ብዙሓት ኣመንቲ ተዋህዶ ዚገብሩዎ፣ ኣብ ፍርቂ ለይቲ ንኣይን ንጸጋይ ሓወይን ናብ እንዳ ማርያም ወሲዱ፣ ከም ዓለምና እናተደፋፋእናን እናተሻመናን ነቲ፤

"ክርስቶስ ትንሣኤ ሙታን፣
በዓብይ ኃይል ወ ሥልጣን፣
ኣሰሮ ለሰይጣን፣
ኣግዓዞ ለኣዳም፣
እንዜሰ ኮነ ፍስሓ ወ ሰላም።

እናበለ ኣብቲ ልዳት ቤት መቕደስ ኮይኑ ዘበሰረ ካህን፣ ነቲ መስቀሉ ንባዕሉን ንኣናን ከየሳለመ ዝሰገርናላ ዓመት ከቶ ኣይነበረትን። ገለ ኻብቶም ምእመናን ገንኢ. ገንኢ. እናሸተቱ፣ *"ንቲ ኣሰሮ ለሰይጣን፣"* ዚብል ጥራይ ሰሚዖም፤

"ሕራይ ገበሮ'ታ!" ዚብሉ መቃምምቲ ናይቲ በዓል ከም ዝነበሩ'ውን ብተደፋንቖ ትዝ ይብለኒ።

ድሕሪ ፋሲካ ቐልጢፉ ዝሰዓበ "ዕርገት" ዝተባህለ ናይ ዙረት ዕለት ነበረ። ገለ ሰባት "ባሳጆ" (ፓ'ሳጅዮ) እናበሉ ዚጽውዕዎ ነይሮም። ቅድሚኡ፣ ኣብ እንዳ ቢዘን ከለኹ፣ "ባሳጆ" ናብ ማይ ሑጻ ብእግሪ ኽይደ ነይረ። ሽዑ ኣደይ እንታይ ከም ዘዳለወትለይ ኣይዝክሮን። እቲ ጕዕዞ ኣዝዩ ኽም ዘድከመኒ ግዳ ኣይርስዓንን። እቲ ዙረት ወይ "ባሳጆ" ካብቲ ናይ ገዛ-ኽኒሻ ዝተፈልየ እዩ ነይሩ። ኣብ ወንጌላዊት ቤት ትምህርቲ፣ ዕርገት ሃይማኖታዊ ትሕዝቶ ነይርዎ። በዚ ምኽንያት'ዚ፣ ነቶም ምእመናን ናይቲ ሃይማኖት ኮነ ነቶም ኣብኡ እንምሃር ፍልይቲ ዕለት እያ ነይራ። እቶም ወለድና፣ ብመሰረት እቲ መምህራንና ዝሃቡና መምርሒ፣ ንምሳሕና ዚኸውን ምግብን እንተ ተኻእለ ድማ ሓንቲ ባናና ሒዝና ንግሆ ኣብቲ ቤት ትምህርቲ ኽንርከብ ነይሩና።

ንግሆ ኣደይ ብፍርቂ ሽልን ስጋ ዓዲጋ፣ ጥዑም ጸብሒ ሰርሐት። ኣብታ መኸደና ንኣሽቱ ነ'ኳላት ዝነበሮ ኒከል ዝዓይነታ ናይ ዘበን ጥልያን "ጋቤጣ" ጽቡሕ ጣይታ እናንጸፈት ድማ መልኣትልና። እቲ መኸደን ጋቤጣ ተረጊጡ ኸነንጠልጥሎ ተዋህበና። ምስኡ፣ ክልተ ባናናን ሓንቲ ጥርሙስ ኣራንቻታ ዝተባህለ ልስሉስ መስተ ዝሓዘት ኣብ ንእሽቶ ኽረጺት ተወሰኽልና።

ኣጋ ሰዓት ትሽዓተ፣ ኵላትና ኻብ መላመዲ ኽሳዕ ሻድሻይ ክፍሊ ከከም ዕድመና ብተርታ ተሰሪዕና ነቲ ናብ ምጽዋዕ ዚወስድ ቅጥራን ሒዝና ናብ ቤት-ገርግሽ ኣምራሕና። ብህድኣት እናሰጐምና፣ ንዕርገት ዚምልከት መዝሙር እናደጋገምና ብሕጉስ መንፈስ ጕዕዞና ቐጸልና። እዚ ንኣይ ሓድሽ፣ ደስ ዚብል ነበረ። ቤት-ገርግሽ ቅድሚ ሽዑ ዓጋም ክኣሪ ረጊጸዮ ስለ ዝነበርኩ ኣይሓደሰንን። እቲ ናይ ሽዑ ቤት-ገርግሽ፣ ከምዚ ናይ ሎሚ መልኣኹ ዝሃደመ፣ ዕጸዋቱ ብቐላሚጠስን ብግናይ ገላዕታ በለስ ተተኪኡ ዝባደመን ኣይነበረን። በቲ ግዜ'ቲ፣ እቲ ንእሽቶ ዱር፣ ወኻሩን ማንቲለታትን ኣትማንን ብጥቓ'ኻ እንተ ሓለፉ ብርቂ ዘይኮነሉ እዋን እዩ ነይሩ። በብዓይነቱ ዝሕብሮም ሕንዚዛትን በረርቲ ሓሸራታትን ዚዝንብዩሉን ጽዉን ቦታ እዩ ዝነበረ። እቲ ዕጸዋት ወደ'ባት ኮይኑ፣ ከምኒ ዓጋም፣ ቆሎደሽም፣ በብዓይነቱ

ዝጅሩ ሰራው፣ ገሊኡ ለቓት፣ ገሊኡ ኣሻኹ፣ ገለ ንቕርጺ እንስሳታት ዚመስል ጸሊም ፍረ ዝጸረ፣ ኮታስ ንሓድሕዱ ተጸጋጊዑን ተሓላሊኹን፣ ብቑንጠጠፉን ካልእ ዝተፈላለየ ኣሻኹ ሓረጋትን ተጠናኒጉን ተመሪዉን፣ ብዘይንፈልጦ ዕንባባታት መሮር ማዕሪጉ፣ ነዞም ኣብ ላዕሊ ዝተጠቕሱ እንስሳ መሮር ጸወን ዚህብ ዱርማዱር እዩ ነይሩ።

ኣብዛ ዕለት እዚኣ ግና ብመምህራንናን በቶም ካህናትን ሽማግለታትን ምእመናንን ወንጌላዊት ቤተክርስትያን ተመሪሕና፣ ካብቲ ቕጥራን ብመገዲ እግሪ ንውሽጢ ነዊሕ ኣላጊስና፣ ኣብ ሓንቲ ብዙሕ ዕጸዋት ዘይሸፈና ከውሒ ዝበዝሓ ኹርባ ደየብና። ኣብኡ፣ በብዚጥዕመና ኣብ ደንጐላታት ተቐሚጥና ኣዕረፍና። ሰዓት ዛጊት ናብ ኣጋ ዓሰርተን ፈረቓን ናይ ቅ.ቐ. ገስጊሱ ነበረ። ብድሕርዚ፣ እቲ መደብ ናይ ዕርገት ብጸሎት ቀሺ ገብረስላሰ ሃብቱ ተጀመረ። እታ ቕድም እናዘመርናያ ዝመጻእና መዝሙር'ውን ደጋገምናያ። ንዕርገት የሱስ ዜውክእ ስብከት ብኻልእ ኻህን እንተ ዘይረሲዐ ብቐሺ እምባየ ህብትዝጊ ተዋህበ። እታ መዝሙር እቲ ቐዳማይ ክፋላ ኸምዚ ዚስዕብ እዩ ዚብል፤

ዓረጉ ኸሎሲ የሱስ ናብ ላዕሊ፣
ጀና ይነብር ኣብ መንጎና ኣብዚ፣
እናጸናንዐ ባዕሉ ኸም ዝበለ፣
ኪምለስ እዩ፣ ኪምለስ እዩ።

ብድሕርዚ እቲ ስርዓት ብጸሎት ተዛዚሙ፣ ናብ ኣጋ ፍርቂ መዓልቲ መመዕቈቢና ኸንደሊ ናብቲ ዕሙር ቈጠቛጥ ዝነበሮ ጐልጎል ወረድና። እቲ ዜገርም፣ ኣብ ማእከል እቲ ኣቐዲሙ ዝተገልጸ ዱርማዱር፣ ገሊኡ ልክዕ ሰብ ተኣኒኑ ንመጽለሊ ኺኸውን ዝሰርሖ ኣግነት መሰል መዕቈቢ ብብዝሒ ነይሩ። ንኹላትና ኣኺሉ ዚተርፍ ስለ ዝነበረ፣ ኣነን ሓወይን ብዙሕ ከይተሻሞና ሓደ ጸሓይ ዘይኣትዎ ግርም ጸወን ረኺብና ኣብ ውሽጡ ኣዕረፍና። በቲ ጕዕዞን በቲ ኣብ ጥቓና ዘርፈደ ሃነንታ ናይ በብዓይነቱ ምግብን ፍረ ባናናን ስለ ዘውረረና፣ ብኡንብኡ ጋቤጣና ኸፌትና፣ ነቲ ኣደይ ብጠስሚ ዝኸሸነትልና ዝግኒ ብህርፋን ተሳሃልናዮ። ተጸቢሑ ስለ ዝወዓለ'ዩ 'መስለኒ፣ ጣዕሙን ሃውሃዋኡን ኣጻብዕ ዜቘርጥም ነበረ። ጽንሕ ኢልና፣ ነቲ ባናና ሓሓደና ተማቒልና፣ ማርሾ ኾይኑባ ቀምሲሉባ ኸይበልና፣ እናስተማቐርና በላዕና። ድሕሪ ዝግንን ፍረን፣ ግደ ኣራንቻታ መጸ።

በቲ ግዜ'ቲ፣ ኣራንቻታ ምስታይ ብርቂ ነገር እዩ ነይሩ። ኣነ ንባዕለይ ንመጀመርታ ግዜ ዝጠዓምኩዎ ሽው እዩ፤ ሓወይ'ውን ከምኡ። እቲ ልስሉስ መስተ እንተ ዘይተጋግየ ኣብ ኣስመራ እዩ ዚምስራሕን ዚምላእን ነይሩ። እቲ ጥርሙስ ኣብ ትሕቲ ኸሳዱ ሓርፋፍ ንቜርበት ኣራንሺ ዚመስል ዝባን ነበሮ።

እቲ ፈሳሲ፣ ብርቱዕ ጋዝ ዝዓቀበ፣ ሕብሩ ብርቱኻናይ፣ መቐረቱ ምጭቀ፞ር ዝበለ ንመንደሪኒ ዚጥዕም ኣዝዩ ምቁር ነበረ። ነቲ ኻብ ሓደ ብርጭቆ ዘይዛይድ ዝትሕዝቶኡ ጥርሙስ ኣብተን ንግሆ-መጸ ሻሂ እንሰትየለን ክልተ ኣዛናትና ብማዕረ ቐዲሕና፣ ብብቂ ክንሰትዮ እንተ ፈተንና'ኳ ብቕጽበት ተጸንቀቐ። በዚ ድማ እቲ ናይ ሽሻይ ግዜ ኣብቅዐ።

ካብኡ ንደሓር፣ ኣብ ውሽጥ'ቲ መዕቈቢ ቕ፞ሩብ ጸጊሕና፣ ብኸፍ ስለ ዝረብረብና፣ ኣብ ዙርያና ኽንዛውን ጀመርና። ገለ ስድራ፣ እቲ ዝሓዝዎ ሰፈር ብወኻዕታኦምን ሰሓቖምን ዳርጋ ሓደ ዕሙ፞ር ውራይ ዘሎዎም እዩ ዚመስል ነይሩ። ከማና ምግቦም በሊዖም፣ ኣብ መንጎ'ቲ ዕሙ፞ር ቈጠቍጥ ዜሕለኽልኹ'ውን ውሑዳት ኣይነበሩን።

መሬት ብዝወልወለ፣ ምስ ሓወይ ናብቲ ኣብ ቅድሚ እቲ ቤት-ትምህርቲ ቤት-ገርግሽ ዚርከብ ሰፌሕ ሜዳ ኸዕሶ ኣምራሕና። ኣብ ጥቓ'ቲ ሜዳ፣ ብግዜ መግዛእቲ ኢጣልያ ተገጣጢሙ ዚብሃል ሓደ ኣዝዩ ነዊሕ ግንቢ ሓጺን ኣብ ቅድመና ተቐልቀለ። ብዙሓት ካብቶም ኣወዳት፣ ኣብቲ ተገዳም ሓጺናቱ ኸም ኣህባይ ይንጥልጠሉን ናብ ላዕሊ ገጾም ንምሕኳር ይፍትኑን ነበሩ። ገለ ድማ ካብ ገዛውቶም ብዝተማልእዎ ኸዕሶ ጨርቂ ኣብቲ ሜዳ ይቈራቘሱ ነበሩ። ሓንቲ ማንቲለ፣ በቲ ሃንደበት ወረራ ናይ ደቅ-ሰብ ባህሪራ ኻብ ሰፈራ ወጸት። እቶም ተምሃሮ ኸላቶም ኵዕሶኦም ገዲፎም ብጐጅለ ደድሕሪኣ እናሰዓቡ፣ “ማንቲለ! ማንቲለ! ሓዙዋ! ኣኺልሙዋ!” እናበሉ ጐየዩ። ኣነን ሓወይን፣ ኣይሰለጠናን ደኣ'ምበር፣ ከምዞም ዳሕረዎት ክንገብር ፈተንና። እዚ ምስ ተመነወና ናብቲ ዕሙ፞ር ቈጠቍጥ ተመሊስና ዓጋም ወይ ካልእ ንዓይንና ዚስሕብ ነገር እንተ ረኸብና ኰለልና። እቲ ዓጋምን ቀሎደሽምን እዋኑ ስለ ዝሓለፈ ኣይነበረን፤ ስለዚ፣ ናብ ገዛና ምስ ተመለስና መጻወቲ ይኾነና ዝበልናዮ በብዓይነቱ ምስሊ እንስሳታት ኮይኑ ዝተራእየና ፍረ ናይ ቈጠቍጥ ናብ ምእካብ ኣቶና።

ኣማስያኡ ናብ ገዛውትና እንምለሰሉ ሰዓት ኣኸለ። ከምቲ ናይ ንግሆ ተሰሪዕና ኸኣ፤

ኣብ በረኻ ውዒልና፣
ጻዕዳ'ንበሳ ቐቲልና።

እናደረፍና ናብ ቤት ትምህርትና ተመለስና። ብድሕር'ዚ ብኡንብኡ ተፋኖና። እቲ ብዕለተ ዕርገት ኣብ ቤት-ገርግሽ ዘብዓልናዮ ናይ ዙረት እዋን ንሓያሎ ኣዋርሕ ምስ ደቅ-ገዛውተይ ከም ዘዕለልኩሉ ይዝከረኒ።

ባጀላ

ብድሕሪ ዕርገት ነዊሕ ከይጸንሐ፣ ካልኣይን ሳልሳይን መርመራ ኣጠናቒቕና ንመወዳእታ ዓመት እንሸባሸበሉ ግዜ ኣርከበ። እቶም ካብ ካልኣይ ክፍሊ ንላዕሊ ዝነበሩ ተምሃሮ ኣብ መዕጸዊ ቤት ትምህርቲ ዜቕርብዎ ምውስዋስ ኣካላት ንምልምማድ ኣጽዊቖም ተዓለሙ። ከራማት ምምጻኡ ኸም ዝቐረበ ዜበስር ደበናታት ንሰማይ ኬጐልብቦ ጀ'መረ።

ብመሰረት ውጽኢት እቲ ዝገበርናዮ መርመራ፣ ሰለስተ ተምሃሮ ብልጫ ኸም ዚቕበሉ ሕርር ዅምትር እናበልኩ ኣዳመጽኩ። ቀዳማይ፣ እቲ ገጹን ባህሪኡን ንቡሉስያ ዜዘኻኽረኒ ይሕደጎ (ሽም ኣቦኡ ዘይዝክሮ)፣ ካልኣይ ሓደ ሙሉጌታ ዝሽሙ፣ ወትሩ ብዛዕባ ሓደ "ማንጉስ" ዝተባህለ ዘይንፈልጦ ፍረ ዜውሪ ዝነበረ ወዲ ኸረን፣ ሳልሰይቲ ኸኣ ፍረወይኒ ገብረስላሰ፣ ጓሎም ነቶም ኣብ ቤት-ገርግሽ ኣብቲ ኾርባ ስብከት ዘስምዑና ኻህን ገዛ ኸኒሻ ነበረት። ካብ መምህር ጽርሓ ድማ ሓደ ቐ'ይሕ፣ ጸጕሩ ለምጫጭ፣ ከም ናይ ሓነፍጽ ብጐኑ ዝተመቕለ፣ ቅድሚ ሽው ብዙሕ ዘየስተብሃልኩሉ ኣማንኤል ሳህለ ዝሽሙ ወድን፣ ሓንቲ ጽገረዳ በየነ ዝተባህለት ጭደድ ዝኾነት ጓልን ነበሩ። እቲ ሳልሳይ ምናልባት ያዕቆብ ተስፋይ ዝተባህለ ወዲ ሰኒታ ነይሩ ዚብል ግምት ኣሎኒ።

ኣብቲ ግዜቲ፣ መደብ ምዕጻው ቤት ትምህርቲ ብሓፈሻ ኣብ ኤርትራ፣ ብፍላይ ከኣ ኣብ ቤት-ትምህርቲ ገዛ ኸኒሻ፣ ሓደ ኻብቲ ዓቢ ኣቓልቦ ዚውሃቦ ፍጻመ እዩ ነይሩ። ዓበይቲ ዓዲ፣ ወለዲ፣ ጐረባብቲ፣ ደቅ-ገዛውቲ ዚርከቡሉ ኣጋጣሚ። ንትምህርቲ ወይ ንመንፈሳዊ ምዕዶ ዜንጸባርቕ ተዋስኦ፣ ንቤት ትምህርትን ግዜ ትምህርትን ዜዘኻኽር መዛሙር፣ ኣብ ቅድሚ ዕዱማት ብተምሃሮ ዚንበብ መልእኽቲ፣ ብሓለቓ ቤት ትምህርቲ ዚቐርብ ንግግር ሒደት ካብቲ ትሕዝቶ ናይቲ መደብ እዩ። በዋልድ ኪዕመም ዝሓገየ ናይ ስፈን ሪክያሞን ውጽኢት'ውን ሽዑ'ዩ ንምርኢት ዚቐርብ።

ኣብቲ መዓልቲ ዕጽዋ-ትምህርቲ፣ እቶም ኣብ መላመድን ኣብ ቀዳማይን ክፍሊ ዝነበርና፣ ካብቶም ምውስዋስ ኣካላት ዚገብሩ ንወሰን ኣግሊሎም ስለ ዝሰርዑና፣ ከም ሓንጨመንጨ ዝቘጸሩና መሲሉኒ፣ ከይተሓጐስኩ እየ ኣሕሊፈዮ። ብፍላይ ድማ እቶም ኣቐዲመ ዝረቘሕኩዎም ንብልጫ ዝተሓጽዩ መማህርተይ፣ በቲ ብዙርያ ተዓጕት ዝተኾልኰለ ተዓዳምን ተዓዛብን ድሙቕ ጨብጨባ እናተንጐድጐደሎም፣ ካብ ኢድ ሓደ ኻብቶም ዓበይትን ተሰማዕትን ዓዲ ብልጫ ብዝተዋህቡ፣ ኣብ ትምህርተይ ከምኣቶም ብዘይምንፋዕይ ኣዝየ ጐሃኹ። ንስድራይ ከመይ ገይረ ኸም ዝቃልያም'ውን ሓርበተኒ። እቶም ከማይ ብልጫ ዘይረኸቡ ኻልኦት መማህርተይ ከምቲ ናተይ ዘይምጭናቖም ድማ ኣዝዩ ገረመኒ።

ድሕር'ቲ ጽንብል፣ መምህር ጸሃይቱ ኣብቲ ኽፍለን ኣከባና'ሞ፣ ንጽባሒቱ "ባጀላና" ኽንወስድ ክንመጽእ ነጊረን ኣፋነዋና። ካብ ክፍልና ሰለስተ መሳቱና ጥራይ ብምሕላፎም እናሕዘንዘንኩን እናስተማሰልኩን፣ ኣእዛነይ ኣውዲቐ ናብ ገዛይ ኣምራሕኩ። ኣብ ገዛ ኣደይ ኣብቲ ኽሽንና ጣይታ ኽትካስስ ጸንሓትኒ።

"ካብ ክፍልና ሰለስተ ተምሃሮ ጥራይ ሓሊፎም፣ ኣነ ግና ተሪፈ፣" ኢለ ናብ ገዛና ኣትየ ኣብ ድኳ ተቐመጥኩ። ጸኒሐ ግና "ደሓን፣ ንዓመታ ኣጽኒዐ ብልጫ ወሲደ ኽሓልፍ'የ፣" ኢለ ነብሰይ ኣደዓዒሰ ናብ ውራይ ጸወታይ ኣድሃብኩ።

ንጽባሒቱ ንግሆ፣ ኽምቲ መምህር ዝኣዘዛና ኣብታ ኽፍልና ተረኽብና። ከምቲ ኵሉሳዕ እንገብሮ ተሰሪዕና በብሓደ ምስ ኣቶና፣ መምህር ሕታም ጽሒፈት ዘሎዎ ወረቐት ኣብ ሰደቓእን ተጸፍጺፉ፣ ኣብ መንበረን ተቐሚጠን ጸንሓና። ነታ ዓመት እቲኣ ንመወዳእታ ግዜ "ንመስግኖ ንኣምላኽና" ዘመርና፣ ጸሎት'ውን ከምኡ።

ብድሕርዚ፣ መምህር በብሓደ እናጸውዓ፣ ካብቲ ሕትመት ዝነበሮ ጽፍጻፍ ወረቓቕቲ ንነፍስ-ወከፍና ዓደላና። ለከስ እቲ "ባጀላ" ዝበልኦ ንሱ እዩ ነይሩ።

"እስክሉ ባጀላኻ፣" በለኒ እቲ መጓርንተይ ተምሃራይ። ናብኡ ኣዚረ ኣርኣኹዎ።

"ሓሊፍካ፣" በለኒ ብሕጉስ ገጽ። "ኣነ'ውን ሓሊፈ፣ ርኣ፣" በለኒ ወሲኹ።

ገሪሙንን ተሓጒሰን ቀዘዝኩ። ነቲ ኣብቲ ባጀላይ ዝሰፈረ ጽሑፍ ተረቢጸ ኣንበብኩዎ። ኣብኡ ናይ ነፍስ-ወከፍ ዓይነት ትምህርቲ ዝረኸብኩዎ ነጥብን ሽም መምህረይን ሽም ሓለቓ ቤት ትምህርትናን ኣብ ቀለም ብዝተጠምዐ ብርዒ ተጻሒፉሉ ነበረ። ኣብ እግሩ ኸኣ እቲ ተሪፉ ዚብል ሕትመት ተሰሪዙ፣

"ብመሰረት እቲ ኣብ ላዕሊ ረኺብዎ ዘሎ ነዐቤን ናብ ካልኣይ ክፍሊ ሓሊፉ/ተሪፉ ዚብል" መደምደምታ ነበረ። ኣነ ግና ናይ ነገር ጋሻ ዓሻ፣ እቶም ብልጫ ዝወሰዱ ጥራይ ኪሓልፉ ዚፍቀደሎም እዩ መሲሉኒ ዝነበረ።

ካብቲ ኽፍልና ምስ ተፋኖና፣ ናብ ገዛይ ጐየኹ፣ ነደይን ነተን ምስኣ ዝጸንሓኒ ጐርባብትናን ከኣ ከም ዝሓለፍኩ ብርባጸ ኣበሰርኩወን። ኵላተን እናንኣዳ መረቓኒ። ነቦይ ቀትሪ ንምሳሕ ምስ መጸ እቲ ባጀላይ ኣርኣኹዎ። ንሱ'ውን በቲ ዝረኸብኩዎ ውጽኢት ዓገበ።

ናይ መንግስትን ናይ ውልቅን ኣብያተ ትምህርቲ ኣብ ውሽጢ ሒደት መዓልትታት ኵሉ በብሓደ ተዓጽወ። ሜዳታቱን ጐልጐሉን ድማ ጸመወ።

፮

ዘበን ዓደይ ዓደይ

እቲ ናይ ኤርትራን ኢትዮጵያን ጕዳይ ንቚልዑ ብቐጥታ ዘይምልከተና እንተ ነበረ'ኳ፣ ብዛዕብኡ ብዝተፈላለየ ኣገባብ ምስማዕናን ኣብ ኣእምሮና ድማ ዝተደናገረ ስእሊ ምፍጣሩን ኣይተረፈን። እቲ ቕድም ትሕዝትኡ ፍጹም ዘይርድኣኒ ዝነበረ፣ ኣብ ገዛና፣ ኣብ እግሪ እታ ንእሽቶ ኸመዲኖና ዝተጸፍጸፈ ዓማል ጆርናለታት (ጋዜጣታት) ኣብዚ ግዜ'ዚ ኸንብቦ ጀሚረ ነበርኩ። ኣብኡ፣ ብዛዕባ ሽፋቱን፣ ኣብ በበይኑ ሸነኽ ናይ ኤርትራ ኣብ ልዕሊ ህዝቢ ዝፈጸምዎ ኸትርን ስርቅን ዘውረድዎ ግፍዕን በብዕለቱ ይሕተም ነበረ።

ሓደ ወዲ ኣዚዙ ዝተባህለ ሽፍታ ብፍላይ፣ ንቐልቢ ኹሉ ሰብ ዝሰለበ ነበረ። በቲ ትብዓቱ ዚንእድዎ'ውን ነይሮም። ሓደ መዓልቲ ግና ወዲ ኣዚዙ፣ ምስ ሰላሳ ወይ ኣርብዓ ዚኣኽሉ ሰዓብቱ ኢዱ ናብ መንግስቲ ኸም ዝሃበ ብፎቶግራፍ ተሰንዩ ኸም ርእሲ-ዜና ኣብ "ሰሙናዊ ጋዜጣ" ወጸ። ኣብቲ ስእሊ፣ ኵሎም እቶም ሸፋቱ ምስቲ ጋዕሶምን ኣብ ሽምጦም ዝተጠምጠመ ጀበርናታቶምን ብተርታ ቐይሞም ከለዉ፣ ኣብ መንጎኦም ሓደ ኻባይ ዚንእስ፣ ርእሱ ብፋሻ ዝተጀነነ ቚልዓ ነበረ። ኣብ ትሕት'ቲ ፎቶግራፍ ከኣ፣ *"ወዲ ኣዚዙ ምስ ሰዓብቱ፣ እቲ ኣብ ማእከሎም ዘሎ ንእሽቶ ቚልዓ ኸኣ ወዲ ሓዉ ንወዲ ኣዚዙ እዩ፣"* ዚብል መግለጺ ነበሮ። መንግስቲ እንግሊዝ ዝለኣኾ "ብራንሲ" ዝተባህለ ጀብደኛ ዜጋኡ ኸም ኣማላዲ ኾይኑ፣ ንመደራርዒ ደርዘን ዚኣኽላ ኣጣል ተሓሪዱሎም፣ ሜስ ድማ ጢን ክሳዕ ዚስርሑ ኣንቈርቍሮም፣ ዝኣረገ ጠበንጃኦም እናተኵሱ እዮመ ናብ ኣስመራ ኣትዮም እናተባህለ ይጽወ ነበረ።

"ንእሽቶ ሽፍታኸ ኣሎ ድዩ፣" ሓሰብኩ ብልበይ፣ ነቲ ንወዲ ኣዚዙ ወዲ ሓዉ ኣብቲ ጋዜጣ ምስ ረኣኹ። "እን'ቋዕ'ኳ ሓወቦይ ወልዳይ ኣይሸፈተ፣ ብግዲ ናብ በረኻ ሒዙኒ እንተ ዚወጽእ እንታይ ምገበርኩ!" ኣስተንተንኩ ብራዕዲ።

ብጀካ ወድ-ኣዚዙ፣ ካልኣት ሕጂ ሽማቶም ዘይዝከሮ ሸፋቱ'ውን ነይሮም። ገለ ግዜ ሓሲሙዎም፣ ገለ ብሰብ ንዝተቐትለ ዘመዶም ንምብቃል፣ ገለ ድማ ሰብ ንምቕታል ምስምስ ኪኾኖም "ምስ እኖና እስጡብያ ይሕሸና" በሃልቲ ነበሩ።

ብፍላይ ሓደ ተኸስተ ሃይለ ዝተባህለ፣ ከምቲ ዚውረ ናይ ሓደ ንእሽቶ ሓዉ ሕነ ንምፍዳይ፣ ከምቲ ናይ ዘበን እንእኒ ዓቀይቶትን "ሰጠይ" ዚብሃሉ

ባራዩኡን ኣኸቲሉ፣ ኣብ ልዕሊ ዝጠርጠሮም ደቂ ክትመውልዕን እምበይቶን፣ ከምቲ ምንሊክን ተጋሩን ኣብ ልዕሊ ሓማሴኖት (ኤርትራውያን) ወተሃደራት ጥልያን ዝገበርዎ፣ ሓሓደ ኢዶምን እግሮምን ብምጕንዳብ ኣዝዩ ጨካን ግፍዒ ዝፈጸመ እዩ እናተባህለ ዝውረየሉ ነበረ። ኣብ መጠረሽታ ግና ከምቲ ማንም ጕሒላ ወይ ሽፍታ ዚገብሮ፣ ኣብ በዓቲ ፖለቲካ ተሸኵዑ ሓርበኛ ናይ "ዓደይ ዓደይ" ኮነ።

ንእግረመገዲ ሓደ ኺርሳዕ ዜብሉ ጕዳይ ግና ኣሎ። እዞም ኣብ ላዕሊ ዝተጠቕሱ፣ ብሽም ሃገር፣ ካብ መንግስቲ ዓልዮም ናብ ሓደገኛ ናይ ሽፍትነት

ወዲ ኣዚዙ ምስ ክልተ ሓኻኽሩን ብራንሲ ዝተባህለ እንግሊዛዊ ኣማላድን ኣስተርጓሚኡን።

ህይወት ዚጥበሱ፣ ኣረሜን ጨካናት ዚብሃሉ፣ እቶም "ደቂ ተካሊት" ደኣ'ምበር፣ እቶም ለኣኽቶምስ፣ ኣብ ኣስመራ ኣብ ጽሩይ ዓራቶምን ፍርናሾም ዚድቅሱ፣ ጮማን ጠስምን ዝቐለቦም፣ ጽራይን ሜስን ኣረቅን ዜንቈርቍሩ፣ ኣንስቶምን ደቆምን ኣዝዶምን ድማ ናብ "ሓድሽ ኣበባ"፣ ናብቲ ገንዘብን ሃፍትን ዚርከቦ ንምልኣኽ "ብሩንቶ" ዝነበሩ ጐራሓት እዮም ነይሮም። ሓንቲ ጽብቕቲ ጭርሖ ነይራቶም እዞም ጐራሓት ኤርትራውያን። "ኢትዮጵያ በል ብሽመል ከይትሕመል!" እትብል።

ኣያ ወ'ላይ

ሽዑ ኽረምቲ፣ ከምቲ ወትሩ እንገብሮ ምስ ኣደይ ናብ ዓዲ ከም ዝወራሕና እዝክር። ሓደ ንግሆ ድሕሪ ቍርሲ ናብቲ ኣብ ማይ ኣባሻውል ዚርከብ መዕረፍ ኣውቶቡስ ናይ ሕምብርቲ ኸድና። ግና በታ ገርማዕ ኣውቶቡስ ዘይኮነስ፣ ብሓንቲ ናይ እንዳ ተኸልያ ዚብልዋ ናይ ኣቕሑ ወይ ኣኽያሽ መማላለሲት ክንከይድ ከም እንኽእል ተነግረና። እዚ፣ ኣደይ ምስቶም ኣብኡ ዝጸንሑ ኻልኣት ተጐዓዝቲ ኽትዘራረብ ድሕሪ ምጽንሓ እየ ኽፈልጥ ከኢለ። እቲ ብዓል ማኪና፣ ነቶም ቈልዑ ዘ'በልና ምስ ሒደት ኣለይትና ኣብቲ ድሕሪት ጽዒኑ፣ እቶም ዝተረፉ ዓበይቲ ገያሾ ድማ ናብ ሓደ ኣብ ትሕቲ ፎርቶ፣ ሕጂ ፊት ስታድዩም ኣስመራ ዚብሃል ዘሎ ቤተክርስትያን ብእግሪ ኺመጹ ድሕሪ ምልዛብ ጽዒኑና ኣቐዲሙ ኣብቲ ቦታ ቈጸራ ተረኺበ። ሕጂ ኽሓስቦ ኸለኹ፣ ካብ ክትትል ፖሊስ ትራፊኮ ንምምላጥ እዩ ነይሩ።

ኣብ ኣፈፌት እንዳ'ቦሓጎይ ናብ ኣጋ ፍርቅ-መዓልቲ ኢና በጺሕና። ኣብቲ ደምበ እትው ብዝበልና፣ ካብቲ ኣብ ወገፊ ዝነበረ ቖፎ፣ ገለ ኣናህብ ኣብ ዙርያና እናሓነኑ ኺዝንብዩ ጀመሩ። ኣደይን ሓወይን ረጊኦም ኪስጕሙ ኸለዉ፣ ኣነ ግና ናብ ጥቓ ገጸይ ኣመና ምጽጋዖም ስለ ዝረበሸኒ ብኢደይ ከሳጕጎም ፈተንኩ። ብኡንብኡ፣ ኣብ ምዕጕርተይ ልክዕ ዝጐሃረ መስፈ ኽም ዝወግኣኒ ኣዝዩ ዜቐንዙ ሸቕታ ተሰምዓኒ። ብቓንዛ ኣእወኹ።

"እንቋዕ ደሓን ኣተኹም ብዓል ኣባ ሃውኪ!" በለ ሓደ ኣዐርየ ዘለለኹዎ ደሃይ ናይ ሓንቲ ሰበይቲ።

ዓባየይ ባህጉ እያ ነይራ። ካብቲ ምድር-ቤት በለኹ ኢላ፣ ምእንቲ ኻብቶም ኣናህብ ክትከላኸለለይ፣ ሒዛትኒ ተመሊሳ ብፍጥነት ናብ ውሽጢ ኣተወት።

"ሽቱ ኽም ዘይፈትዉ ትፈልጢ እንዲኺ! ስለምንታይ ሽቱ ለኺኽዮ!" በለታ ነደይ።

"ኣትን ኣደ፣ ሽቱ ደኣ ኻበይ ኽንረኽቦ!" በለት ኣደይ። "ምናልባት እቲ ቕድሚ ምብጋስና ኣብቲ ሹቕ ዝዓደግኩሉ ለሚን ብኢዱ ስለ ዘ'ቈማጥየ ይኸውን።"

"በቲ ኣውያቱ'ንድየ ምምጻእኩም ፈሊጠ፣" በለት ዓባየይ ናብ ውሻጠኣ መሪሓትና እናኣተወት።

ህይወት እንዳቦሓጎይ ካብቲ ኣቐዲመ ዝረኣኹዎ ኣይተለወጠን። ኣብቲ ውሻጠ ጽፍጻፍ ቅጫ ኪቕጭቀጭ፣ ቆሎ ብማእዶ ናብ መድሓ ኺድሓ ጸንሓና።

ንጽባሒቱ ይኹን ኣብ ሳልስቱ ዘይዝከረኒ፣ ሓወቦይ ወልዳይ ንተወልደ ወዱ ሒዙ፣ ነቲ ኣብ "ክሳድ ኣንበጣ" ዚብሃል መሬት ዝነበረ ዘራእቱ ንምኹላል ጸሓይ ኣብሪቑ ተበ'ገሰ። ንኣይን ንሓወይን'ውን ምስኣቶም ተማልኡና። በቲ ዝተላመድኩዎ ጸድፊ ማይ ነፍሒ ወሪድና ኣብ እግሩ ናብ ዝነበረ ግራት ዓይንዓተር ተኣለና። ናይቲ እዋን'ቲ ደርፊ እናደረፈ ነቲ ዘራእቲ ብዙርያ እናተዓዘበ ኸሎ፣ ወዱ ተወልደ'ውን ናይ ነገር ጓሳ ኻብኡ እናተቐበለ የርንጕርጕር ነበረ። እቲ ቓላት ናይቲ ደርፊ ኣብ ፈለማ ኣየቕለብኩሉን። ጽንሕ ኢለ ግና እንታይ ይብል ከም ዘሎ ምስ ተረድኣኒ፣ ሓወቦይ ከምኡ ዝኣመሰለ ቅ'ለት ዘሎዎ ደርፊ ካብ ኣፉ ምውጻኡ ኣዝዩ ኣሕነኸኒ። እቲ ደርፊ ኸምዚ ዚስዕብ ነበረ፤

ላልማየ ላልማይ ላሎ፣ ሆይ ላልማይ ላሎ፣
ላልማየየ ላልማይ ላሎ፣ ሆይ ላልማይ ላሎ።
ኣብቲ ኀበ ኀበ ዓዲ ገዳ፣ ሆይ ላልማይ ላሎ፣
ኣስገደተይ ሸውዓተ በ . . . ፣ ሆይ ላልማይ ላሎ፣

ካብቲ ኢድና ኺዓትሮ ዝኽእለ ዓይንዓተር እናቛረፍና፣ ሓወቦይን ወዱን ነቲ ናይ ቅ'ለት ደርፊ እናተቐባበሉ መገድና ቐጸልና። እቲ ቕብብል ደርፊ እናተደጋገመ ብዝኸደ ቍጽሪ ግና፣ እቲ እዝነይ ነቲ በዓለገ ቓል ኪለምዶ ግዜ ኣይወሰደሉን። ኣነ'ውን ኣብ ፈለማ ነግ ፈረግ እናበልኩ፣ ብለምባድ ደሃይ ክጽምበሮም ጀመርኩ። ጽንሕ ኢለ፣ ዓንቀረይ ኪቕደድ ክሳዕ ዚደሊ፣ ንሓወቦይ ወልዳይ ተኪአ ምስ ተወልደ እናተቐባበልና ነቲ ደርፊ ኣብቲ ብጀካ ጭቕጭቕጭቕታ ኣዕዋፍ ጽምዋ ዝነበረ መሮር ኣጋዋሕናዮ። ንሓያሎ ደቓይቕ ብዝደረፍና፣ ሓወቦይ ወልዳይ ደስ ኢሉዎ ኼዳምጸና ጸኒሑ፣ ብቕጽበት ናብ ክልተና ተገልበጠ'ሞ፤

"ኣቱም ቈልዑ!" በለና።

ደርፍና ብቕጽበት ኣቋሪጽና ጠመትናዮ።

"እዛ ደርፊ'ዚኣ፣ ናብ ገዛ ምስ ተመለስና፣ ኣብ ቅድሚ ዓባይኩም ባህጉ ኸይትደርፉዋ፣ ከይተዋርዱኒ!" ኢሉ ኣጠንቀቐና። ብሃንደበት ናብ ውነይ ተመለስኩ፣ እናግነብነበኒ ኸኣ፤ "መምህር ጸሃይቱ እዚ ቕልለት'ዚ ኻብ ኣፊይ ምውጻኡ እንተ ዚፈልጣ እንታይ ምበላ፧" ሓሰብኩ ብልበይ።

ሎሚ ኽሓስቦ ኸለኹ፣ ኣነ ደኣ'የ ነቲ ናይ ብዓል ኢያ ወ'ላይ ደርፌ ኸም ናይ ቅ'ለት ወሲደ ዝተጸየንኩዎ'ምበር፣ ንሳቶምስ፣ ንሓንቲ በቲ ሕብረተሰቦም ቅቡል ኣብ ዘይኮነ ነውራም ተግባር ንዝወዓለት ጓል እዮም፣ በቲ ዕደረ'ቲ ገይሮም ዜውግዙዋ ነይሮም። ብዝተረፈ፣ ሓወቦይ ወልዳይ፣ ነታ ኣዒንታ ብትኪ ውሻጠ ዝቔልዐ ምጭውቲ ቐያሕ ሰበይቱ ኣዝዩ እሙን እዩ ዝነበረ። ንወዱ (እንተ ኾይኑሉ ድማ ንኣይ ንወዲ ሓዉ) ንዓቕመ ኣዳም ምስ ኣኸልና፣ ከምታ ናቱ፣ ካልእ ሰብኣይ ዘ'ይፈልጣ ምእንቲ ኽንምርጾ እዩ፣ በቲ ዕደረ'ቲ ገይሩ ብሒልጎቦ ዚምህረና ዝነበረ።

ብድሕር'ዚ፣ ነቲ ደርፌ ምእንቲ ኽይንቕጽሎ'ዩ ይመስለኒ፤ "ወድ ሓወይ፣ ትምህርቲ ገዛ ኸኒሻ ጀሚርካ ሰሚዐ፣" በለኒ።

"እወ፣" መለሽኩ።

"እንታይ ይምህርኹም!" ሓተተኒ።

"መዝሙር፣" በልኩዎ።

"ናይ ጸረ-ማርያም ድዩ!"

"ኣይኮነን።"

ብሕጉስ ገጽ ግይጽ ኢሉ፤ "እሞ ኣንታ ወድ-ሓወይ፣ ሓንቲ ደኣ ዘይትደርፈለይ፣" በለኒ። "ዘይትዝምረለይ" ማለቱ እዩ ነይሩ።

ካብታ ናይ ኣቶ ወልደኣብ መጽሓፍ ንባብ፤ "ዎ ሰማያዊ ኣቦና፣" እትብል፣ ኣጸቢቐ ኣጽኒዐያ ስለ ዝነበርኩ፣ በቲ ቐጢን ደሃየይ ካብ መጀመርታ ኽሳዕ መወዳእታ ዘመርኩሉ።

"ዋእ፣ ግርም'ባ ኽኢልካዮ! ኣቦሓጎኻ ቐሺ መዝገበ ነዚኣ እንተ ሰሚዑዋ፣ መተካእታ ዝረኸበ መሲሉዎ ፍንጭሕ ኪብል'ዩ፣" በለኒ። ቀሺ መዝገበ፣ ነቦሓጎይ ቈመና ሓዉ፣ ከኒሻ እዮም ነይሮም። ገዝኦም፣ ካብቲ እንዳ'ቦሓጎይ ዕስራ ሜትሮ ዚኸውን ተፈንቲቱ፣ ኣብ መንጽሩ፣ ኣብቲ ጥቓ በተ'ኽስያን ቀኑስቋም ነበረ።

ሓወቦይ ወልዳይ ብድሕርዚ ደጋጊሙ ነታ መዝሙር ክዝምረሉ ሓተተኒ። ንባዕሉውን፣ ግራቱ ኣብ ዝኾለለሉ ግዜ፣ በቲ ናይ ሓበሻ ኣዘያይማ እናኣዘንብዐን እናኣወላገደን "ኪዝምራ" ዘይኮነስ "ኪደርፋ" ፈተነ።

"ካልእከ እንታይ መሃሩኹም!" ሓተተኒ ደጊሙ።

"ኣዕዋፍ ሰማይ ጽቡቓት፣" ነቲ ኣብ ናይ ኣቶ ወልደኣብ ወልደማርያም መጽሓፍ ዘንበብናዮ እናዘከርኩ።

"እስከ ድገመለይ፣" በለኒ። ኣነ ድማ፤

"ኣዕዋፍ ሰማይ ጽቡቓት፣"
ኣይትሓርሳ ኣይትምሕሳ፣
መን ይበክን ምግብኽን፣

እስከ ንገራኒ በጃኽን፣
ኣቦና ናይ ሰማይ ይሀበና፣
ወርትግ ናይ ዕለት ምግብና፣

"ኣይትሓርሳ ኣይትምሕሳዶ ኢሎመን፤ ሓቃቶም፣ ንሕና ኸለና ደኣ እንታይ መጺኡወን'የን ዚሓርሳን ዚምሕሳን፣" በለኒ ሓወቦይ።

ቀሺ መዝገበ ወልዱ

ከምቲ ዝሓለፈ ዓመት፣ ኣብ ኣባርዳእ ክሳዕ ቀውዒ ኣይጸናሕናን። ቤት ትምህርቲ ኣብ ጽ'ባሕ መስቀል ስለ ዚኸፈት፣ ብሸዓ ናብ ኣስመራ ኸንምለስ ነይሩና። ቅድሚ ናብ ኣስመራ ምምላስና ሒደት መዓልቲ፣ ኣቦይ ቀሺ መዝገበ ወልዱ ብኣ'ደይ ኣቢሎም ንኣይን ንሓወይን ናብ ገዝኦም ዓዲሞሙና ነበሩ።

ቀሺ መዝገበ፣ ከምቲ ኣቐዲመ ዘውካእኩዎ ነቦሓጎይ ንእሸቶ ሓዎም

ቀሺ መዝገበ ወልዱ ምስ ቀሺ ሆልመር ኣብ ዕዮ ትርጉም መጽሓፍ ቅዱስ

እዮም ነይሮም። ሽም ካህናቶም “መዝገበ ስላሰ” እዩ ነይሩ። “መዝገበ” ዚብል ሽም እምበኣር ሓጺር መጸውዒ እዩ።

ቀሺ መዝገበ ኪኽንሹ ኸለዉ ኻህን ናይ ተዋህዶ እዮም ነይሮም። ኣቦኣም ቀሺ ወልዱ፣ ብኡ ዚኣክል ኣዝዮም ስለ ዝጐሃዩ፣ ንደቆም ናብ እንዳ እቲ ኣዝዩ ዚፈትዉዎ ዝነበሩ ወዶም ቀሺ መዝገበ ተንከስ ከይብሉ፣ ነዚ ዘፍረሰ ድማ መርገሞም ከም ዚወርዶ ኣፍሊጦም ነበሩ ይብሃል። ኣቦሓጎይ ከይተረፈ፣ ድሕርዚ ፍጻመ'ዚ፣ ናብ ገዛኣም ኣትዩ ዝተኣንገደሉ ግዜ ኸም ዘይነበረ ኪዕለል ሰሚዐ ነይረ። እዚ ኪኸውን ከሎ ግና፣ ኣቦሓጎይ ኮነ ኣሕዋቱ፣ ናብ ገዛ ሓዎም ዘይቀረቡ፣ ስለ ዝጸልኡዎም ወይ ስለ ዝተቐየሙዎም ኣይነበረን። በቲ ግዜ'ቲ፣ መርገም ወላዲ፣ ብፍላይ ድማ ኻህን ኣዝዩ ተፈራሂ ስለ ዝነበረ፣ ቃል ናይ ኣቦኣም ምእንቲ ኸይጥሕሱ ዝፈጸሙዎ ትእዛዝ እዩ ነይሩ። እቶም ደቅደቆም ዝኾንና ናብ ዓዲ ኣብ እንቕልቀለሉ ኣጋጣሚ ግና፣ ኣቦሓጎይ ኮነ ዓባየይ ወይ ዝኾነ ኣባል ቤተ-ሰብ ቅድሚ ዝኣገረ ናብ እንዳ ቐሺ መዝገበ ምብጻሕና ዘየረጋግጽ ኣይነበረን። ኣደይ ቅድም'ዚ ዕለት'ዚ ናብ ገዛኣም በጺሓ ነበረት'ሞ፤

“ብዘይ እቶም ደቀይ እንታይ ኸትገብሪ ንበይንኺ መጻእኪ!” በሉዋ። ስለዚ ድማ ኢና ሕጂ ናብ ገዛኣም ዘምራሕና።

ኣቦይ ቀሺ መዝገበ ኸኒሻ ደኣ ይኹኑ'ምበር፣ ልብሲ ኽህነት ናይታ ዝዓበዩላ ሃይማኖት ተዋህዶስ ኣይገደፉዎን። መጠምጠምያኦምን መንጠሊናኦምን ወድዮም ንዝረኣዮም፣ ኣብቲ ኣብ ቅድሚ ገዛኣም ዘሎ በተኽስያን ቍስቋም ዚቕድሱ ቐሺ ተዋህዶ እዮም ዚመስሉዎ ዝነበሩ። ልዕሊ ኹሉ ግና ቀሺ መዝገበ ኣብቲ ቤተ-ሰብ ሽሞም ብኣድንቖ ዚልዓል፣ በቲ ኣብ ዕዮ ትርጉም መጽሓፍ ቅዱስ ዝነበሮም ምቕሉል ተሳትፎ እዩ። እቲ ኣበርክቶኦም ዘይነዓቕ እንተ ነበረ'ኳ፣ ተነዪቶሙሉ ኣይፈልጡን። ንኦም፣ ኣካል ናይቲ ምእንቲ እምነቶም ብዙሕ ዝተመ'ከሩሉን ነታ ኣዝዮም ዚፈትዉዋ ወንጌላዊት ቤተ ክርስትያን ዚህቡዎ ኣገልግሎትን እዩ ነይሩ።

እቲ ገዛኦም ህድሞ ኽነሱ፣ ከምቲ ኻልእ ናይቲ ዓዲ ኣባይቲ ጸቢብ ዝውርዱ ነዊሕ ምድሪ ቤትን ጸቢብ ውሻጠን ዝሓዘ ኣይነበረን። እቲ ኣዳራሾም ሓውሲ ርቡዕ ዅርናዕ ኾይኑ ዝተነድቀ እዩ። ሰንበት መጸ እቶም ምእመናን ዓዲ ኣብኡ ቕዳሰ ይፍጽሙን ይሰምዑን ነይሮም። ብሓጺሩ፣ ኣዳራሽ ቀሺ መዝገበ ኸም ገዛ ስድራን ከም ቤተክርስትያንን እዩ ዜገልግል ዝነበረ። ካልእ ብዛዕባ ኣቦይ ቀሺ መዝገበ ንኣይ ብፍላይ ተመስጦ ዘሕደረለይ፣ ኣወዳድቓ ጽሕፈቶም ነበረ። እዚ ሓደ ግዜ ነቦይ ብላብሽ (ርሳስ) ካብ ዝጸሓፉሉ መልእኽቲ እየ ኽፈልጥ ከኢለ።

ኣቦይ ቀሺ መዝገበ ንኣይን ንሓወይን ብለውሃት ኣዘራረቡና። ኣብ ገዛ ኸኒሻ ትምህርቲ ኽም ዝጀመርና ምስ ሰምዑ ገጾም ኪበርህ ኣስተብሃልኩ።

ብድሕርዚ፣ ሓደ ኣብ ንእሽቶ ጸሕሊ ዝተዳለወ ብጸብሒ ቓንጣ ዝተዳወሰ ፍትፍት ጎነ ተቐረበልና። ኣዝዩ ዜጐምጁን ጥዑምን እንግዶት እዩ ዝነበረ።

ናብ ኣስመራ ብዝተመለስና፣ ክሳዕ ቅዱስ ዮሃንስን መስቀልን ከመይ ከም ዘሕለፍናዮ ኣይዝከረንን። ብተሓጻቦ ማይ ጓቑመ፣ ብዚውድሳ ኣዋልድ፣ ብሆየሆየን ዝደመቐ፣ ካብቲ ዝሓለፈ ተመሳሳሊ በዓላት ዝተፈልየ ኸም ዘይነበረ ግና ርግጸኛ እየ።

ካልኣይ ክፍሊ

ድሕሪ መስቀል፣ እቲ ቤት ትምህርትና ኺኸፈት ከሎ፣ እቶም ቅድሚኡ ዓመት ሓለቓ ዝነበሩ መምህር መስፍን ገብርሀይወት፣ ብሓደ ሙሳ ኣሮን ዝተባህሉ መንእሰይ ተተኪኡ። መምህር ሙሳ ኣሮን፣ ማእከላይ ዝቑመቶም፣ ድልዱል (በቲ ናይ ሽዑ ተመሃሮ ኣገላልጻ "ሄክ") ዝመዛርዮም፣ ጸጕሮም ለማሽ ክነሱ ኺያፍ፣ ሕብሮም ናብ ቂሕ ዘዘምበለ፣ ኣንደበቶም ውዕዉዕ ነበረ። ኪዛረቡ ኸለዉ ኣፎም ስለ ዚጐምጸጽ፣ ወጅሆም ብሓፈሻ ንሓደ ንእሽቶ ተምሃራይ ዜርዕድ ከም ዝነበረ እእመነልኩም።

ድሕሪ ምዝገባን ናይ ዝተወሰነ ኣዋርሕ ክፍሊትን፣ ኣብ ካልኣይ ክፍሊ ኣብ ትሕቲ ሓደ መምህር ባህብላ ጉብሳ ዚብሃሉ ተመደብኩ። እታ ናትና ኽፍሊ፣ ሓንቲ ኻብተን ናብቲ ርሒብ ጐልጎል ዚጥምታ፣ ኣብ ማእከለን ሓደ ደርቢ ኣስታንሳ ዝነበረን ብተርታ ዝተሃንጻ ክፍልታት እያ ነይራ። እቲ ደርቢ ስታንሳ ብዝባኑ ተጠዋዊዩ መሳልል ዘሎዎ፣ ብናተይ ግምት ከም መኽዘን ዜገልግል ዝነበረ ይመስለኒ።

ኣብታ ኽፍሊ ኻብ ሰላሳ ዘይንበዝሕ ተምሃሮ ኢና ኔርና። ኣብ ኩለን እተን ካብ ካልኣይ ክሳዕ ሻብዓይ ክፍሊ ኼሳስያ ዝተዳለዋ ኽፍልታት፣ ከምቲ ናይ መምህር ጸሃይቱ፣ ኣብቲ መናድቕን ንዝተፈላለየ ናብራ ናይ እንስሳታት መሮርን ናብራ ናይ ቀያሕቲ ህንዲ ኣመሪካን ዜንጸባርቕ ናይ ቅብኣታት ቅዳሕ ሕታም ተሰቒሉ ነበረ። ኣብቲ ኽፍሊ፣ ብጀካ እቲ ዘይተርፍ ሰሌዳ፣ መጽሓፍ ንባብ ዚቕመጠሉ ኽብሒ ድማ ነበረ። ኣብ ርእስዚ፣ ኣብ መንደቕ ዝተሰቕለ ኻርታ ዓለምን ካርታ ኣፍሪቃን ነበረ። ሓንቲ ንእስ ዝበለት፣ ብሓደ ዘይተፈልጠ መምህር ዝተዳለወት ናይ ኤርትራን ቀይሕ ባሕርን ንድፊ፣ ብትግርኛ ዝተሓበረላ፣ ብሸነኽ የማንና ኣብ ጥቓ እቲ ሰሌዳ ኣብ መንደቕ ተለጢፋ ነበረት። በዚ ኣጋጣሚዚ፣ ኣብቲ ዓመት እቲ፣ እታ ቤት ትምህርቲ

ንፋልማይ እዋን መደብ ናይ ሻብዓይ ክፍሊ ዝጀመረትሉ እዩ ነይሩ። ጸኒሑ፣ እተን ክልተ ንምዕራብ ዚጥምታ ተርታ ኽፍልታት ንሻድሻይን ንሻብዓይን ክፍሊ ተመደባ።

ኣብቲ ጐልጎል፣ ኣብ ፊት እቲ ተርታ ኽፍልታት፣ ኣስታት ዕስራ ሜትሮ ተፈንቲታ፣ ሓንቲ ኻብ እግራ ልዕል ኢሉ ዝተዓጽፈት መስመር ኤለክትሪክ እትጸውር ፓሎ ነበረት። ገለ ሰባት፣ እታ ፓሎ ንኣቶ ወልደኣብ ወልደማርያም ተባሂላ ዝተወርወረት ቦምባ-ኢድ፣ ዕላማኣ ስሒታ ምስ ተባርዐት ኣብ ልዕሊኣ ዝወረደ መዕጸፍቲ ከም ዝኾነ ኼዕልሉ ሰሚዐ ኣለኹ። ንረጕድ ቱቦ ሓጺን ዚኣክል ዝለወየ ባርዕ ቦምባ ንሰብ ኪምሕር ዘይመስል ነገር'ዩ። እዚ ኾይኑ እቲ ኾይኑ ግና እታ ዕጹፍ ዓንዲ ሓጺን ነታ ቤት-ትምህርትና ቖንዲ ሕላገታ እያ ነይራ።

ምስተን ንምዕራብ ዚጥምታ ኽልተ ኽፍልታት ናይ ሻድሻይን ሻብዓይን ዝተጐራበተ፣ ሓደ ብሓጹር ዝተኸበበ ቪላ መሳሊ፣ ኣብ ጐኑ ነዋሕቲ ጽሕዲ ጥልያን ዘጽለሎ ጤሳ ነበረ። ክንዮ እቲ ቪላ፣ በብዓይነቱ ኣም ፍረን ዕምባባታትን ዝበቚሎ ስፍራ ኣታኽልቲ ኸም ዝነበረ እዝክር። ኣብ ፊት እዚ ቪላ'ዚ፣ ሓንቲ ምድራ ድሙቕ ሰማያዊ፣ ብጫ መስቀል ዘሎዎ ባንዴራ ሽወደን ወርትግ ተንበልብል ነበረት። ቀሺ ትሮን ዚብሃሉ ኣብቲ ቪላ ተቐማጣይ ምስዮናዊ ኸም ዝነበሩ ድማ እዝክር።

ኣብቲ ጥቓ ቤተ ክርስትያን ብሽንኽ ሰሜን'ውን፣ ሓደ ኻልእ ብዕምባባታት ዝጌጸ ብዓል ቀጽሪ ቪላ ነይሩ። ኣብኡ፣ ሓደ መምህር ሉንድስትሮም ዚብሃሉ ምስ ብዓልቲ ቤቶም፣ ሓደ “ቕንጡስ፣” ዝሳጓኡ ድቕቕ ዝበለ ግና ሓያል ከልቦም ተቐማጠ ነበሩ። እቲ ሳጓ ናይቲ ኽልቢ፣ ተመሃሮ ዘውጽኡሉ ደኣ'ምበር ናይ ዋናታቱ ኣይመስለንን። እቲ ሽወደናዊ ሽሙ ምናልባት ምስቲ ሳጓ ዚመሳሰል ዝነበረ'ሞ፣ ነቲ ተናኻሲ ባህሪኡ ንምግላጽ ናብ “ቅንጡስ” ዝተለወጠ ኪኸውን ይኽእል።

ኣብቲ ምሉእ ጤሳ ናይ ወጌላዊት ቤተክርስትያን ካልእ ሽወዳውያን ዚቕመጡሉ ብጀርዲን ዝተኸበ ቪላታት'ውን ነይሩ። ኣቦታት ናይ ገለ መማህርትና ኣብኡ ኸም ኰስኵስቲ ይዓይዩ ኸም ዝነበሩ ትዝ ይብለኒ።

ካልእ ኣዝዩ ኣገዳሲ ህንጻ፣ እቲ ኣብ ጥቓ መላመዲ (ኣ'ዚሎ) ዝተደኰነ ኣሕዳሪ ቤት ትምህርቲ እዩ ነይሩ። ገለ ኻብቶም ተምሃሮ ኣብኡ እናሓደሩን እናተመገቡን ዚምሃሩ ነበሩ። ሓንቲ ኣደይ ስላስ ዝተባህላ ሰበይቲ፣ ነቶም ተምሃሮ ኣመት ምግቦም ዚገብራ፣ ከም ወላዲቶም ዚርእዩወን ከም ዝነበራ እዝክር።

ናይ ትምህርቲ ኺደት

ኣብ ካልኣይ ክፍሊ፣ ከምቲ ኣብ ቀዳማይ፣ መብዛሕትኡ እቲ ትምህርቲ በቲ ሓላፊኣ እዩ ዚውሃብ ነይሩ። መምህር ባህብላ ጉብሳ፣ ቍመቶም ሓጺር ናብ ቁሕ ዘዘንበለ ኸደራይ፣ ጸጕሮም ስሑው ለምጫጭ፣ ኣዘራርባኦም ልስሉስ፣ ገጾም ብሩህ፣ ንተምሃራይ ዘይድህል ባህሪ ነበሮም። ስለዚ ድማ መጀመርታ መዓልቲ፣ ኣብታ ኽፍሎም ኣቲና፣ ከም መምህር መጠን መምርሕን ሓበሬታን ኪህቡና ኸሎዉ ደስ ኢሉኒ ብጽሞና ኣዳመጽኩዎም።

ካብ ቀዳማይ ክሳዕ ሓምሻይ ክፍሊ፣ ከክልተ ኽፍሊ እየን ነይረን። እታ ናትና ኻልኣይ ክፍሊ (ለ) እያ ነይራ ዚብል ግምት ኣሎኒ። እታ ቐዳመይቲ፣ ማለት ካልኣይ (ሀ)፣ ኣብ ትሕቲ ሓደ መምህር በየነ ተኽሉ ዝተበህለ ዝነበረት'ያ። መምህር በየነ፣ ሕብሩ ጽልም ዝበለ፣ ተሪር ዝሸለላኡ፣ ጸጕሩ ኵርዳድ ግና ዕሙር፣ መዛርዑ ንስፖርተኛ ዜተምኒ ቈማትን ምልምልን መንእሰይ እዩ ነይሩ። ዘረባን ሰሓቕን ዘየብዝሕ፣ ብባህሪኡ ካብ መምህር ባህብላ ጽንዕ ዝበለ፣ ተምሃሮ ዘይደፍርዎ ኸም ዝነበረ ኣዐርየ እዝክር። ኣብ መጠረሽታ ዓመት፣ ኣብ ምዕጻው ቤት ትምህርቲ ንዚቐርብ ናይ ምውስዋስ ኣካላት ዓላማይ ምኺኑ እምበኣር ወዝቢ ዝተኸስተ ነገር ኣይነበረን።

ካብቶም ሓደስቲ መማህርተይ፣ እቲ ኣብ ዝሓለፈ ዓመት ንፋልማይ እዋን ዘስተብሃልኩሉ ብልጫ ዝወሰደ ኣማንኤል ሳህለን ሓዉ ኣብርሃም ሳህለን ነበሩ። እዞም ክልተ ኣሕዋት እዚኣቶም፣ ብዓይኒ ማዕዶ ጥራይ ዝፈለጥኩዎም፣ ኣብ መጀመርታ ሓነፍጽ እዮም መሲሎሙኒ። ጽሩይ ትግርኛ ዚዛረቡ ሓነፍጽ። ካልኦት፣ ተስፋየሱስ መሓሪ፣ ምሕረትኣብ ሃብቱ፣ ተስፋየሱስ ምሕረትኣብ፣ ኣፈወርቂ (ሽም ኣቦኡ ዝረሳዕኩዎ)፣ ሙሴ ወረደ፣ ክብርኣብ ትርፈ፣ ህንጻ ፍረ፣ ሚከኤል መንግስ፣ ክፍለማርም (ሽም ኣቦኡ ዝረሳዕኩዎ)፣ ነጋሲ በየነ ትዝ ይብሉኒ። ካብ ኣዋልድ፣ ጽገሬዳ በየነ፣ ናጽነት ሓጐስ ጓለን ንመምህር ምሕረት፣ ሳባ ሰረቐ፣ ያለም እምባየ፣ ሳህሉ ገረንኪኤል ጓሎም ነቶም ሓላፊ ቤት ማሕተም ምስዮን ይዝከሩኒ። ዝረሳዕኩዎም ከም ዘለዉ'ውን ርግጸኛ'የ። እቲ ንቡር ናይ ህይወት ከይተርፍ፣ ኣብ ካልኣይ ኽፍሊ ወዲቖም ዝጸንሑና'ውን ነይሮም።

ትምህርቲ ናይ ካልኣይ ክፍሊ ብዕምቈት ኪግስግስ ግዜ ኣይወሰደን። ብጀካ ዛንታ መጽሓፍ ቅዱስ (ዛ.መ.ቅ.)፣ ቍጽሪ፣ እንግሊዝኛ፣ ትግርኛ፣ ኣምሓርኛ፣ ጂኦግራፍያ፣ ኣስተዋጽኦ ፍልጠት (ኣስፍል)፣ ዛንታ ዓለም፣ ስእሊ፣ ምውስዋስ ኣካላት ተወሰኸሉ። "ጂኦግራፍያ" ዚብል ቃል ዳርጋ ኾላትና በኾሪ እዝንና ስለ ዝነበረ፣ መምህር ባህብላ ነዛ ቓል'ዚኣ ትርጉማ ኼረድኡና ሓያሎ

መዓልቲ ከም ዝወሰደሎም ኣዐርየ እዝክር። ኣብ ትምህርቲ ጂኦግራፍያ፣ ብዛዕባ ሽድሽተ ኽፍለ ዓለማት፣ ማለት ኣፍሪቃ፣ እስያ፣ ኤውሮጳ፣ ሰሜን ኣመሪካ፣ ደቡብ ኣመሪካ፣ ኦሽያንያ፣ ዚብል ሰሚዕናዮ ዘይንፈልጥ መጸውዒ ቦታ ናይዛ እንነብረላ ዓለም ተመሃርና። እዚ፣ እቲ ደረኞ ሽንኻ ወይ የብሲ ኪኸውን ከሎ፣ መሬት መብዛሕትኡ ዝባና ውቅያኖስ ብዚብሃል ሰፋሕቲ ማያዊ ኣካላት ዝተሸፈነ ምዃኑ ብድማመ ሰማዕና። ንሱ ድማ ኣትላንቲካዊ ውቅያኖስ፣ ህንዳዊ ውቅያኖስ፣ ሰላማዊ ውቅያኖስ፣ ሰሜናዊ ባሕሪ በረድ፣ ደቡባዊ ባሕሪ በረድ ከም ዚብሃል ተማሃርና።

ብጀካ'ዚ፣ ብዛዕባ "ቡሶላ" እትብሃል መኣዝን ምድሪ ንምፍላይ እትሕግዝ ብልሓት ኣብ ትምህርቲ ጂኦግራፍያ ኢና ሰሚዕናያ። ኵሉ'ዚ ንህንጥይናይ ኣበራብሮ።

ኣብ ሰሙን ሓንሳዕ፣ ረቡዕ ድሕሪ ቐትሪ፣ ንንባብ ዝተመደበት ዕለት ነበረት። እቲ ኣዝዩ እንፈትዎ ንባብ ናይ "ኣርብዓን ኣርባዕተን ዛንታ" ኣብዚ ሰዓት'ዚ እዩ ዚሰላሰል ዝነበረ። እቲ መጽሓፍ፣ ንብረት ናይቲ ቤት ትምህርቲ እዩ ነይሩ፤ ኣብታ ኣቐዲምና ዝረኸሕናያ ብመፍትሕ እትዕጾ ኽብሒ ድማ ይቕመጥ ነበረ። ንኹላትና ስለ ዘይኣክል፣ ሓደ መጽሓፍ ንኽልተ ብምኹራን እዩ እቲ ንባብ ዚካየድ ዝነበረ።

ታሪኽ ዝተመሃርኩ ንመጀመርታ ግዜ ኣብ ካልኣይ ክፍሊ ነበረ። ብዛዕባ ክሪስቶፎርኮሎምቦ፣ ብመርከብ እናሰፈፈ ብኣቋራጭ ናብ ህንዲ ንምብጻሕ ኪፍትን ኪብል፣ ብወዝቢ ኣብ ሓንቲ ሓዳስ ክፍለ ዓለም ከም ዝበጽሐ ብዝሰማዕኩ፣ ኣብ ኣእምሮይ ፍሉይ ቅጅልታ ኣሕደረለይ። ኮሎምቦስ ብቡሶላ ተሓጊዙ ኺሰፍፍ ብዓይነ ሕልናይ ተራእየኒ።

እንግሊዝኛ፣ መምህር ባህብላ ባዕሎም እዮም ዚምህሩና ነይሮም። እንተ ዘይተጋግየ፣ ሽዑ እዋን፣ ኣብቲ እንግሊዛውያን ኽም ግዝኣቶም ዜምሓድርዎ ምብራቕ ኣፍሪቃ ንዚርከብ ኣብያተ ትምህርቲ ተባሂሉ ዝተሓትመ፣ "ቡክ ዋን፣ ቡክ ቱ፣ ቡክ ስሪ፣ ቡክ ፎር፣ ወዘተ." ዚብሃል መጻሕፍቲ ኣብ ኤርትራ'ውን ከም መምሃሪ ይዝውተር ነበረ። ስለዚ፣ እቲ ኣብኡ ዚርከብ ዛንታን ገጸ-ባህርያትን፣ ኣብ ብዓል ኬንያን ታንዛንያን ናይ ዚርከቡ ህዝቢ ሽማት፣ ቦታታት ወይ ማሕበራዊ ዕሴት ዜንጸባርቕ ነበረ። እኒ ብዓል *"ሽኮሎኮባንጎሽይ"*፣ እኒ *"ሚስተር ካዚ፣ ሚስስ ካዚ፣ ሉካ ካዚ፣ ሮዳ ካዚ፣ ሙሳ ካዚ"* ንኣና ኽም እንግሊዛውያንን ኢጣልያውያንን ጓኖት እዮም ነይሮም።

መምህር ኣምሓርኛ፣ ኣባ ወልደኣብ ዝተባህሉ ነቲ ቛንቋ ኣዐርዮም ዝመለኹን ትግርኛ ድማ ኣዕሚቖም ዚፈልጡን ዚትንትኑን እዮም ዝነበሩ። ብፍላይ *"የዕውቀት ብልጭታ"* ዚብሃል፣ ብከበደ ሚካኤል ዝተዳለወ ናይ ንባብ መጽሓፍ፣ ብዘይ ተጽዕኖ መንግስቲ ኢትዮጵያ እዩ ዚዝውተር ነይሩ።

ኣብ ልዕል'ቲ ቛንቋ ጽልኢ ዚብሃል ኣይነበረን። እኳ ደኣ ንምፍላጡን ንምኽኣሉን ምሉእ ድልየት ከም ዝነበረ ኣረጋጊጸ እምስክር። ጽልኢ ዝተፈጥረ፣ መንግስቲ ኢትዮጵያ ንቛንቋታት ኤርትራ ንምጥፋእ ኪተናኾል ምስ ጀመረ እዩ።

ትምህርቲ ምውስዋስ ኣካላት፣ ነፍስ-ወከፍ ክፍሊ ብመምህራ እናተኣልየት እዩ ዚሰላሰል ነይሩ። ኣብዚ ሰዓት'ዚ፣ ተምሃሮ ከከም ዊንታ እቲ መምህር፣ ኣብ ዝተፈላለየ ንጥፈት ይሳተፉ ነበሩ። ቅድድም፣ ጕያ፣ ጸወታ ኵዕሶ፣ ታዕሊም፣ ጂምናስቲክ ገለ ኻብቲ እቶም መምህራንና እናተኸታተሉና እንሳተፎ ንጥፈታት ነበረ። መጻወቲ ሜዳ ንኹላትና ኬሳሲ ዘ'ይኽእል ስለ ዝነበረ፣ ሓደሓደ ግዜ ኣብ መንጎቶም መምህራን ዚርአ ምሽማውን ሽጣራን ንኣና ንተምሃሮ ኽይተረፈ ዜስሕቕ ነበረ።

ሓደ መዓልቲ፣ መምህር ምሕረትኣብ ኣባዲ ዝተባህለ፣ ነቶም ብሓደ መምህር ገብርኣብ ጋሮይ (ወዲ ጋሮይ) ዝተባህለ እናተመራሕና ብንቡር ስጕምቲ ቐቅድሚኡ እንኸይድ ዝነበርና፣ ናብታ ንሱ ዝደለያ ሜዳ ንግስግስ ከም ዘለና ገምጊሙ፣ ነቶም ተመሃሮኡ ብዓውታ፤

"ናዕሪት!" ኣዘዘ። ኣልጊቡ ድማ፤

"ጕያ ኣመልክት!" ቀጸለ። ብድሕርዚ ብፍጥነት፤

"ሚት ኪድ! ጋም ማን! ጋም ማን!" እናበለ፣ እናኣዘባዘበ ነቶም መሻምውቱ ዝኾንና ቐዲሙና ብዝሓለፈ፣ እቲ በዚ ዓይነት ሽጣራ ዝተቐደመ መራሓይና መምህር ገብርኣብ ጋሮይ፤

"ምሕረትኣብ! ፈሊጠካ'ለኹ ኣንታ ቐጣፊ! ፈሊጠካ'ለኹ!" በለ ሓሪቑ ኽነሱ እናሰሓቐ። ኣብ ክንዲ ንሓርቕ ድማ ዅላትና ብሓባር ብሰሓቕ ትዋሕ በልና።

ኣወዳት ዘ'በልና ክንዕለም ከለና፣ እተን ኣዋልድ ትምህርቲ ኢደ-ጥበብ ከም ዚቐምሳ ይግበር ነበረ። ርክያሞ ኺትክባን፣ ስፍየት ላኻ ኺሰርሓን ከለዋ ይዝምራ ነበራ። እታ መዝሙር፣ ሓንትን መለሳ ዜብላን እያ ነይራ። ካብተን ኣርባዕተ ኽፋላታ እታ ቐዳመይቲ ኽምዚ ትብል፤

ዕዱጋት ኢና፣ ሓራ ወጺእና፣
ኢዮና የሱስ፣ ተበጂወና፣
ሲኦል ሲጺሩ፣ ኣህዛብ ኣድሒኑ፣
ብገርሂ ንእመና፣ ን'ቀበ'ሎ።

ስእልን ጽባቕ-ጽሕፈትን፣ ኣብቲ ግዜ'ቲ ኣዝዩ ኣገዳሲ ዓይነት ትምህርቲ ነበረ። በዚ ምኽንያት'ዚ፣ ኣብ መርመራ ኣትዩ ነጥቢ ዚውሃቦን ኣብ ውጽኢት

ጽልዋ ዝነበሮን እዩ። ኣብ ወንጌላዊት ቤት-ትምህርቲ፣ ንስእልን ጽባቐ ጽሕፈትን ብዚምልከት፣ ንመምህር ተኽለጽዮን ደባስ ዚወዳደር ኣይነበረን። በዚ ምኽንያት'ዚ እዩ ይመስለኒ፣ ኣብ ቀዳማይ ክፍሊ ኸለና፣ ሓደ መዓልቲ፣ ካብ ቅድሚ ቐትሪ ጀሚሩ ኣብ ድሕሪ ቐትር'ውን ዝቐጸለ፣ ብመምህር ተኽለጽዮን ደ'ባስ፣ ብዛዕባ ሕብርታት ዚምልከት ኣስተምህሮ፣ ኣብቲ ናይ መምህር ጽርሓ ክላስ ዝተዋህበና። መምህር ተኽለጽዮን ብዛዕባ ስእሊ ዝመሃሩና ብምሉኡ እዝክሮ'የ ኽብል ኣይደፍርን። እቲ ኣብ ቀስተደበና ዚርከብ ሸውዓተ ሕብርታት፣ ቡናዊ፣ ቀይሕ፣ ሽሮዋይ፣ ብጫ፣ ቀጠልያ፣ ሰማያዊ፣ ኲመላይ ፈገሳይ ከም ዚብሃልን ምስ ወከፍ ሕብሪ ዚሳነ ኣብነት ኪረቝሑልናን ግና ይዝከረኒ። ብጫ፣ ኲመላይ፣ ፈገሳይ ዚብል ቃላት ንኣይ በዅሪ እዝነይ ነበረ። እተን ክልተ ዳሕረዎት ሕብሪ ፈጺመ ሰሚዐየን ዘይፈልጥ እየን ነይረን። ከሳዕ ሕጂ'ውን፣ ኣየነይተን ነታ "ቪዮላ" ኣየነይተን ድማ ነታ "ኢንዲጎ" ኸም እትገልጽ ርግጸኛ ኣይኮንኩን።

ጸወታ ፖለቲካ ብተምሃሮ

ኣብዚ ዓመት'ዚ፣ እቲ ኣብ ኤርትራ ዝነበረ ፖለቲካዊ ሃዋህው ንኣና ቈልዑ፣ ብተዘዋዋሪ መገዲ ኸም እንሳተፈሉ ይገብር ነይሩ። እቶም ዓበይቲ፣ ገለ ናይ ኣንድነት፣ ገለ ናይ ራብጥያ፣ ገለ ናይ ቡሮ ጥልያን፣ ገለ ድማ ናይ ቀጽሪ ናጽነት እናተበሃሃሉ ምትህልላኽ ኣየቋረጹን።

ሓደ ግዜ፣ ኣብ ካልኣይ ክፍሊ ትምህርቲ ምስ ጀመርና፣ ቅድሚ ቕንያት ልደት፣ ኣብ ቤት ትምህርትና ፖለቲካዊ ትሕዝቶ ዘሎዎ ዚመስል መዝሙር ተመሃርና። ቀጺሉ፣ ሓደ ንግሆ፣ ብምሉኣትና ተሰሪዕና ናብ እንዳ ማርያም ኣምራሕና። ኣብኡ፣ ኣብቲ ኣፈፌት ቤተኽስያን ኣብ ዝነበረ ደረጃታት፣ ከምቲ ናይ ምዕጻው ቤት-ትምህርቲ እንዳ ሃለቃ ብዚመስል፣ ኣብ ዙርያ እቲ ቕርዓት ብዙሓት ዓበይቲ ዓድን ህዝብን ሆጭ ኢሎም ተቐሚጦም ጸንሑና። ኣብቲ ቕርዓት፣ ካብ በበይነን ኣብያተ ትምህርቲ ዝመጽኡ ተምሃሮ ብኣስተናበርቲ እናተመርሑ ተሰሪዖም ነበሩ። ንሕና'ውን ከም ሰብና ኣብኡ ተጸንበርና። መሪጌታ ገብረስላሰ፣ እቲ ጽሩይ ጸሊም መንጠሊናኦምን ንቑሕ ጻዕዳ መጠምጠምያኦም ወድዮምን ምስቶም ቀንዲ ኣጋይሽ ብጐኒ ቖይሞም ረኣኹዎም። መስርዕና ናብ ጥቓኦም ስለ ዝተጸግዐ ንሶም'ውን ከም ዝረኣዩኒ ርግጸኛ እየ።

ብድሕሪ ንኣይ ዘይተረድኣኒ መደረታት፣ ተምሃሮ ነናይ ቤት ትምህርቶም መዛሙር ኣስምዑ። ቤት ትምህርቲ ገዛ ኽኒሻ'ውን እቲ ኽንምሃሮ ዝቐኘና

መዝሙር ብውዕዉዕ መንፈስ ዳሕዳሕናዮ። እቲ መዝሙር እዚ ዚስዕብ ትሕዝቶ ነበሮ፤

1. ዎ ኣምላኽ ንጉስ ነገስታት፣
እዚ ምድሪ ምስ ሰማያት፣
ኩይኑ ናትካ ግዝኣት፣
ሓሉ በቲ ስልጡን ኢድካ፣
ንንጉስናን ህዝብናን፣
ንመላእ ኢትዮጵያ፣
መንፈስካ ይንገሳ።

2. ንንጉስና ኣለብሞ፣
ንሱ ምስ ቤቱ ባርኾ፣
ኣብ መዙ ደግፎ፣
ኪቃወም ንኽፉእ ግብሪ፣
ኬዕምር ሰላምን ፍትሕን፣
ብጸጋኻ ሃቦ ምኽሪ፣
ኣብ ሰማይ'ውን ክብሪ።

እቲ ግጥሚ ናይቲ መዝሙር መን ከም ዝጸሓፎ ኣይፈልጥን፣ ምናልባት መምህር መስፍን ገብርህይወት ነይሮም ይኾኑ። ቍሩብ ዝገረመንን ግር ዝበለንን፣ እታ ኣብ ካልኣይ ክፋል "ንንጉስና ኣለብሞ" እትብል ሓረግ ነበረት። "ንጉስ ሃይለ ስላሰ ደኣ እንታይ ኮይኖም ኪዕሸዉ፣" በልኩ ብውሽጠይ። ጸርፊ ኾይኑ ተሰምዓኒ። ከመይሲ፣ ኣብ እንዳ ቢዘን ከለና፣ ከም ኣምላኽ ኢና እንቼጽሮም ዝነበርና። እዛ መዝሙር እዚኣ'ምበኣር፣ ንመጀመርታ ግዜ ሰብ ም኿ኖም ኣንፈት ዝረኸብኩላ ሕርንቶ እያ ነይራ።

ዊጽዋጽ!

ህይወት ኣብ ሪጋ ፈሮቪያ ኸም ቀደሙ ቐጸለ። ቍሩብ ፍልይ ዝበለ ነገር ግና ኪኽሰት ጀሚሩ ነይሩ። ንኣብነት ካብ ኣባሻውል ኣትሒዝና እቲ ንሻሂ ወይ ቡን ተባሂሉ ካብ እንዳ ድኳን እንዕድጎ ዝነበርና ሽኮር ጻዕዳ ኽነሱ፣ ተረፍ ባርዕ ሓዊ ግዲ ኾይኑ ገሊኡ ዝመኸኸ ገሊኡ ዳርጋ ዝሓረረ እዩ ዝነበረ። ርብዒ ኺሎ ሽኮር እንተ ተዓዲጉ ዳርጋ ፍርቁ ብሓዊ ዝመኸኸን ገሊኡ ዳርጋ ሕራርን ናብ ዕንቐርቛር ዝተለወጠን እዩ ዝነበረ። ብዕድል እቲ ወደ'ባት፣ ሽኮር ኣብ ኩባያኡ ዘይኮነስ ኣብ በራድ ስለ ዜእቱ ነቲ ትርኢቱ ብዙሕ ኣየድሃበሉን። እምበርከ፣ እንታይ ምርጫዶ ነይሩዎ እዩ! ካብቲ ዝሓለፈ ክልተ ዓመታት ግና እቲ ተረፍ ሓዊ ሽኮር በብቝሩብ ብቡናዊ ሽኮር ተተክአ። ኣብዚ ሕጂ ኣብ ከባቢ 1952 ድማ ብሃንደበት ጻዕዳ ሽኮር ኪሸየጥ ጀመረ። እዚ ኣብ ፈለማ ብርቂ ኾይኑ ተሰምዓና።

ካልእ ነቶም ቈልዑ ዝኾንና ኣዝዩ ኣገዳሲ ኽስተት፣ ኣብቲ መንግስቲ እንግሊዝ ናብ ቤት ትምህርቲ ኣዋልድ ዝለወጦ ኣብ ምብራቓዊ ሸነኽ ቀጽሪ ቤተ ክርስትያን እንዳ ማርያም ዝተደኰነ ኣረጊትን ዳርጋ ዑናን ህንጻታት፣

ሓደ ኻበየናይ ኣካል መንግስቲ ምዃኑ ዘየጣለልኩዎ ሰብኣይ (ሓበሻ፣ ምናልባት ኣምሓራይ)፣ ዓርብ-ዓርቢ፣ ብሓንቲ ናይ 16 ሚሜ ፕሮጀክተር ገይሩ ፊልም ብናጻ ኬርኢ ጀመረ። እዚ፣ ንኸምዚ ኸማይ ዝኣመሰለ ብቑንማ ጽሉል፣ ካብ ሰማይ ዝወረደ ማና እዩ ዝነበረ። መቐመጢ መናብር ኣይነበረን፣ ስለዚ፣ ኣብቲ ብስሚንቶ ዝተለባበጠ ዘይጽሑይ ባይታ ኢና ተረፊቑና ንዕዘብ ዝነበርና።

መብዛሕትኡ እቲ እንርእዮ ፊልም፣ ብዛዕባ ማሕበራዊ ናብራ ኣብ ዝተፈላለየ ዓለም፣ ወይ ብዛዕባ ጥዕና ኸም ዝነበረ እዝክር። ነቲ ፊልም እንርእዮ ዝነበርና ንኣና ብርቂ ነገር ስለ ዝኾነ ደኣ'ምበር እቲ ትሕዝቶኡ ስለ ዝማረኸና ኣይነበረን።

ሓደ መዓልቲ ግና እቲ ልሙድ ኣሰልካዪ መደብ ተዛዚሙ፣ ካብቲ ዝተረፈቑናሉ ባይታ ብድድ ኢልና ኽንወጽእ ብዝተበገስና፣ እቲ ብዓል ፕሮጀክተር፣ መደብ ከም ዘይተወድአን ክንጸንሕን ብምልክት ነገረና። ኣዚና ተሓጐስና። ነቲ መጠቕለሊ ፊልም ለዊጡ ኽሳዕ ዜዋድዶ ሓያሎ ደቓይቕ ወሰደ።

ብሃንደበት፣ እቲ መጠቕለሊ ኺዘውር ጀሚሩ ኣብቲ ዝተዘርግሐ ዓለባ ስእሊ ብዝተፈነወ፣ ሓደ ኣብ ርእሱ ንእሽቶ ኽባብ ቆብዕ ዝወደየ ሰብኣይ ተቐልቀለ። ኣብ ኢዱ ዓንጋሎ ኽዘራን ሒዙ፣ ኣዒንቱን ሽፋሽፍቱን ዝተኳሕለ ይመስል፣ ኣብ ልዕሊ ኸንፈሩ ንእሽቶ ጭኽጫኽ ሪዝ ነበሮ። ኣከዳድናኡን ሳእኑን መተርእየት ዝኾነ ሰብኣይ እዩ ነይሩ። እቲ ሰብኣይ ዚንቀሳቐስ ባምቡላ ይመስል፣ ክንብልብል እናበለ፣ ናብ ሓደ ደረጃ ኺድይብ ኪፍትን፣ ኣብ ጫፍ ብዝበጽሐ እናንከራረወ ኺወርድ፣ ተመሊሱ ተንሲኡ ድማ ከም ቅድሙ ኪፍትንን ኪንከራረውን ብዝረኣና፣ እቶም ኣብኡ ዝነበርና ብሙሉኣትና ብሰሓቕ ተፈሓስና። ለከ'ቲ ብዓል መንግስትኣብ ዓርከይን ኣንጀሎ ወዲ'ደይ ጕያይ "ቻርሎት" ዝበሉዎ መስሓቂን ንሱ እዩ ነይሩ! ቀንዲ ቴማ ናይቲ ፊልም፣ ቻርሊ ቻፕሊን ልብሲ እሱራት ወድዩ መሬት ፍሒሩ ኻብ ማሕቡስ ኬምልጥ፣ ሓለውቲ ወተሃደራት ኣዝዩ ብዜስሕቕ ኬጓይይዎን ኬሽከየምን ዜርኢ ነበረ።

እቲ ሽው ዝረኣናዮ ናይ ቻርሊ ቻፕሊን ተንቃሳቓሳይ ስእሊ ንሓያሎ እዋን ደጋጊምና ከም ዝረኣናዮ እዝክር። መኒናዮ ኣይንፈልጥን። እንተ ኣነ'ሞ፣ ክሳዕ ሕጂ ናብ ሰማንያ ዓመተይ ተገማጊመ ምስ ደቅ-ደቀይ ክርእዮ ኽለኹ'ውን ዝመነኹዎ እዋን ፍጹም የልቦን።

ርግጽ'ዩ፣ ከምቶም ናይ ሽው ደቅ-ገዛውተይ ሓሓሊፉ ቑንማ ዝረኣኹሉ እዋናት ነይሩ። ናይ ቻርሊ ቻፕሊን ፊልም ንመጀመርታ ግዜ ዝረኣኹ ግና ኣብ እንዳ ሴታ፣ ኣብቲ ውና ህንጻታቱ ብሓንቲ 16 ሚሜ ፕሮጀክቶር እዩ።

ናይ ቀደም ቺነማ ክሮቸ-ሮሳ

ባዛዕባ ፊልም ካብ ኣልዓልኩ፣ ኣብቲ ዝሓለፈ ዓመትን ቅድሚኡን፣ እቶም ካብ ካልኣይ ክፍሊ ንላዕሊ ዝነበሩ ተምሃሮ፣ ረቡዕ ረቡዕ ኣብ ማእከል ከተማ "ኢንፎርመይሽን" እናተባህለ ናብ ዚርቋሕ ቦታ ተሰሪያም እናኸዱ ፊልም ይርእዩ ነይሮም። ናብ ካልኣይ ምስ ሓለፍና፣ ንሕናውን ከምኣቶም ናብዚ ፊልም ዚርኣየሉ ቦታ ንኸይድ መሲሉኒ ነይሩ። ሕማቕ ዕድል ኮይኑ ግና እቲ መደብ ሽዑ ዓመት ኣቋረጸ።

ሓደ መዓልቲ ግና መምህርና ብዛዕባ ክሪስቶፎር ኮሎምቦ ፊልም ክንርኢ ንደሊ እንተ ደኣ ኰንና፣ ካብ ስድራና ኣፍቂድና፣ ነቲ ቤት ሲነማ ዚኸፈል ፍርቅ-ሽልን ሒዝና ኽንመጽእ ነገሩና። ነቦይ ብዛዕባ ኣገዳስነት ናይቲ ፊልም ከረድእ ዝወሰደለይ ጸዓት ቀሊል ኣይነበረን፣ ከመይሲ ቺነማ ምርኣይ "ናይ ዓዋሉ" እዩ ዚሕሰብ ዝነበረ። ዝኾነ ኾይኑ፣ ኣብ ውላዱ ዚጭክን ሰብ ስለ ዘየሎ፣ ግዜይ ካብ ናብ "ሽላማ ወዲ ሽላማ" ዘባኽን ናብ ትምህርተይን መጽናዕተይን እንተ ዘድህብ ከም ዚሕሸኒ ምዒዱ፣ እናጕረምረመ ነታ ሰልዲ ሃበኒ።

እቶም ናብቲ ሽዑ ቺነማ "ክሮቸ ሮሳ" ዚብሃል ዝነበረ ብመምህራንና ተሰኒና ብመስርዕ ዝኸድና፣ ካብ ካልኣይ ክፍሊ ንላዕሊ ኢና ኔርና። ኣብ ወሰን ዳዕዳዕታ ጽርግያ ኣብ ዝተደኰነ ተኣኒኑ ንቺነማ ተባሂሉ ዝተሰርሐ ኣዳራሽ ድማ በጻሕና። እቲ ህንጻ፣ መንግስቲ ጣልያን ንመዛነዪ ሰራሕተኛታቱ ኺኸውን ከም ዘህነጾ ጸኒሐ ምስ ዓበኹ እየ ፈሊጠ። "ቺነማ ላቮሮ" እዩ ዚብሃል ነይሩ ዝበሉኒ ኣለዉ። ርግጸኛ ግና ኣይኮንኩን። ኣብቲ ገበላ ናይቲ ትያትር፣ ዓበይቲ ኳድሮታት ፊልም ቆይሙ ነበረ።

ናብቲ ውሽጢ ቺነማ ተመሪሕና ምስ ኣቶና፣ ነቶም ንኣሽቱ ኣብ ቅድሚት፣ ነቶም ዓበይቲ ኣብ ድሕሪት ከም እንቕመጥ ገበሩ። እቲ ናይ 35 ሚሜ ፊልም ተጀመረ። ብሕብሪ "ተክኒኮሎር" ስለ ዝተዳለወ ኣዝዩ ደስ በለኒ። ከመይሲ፣ መብዛሕትኡ ኣብቲ ሽዑ እዋን ዝነበረ ፊልምታት ብጻዕዳን ጸሊምን ዝተተኰሰ እዩ ነይሩ። ካብቲ ኣብታ ፊልም ዝረኣኽዎ ትዕይንቲ ብንጹር ዚዝከረኒ፣ እቲ ፍሉይ ኣከዳድና ናይቶም ኣብ ግዜ ክሪስቶፎር ኮሎምቦ ዝነበሩ ጸዓዱ፣ እተን ብጋንጽላ እናተደፍኣ ዚሰፍፋ መራኽብን ባሕረኛታተንን እዩ። ኣብ ሓደ ኻብቲ ትዕይንቲ፣ እቶም ባሕረኛታት ምስ ክሪስቶፎር ኮሎምቦ ኺቋየቑ ኣብ ዝተራእዩሉ ሸነኽ፣ መምህር ሙሳ ኣሮን ነቲ ውዕዋዐ ድምጺ ናይቲ ፊልም ከም ዚትሕት ኣግቢሮም፣ "ናበይ ኢኻ ትወስደና ዘለኻ፤ ናብ ጫፍ ዓለም ወሲድካ ናብ ጦርጦስ ክትሸምመና ዲኻ ደሊኻ፤፣" እናበሉ የዕበርብሩሉ ኸም ዝነበሩ፣ በቲ መጕልሒ ዘየድልዮ ብርቱዕ

ደሃዮም ገለጹልና። ኣነ'ውን ብልበይ፣ ልክዕ ከምኣቶም ፍርሂ እናተሰምዓኒ፣ “ሓቃቶም'ዮም፣” ሓሰብኩ በቲ ናይ ቍልዕነት ገምጋመይ።

ኣብ ኣጋ መዛዘሚ ናይቲ ፊልም፣ ክሪስቶፎር ኮሎምቦ ምስ ብዙሓት ከምኡ ዝኣመሰሉ መዛንኡ ኣብ ዙርያ ሓደ ሰፊሕ ከቢብ ጠረቤዛ ኾፍ ኢሉ ይርአ። ክሪስቶፎር ኮሎምቦ ኣብ ኢዱ ሓንቲ እንቋቕሖ ሒዙ ነበረ። እታ ትዕይንቲ ምስጢራ እንታይ ምዃኑ፣ መምህር ሙሳ ይንገሩና ኣይንገሩና ኣይዝከረንን። ምስጢራ ኽይፈለጥኩ ኽኣ ኽሳዕ ተምሃራይ ቀ.ኃ.ሥ. ዝኸውን ኣይተገልጸለይን። ኣብ ቀ.ኃ.ሥ. እንግሊዝኛ ኽንመሃር ከለና ግና ሓንቲ ንኣ እትገልጽ ሕጡብ ጽሑፍ ከምዚ እትብል ኣጋጠመትኒ፤

“ሓደ መዓልቲ፣ ክሪስቶፎር ኮሎምቦ፣ ነቶም ንሱ ዝገበሮ ቕያ ማንም ሰብ ኪገብሮ ዚኽእል እንድኣሉ፣ እናበሉ ዘነኣኣሱዎን ዘከሻመሹዎን፣ ሓደ ንሱ ኺፈትሖ ዚኽእል ግድል ኬቕርበሎም እሞ፣ ከምቲ ዚብልዎ ማንም ኪገብሮ ዚኽእል እንተ ኾይኑ ብግብሪ ኼረጋግጹሉ ጥያቕ ኣቕረበሎም። ሕራይ በሉዎ። ሽዑ ክሪቶፎር ኮሎምቦ ነታ እንቋቕሖ ብኢዱ ሓልዒሉ፣ “ንዚኣ፣ በቲ በሊሕ ኣንፋ ኣብ ልዕሊ እዚ ጠረጴዛ ኽተቕሙዋ ትኽእሉዶ፧” ኢሉ ሓተተ።

“ንስኻኸ ትኽእልዶ፧ ” ሓተትዎ መሊሶም እቶም በዳህቲ።

“እወ፣” በለ ኮሎምቦስ ነቲ ኣብ ጐኑ ዝነበረ መባደህቱ ነታ እንቋቕሖ እናኣቕበለ። እቲ ብድሆ ዝቐረበሉ፣ ነታ እንቋቕሖ በቲ ጨላቕ ኣንፋ ረጊኣ ከም እትቐውም ንምግባር ብዙሕ ሳዕ እንተ ፈተነኳ፣ ኣይከኣሉን፣ ምስ ተሓለለ ድማ ነቲ ኣብ ጐኑ ዝነበረ ኻልእ ብጫዩ ኺፍትን ኣቕበሎ። እቲ ኻልኣይ'ውን ከምቲ ቐዳማይ ምስ ተሓለለ፣ ናብቲ ዚቕጽል ኣመሓላለፋ። ከምኡ እናበለት እታ እንቋቕሖ ብዙርያ እናተሰጋገረት ኣማስያኡ ናብ ኢድ ክሪስቶፎር ኮሎምቦ ተመልሰት።

“በልስኪ፣ እስኪ ንስኻ ድማ ከምቲ ቓልካ ኸመይ ጌርካ ብኣንፋ ኽም እተቕማ ኣርእየና፣” በልዎ እቶም በዳህቱ።

ብድሕሪዚ ኮሎምቦስ ነታ እንቋቕሖ ሒዙ፣ በቲ በሊሕ ኣንፋ ምስቲ ጽፍሒ ጠረቤዛ ኣራጺሙ ብምጥፍላሕ ረጊኣ ኽም እትቐውም ገበረ።

“እዚ ደኣ ቐሊል እንድዩ፣ ንሕና'ውንኮ ኽምኡ ምገበርናና፣” በልዎ እቶም በዳህቲ።

ኮሎምቦስ ድማ፣ “ግና ኽምኡ ኣይገበርኩምን፣ ከምኡ ጌርካ ጥራይ ክትቀውም ከም እትኽእል ኣይሓሰብኩምሉን። ሰብ ንዝገበሮ ምንኻውን ምንእኣስን ቀሊል'ዩ፣” በሎም።

እዚ ልቦና'ዚ፣ ነታ ፊልም ኣብ ዝረኣኹሉ ግዜ እንተ ዘይተረደኣኒ'ኳ፣ ኣብ ኣእምሮይ ኣሰር ምግዳፉስ ኣይተረፈን። ከምኡ ስለ ዝኾነ ድማ ጸኒሐ እቲ ምስጢር ክፈልጦ ኽእልኩ።

ንእግረመገዲ ንምውካእ፣ እቲ ቤት ቺነማ ካሳዕ 1954 ኣቢሉ ኽም ዘገልገለ ትዝታኡ ኣሎኒ። ብድሕሪኡ፣ ብዘይ ተፈልጠ ምኽንያት ምስ ተዓጽወ፣ እቲ ትካል ቊሩብ ጸኒሑ፣ ናብዚ ሕጂ ብዙሕ ሰብ ቺነማ "ክሮቾ-ሮሳ" እናበለ ዚጽውዖ፣ ኣብ ጥቓኡ ዚርከብ፣ ንምዕራብ ዚጥምት፣ ኳድሮታቱ ኣብ ደገ ኣብ መንደቕ ዚሰቅል፣ ከም ሻሙ ዝተዓራረየ ጽላል ዜብሉ መኽዘን መሳሊ ኣዳራሽ ከም ዝገዓዘ እፈልጥ። እቲ ናይ ቅድም "ቺነማ ላቮሮ" ድሒሩ "ቺነማ ክሮቾ ሮሳ" ዝተባህለ፣ ንሕና ኣብ 1952 ዛንታ ክሪስቶፎር ኮሎምቦ ዝረኣናሉ፣ ሎሚ ዝነበሮ ግርማ ተደዊኑ እንታይ ይባቔጠሉ ኽም ዘሎ ኣይፈለጥኩን።

ጸዓተኛታት መምህራን

ህይወት ኣብ ቤት ትምህርቲ ገዛ ኸኒሻ ኽም ቀደሙ ቐጸለ። ኣብ ካልኣይ ክፍሊ እቲ ተምሃራይ ብቐለም ምጽሓፍ ይፍቀደሉ ስለ ዝነበረ፣ ንኣና ፍሉይ ተመኩሮ እዩ ነይሩ። እቲ ቐለም መብዛሕትኡ ግዜ ኮፕያቲቮ (ወይናይ ዝሕብሩ) ሓደው ቀጠልያ እዩ ነይሩ። ጸሊምን ሰማያውን ዝሕብሩ'ውን ነይሩ፣ ግና ኣብቲ ኸባቢና ተረካባይ ኣይነበረን። ብዙሕ ከይጸንሐ ግና፣ ዂልና ብርዕን ጫፍ-ብርዕን ዓዲግና ካብ ጸሊም ቀለም ዝሓዘ ብልቃጥ እናጠማዕና ንመጀመርታ ግዜ ኣብ ጥራዛውትና ንምጽሓፍ በቓዕና።

መጻሕፍቲ፣ ብፍላይ ብትግርኛ ዝተዳለወ ተረካባይ ኣይነበረን። እቲ መምህር፣ በቲ ኣብ ምድላው መምህራን ዝሰልጠኖ ሜላ፣ ንኹሉ ኣብ ሰሌዳ እናጸሓፈ እዩ ፍልጠቱ ነቲ ተምሃራይ ዜሰጋግረሉ ዝነበረ። ክሳዕ ክንደይ ብርቱዕን ኣጸጋምን ዕማም ከም ዝነበረ ንምግማት ኣየጸግምን። ሓደሓደ ግዜ ዅርሽ ምስ ዚስኣን፣ እቲ ተምሃራይ ብእዝኒ ሰሚዑ ምጽሓፍ ምእንቲ ኺለምድ፣ እቲ መምህር ብቓል እናነገረ ጥራይ የጽሕፎ ነበረ። መብዛሕትኦም ኻብቶም መምህራን፣ ኣብ መሰልጠኒ መምህራን ዝተዓለሙ፣ ገለ ድማ ብዕድመ ድፍእ ዝ'በሉ ነቲ ሞያ ኻብ ተመኩሮ ዝመለኹዎ እዮም ነይሮም።

ተምሃራይ ምስ ዚብድል ይንብርከኽን ይግረፍን ነበረ። በዚ ዚኣክል ትምህርቲ ጸሊኦም ምናምን ዝተረፉ ነይሮም። ከምዚ ኽነሱ ግዳ፣ እቲ ሕብረተሰብ ነዚ ኽም ቅቡል ይወስዶ ስለ ዝነበረ፣ ስለምንታይ ውላደይ

ተገርፈ፣ ኢሉ ዚጠርዕ ሰብ ጸብእቲ ነበረ። መምህርን ወላድን ኣብ ቅድሚ እቲ ሕብረተሰብ ፍልልይ ኣይነበሮምን። እቲ ተምሃራይ ንሓደ መምህር፣ ልክዕ ከምቲ ንሓደ ኻህን ዚገብሮ፣ ዋላ ብዕድመ ኣዝዩ ዚቀራረቦ ይዀን ወርትግ ደሪቡ (ኣቱም ወይ ኣትን እናበለ) እዩ ዜዘራርቦ ዝነበረ። ምስ ዚዝንጥሎ፣ ኣብ ልዕልኡ ዚውሰድ ስጕምቲ ተሪር ነበረ። ከምዚ ኺብሃል ከሎ ግዳ እቲ መምህር ወይ ወለዲ ኣብ ዜብሉ፣ ምስ ከምኡ ዝኣመሰሉ ብጫቱ ኺዝንጥሎ ወይ'ውን ብኣንስታይ ጾታ ኪረኽሑ ወይ ብዘይፈትዎ ሳዕ ኺጠቕሶ ምስማዕ ልሙድ ነበረ። ካብ ጽልኢ ወይ ሕሜት ዘይኮነስ ብዘልማድ ዘንጢልና ምስ ኣዕሩኽትና እነልዕሎም ከምኒ መምህር በየን ተኸሉ'ውን ነይሮም። እዚ ዝኾነሉ ምኽንያት ስፖርተኛ ስለ ዝበረ ይመስለኒ።

እቶም መማህራን ብወገኖም ነቶም ተምሃሮ ጽቡቕ ኣብነት ኪኾኑ ግደታኦም ነበረ። ኣብ ኣስኳላ ገዛ ኸኒሻ ኣብ ዝጸናሕኩሉ ዓመታት፣ መምህር ብድሕሪ ተመሃሮኡ ደንጕዩ ዝመጸሉ ዕለት ኣይዝከረንን። መብዛሕትኡ ግዜ፣ ቅድሚ ቓጭል ምድዋላ፣ ኵላቶም ኣብቲ ቤት ጽሕፈት ናይቲ ሓለቓ እዮም ዚርከቡ ነይሮም። ኣብ እዋን ዕረፍቲ፣ እቶም ደቅ-ተባዕትዮ መንእሰያት መምህራን፣ ብሓባር ኮይኖም ናብቲ ኣብ ጐኒ'ቲ ዓብዪ ጽርግያ ኣስመራ ምጽዋዕ ዝነበረ ሓደ የመንታይ ዚውንኖ እንዳ ሻሂ እናኸዱ ሻሂ ይሰትዩ ነበሩ። ካብታ ተመሊሶም ኪኣትዉላ ዚግብኦም ሰዓት ሰተት ኣቢሎም ኣይፈልጡን። ወልፊ ሽጋራ ዝነበሮም ምስ ዚኾኑ፣ ተሓቢኦም ደኣ'ምበር፣ ኣብ ቅድመና ዘትከኹሉ እዋን ኣይዝከረንን። ካብኣቶም ሽጋራ ኸም ዜትክኹ እንጥርጥሮም ዝነበርና፣ ከንፈሮም ዝሓረረን ኪምህሩና ኸለዉ ድማ ሃንገፍታኡ ዝበለሎም ክልተ መምህራን ጥራይ ነይሮም።

ብኡንብኡ፣ ቀዳማይ ምርመራ ኣብ ቅንያት ልደት ደበኸ በለ። ኣብዚ ግዜ'ዚ ግና፣ ከምቲ ኣብ ቀዳማይ ክፍሊ ዝኾንኩዎ ኣይተዳህለልኩን። "መርመራ" ካብ "ሃከቲ ኤዛመ" ኣዝዩ ተጻራሪ ንጥፈት ከም ዝኾነ፣ ካብቲ ዝሓለፈ ተመክሮይ ኣዐርዩ ስለ ዝተሰቈረኒ፣ ብዚከኣለኒ ኸምቶም ሽዑ ንፋዓት ዚብሃሉ ተምሃሮ ዚገብርዎ ዝነበረ ብዝተፈላለየ ሜላ ኣጽናዕኩ።

ኣብ ቅነ መርመራ፣ እቲ ተምሃራይ ቀልቡ ብጭራሕምራሕን ካልእ ብወለዱ ዚውሃቦ ተልእኾ ምእንቲ ኸይዅለፍ፣ ካብ ገዛ ወጺኡ ኣብ ጥቓኡ ናብ ዚርከብ ጽሙው ቦታ ኸይዱ እዩ ዜጽንዕ ዝነበረ። መብዛሕትኦም ካብቶም ኣብ ከባቢ ገዛ ኸኒሻ ዚቕመጡ ዝነበሩ፣ ኣብ ቤቶም ብሑት ክፍሊ ዘይነበሮም፣ ናብ ከም ብዓል ቤት-ገርግሽ እናኸዱ የጽንዑ ነበሩ። ኣነ'ውን ሓደ ኻብዚኣቶም ነበርኩ፣ ከምኣቶም ድማ ገበርኩ። መርመራ ተዛዚሙ ገምጋም ነጥብን ተርታን ብዝተነግረ፣ ጽቡቕ ውጽኢት ብምርካበይ ደስ በለኒ። እዚ ዝያዳ ንኸጽንዕ ፍናን ኮነኒ።

መብራህቲ ልደት

ናይታ ዓመት እቲኣ ልደት ንኣይ ፍልይቲ እያ ነይራ። መምህር ባህብላ፣ ክልተ ወይ ሰለስተ ዚኾና መዛሙር ልደት ኪምህሩና ወሪሖም ነበሩ። መምህር ባህብላ፣ ኣብቲ ቤተክርስትያን፣ ሰንበት ሰንበት፣ ነታ ኦርጋን እናወቕዑ ነቶም ብሓባር ዚዝምሩ ምእመናን ዚመርሑዎምን ዜድምቑሎምን መንእሰይ እዮም ነይሮም። ብጀካ'ዚ፣ ኾላትና ተምሃሮ ንዝግጅት በዓል ልደት ናብቲ ቤተክርስትያን ከም እንእከብ ተገይሩ፣ ነቲ በዓል ዜንጸባርቕ መዛሙር ልደት ክንመሃር ሓገና። ካብቶም ኣብ ልዕል ዝበለ ኽፍልታት ዚምሃሩ ድማ ሓደ ናይ መዘምራን ጕጅለ ቖይሙ ኣብ ልምምድ ነበረ።

ናብቲ ቤተ-ክርስትያን ሽዑ ንፋልማይ እዋን እየ ኣትየ። እቲ ኣፍደገኡ፣ ብትሕቲ ሓደ ብቕዲ ኤውሮጳዊ ህንጻ ዝተነድቀ ግምቢ ደወል ነበረ። ኣብ ውሽጢ፣ ሓደ ግፍሕ ዝበለ ጽርሓ ብየማን ጸጋሙ ብርሃን ዜሕልፍ፣ ላዕላይ ሸነኹ ቀልደዳይ፣ ዓበይቲ ብዓል ሕብራዊ መረጼናት መሳኹቲ ነበሮ። ኣብቲ ቖንዲ ባይታ እቲ ጽርሓ፣ ኣብ እዋን ቅዳሰ ምእመናን ዚቕመጡሉ፣ ኣብ ማእከሉ መተሓላለፊ ዘሎዎ ኽልተ መስርዕ ርቦታት ከም ዝነበረ እዝክር። ፊትንፊት እቲ ምእመናን ኾፍ ዚብሉሉ ርቦታት፣ እቲ ቖዳሳይ ካህን ነቲ ስርዓት ዚፍጽመሉ መሰውእያ ነበረ። ብድሕሪ እቲ መሰውእያ፣ ሓደ ዓቢ መስቀልን ስእሊ የሱስን ካብ መጽሓፍ ቅዱስ ዝተዋጽአ ጥቕስን ነበረ። እቲ ጥቕሲ እንተ ዘይዘንጊዐዮ፣ *"ኣቱም ክተዕርፉ እትደልዩ ናባይ ምጹኡ፣"* ዚብል ዝነበረ ይመስለኒ። ብሸነኽ ኣፍ-ደገ ናይቲ መእተዊ፣ ብመሳልል ዚድየብ፣ ምስቲ ግምቢ እንዳ ደወል ዝለገበ ሰገነት ነበረ። እዚ ሰገነት'ዚ፣ እቶም ኣብ ታሕታይ ክፍሊ ዝነበርና ተምሃሮ ብመምህራን ተሰኒና ኾፍ እንብለሉ እዩ ነይሩ።

ኣብ ወንጌላዊት ቤት ትምህርቲ፣ ልደት፣ ካብቲ ኣነ ቕድሚ ሽዑ ዝረኣኹዎ ኣዝዩ ብዝተፈልየ ኣገባብ እዩ ዚብዓል ዝነበረ። ቅንያት ልደት፣ ነቲ በዓል ተባሂሉ ብዙሕ ተዓጠቕ ተሸብሸብ ዚብሃለሉ እዋን እዩ ነይሩ። በዚ ምኽንያት'ዚ፣ ኣብ ቈልዑን ንኣሽቱን ፍሉይ ተዘክሮ ዚገድፍ ንልቦም ብኣድሃ ዜዕለቕልቕ ኣጋጣሚ እዩ ዝነበረ።

መብራህቲ ልደት፣ ኣብ ዋዜማ እቲ ዕለት እዩ ዚከናወን፤ ክሳዕ ሎሚ'ውን ከምኡ ኣሎ። ኣብዛ ምሸት እዚኣ፣ ነቲ የሱስ ኣብ መብልዕ ማል ዝተወልደሉ ዕለት ዚገልጽ ስብከት ብዓበይቲ ደቀባትን ጸጓዱ ምስዮናውያንን ይስበኽ፣ መዛሙር ብንኣሽቱን ዓበይትን ተምሃሮ ብዝቖመ መዘምራን ብውህደት ዝተፈላለየ ዜማ ይቃላሕ። መምህራንን ምእመናንን ብሓባር ዚሳተፍዎ

ብተመሳሳሊ ወህደት ቃና ዝተሰባቐለ መዛሙር'ውን ነቲ በዓል ንርዝነቱ ዚሕብር ነበረ። ኣብ መንነዚ፣ ብኣጋጣሚ ሓደ ወጻእተኛ ምስዮናዊ ብእንግሊዝኛ ኺሰብኽ ምስ ዚቐርብ፣ እቲ ምእመን ምእንቲ ኺሰምዮ፣ መምህር ሙሳ ኣሮን፣ ኣብቲ ዓመት እቲ ሓድሽ ሓለቓ ናይቲ ቤት ትምህርቲ፣ ኣብ ጐኒ እቲ ጋሻ ሰባኻይ ኮይኖም ይትርጉሙሉ ነበሩ።

ኣብ ገዛና'ውን፣ ኣብታ ዓመት እቲኣ፣ ቅነ ልደት ብጽቡቕ ከም ዝሓለፈ ኣዐርየ እዝክር። ከምቲ ኣቐዲመ ዘዘንተኹዎ፣ ኣቦይ ኣብቲ ሰራዊት ኣመሪካ ዝሰፈሩሉ፣ ኣብ "ራድዮ ማሪና" ይሰርሕ ስለ ዝነበረ፣ ከም ህያብ ዝተዋህበቶ ሓንቲ ንእሽቶ ጽሕድ-መሰል ኣርቲፊሻያዊ ኦም ምስ ሒደት ዜብረቕርቕ ስልማትን፣ ባምቡላ ፕላስቲክ ናይ ኣቦ-ልደትን፣ ጻዕዳ ሸውዓተ ቐርኑን ስለ ዝምጽኣልና ሓወይን ኣነን ኣዚና ተሓጒስና። ካብኡ ንደሓር፣ ጽሕዲ ኻብ ምልማን ተናገፍኩ። ብጀካዚ፣ እቶም ኣመሪካውያን፣ ከምቲ ልማድ ዓዶም ነቶም ሰራሕተኛታቶም፣ ንቤተ ሰቦም ኪኸውን ዝመጠዉዎም በብዓይነቱ ቢስኮትን ካራመላን ዝሓዘ ህያብ ከም ዘምጽኣልና እዝክር። እቲ ኣብ ውቁብ ኣስቃጥላታት ዝተዓቀበ ምቁር ነገራት፣ ክሳዕ ዕለተ ልደት ንሓያሎ መዓልቲ ኣብ እዋን ምሳሕ እናዓደለ ኽም ዘንበሸበሸና ድማ ከቶ ኣይርስዖን።

፲

ኣመጻጽኣ ዘመነ ጃንሆይ

ሓጸይ ሃይለ ስላሴ ናብ ኣስመራ ዝመጹ፣ ኣብቲ ዓመት እቲ እዩ። እቲ ዕለት ብትኽክል ኣይዝክሮን፤ ግና ኣብ ታሕሳስ 1952 እዩ ነይሩ ይመስለኒ። ብዓቢ ዓጀብ፣ ብዕልልታን ከበሮን ደባልን ጭራ-ዋጣን እምብልታን ብዝደመቐ ጽንብል እዮም ኣትዮም። ተምሃሮ ወንጌላዊት ቤት ትምህርትውን፣ ከም ዓለምና ኽንቅበሎም ብምሉኣትና ተሰሪዕና ብንግሆኡ ኣብ ጥቓ'ቲ ዓቢ ግቢ ተኾልኩልና ከይተመሳሕና ምሉእ መዓልቲ ፍጭም ክንብል ወዓልና።

ኣማስያኡ፣ ኣብ ኣጋ ሰዓት ኣርባዕተ፣ ርኢናዮም ዘይንፈልጥ ሰብ ትግቱግን፣ ካስኮ ዝቐብየም ፍሉይ ዝድቪዛኦም ዚዘባዘቡ ወተሃደራትን ተዓጂቦምን በቲ ጥቓና ተጸጊዮም ናብቲ ግቢ ኣተዉ። እቲ ብየማነ ጸጋም እናተጸቓቐጠ ዝቖመ ህዝቢ ነታ ገጾም ንምርኣይ ዝፈጠሮ ዕግርግርን ጭራሕምራሕን ንምግላጹ የሸግር። ንሕና'ውን፣ ብኡንብኡ ኻብቲ መስርዕ ተፈኒና ደድሕረኦም በቲ ጋህ ኢሉ ዝተራሕወ በርታት ናብቲ ግቢ ተደርገምና። ናብቲ ኣዳራሽ ኽይንጽጋዕ ዘይንፈልጦም ዓይነት ወተሃደራት ዓገቱና። ሕጂ ኽዝክር ከለኹ "የክብር-ዘበኛ" ዚብሃሉ እዮም ነይሮም። ናይ ነገር ቀ'ልዕነት ክሳዕ እንስጐጐ ኣብ ውሽጥ'ቲ ግቢ ዝነበረ ዕምባባታትን ናዕናዕን እናቐናጠብና ኣበላሸናዮ።

ብድሕርዚ፣ ናብ በበይኑ ቦታታት ኤርትራ፣ ከም መሳጊድ፣ ኣብያተ ክርስትያን፣ ኣብያተ ትምህርቲ፣ ፋብሪካታት፣ ከተማታት፣ ወደብ ባጽዕ፣ ወዘተ. ዝኣመሰለ ከም ዝበጽሑ ንሰምዕ ነበርና። ኣብ ባጽዕ ኣብ ዝበጽሑሉ፣ ሓደ ወድ'ቲ ዓዲ፣ ገጾም ምእንቲ ኺርኢ ኺብል፣ ናብታ ንሶም ዝነበሩዋ መርከብ ብሓመሳ ንምብጻሕ ኣብ መንጎኡ ብድኻም ዚኣክል ጥሒሉ ኽም ዝሞተ ወረ ሰማዕና። ኣብ ዝኸዱዎ ዘ'በለ፣ ድሙቕ ኣቀባብላ ኽም ዝተገብረሎም፣ ምስ ሻህን ቡንን እናተቛሰየ ብሰፊሑ ይዕለል ነበረ። ሓጸይ ሃይለ-ስላሰ ስለምንታይ ነዚ ምዉቕ ኣቀባብላ'ዚ ኽም ዝረስዑዎን ተልዓሽ ከም ዝበሉዎን ካብቲ ወርትግ ዚገርመኒ ነገር እዩ።

ካብተን ብጃንሆይ ናይ ብጽሖት ዕድል ዝረኸባ ኣብያተ ትምህርቲ ሓንቲ፣ "እንዳ ሴታ" ወይ "ቤት ትምህርቲ ኣዋልድ" እያ። ተመሃሮ እንዳ ሴታ ንጃንሆይ ንምቕባል፣ ጻዕዳ ቓሚሻን ጸሊም-ሰማያዊ ጎናን ዲቪዛ (ብናተይ ግምት) ንመጀመርታ ግዜ ኽም ዝለበሳ ይዝከረኒ። እቲ ሕብሪ ናይቲ ዲቪዛኦን ብዙሕ ቤላቤለው ኣለዓዓለ። ጃንሆይ ንእንዳ ሴታ ጸሊም

ክዳን ለቢሰን ስለ ዝተቐበልኦም ኵርዮም ዚብል ሕሜት ብሰፊሑ ተናፈሰ። እንተ ወሓደ ኣብ ሪጋ ፌሮቪያ። ኣብ ዕላል ቡን፣ " 'ስለምንታይ ጸሊም ተኸደንክን፤ ናተይ ምምጻእ ኣየሓጕስክንን ድዩ፤' ኢሎመን፣" ተባህለ።

ወንጌላዊት ቤት-ትምህርቲ'ውን ብጃንሆይ ናይ ብጽሖት እ'ጃማ ረኺባ ነበረት። ኣብታ ዝበጽሑና ዕለት፣ ካብ ንግሆ ጀሚርና ኹላትና ተምሃሮ፣ ብፍላይ ግና ኣዋልድ ኣብ ምጽርራይ እቲ ክፍልታት ተካል ከም ዝወዓልና ይዝከረኒ። እቶም ኣወዳት ዝኾንና፣ ኣብ ቀቅድሚ ኣፈፌት ክፍልና ብነንበይኑ ዝሕብሩ ጸጸርን ብኣዝሒትን ዝተሰላለመ፣ "እንቋዕ ብደሓን መጻእኩም" ወይ "እንኳን በደህና መጡ፣" ዚብል ናይ ጽሑፍ መልእኽቲ ገበርና። ድሕሪ ነዊሕ ፍጭምታ ጃንሆይ ኣጋ ሰዓት ኣርባዕተ ናብቲ ቤት ትምህርቲ መጹ። ኣብቲ ቕርዓት ተሰሪዕና ኢና ተቐቢልናዮም። ከምቲ ዝገመትናዮን ዝተጸበናዮን፣ ናብቲ ኽነጸራርዮ ዝወዓልና ኽፍልታት ኣየላገሱን። ሓጺር ንግግር ከም ዝተገብረ ግዳ ትዝ ይብለኒ። መን ከም ዝመደረ ወይ እቲ ዘዘውተሮ ቛንቋ ኻብ ኣእምሮይ ፍጹም ተሰሪዙ'ዩ። እቲ ቛንቋ ኣምሓርኛ፣ እቲ ንግግር ድማ በቶም ሓድሽ ሓለቓ ቤት-ትምህርቲ መምህር ሙሳ ኣሮን ከም ዝቐረበ ጥራይ እግምት። ብድሕርዚ፣ በቶም ዓበይቲ ዓድን ሽማግለታትን ገዛ ኸኒሻ፣ ከምኡ'ውን መምህራን ናይቲ ቤት ትምህርቲ ተሰንዮም ነቲ ቤተ ክርስትያን ከም ዝበጽሑዎ እዝክር።

ጃንሆይ ኣብ ውሽጢ ኣስመራ ካብ ሓደ ቦታ ናብ ካልእ ኣብ ዚንቀሳቐሱሉ ዝነበረ ግዜ፣ ገለ ሰባት፣ ብፍላይ መንእሰያት ኣወዳትን ኣዋልድን፣ ኣብቲ ንሶም ዚሓልፉሉ ጽርግያ እናተጸበዩ፣ ካብ ሓጹራት እንዳ ሰብ ዝቐንጠቡዎ ዕታሮ ዕምባባታት ሒዞም ናብታ ማኪናኦም ጠኒኖም እናኣተዉ የቐብሉዎም ከም ዝነበሩ ይዕለል ነይሩ። ሓደ "ኣባ ሃና" ዝተባህሉ ናይ ጃንሆይ ተሓዝ ገንዘብ ምዃኖም ዝተነግረሎም፣ ኣብ መጀመርታ ክሳዕ ሓምሽተ ቕርሺ ኢትዮጵያ ዚኣክል፣ ነቲ ጠኒኑ ዝመጸ ሰብ ይምጥውዎ ነበሩ። እቲ ተግባር ቅጥዒ ስኢኑ እናሳዕረረ ኺኸይድ ብዝጀመረ ግና ተመንዩዎም ግዲ ኾይኑ ሓሓንቲ ብር ናብ ምድርባይ ከም ዝተወሰኑ እዝክር። እዚ እንተኾነ'ውን ነቲ "ህጁም" ኣየዝሓሎን። እዚ ኹሉ ዘምጽኦ፣ እቲ ሽው ዝነበረ ሕሱም ናብራ ከም ዝኾነ ምዝካር የድሊ።

ዓሊ ቦርኮ

መንግስቲ እንግሊዝ ምምሕዳሩ፣ መአስ ወይ ብኸመይ ኣገባብ ንደቀባት ከም ዘረከበ ኣፍልጦ የብለይን። እቲ ዝዝክሮ፣ ጃንሆይ ናብ ኣስመራ ብዝኣተዉ፣ ሓደ ንግሆ፣ ኣቦይ ቅድሚ ሽው ርኢናዮ ዘይንፈልጥ ዓይነት ሰልዲ ነደይ ምስ ሃባ፣ ኣነ ድማ ንቑርሲ ዚኸውን ባኒ ኸምጽእ ናብ ድኳን እንዳ'ቦይ ዮሴፍ ምስ ተለኣኽኩ ነበረ። ንኽንለምዶ ኸኣ ቍሩብ ግዜ ወሰደ። እቲ ኽሳዕ ሽው መናብርትና ኾይኑ ዝጸንሐ ጅነ፣ ሽልን፣ ታዕሪፋ ልክዕ ከም ሰልዲ ጥልያን ብቕጽበት ካብ ዕዳጋ ኺስወር ግዜ ኣይወሰደን።

ካብ ኩሉ ዘይርስዓኒ፣ እቲ ገንዘብ ወረቐት ናይ ኢትዮጵያ እዩ። እቲ ቕርሺ ሕብሩ ድሙቕ ጸሊም ሓምላይ፣ መጠኑ ዕብይ ዝበለ፣ (ዳርጋ size A6 ምኾነ) ሓደ ንሓጸይ ሃይለ ስላሴ ዚመስል ሰብኣይ ኣብዑር ቈሪጉ እናሓረሰ ዜርኢ ነበረ። ክንዮኡ፣ ኣንዱ ዚመስል ዘሎዎ፣ ከምቲ የኔታ ዜዘምሩና ዝነበሩ መዓርን ጸባን ዚውሕዞ ልሙዕ ቅርጺ መሬት ይርእ። ኣማስያኡ ግና ንሳንቲምን ሓምሽተ ሳንቲምን ዓሰርተ ሳንቲምን ንቕርሽን ነቲ ጥርዙ ሕርጎ፣ ሕርካም ወይ ቅጥቃጥ ዝበልናዮ ለሚድናዮ ከም ንቡር ተቐቢልናዮ። ካብ ብሩር ዝተጠ'ረገ ናይ ሓምሳ ሳንቲም ሰልዲ'ውን ነይሩ፣ ካብ ዕዳጋ ኺወጽእ ግና ግዜ ኣይወሰደን።

ገዛ ኸኒሻ እቶም ኣውራ ተቐማጦኣ ተኸተልቲ እምነት ፕሮተስታንት እዮም ነይሮም። ቀንዲ ሰፈሮም፣ ካብታ ኣቐዲማ ዝተገልጸት ቤተ ክርስትያን ንምብራቕ ክሳዕ "ድብዚቶ"፣ ከምኡ ድማ ንሰሜን ኽሳዕ'ቲ ማይበላ እዩ ዝነበረ። መብዛሕትኡ እቲ ገዛውቲ ብጭቃን ብቐይሕ ወይ ብጸሊም እምኒ ዝተነድቀ፣ ብግዜኡ ወሃ ዘበለ ማዕደሻታት ነበረ። ሓደ ኣቦይ ባህታ ዝተባህሉ ናይ ጥዕና ብዓል-ሞያ ዜካይዱዎ ናይ ሕክምና ህንጻን፣ እቲ መጐራብ'ቱ ቤት ማሕተምን ካብቲ ቐንዲ መለለይኣ ነበረ።

ምሸት ኣብ ኣጋ ሰዓት ሽውዓተ፣ ብገዛ ኸኒሻ ሰንጢቑ ንዚሓልፍ ተጓዓዚ፣ ኣብቲ ገሊኡ ብዜጭለምልም ኣምፖል፣ ገሊኡ ብፋኑስ፣ ገሊኡ ብቐንዴል ዝበርህ ህዱእ ገዛውቲ፣ መዝሙር ይሰምዕ ነበረ። እዚ ነቶም ኣብ መንጎኦም ዝተኻረና ናይ ካልእ ሃይማኖት ምእመናን ከይተረፈ ጥዑም ትዝታ ዝገደፈ እዋን እዩ።

ዓሊ ቦርኮ፣ ንተምሃራይ ገዛ ኸኒሻ፣ ብፍላይ ድማ ነቶም ንኣሽቱ ኣዝዩ ኣገዳሲ ሰብ እዩ ነይሩ። ድኳኑ ምሉእ ሸቐጥ ኣይነበሮን፣ ጽርየቱ'ውን ኣይግድን። እቲ "ቦርኮ" ዚብል ሳጓ እምበኣር፣ ከም ዚመስለኒ፣ ካብዚ እዩ

ዚብገስ። ንሱ ግና በዚ ብዙሕ ዘይጭንቕ ዓይነት ሰብ እዩ ዚመስል ነይሩ። ኣብ ድርኾኹት ድኳኑ፣ ሓንቲ ወርትግ ማይ ዚመልአ ኣስታት ርብዒ ፉስቶ እትሕዝ ንእሽቶ መራት በርሚል፣ ምስ ሓንቲ ንእሽቶ መቕድሒት ታኒካ ነበረቶ። ዝኾነ ሓላፍ መገዲ ማይ ምስ ዚጽምእ፣ በታ ታኒካ ቐዲሑ ጐረሮኡ የርዊ ነበረ።

ኣብ እዋን ዕረፍቲ ናይ ትምህርቲ፣ እናተቐዳደምና ብዕስለ ናብ ድኳን "ዓሊ ቦርኮ" ንጐዪ ነበርና። እናተመናጠልናን እናተደፋፋእናን ከንሰቲ ኸለና፣ ቀ'ጥዐ ኾነ ዘለፋ ወይ ጸርፌ ሰሚዕናሉ ኣይንፈልጥን። እታ በርሚል ከሳዕ እትጽንቀቕ በቲ መ'ራት ትርኢታ ኽይተጸየንና ንረውየላ ነበርና። ኪርሳዕ ዜብሉ፣ ማይ ሽው ብቐሊሉ ኻብ ቡምባ ዚምላእ ኣይነበረን፣ ዓሊ ቦርኮ ከም ሰቡ ኻብ ቦጥ ዓዲት እዩ ነታ ንእሽቶ በርሚል ዚመልኣ ዝነበረ።

ዓሊ ቦርኮ፣ ብጀካ'ዚ ዝተጠቕሰ ፍሉይ መለለይኡ፣ ኣብ ማሕበራዊ ህይወት ናይቶም ተቐማጦ ገዛ ኽኒሻውን እጃም ነይሩዎ። ንግሆ ናብ ድኳኑ ንዘላገሰት ዓሚሉ፣ ብሒታ ዝቐነየት'ሞ ዝተገላገለት ሰበይቲ ምስ እትህሉ፤

"ያ ጓል ገሺ፣ ዝገወይኒ ወሊዳ፣ ሰሚዕኪ!" ይብላ።

"ኣሰይ! መኣስ ሓሪሳ፤ " ትጥይቕ እታ ዓሚል።

"ለይቲ ሓሪሳ፣ ወላሂ ተሓጐስና!"

ኣብቲ ኽባቢ ሞት ምስ ዜጋጥም፣ ሃይማኖት ከይፈለየ፣ ድኳኑ ዓጽዩ ኣብ ሓመድ ድበ ይሳተፍ ከም ዝነበረ ብዓይነይ እርእዮ ነይረ። ገዛይ ኣብ ጥቓ'ቲ መቓብር እንዳ ማርያም ስለ ዝነበረ።

መወዳእታ ዓመት ኣስኳላ ኣብ ወ.ቤ.ት.

በዓል ፋሲካ ኻብታ ዝሓለፈት ዓመት እትፍለ ኣይነበረትን። ኣቦይ ንኣይን ነቲ ምንኣሰይ ሓወይን፣ ብስራት *"ክርስቶስ ትንሳኤ ሙታን"* ክንሰምዕን ክንሳለምን፣ ከምቲ ወግዒ ናይቲ እምነቱ ናብ ቤተኽስያን ቅድስት ማርያም ጽዮን ወሰደና። ኣብቲ ኽውታ'ቲ፣ ኣብቲ መጐራብትና፣ ቅድሚ ሽው ዘይሰማዕኩዎ፣ *"ክርስቶስ ተንሲኡ ሓጐስ ኮይኑ"* ዚብል መዝሙር ናይ ዓበይቲ ሰብኡት ሓሓሊፉ የቃልሕ ነበረ። ደሓር ጸኒሐ ኽም ዘጣለልኩዎ፣ ለካ እቶም ዘመርትስ ገሊኦም መምህራን ናይ ገዛ ኽኒሻ እዮም ነይሮም። ናብ ገዛ ገዛ ናይቶም ደቂ ማሕበሮም እናላገሱ እዮም ዚዝምሩ ዝነበሩ።

ድሕሪ ዕርገት ንዕረፍቲ ቤት ትምህርቲ እንሸባሸበሉ እዋን ኣኸለ። ሰነ 23 1953፣ ኣብ ድሮ እቲ በዓል፣ እቲ ናይ ታዕሊም ሜዳ ነፍስ-ወከፍ ተምሃራይ መ'ኻኑ ምእንቲ ኼለሊ ብኖራ ምልክት ተገብረሉ። ኣብቲ ዓመት እቲ፣ ምስቶም ቀንዲ ተዓለምቲ ኽለማመድ ስለ ዝሓገኹ ዓቢ ሽመት ዝወሰኽኩ

ኸይኑ ተሰምዓኒ። ኣብ ልዕል'ዚ፣ ኮላትና ተዓለምቲ፣ ኣብቲ በዓል ጻዕዳ ጎማ ሳእኒ ወዲና ኸንመጽእ በቲ ቤት ትምህርቲ መምርሒ ስለ ዝተዋህበ፣ እዚ ንባዕሉ ዓብዪ ብስራት ነበረ።

ቍልዕነት መሸም ጥዑም'ዩ፣ እዚ መምርሕ'ዚ፣ ኣብ ልዕሊ ወለድና ዜስዕቦ ናይ ኤኮኖሚ ጸቕጢ ንኣና ዚዓጥጥ ኣይነበረን። እቲ መምርሒ እንተላይ ነቶም ብትሕተና ዝነበሩ ተምሃሮ ይመልከት ኣይመልከት ሕጂ ኣይዝከረንን። ግና ንኣይን ንጸጋይ ሓወይን በብሓምሳ ሳንቲም ጸጽምድና ተዓደገልና። ሓምሳ ሳንቲም ንሓደ ጽምዲ ጎማ ጫማ ሎሚ ኣመና ሕሱር ኪመስል ይኽእል'ዩ። ኪግንዘብ ዚግባእ ግዳ በቲ እዋንቲ ሓንቲ ጥቦት ማሕስእ ዋጋኣ ሓምሳ ሳንቲም እዩ ዝነበረ። ስለዚ እቲ ቍጠባዊ ፋይዳኡ ብመንጽር እዚ ግ'በጣ'ዚ ኺርአ ይግባእ።

ኣእጋረይ ኣዐርየ ተሓጺበ፣ ነቲ ሳእኒ ንመፈተንታ ኣብ ባይታ ናይታ "ብልሙጽ ስሚንቶ" ዝተመድመደት ገዛና ንየው ነጀው ብዝሰጕምኩ ፍሉይ ፍስሓ ተሰምዓኒ። ኣብ ልዕል'ዚ፣ በቲ ናይ መርመራ ነጥብታተይ ካልኣይ ተርታ ስለ ዝወጸእኩ ንኣይ ብድርብ ኣሓጕሰኒ።

ኣብታ ዓመት እቲኣ፣ መዛዘሚ ዓመት ወንጌላዊት ቤት-ትምህርቲ ፍሉይ ሃዋህው ዝሰፈኖ ነበረ። ሰራዊት እንግሊዝ ብወግዒ ኻብ ኤርትራ

መዛዘሚ ዓመተ-ትምህርቲ ኣብ ወንጌላዊት ቤት-ትምህርቲ 1953

ለቒቑ ኤርትራ ምስ ኢትዮጵያ ብፌደረሽን ተቘሪና ብመራሕ-መንግስቲ እትመሓደረሉ እዋን እዩ ነይሩ።

እቲ መደብ ንግሆ ሰዓት ትሽዓተ ተጀመረ። ኣብቲ ቕርዓት፣ ኣብ ቅድሚ እቶም ልምምድ ኪገብሩ ዝወርሑ ጻዕዳ ማልያን ጻዕዳ ጎማ ሳእንን ዝወደዩ ተምሃሮ፣ ኣጋይሽ ንምቕባል ሰፋታትን መናብርን ተዋደደ። ኣብ ቅድሚ'ዚ መናብር'ዚ፣ ነቶም ብልጫ ዝረኸቡ ዚዕደል ምስክር ወረቐትን መጻሕፍትን፣ ኣብ ልዕሊ ሓደ ብርኪያሞ ዘጌጸ ዓለባ ዝተሸፈነ ሰደቓ ብጽፍፈት ተቐሚጡ ነበረ። ኾላቶም መማህራንና እቲ ዝበለጸ ኽዳውንቶም ለቢሶም፣ ዝጐደለ ነገር ከይህሉ ንምርግጋጽ ንየው ነጀው የምሰስዉ ነበሩ።

ሰዓት ሸሞንተ ብዝኣኸለ፣ እቶም ተምሃሮ ዝኾንና ኣብቲ ብኖራ ምልክት ዝተገብረሉ ሜዳ ነነቕጣና ሒዝና ቖምና። በብቕሩብ ዓበይቲ ዓድን ወለድን ዘጠቓለለ ኣጋይሽ ብኣስተናበርቲ እናተመርሑ ነቲ ሰድያታት ኪመልእዎ ጀመሩ። ኣማስያኡ መራሕ መንግስቲ ተድላ ባይሩ ምስ ብዓልቲ ቤቶም መጹ'ሞ፣ ኣብቲ ዝተመደበሎም መንበር ተቐመጡ። ኣብ ዙርያ እቲ ቐንዲ ምርኢት ዚቐርበሉ ቕርዓት፣ እቲ ቐጽሪ ናይቲ ቤተ-ክርስትያን ከይተረፈ ብዓበይትን ብንኣሽቱን ብቘልዑን ጻትንጻት መልአ።

እቲ መደብ ብመደረ መምህር ሙሳ ኣሮን ከም ዝጀመረ ይዝከረኒ። መንግስቲ ኢትዮጵየ ጌና እግሩ ኣደልዲሉ ዘይረገጸሉ ህሞት ስለ ዝነበረ፣ እቲ ንግግር ብትግርኛ ኽም ዝተገብረ፣ ብኣምሓርኛ ድማ ኽም ዝተተርጐመ ትዝ ይብለኒ። ቀጺሉ፣ እቲ መምህር በየነ ተኸሉ ኺዕልመና ዝሓገየ ናይ ምውስዋስ ኣካላት ምርኢት ቀረበ። ብድሕርዚ፣ ነቶም ንበዓልና ኼማዕርጉን ኬድምቑን ዝመጹ ኣጋይሽን ወለድን ዜመጕስ፣ ንትምህርቲ ዚውድስ፣ ከምኡ ድማ ንመቐረት ንእስነት ዜንጸብርቕ መዛሙራት ብኹላቶም እቶም ተመሃሮ ተዘመረ። ሓንቲ ኻብቲ ሽዑ ዝተዘመረት ከምዚ ዚስዕብ ትብል ነበረት፤

እዋን ንእስነት ሓሊፉ፣... ሰላም፣
ታሕጓስና'ውን ተወዲኡ...ሰላም፣
ሰላም መዝሙር ናይ ንኣሽቱ፣
ዘ'ይምኖ ዜማታቱ፣
ንኺድ ዓርከይ ሕጇይ፣
ናብቲ ኽብረት ናይ ሰማይ፣
ንኺድ ዓርከይ ሕጇይ፣
ናብቲ ኽብረት ናይ ሰማይ።

ተጋግየ ኽይከውን ተስፋ እገብር። ብድሕር'ዚ እቶም ዓበይቲ ተምሃሮ፣ ሓንቲ *gospel bells* ዝትሕዝቶኣ መዝሙር ከም ዝዘመሩ እዝክር። ቀጺሉ፣

ሓንቲ ተዋስኦ፣ ሓይልኣብ ጸጋይ (ድንሽ)፣ ትኩእ ይሕደጎ፣ ጸሃየ ሓጐስ (ወደን ንመምህር ምሕረት ባይሩ ይመስለኒ)፣ ዝተባህሉ ሓደ ትሕዝቶኡ ንኣይ ዘይተረድኣኒ፣ ብዛዕባ ኣቦን ክልተ ደቁን ዜውክእ ተዋስኦ ሽም ዘቕረቡ እዝክር። ሓንቲ ብመምህር ባህብላ ዝተጠርነፈት ጕጅለ ተምሃሮ'ውን ብዝተሰባጠረ ደሃይ *"Row row row your boat gently down the stream"* ዝትሕዝቶኣ መዝሙር ተዜመት። ኣብ መጠረሽታ ድማ ነፍስ-ወከፍ ዕዉት ተምሃራይ ሽሙን ሽም ኣቦኡን ተርታኡን እናተረቝሐ ብድሙቕ ጣቕዒት ተሰንዩ ኻብ ብዓልት-ቤቶም ንመራሕ መንግስቲ ተድላ ባይሩ ብልጫኡ ተዓደለ። በዚ ድማ እቲ በዓል ተዛዘመ።

ካብቲ ጐልጎል ገና ኸይተኣለና፣ ክረምቲ ምእታዉ ዘበሰረ ፍሩይ ዝናብ ነቲ ኺበዓለሉ ዘርፈደ ጐልጎል ኬተርክሶ ጀመረ። ኵሉ'ቲ ተምሃራይ ኬዕቅል ተጓየየ። ብሃንደበት ኣቦይ ኣብ ቅድመይ ረኣኹዎ። ከም ዝተሓጐሰ ርግጸኛ እንተ ነበርኩ'ኳ፣ ኣብ ገጹ ፍሽኽታ ኾነ ፍሉይ ፍሽሓው ኣይረኣኹሉን። ከም ኣቦይ መጠን፣ ባህሪኡ ኣዐርየ ስለ ዝፈልጦ ቅር ኣይበለንን።

እቲ ዝናብ ክሳዕ ዚዝሕል ኣብ ሓደ ኸውሊ ኣዕቆልና፣ ምስ ዛረየ ኣቦይን ሓወይን ኣነን ናብ ገዛና ኣምራሕና።

፰

ሪጋ ፌሮቭያ ደሓን ኩኒ

ብድሕርዚ፣ ሒደት መዓልቲ ጸኒሕና፣ ክረምቲ ኣዐርዩ ኸይኣተወ፣ ኣደይ ብዙሕ ኰሊላን ጠዪቓን ናብ ዝረኸበቶ ገዛ ናብ ዕዳጋ ሓሙስ ገዓዝና። ኣብዚ ግዜ'ዚ፣ ኵልኹልና እቶም ኣባላት ስድራ ሽድሽተ ትንፋስ ኢና ኔርና።

ንኣይ፣ ንሪጋ ፌሮቪያ ለቒቕካ ምኻድ ማለት፣ እቲ ኹሉ ናይ ፈለማ ቈልዕነተይ ዘሕለፍኩሉ ገዛውቲ ምስናይ ውዑዩን ዝሑሉን ትዝታኡ ጠንጢነ ምኻድ ኣዝዩ ኣደፋነቐኒ። ንስድራይ'ውን፣ እቲ ኣብ ጽቡቕ ኮነ ኣብ ሕማቕ ምስዞም ጕራማይለ ጐረባብትና ዘሕለፍዎ ናይ ሓባር ህይወት ካብ ኣእምሮኦም ብቐሊሉ ዚሃስስ ኣይነበረን።

ዝርካቡ ንብረት ገዛና፣ ኣብ ሓንቲ ኣደይ ካብቲ ጥቓ መደበር ተወዓዊላ ዝምጽኣታ ዓባይ “ዓረብያ ጀበሊ” ተጻዕነ። ዋና ናይታ መጐዓዓዚት፣ ሓደ የመነታይ፣ ብዕድመ ድፍእ ዘ'በለ፣ ጨሓም፣ ብዓል መዓመምያን ወዛል ጀለብያን፣ ኣመና ዝቔርብዐን ዝበለየን ሳእኒ ዝወደየ ነበረ። ኣብ ልዕሊ እቲ ጀለብያኡ፣ ሓደ ብምሒር እርጋን ሕብሩ ዝተደወነ ጁባ ደሪቡ ነበረ። ነቲ ኻብ ገዛና ብሓገዝ ጐራብ'ትና ዘዝወጸ ንብረት፣ ከይተሃከየ ብምሉኡ ኣብ ልዕል'ታ ሓጸልጸል ዝበለት ዓረብያኡ እናካወነ ድሕሪ ምጽፍጻፍ፣ ብሓደ ኣዝዩ ረጕድን ነዊሕን ገመድ እናሸብለለ ከም ዘይነቓነቕ ገይሩ ጠመሮ። ብድሕርዚ፣ እተን ጐረባብቲ ንኹላትና እናሰዓማ ተፋነዋና። ነደይ ደሃያ ኸም ዚገብራን ንሳ'ውን ብተመሳሳሊ እግራ ኸም ዘይተርሕቕን ተመበጻጺዐን ንቕሎ ኾነ።

እቲ ነቲ ኹሉ ናይ ፈነዋ ወግዒ ብትዕግስቲ ኺጽበ ዝጸንሐ የመናዊ፣ ነታ ኣረጊት ካሬታኡ፣ ንሱን ፈረሱን ጥራይ ብዚረዳድኡሉ ቛንቋ እናገንሐ ጕዕዞና ናብ ታሕታይ ሹቕ ኣምራሕና። ኣደይ ጸጸኒሓ ነቲ ጀበሊ እቲ ገዛ ዚርከበሉ ሰፈር ካብ ምሕባሩ ኣይተሓለለትን።

ኣብ ዕዳጋ ሓሙስ ናብቲ መቓብር ኣስላም ከይበጻሕና፣ ኣብ ፍርቂ ሓደ ዓቢ ጽርግያ እታ ዓረብያ ጀበሊ ቖመት። ኣደይ ናብ ውሽጢ ሓደ ኻንሸሎ ኣትያ ምስ ሓንቲ ደሓር ጸኒሐ ኸም ዝፈለጥኩዎ ዋና'ቲ ገዛ ዝነበራ ድሕሪ ምልዛብ፣ እቶም ካልኣት ጐረባብቲ'ውን ብዝተጸንበርዎ ደገፍ፣ ኵሉ ጋዕገልጠምና ኻብታ ዓረብያ ተራገፈ። እቲ የመነታይ ገንዘቡ ተቐቢሉ፣ ምስቲ እሙን ፈረሱ በቲ ልሙድ ቛንቋኡ እናገንሐ፣ ዓረብያኡ እናንደራጕዐ ኻባና ኸደ።

እዛ ሓዳስ መንበሪት ክፍልና ካብተን ቅድሚ ሕጂ ዝተቐመጥናለን አዝያ ዝተፈልየት ነበረት። እቲ መናደቓ ብኖራ ዝተለቕለቐ ዘይኮነስ፣ ቅድሚ ሽው ዘይረኣኹዎ ልመጽ ብሩህ፣ ምናልባት ካብ ቸመንቲቶ ዝተባዕጠ ዓይነት ቐለም ዝተለኸየ እዩ ዚመስል ነይሩ። ሰንቀኡ ጻዕዳ "ቦሎፎን" ነበረ። እቲ መናድቕ ብአርባዕቲኡ መአዝኑ ብሕብሪ ወይናይን ሊንን ሓረግ ጠልሰም ዝተሰለመ ስለ ዝነበረ፣ ቅድሚኡ ምናልባት አዕራብ ወይ አስላም ዚቕመጡሉ ነይሩ ይኸውን። ካብ ኵሉ ንስድራይ ኮነ ነአይ ዘሐጒሰ ግና፣ እታ ኽፍሊ ናይ 25 ዋት አምፖል መብራህቲ ስለ ዝነበራ እዩ።

ንእግረ-መገ'ዲ ንምውካእ፣ አብዚ ግዜ'ዚ ህይወት እናተመሓየሸ ኪኸይድ ጀሚሩ ነበረ። ዓለም በብቕሩብ ካብቲ ብሰሪ ቐዳማይን ካልኣይን ኲናት ዝወረዳ ዕንወት ትሓዊ እያ ነይራ። ንኤርትራ'ውን ግርም ገይሩ ጸለዋ። እዚ፣ አብ አነባብራ፣ አብ አመጋግባ፣ አብ ሕክምና፣ አብ ትምህርቲ፣ አብ ስራሓት ስነ-ጽሑፍን ስነ-ጥበብን፣ አብ ስፖርት ነጸብራቑ በብቕሩብ ኪርአ ጀመረ። ሰባት፣ ደቅ-ተባዕትዮ ኾኑ ደቅ-አንስትዮ ቀደም ወሃ እንተ ተባህለ አቡጀዲድን ካክን ጥራይ ዚኸደኑ ዝነበሩ፣ ሱፍ፣ ናይሎን ካልእ አነ ዘይፈለጥኩዎን ዓይነት አጭርቕቲ እናስፈዩ ዚለብሱሉ እዋን መጸ። ቀደም ብባዶ እግሪ ብምኻድ አደዳ ሓራዲቶን ረጽሚ እምንን ዚኸውን ዝነበረ ወደ'ባት፣ ጠላይንን ሓበሻን አብ ዚውንንዎ እንዳ ካልሶላዮ ብዓቐን ዘተሰርሐ ሳእኒ ወይ ቅርቃብ አብ ምውዳይ በጽሐ።

ፎኮ አራሪኮ

አብ ዕዳጋ ሓሙስ ምስ ብርክት ዝበሉ ሓደስቲ ደቅ-ገዛውቲ ተላለኹ። ካብአቶም ታደሰ፣ ምስግና ኽፍሉ፣ ዳዊት፣ የዕብዮ ወድ-ባርቡይ፣ ጐይትኦምን ሓዉ መለስን፣ ምኪኤል ገረንስአ፣ ዚብሃሉ ነበሩዎም። ገሊኦም አብ ገዛ ኸኒሻ፣ ገሊኦም አብ ኮምቦኒ፣ ዝተረፉ ኸአ አብ ናይ መንግስቲ ዚምሃሩ ነበሩ።

እቲ ዜገርም፣ እቲ ገዛና ዚርከበሉ ጽርግያ፣ ካብቲ ጥቓ እንዳ ስዋ ዚሸየጠሉ (እንዳ ደስታ ጋላ!) ክሳዕ'ቲ መቓብር አስላም ዚዝርጋሕ፣ በቶም ቈልዑ ናይቲ ሰፈር "ቀጠልያ"፣ "ብጫ"፣ "ቀይሕ"፣ እናተባህለ ናብ ሰለስተ ዝተኸፍለ ነበረ። ብዙሕ ግዜ ድማ አብ መንጎ'ዞም በዚ ሕብር'ዚ ዚልለዩ ገዛውቲ፣ ናይ ዳርባ እምኒ ግጥም ይካየድ ነበረ። "ፎኮ አራሪኮ" ኢና እንብሎ ዝነበርና። ካብ "ፎኮ" (ተኾስ ማለት'ዩ) ዚብል ጣልያንኛ ተዘንቢሉን ተቓሚሙን ዝተወሰደ እዩ። ውግእ ብዳርባ እምኒ ጥራይ ዘይኮነስ እንተላይ ማንቲግ (መንትግ) ዘጠቓለለ ድማ ነበረ። አነ አባል ናይ "ብጫ" እየ ነይረ።

ሓደ መዓልቲ እቶም ደቂ ገዛውትና፣ በቲ ጋሻን ዓሻን ምኽንያ ተበሊጾም፣ ምስ ሓደ ኽምዚ ኽማይ ገርሂ መሰታይ፣ ናብቶም ደቅ-ቐይሕ ኬድና፣ "ሓቂ እንተለ'ክን ንዕኻ ንድሕር-ቐትሪ ፌኮ ኣራሪኮ ግጠማ፣" ዚብል ናይ ቃል መልእኽቲ፣ ናብ ሓደ "እምባየ ውንጅር" ዝተባህለ መራሒኦም ከነብጽሕ ተለኣኽና። ሽዑ፣ ብርቱዕ ጸሓይ ክረምቲ ዝነበረሉ ድሕሪ ቐትሪ እዩ ነይሩ።

እቲ መራሒኦም ሳጓኡ 'ውንጅር' ካብ ኮነ፣ ሓደ ደቂቕ ፍጥረት'ዩ ዚኸውን ብዚብል ግምት እናተሃንጠኹ ምስቲ ብጫየይ ብዘብዘብ ከድና። ኣብቲ ሰፈር ምስ በጻሕና፣ እቲ ምሳይ ዝተላእከ፤ "እንሆውለ ብዓል ውንጅር፣" በለኒ። ኣብ ኣፍ-ደገ ሓደ ዝተረገጠ ማዕጾ፣ ብርኩት ዝበሉ ቑልዑ፣ ገሊኦም ብጠጠዎም ገሊኦም ካብቲ መሪር ጸሓይ ንምምላጥ ኣብቲ ጽላል ዝወደቐ ድርኮኹት ተቐሚጦም ነበሩ። ናብኣቶም ብዝተጸጋዕና፣ "ናብ እምባየ ውንጅር ኢና ተላኢኽና፣" በልክዎ፣ ንሓደ ኽንዳይ ዚኸውን ወዲ።

"ንምንታይ ደሊኻኒ!" በለ ሓደ ኻባና ዚዓቢ፣ ኣብቲ ደንደስ ናይቲ ድርኮት ተቐሚጡ። ኣብ እጁታ ማንቲት መቀያየሪ (ስፐየር ፓርት ናይ ማንቲግ ምኻኑ እዩ) ዘለላ ትልታል ጎማ ተኣኒኑ ይጠምረላ ነበረ። ኣነ ድማ እቲ ዝተነግረና መልእኽቲ ኸም ሻሙ ገይረ ነገርኩዎ። ሽዑ ውንጅር ንኽልተ ኻብቶም ዓጀብቱ ብሳጓኦም ረኾሑ፤

"ግርም ኣስቢሕኩም ምለሱወን!" በሎም'ሞ፣ ብጽፍዒትን፣ ብጉስጥን፣ በኾድርን፣ ብካልቾን ተሳሃሉና። እናበኸና ዲግዲግ ገበርና።

"ጽባሕ ኣጋ ምሸት ክንጽበየክን ኢና!" በሉና ደድሕረና ብዓውታ።

እቲ ዳርባ እምኒ ንጽባሒቱ ይገበር ኣይገበር ኣይዝክረንን።

ቀንጠብጠብ ቍልዕነት

መምህር በየነ ኣብርሃ፣ ክረምቲ ብሒደት ክፍሊት ቍጽሪ ኸም ዚምህር ሰሚዐ፣ ነቦይ ክምዝገብ ከም ዝደሊ ነገርኩዎ። ኣቦይ በቲ ውጽኢተይ ተሓጒሱ ስለ ዝነበረ፤

"ክንደይ'ዩ ዜኽፍል!" ሓተተኒ።

"ንወርሒ ሓምሳ ሳንቲም፣" መለሽኩ።

ቍሩብ ድሕሪ ምሕሳብ፣ "ሕራይ ጀምር፣" በለኒ። ስለዚ፣ ከይደ ተመዝገብኩ። የዕብዮ ኣብርሃ'ውን (ወዲ ባርቡይ) ምሳይ ተመዝገበ። መማህርቲ ኢና ኔርና። ኣነ ነቲ ትምህርቲ ዳርጋ ንሓደ ወርሒ ኸየቋረጽኩ ተኸታተልኩ። ወዲ ባርቡይ ግን ሓደ ወይ ክልተ መዓልቲ ጥራይ ተቐልቂሉ ብድሕሪኡ ኸይመጸ ተረፈ።

ኣብ ወርሓይ፣ ኣቦይ እታ ሓምሳ ሳንቲም ክኽፍላ ሃበኒ። ከም ወትሩ ናብ

ገዛ ኸኒሻ ኸኸይድ፣ ኣብቲ ድልድል ናይ ምሕራድ ስጋ ምስ ወዲ ባርቡይ ተጓነፍና።

"ክሳዕ ሕጂ ትምሃር ኣለኻ፧" ሓተተኒ።

"እወ፣" መለሽኩሉ።

"እንታይ ገደሰካ ገንዘብካ ትኸስር። ሕማቕ እንተ ትኸውን ሓቅኻ፣ ንስኻ ግና ብልጫ ወሲድካ ኢኻ፣" በለኒ።

"ዋእ ንዓመታ ጕዝን ጂኦመትርን ከይብርትዓኒ ኢለ'የ፣" መለሽኩ። ኣስዕብ ኣቢለ ኸኣ፤

"ንስኻኸ፣ ስለምንታይ ኣቋረጽካ፧" ሓተትኩዎ። ኣብ ክንዲ ንቲ ዘቕረብኩሉ ሕቶ ዚምልሽ ግና፣

"ሕጂ ምስይ ንዓናይ'ሞ፣ ጣዕምያ ኸሐሸሸካ'የ፣" በለኒ።

"ንመምህር በየነ እዛ ሓምሳ ሳንቲም ክኸፍሎ'ባ!" በልኩዎ።

"ጽባሕ ትኸፍሎ፣ እንታይ ሃወኸካ!" በለኒ እናሸካዕለለ።

ጣዕምያ ሓደ መዓልቲ ምስ ብዓል ወዲ ገሬ ጥዒመ ነይረ። ኪጥዕም ጕዳም ነበረ። "ጣዕምያ" ዝበልዎ'ውን ብኡ ምኽንያት እዩ ዚመስለኒ ዝነበረ። ኣፈይ ማይ መልአ።

ወዲ ባርቡይ ናይ "ሰግሰጋ" ምንቅስቓስ እናገበረ፣ በቲ ግዜቲ ግንንቲ ዝነበረት ዜማ ሱዳን ብግጥሚ ትግርኛ ተኪኡ፤

ኣብ ባር ሉቺያ፣

ተማም ሕኪያ፣

ኣብ ባር ተሸረ፣

ተማም ኣምረ፣

ኣብ ባር ላጌቶ፣

ተማም ጀላቶ! . . . .

ኢሉ እናደረፈ ተተሓሒዝና ናብ ላዕላይ ሹቕ ኣምራሕና።

ዕዳጋ ላዕላይ ሹቕ ኣብቲ ግዜ'ቲ ብትሕዝቶኣ ኻብዚ ናይ ሎሚ ቑሩብ ፍልይ ዝበለት እያ ነይራ። ቅድሚ ሸው፣ ኣብ ሪጋ ፌሮቪያ ኸለና፣ ኣደይ ንኽትዓዳድግ ሓያሎ ግዜ ናብኡ ተማልኣኒ ነይራ። ኣብቲ ብሽነኽ ምዕራብ ናይቲ ጽላል ዝወደቐ ዕዳጋ፣ በብጥምሮ ዝተደርደረ ሓምሊ ኣድርን ሓምሊ ጕርምባን፣ በብዕንጭቕሊት ተቐብቂቡ ዝተኾጀለ ልኻይ፣ በብእጕዶ ዝተቘለለ በርበረ፣ ሽሮ፣ ድ'ባልዋ፣ ኣብ ንኣሽቱ ኸረጺት ኣቡጀዲድ ዝመልአ ትምትሞ፣ ጽጹይን ዘይጽጹይን ብርስን ብመደዳ ተሰሪዑ ንመሸጣ ተዘርጊሑ ነበረ። "ድ'ባልዋ" ማለት፣ እቲ ሎሚ ኻብ ኣምሓርኛ ተለቂሕና "ጻዕዳ ሽሮ" እንብሎ ዘለና እዩ።

ኣደይ ሓደሓደ ግዜ ኣድሪ፣ እንሓንሳእ ድ'ባልዋ፣ ጸጕራ እንተ ደሪቑ ወይ

ቈርበታ እንተ ሓሲኡ፣ ሓንቲ ወይ ክልተ ቕብቃብ ልኻይ ትዕድግ ነበረት። እተን ሽሮን ድ'ባልዋን በርበረን ዚሸጣ ኣንስቲ ብፍላይ፣ በቶም ኣብ ዙርያ እቲ ሸቐጠን ዚዝምብዩ ኣናህብ ከይተረበሻ ብፍንጃል ወይ ብኻልእ ምጡን መስፈሪ ኺሸጣ ኸለዋ፣ ነቶም ኣናህብ እንዳ'ቦሓጎይ ዘኪረ ኣብ ክንድኣተን ኣዝየ እስከፍ ነበርኩ።

ምስ ወዲ ባርቡይ እምበኣር፣ ናብዚ ዕዳጋ'ዚ ኢና በጺሕና። ኣብቲ ምብራቓዊ ሸነኽ ናይቲ ህንጻ፣ ብተርታ ኣብ ዝተሰርዐ ንእሽቱ ባንኮታት፣ ኣብ ከፉት ሳጹን ዝተደርደረ፣ ጣዕሚያ፣ መሸበኸ፣ ፎፎል፣ ካራሜላ፣ ሓለዋት፣ ካልእ ንግዜኡ ዘይዝከረኒ ቐንጠመንጥን ንመሸጣ ተሰጢሑ ነበረ። ወዲ ባርቡይ ባዕሉ ናብ ዝመረጸ ባንኮ ተጸጊዕና፣ ንሓደ ብዓል መዓመምያ፣ ግንባሮም ካብ ኣመና ስግዳን ከይኮነ ኣይተርፍን ጽልም ዝበለ መንእሰይ ሓሓንቲ ጣዕሚያ ኺህቡና ሓተተ። ሓንቲ ጣዕሚያ ዋጋኣ ኽልተ ሳንቲም እዩ ዝነበረ። ሓሓንተና ምስ ሃቡና፣ ሸሕ'ኳ ኽይውድኣና እንተ በቐቕና፣ ክንስኾልለን ግዜ ኣይወሰደን። ጣዕመን ዝያዳ ኽም እንጕምጁ ገበረና። ወዲ ባርቡይ ነግ ፈረግ ድሕር ምባል፤

"ድገሙና!" በሎም።

እዚኣተን'ውን ከምተን ቀዳሞት ብዘይ ጠላሕታ ተበልዓ። ወዲ ባርቡይ ኣብ ጁባኡ ኻብ ዝጸንሐ ሰልዲ ዓሰርተ ሳንቲም ከፊሉ ማልሱ ተቐበለ።

ብድሕርዚ፣ ካብቲ ቦታ ናብቲ ዓቢ መስጊድ ገጽና ገስገስና። ኣብ ጥቓ'ቲ ዓቢ መስጊድ፣ ኣብ ክልተ ወይ ሰለስተ ብሓጺር መንደቕ ኣብ ዝተኸ'በ ቓልዕ ቅርዓት፣ ኣብቲ ቐዳማይን ካልኣይን እንታይ ይሸየጥ ከም ዝነበረ ብትኽክል ኣይዝከረንን፣ ኣብቲ ሳልሳይ ናብቲ መስጊድ ዚጽጋዕ ግና ብዙሓት ኣግማልን ዝተራገፈ ዕንጨይትን ነበረ። ለከስ፣ እተን ካብ ሸነኽ ሃዳሙ እናተቐልቀላ ብጥቓ ሪጋ ፌሮቪያ ዚሓልፋ ዝነበራ ቓፍላያት መዕለቢኣን ኣብኡ እዩ ነይሩ! እቲ ቦታ፣ በቲ ዒባኣን ደምበ ገመል ይሸትት ነበረ።

ሰዓት ዛጊት ቀቲሩስ፣ እቶም መማህርተይ ካብቲ ናይ መምህር በየነ ክላስ ዚወጹሉ እዋን ናብ ምዝዛም ስለ ዝቐረበ፣ ተዛንየ ኽውዕል ከም ዚሓይሽ ወሰንኩ። ወዲ ባርቡይ ንሓሳባተይ ዘንበበ ይመስል፤

"በለስዶ ንብላዕ!" በለኒ።

"ሕራይ።"

"ናብ መደበር ንኺድ፣ ኣብኡ'ዩ ዝሓሰረ።"

መገድና ናብ መደበር ኣቕናዕና፣ ከብድና ኽሳዕ ዚጥርንቕ ድማ በለስ በላዕና።

"ገንዘብ ካበይ ኢኻ ረኺብካ! " ሓተትኩዎ።

"እቲ ኣቦይ ንትምህርቲ ዝሃበኒ'የ ዝድ'ኮየ ዘለኹ።"

"ንመምህር በየነ እንታይ ክትብሎ ኢኻ፧ "

"እንታይ ክብሎ ደኣ፣ ዘይተምሃርኩ'ኳ፤ ንስኻስ እንታይ ገደሰካ ትምሃር፣ ከምዚ ናተይ ዘይትድከየ፧" በለኒ።

"ዋእ፣ ኣቦይ ኬጥፍኣኒ!"

"ገንዘብካ ንብላሽ ንበየነ ኻብ ትህቦ ጣዕሚያ እንተ ትድከየ ኣይምሓሸን፤ ደሓር ድማ ካብቲ ዚምህረሉ ዘይምህረሉ'ዩ ዚበዝሕ ኪብሉ ሰሚዐ።"

መምህር በየነ "ንሎሚ ኣይጠዓመንን፣" እናበለ ንብርክት ዝበለ መዓልትታት ከም ዘብኰረ ኣይሓሰወን። ድሕሪ ብዙሕ ምሕሳብን ነግፈረግን፣ ኣነ'ውን ከም ወድ-ባርቡይ ነቲ ኣቦይ ዚህበኒ ሓምሳ ሳንቲም፣ ከምቲ ንሱ ዚብሎ ኽድከየ ወሰንኩ። ነቦይ እምሃር ኣለኹ እናበልኩ ድማ ክረምቲ ምሉእ ምስ ወድ ባርቡይ ናብቲ እንዳ ጣዕሚያ ተመላለስና። ነቶም ብዓል ድኳን ድማ ኣዐርዮም ክሳዕ ዘለልዩና ኽቱታት ዓመውሎም ኮንና።

ኣብቲ ዓመት እቲ ኣይሂ ዝኾነ ዝናም ከም ዝወረደ እዝክር። በብቑሩብ ግና እቲ ጨለማ ኽረምቲ ተቐንጢጡ መስቀል በረቐ፣ ትምህርቲ ኸኣ ከም ብሓድሽ ተኸፍተ።

እንዳ ላምባ

ኣብ ዕዳጋ ሓሙስ ካብ መንፈቕ ንላዕሊ ኣይጸናሕናን። መገዲ ኻብ ዕዳጋ ሓሙስ ናብ ቤት-ትምህርቲ ገዛ ኸኒሻ ኣመና ስለ ዝረሓቐ፣ ሕጅ'ውን ኣደይ ድሕሪ ብዙሕ ኰለል፣ ኣብቲ ጥቓ ቤተክርስትያን፣ ናብ ሓደ እንዳ'ቦይ ሃውኪ ዚብሃሉ ዚውንኑዎ ገዛ ኽራይ ገዓዝና።

እቲ ሰፈር፣ ንኣይ ኮነ ንስድራይ ሓድሽ ኣይነበረን። ኣብ ሪጋ ፌሮቪያ ኸለና፣ ኣደይ ካብኡ ፈሓም ወይ ላምባ ኽምጽእ ትልእከኒ ነይራ። እቶም ደቅ'ቲ ገዛውቲ ግና ባህሪኦም ካብቶም ናይ ሪጋ ፌሮቪያ ኾነ ኻብቶም ደቅ-ገዛ ኸኒሻ ፍሉያት ነበሩ። ኣብ ዘረባኦም፣ *"ወዲኒ፣ ተማም፣ ቢጋ፣ ካላስ፣ ላጀ፣ ያኣሺ፣ ማራ ዋሒድ፣"* ዚብል ናይ ደቅ-ሹቕ ናይ ወዲኒ ቓላት ምድርጓስ መለለዩኦም ነበረ።

ኣብቲ ግዜ'ቲ ደርፊ ሱዳን ብሓፈሻ ኣብ ኣስመራ ኣዝዩ ፍቱው እዩ ነይሩ። *"ተዓሊለይ ያ ከሲማረይ"* ዘርእስታ ደርፊ ንኣብነት፣ ዋላ ብዓል ኣደይ ታፍላ ሪጋ ፌሮቪያ ኽይተረፉ እየን ድምጸን ኣትሒት ኣቢለን ዜንጐርጕራኣ ዝነበራ። ደቂ ላምባ ኣብ ደርፊ ሱዳን ዝነበሮም ፍቕሪ ጉዳም እዩ ዝነበረ። ደርፊ ሱዳን ዳርጋ የዕበድብዶም እዩ ነይሩ። ብሕልፊ ኣሕመድ ኣል ሙስጣፋ ናይ ዝተባህለ ህቡብ ስነ-ጥበበኛ *"ሓየቲ ሓየቲ"* ዘርእስቱ ደርፊ።

ብዝተረፈ ግና ደቅ-ላምባ መብዛሕትኦም ጽኑዓት ተዋህዶ እዮም

ነይሮም። ሓደ መዓልቲ፣ ኣብቲ ሓድሽ ገዛ ኽራይ ሒደት ኣዋርሕ ድሕሪ ምጽናሕና፣ ሓደ ኻብዞም ሓደስቲ ደቂ ገዛውተይ ብቕየዓ ኣስናኑ እናገየጸ፤

"እዘን ከኒሻ፣ ናይ ጸረማርያም ንፍ...ኽ፣ ስብ...ኽ የብላኽንዶ!" በለኒ።

ዘረባኡ ስለ ዘይተረድኣኒ ቀዚዘ ጠመትኩዎ።

"ኣብቲ በተኽስያንን፣ እታ ቐሺ ጸረማርያም ግርም ገይራ ትነፍሓክን ትኸውን'ምበር!"

"እንታይ ኪነፍሑና ደኣ!" በልኩዎ ገሪሙኒ፣ ነቶም ሕያዋይ ቀሺ ገብረስላሰ ኣቦኣ ንፍረወይኒ መማህርተይ እናዘከርኩ።

"*ተማም* ገይራ ኽሳዕ ትቕብቀባ'ባ፣ ንፍ...ኽ ተብለክን!" በለኒ።

"እንታይ'ዩም ዚነፍኩና!" ሓተትኩዎ ዝያዳ እናተደናገረን እናሕረቐንን።

"ስቕ በል! ንስኺ ሕጂ ተማም ተሰቢኽክን ተነፊኽክን *ማራ ዎሒድ* ስለ ዝተቐብቀብኪ ኢኺ ትማጐትሎም ዘለኺ..." በለኒ።

ሎሚ፣ እቲ ወዲ እንዳ-ላምባ ንባዕሉ፣ በቲ ናቱ ቛንቋ፣ ብገሊኦም *"ተማም ተነፊኹን ማራ ዎሒድ ተቐብቂቡን"* ፓስተር ናይ እምነት ጳንጠቆስጠ ኾይኑስ፣ ንኻልኦት *ተማም* ገይሩ ይሰብኽን፣ ይነፍኽን፣ *ማራ ዎሒድ* ድማ ይነፍሕን፣ ይቕብቅብን ከም ዘሎ ወረ ኣሎኒ። ለከ ግዜ ዘይልውጦ የለን!

ሳልሳይ ክፍሊ ኣብ ትሕቲ መምህር ኣማንኤል ሃይለ እየ ተመዲበ። መምህር ኣማንኤል፣ ቀይሕ፣ ቍመቶም ማእከላይ፣ ኣከዳድናኦም ወርትግ ቅጭን ሱፍ ወይ ንኡ ዚመስል ዝስፌቱ፣ ክራባታ ድማ ዘይፈልዩ ነበሩ። ኣብ ስነ-ስርዓት ጽንዕ ዝበሉ ግና በቲ ኣመና ዘይጋናሕን ዘይድህልን ባህሪኦም፣ ከማይ ንዝኣመሰለ ውዑይ ተምሃራይ ተጻላኢይ ኣይነበሩን። ኣመሃህራኦም ርጡብን ንጹርን ከም ዝነበረ እዝክር።

ሽዑ ዓመት፣ ካብ ደቂ ኹናማ፣ ኣብቲ "ቦርዲን ስኩል" (ኣሕዳሪ ቤት ትምህርቲ) ዝኣተዉ ሰለስተ ደቅ-ተባዕትዮ ተጸንበሩና። ሽማቶም ላገር፣ ተወልደብርሃን፣ ሜሳክ ዮሃንስ ዚብሃሉ ነበሩ። እንግሊዝኛ ኣበይ ከም ዝተማህርዎ እንድዒ፣ ካባታትና ዝያዳ ይመልኩዎ ነበሩ። ሓደ ኽምኣቶም ኣብቲ "ቦርዲን ስኩል" ዚሓድር ብዕድመ ድፍእ ዘ'በለ የማነብርሃን ዝተባህለ'ውን ተሓወሰና። ላገር ደሓር ናብ ክህነት ከም ዘዘንበለ ብህይወት ከም ዘየሎን፣ ሜሳክ ዮሃንስ ግና ጌና ኣብ ባረንቱ ይነብር ከም ዘሎ ነፍስ-ሄር ዶክተር ኣለክሳንደር ናቲ ቅድሚ ሒደት ዓመታት ነጊሩኒ ነይሩ።

እቲ ዝተኻረናዮ ገዛ ብርኽ ኢሉ፣ ኣብ ውሽጢ ሓደ ገፊሕ ቐጽሪ እዩ ዚርከብ ዝነበረ። ምስቲ ቐጽሪ ለጊቡ፣ ሓንቲ ብእንዳ "ሼባ" እትፍለጥ ድኳንን ካብኣ ብነጸላ መንደቕ ዝተፈልየት ዓብደልራሕማን ዝተባህለ የመናታይ

ዝዋናኣ እንዳ ሻህን ዚርከባኦ ገዛውቲ ነበረ። እቲ የመናዊ ብዓል ድኳን ነዊሕ ሞገዳይ ዝጭሕሙ፣ ጐፍንፍ ሽሊሕ ቀብዕ ዚወዲ እዩ ነይሩ። "ሼባ" ዚብል ሳን ዝተዋህቦ፣ ምናልባት ምስቲ ኣብ ካርታ ጠላዕ ዘሎ ምስሊ ብምዝማድ ዘለገቦ ኺኸውን ይኽእል፣ ወይ ድማ መበቈል ዓዱ እታ ኣብ የመን እትርከብ ናይ ጥንቲ ንግስነት ሳባ ነይራ ትኸውን። ንሕና ኽም እንፈልጦ፣ ሰበይቲ ኾነ ውላድ ኣይነበሮን። እቲ ብዓል ሻሂ ዓብደራሕማን ግና ብዓልቲ ቤቱ ሓበሻ፣ ጀበርቲ እየን ነይረን። ደቆም ኣዝየን ምጩዋት ወይ ድማ ብኣበሃህላ ደቅ-ላምባ *"ማራ ማራ ሕልዎታት ዎ ከማን ሕልዋን"* ከም ዝነበራ፣ ካብቲ ናይ ቍልዕነት ዓይነይ ኣየምለጠን።

እቲ ዘይስዕል ኣቦ ሓጎ

ኣብዚ ዓመት'ዚ፣ ሓደ ኣጋ ምሸት መሬት ብዘጽለግለገ፣ ኣብ ጥቓ'ቲ ቤት ትምህርቲ ኣዋልድ ምስቶም ደቅ-ገዛውተይ ብዓል "ጠሪጥን" "ጢኒኖን" ብሓንቲ መላጥ ተኒስ ዅዕሶ እናተጻወትና ኸለና፣ ካብቶም መጻው'ትና ሓደ፤

"ኣብቲ ካንሸሎኹም ይብከ'ሎ፣" በለኒ።

ንግዚኡ እቲ ዝተዛረቦ ኣይተረድኣንን፣ ተዓኒደ ኽሰምዖ ምስ ጽናሕኩ፣ ብስንባደ ናብቲ ኣብ በሪኽ ቦታ ዝተደኰነ መንበሪና እናጠመትኩ ተጸናጸንኩ።

"ሓቁ'ዩ ይብከ'ሎ፣" በለ ጠሪጥ።

"ወረ ኣብቲ ገዛኹም'ዩ መስለኒ፣" ኣረጋገጸ ጥኒኖ ሓዉ።

እግረይ ከይጠልመኒ እናተቓለስኩ፣ ልበይ ብራዕዲ እናትረግረገት ናብ ገዛና ጐየኹ። ኣቦይ ገለ ነገር ኣጓኒፍዎ ዝሞተ ጥራይ መሰለኒ። እቲ ሽዑ ኣብ ኣእምሮይ ዚገማዳሕን ኣብ ቅጅልታይ ዚቕልቀልን ዝነበረ ብቓላት ክገልጾ የጸግመኒ። ነቲ ዓቐበት ናይቲ ውሽጢ ኻንሸሎና'ኳ ምውጻኡ ኽሳዕ ዝስእን ልበይ ክትፈርስ ቀረበት። ንግዜኡ፣ በቲ ጸልማት ከለልዮም ዘይከኣልኩ ሰብኡትን ኣንስትን፣ ገሊኦም ኣብቲ ዓንቀጽ ገዛና ንየው ነጀው እናተመላለሱ ገጾም ከዲኖም፣ "ኣቦየ'ቦየ!" እናበሉ የልቅሱ ነበሩ። እናተሃንደድኩ ናብ ውሽጢ ገዛና ተደርገምኩ። ኣቦይ ጋቢ ተጐምጕሙ ኣብቲ ጥቓ ዓራቱ ኣብ ሓደ ሰድያ ተቐሚጡ ምስ ረኣኽዎ ልበይ ምልስ በለት። ኣዒንቱ ቂሑ ስለ ዝነበረ ኺበኪ ኸም ዝጸንሐ ገመትኩ። ኣብ ዙርያ'ቦይ፣ ካብቶም ወርትግ እንፈልጦም ኣዕሩኹን ደቂ ሓወቦታቱን ደቅ-ዓዱን፣ ገሊኦም ኣብ መናብር፣ ገለ ኣብቲ ዓራውቲ፣ ገለ ኣብቲ ኣረጊት ሳንዱቕ፣ እተን ኣንስቲ ድማ ኣብ ድኳታት ተቐሚጠም ኩላቶም ኣብ ብኽያትን ቍዘማን ተጸሚዶም ነበሩ።

ኣደይ፣ ኣብ መንጎ'ተን ኬልቅሳ ዝመጻ ኣንስቲ ተቐሚጣ፣ ከምኣተን በቲ ዜተከዝን ጽልሙትን ቃና ትቕኍዝም ነበረት። ኣብርሃ ተሰማ ዝተባህለ ሓዎም

ንባሻይ ብእምነት፣ ምስ ኣብርሀት ዝተባህለት ሓዳስ መርዓቱ ነጸላ መንደቕ ጕረቤትና እዮም ነይሮም። እዚኣቶም'ውን ኣብቲ ሓዘን ተኻፊልቲ ነበሩ።

"መን ደኣ'ዩ መይቱ!" ሓሰብኩ እናኣቕባሕባሕኩ። ኣብርሀት እቲ ኩነታተይ ስለ ዝተረድኣ ናብኣ ኸቐርብ ብምልክት ኢድ ጸውዓትኒ'ሞ፣ "ኣቦይ ገብረ'ዮም ዓሪፎም፣" በለትኒ ብትሑት ድሃይ።

መጀመርታ ናብ ኣእምሮይ ዝተቐጀለኒ፣ እቲ ናይ ኣቶ ወልደኣብ መጽሓፍ ፊደል ንጀመርቲ፣ ብዛዕባ ደሃያት ተፈጥሮ ብዘንበብኩሉ፣ "ኣየ ወልደኣብ፣ ኣቦሓጎ ይስዕልዶ በለና፧ ካልእ ቁም-ነገር የብሉንዶ በለና፧ ሓቁ፣ ኣይተጋገየን፣ ንስዕል'ምበር ካልእ ደኣ በየናይ ዓቕምና!" እናበለ እናሰሓቐ ዝተዛረቦ ነበረ።

ኣቦሓጎይ፣ ከምቲ ኣቦኦም ቀሺ ወልዱ ስብሃቱ ንኹላቶም ደቆም ዝተላበዉዎ፣ ምስቲ ሃይማኖቱ ናብ ከኒሻ ዝለወጠ ሓዉ ቀሺ መዝገበ ክሳዕ ድሮ እዛ ዝዓረፈላ ዕለት ብዙሕ ዝርርብ ኣይነበሮምን። ሽዑ ንግሆ ግና፣ ጸኒሐ ኸም ዝሰማዕኩዎ፣ ኣቦይ ገብረን ኣቦይ ቀሺ መዝገበን፣ ኣብቲ ጥቓ ገዛውቶም ኮይኖም ንንውሕ ዝበለ እዋን ኬዕሉሉ ስለ ዝተራእዩ፣ እቲ ዘስተብሃለሎም ዘበለ ወዲ ዓዲ ኸይገረሞ ኣይተረፈን። ድሕሪ ቐትሪ፣ መሬት ብዝወልወለ፣ ኣቦሓጎይ ንፋስ መሮር ኪቕበል፣ ብኡ ኣቢሉ ድማ ነቲ ኣብ "ደምበ-ሽሁ" ጽቡቕ በቚሉ ዝነበረ ዘራእቲ ንምርኣይ ካብ ገዝኡ ወጸ። ኣብ ሓደ ብርኽ ዝበለ ደንደስ ግራት፣ ኣቡጀዲድ ነጸላኡ ተጐምጒሙ፣ ብኾፉ ነቲ ደስ ብዜብል ሸዊት ዝተኸደነ ጐላጕልን ብቈጠቊጥ ዝተሰለመ ቐይሕ ከረኽስን ቅራራትን እናተዓዘበ ኸሎ፣ ሓንቲ ማይ ኽትምጽእ ዕትሮ ተሓንጊጣ እትሓልፍ ዝነበረት ጓል፤

"ደሓንዶ ውዒልካ ኣቦይ ገብረ፧ " ኢላ ተዳህየቶ።

"ደሓንዶ ውዒልኪ 'ዛጓለይ!" መለሸ ኣቦይ ገብረ።

እታ ጓል ምስ ዕትሮኣ፣ በቲ ጸቢብ መገዲ እግሪ እናተስለኽለኸት ናብ ሓደ ንእሽቶ ጕርዒ ወሪዳ ተሰወረት። ኣጋ ግዜ ኪኸውን ከሎ፣ እታ ጓል ዕትሮኣ መሊኣ ብሰለይታ ኽትምለስ ከላ፣ ኣቦይ ገብረ ኣብቲ ቕድም ዝረኣየቶ ጥጡሕ ደገት ግራት ብነጸላኡ ተጐልቢቡ፣ ነቲ ናይ ዕራርቦ ምቈት ዜስተማቕር ዘሎ ኺመስል ለጥ ኢሉ ተገምሲሱ ረኣየቶ።

"ደሓንዶ ኣምሲኻ'ቦ!" ተዳህየት እታ ጓል።

ምላሽ ኣይነበረን። እታ ጓል ካብ ድቃሱ ኸይተበራብሮ ተሰኪፋ ናብ ገዝኣ ኽትምርሕ ዝባና ሃበቶ። ብኡንብኡ ግና እንታይ ከም ዝሓሰበት ናብኡ ግልብጥ ኢላ፤

"ኣቦይ ገብረ፣ ደሓን ዲኻ!" በለት።

ሕጅውን ምላሽ ኣይነበረን። እታ ጓል ዕትሮኣ ኣውሪዳ፣ ደጊማ፣ "ኣቦይ

ገብረ፣ ደሓንዶ'ይኮንካን!" በለት'ሞ፣ ናብኡ ቐሪባ፣ ነቲ ዘጕልበቦ ነጸላ ብቐስታ ቐልዓቶ። ኣቦይ ገብረ ግና ናይዛ ዓለም መገሻኡ ዛዚሙ ብህይወት ኣይነበረን። ናብ ዓዲ "ሰዓል ዜብሉ" ንጸለማኡ ኸይዱ ጸንሐ። እታ ጓል ነዚ ዜሰንብድ ነገር ክትነግር ዕትሮኣ ጠንጢና ናብቲ ዓዲ ጕየየት። እቲ ሕማቕ ወረ ነቦይ ድሕሪ ሒደት ሰዓታት፣ ምሸት ኣብ ሹቕ ምስ ኣዕሩኹን መተዓልልቱን ከሎ እዩ በጺሑዎ። ኣብቲ ሰዓት እቲ መጕዓዝያ ስለ ዘይነበረ፣ እቲ መርድእ ብመገዲ ምስጓጕ ዝተባህለት ጕደቦ ዓዲ ኣቋሪጾም ናብ ኣስመራ ብዝተላእኩ ጨጓር ዳንጋ ተላኢኹሉ ይኸውን ዚብል ግምት ኣሎኒ።

እቲ ሓመድ ድብ ንጽባሒቱ ኣብ ኣባርዳእ፣ ኣብ ጐኒ ቐጽሪ ቤተ'ክስያን ቍስቋም ተፈጸመ። ኣነ ቈልዓ ስለ ዝነበርኩ ኣይከድኩን። ኣቦይን ኣደይን ንኣቶም ኣሕዋቶምን ዓጽመ ስጋኦምን ኣዕሩኾምን ጥራይ እዮም ከይዶም። ሽው መዓልቲ ኣይሂ ዝናብ ከም ዝወረደ እዝክር።

እቲ ሓዘን ንሓያሎ መዓልቲ ቐጸለ። ብዙሓት ሰባት፣ ካብ ርሑቕን ቀረባን እናመጹ ነቦሓጎይ ከምቲ ወግዲ ዚጠልቦ ኣምሪሮም በኸዩሉ። ብዓል መምህር ጸሃይቱን፣ መምህር ምሉእቱን፣ መምህር ፍቃርን ከይተረፈ'ኳ መጺኦን። ኣቦሓጎይ ከም ዝዓረፈ ኸመይ ገይረን ከም ዝፈለጣ ኣዝዩ ገረመኒ። ነቦሓጎይ ከምተን ካልኦት ኣንስቲ ኣፍንጫአን ብነጸላአን ሸፊነን ይቜዝማሉ ኣይቜዝማሉ ኣይፈለጥኩን። ወለደይን ኣብቲ መልቀስ ዝነበሩ ኣዝማድናን ግና ድሕር'ቲ ሓዘን ብዙሕ ሳዕ ይዝክሩወንን የማስዉወንን ነይሮም።

ኣሮስቶ ዲ ኣንበጣ

ድሕሪ ቐሩብ ኣዋርሕ፣ ሰማይ ዘጸልመተ ኣንበጣ ነስመራ ኸደና። እቲ ኣንበጣ "ኣበርገለ" ዝተባህለ፣ ኣኽናፉን መሓዉሩን ቀይሕ ዝበለ ዓይነት ሓሸራ እዩ ነይሩ። ኣቐጽልቲ ኣእዋምን መናድቕ ህንጻን ብኡ ብጻዕቂ ኻብ ምሸፋኑ ዝተላዕለ፣ ብሙሉኡ ናቱ ሕብሪ ኺለብስ ግዜ ኣይወሰደን። ኣብቲ ጽርግያታት ከይተረፈ፣ እቲ ጠሚማ ሓሸራ ብጻዕቂ ስለ ዝዓለበ፣ በተን ኣብ ልዕሊኡ ዚሽክርከራ ማኻይን እናተጣሕነ ነቲ ሃዋህው ብጨናኡ ዓለሶ።

እቲ ኣንበጣ ኣብ ዝመጸሉ መጀመርታ መዓልቲ፣ ነቲ ዓብደራሕማን ዝተባህለ የመናዊ፣ ዋና ናይታ ጕረቤትና እንዳ ሻሂ፣ እተን ሕልዋታት ንኣሽቱ ደቁ ኣዲኣን ልኢኸናኣን ክሻ ሒዘን እናለቐማ ኺኣርያ ኸለዋ ንእና'ውን ደስ ዚብል መዘናግዒ ስለ ዝነበረ ብዚክኣለና ንገለ እናበረረ፣ ንገለ ምስ ዓለበ ብምቕላብን ብምጕባጥን እናሓዝና ኣብቲ ኽሻኣን መላእናለን። እተን ብዓልቲ ቤቱ ምስ ደቀን ኣኽናፉን ዘየድሊ ኣካላቱን ቀናጢበን፣ ኣብ መሰጣሕ ዘርጊሐን ብጸሓይ ኪነቅጽ ኣብ ልዕሊ ዚንጎ ናሕሲ ኣንበራኦ።

ሓደ ምሸት፣ ሓደ ዜጉምጁ ሃነንታ ናይ ዚሕመስ ኣንበጣ ናብ ጽርንቕትና በጽሐ። ሓቂ ይሓይሽ ኣፊይ ማይ መልአ። እንዳ ዓብደልራሕማንን ብዓልት ቤቱን እተን ሕልዋታት ደቆምን፣ ነቲ ንሓረስታይ ኤርትራ ዘብከየ ርጉም ሓሸራ ግርም ገይሮም ኪስሃልዎ ኣብ ምቅርራብ ከም ዝነበሩ ገመትና። ኣደይ፣ እንተስ ናይ ብሓቃ እንተስ ንቐልዓለም፣ ነቲ ንድራርና ዚኸውን ጸብሒ እናሰርሐት፣ "ኣደድ! ፎእ!" ክትብል ኣምሰየት።

ግጥም ብኹዕሶ ኻልሲ

ህይወት ኣብ ሳልሳይ ክፍሊ፣ ካብቲ ናይ ካልኣይ ክፍሊ ብዙሕ ዚፍለ ኣይነበረን። ሕጂ ግና እቲ ትሕዝቶ ናይቲ ዓይነት ትምህርቲ ኣብ ጸዕቂ ጥራይ ዘይኮነስ፣ ኣብ ዕምቈቱ'ውን ዚስትብሃል መለሳ ነይሩዎ። መብዛሕትኡ ኣስተምህሮ፣ ሓላፍነት ናይ መምህር ኣማንኤል ሃይለ እዩ ዝነበረ። ኣባ ወልደኣብ፣ ኣምሓርኛ፣ መምህር ተኽለጽየን ድማ ብጀካ ስእልን ጽባቐ ጽሕፈትን፣ መጽሓፍ ቅዱስ። መምህር ተኽለጽየን መጽሓፍ ቅዱስ ኪምህሩና ኸለዉ ዚበዝሕ ግዜ ብዛዕባ እዋን ቍልዕነቶም የዕልሉና ነበሩ። ጎኒን ዕንክሊልን ኣዝዮም ይፈትዉ ኸም ዝነበሩ'ኳ ነጊሮሙና።

ኣብዚ ግዜ'ዚ፣ ቍሩብ ልቢ ስለ ዝሰቈርና፣ ኣብ ዕረፍቲ ኣብ ክንዲ ኣኹድር ንራጋሕ፣ ሓደ ኻባታትና ጸ'ላም መላጥ ተኒስ እንተ'ላቶ፣ ኣብቲ ገፊሕ ሜዳ "ኣሰናባር" ንጸወት ነበርና። "ኣሰናባር" ማለት፣ ተሻሚ'ኻ ኹዕሶ ሒዝካ ንሰማይ ምቕላዕ ማለት እዩ። "ኣሳግድ" ዚብልዎ'ውን ነይሮም። ብእኡ ኣቢሉ፣ እቲ ኣብ መንጎና ዝነበረ ሌላ እናሰፍሐ ኸደ።

ብጀካ'ቶም ናይ ሓንቲ ኽፍሊ መማህርቲ፣ ኣብ መንጎ ተምሃሮ ኻልኣይን ሳልሳይን ራብዓይን'ውን እቲ መስተጋብር ይድንፍዕ ነበረ። ሓደ ኻብኡ፣ ድሕሪ ቐትሪ ቕድሚ ቓጭል ምድዋላ፣ ኣብቲ ጉልጎል ዚካየድ ዝነበረ ናይ ኵዕሶ እግሪ ውድድር እዩ። እታ ኹዕሶ ብጨርቂ ተጠርኒቑ ብዝመልአ ኻልሲ እያ እትስራሕ። ተምሃሮ ብጥራሕ እግሮም እዮም ዚጻወቱ። ወዝቢ ሓደ ብዓል ሳእኒ ኣብቲ ጸወታ ኺሳተፍ ምስ ዚደሊ ብባዶ እግሪ ኺኣቱ ይግደድ ነበረ።

ሓደ በርሀ "ማርኮ" ዝተባህለ፣ ብዕድመ ዚመርሓና ተምሃራይ፣ ነቲ ኣብ መንጎ ጋንታታት ዚካየድ ዝነበረ ውድድር ከም መንጎኛ ኾይኑ ኼጻውት ጀመረ። ኣብቲ ቤት-ትምህርቲ፣ ብነንበይኑ ስያመ ዚጽውዓ ጋንታታት፣ ካብ ሰዓት ክልተ ኽሳዕ ኣጋ ቓጭል እትድወለሉ፣ ብመንጎኝነት በርሀ ማርኮ፣ ብኹዕሶ ኻልሲ ብጥራይ እግሪ ኣብ ዲቕ ዝበለ ጸወታ ይጽመዳ ነበራ። እቶም

ቲፎዞ ናይተን ጋንታታት መምስ ክፍሎም እናወገኑ፣ ብደርፍን ብሆታን ነቲ ሜዳ ይንቕንቕዎ ነበሩ። እታ ኣነ ዝነበርኩላ ጋንታ "ኢ ንተር" እትብሃል እያ ነይራ።

ኣብ መንጎ'ዚ፣ ሓደ ተጻዋታይ እግሩ ምስ ዚዝልዓፍ፣ ፈውሲ ረኺሲ ያኢ. ተረኺቡስ፣ ሓደ ኻብቶም ሽንቲ ዝወጠጦ ኣዕሩኹ ኣብታ ሓዳስ ቊስሉ ይግጭበሉ። እቲ ዝልዓፍ ኪሓዊ ነዊሕ ግዜ እዩ ዚወስድ። ኣብ ልዕል'ዚ፣ ሰኣን ኣፍልጦ ኽንክንን፣ ሰኣን ብኣጋ ናብ ሕክምና ምኻድን፣ በዚ ኣገባብ'ዚ ኣብ እግሮም ቊስሊ ዘውጽኡ ብርክት ዝበሉ ነበሩ። ኣነ ሓደ ኻብኣቶም ነበርኩ። ምስናይ'ዚ ግና እቲ ዝቔሰለ እግረይ ቊሩብ ኪጠምም ብዝጀመረ፣ ኣብ ጸወታ ኻብ ምስታፍ ዚዓግተኒ ኣይነበረን። ብኡ ምኽንያት እዩ ዚኸውን ምእንቲ ቑስለይ እናሳዕ ከይጉዳእ ሓላው በሪ ኽኸውን ዝመረጽኩ።

ድሕሪ ዝተወሰነ ግዜ ግና፣ እንተስ እቲ ንጥፈት ኣመና ቐልቢ ተምሃሮ እናሰለበ ኻብ ትምህርቶም የዘናብሎም፣ እንተስ እቲ ውድድር በቲ ቤት-ትምህርቲ ዘይድገፍ ናይ ስነ ስርዓት ጉድለት ይረኽቦ፣ በርሀ ማርኮ ነቲ ንጥፈቱ ብሃንደበት ኣቋረጾ።

ኣማስያኡ፣ እታ ቑስለይ ኣብ ድብዚቶ ናብ ዚርከብ ብኣቦይ ኣርኣያ ዝተባህሉ ነቦይ ዓርኩ እትካየድ ክሊኒክ ክሕከም ከድኩ። ካልኦት ክሊኒካት "ዳዋ" ዝተባህለ ናይ ዲን ብዕጦ ወይ "ቦማታ" ለኽዮም ጥራይ እዮም ዚሰዱኒ ነይሮም። ኣቦይ ኣርኣያ ግና ነቲ ቑስለይ ብቲንቱራ ሓጺቦም፣ ኤመ-ቢ ዝተባህለ ሕሩጭ መድሓኒት ነስኒሶም፣ ጽሩይ ጡጥን ጋርዛን ኣጐዝጒዞም፣ ነታ ዓብዓባይቶይ ርስሓት ዚብሃል ከም ዘይኣትዋ ጀነኑለይ። ጸወታ ኾዕሶ ኽቋርጽን እግረይ ወርትግ ክሕጸቦን፣ ኣብ ሳልስቲ ወይ ራብዕቲ እናተመላለስኩ ክርኢዮም ድማ ነገሩኒ። ሳላ ኸምኡ ዝገበርኩ ቑስለይ ፍጹም ጠሚሙ ሓወየ።

ስዩም ዓቢዶ ስዩም ንእሽቶ!

ተምሃራይ ኮይኑ መሸም ምስ መማህርቱ ዘይጐናፈጥ ኣይነበረን። ዚበዝሕ ግዜ ክልተ ተምሃሮ ምስ ዚበኣሱ፣ ኣብቲ ኸባቢ ወጠጥን ጸርፍን መቕጻዕቲ የስዕብ ስለ ዝነበረ፣ እቶም ብጮቶም ናይ ክርፍስ ተሃኖም ምእንቲ ኪወጸሎም ንዓርቢ ሰዓት ሓምሽተ ድሕሪ ፍ'ደሳ ኻብ ቤት ትምህርቲ ኪኾነሎም ብቘጸራ ንግዜኡ የገላግልዎም ነበሩ። ብፍላይ ኣብርሃም ሳህለ፣ ነዚ ናይ ባእሲ ቘጸራ ቐንዲ ኣጐሃሃሪ እዩ ዝነበረ። ዓርቢ ኽሳዕ እትመጽእ እምበኣር፣ ብውሑዱ ኽልተ ወይ ሰለስተ ጽምዲ ተኸራፊስቲ ይውህለሉ ነይሮም። ኣዝዩ ዜገርመኒ

ዝነበረ ግና ባህሪ ናይ ኣብርሃም ሳህለ እዩ። እቶም ንዓርቢ ድሕሪ ቐትሪ ኺከራፈሱ ብቑጸራ ዝተፈላለዩ ተምሃሮ፣ ናይ ነገር ቀ`ልዕነት ነቲ ጽልኣም ረሲያም፣ ንጽባሒቱ ወይ ኣብ ስልስቱ ብሰላም ኬዕልሉ ምስ ዚርኢ፣ "ኣንታ፣ እንታይ ደኣ ኺንኩም፤ ዓርቢ ኽርፍስ ከም ዘለኩም'ባ ኣይትረስዑ!" እናበለ ም'ጥቋስ ደስ ይብሎ ነበረ።

እቲ ኽርፍስ፣ ነፍስ-ወከፍ ተባኣሳይ ብደገፍቱ ተዓጂቡ፣ ልክዕ ኣብ መድረኽ መ'ኸተ ጕስጢ ኺሳተፍ ዚዳሎ ዘሎ ይመስል፣ ከመይ ገይሩ ንመባእስቱ ኸም ዜጥቅዖ ምኽሪ እናተዋህቦ እዩ ናብታ ሜዳ ፍልምያ ዜምርሕ። እቲ ኽርፍስ፣ ብደቡባዊ ጎኒ ናይቲ ቐጽሪ ቤተክርስትያን፣ ሓላፍ መገዲ ተወር ኣብ ዘ'ይብለሉ ጽሙው ቦታ እዩ ዚቃናዕ ነይሩ። ኣብ ጥቓኡ፣ ሓንቲ ኣብ ማዕጾኣ ትእምርቲ ቐረንቀራን ዝተመሳቐለ ኣዕጽምትን ዝነበሮ ናይ ሓይሊ ኤለክትሪክ መዓደሊት ነቝጣ ነይራ። እቲ ባይታ ሑጻን ሓመድን ዝበዝሖ ስለ ዝነበረ፣ ነቲ ኣብኡ ዚወድቕ ተምሃራይ ካብ ከቢድ ማህሰይቲ ዜድሕን እዩ ነይሩ።

እቶም ተኸራፈስቲ ኣብቲ ሜዳ ብዝበጽሑ፣ ነቶም ተጻባእቲ ንምድላው፣ ኣብቶም ዓጀብትን ኣደሃሃርትን ብዙሕ ሸበድበድን ላዕልን ታሕትን እዩ ዚርአ። ገሊኦም ጥራዛውትን መጻሕፍትን ተቐቢሎም ዚዕቅቡ፣ ገሊኦም ሜላ ናይ ኣጕሳስጣን "ስቲለ ኣመሪካን" "ቴስታታን" ምኽርን ማዕዳን ዚልግሱ... እቲ ዝርዝር ጸብጺብካ ዚውዳእ ኣይኮነን።

ኣብቶም ተኸራፈስቲ ዚርአ ባህርን ወጅህን'ውን ካብዚ ዚፍለ ኣይነበረን። ካብቶም ቀዳሞት ተጋጠምቲ እንተ ኾይኖም፣ ምስቲ ርቡሽ ዅነቶም፣ ካብቲ ዝተኣከበ ዕስለ ተኣልዮም ሽንቶም ዚጽንቅቑ፣ ወይ እቲ ኽርፍስ ክሳዕ ዚጅምር ኣእዳዎም ብነድሪ ዓሚኾም ኣስናኖም እናሓርቀሙ ወይ ከንፈሮም እናነኸሱ ነንመጻርድቶም ርእሶም ዚጠላለቑ ሒደት ካብቲ ዚስትብሃል ጠባያት እዩ። እዚ ኺኸውን ከሎ፣ ገለ ኻብቶም ዘይከራፈሱ ግና መጣቑስትን መ'በኣስትን፣ ኣብቲ ባይታ ተደቢሮም፣ በቲ ዝተረኸበ ሓመድ በእዳዎም እናገሓጡን እናቈለሉን ክልተ ንኣሽቱ ኣጕዶ-መሰል ዂምራ የዳልዉ። ብድሕርዚ፣ እቶም ክልተ ተባኣስቲ ነቲ ኽልተ ኹምራ ኣብ መንጎኦም ገይሮም ይቐሙ። "እዚኣ ኣጕዶኻ እያ፣ እዚኣ ድማ ናትካ፣" ተባሂሎም በቶም ኣ'በኣስቲ ይንገሮም። ሓዲኦም ተኸራፋሳይ ነታ ናይ መባእስቱ ኣጕዶ ብንዕቀት ብእግሩ ቐሊዑ ብዝበንጨራ፣ እቲ መቀናቕንቱ ድማ ከምኡ ይገብር። እቲ ብድሕርዚ ዚስዕብ፣ ሓደ ሓጺር ገቢር ናይ ሓደ ድራማ እዩ ዚመስል።

"ስለምንታይ ኣጕዶይ ተፍርሰለይ!" ይብል እቲ ቐዳማይ።

"ስለምንታይ ኣጕዶይ ተፍርሰለይ!"ይብል እቲ ኻልኣይ'ውን።

"እንታየዴኻ'ሞ ኺንካ!"

"እውይ! ንኣይ እንታየ'ዴኻ!"

ካብኡ ቐጺሉ፣ ጭራሕምራሕ ኣብ ዝዓብለሎ ሃዋህው፣ ኣብ መንጎ ኽልተ ዕዋል ደማሙ ዚካየድ ናይ ሓሶት ክርፍስ እዩ ዚመስል። ኣብ ገጽ ዚዓልብ ጒስጢ፣ ርግሒት፣ ጥምጥም፣ ሽንድሒት፣ ፈርገጽገጽ፣ ፋሕጠርጠር፣ ዱብታ፣ ሓነግታ፣ ግልበጣ፣ ምንክብላል፣ ጒጥጥይ፣ ኣብ ማእከል እቲ ንሱ ዘስዓቦ ደሮናን ዕሻሽን ተወሃሂዱ ነቲ ትዕይንቲ ናብ ጥርዚ ንምብጻሕ ይቕጽል።

"በ'ላ! ኣኹርፋ! ኣፍንጫኣ ዳዕምሳ!"

"ሕደግ ከይትዘሪ!"

"ብስቲለ ኣመሪካኖ ገልብጣ!"

"ከይትገድፋ! ኣልግዓያ!"

"ኣስብሓያ!"

"ፈለስቲ ቢዘን ክሳዕ ዚርኣዩዋ ሰምስማ!"

"ሕደግ ትዘረለኻ!"

"ስዩም ዓቢ ኣ'ብ'ላ!"

ኣማስያኡ እቲ ደሮናን ዕሻሽን ሆታን ብዝዓሰለን ብዝዘሓለን፣ ሓዲኦም ብነድሪ፤

"ስዩም በሊ!" ይብል። እቲ መቀናቕንቲ ግና ጌና የፍናሕንሕ።

"ስዩም በሊ!" ይደግም ኣፍንጫ መጋጥምቱ እናኾረፈ።

"ስዩም በሊ!" ይስልስ።

"ስ... ዩ...ም!

"ስዩም ዓቢዶ ስዩም ንእሽቶ!..."

"ስዩም... ንእሽቶ።"

ብኡንብኡ ብቕጽበት፣ እቶም ኣ'በኣስቲ ዘይኮኑስ፣ እቶም ናይቲ ተሰናፊ ቲፎዞ፣ "ይኣክል፣ ስዩም ንእሽቶ ኢሉካ'ሎ፣ እንተ ደሊኻ ኻልእ መዓልቲ ግጠሞ፣" ኢሎም ኣገላጊሎም ሒዞምዎ ይኸዱ። "ስዩም ዓቢ" እንተ ኢሉዎ ግና ስዕረቱ ኸም ዝተቐበሎ እዩ ዚሕሰብ ዝነበረ። እቶም ተቓለስቲ፣ ክልቲኣቶም ብሓባር ጐኒንጐኒ ኾይኖም ኣብ ባይታ ምስ ዚወድቁ፣ "ኣዋድቓ ፈረስ" ይብሃል ነበረ።

፱

ሳባላቃ ማህበራዊ ንጥፈት

እዋን ቍልዕነት ግና ብጸወታን ብትምህርትን ጥራይ ኣይኮነን ዝሓለፈ። ብመንፈሳውን ማሕበራውን ፖለቲካውን ሃዋህው እውን ይጽሎ ነይሩ እዩ። ኣብዚ ዓመት'ዚ፣ ንባብ ትግርኛ ኻብ ቅድም ብዝሓሸ መሊኸ ስለ ዝነበርኩ፣ ብኡ ኣቢለ ብዙሕ ንኣተሓሳስባይን ንኣጠማምታይን ዚልውጥ ነገራት ክቕምስ ጀመርኩ።

ብጀካ'ቲ ኣቦይ ካብ ቀደም ኣትሒዙ እናገዝአ፣ ኣብ ታሕታይ ሸንኸ ናይታ ንእሽቶ ኮሞዲኖና ዝጸፍጸፎ፣ ከምኒ ሰሙናዊ ጋዜጣ፣ ኢትዮጵያ፣ ሓንቲ ኤርትራ፣ ዝኣመሰላ ጋዜጣታት፣ ሓንቲ "መገዲ ክርስትያን" ዘርእስታ ብተረሳ ደ ፐርቲስን ብባይሩ ዕቝቢትን ናብ ትግርኛ ዝተገልበጠት ኣንቢበ ወዳእኩዋ። እቲ ዛንታ ኣዝየ ስለ ዝፈተኹዎን ስለ ዘስተማቐርኩዎን ደጋጊመ ኣንብባ ነበርኩ። ኣቦይ ካበይ ከም ዝዓደጋ ኣይፈለጥኩን። ኣስታት ክልተ ሚእትን ዕስራን ሓደን ገጽ ነበራ። እታ ንመጀመርታ ግዜ ካብቲ ኣብ ቤት ትምህርቲ ዝረኸቦ መጻሕፍቲ ወጻኢ ብውልቀይ ዘንበብኩዋ ዘይትርሳዕ መጽሓፍ እያ። ኣቦይ ኣብ እዋን ሰንበት፣ ኣብ ዕረፍቱ ኻብኣ ኸንብበሉ ምስ ዚሓተኒ ተሓጒሰ እእዘዞ ነበርኩ። ነቦሓጎይ'ውን ቅድሚ ሞቱ ካብኣ ኣንብበሉ ነይረ። መልእኽቲ ሰላም ዚብሃል ናይ ወንጌላዊት ቤተክርስትያን ንእሽቶ መጽሔት'ውን ኣቦይ ምስ ዜምጽኣለይ ብህርፋን ኣንብቦ ነበርኩ።

ካልእ ነቦይ ኣዝየ ዘመስግኖ፣ ምስ ኣዕሩኹ፣ ፈተውቱ ወይ ኣዝማድና ናብ ገሊኡ እንዳ ሜስ ኪዘናጋዕ ኣብ ዜምስየሉ ግዜ፣ ካብቶም ኣብ ከምዚ ዝኣመሰለ ቦታ ኸይተረፈ እናዞሩ መጻሕፍቲ ዚሸጡ ገዚኡ የምጽኣለይ ነበረ። "ወጋሕታ ናጽነት" ብኣቶ ተኽላይ ዘወልዲ ዝተደርሰት፣ ብዛዕባ መግዛእቲ ኢጣልያ እተንጸባርቕ ልብ-ወለድ ዛንታ እያ። ብኣባ ጋስፓሪኒ ዝተጻሕፈ "ታሪኽ ኢትዮጵያ" ዘንበብኩ'ውን ኣብዚ ዓመታት'ዚ ነበረ። ብኡ ኣቢለ ኸኣ ብዛዕባ መበቈልን ስልጣነን ሓበሻ ቝሩብ ፍልጠት ክረክብ ከኣልኩ። ብተኸለሃይማኖት መንግስትኣብ ዝተተርጐመት ናይ ከበደ ሚካኤል "ብርሃነ ሕልና" እውን ካብተን ብተደጋጋሚ ዘንበብኩወን መጻሕፍቲ ነበረት።

ሰሙናዊ ጋዜጣን ካልኦትን በብሓደ ድሕሪ ምቝራጸን፣ ንኣተን ዝተከአት ጋዜጣ "ዘመን" እያ። ሽሕ'ኳ ኽም "ሰሙናዊ" ብኣቀራርባ እትዳረግ ኣይትኹን'ምበር፣ ህዝቢ ተገዲሱ የንብባ ነበረ። ዥንታት ቊጠባ ዓለም

ብፍላይ ድማ ኤውሮጳን ኣመሪካን ይግስግስ ስለ ዝነበረ፣ ጽልዋኡ ናብ ኤርትራ ምቕልቃሉ ቐጸለ። ኣብ ትምህርቲ እንተ ረአና'ኳ፣ ካብቲ ዝቐ'ደመ ዝሓሸ ዓይነት ጥራዛት፣ ርሳሳት፣ ብርዕታት፣ መደምሰሳት ኣብ ኢድ ተምሃሮ ኺርአ ዝጀመረሉ ግዜ እዩ። ብኸዳውንቲ ዝመጸ'ውን፣ እቶም ተልመዴን ዝነበሩ ሳርቶታት፣ ኢድ ስለ ዘጽረዩ እዩ ዚመስል፣ እቲ ብዓቐን ዚሰፊ መብዛሕትኡ ግዜ ካኪ፣ ትርኢቱ ዝሓሸ እናኾነ ኸደ። ብጀካ'ዚ፣ ካብ እኒ ኮረያን ካልኦት ክፍለ ዓለማትን ዝኣተወ ናይ ዓበይትን ንኣሽቱን ክዳውንቲ ብሕሱር ዋጋ ኣብ ዕዳጋ ሓራጅ ተሰጢሑ ምርኣይ እናተለምደ ኸደ። ኣነ ብዓይነይ ክርእዮ ዕድል ኣይረኸብኩን እምበር፣ ኣብ ማእከል ኣስመራ ኣብቲ ጸዓዱ ብብዝሒ ዚርኣዩሉ ኣብ ሸትሪናታት ዚሸየጥ ሓድሽ ቅዲ ኽዳን ከም ዝነበረ ኣየጠራጥርን። ዋጋኡ ሓደ ተራ ወደባት ዚኽእሎ ስለ ዘይነበረ ግና ንኣና ነቶም ደቂ ዓዲ ዳርጋ ዘይነበረ እዩ።

ጃንሆይ ነዚ ኣስተብሂሎም እዮም ይመስለኒ፣ ኣብ ፋብሪካ ኤማ ብተረፍመረፍን ቅንጥብጣብን ፊትሊ ተለቓቒቡ ዝተኣልመ ሳባላቃ ጎልፎ፣ ኣብቲ ፈለማ እዋን ኣብ ቅንያት ልደት ይዕድሉ ነይሮም። ኣብዚ ዘዘንትወሉ ዘለኹ ናይ 1954 መባእታ፣ ናብዚ ሕጂ ቐይሕ-ባሕሪ ተባሂሉ ዘሎ፣ ቀደም ካልኣይ ደረጃ ቤት ትምህርቲ ቀዳማዊ ኃይለ ሥላሰ ዚብሃል ዝነበረ ገና ተሰሪሑ ኽይተወድአ፣ ብቤት ተምህርትና ተሰሪዕና ኼድናስ፣ ኣብቲ ናይ ስፖርት ሜዳ ምስ ኣቶና፣ ንነፍስ-ወከፍና ሓንቲ ኻብ ጎልፎ ሳባላቃ ናይ እንዳ ኤማን ሓንቲ ብልስሉስ ወረቐት ዝተጠቕለለት ኣራንሺ ናይ እንዳ ደናዳይን ተዓደለና። ከም ሰበይ፣ ኣብ ሓደ ዓቢ ሰደቓ፣ ድርዳራት ጎልፎን ኣብ ካሴታታት ሉሕ ዝመልአ ፍረታት ኣራንሽን ዘሎዎ በጻሕኩ። ሓደ ሰብኣይ፣ ካብቲ ጎልፎታትን ፍረታትን ሓሓንቲ ንጃንሆይ የቐብሉዎም ነበሩ፣ ንሶም ድማ ባዕሎም ንነፍስ-ወከፍና *"መልካም ልደት"* እናበሉ መጠዉና። እቲ ሳባላቃ ጎልፎ ኣብ ዕዳጋ 15 ሳንቲም እዩ ዚሸየጥ ዝነበረ፣ ከምኡ ኸነሱ ግና ካብ ጃንሆይ ንምቕባላ ዝተጸየነ ሰብ ኣይነበረን። ውላድ ሃብታም ይኹን ድኻ ዳርጋ ኹሉ እዩ ወድዩዋ።

ካምቦ ፌሮቪያ

ካልእ እናማዕበለ ዝኸደ፣ ንኣና ንተምሃሮ ብፍላይ ብቐጥታ ዘይጸለወና፣ ግና ቀልብናን ሃ'ምናን ዝሰለበ፣ ስፖርት ዝተባህለ ንጥፈት እዩ። ሓደ ኻብዚ፣ ግጥም ኵዕሶ እግሪ ነበረ።

እቲ ንጥፈት፣ ኣብ ኣስመራ ብጠላይን ከም ዝተጀመረ በቶም ዓበይቲ ኣያታትና ይዝንቶ። ኣነ'ኳ፣ እቶም እንግሊዛውያን'ውን ኣብዚ ጕዳይ'ዚ ዓቢ

ኣላ ነይሩዎም ዚብል ተወሳኺ ርእይቶ ኣሎኒ። እታ ብደቀ'ባት ዝቖመት "ጋንታ ሓማሴን" ንኣብነት፣ ከምቲ መብዛሕትኦም እዞም ንኣሽቱ ደቅና ዚመስሎም፣ ናይ ሓንቲ ኣውራጃ ሽም ዝወሰደት ኣይኮነትን። እቲ ሓቂ ሽምኡ ኣይኮነን። እቶም ደቀ'ባት ነዚ ሽም'ዚ ዝመረጽሉ ምኽንያት፣ ንመዘኻኸሪ እታ ናይ "ጥንቲ ሓማሴን" ኢሎም ኣስትውዒሎምን ታሪኽ ከይበርስ ዝገበርዎ ከም ዝኾነ ምፍላጥ ኣገዳሲ እዩ። እታ "ናይ ጥንቲ ሓማሴን" ዳርጋ ንኹለን ኣውራጃታት ኤርትራ እትውክል ሽም ስለ ዝኾነት እዩ ነይሩ። እቶም ህቡባት ተጻወትቲ ናይዛ ኣርካን ጋንታ፣ በቶም ናይቲ ሽው እዋን ተምሃሮ ኣዝዮም ዚድነቑን ፍቱዋትን እዮም ነይሮም። ጋንታ ሓማሴን፣ ምስ ጋንታ ኣዝማራ፣ ጋንታ ስቴላ ኤሪትረያ፣ ጋንታ ማ'ሮሶ፣ ጋንታ ኣዱሊስ ኣብ እትጻወተሉ፣ ኣብቲ ኣፍደገ ናይቲ ሜዳ ስፖርት ጭንን ዚብሉ ተምሃሮን ንኣሽቱ ቈልዑን ብዙሓት ነበሩ።

ሜዳ ኾዕሶ ፌሮቪያ፣ ሰንበት መጸ ኣብ መንነ እተን ጋንታታት ጸወታ ኣብ ዜስተኣናግደሉ፣ እቲ ቐጽሪ ኻብ ኣጋ ሰዓት ሓደ ጀሚሩ ብወተሃደራት ፖሊስ እዩ ዚሕሎ ዝነበረ። ገለ ደፋራት፣ ነቶም ፖሊስ ኣዳህሊሎም ኪሰልኩ ዚፍትኑ ነይሮም። እንተ ረኺቦሙዎም ግና ዳር ትርኢት'ዮም ዘርእዩዎም ዝነበሩ። ቈልዓ ኢሎም ዘየናሕስዩ እዮም ነይሮም። ኣነ'ውን፣ ከም ሰበይ ካብ ሓንሳዕ ንላዕሊ ፈቲነ ነይረ። ኣብታ መጀመርታ ተመክሮይ፣ ነቲ መንደቕ ብሓገዝ ደቅ-ገዝውተይ ሓኹረ እግረይ ኣብቲ ውሽጢ ቐጽሪ ብዝዓለበ፣ ብሃንደበት በየን መጸ ዘይበልኩዎ ሽታ በርበረን ዘይትን ዘሰነየ ብርቱዕ ጽፍዒት ኣብ ገጽይ ኪዓልብ ተፈለጠኒ። እቶም ሰብኣይ ሰዓት ኣኺሉዎም፣ እቲ ምሳሕ ኪኾልሱሉ ዝጸንሑ ኢዶም ብስርዓት ከይተሓጽቡ እዮም መጺኦም ይመስለኒ። ብወተገይ ሓኒቐም፣ ንኣይ ኮነ ንስድራይ ዝለከመ ጸርፌ እናሰነቑ፣ ናብቲ መእተዊ በሪ ወጢጦም ናይ መጠረሽታ ጽፍዒት ኬዕልቡለይ ትንዕ ብዝበሉ ኣምለጥኩዎም።

እቲ ሜዳ ኽልተ ብመንደቕን ዕንጨይትን ዝተሃንጸ ኣረጊት ትሪቡና ነይርዎ። እቲ ኽቡር፣ ብወገን ጸጋም ናይቲ መእተዊ፣ እቲ ዝሓሰረ ድማ ብወገን የማን። ቢሌቶ፣ ካብ ሰዓት ሓደ ኣቢሉ እዩ ኺሸየጥ ዚጅምር ዝነበረ። ገንዘብ ዘሎዎም ሰራሕተኛታትን ዓበይትን ብመስርዕ ኪኣትዉ ኽለዉ፣ እቶም ጭንን ኪብሉ ዝጸንሑ ቈልዑ፣ መብዛሕትኦም ተምሃሮ፣ ገለ ድማ ዕዋላታት፣ "ኣያ ተማልኣኒ ግዳ!" እናበሉ ኺልምኑ ምርኣይ ልሙድ እዩ ነይሩ። ገለ ሕያዎት፣" እዚ ወደይ እዩ፣" ወይ "እዚ ሓወይ እዩ፣" እናበሉ ሒዞሙዎም ዚኣትዉ ነይሮም።

ኣሰፋው ወደ'ስመሮም በዚ ኣዝዩ ዕድለኛ እዩ ዝነበረ። ኣብ ዝኸደሉ ግዜ ተማሊኣምዎ ዚኣትዉ ስኢኑ ኣይፈልጥን። እሞ ኽኣስ ናብቲ ጸጋማይ

ትሪቡና። ንጽባሒቱ ወይ ብድሕሪኡ ኣብ ዘሎ መዓልቲ፣ ብዛዕባ'ቲ ውጽኢት ናይቲ ጸወታ ኺሕኪ እዩ ዚቕኒ ነይሩ። ዳርጋ ናይቲ እዋን'ቲ ናይ ቈልዑ ናይ ስፖርት ጋዜጠኛ እዩ ነይሩ ኺብሃል ይከኣል። ኵሉ'ቲ ኣብ ጸወታ ኵዕሶ እግሪ ዚስማዕ ስያመታት —*ብሉስዮን (ፑኒስዮን)፣ ሪጎለ፣ ፊንታ፣ ራዞ፣ ቲሮ፣ሲኒስትሮ፣ዴስትሮ፣ኔስትሮ፣ቴስታ፣ስትራፖ'፣ጂኖክዮ፣ስቲለ፣ፎርቢ ቾ፣ ወዘተ...* — ግርም ገይሩ እዩ ኣጽኒዑዎ። ነቶም ተጻወትቲ ኸኣ'ሞ፣ ሽማቶምን ባህርያቶምን ጥራይ ዘይኮነስ፣ ከምዛ ኣብታ ኸበቦም ምስኣቶም ዜምሲ ኣዐርዩ እዩ ዚፈልጦም ዚመስል ዝነበረ።

እቶም ናይ ምእታው ዕድል ዝሰኣንና፣ ካብቲ መእተዊ በሪ ኣስታት ሚእቲ ሜትሮ ርሒቑ ናብ ዚርከብ፣ ኣብ ሓደ ኾዶ ዝተተኸለ ነዋሕቲ ቐላሚጠሳት ኬድና ኢና ኸም ህበይ ኣብኡ ሓኹርና ኸንዕዘብ ንፍትን ዝነበርና። ካብኡ ኼንካ፣ እቲ ሜዳ ፍርቁ ጥራይ እዩ ዚርአ። ግና ኻብ ዘይምርኣይ ስለ ዚሓይሽ፣ እንተ ዘይረብሪብና ዳርጋ ኸሳዕ መጠረሽታ ኣብኡ ተንጠልጢልና ንዕዘብ ነበርና። ሽው ኸኣ እየ ድምጺ ፍጥነት ከም ዘሎዎ ኸስተብህልን ክመሃርን ዝኸኣልኩ። እቲ ተጻዋታይ ነታ ኵዕሶ ምስ ዘበጣ፣ እቲ ድምጺ ድማ ደንጒዩ ናብ እዝነይ ብዝበጽሐ።

ግጥም ኵዕሶ ብዝተወድአ፣ እቲ ኺዕዘብ ዝወዓለ ሰብ ብዛዕባ'ቲ ጸወታ ብዕትበት እናተንተነን ንገለ እናወደሰን ንገለ ድማ እናወቐሰን እዩ ነናብ ገዛውቱ ዚምለስ ዝነበረ። ደቅ-ላምባ፣ ከም ዓለሞም ናይዚ ንጥፈት'ዚ ሕሙማት ተኻፈልቲ ነበሩ። ኣብቲ ዕላሎም እኒ፣ ኣብርሃ ግዛው፣ ኣሰፋው ኩቺ፣ ትሪሎ፣ ማሕሙድ፣ ተኽስቲኖ፣ ሃብተ፣ ወድ ሽረላ፣ ጉራዴ፣ ሻሻ (ኢጣልያዊ)፣ ቶኪኒ፣ ጊልያ ወዲ ማርያኖ፣ ካሕሳይ ገረመስቀል፣ ኣብርሃ ኣባግራይ፣ ወዲ ልቢ፣ ሃይለ ዱባ፣ ወዘተ...ዝኣመሰሉ ተጻወትቲ ኪር'ቍሑ እዝክር። ገሊኦም ብመልክዕ'ኳ ዘይፈልጦም እዮም ነይሮም። እቶም ደቂ ገዛ ኸኒሻን ደቅ-ላምባን፣ ዓበይትናን ንኣሽቱናን ንኣዱሊስ ኢና ንፈቱን ንድግፍን ዝነበርና፣ ምኽንያቱ፣ መብዛሕትኦም ተምሃሮ፣ ገሊኦም ከም ብዓል ጊልያን ኣብርሃ ኣባግራይን ዝኣመሰሉ ድማ ደቂ ገዛውትና ስለ ዝነበሩ።

ካልእ ስፖርት

ቅድድም ብሽክለታ፣ ከም ጸወታ ኵዕሶ ኣዝዩ ተፈታዊ ነበረ። ሓደ “በርበረ” ብዚብል ሳጓ ዚጽዋዕ ዝነበረ ወደባት፣ ነቶም ጸዓዱ ማይ ማይ ክሳዕ ዚብሉ ብዙሕ ግዜ መሪሑዎም ኪኸይድ ኣጸቢቐ እዝክር። ሽሙ እንተ ዘይተጋገየ “ወልደንክኤል” እዩ ነይሩ። እቲ ዙር ዚፍጸመሉ ቦታ፣ ካብ ከባቢ

እንዳ ሴታ ኸሳዕ ሹቕ ዚበጽሕ ቅጥራን ዝተለበጠ ጽርግያ እዩ ነይሩ። ክሳዕ ሎሚ፣ ዋላ'ውን ተሸከርኪርቲ ዚጉዓዛሉ ኣንፈት ኣብ 1963 እንተ ተቐየረ፣ እቲ ውድድር በቲ ናይ ሽዑ ኣንፈት እዩ ዚግበር ዘሎ። ተወዳደርቲ ጸለምትን ጸዓዱን ዘጠቓለለ ብርክት ዝበሉ ነበሩ።

መኸተ ጉስጢ፣ ካልእ ንንኣሽቱን ዓበይትን ቀልቢ ዚሰልብ ዓይነት ስፖርት ከም ዝነበረ ኪርሳዕ ኣይግባእን። ካብቶም ግኑናት ተወዳደርቲ ፍረዝግን ማሕሙድን ዚብሃሉ ጥራይ እዮም ሕጂ ኣብ ተዘክሮይ ተሪፎም ዘለዉ። ንኣና ንቈልዑን ንተምሃሮን፣ ብጀካ እቶም ሳሕቲ፣ እንተስ ሓቃቶም እንተስ ሓሰዮም ዝተጃህሩልና ቈልዑ፣ ስፖርት ብዕላል እንሰምዖ ደኣ'ምበር በኣዒንትና ኸንርኣዮ ከቶ ዘይሕለም ነገር እዩ ዝነበረ። ክምዚ ኸነሱ ግዳ እቲ "ሕካያ" ኣመና እናተቓመመን እናተጋነነ ይዝንተወልና ስለ ዝነበረ ብቕጅልታና ዳርጋ ንርእዮ ኔርና። ኣብ ልዕል'ዚ፣ ብዛዕባ ሽዑ ኣብ ዓለም ዚካየድ ዝነበረ ውድድር ጉስጥን ናጸ ቕ'ልስን *(ሎታ ሊበራ)*፣እቶም ኣያታትና፣ በቶም ኣብዚ ሃገርና ጕይተት ዝነበሩ ኢጣልያውያንን ንሳቶም ዘምጽእዎ በብዓይነቱ መጽሔታትን ጋዜጣታትን ዝቐረምዎ ወረ ናብ ኣእዛንና ይበጽሕ ነበረ። ብዓል ጆሎዊስ፣ ሮኪ ማርችያኖ፣ ካርኔራ፣ ዚብሃሉ ናይ ዓለም ናይ ከቢድ ሚዛን ተጓሰጥትን ተጋጠምቲ ናጻ ቕልስን ካብቶም ሒደት ዚዝከሩኒ እዮም።

ጸዓዱ ጥራይ ዚወዳደርሉ ስፖርት ድማ ነይሩ። እዚ ዝኾነሉ ምኽንያት፣ እቲ ንጥፈት ሃብትን ክእለትን ዚሓትት ስለ ዝነበረ ደኣ'ምበር እቲ ወድ-ዓዲ ስለ ዘይደሊ ኣይነበረን። ሓደ ኻብዚ ቅድድም ማኪና ነበረ። እቲ ዚካየደሉ ቦታ ኣብ ማእከል ከተማ ስለ ዝነበረ፣ እቶም ዓበይቲ ኣያታትና እንተ ዘይኮይኖም ንሕና ቈልዑ ናብኡ ኸንኣቱ ዕድል ኣይነበረን። ወሬኡ ግና ናብ እዝንና ይበጽሕ ነበረ። ሓደ *"ሺጂ"* ዝተባህለ ኢጣልያዊ ጕብለል ናይቶም ተቐዳደምቲ ኸም ዝነበረ እዝክር።

ሓደ መዓልቲ ግና ብማኻይን *"ዳ ኮርሶ"* ካብ ነፋሲት ክሳዕ ጥቓ እቲ ቤተኽስያን ቤት-ገርግሽ ኣስመራ ቅድድም ከም ዘሎ ስለ ዝሰማዕና፣ ዝኾነ ሰብ ድማ ብናጻ ኺርኢ ኸም ዚኽእል ስለ ዝተነግረ፣ ምስ ሰበይ ናብቲ ጥቓ *"ጎሳሪኮ"* ዚርከብ ካብ ሰይድሺ ክሳዕ ኪሎመተር ሸድሽተ ንምዕዛብ ዜኽእል ገምገም ጸድፊ ብእግሪ ኸድኩ። እቲ ቕድድም ብጕጅለ ዘይኮነስ በብሓደ ሰዓት እናተመዝገበ ዝተሰላሰለ እዩ ነይሩ። እተን ማኻይን ቅድድም፣ ብፍላይ ካብ ኪሎመተር ዓሰርተው ሸድሽተ ክሳዕ እቲ ንሕና ዝተቐመጥናሉ፣ ንዓሰርተ ኪሎሜተር ዚኣክል ከም ቀጢን ተመን እናተስለ'ኽለኽ ብዝተነጽፈ ናይ ቅጥራን ጽርግያ እናተሓምበባ፣ ናብ መዕለቢ ንቑጣኣን ወይ ብጃንቋ እቶም ናይ ሽዑ ኣፍቀርቲ ናይቲ ስፖርት *"ትራጓርዶ"*ኺግስግሳ ተዓዘብኩ።

ከምቲ ወትሩ እንሰምዖ ዝነበርና፣ ኣብቲ ውድድር እቲ ቪጂ ዝተባህለ ጐብለል እዩ ተዓዊቱ። እንተ ዘይተጋግየ ናይ መቀዳደሚት ማኪናኡ ቍጽሪ 40 እዩ ዝነበረ። ካልእ ዝዝክሮ "ባሮን" (ቍጽሪ 30 ወይ 55 !) ዝተባህለ'ውን ዝተሳተፈ ይመስለኒ። ዝኾነ ኾይኑ፣ ሽዑ እየ ኻብቲ ዝነበርኩዎ መዓዘቢ ጸድፊ ብኣጋጣሚ ናብቲ ትራጓርዳ ምስ ከድኩ ንቪጂ ብቐረባ ዝረኣኹዎ። ሓደ ኣዝዩ ኣረጊት ሰብኣይ ኮይኑ ተራእየኒ።

ካልእ እቶም ደቀባት ዘይንፈልጦ ዓይነት ስፖርት ከም ዝነበረ'ውን በብግዜኡ እሰምዕ ነበርኩ። ንኣብነት "ፖሎ" ዚብሃል፣ "ቲራ ኣልቮሎ" ዚብሃል ስፖርትታት ከም ዝነበረ እዝክር። ፖሎ ኣብ ፈረስ ተወጢሕካ ንሓንቲ ኾዕሶ ዕንጨይቲ ብነዊሕ ዝእጀታኡ ሞደሻ ዕንጨይቲ እናቐላዕካ ዚጽወት ዓይነት ስፖርት እዩ። ቲራ ኣል ቮሎ ድማ ርግቢት ዑፍ ወይ ካይላ እናበረረ ኽሎ ብግንጽል ናይ ምጭማት ስፖርት እዩ ነይሩ። ካብዚ ዝተላዕለ፣ እቲ እዚ ዓይነት ስፖርት ዚካየደሉ ዝነበረ ቦታ ኽሳዕ ሎሚ ነቲ ሽም እቲ ዓቂቡ ይርከብ። "ካምፖ ፖሎ" ብካምቦቦሎ፣ "ቲራ ኣልቮሎ" ብቲራቦሎ ዝተተክአ ናይ ሓበሻ ኣደማምጻ እዩ።

ሸናሒት ናብ ወክድባ

ካልእ ኣብ እንዳ ላምባ ኣብ ዝነበርናሉ ዓመታት፣ ኣብ ከባቢና ዘተራእየ ኣብ ወሰነ-ወሰን ጽርግያን ማእከል ማርሻቤድን ብሙኒቺፕዮ ዝተገብረ ሰፊሕ ዕማም ናይ ትኽላ ኦም ሽባኻን፣ ጅሩ ገና ዘይፈለጥኩዎ ሓምኾሽታይ ቈጽሊ-መሰል ዕምባባ ከም ዝነበረ እዝክር። "ኣትክልትን ዕምባባታትን ኣይተበላሸዉ" ዚብል መልእኽቲ ዘሎዎ ንኣሽቱ ታቤላታት ስለ ዝተተኽለሉ፣ ህዝቢ ነዚ ብዕትበት የተግብሮ ነበረ።

ኣብዚ ዓመት እዚ'ዩ ኣኮይ ኣፈወርቂ ዝተመርዓወ። ኣፈወርቂ፣ ምሕዳሩ ኣብ ዓዲ፣ ኣብ ወክድባ እንተ ነበረ'ኳ፣ ግዜኡ ዳርጋ ብቦዘንተኝነት ኣብ ኣስመራ እዩ ዜሕልፎ ዝነበረ። ንግሆ ኻብ ወክድባ ብእግሩ ነቒሉ፣ ኣስመራ ምስ ዝተፈላለዩ መሳትኡን መጣፍእቱን ውዒሉ፣ እንተ ጥዒሙዎ ንእግረ መገዱ ናብ ገዛናን ናብታ ኣብ ገዛማንዳ ሓበሻ እትነብር ሓትነይን ኣላጊሱ፣ ኣጋ ምሸት ዳግም ብእግሩ ምስ ደቅ ዓዱ ወጃዕ እናበለ ኣብ ወክድባ እንዳዓለቦኡ'ዩ ዚሓድር ዝነበረ።

ሕጂ ግና ብዓል ኣቦሓጎይን ዓባየይን፣ "ዝወደይ፣ ደጊም ቀርኒዶ ኽተብቍል ደሊኻ! ንዓ ደኣ ተመርዖ፣ ብዛዕባ ስራሕ እንተ'ኾነ ድማ ኣምላኽ ንመን ኢሉዎ! ኣጆኻ ኣይትስእንን ኢኻ፣" ስለ ዝበሉዎ ግዲ ኾይኑ፣ ሓንቲ ጽብቕቲ ጓል ጐዳይፍ ኣማጺእሙሉስ ንመርዓ ይሸባሸብ ነበረ። ስድራና ብምሉኣትና፣

ነዚ ኣኮናዊ ንፈትዎ ስለ ዝነበርና ንቕሎ ናብ ወከድባ ኾነ። በቲ ግዜ'ቲ፣ መርዓ ድሕሪ ቐውዒ መብዛሕትኡ ግዜ ኣብ ወርሒ ጥሪ እዩ ዚግበር ዝነበረ። ስለዚ፣ ካብ ትምህርቲ ምእንቲ ኸይነብኵር፣ ዓርቢ ናብ ወከድባ ኼድና ሰንበት ምሸት ኣብ ገዛና ኽንሓድር ተመደበ።

ናብ ወከድባ ኽኸይድ ፋልማየይ ኣይነበረን። ካብ ኣስመራ ኣስታት ሓምሽተ ኪ.ሜ. ጥራይ ስለ እትርሕቕ፣ ቅድሚኡ ምስ ሓወይ ብእግርና ብዙሕ ሳዕ ተመላሊስናያ ኢና። ሽዑ ናብ ወከድባ ዚኸዳ መጐዓዝያ ኣይነበራን። እንተ ዚነብራ'ውን፣ በቲ ግዜ'ቲ ዓመውል ኣይምረኸባን። ከመይሲ፣ ወከድባ ጥራይ ዘይኮነትስ እተን ከንዮኣ ዚርከባ ጐደቦ ዓድታት፣ ተቐማጦአን ብእግሮም ወይ ብበቕሊ ወይ ክርክስ ብዝበለት ብሽክለታ እንተ'ላቶም ተወጢሖም ወጃዕ እናበሉን እናተጫረቑን እዮም ጸሓይ ገና ኸይበረቐት ከም ጸጸ ናብ ኣስመራ ዚግስግሱ ዝነበሩ። ኣንስቲ እንተ ኾይነን፣ ጸረን ኣብ እንግድዕአን ተሸኪመን ወይ ኣብ ኣድጊ ወዲነን፣ ሰብኡት ድማ ቀላጽሞም ኣብቲ ኣብ ማእገሮም ዘጋደሙዎ በትሮም ኣደጊፎም ብሸናሒት ይዘባዘቡ ነበሩ። ኣጋግዘ ኺኸውን ከሎ፣ ከምታ ብንግሆኡ ዝገበሩዋ፣ ሰብኡቶም፣ ኣንስቶም፣ ኣወዳቶም፣ ኣዋልዶም ከም ጸጸ ብብኽልተ፣ በብሰለስተ፣ በበርባዕተ ወይ'ውን በብጕጅለ ሳሕቲ ድማ በብውልቂ ጋብእጋብኦ ናብ ዓዶም ይምለሱ ነበሩ። እቶም ሰብ ብሽክለታ መሬት እንተ መስዩዎም፣ ብሓደ ነቲ መገዲ ጸጸ ዚመስል መመላለሲኦም ኣዐርዩ ዚፈልጠ ብጫዮም እናተመርሑ፣ ብዘይ መብራህቲ ምግስጋስ ልሙድ ባህሮም እዩ ነይሩ። በቲ ኻብ ከተማ ዝለሓፉዎ ስዋ ተደሪሪዖምን ማሚቖምን፣ ወጃዕ እናበሉን እናተጫረቑን፣ ናብታ ኣዝዮም ዚፈትዉዋ ዓዶም ጸላም ምድሪ ወይ ብብርሃን ወርሒ ብደሓን ሰላም ይኣትዉ ነበሩ።

ኣነን ሓወይን እታ ዓዲ ኣዝያ ቐረባ ስለ ዝኾነት፣ ኣብ ዝመሸወና ናብ ወከድባ ዝተበገስናሉ እዋን ብዙሕ እዩ ነይሩ። ነታ ኣብ ጥቓ ስታድዩም ኣስመራ ዘላ ናይ ካቶሊኽ ቤተክርስትያን ንጸጋምና ተጐዝጒዝናያ፣ ሓሰማታት ዚፋረያሉን ዚሕረዳሉን፣ ኣሕምልትን ስራውርን ዚኾስኰሰሉ ናይ ጠላይን ሕርሻ ሰንጢቕና ኢና እንኸይድ ዝነበርና። ብኡ ኣብ እንሓልፈሉ ግዜ፣ እቲ ሽታ ቐልቀል ናይተን ሓስማታት የስገድግደኒ ኸም ዝነበረ ኣይርስዖን። እቲ ናይ ግንሓትን ጻውዒትን ሰራሕተኛታት፣ ውጨጫን ዡሪፍታን ሓሰማታት፣ ሕምሕምታ ኣፍራስ፣ ሒሕታ ኣላሕም፣ ንቅዋ ኩኩናይ፣ ትጕልጕል ታኪን፣ ዋቕዋቕታ ደርሆማይ፣ ነብሒ ኣኻልብ፣ ምስቲ ትዕይንቲ ናይቶም ብትግሃት ኣብቲ ግራሁን ጀራዲንን ዚዓዩ ሸቃሎን ሽታ ናይ ሓድሽ ሓሰርን ዓልመትን ተደማሚሩ፣ ንእዝኒ ደስ ዚብል ደሃያት፣ ንዓይኒ ዜደስት ትርኢት፣ ንመንፈስ ድማ ዜሐድስ ናይ ሓደ ዕሙር ሕርሻ መለለዪ እዩ ዝነበረ።

ካብቲ ቆላቕል ከተማ ወጺእና ኣብቲ ቓልዕ መሮር ኣብ እንበጽሓሉ ግዜ፣ ምስቶም ናብታ ዓድን ክንዮኣን ዚግስግሱ ሰብኡትን ኣንስትን ተጸንቢርና፣ ሸላትና ናብ ሰፈሮም ዚምለሱ ጻጸ ኽንመስል ንጕዓዝ ነበርና። እቶም ደቂ ተባዕትዮ፣ ገሊኦም በራሓት፣ ገለ ግንባሮም ዝዓጠረ፣ ገለ ሽያባት፣ ገላ በርሳሳት፣ ገለ ነኻዓት፣ ገለ ጋዕሳማት፣ ገለ ብተልመዴን መቀስቲ ርእሶም ዝተነጻጸየ፣ ገለ ኣረገውቲ ሰብ ምርኩስ፣ ገለ ማዮም ዝሰተዩ ዝወለዱን ዝዘመዱን፣ ገለ ድማ ዳርጋ መሳቱና ሓድሽ ወይ ዝጸንሐ ልጽዮ ኽለላ ዝነበሮም እዮም። እተን ደቀንስትዮ ኸኣ ገለ ብዕድመ ዝደፍኣ ድፍን ዝተቘነና፣ ገለ ጐራዙ ሰብ ጋመ፣ ገለ ኣብ ግንባረን ወይ መትልሐን ውቃጦ መስቀል ዝነበረን፣ ገለ ኣእዳወንን ኣእጋረንን ሓድሽ ዝተሓነነ፣ ገለ ጸጕረንን ገጸንን ብልኻይ ዝተጣሰመ፣ ገለ ጸጕረን ዝሓሰአ፣ ገለ ማይ ዘይጠዓመ ኽዳን ዝወደያ፣ ገለ ድማ ካብ ብዝሒ ኣገልግሎት ዝተማሕምሐን ዝተተከበን ግርባብ ዝለበሳ ነበራ።

ሓደ ሓደ ግዜ ብሃንደበት ብድሕሬና፣ “ደቂ ሓብቲ! ናበይ ገጽኩም ኢ.ኹም!” ዝብል ደሃይ ንስምዕ'ሞ ግልጽ ንብል። ለከስ ኣኮይ ተስፋጽየን ወይ ኣኮይ ስዩም እዩ።

“ናብ እንዳ'ቦሓጎይ!” እምልሽ ኣነ። እቲ ምንኣሰይ ኣብ ምምላሽ ኣይቃጻጸንን እዩ ዝነበረ።

“ስድራኽ ፈሊጦም ድዮም፤ ” ይቕጽል እቲ ሕቶ።

“ነደይ ነጊርናያ ኢና!” እምልሽ።

ተተሓሒዝና ድማ ነቲ ዕላሎምን ጭርቃኖምን እናሰማዕና ጕዕዞና ንቕጽል። እቲ እንዳ'ቦሓጎይ ብሸንኽ ምዕራብ ናይቲ ዓዲ ስለ ዚርከብ፣ ነታ ንወክድባ ኣብቲ ዝበረኸ ጫፉ ተኾዲማ ካብ ርሑቕ እትርአ ቤተኽስያን ቍስቋም ተጐዝጕዝና'ያ ኽንሓልፍ ግድን እዩ ነይሩ። እቶም ኣኮታተይን መጓዕዝቶምን ናብቲ ብጽንጽሕለ ዝተነድቀ መንደቕ ደገ-ሰላም እናተኣልዩ ኺሳለሙ ኸለዉ፣ ንሕና ድማ ናይ ነገር ደቂ ኸተማ ተዓኒድና ንጽበዮም። ካብቶም ኣኮታተይ ሓዲኦም በቲ ናይ ደቂ ኸተማ ሸለልትነትና እናገረሞም ብሓውሲ ጭርቃን፤ “ደቂ ሓብቲ! እሂ ደኣ ኣብኡ ትዕነዱ፣ ንዑ'ባ ተሳለሙ!” ይብሉና ኸም ዝነበረ ኽቶ ኣይርስዖን። ዓባየይ መሓሪት ኣብ መገዲ እንተ ረኺባትና'ሞ ከምኡ እንተ ጌርና፣ ብፍላይ ንኣይ፣ “ኣንታ ኸመይ ዘሎኻ ዓዋን ኢ.ኻ! ብሓደኣፊቱ በተኽስያን ረጊጽካ ኽትሓልፍ፤ ሃየ ተሳለም! ወይለከይ መሓሪተ! ምጽታት ደኣ'ብሃል! ነዚ ሓውካ'ኳ ለኪምካዮ፣” እናበለት ተሸኾኾለይ ነበረት። በዚ ምኽንያት'ዚ፣ ካብቲ መግናሕታ ምእንቲ ኽናገፍ ኣብ መገዲ እንተ ዘይተ'ጓንፈና እየ ዝመርጽ ነይረ።

ሕጂ ግና መርዓ ናይ ኣኮይ ኣፈወርቂ ስለ ዝነበረ፣ ኣነን እቲ ንእሽቶ ሓወይን ክልተ ኻልኣት ምንኣስና ኣዋልድ ምስ ኣደይ ብሓባር ኢና ናብ ወክድባ ዝኸድና። መሬት ኬድገስግስ ከሎ ድማ ኣብ እንዳ'ቦሓጎይ ኣቶና።

እንዳ'ቦሓጎይ፣ ከምቲ መብዛሕትኡ ገዛውቲ ናይቲ ዓዲ፣ ሀድሞ ኣይነበረን። ጸሊም እምኒ ዝመንደቑ ብኣረጊት ቐጸላታት ዚንጎ ዝተኸድነ ግፍሕ ዝበለ መረባዕ እዩ ነይሩ። ኣብ ገምገም ሓደ ኸርከስ ስለ ዝተደኰነ፣ ካብኡ ኼንካ ንእኒ ዓድ መርዓውን ሃዘጋን ካልእ ጕደቦታትን ምምዕዳው ይከኣል። ምስቲ መረባዕ ተጸጊዓ ዓባየይ ከም ክሽነኣን መውዓሊኣን እተዘውትራ ሀድሞ ነይራታ። ከምዚ ኸነሱ ግና እቲ መረባዕ ንባዕሉ ቆፎታት ብዘሎዎ ጓዛ መንደቕ ናብ ክልተ ዝተገርዘ ነበረ። እቲ ቐንዲ ኣዳራሽ ሓደ ሰፊሕ ንእዲ ነበሮ፣ ኸንዮ'ቲ ቆፎታት ድማ ዓባየይ እትድቅሰላ ወሻጠ እያ ነይራ። ከምቲ መብዛሕትኣን ኣንስቲ ሓበሻ ዚገብርኦ፣ ኣቦሓጎይ ዓራቲ ኣብ ዜብሉ ትንዕ ምስ ዚብላ ናብኣ ሃዲማ እትዕቈበላ ጸወና ኸም ዝነበረት እግምት።

ጥሪ ዕብ'ዲ ኣብ ወ'ክድ'ባ

ኣብቲ ገዛ ኸንኣቱ ኸለና፣ ዓባየይ ምስ ካልኣት ደቂ ዓዳን ኣዝማዳን መቕርባን፣ ነቲ ውራይ መርዓ ዚኸውን ጸብሒ ኣብ ኣጻሕል ኣብ ምስኽታትን ካልእ ኣብቲ ንጽባሒቱ ዚካየድ ስርዓት ኣብ ምቕርራብን ኣብ ጽዑቕ ንጥፈት ተጸሚደን ጸንሓና።

ወክድባ፣ ኣንኳይዶ ኣብ ጥሪ፣ ወርሒ መርዓን ደርዓን ኣበባን፣ ኣብ ካልእ መዓልቲ እንተኾነ'ውን ዲምታ ኸቦሮን እምብልታን እልልታን ተፈልዩዋ ዘይትፈልጥ ሕጕስቲ ዓዲ እያ ነይራ። ስለዚ፣ ኣብዚ ዚዝንተወሉ ዘሎ ህሞት፣ እታ ዓዲ ብምልእታ ብጓይላን ዲምታን እልልታን ከተድለቕልቕ ጸንሓትና። እቲ ዜገርም፣ ገለ ኻብተን ኣብ እንዳ'ቦሓጎይ ዚስዕስዓን ዚቈጻጸያን ዝነበራ ንባዕላተን፣ ንኣበባ ደቀን ዚሸባሽባ ዝነበራ'ሞ ካብቲ ውራየን ኣሞንግየን፣ ንዓባየይ፣ ነታ ማሕምመንን ጓል ዓደንን ኬድምቓላ ንሓጺር ግዜ ዝመጻ እየን ነይረን። ዓባየይ'ውን ናብቲ ኣብ ማዕዶኣ ዝነበረ ውራይ ዝነበሮ ሀድሞታት ጓይላ ኸንርኢ ምስ ከድና ናብኡ መጺኣ ኣብቲ ጓይላኣን ሓንሳእ ከም ዘኸደደትን ዝተቜጻጸየትን እዝክር።

ንጽባሒቱ፣ ቀዳም መዓልቲ'ዩ ይመስለኒ፣ ኣጋ ፍርቕ-መዓልቲ ኣቢሉ ይኸውን ኣኮይ ኣፈወርቂ ኵሉንትናኡ ጸዕዳ ናይ ሓበሻ ኽዳን ወድዩ ኣብ በቕሊ ተወጢሑ ምስ ረእኹዎ ዳርጋ ገግየዮ ነይረ። ኣብ ልዕል'ቲ ስሑው ለምጫጭ ጸጕሩ፣ ጸዕዳ ባርኔጣ ኣጥሊቑ፣ ኣብ ኢዱ ብጸዕዳ ጕኖ ዝተጠምጠመ ከዘራን ሒዙ፣ ጫማ-እግሩ ጸዕዳ ሳንደል ወድዩሉ ነበረ። ኣዕሩኹ፣ ገሊኦም ኣባቕል ሒዞም ገሊኦም ድማ ብእግሮም ኮይኖም ንኡ ዜድልዮ ዘበለ ንምቕራብ ላዕልን ታሕትን ይብሉ ነበሩ። ብዓል ኣቦሓጎይን፣ ሓወቦታቱ ብዓል ባሻይ

ሃብተማርያምን፣ ቀሺ ዕቑዋላሰን፣ ካልኦት ነቲ ጽምብል ዜማዕርጉ ዓጽመ-ስጋን ዘመድ ኣዝማድን ደጊም ኣቐድም ኣቢሎም ናብ ጎዳይፍ ወሪዶም እዮም።

ብኡንብኡ ንቕሎ ናብ ጐዳይፍ ኮነ። ብዓል ዓባየይን ኣደይን ሓትኖታተይን መሓዙተንን ኣዳኖታተንን ኣብቲ ዓንቀጽ እንዳቦሓጎይ ኮይነን፣ "ዑፈየ ስመርለይ! ዑፈየ ስመርለይ! . . . " እናበላ ገሊኤን ከረርቲ ገሊአን ተቐበልቲ ኾይነን ብደርፊ ኣፋነዋና። ኣነ ምስ ሓደ ኻብቶም በቕሊ ዝሓዙ ኣዕሩኽ ተጐርቢተ ነበርኩ። እዚ፣ "እምቢ፣ ካብቶም ወራድ-መርዓ ኣይተርፍን፣" ኢለ ድሕሪ ኽንደይ ዕሚምታን ምኒንታን ዝረኸብኩዎ ዕድል እዩ ነይሩ።

ጐዳይፍ ኢጋይሻ ተአንግድ

እቲ ቐጺሉ ዚዝከረኒ፣ ኣብ ጐዳይፍ ኣብ ጥቓ እንዳ'ታ መርዓት ክንበጽሕ ኸለና እዩ። ኣብቲ ብዓል ኣቦሓጎይ ንኣና ኺጽበዩ ዘርፈዱሉ ቦታ ክንረግጽን፣ በየን መጻ ዘይበልናየን መብዛሕትአን ከክንዳይ ዚኾና፣ ከም ኣጣል ዚጐይያን ዜጽፋዕፍዓን ንኣሽቱ ኣዋልድ ብሃርምቲ ኸበሮ ተዓጂበን፤

"ሽያብ ወዲ ሽያብ ተኣኪቡ፣
ሕጂ ደም ገዝሚ ተረኺቡ!...

እናበላ ነቲ መርዓዊ ብዙርያ ኸቢበን ኪደርፋ ጀመራ። እቶም ኣዕሩኽ ነተን ኣዋልድ ክኣልዩሉን ኬርሕቑሉን እንተፈተኑ'ኳ ኣይፋረጋኣን፣ መመሊሰን ደኣ ናብኡ ተጸግዓ። ደርፈን ልውጥ ኣቢለን ድማ፤

ኣፍንጫ ድሙ ምስ ኣቡኡ'የ፣
ኪግዘም መጺኡየ!...

ቀጸላኦ እቲ ደርፊ። ኣዕሩኽ ዓስ ከር ኪብሉ ፈተኑ። መብዛሕትአን ዳርጋ መሳቶይ እየን ነይረን። ኣብ መንጎአን፣ ቀያሕቲ፣ ከደሮት፣ ጸለምቲ፣ ዛውያ ዝርእሰን፣ ቈርጫጫት፣ ኾለን ድማ ሰብ ሓድሽ ወይ ብቓል ጋመ እየን ነይረን። ኪወናጨፋን ኪውዕያን ድማ ከምቲ ኣቐዲመ ዝበልኩዎ ኣጣል'የን። ከምቲ ብሂል ኣቦታት ዚእምቶ፣ ኣብ ዕለተ-ጋማ "ጓል ሃይዲ የብላ በቕሊ ቐይዲ የብላ፣" ስለ ዝኾነ፣ ነቲ ጓይላአን ተወሳኺ እያድ ኮኖ። ሕጅ'ውን ደርፈን ልውጥ ኣቢለን፤

እፈልጠካ 'ንደየ ወ'ድዓደይ እንዳ'ኻ፣
ብለቖታ ጊሐ ኽትልምን ዝሓገኻ... .

ሓብ ጨንፈር ኣደለ፣ ሰቒሉዋ ምሳረ፣
ሰኣን ዜውርደሉ፣ ኪበኪ ሓደረ።...

ወድ'ዛ በሰር፣
ጕተናኻ መእከብ ሓሰር...

እዚ'ውን ገና ኣየረኻኸበሉን ኢለን ሓሲበን ግዲ ኾይነን፣ ብዝዋዕውዐን ካብታ በኾሉ ዳርጋ ንቲተን ኬውርዳኣ ዚደናደና ዘለዋ ብዚመስል ነድሪ፤

"ኣፎርቂ ዕዉር፣
ሓዚለካዶ ኽዘውር!
"ኣፎርቂ ዕዉርየ፣
ሓዚለካዶ ኽዘውርየ!...

ኣኮይ ኣፈወርቂ በታ እተሕምሞ ኣበሩ እየን መጺኤናኣ። መልክዑ ደኣ'ዩ ጽቡቕ'ምበር፣ ሓቃተን፣ ኣዒንቱ ጨምጫማት እየን ነይረን። እቲ ደርፊ እናጸዓቓን እናነሃረን ቀጸለ። ብፍላይ ሓንቲ ኻብተን ከረርቲ፣ ብዓልቲ ተሓናቒት መሰቀልን ተላልን፣ ከበሮኣ ዚትርባዕ ዘሎ ኺጥዕም እናደሰቐት፣ ኣብቲ ጥቓ ርኻቡ ተተጕዝጕዛ ኣትከረቶ። ኣብ መንጎ'ዚ፣ ኣኮይ ኣፈወርቂ ናብኡ መጺአ ምስኡ ኽጐርበት ምልክት ገበረለይ። ኣነ ድማ ስለ ዝተገደሰለይ ደስ ኢሉኒ፣ ከየወላወልኩ ኣብ ድሕሪኡ ተጐርበትኩ። ናባይ ግልብጥ ኢሉ ኸኣ ብሕሽኹታ፤

"ነዛ ቈቓር ብዓልቲ ኽበሮ ወሪድካ በላ!" በለኒ።

ካብታ በኾሊ ኽወርድ ድንዕ ብዝበልኩ፣ ሓደ ካብቶም ኣዕሩኹ ነቲ ዝበሎ ስለ ዝሰምዐ፣

"ኣታ ቈልዓ! ጽሉል ዲኻ፧ ከይትወርድ። እንተ ዘየሎ ኪሰሃላኻየን፣" ኢሉ ገንሓኒ።

ሓቁ'ዩ፣ እንቋዕ ከምኡ ኣይገበርኩ። እታ ሸንጓሕ ጋመ፣ ቅድም ቀዳድም ካባይ ዝጐልበተት'ያ ነይራ፣ ኣብ ርእስ'ዚ፣ በቲ ደርፊ ኣመና ተነሺጣ ስለ ዝነበረት፣ ሕንሕነ ናይ "ኣፎርቂ ዕዉር" በቲ መጕረጽ ሽላ ዚመስል ኣጽፋራ ገጸይ ምበሓጫጨረትኒ።

ጕዳይፍ ናብቲ ዳሶም ከንኣቱ ኽሳዕ ዜፍቅዱልና ንሓያሎ ሰዓታት ኣብቲ ጨው ቀትሪ ቀንፈዘው በልና። መብዛሕትኦም ወራድ-መርዓ "ኣንታ እንታይ ገበርናዮም! ብሓደኣፊቱ ኪኾሕኑና!" እናበሉ ኼዕዘምዝሙ ጀመሩ። እተን ኣዋልድ ከይተረፋ'ኳ፣ "ኣፎርቂ ዕዉር" ጥራይ ዘይኮነስ፣ ነቦሓጎይ፣

ንዓባየይ፣ ነሕዋቱ (ንብዓል ኣደይ ማለት'ዩ) ኣይገደፉ፣ በቲ ኸም በርበረ ዜስመርምር ደርፈን ቅልጥ ኣቢለን ምስ ጸገባሎም፣ እቲ ዘይምሕር ጸሓይ ቀትሪ ኣረኻኺቡለን ግዲ ኾይኑ ህጣመን ጠፍአ።

ኣማስያኡ ናብ ኣጋ ሰዓት ሰለስተ ኣቢሉ፣ ጐዳይፍ ነቶም ወራድ መርዓ ናብ ዳሶም ክንኣቱ ፈቐዱ። ዲኖ ብዝደረቡ ሃረምቲ ኸበሮን እምብልታን ደባልን እናተመራሕና፣ ከምኒ ብዓል ኣቦሓጎይን ዓጀብቱን፣ ጸኒሐ ኸም ዘስተብሃልኩዎ ድማ እንተላይ ኣቦይ ዝነበሮ ጕጅለ ዓበይቲ ብቕድሚት፣ ኣነን መሳቶይን ድማ ብድሕሪት እናሰዓብና፣ ናብቲ ዳስ ገጽና ኣምራሕና። ሓደ ኻብቶም ቀቅድመና ዝነበሩ ዓበይቲ ብስሕሉል ደሃይ፤

"ሸቦ ለጋው ሸቦ!" ኢሉ ኸረረ'ሞ፣ እቶም ብጋድም ዝተኾልኮሉ ቀንዲ ወራድ መርዓ ድማ ብሓባር፤

"ሓይ ሓይ ሓይ! ለጋው ሸቦ!" እናበሉ ብዝዓርመመን ዝጐርዐን ሕውስዋስ ደሃያት ተቐበሉዎ። እኒ ኣነውን፣ ኣብቲ ጨፈራ ዝእጃምና ኣበርከትና።

እቶም ኣረጊት ዋልታ ዝተኣንገቡ፣ ሕላስ ዝጨበጡ ደባል፣ ኣብቲ ባይታ በቲ ሌጣ እግሮም ከም ኣንበሳ እናጸሕተሩን እናነጠሩን እናዘለሉን፣ ሓደሓደ ግዜ ድማ ሕምብሊል ኢሎም ድሕሪ ምዛር፣ ከም ዚናቜቱ ማዕዶ ንማዕዶ ኾይኖም ብሓደ ብርኮም ተደቢሮም፣ ኣንፌ ኲናቶም ናብ ሓድሕድ ኣጠማሚቶም ኬንበጥብጡ ኸለዉ ምርኣይ ኣዝዩ መሳጢ ነበረ። በዚ ኣገባብ'ዚ፣ እቲ ወራድ መርዓ ኣብ ሓደ በዕኑድን በቊጽልቲ ቐላሚጦስን ዝተሰርሐ ሰትን ሽላንን ዝተነስነሰሉ ገፌሕ ዳስ ኣተወ። ከምዚ ናይ ሎሚ ሰደቓ፣ መንበር ወይ ርቦ ጣውላ ዚብሃል ኣይነበረን። እቶም ዓበይቲ፣ ኣብ ዝተጋደመ ኣጕናድ ኣቶም ቜልዑ ድማ ኣብቲ ብሰትን ሽላን ዝተኸድነ ባይታ ተረፈቕና። እቲ ኣየር ናይቲ ዳስ፣ ብጀካ'ቲ ናይ ሽላን፣ ብሃንገፍታ ድቋ ሰዋን፣ ሃነንታ ጸብሒ ዝግንን፣ ሽታ ትኪ ናይ ዚነድድ ዕንጨይትን ኩቦን ተዓሊሱ ነበረ።

እቲ ብድሕር'ዚ ዝሰዓበ ነገራት ብዙሕ ኣይዝከረንን። ንኣይ ብዙሕ ዜገድስ'ውን ኣይነበረን። ትዝ ዚብለኒ፣ እቶም ሽማግለታት እንዳ ጓልን እንዳ ወድን፣ "ዋሕስ ትኸል!"፣ "እገለ ዋሕስና ይኹን!"፣ "እገለ ትወሓስዶ!"፣ "እወ እዋሓስ!"፣ "መንግስቲ 'ሙቱ! "፣ "መንግስቲ 'ሙቱ!" "ፈጽሚ ይገበር!" ወዘተ. ኺበሃሃሉን፣ በብተራ እናተንስኡ መወዳእታ ዜብሉ ዚመስል ቀልዓለማዊ መደረታቶም ኬስምዑናን ጥራይ ዳርጋ ኣጋ ግዜ ኾነ።

ካብኡ ቐጺሉ፣ ብዛዕባ እታ ኣዋልድ ናብቲ ዓዲ ኽንኣቱ ኸለና ኣብ ደርፈን እናሳዕ ዘልዓላእ "ገዘሚ" እትብል ኣስማታዊት ቃል ኣብዝ'ውን ተደግመት። ኣኮይ ኣፈወርቂ ኽንደይ ከም ዝተገዝመ እዝጊ ዋንኡ። ምስቲ ናብራ ናይቲ ሽው እዋን ኣዛሚደ ኽግምግሞ ኸለኹ፣ ካብ ሒደት ጠዓዉ ወይ ኣርሒ ዚሓልፍ ኣይመስለንን። ብጀካ'ዚ፣ ኩሉ ዓጽመ ስጋ ናይቲ መርዓዊ "ክዳን"

ብዚብል ካልእ ኣስማታዊ፣ ውሑድ ክነሱ ግና ከም ብዙሕ ዚቍጸር ገንዘብ ኪምጦ እዝክር። ኣነ ሓደ ኻብኣቶም ነበርኩ፣ ከመይሲ ነፎርቂ ኣኮይ ወዲ ሓብቱ ስለ ዝኾንኩ። ሓምሳ ሳንቲም ተኸደንኩ። እታ ወርትግ ናብ ወከድባ ኽንኣቱ ኸለና መንደቓ እንስዕሞ ቤተኸስያን ቍስቋም'ውን ኣይተረስዐትን።

ኣማስያኡ ንቕሎ ናብ ወከድባ ኾነ። እታ መርዓት ዕድመኣ ኻባይ ብዙሕ ዘይትዓቢ፣ ወሃ እንተ ተባህለ መበል ዓሰርተው ክልተ ዝረገጸት ስለ ዝነበረት፣ ከም ሓንቲ ንእሽቶ ቈልዓ ዕምርር ኣቢሎም ሓቝፎም ኣብ ልዕል'ታ ኣነ ቕድም ተጐርቢተላ ዝመጸእኩ በቕሊ ኣወጥሑዋ። እቲ ምሳና ዝመጸ ዓርኩ-ርእሲ ብቕድሚኡ ኣጐርበታ። ኣካላታ ኻብ ርእሳ ኽሳዕ እግራ ብጻዕዳ ጋቢ መሳሊ ተገርቢባ፣ ኣብ ልዕሊኡ ባርኖስ ደሪባ፣ ኣብ ርእሳ ድማ ባርኔጣ ወድያ ነበረት። እንተ እተን ቅድም ነኮይ ኣፎርቂ ደሙ ዝፍልሓእ ኣዋልድ፣ ነታ ሒዝናያ እንኸይድ ዝነበርና ጓል ዓደን ብልዙብ ዜማ፤

"ኪደዮም ኪደዮም፣
ዓዲ ጓና ኺደዮም፣
ፍሽኽ እናበልኪ፣
ልቦም ተዓዘብዮም።"...

ኪብላ ጸኒሐን፣ ነተን ኣዴታተን ንምውቃስዩ ይመስለኒ፣ ነቲ ሕላይ ልውጥ ኣቢለን፤

"ወዮ ትሃርማና፣
ወዮ ትድኪቓና፣
ካብ ሎሚ ምሽትየ፣
ይግፋሕክን ምድሪ ቤትየ።"

እናበላ ነታ ኽንዳና እትኸውን ንእሽቶ መርዒት'ውን ብዜደፋንቕ ዜማ ደረፋ። ኣማስያኡ፤

"ኣፋኒና ርባ 'ሳጊርና
ኣቶናዮም ኣብ እንዳቦና፣" እናበላ ናብ ጐዳይፈን ተመልሳ።

ወ'ከድ'ባ መርዓታ ትቕበል

ኣብ እንዳ'ቦሓጎይ ክንበጽሕ ከለና፣ እቲ ጐረባብቲ ኽሳዕ ዚናወጽ ዕሙር ጓይላ ተተኸለ። መስኪነይቲ መርዓት፣ ጌና ኣብቲ እንዳ ኣሕመትሙታ

ቕድሚ ምብጻሓ፣ ከምተን ነፊወርቂ ደሙ ዘፍልሓአ፣ ሕዛብ ዝተቐነታ ንአሽቱ ጋመታት ወክድባ፣ ከበሮ እናሃረማ ብደርፌ ቕልጥ አበላአ። ካብታ በቕላ ኸሳዕ እትወርድ ንአ አይገድፋ፣ ነቦአ አይገድፋ ነዲአ፣ አረ'ውን ነቶም ዓጽመ-ስጋአ ሽንግላጠም አውጽአአም። ናይ አቦ ንመን ንሃቦ ኾይኑወን ደአ'ምበር፣ ስለ ዝጸልአአ አይኮነን። ድሕሪ ገለ አዋርሕ፣ ጓል ዓደን ተባሂላ ምስአተንን ምስ አደታተንን ምስ አቦታተንን ምስ አሕዋተንን፣ አዳኖይ፣ ሳንዳይ፣ ዕብ'ኖይ፣ መዓሮይ፣ አያይ፣ አቦይ፣ አደይ፣ እናበለት ከም እትጽንበረን አዐርየን ይፈልጣ እየን። ንገሊኤን ድማ ከምቲ ንሳ ዝኾነቶ አብ ውራይ መርዓአን ተሳቲፋ ናብ ካልእ ዓዲ ኸተፋንወን እያ።

ጸሓይ ጸዲቓ ምድሪ ኼድገስግስ ጀሚሩ ነበረ። ከበሮ ዚትርባዕ ዘሎ ኺጥዕም ተደሰቐ፣ ሰብኡትን አንስትን ከምቲ ወግዒ ዚፈቕዶ በ'ቦ ጓይላ እናተአልዩ አብቲ ብዜጽለግለግ ባና ቐንዴላት ዝበርሀ ዳስ ዝተተኸለ ጓይላ ተጸምበሩ። እምብልታ ከም ሕሱም ተነፍሐ፣ ሻንቂት፣ ደባይ፣ ድፍን፣ እናተበራረያ ምስቲ ጽንጹር እልልታ ናይተን አንስትን፣ ምስቲ ብጐንበለታት ብዘይ ንሕስያ ዚድለቕ ዝነበረ ኸበሮን እናተላዘባ ነቲ ናይ ምሸት አየር ብቓናአን አማዕረጋአ።

እቲ ጓይላ ኸሳዕ ሰዓት ክንደይ ከም ዝጸንሐ አ'ይዝከረንን። አብ ልዕል'ዚ፣ ምስቲ ዝወዓልናዮ ሃለኸለኽ ትኻስ ግደኡ ኺገብር ጀመረ። ድሕር'ቲ ጓይላ፣ መብዛሕትና አብ ዘዝነበርናዮ ተዓኹሊልና ተገምሰስና። እቶም ከክንዳይ ዚኾኑ ደቅ'ቲ ዓዲ፣ ምሉእ ለይቲ ኺቀናጠዉን፣ ኪራግሑን፣ ዕረፍቲ ዜብሉ ኺውክኹን፣ ጸጸኒሖም ድማ ጥራጠምን ፈሶምን እናፈነዉ ኺወናጀሉን ኪጻረፉን ወይ ከይተሰከፉ ብዕሉግ ናይ ዓኺይ ደርፌ ኺደርፉ ስለ ዘውግሑዎ ልዋም ድቃስ ደቂሰ ኽብል አይክእልን። እቶም ዓበይትን ጐንበለታት ግና፤ "አቱም ቈልዑ ዘይተደቅሱና ግዳ!..." ወይ ድማ፣ "ወዲ ሽቃ አንታ ፈስፋስ!... ጽናሕ፣ ነቦ'ኻ ኽነግሮየ! ፈስፋስወ ፈስፋስ!... " ካብ ምባል ሓሊፎም ጽንጽያ ዓይኖም'ኳ አየንፈሩሎምን።

ብድሕርዚ፣ ከካብ እቲ ዝተገምሰስናሉ አንጊህና ተበራበርና። ዓባየይ፣ ከምቲ ወትሩ አብ ካልእ መዓልቲ ነቦሓጎይ ናብ ስራሕ ኪወፍር ከሎ እትገብሮ፣ አብ ደርሆ-ነቆ ቕድሚ ኹሉ ተንሲአ፣ አብታ አብ ብዙሕ ሽነኻ ዝነጸለት አረጊት ዕንቑ-ወዲ በራዳ ሻሂ አፍልሐት። ነቶም ካብ አስመራ ዝመጻእና ደቅ-ደቃ፣ አነን ጸጋይ ሓወይን ሽው ገና እግሪ ተኸሊ ዝነበረ አስመሮም ወዲ ሓትነይን፣ አብ ጻዕዳ አዛናት ቀቀዲሓ ቐረበትልና፣ ካብቲ ጥዑም ሕምባሻአ ድማ ሓሓደ ስ'ላም መጠወትና። በዚ ምኽንያት እዚ'የ

ንወከድባ ኻብ ኣባርዳእ ዝያዳ ዝፈትዋ። እዚ፣ ነቲ "ወዲ ሓብቲ!" ዚብል ለዋህ ኣጸዋውዓ ናይ ኣኮታተይ ኣብ ግምት ከየእተኹ እዩ።

ንጽባሒቱ፣ መርዓትን መርዓውን ቃል-ኪዳን ኪኣስሩ ናብ በተኽስያን ቍስቋም ምስ ከዱ፣ ኣደይ ዝርካቡ ርያኣ ጠራነፈት'ሞ፣ ነታ ንእሽቶ ሓብትና ሓዚላ ንቕሎ ናብ ኣስመራ ኾነ። ወከድባ ተሃና ዘይወጸላ ግዲ ኾይኑ፣ ኣብ ውሽጢ ገለ ህድሞታታ ድምጺ እምብልታ ገና እናድሃየ ኸሎ ኢና ገዲፍናያ ካብ ቀላቕላ ዝወጻእና። ነቲ ቐዩሓት ዚብሃል ኣጕዱ ዝቕርጹ ንእሽቶ ኹርባ ንየማንና ገዲፍና፣ ነቲ ብዕጹድ ግራሁ ዝተሸፈነ ጐልጎል ወከድባ ብእግርና ኣቋረጽናዮ። ካልኣት ከማና ናብ ኣስመራ ዚውሕዙ ብዙሓት ሰብኡትን ኣንስትን ስለ ዝነበሩ፣ ኣደይ ኣብ መገዲ ኣይጸመዋን። ምስ ገሊኣን መዛኖኣ ኣንስቲ ወጃዕ እናበለት፣ ነቲ ጕዕዞ ኸይተፈለጣ ዓመመቶ። ኣነን ሓወይን ግና ካብ እግሪ ኣደና ኸይረሓቕና፣ ኣብ ቅድሜና ንዝጸንሓና ጨራሩ ብእምኒ እናሸንጐጕናለን ወይ ማይ ዝዓቈረ ዘይነጸፈ ርባ እንተ ኣጋጠመና ናብኡ እናላገስናን ኣብ ወሰነወሰኑ ዝረኸብናዮ ሳዕሪ ጭሕሚ-ድሙ እናቐንጠብናን፣ ብኡ እናተዘናጋዕናን ኣብቲ ብዙሕ ህዝቢ ዜሕሰኽስኽሉ ኣደላሃቕ ናይ ኣስመራ ተጸንበርና። ብኡንብኡ ድማ ናብታ ናይ እንዳ ላምባ ገዛና ብደሓን ሰላም ኣቶና።

መርዓ ናብ ዓዲ ኸይደ ዝተሳተፍኩሉ ናይ ኣፈወርቂ ኣኮይ ጥራይ ኣይነበረን። ቅድሚኡ፣ መርዓ ናይ ህይወት ጓለሞይ፣ ኣብ ዓኹራት ጥቓ መቐርካ ዚርከብ ኣብ ዝተገብረ ውራይ'ውን ምስ ወለደይ ከይደ ነይረ። ንመጀመርታ ግዜይ "ሸብልል" ዝተባህለ ጣይታ ዝጠዓምኩ ኣብኡ ነበረ። መቐረቱ ኺጕምድድ ጕዳም'ዩ። ምናልባት፣ ከምኡ ሽም ዘውጽኡሉ፣ ንኡ ዝበልዐ ከረው ኢሉ ወይ ተሸብሊሉ ስለ ዚድቅስ ደኾን ይኸውን፤ እቲ ብስጋ ዝተተኽተኸ ጸብሒ ምእንቲ ኸየምልጠኒ፣ ከይፈተኹ'የ ኽበልዮ ቐንየ። እምበር ሸብልል! እቶም ደቅ-ዓዲ ግና "ጣይታ መኳንንቲ" እዮመ ዚብሉዎ።

እቲ ናይ ህይወት ካብቲ ናይ ኣፈወርቂ ዚፍለ፣ እቲ መርዓዊ ዛቕናይ ስለ ዝነበረ እዩ። እቶም ወራድ መርዓ እንዳ-ወዲ፣ ናባና ናብ እንዳ ጓል ኣብ ዝመጹሉ፣ እቶም ደባል ኣብ ክንዲ ኵናትን ዋልታን፣ ኣብ ርእሶም፣ ንሳቶም "ቀርኒ ሓርሽ" ዚብልዎ፣ ኣብ ግንባሮም ወድዮም፣ ጠኒኖም ምስ ኣተዉና ሸይጣን ዝመጸ መሲሉኒ ሽም ዝባህረርኩ ኸቶ ኣይርስዓንን። ከምዚ ኣብ ጕዳይፍ ዝተኻፈልኩዎን ዘስተማቐርኩዎን ናይ ኣኮይ "ኣፎርቂ" መርዓ ኣብ ትዝታይ ዝሓደረ ግና ከቶ ኣይነበረን።

ህይወት ከም ወትሩ ይቕጽል

ሳልሳይ ክፍሊ፣ ከምተን ቅድሚኣ ዝነበራ ኽፍልታት ቅነ ልደት፣ ፋሲካ፣ ዕርገት፣ ቀዳማይን ካልኣይን ሳልሳይን መርመራታት ጸብጺባ ሓለፈት። ናብ ራብዓይ ክፍሊ ኽም ዝሓለፍና ዚምስክር ባጅላታት ተዓዲልና ድማ ናብቲ ብዙሕ እንብህጎ ጥሉል ክረምቲ ኣቶና። በለስ ተበልዐ፣ ዝመልአ ቐላያት ከምኒ ባሕርያን ማይ ኣንበሳን ማይ ባውዛንን ተበጽሐን ተሓምበሰን። ሽዑ ህይወቶም ዝሰኣኑ መሳቱና ኾነ ዓበይቲ ውሑዳት ኣይነበሩን። ቢምቦሪታት (ፖምፔሪ) ሓምበስቶም ልኢኾም፣ ነቶም ግዳይ ጥሕለት ዝኾኑ ቈልዑን ኣጓብዝን፣ ኣበይ ከም ዝተሰወሩ ንምድህሳስን ንምንዳይን ናብ ውሽጢ ማይ ኪሽመሙን ሬሳ ምስ ተረኽበ ድማ ብመዓትዓቲ መሳርያኦም ዘቑቖም ኬውጽኡ፣ ክሳዕ መስቀል ብራቕ ተካል ክረምቲ ኣሕለፉ። ኣማስያኡ ድማ ኣብያተ ትምህርቲ ተኽፍተ።

ተምሃሮ ሳልሳይ ክፍሊ 1954

1. (ብድሕሪት ዝቖሙ) መለስ ተኪኣ፣ ሙሉጌታ – ፤ ሰመረ ተስፋማርያም፤ ምኪኤል መንግስ፤ ኣስመላሽ ጊለ፤ ጸጋይ ኤልያስ፤ ገረዝግሄር (ኬኬል) – ፤ ተኪአ ተስፋይ፤ ክብርኣብ ገብራይ፤ ምሕረትኣብ ሃብቱ፤ ኣማረ ኣፈወርቂ፤ በረኸት ባይሩ።
2. (ኣብ ማእከል ደው ዝበሉ) ዮናታን ገብርኣብ፤ ዘካርያስ ኣፈወርቂ፤ ሰለሞን ልጃም፤ ገረንድርያስ —፤ ይሕደጎ —፤ በላይ ጸጋይ (ድንሽ)፤ ተኸስተ ሃይለ።
3. (ኮፍ ዝበሉ) ፍቓዱ ካሳ፤ ምዕራፍ —፤ ፍረወይኒ ገብረስላሰ፤ ሳባ ሰረቐ፤ መምህር ኣማኒኤል ሃይለ፤ ስምረት ኪዳነ፤ ያለም እምባየ፤ ሓረጉ —፤ ደሃብ —፤ ሃይለ ብስራት።

ህይወት ኣብ እንዳ ላምባ ኸም ቀደሙ ቐጸለ። ኣብ ራብዓይ ክፍሊ፣ መምህርና ኣርኣያ ገብረሚካኤል ዚብሃሉ እዮም ነይሮም። ብኸእለቶምን ፍልጠት ናብ ተምሃሮ ኣብ ምስናቕን ንፉዕ እንተ ነበሩ'ኳ፣ ቍሩብ ቍጡዕን ሓድ ሓደ ግዜ ድማ ኣዝዮም ተቓጻዕን ነበሩ። ናይ መምህር ኣርኣያ ሓንቲ ኸዝክራ ኣዝዩ ደስ ዚብለኒ፣ እንግሊዝኛ ኺምህሩና ኸለዉ፣ ሓንቲ መን ከም ዝጸሓፋ ዘይዝክረኒ፣ *"Children of the Forest"* ዘርእስታ ብቐሊል እንግሊዝኛ ዝተቐርጠወት ልብ-ወለድ፣ ባዕሎም እናንበቡን እናተርጐሙን ዘዘንተዉልና ነበረ። በቲ ዛንታ ናይቲ ልብ-ወለድ ኣዝዩ ካብ ምምሳጥና ዝተላዕለ፣ እቲ ናይ እንግሊዝኛ ሰዓት ክሳዕ ዚመጽእ ኸንህወኸን ምስ መጸ ድማ ከይውዳእ ክንበ'ቀሉን ዳርጋ ኸልተ ወርሒ ወሰደ። ብጀካ'ዚ፣ መምህር ኣርኣያ፣ ከም ብልጫ ዚምጦ መደምሰስ ዓዲጎም፣ ኣብ መንጎና ውድድር ረባሕታ ግሲ እንግሊዝኛ ኸም ዘካየዱን ብህርብትና ኸም ዝተሳተፍናዮን ከቶ ኣይርስዖን።

ሓደሓደ ግዜ፣ ናብ ማእከል ከተማ፣ ናብቲ ብጠላይን ጥራይ ዚውነን "መርካቶ ኮፔርቶ" (ክዱን ዕዳጋ) ንኸይድ ነበርና። ኣብቲ ውሽጢ ዓብዪ ጽርሓ ክንኣቱ ፍቑድ ኣይነበረን። ብብዝሒ ዓሳን ኣሕምልትን ዚሸየጠሉ ከም ዝነበረ ግና ብጨረፍታ ንርእዮ ኔርና። ኣብቲ ብሸንኽ ሰሜኑ ብዙርያኡ ብውቁብ ኣዕኑድ ዓ'ረ ዝተጸረ ገበላ ዘሎዎ፣ ብሸነኽ ግዳምን ኣብ ውሽጡን ተሰጥዩን ተመታቲሩን ኣብ ጽሩይ ዓንቃሪቦታት ዝተንጠልጠለ ስጋ ኸብትን ሓሰማን፣ ዓበይቲ መቐጸርያ ይመስል ብዘለለታት ዝተንጠልጠለ በብዓይነቱ ግዕዝም፣ ናይ ሞርታዴላ ዋህረም፣ ነንበይኑ ዝመጠኑ ገሊኡ ወጥዋጥ ገሊኡ ድማ ከቢብ ፎርማጆታትን፣ ከምኒ ሪኮታን ሞሳሬላን ዝኣመሰለ ፍርያት ጽዕዲትን፣ ኣብ ጽፉፍ ካሴታታት ተረቢቡ ዝተቐመጠ በብዓይነቱ ኣሕምልትን ፍረታትን ዚሸየጠሉ ተርታ ድኳናት ጭንን እናበልና ንምርኣይ ጥራይ ንኸይድ ነበርና። እቲ ፍርያት ብሓፈሻ፣ ሃነንታኡን ሃንገፍታኡን ገና በሲሉ ኣብ መኣዲ ኸይተቐረበ ኸሎ ዜጐምጁ ነበረ። እቲ ቐይሕ ስሚንቶ ናይቲ ገበላ መዓልቲ መጸ ብማይ ዚሕጸብ ኣዝዩ ጽፉፍ እዩ ነይሩ። ንኣና ግና ኣዝዩ ልሙጽ ካብ ምኳኑ ዝተላዕለ ኣብኡ ኸነንሻትሕ ስለ ዘወናወነና፣ ነቶም ሰብ ትካል ጠላይን ከምኡ እናገበርና እናሳዕ ነትክሮም ነበርና።

ክንዮኡ፣ ኣብ ሕምብርቲ ናይቲ ኮምብሽታቶ፣ ናብቲ ኣበየ ቨትሪናታቱ በብዓይነቱ ናይ ደቀንስትዮን ናይ ደቂ-ተባዕትዮን ዘመናዊ ኽዳውንቲ ንምርኢት ዝተሰጥሐ፣ ንቐልዑ ዚኾና በብዓይነቱ ዝመጠነንን ዝሕላገተንን ብሸከለታታት፣ ናይ ሰብን እንስሳን ምስሊ ባምቡላታት ዚሸየጠ ድኳናት

ብዓይንና ርኢና ዘይንዓግበሉ እዩ ነይሩ። ብፍላይ ኣብ ቅነ ልደትን ፋሲካን ካብ ዚስጥሓ ዝነበራ፣ ነተን ኣብ ፌሮቪያ እንርእየን ጸለምቲ ናይ ሃፋ ባቡራት ዚመስላ መጻወቲ፣ ምስቲ ብመጠነን ኣብ ዝተዋደደ ትዕይንተ-መሬት ዝተሃንጸ ሓዲዳተንን ድልድላተንን ገለርያታተንን እናተሰለኽለኻ ኺጐያ ኽለዋ ንሓያሎ ደቓይቕ ተሃኒንና ንዕዘበን ነበርና። ኣብቲ ዕሙር ዕዳጋ ዝነበሮ ማእከል ኮምብሽታቶ፣ ድኳናቱን ባራቱን ብምኡዝ ሃነንታ ናይ በብዓይነቱ ዶልሽን ፓስተን ሕብስትን፣ ብሃንገፍታ ካፑቺኖን ማኪያቶን ጀላቶን ዚልለ እዩ ነይሩ። ኣሊመንታሪታቱ፣ ከምቲ ናይ መርካቶ "ኮፔርቶ" ብበብዓይነቱ ግዕዝም-ሓሰማን ሞርታዴላን ፕሮሹቶን ካልእ ብውቑብ መጠቕለሊ ዝተዓሸገ ናይ ኤውሮጳ ናይ ምግቢ ሸቐጥን ዝተቐጽጸ ነበረ። ነዚ ኹሉ፣ ዋላ'ኳ ኽንዕድጎ ዓቕሚ እንተ ዘይነበረና፣ ክንርእዮ ጥራይ ኣዝዩ ደስ ይብለና ነበረ። ኣብ ውሽጢ ልብና ኸኣ፣ ሓደ መዓልቲ ትምህርትና ወዲእና ስራሕ ምስ ሓዝና ናይዚ ሸሻይ'ዚ ተቛደስቲ ኽም እንኸውን እናሓሰብና ብተስፋ ንሕጐስ ነበርና።

ጥሪት ተምሃራይ

ብጀካዚ፣ ኣብቲ ግዜ'ቲ፣ ብዙሓት ካባና ዚዓብዩን መሳቱናን ኣወዳት ረጋቢት ዜፋርዩ ኽም ዝነበሩ ከውክእ እፈቱ። ገለ ኻብዞም ኣፋረይቲ ረጋቢት፣ ኣብ ጐኒ ወይ ልዕሊ ናሕሲ ገዛእም፣ ሓደው ኣብ ፍሉይ ብሬት ዝተሓጽረ ርሒብ ቦታ፣ ብቕራጽ ታኒካታትን ገረወይናን ዝተዳለወ ሰፈር ወይ ጋብያታት ዝሰርሑለን፣ ንኣተን ናብ ጠላይን ምሻጥ ድማ ከም ንቡር ስራሖም ዝወሰድዎ ኽም ዝነበሩ እዝክር። በዚ ምኽንያት'ዚ ኣብ መብዛሕትኡ ሰፈር ናይ ኣስመራ ብዕስለ ዚበርራ ረጋቢት ምርኣይ ልሙድ ነበረ። ኣነ'ውን ከም መሳቶይ ሓደ ዓሰርተ ዚኾና ብልዕሊ እንዳ ላምባ ዚዝምብያ ረጋቢት ከም ዝነበራኒ ኽናሳሕ እፈቱ። እተን ረጋቢተይ፣ መብዛሕትአን ክሳደን ዜብረቕርቕ ጸለምቲ፣ ገሊአን ሓምኹሽታይ (ቸነረ)፣ ሓደ ኽይስረቐኒ ወይ ናብ ካልኦት ዕስለ ኽይሰልል ኣዝየ ዝበቀሉ ቡናዊ (ማሮነ) ኽም ዝነበረኒ ኣይርስዓንን።

ኣብ ልዕል'ዚ፣ ነደይ ኣንስተይቲ ደርሆ ኽትዕድገለይ ወርትግ እልምናን ኣትክራን ነበርኩ። ንሳ'ውን፣ ገንዘብ እንተ ረኺባ፣ ሓንቲ ጽብቕቲ ኣርሒ ኽም እትዕድገለይ ቊሩብ ተስፋ ሂባትኒ ነበረት። ድሕሪ ብዙሕ ምኒንታን ዕሚምታን፣ ኣደይ ንሓንቲ ኣደይ ም'ሰ ዝተባህላ ብዓልቲ ድባርዋ፣ ቈናኒታ፣ በቲ ንሰን ዝነገራኣ ዋጋ ሓንቲ ምውዳቕ ዘይጀመረት ኣርሒ ኺዕድጋለይ፣

ካብቲ ኣዋሊዳ ዝዓቘረቶ ገንዘብ ዕስራን ሓምሽተን ሳንቲም ፈልያ ሃበተን። ድሕሪ ወርሒ፣ ሓደ ብሩህ መዓልቲ ኣብ ዝነበሮ ዕለት፣ ንእግረ-መገደን ሓንቲ ጕራጕራ ስገመይቲ ኣርሒ ኣብ ዘንቢለን ሸኵዐን ከም ወትሩ ነደይ ኪቐንናኣ መጽኣ። ኣዝየ ተሓጐስኩ።

ከም ዘይትስሕትዎ፣ እቲ እንቕመጠሉ ገዛ ናይ ከራይ እዩ ነይሩ። ከም ልበይ ጋብያ ኸሰርሓሉ ዝኽእል ቦታ ኣይነበረን። እቶም ዋናታት ነዚ ኸም ዘየፍቅዱለይ ርግጸኛ እየ ነይረ። ስለዚ፣ ፍረታት ኣራንሺ ኻብ ዚጽዕኑን ዜራግፉን ሰራሕተኛታት እንዳ ደናዳይ፣ ሓደ ሓድሽን ጽሩይን ካሴታ ብኣዝዩ ሕሱር ዋጋ ዓዲገ፣ ኣብ ትሕቲ ዓራተይ ኣብ ሸነኽ ትርኣሰይ እየ ዘስፍራ ነይረ። ሓደ ዘይተፈትሐ ዓብዪ ጸገም ግና ነይሩ። ኣቦይ ብሓፈሻ ለማዳ እንስሳታት ምሓዝ ፍጹም ዘይፈቅድ እዩ ነይሩ። ግዕዙያትን ተስከምቲ ዝተፈላለየ ሕማማትን ገይሩ እዩ ዚርእዮም ነይሩ። ስለዚ፣ ነቲ ድልየተይ ነጸጎ። ደሓር ግና ርእዩ ኸም ዘይረኣየ ብምምሳል፣ ከምቲ ኣብ ላዕሊ ዝጠቐስኩዎ፣ ኣብ ጥቓ'ቲ ትርኣሰይ፣ ኣብቲ ዝዓደግኩላ ብልስሉስ ርሺ ዝተነጽፈ ካሴታ ትሕደር ገደፉ።

እታ ኣርሒ ብዙሕ ከይጸንሐት ኣብ ሰሳልስቲ እንቋቑሖ ኸተውድቕ ጀመረት። እቲ ናይ ፋልማያ ድቕቕ ዝበለ እዩ ነይሩ፣ እናሓደረ ግና ግዝፍ ዝበለ ኸትወልድ ጀመረት። ሓድሓደ ግዜ ኣብ ጸጽባሕ እተውድቐሉ እዋን ነይሩ። ብምግቢ-ደርሆ ዝመጸ ሽግር ኣይነበረን። ብጀካ'ቲ ኣደይ ካብ ዓዲ ንዝተረኽበ እቶት ወይ ካብ ዕዳጋ ንዝሸመተቶ እኽሊ ኸትኣሪ ኸላ ኣትኣልዮ ጕርደምርዲ፣ ናብ ታሕታይ ዕዳጋ-እኽሊ ኸይደ ብኣዝዩ ሕሱር ዋጋ ብርብዒት ዚስፈር ወይ ብጅምላ ዚሸየጥ ጕርድምርዲ እዕድገላ ነበርኩ። ኣዝያ ሕንቅቕቲ ደርሆ እያ ነይራ። ከምዚ ኸነሱ ግና፣ እቲ ባዕላ ኣበየ ኸርናዕ፣ ኣበየ ጕልጎል፣ ኣበየ ሸጓሽጕ እናላገሰትን እናተሸኹራተተት እትምእርሮ ዝነበረት'ውን ንባዕሉ ዓብዪ ሓገዝ ቀለብ እዩ ዝነበረ።

ናጽነት ዚነፍግ ጋብያ ስለ ዘይነበራ፣ ቃሕ እንተ በላ ኻብቲ ኣብ ውሽጥ'ቲ ቐጽሪ ብዝናም ክረምቲ ዝጠጥዐን ዝጐልዐን ኣቑጽልቲ፣ ኣብኡ ዝተደበቘ ሓሳኹን፣ ከምቲ ደመ-ነፍሳ ዝነገራ መመሪጸ እናተኹዐበት ትምገብ፣ እንተ ደልያ ኣብ ትሕቲ ሓደ ንእሽቶ ቈጥቋጥ፣ ነቲ ሓመዱ ባዕላ ጸጺሒቲራ ኣብ ዘድበቑበቘቶ ባይታ፣ ነቶም ንመላእ ኣካላታ ወሪሮም ዘትከሩዋ ቝንጭን ጕቢብን ንምእላይ ኣብቲ ሓመዱ ተዕጐፍጕፍ ነበረት። ሽሕ'ኳ፣ ብጃንቋ ዘይንሰማማዕ እንተ ነበርና፣ ካብቲ ኣቓቕውኣን፣ ካብቲ ቓቕታኣን ሕጕስቲ ደርሆ እያ ነይራ ክብል እደፍር። ድሕሪ ሓያሎ ኣዋርሕ፣ ዥሉቲ ባህሪኣ ግርም ገይረ ኣጽናዕኩዎ። ንኣብነት፣ እንቋቑሖ ብዘውደቐት እተድህዮ

ቃቕታ፣ ሽላ፣ ሊሎ፣ ድሙ ወይ ካልእ ኣባይ እንስሳ ብወዝቢ ምስ ዚቕልቀል እትጭርሖ መጠንቀቕታ ዝተፈላለየን ንጹርን እዩ ዝነበረ።

ሓደ መዓልቲ፣ እዛ ኣዝየ ዝበ'ቀላ ደርሆይ፣ ኣብ ጥቓ ሓንቲ ናይቶም ዋና ገዛ ኣርሒ ላሕሚ እትሓድረሉ ታዛ ኣብ ዝነበረ መዕጐፍጐፊኣ፣ ናይ ደበቑበቛ ባኛ እናገበረት ከላ፣ ብሃንደበት፣ ሓደ ቐጢንን ውዕዉዕን ኣውያት ናይ ኣርሓ ደርሆ ኣብ መ'ላእ እቲ ቐጽሪ ኣጋውሐ። ኣብ ጫፍ እቲ ብኣረጊት መንደቕን ጣዋሉን ዝተገተረ ሓጹር፣ ሓደ መብዛሕትኡ ጻዕዳ ዝግልግለኡ ኾዕናን ኩኩናይ ቀይሙ ረኣኹ። እቲ ናይ ክሳዱ ወርቃውን ብርቱኻናይን ዛላኡ፣ ድሙቕ ቐይሕ ኵትኹቶኡ፣ ርዕዙውን ምርኡይን ዕልዕሊቱ ንቐቐውቲ ዜወናውን መልክዕ ነበሮ።

እቲ ኩኩናይ መንፈሩ ድሕሪ ምንግብጋብ፣ ክሳዱ ኽሳዕ ዚጕርብጥ ወጢሩ ንኻልኣይ ግዜ ነቀወ። ብድሕር'ዚ፣ ተኾዕኒኑ በብደረጃ፣ ብህድኣት እናዘለለ ኣብ ጥቓ እታ ደርሆይ ዝነበረትሉ መዕጐፍጐፊኣ ወረደ። እታ ደርሆይ ኽትክደኖ ዝጸንሐት ሓመድን ደበቑበቛን'ኳ ኽተርግፍ ዕድል ከይሃበ ኣብ ጐና ውትፍ በለ። ነቲ ኽንቲት ናይ ኣኽናፉ በጻብዑ እናፋሕጠረን እናተደናበረን ክሳዕ ዚንውንዋ ናብኣ ተጐዝጕዘ። ንሳ ድማ፣ “ከመይ ዝበሉዎ በዓለገ ኣጓነፈኒ!” እትብል ዘላ ኽትመስል እልይ በለትሉ። ንኡ ግና እዚ ነውራም ተግባር ኣይነበረን። እቲ ኣቦታቱን ኣቦሓጎታቱን ንምልዮናት መዋዕል ዘመሓላልፉሉ ናይ “ኰሽማን ደርሆ” ወግዒ እዩ ዜንጸባርቕ ነይሩ።

እቲ ብድሕርዚ ዝሰዓበ ትዕይንቲ፣ እታ ደርሆይ መሓውራ ብዘይርእ ድባራ ዝተኾኮደ ይመስል እናተጸገመት ክትሃድም ክትፍትን ከላ ዝተዓዘብኩዎ መስሓቒን ድራማ እዩ። እቲ ኣባጃዊ'ውን ልክዕ ከምቲ ናታ መሓዉሩ ብስዉር ድባራ ዝተቐየደ ኺመስል፣ ኣኽናፉ ኣጕብጕቡ፣ ሕቜኡ ኣሓጕቡ ብኣዝዩ ሓጺር ስጕምቲ እናተንኰብኰበ እግርእግራ ሰዓበ። ለከስ ኣብ እንስሳታት'ውን ቀልዓለም ኣሎ! እዚ ኽይኑ እቲ ኽይኑ ግዳ እቲ ድራማ ብዓወት እቲ ኩኩናይ ኣብ ዝባን እታ ደርሆይ ብምሕኳር ተፈጸመ። ካብኡ ንደሓር ደርሆይ ምስዚ ሓድሽ “ቦይ ፍረንድኣ” ከምኡ'ውን ንኡ ተኸቲለን ካብቲ ጐረባብቲ ሰሰሊኹን ናብቲ ስቱር ቀጽሪ ምስ ዝመጻ ኻልኣት ክልተ ሰለስተ ዝኾና ምኩራት ቀቐውቲ ምሕር ተላሚዳስ ካብኣቶም ተፈልያ ዝረኣኹዋ ዕለታት ጻብእቲ ነበረ። ድሕሪ ሒደት ኣዋርሕ፣ እታ ደርሆይ መሽከላ ፍጹም ተለወጠ፣ ከም እኹላት ኣንስትዮ ደራሁ ገዝፍቲ እንቋቑሖ ምውዳቓ ኽኣ ልሙድ ተርእዮ ኮነ።

ሕቘቕታ ደርሆይ

ሓደ ንግሆ ግና፣ ብሃንደበት፣ እታ ደርሆይ ድምጻ ፍጹም ተለወጠ። ዝኾነ ሰብ ወይ እንስሳ ናብ ጥቓኣ ምስ ዚቐርብ ድማ ግልግለታታ እናተኸየፈ ሓደ ናይ መጠንቀቕታ ጭራሖ ከተድሂ ጀመረት። ብኢደይ ምስ ዳህሰስኩዋ፣ እቲ ታሕታይ ሸነኻ ቈርበቱ ኣመና ለምሊሙን ረቘቘን፣ ካብቲ ንቡር ሙቐቱ ዝያዳ ዝረሰነ ኾይኑ ዝኾነ ኣስተብሃልኩ። እቲ ኣብ መመዓልቲ ወይ ኣብ ሳልስቲ እተውድኾ ዝነበረት እንቋቝሖ ኣቋረጸት። ነደይ እንታይ ከም ዝወረዳ ሓተትኩዋ። እንቋቝሖ ኽትሓቝፍ ደልያ "ሕቘቕ" ምባል ከም ዝጀመረት ነገረትኒ። ደጊም እዛ ቕድሚ ሒደት ኣዋርሕ ንባዕላ ገሸገሽ ዝነበረት ደርሆ፣ ወግዒ በጺሑዋ እንቋቝሖታት ሓቝፋ ጨቓዊት ከተንቍሕን ክትሓቝፍን ከተዕብን ተቐሪባ ኽም ዝነበረት ብሓጐስ ተበሰርኩ።

ፍርቂ ኻብቲ ኣብ መጠረሽታ እዋን ባዕላ ዘውደቐቶ፣ ፍርቂ ድማ ኻብቲ ኣብ ታሕታይ ሹቕ ዝነበረ ዕዳጋ ገዚአ ዓሰርተው ክልተ እንቋቝሖ ኣሕቈፍኩዋ። ድሕሪ ዕስራን ሓደን መዓልቲ ዝወሰደ ሃንቀውታይን ህንጥይናይን፣ ሓደ ንግሆ ሃሳስ ድምጺ ናይ ዚነቅዕ ፋጋ እንቋቝሖን ድኹም ጭቝታን ሰማዕኩ። ኣደይ፣ ደርሆ ሓቝፋ ኸላ ብዓይኒ ሰብ ክትርአ ጽቡቕ ከም ዘይኮነ ደጋጊማ ትነግረኒ ነበረት። ከምኡ ኽነሱ ግዳ ብሰላሕታ እንታይ ከም ዝተኸስተ ኻብ ምርኣይ ኣይተቘጠብኩን። ኣብ ቅድመኣ፣ ሓደ ተተራቢዑ ዝተኸፍተ ባዶ ፋጋ እንቋቝሖ ተቐሚጡ ረኣኹ። እታ ደርሆይ ብስንባደ ብርቱዕ ሕቘቕታ ፈ'ነውት። ኣነ ግና ምዕዛብ ኣይገደፍኩን። ንህላወይ በብቝሩብ ምስ ለመደቶ፣ ካብቲ ዝሓቘፈቶ እንቋቝሖታት ኣብ ሓዲኡ ድምጺ ሰሚዓ ግዲ ኾይና ብመትኰባ እናንጠቘትን እናተርብዐትን ክትከፍቶ ፈተነት። ድሕሪ ብዙሕ ህ'ቀና ርእሲ ናይ ሓደ ዕንጭቝሊት ጫቝት ተቐልቀለ። ሽዑ ኽም ድላያ ትኹን ሓደግኩዋ፣ ሖሉኾሎም ዓሰርተው ሓደ ጨቓዊት ነቝሖም ድማ ናብዚ ህይወት'ዚ ተጸንበሩ። ሓንቲ እንቋቝሖ ግና ኣጕላ ኣይነቝሐትን። ኣደይ እቲ ዝኣጐለ ናይ ማርያም ከም ዝኾነ፣ ስለዚ፣ ከም ንቡር ክቕበሎ መኸረትኒ። ነቲ ዝኣጐለ እንቋቝሖ ኻብቲ ሰፈሩ ኣልዒለ፣ ኣብ ጥቓ እተን ደራሁ ሓመድ ዜዕጐፍጕፋሉ ደርበኹዎ፣ ምስ እምኒ ተጋጭዩ ተሓምሸሸ። ቀሪበ እንተ ረኣኹዎ፣ ሕብሩ ንሓተላ ዓይን-ምድሪ ዚመስል ፈሳሲ መሊኡ ኸም ዝነበረ ኣስተብሃልኩ። እቲ ኻብኡ ዝወጸ ሃንገፍታ ዳርጋ ኽሳዕ ከምልስ ዝደሊ ኣዕገርገረኒ።

ድሕሪ ሒደት ሰሙናት፣ ደርሆይ ጨቓዊታ ኣኸቲላ፣ ኣብ ከባቢ እቲ ፊት ገዛና ዝነበረ በቶም ዋናታት ዝተተኸለ ናይ ካንሸሎ ቜጥቋጣት ክትዛውን ጀመረት። እቲ ዘየቋርጽ "ክሉ! ክሉ! ክሉ!" ዚብል ድምጻ እናጨርሐት፣ ጸጸኒሓ ኣብቲ ባይታ በጽፋራ እናጻሕተረት፣ ብመትኰባ እናጒለለት፣ ገለ ዚብላዕ ነገር እንተ ተረኺበ ኸይተሓለለት ተናዲ ነበረት። ዚብላዕ ኣብ እትረኽበሉ ግዜ ድማ፤ "ቂብ! ቂብ! ቂብ!" እናበለት፣ ነቶም ጨቓዊታ ኻብቲ ዝረኸበቶ ሸሻይ ኪካፈሉ ትጽውዖም ነበረት። እቶም ጨቓዊት ሕብሮም ዝተፈላለየ ነበረ። ገሊኦም ንጡፋት፣ ገሊኦም ግና መሓውሮም ገና ስለ ዘይደልደለ ማዕረማዕሪኦ ኺጕዩ ዘይኽእሉ ነበሩ። ሓድሓደ ግዜ፣ ሓደ ጫቚት እንተስ ሰኣን ዓቕሚ ድሕሪት ተሪፉ፣ እንተስ ጠንቀምቀም ኪብል ናብ ዘይኣንፈቱ ኣምሪሑ ኣዲኡ ምስ እትስወሮ፣ ድምጹ ኣዋዕዊዑ፣ ጭያቕ! ጭያቕ! ጭያቕ! ኢሉ ይጭርሕ'ሞ፣ እታ ወላዲቱ ድማ በቲ ቂብቂብታኣ ብተመሳሳሊ ውዕዋዐ እናጸውዐት ከተናድዮ ኽላ ኣዝዩ ኻብ ዚምስጠኒ ነገር ነበረ። እታ ደርሆይ፣ ኣከባኽባ ጨቓዊታ፣ ብብዙሕ ሸነኽ፣ ነቲ ኣደይ ንኣይን ነሕዋተይን ክትናቢ ኸላ እተርእዮ ሓልዮት ኮይኑ ተሰምዓኒ።

ድሙን ሸላን ሊሎን ዚብሃሉ ርጉማት ፍጥረታት ከለዉ፣ ደርሆ ምስ ጨቓዊታ ብሰላም ክትነብር ከቶ ዘይሕሰብ ነገር እዩ። እንሆ ድማ ኣብ ውሽጢ ኽልተ ወርሒ ዘይኣክል፣ እቶም ርእየ ዘይጸገብኩዎም ጨቓዊተይ፣ በዞም ከይሲ ፍጥረታት በብሓደ እናተጐብጡን እናተመንጀኹን እናተበዘቱን፣ ኣማስያኡ እታ ቁም-ነገረኛ ደርሆይ ዳርጋ ናይ ወላድ መኻን ኮይና ምስ ሓደ ጫቚት ጥራይ ተረፈት።

ውረድ ዘይበቕልኻ...

ኣብ እንዳቦይ ሃውኪ፣ ኣስታት ክልተ ዓመት ኣቢልና ዝተቐመጥና ይመስለኒ። ምስ ወለ'ድና፣ ኵሉኹልና ሸውዓተ ትንፋስ ኢና ኔርና። እታ ዝነኣሰት ኤልሳ እትብሃል፣ ኣብዚ ግዜ'ዚ ገና ጡብ ዘይሓደገት ናጽላ እያ ነይራ። ኣደይ ንኣ ኽትወልድ ከላ፣ ከምቲ ቐደም ኣደይ ለተጽየን ኣየሕረስአን። ካብ ኣገልግሎት ዓዲ ስለ ዝወዓላ ይመስለኒ ካልእ ሰብ እያ ኣገላጊላታ። ስላስ ቺና፣ እታ ኣብ ማ.ረ.ክ.ቈ.ኤ. (ማሕበር ረድኤት ክንክን ቈልዑ ኤርትራ) ኣላዪት ሕሙማት ዝነበረት ከይኮነት ኣይትተርፍን። ኣብዚ ዓመት'ዚ፣ እቲ ጸዳፍ ሸነኽ ናይቲ ቤተ'ኽስያን ከኒሻ፣ ብሚና እናተፋሕረ፣ ኣማስያኡ መንደቕን ናብቲ ሜዳ እንዳ ላምባ ዜውርድ ድማ ብዓል ብዙሕ ደረጃታት መደያይቦን ተገብረሉ።

ኣደይ ድምቃ፣ ዋና'ቲ ገዛ፣ ኣዝየን ኣሪገን ነቐኒቘን እየን ነይረን። ክልተ ዛጊት ንዓቕመ-ኣዳም ዝሰገሩ ግና ጌና ዘይመሰሉ ደቀን ኣብቲ ንምዕራብ ዚጥምት በሪኽ ማዕደሻአን ብነጻላ መንደቕ ተጐርቢቶም ይቕመጡ ነበሩ። ክልቲኣቶም ነጨበረር፣ ሓድሓደ ግዜ በቲ ጥቓ ኣፍደገኦም ክሓልፍ ከለኹ ምግቢ ባዕላቶም ኪኽሽኑ እርኢ ነበርኩ። እዚ ንኣይ ኣዝዩ ጽቡቕ ኣብነት እዩ ነይሩ። ከመይሲ፣ ኣቦይ፣ ሓደ መዓልቲ ሓመድ ኣብ ማይ ኣብዒጠ፣ ንኣይ ዜገድስ ነገር ክሰርሕ ክፍትን ምስ ረኣየኒ፣ “ድማ ኽኣስ ከም ጓልጓሎ ሽሮ ኽትሽሩ!” ኢሉ ዝገረፈኒ ከቶ ኣይረሳዕኩዎን። እዞም ክልተ ኣሕዋት ግና ሞያ ጾታ ኸም ዘይፈሊ እዮም ትምህርቲ ኣስኒቖሙኒ። ከምዚ ኽነሱ ግዳ፣ በቲ ሽው ዝነበረ ኣተሓሳስባ ሓበሻ ኣዝዩ ዜሕንኽ ስለ ዝነበረ፣ መግቢ ኺኽሽኑ ኽለዉ ቈልዓ ኺርእዮም ዘይርብሽ ነገር ኣይነበረን።

ዝኾነ ኾይኑ፣ ሓደ ንግሆ፣ ካብዞም ኣሕዋት ሓዲኦም፣ ናብቲ ድርኾኹት መንበሪና ተቐልቂሉ፣ “ገዛ ኽራይ ደሊኹም ኣብ ውሽጥ'ዚ ወርሒ ልቐቑልና፣” በለ። እቲ ገዛ፣ ሰራዊት እንግሊዝ ናብ ኣስመራ ኺኣቱ ኽሎ፣ ካብ መድፍዕ ብዝተተኰሰ ዓረር ናሕሱ ንሂሉ እናተባህለ እዩ ዚውረየሉ ነይሩ። ቦሎፎኑ ጥስጡስ፣ ከረምቲ-መጸ ኻብ ናጤባኡ ምእንቲ ኽንናገፍ፣ ኣብ ክልተ ወይ ሰለስተ ቦታ ብሽሓኒ ኽነዕቍሮ እንግደደሉ ዝነበርና ኣረጊት ኣስታንሳ እዩ። ከምዚ ኽነሱ ግዳ፣ በቲ ትእዛዝ ናይቶም ዋናታት ሰንበድና። ከምኡ ዝኣመሰለ ውሳነ ዝገበሩሉ ምኽንያት ንወለደይ ስለ ዘይተነግሮም፣ ምናልባት ሓሳቦም እንተ ለወጡ ኺለማለሙ ፈተኑ። እቶም ዋናታት ግና ኣብታ ዝወሰኑዋ ጸንዑ። ኣደይ ነቲ ትእዛዞም ንምኽባር ካብታ ዝነገሩና መዓልቲ፡ ፈቐዶኡ እናኾለለት ዚካረ ገዛ ኻብ ምንዳይ ኣየዕረፈትን። ምስ ዓቕምናን ድልየትናን ዚሳነ ብፍጥነት ክትረክብ ግና ኣይከኣለትን።

ሓደ ንግሆ፣ ኣቦይ ጋሕጋሕ ምድሪ ምስ ወፈረ፣ ኣነን ኣሕዋተይን ናብ ቤት ትምህርቲ ንምኻድ እናቘረስና ኽለና፣ ሓደ ጒልቡት፣ ባኖ ዝተኸድኑ፣ ዘመናዊ ዝጫማኦም ሰብኣይ፣ ብሃንደበት ኣብቲ ልዳትና ውትፍ በሉ። ብዘይ ናይ ሰላምታ ቓል፣ ኣብቲ ዝነበሩዎ ቖይሞም፣ ብገዋድን ጸዋግን ኣንደበት፤

“‘ካብዚ ገዛ ኣይንወጽእን፣ ዕጭ ሓንፈፍና!’ ዲኹም ትብሉ ዘለኹም፧” ኢሎም ነደይ ኣምባልሑላ። ዅላትና በቲ ድቦላ ዘረባ ተዳሂልና ቐዘዝና።

“እንቱም ጐይታና፣ ስለ ዝሰኣንና ደኣ'ምበር ካብ ምንዳይ ኣየዕረፍናን፣” መለሽትሎም ብትሕትና።

“በሉ ኣጠንቅቐኩም'የ ዘለኹ፣ ካብ'ዛ ሰሙን'ዚኣ እንተ'ሕሊፍኩም ወይለኹም!” በሉና'ሞ፣ ተጠርዚዮም ከዱ።

እቶም ሰብኣይ ኣጸቢቐ እየ ዝፈልጦም፣ ደቆምን ደቂ ኣሕዋቶምን፣ ገሊኦም መማህርተይን መተዓብይተይን መጣፍእተይን እዮም ነይሮም።

ስራሖም ጥብቅና ምኳኑ ዝፈለጥኩ ድሕሪ ብዙሕ ዓመታት ነበረ። እቲ ኣውራ ዘጕሃየኒ፣ ካብቲ ገዛ ኽንወጽእ ምፍርራሖም ዘይኮነስ፣ ንወለድና ኣብ ቅድሜና ብድዐ ብዘሎዎ ኣንደበት ምዝራቦም እዩ ዝነበረ።

ንምሽቱ ኣደይ፣ እቲ ሽዑ ንግሆ ዘጋጠመ ኹነት ነቦይ ነገረቶ። ኵሉ ዋኒና ገዲፋ፣ ዋላ ኣብ ርሕቐ ዝበለ ሰፈር ክትጥይቕ ነገራ። እንተ ተረኽበ ናብ ገዛባንዳ ጥልያን፣ ናብታ ማርያ ምራጭ ዝተባህለት ጓል ሓወቦኡ ኽይዳ ኽትውከስ ኣዘዛ። ከምኡ ስለ ዝገበረት ድማ ነቲ እቶም ጠበቓ ዘሰ'ምዑልና "ብቱኽ እዋን" ኣኸቢርና፣ ኣቕሑና ኽም ቀደምና ኣብ ዓረብያ ጀበሊ ጽዒንና፣ ስድራይን ኣነን፣ ምስታ ደርሆይን ሓደ ጫቑታን ናብ ገዛ-ባንዳ ጥልያን ገዓዝና።

፲

ከበደሽ ካራ ሚያ!

ገዛባንዳ ጥልያን ከም ሽሙ ሰፈር ጠላይን እዩ ዝነበረ። ብዘበን መንግስቲ ጥልያን፣ ኣብዚ ሰፈር'ዚ ዚቕመጥ ስድራ ሓበሻ ዳርጋ ኣይነበረን እዩ ዚብሃል። መብዛሕትኦም ካብቶም ኣብኡ ዝጸንሑና ደቀባት፣ ምስቶም ጸዓዱ እንተስ ብስራሕ፣ እንተስ ብመርዓ፣ እንተስ ብብዳማነት፣ እንተስ ከም ከደምትን ተለኣኽትን ዘገልገሉ'ሞ፣ ጕይተቶም ብዝሞቱ ወይ ንጸለማኦም ናብ ዓዶም ኪኸዱ ኸለዉ ብዝገደፉሎም ገዛን ንብረትን ኣብኡ ዝተጣየሱ እዮም። እቶም ዝርካቦም ዝተረፉ፣ መንቋሕቋሕታ ናይ ዘመናዊ ን'ግድ፣ ናይ ኖታዮ፣ ራጅዮነረ፣ እምቤጋቶ፣ ናይ ዓበይትን ንኣሽቱን ማ'ካይን ኣውቲስትነት ፍልጠትን ክእለትን ዝነበሮም፣ ብሃፈ ጸማኦም ሃብቲ ደሊቦም፣ ድሕሪ ስዕረት መንግስቲ ጥልያን ኣብዚ ብጸዓዱ ዝተዓብለለ ማሕበረሰብ በብቑሩብ ዝሰፈሩ እዮም።

እቲ ዝተኻረናሉ ገዛ፣ ኣብ ደቡባዊ ሸነኽ ገዛባንዳ፣ ካብቲ ኣኳዶቶ ዚብሃል ብጸሊም እምንን ስሚንቶን ዝተነድቀ መዋቕር ቊሩብ ውርድ ኢሉ፣ ናብ ሰታንታኦቶ ዚግምገም ቊልቊለት እዩ ነይሩ። እቲ ቐንስል ኢትዮጵያ ዚቕመጠሉ ዝነበረ ሰፊሕ ግቢ ኣብ ጥቓና እዩ ነይሩ። እቶም ቆንስል፣ ኣቶ ተድላ ባይሩ ስልጣን ድሕሪ ምልቃቖም መራሕ መንግስቲ ዝኾኑ፣ ኣስፍሃ ወልደሚካኤል ዝተባህሉ እዮም ነይሮም። ኣብቲ ናብ ሰፈሮም ዚወስድ ብቕጥራን ዝተለበጠ ጽርግያ፣ ምስ'ቶም ሓደሽቲ ደቂ ገዛውተይ ብኹዕሶ ኻልሲ ወይ ተኒስ "ኣላይ ኣላ'ኻ" ኽንጻወት ከለና፣ ነታ ብኣውቲስታ እትምራሕ ማኪናኦም ምእንቲ ኽይንዓግታ ተቐዳዲምና ንእለ ስለ ዝነበርና፣ መልክዖም ቅድሚ ብወግዒ መራሕ መንግስቲ ምዃኖም እየ ኣለልየዮም።

ዋና ገዛና፣ ሓደ ቑሩብ ሽበት ዘርእ ዘበለ፣ ሰብነቱ ደጕዳጕ ቊንጹብ ኢጣልያዊ እዩ ዝነበረ። እቲ ንሕና ዝተኻረናዮ ኣስታንሳ፣ ምስ ሓደ ኻልኣይና ተኻራዪ፣ ንሱ'ውን ኢጣልያዊ፣ ኣብ ወሰን እቲ ንቑልቁል ዚወርድ ጽርግያ ሓመድ ዝተደኰነ እዩ ነይሩ። እቲ ዋና ዚቕመጠሉ ቐንዲ ገዛ፣ ቀጽሩ ብሓጹር ትሪኳላታ ዝተኸበ፣ ብዝባን እቲ ኽፍልና ዚርከብ፣ ገለ ኻብኡ ምሳና ነጸላ መንደቕ እዩ ዝነበረ። ኣደይ ከበደሽ ዝተባህላ፣ ካብ ኣደይ ቊሩብ ብዕድመ ዚመርሓ፣ ነቲ ዋና ገዛ ብዓልቲ ቤቱ እየን። ከም ኳኸ

ዝምጽላመን፣ ጸጕረን ሽርበ ዝተቘነነ ቈርጫጭ፣ ግዝፈን ድማ *በርገደሊ* ኸም ዝነበራ እዝክር። እቲ ጣልያን፣ ብዓልቲ ቤቱ ኣደይ ከበደሽ ምናልባት እንተ ኣኾርየናኦ፣ ኢዱ ኼልዕለለን ዚደፍር ዝነበረ ኣይመስለንን። ባዕሉዶ ሰፈሩ ኺትከኦስ፣ ካብዚ ዝተበገሰ ይመስለኒ፣ እቶም ስድራ ኣዝዩ ህዱእ ናብራ እዮም ዚመርሑ ነይሮም።

እቲ ጥልያንን ኣደይ ከበደሽን፣ ክልተ ኣዝየን ሃዝራጣት ኣዋልድ ነይረናኦም። ጸጕረን ዛውያ፣ ሕብረን ናብ ጸሊም ቡናዊ ዘዘምበለ፣ ዕድሚአን እታ በዅሪ ዳርጋ ኽንዳይ፣ እታ ምንኣሳ ድማ ኽንዲ ጸጋይ ሓወይ ኣቢለን ይኾና። ወትሩ ሕጉሳትን ኣድሃታትን እየን ነይረን። ትግርኛ ዚፈልጣ ዝነበራ ኣይመስለንን። ዋላ ምስተን ወላዲተን ኣደይ ከበደሽ፣ ብጣልያንኛ እየን ዜጭረምርማ ነይረን። ኣደይ ከበደሽ ንባዕለን፣ ምስ ብዓል ኣደይ ጕራማይለ ትግርኛን ጥልያንኛን እየን ዚዛረባ ነይረን። እቲ ኣስታንሳና፣ ምስቲ ኽፍሊ መመገቢኦም ርጉጥ ማዕጾ ብዘሎዎ መንደቕ ጥራይ ስለ ዝተፈልየ፣ ኵሉ ዕላሎምን ወጃዕታኦምን ልክዕ ኣብ ጐንና ኸም ዘለዉ ንሰምዖ ነበርና።

ብዓል ቤተን ነደይ ከበደሽ፣ ምሸት ምሸት፣ ኣብ ኣጋ ድራር ዜጻውታ ሓንቲ ግራማፎን ነይራቶ። ዲስኮኡ ሓንቲ ኸም ሓሙስ ግዲ ኾይናስ፣ ንሳ ጥራይ እያ እትደጋገም። ነቲ ኣብ መኣዶም ዚቐርብ ሽሓኒታትን ብርጭቆታትን ጥርሙስ ቪኖን ከም መሰነይታ ዚውልዓ ዝነበረ እያ እትመስል። እታ ደርፊ ሕላያ ኢጣልያንኛ ስለ ዝነበረ፣ ፍረ ነገሩ ክሕዞ ኣይከኣልኩን። እቲ ደራፋይ ግና ብቕጅልታይ፣ ከምቶም ኔርና ኔርና ኣብ ቺነማ እንርእዮም ዝነበርና፣ ጸጕሮም በጥ ኣቢሎም ብሓደ ጐኑ መቚሎም ዝተመሸጡ ናይ ኦፐራ ዘማርያን ኮይኑ ይረኣየኒ ነበረ።

እቶም ጐረባብትና ኢጣልያውያን፣ ኵላቶም ሃብታማት ወይ ሰብ ገዛ ኣይነበሩን። ገሊኣቶም ኣዝዮም ድኻታት ከም ዝነበሩ ናብ ገዝኦም ከይኣተኻ ዚልለዩ ነበሩ። ንኣብነት፣ ኣብቲ ፊትና፣ ክልተ ጸበብቲ ኽፍሊ ዝነበራ፣ ናብቲ ፋብሪካ ዘይቲ ናብ ዜውርድ ቍልቁል ዝተገምገመት ቀጽሪ ዜብላ ገዛ ነይራ። መጕራብትቲ ገዛ ኣይነበራን። ኣብ ውሽጣ፣ ሓንቲ ሰደቓን ኣርባዕተ ሰድያን ከም ዝነበራ ማዕጾኣ ኺኽፈት ከሎ፣ ካብቲ ገዛና ኾይነ ርእየዮ ነይረ። እቶም ነበርታ፣ ምናልባት ዕብይ ዝበሉ ጠላይን ነይሮም ይኾኑ፣ ከመይሲ፣ ናብ ግዳም ተቐልቂሎም ርእየዮም ኣይፈልጥን። ሓንቲ ጸጕራ በሓይ ዛውያ ኽነሱ፣ ክሳዕ ወተጋ ብሓጺር ዝተቘርጸ፣ ቍመታ ሸልሓጥ ጓል ጥራይ እያ ኣብቲ ገዛ እተምሰሱ ዝነበረት። ቀትር-ቐትሪ፣ ናብ ግዳም እናወጸት፣ ካብ ገሊኡ ኣሊመንታሪ ወይ ጠላይን ዚውንንዎ ድኳናት ዝዓደገቶ ዝርካቡ ኣስቤዛ ተኾልኲላ ኽትኣቱ ኽላ እዕዘብ ነበርኩ። እቲ ቈልቋል ኣዒንታ፣ ፍሩይ ክነሱ፣ ምስቲ ማሕጋጽ ግና ሓውሲ ምጩው ወጅሃ፣ ንኣና ነቶም ካብኣ ዘይንሓይሽ

ሓበሻ'ኳ ኸብዲ ዚበልዕ ነበረ። ምሸት ምሸት፣ መሬት ዓይኒ ምስ ሓዘ፣ ሓደ ቆጢን፣ ጸጕሩ ዕሙር ሓለንጋይ ጐበዝ፣ ኣብ ጥቓ እቲ ገዝኦም ቀይሙ፣ ልክዕ ከም ናይ ዑፍ ብዚጥዕም ፍሉይን ፈጣንን ዜንበጥብጥ ፋጻ ይጽውዓ ነይሩ። እቲ ፋጻ ግና ኸይተዛዘመ ማዕጾኣ እንታይ እዋና ኸም እትኸፍቶ የገርመኒ ነበረ። "ካቻኣ" እዩ ነይሩ 'መስለኒ።

እቶም ካልኦት ርሕቕ ዝበሉ ጐረባብትና፣ ብፍላይ እቲ ቪላታት ወይ ገፌሕ ቆጽሪ ዝነበሮ ገዛውቲ፣ መብዛሕትኡ ጣላይን ዚቕመጡሉ እዩ ዝነበረ። ንሳቶም ዝሓዝዎ ቆጽሪ፣ ፍረታት ዚህብ ኦም ኩኸን በለስ ጥልያንን ሜለ ግራናን ወይ ወይኒ ዘይተተኸሎ ኣይነበረን። እቲ ሓጹር መካበብያኡ ብሓረጋዊ ዕምባባታት ቡገንቪልያ፣ ተኸሊ ኤደራ፣ ላንታና፣ ተጠንጣኒ ዕምባባታት ጥሩምባን ዝወቀበ ነበረ። እቲ ፍረታት ኩኸ፣ ሜለ-ግራና፣ በለስ ጥልያን፣ ወይኒ ኣብ ዝበሰለሉ እዋን፣ ምስቲ ጥቓኡ ብብዙሕ ክንክን ዝጠጥዐን ዝኣጐመን ዝተፈንሸረን ሃበባ ዕምባባታት ኢቢስኮን ያስሚንን ተሳንዩን ተወሃሂዱን፣ ሃነንታኡ ኣዝዩ ጥዑም፣ ትርኢቱ ድማ ንዓይኒ ዚመልእ ከም ዝነበረ ከቶ ኣይርስዖን።

እዚ ኺብሃል ከሎ ግና ኣብ ግ'ሩም ቪላትታት ዚቕመጡ ሓበሻ ኣይነበሩን ማለት ኣይኮነን። ንኣብነት፣ ካብቲ ንሕና ዝተኻረናሉ ሓደ ቆጽሪ ዘሊልካ፣ ገዛ እንዳቦይ እያሱ በራኺ፣ እቲ ገፌሕ ቆጽሮም ከምቶም ናይቶም ጸዓዱ ፍረታት ዝነበሮ እዩ። ደቆም ሃብትኣብን ምሕረቱን ሙዚትን ኣፈውርቅን መማህርትና እዮም ነይሮም። ካልኦት ዝተላለኹዎም ሓደሽቲ ደቅ-ገዛውትና፣ ከም ብዓል ሓጐስ ጸጋይ፣ ወዶም ነቦይ ጸጋይ ልባብ፣ ብርሃነን ጠዓመን ደቀቦይ ኣድሓኖም፣ ኣብቲ እንዳ ቼንስል ዚቕመጥ ካልእ ሓጐስ ዝተባህለ ኣብ ቤት ትምህርቲ ኮምቦኒ ዚምሃር ከማይ ብቑነማ ጽሉል፣ ካልኦት ደሓር ዝተላለኹዎምን ነበሩ። ጸኒሖ፣ ከምኒ፣ ናታሊኖ፣ ሰርጅዮ ምስ ዚብሃሉ ሓነፍጽ'ውን ተላለኹ።

እቲ ኣኳዶቶ ዚብሃል ብጸሊም እምንን ብስሚንቶ ኣርማታን ብኢጣልያውያን ዝተሃንጸ እራራ መዕቈር ማይ፣ ነቲ ገዛውትና ፍሉይ መለልዩኡን ብስነ-ጽባቐኡ ድማ ንገዛ-ባንዳ ብሓፈሻ ግርማኣ እዩ ነይሩ። ኣብቲ ኸባቢ ኣኳዶቶ፣ ሓንቲ ኢጣልያዊት ሓኪም እትቕመጠሉ ውቁብ ቪላ ነበረ። ካንሸሎኣ ብበብዓይነቱ ዕምባባታት ዜገጽ ነበረ። ኣብ ፈታ፣ ካልእ ቪላ'ውን ነበረ። ብቑማት መንደቕ ሕጡብ ዝተሓጽረ፣ ብነዋሕቲ ኣእዋም ዝጸልመተ ቪላ። ካብ ውሽጡ፣ ብጀካ ብዝተሓላለኸ ቓና ዚንዘራጠብ ድምጺ ፒያኖ፣ ካልእ ዘ'ይስምዓሉ። ዋናታቱ ሳሕቲ እዮም ዚርኣዩ ነይሮም። ባሊላ ትኹን ባቱራ ሕላገታ ዘይዝክሮ ማኪና ኣብ ውሽጥ'ቲ ቆጽሮም ወትሩ ቖይማ ትርእ ነበረት።

ኣብ መንጽር እቲ ኣኳዶቶ፣ ሓደ ብሓውሲ ቐርጺ ግንቢ ዝተሰርሐ ብዓል ሓደ ደርቢ ህንጻ ነበረ። እዚ'ውን ዋናታቱ ኢጣልያውያን እዮም ነይሮም። ፒፖ ዝተባህለ ወዶም ካባና ቍሩብ ዕብይ ዝበለ፣ ዕንጨይቲ ዝለዓታ ዓባይ መንትግ ነበረቶ። እቲ መንትግ እትውርውሮ እምኒ፣ ከምቲ ናይ ብዓል ወዲ ገሬ ንእሽቶ ጸጸር ዘይኮነስ፣ ከክንድ'ቲ ዳዊት ንጐልያድ ዝወንጨፈሉ እምኒ እዩ ዚኸውን። ኣብቲ መጀመርታ ሰሙን ናብቲ እንዳ ዘይቲ ዝገዓዝናሉ፣ ፒፖ ንሓደ ብልዕል'ቲ ርሻኖም ዚዝንቢ ዝነበረ ሊሎ በታ ዓባይ መንትግ ጨሚቱ ኣብ ርእሱ ስለ ዝወቐዮ፣ እቲ መከረኛ ኣሞራ ኸም ሓደ ጨርቂ ሕምብሊል እናበለ ኣብቲ ጥቓና ተራዕርዐ። ቀረበ ብዝረኣኹዎ፣ በቲ ግዝፉ ተደነቕኩ። እቲ ንግዳያቱ ዚብዝተሉ መጕረጻቱን እቲ ግርማ ዝመልአ ኣዒንቱን ተጸጊዐ ረኣኹዎ። እቲ ብጫ መንቈሩ ብቓንዛ እናተኸፍተ፣ ዚስትንፈስ ኣየር ደልዩ ይስሓግ ነበረ። ብኡንብኡ እቲ ልሙጽን ስጡምን ግልግለታቱ እናተኣሸኹ ተኸየፈ፣ ኣዒንቱ ኣስለምለመ፣ መንቈሩ ድማ ንጸለማኡ ተዓጽወ።

ድሕሪ ቍሩብ ኣዋርሕ፣ ኣብቲ ኸባቢና ንኣሽቱ ፋብሪካታት ከም ዝነበራ በብግዜኡ ኽፈልጥ ከኣልኩ። ብጀካ'ቲ ፋብሪካ ዘይቲ፣ ኣብቲ ኸባቢ ኣኳዶቶ፣ መስተ ዜፍርያ ፋብሪካታት ነይረን። ካብቲ ገዛና ውርድ ኢሉ'ኳ፣ ሓደ ሽማግለ ጣልያን ኣብቲ ብርቅዕቃዕ ዚንጎን ሕጡብን ዝተነድቀ ቤት-ዕዮኡ፣ ንግንጽልን ንኻልእ ናይ ሃድን መሳርያን ዚኸውን ካርቱሽን ዓረርን ዚሰርሕ ነይሩ። እቲ ቤት-ዕዮ፣ ንእንዳ ሓጐስ ወደ'ቦይ ጸጋይ ጐረቤቶም ስለ ዝነበረ፣ ንሱ ኣብ ዜብሉ ሰዓት ኢና ብሓንቲ ማሪዛ ዝሽማ ኻብተን ምስኡ ዚቕመጣ ሓነፍጽ ኽንርእዮ ዕድል ዝረኸብና።

እቲ ኣኳዶቶ ንብሙሉኡ ገዛባንዳን ሰታንታ-ኦቶን ዜሳሲ ዝነበረ እራራ ገንኢ ማይ እዩ። ሰራሕተኛታት ኣኳዶቶ ኣብ ፍሉጥ መዓልቲ እናመጹ ይኸፍቱዎ ስለ ዝነበሩ፣ ሰሪቕና ኽንርእዮ ዕድል ነይሩና። ኣብ ውሽጡ፣ ብጀካ ሒደት ማይ ንምዕዳል ዚጥወ ዓበይቲ መዘወሪ ቫልቮላታት፣ ሂላ ቦታ እዩ ነይሩ። እቲ መዕቈሪ ገንኢ ኣብ ልዕሊኡ ዝተደረበ ነበረ።

ጕዕዞ ኻብ ገዛባንዳ ጥልያን ናብ ቤት ትምህርቲ ገዛ ኸኒሻ፣ ከምቲ ስድራና ዝፈርሁዎ ኸይኑ ኣይረኸብናዮን። ብጀካ ሃብተኣብን ምሕረቱን፣ ሓጐስ ጸጋይ፣ ብርሃነ ኣድሓኖም፣ ጠዓመ ኣድሓኖም፣ ሃይለ ብስራት ዚበሃሉ ንግሆ ኾነ ድሕሪ ቐትሪ ጥራዛትናን መጻሕፍትናን ተኹልኩልና ብሓባር ንመላለስ ነበርና። እናዕለልና፣ ሓድሓደ ግዜ ድማ ንእግረ-መገዲ ኣብ ኣኼስ ተግባር እናተሳተፍና ግዜ ከይተፈለጠና ይሓልፍ ነበረ።

ጭከና ኣብ ልዕሊ እንስሳ

ብዛዕባ'ታ ደርሆይን ሓደ ጫቝታን ረሲዐዮ ኸየዕለልኩኹም። ናብ ገዛባንዳ ምግዓዝና፣ ንኣን ነቲ ውላዳን ቀዳዊኣም ኮነ። ከመይ እንተ በልኩም፣ እቲ ዋና ናይቲ ዝተኻረናዮ ኽፍሊ፣ ብዓል ቤተን ነደይ ከበደሽ፣ ንባዕሉ ኣርብዓ ዚኾኑ ደራሁ ነይሮሙዎ። እቶም ደራሁ፣ ቀትር-ቐትሪ ብዝባን እቲ እንነብረሉ ኣስታንሳ ኣብ ዝነበረ ብትሪኮላታ ዝተሓጸረ ቓልዕ ቀጽሮም እዮም ዚውዕሉ ነይሮም። ባይታኡ ብዝተመልዓሰን፣ ካብ ብዝሒ ዓመታት ዝበስበሰን ኣቝጽልቲ ኦምን ባናናን ተጸፍጺፉዎ፣ ናብ ሓውሲ ኮምፖስት ዝተለወጠ ልስሉስ እዩ ነይሩ። እቶም ደራሁ ናይ እንዳ'ደይ ከበደሽ፣ ኣብዚ ማንም ሰብ ከይረበሾም፣ ከም ድላዮም ኪንሸኹራተቱን ኺጽሕትሩን ኪሻደዱን፣ ኣብቲ ደበቕበጃኡ ኼዕጐፍጕፉ ወይ ኣብ ትሕቲ ዓጌፋታቱ ተሸኲየም ዜጽልሉሉ ኸይሞቱ ዝጸደቐሉ መንግስተ-ሰማዮም እዩ ነይሩ።

ደርሆይን ጫቝታን፣ እቲ ዚሓድሩሉ ቦታ ኣበይ ምዃኑ ኽሳዕ ዜለልዩ ቕሩብ መዓልቲ ወሰደ። ብድሕሪኡ ግና እታ ደርሆይ ኣብቲ ገፌጥመፌጥ ዝበዝሖ ቐጽሪ ምስቶም ሓሽከት ደራሁ ናይቲ ዋና ትጸንበር ሓደግኩዋ። ብኡንብኡ፣ ምስኣቶም ክትዛውንን ክትጽሕትርን ክትሻደድን ከተዕጐፍጕፍን ወጋሕ ዕርብ ተብሎ ነበረት። እቲ ዋናኣን፣ ብዓል-ቤተን ነደይ ከ'በደሽ፣ ነተን ደራሁኡ ኺምግበን ዕፉን ሓሓፊሱ ኪዘርወለን ከሎ፣ እታ ናተይን ጫቝታን ካብቲ ሽሻይ ይቋደሱ ስለ ዝሓደጎም፣ ኣብ ውሽጢ ሓጺር ግዜ ኣዝዮም ፈርዘኑ። እቲ ጫቝተይ ኣብዚ ግዜ'ዚ ገሽገሽ ኣ'ኺሉ፣ ናይ ኣበዋት ኣባጃዊ ትውፊት ኮይኑዎ፣ ሓሓሊፉ ንምንቃው ይፍትን ነበረ። መብዛሕትኡ ግዜ ግና ጐረሮኡ ኣዐርዩ ስለ ዘይማዕበለ፣ ሰዓል ከም ዝሓዞ ነቐዋኡ እናለኸተመ ኣብ መንጎ ይቋረጽ ነበረ። ንሓደ ኽልተ ቐቐውቲ፣ ኣብ ትሕቲ ጽላል ተኾርምየን ከለዋ ብዝንግዒት ኪሓኾረን ፈቲኑስ ከም ዘሕፈርኦ እዝክር። ግዱ ኸይገበራ፣ ብቕጽበት ብድድ ኢለን ግልግለኣን ኣጕርፊዐን እናነጽነጻ ምስቲ ደሮናኣን ናብ ባይታ የራግፋኦ ነበራ።

ከምዚ እናበለ ኣዋርሕ ሓለፈ። ደርሆይ ግና ኣዝዩ ስለ ዝጠዓማ፣ ሕሉፍ ሓሊፉ እንቋቝሖኣ ኣብቲ ጕዱፍ ጸሕቲራ ኣብ ዘዳለወቶ ስቱር መጽለሊ ኸተውድ'ቕ ጀመረት። ኣየቕለብናላን ደኣ'ምበር፣ ኣብቲ ኣነ ዘዳለኹላ ካሴታ ምውዳቕ ካብ እተቋርጽ ጸኒሑ ነበረ። ሓደ መዓልቲ ግና ኣደይ ከበደሽ፣ ካብቲ ስቱር መውደቒኣ ወጺኣ ኽትንክትከት ምስ ኣስተብሃላላ፣ ቀሪበን እንተ ረኣያ ሸውዓተ ወይ ሸሞንተ ዚኸውን እንቋቝሖ ረኸባ፣ ኣኪበን ከኣ ነደይ ሃብኣ። ካብኡ ንደሓር ኣብኡ እናፈተሽና እንቋቝሖና ኽንኣሪ ጀመርና።

ሓደ ቐትሪ፣ ምስ ደቅ-ገዛውትና ኽጻወት ውዒለ፣ ኣመት ከብደይ ክገብር ናብ ገዛ መጻእኩ። ስድራና ዛጊት ተመሲሖምስ ኣቦይ ናብ ስራሑ ኸይዱ፣ ኣደይ ድማ ኣብ ውራይ ምጽርራይ መሰ'ጥሓታ ጸንሓትኒ። እተን ሰለስተ ኣሕዋትና፣ እተን ክልተ ኣብ ድኳ ተቐሚጠን፣ ኤልሳ እታ ሕቛፍ ድማ ኣብ ዓራት ኣደቂሳታ ነበረት። ጸጋይ ሓወይ፣ ኣዒንቱ ብኽብደት እቲ ዝተመገቦ ምሳሕ ባዕዚዙ፣ ብን'ዳድ ስንጫር ክርቢት ኣስናኑ ይስቕስቕ ነበረ። ኣጠማምታኡ ደስ ኣይበለንን። ኣብ ገዛ ኣትየ ኣብ ሓንቲ ሓጻር መዓርሽማ ሓጺን ምስ ተቐመጥኩ፣

"ኣበይ ደአ ተሸሪብካ!" ሓተትኒ ኣደይ፣ ነቲ ተረፍ መረፍ ዝሓዘ ሰንያ ኣብ ልዕሊ ቐርጫት እናቐ'ረበት። እቲ ተረፍ መረፍ፣ ከምቲ ዝተጸበኽዎ እቲ ወርትግ እንምገቦ ትምትሞ፣ ብርስን፣ ሽሮ፣ ወይ ሓምሊ ኣይነበረን። ጸብሒ ደርሆ እዩ ነይሩ። ገሪሙኒ ጠመትኩዋ።

"መኣስ ዝተዓደገት ደርሆ'ያ! " ሓተትኩዋ መሊሰ።

"ሎሚ ፍልሰታ'ዩ፣" ጥራይ በለትኒ። ካብቲ ወጅሃ ሓደ ነገር ከም ዝተገብረ ጠርጠርኩ። ብጕያ ኸይደ ኣብቲ ጐሓፍ እትድርብየሉ ኣረጊት ገረወይና ረኣኹ። በቲ ኣብኡ ዘጸንሓኒ ንጽይጻይ ጻዕዳን ቀይሕን ግልግለ ልበይ ምልሕ በለ። ካብኡ ዝገደደ ድማ እቲ ቊራጽ ርእሲ ኣብ መንጎኡ ረኣኹ። ርእሲ ናይቲ ገሽገሽ ደርሆይ። ኣምሪረ በኸኹ።

በቲ ጨካን ተግባራቶም ንኹላቶም ኣዝየ ጸላእኩዎም። እቲ ዝቐረበትለይ ጽቡሕ ስለ ዘፈንፈነኒ ተሓሰምኩዎ። ጸጋይ፣ እቲ ኣብ ልዕሊ ጫቝተይ ዝተፈጸመ ግፍዒ ኣብ ክንዲ ዜጕህዮ፣ ገጹ በሪሁ ኣብ ውራይ ምስቕሳቕ ስኑ ጥራይ ተጸምደ። ንኣይ ኬሕርቐ ኢሉ'ምበር፣ ኣብ ቅዱስ ዮሃንስ ወይ መስቀል ድልዱል ድሎትን ስጋን ዓጽምን በሊዑ'ኳ ስኑ ዝሰቕሰቐሉ እዋን ኣይዝከረንን።

"ጠሚ'ካ እንተ ኾንካ ብላዕ፣" በለትኒ።

"እምቢ ኣይበልዕን!" በልኩ ብሓርቖት እናተሸፍሸፍኩ።

"ጠን ኣብሎ!"

ነቲ መኣዲ ኸኣ ኣልዓለቶ። ጸጋይ ሰሓቕ ከይመልቆ ዚ.ቃለስ ዘሎ ኺመስል፣ በታ ጌና ኣብ መንጎ ኸናፍሩ ቐርቂሩዋ ዝነበረት ስንጣር ምዝንጋዕ ቀጸለ።

ተይፕ ሪኮርደር

ኣብዚ ግዜ'ዚ ኣብ ሓምሻይ ክፍሊ ኣብ ትሕቲ መምህር ተኸለጽየን እየ ዝመሃር ነይረ። ሓምሻይ ክፍሊ መብዛሕትኡ ትምህርቲ፣ ጂኦግራፍያ፣ ቍጽሪ፣ ሳየንስ፣ ታሪኽ ብእንግሊዝኛ ኽንምሃሮ እንጀምረሉ ስለ ዝነበረ፣ ንኣይ ኮነ ነቶም መማህርተይ ናብ ክብ ዝበለ ኣርከን ፍልጠት ንግስግስ ከም ዘለና ኺፍለጠና ጀመረ። መጻሕፍትናን ጥራዛውትናን በርኪቱ፣ ብመጥመሪ ጎማ ኣብ ኢድና ሒዝናዮ ኽንከይድ ሓበን ዜሕድር ነበረ።

ኣብ ሓምሻይ ኮነ ኣብቲ ብልዕሊኡ ኽሳዕ ሻምናይ ዝነበረ ደረጃታት፣ ወ'ከፍ ክፍሊ ሓላፊ መምህር እንተ ነበራ'ኳ፣ ነቲ ዕማም ዚትግብሩ ግና ብርክት ዝበሉ እዮም ነይሮም። ወ'ከፍ ዓይነት ትምህርቲ ኸአ ናቱ መምህር ተመዲቡሉ ይካየድ ነበረ።

ብወገነይ፣ ካብ ኵላቶም ዘነኣድኩዎ እቲ ሳየንስን እንግሊዝኛን ዚምህረና መምህር ዘርኢት እዩ ዝነበረ። በዚ ምኽንያት'ዚ፣ እቲ ናቱ እዋን ኣዝየ እፈትዎ ነበርኩ። ገለ መምህራን ግና ፍልይ ዝበለ ወይ ጕራቜን ባህሪ ነበሮም። ንኣብነት ሓደ ሽሙ ኽጠቕሶ ዘየድሊ፣ ኣብቲ ዓመት እቲ ዝተመደበ ሓድሽ መምህር ነይሩ። ኣብቲ ቕድሚኡ ዓመታት፣ ኣብ ካልኣይን ሳልሳይን ክፍሊ ብኽልተ ኽፍሊ እዩ ዚመርሓና ነይሩ። ዓመት ዓመት ብልጫ ይምንዝዕ ከም ዝነበረ'ውን ኣዐርየ እፈልጥ እየ። ኣብ ምምህርና በጺሕካ ግና ኣይግድን። ኵላትና ኽምቲ ናቱ መንፍዓት ኪህልወና ኽም ዘይኽእል ረሲዑዎ፣ መግናሕቲ ዝበዝሖ ምዕዶኡ ይደጋግመልና ነበረ። ንትምህርቲ ኽም ሓውሲ ሃይማኖት ገይሩ እዩ ዚጥምቶ ዝነበረ። ምክትታሉ ኽንስእን ወይ ሓቲቱና ምላሽ ጠፊኡና ምስ እንዕነድ፣ ህድእ ኢሉ ኹርሹ ኣቐሚጡ፣ እቲ ወርትግ ሽታ ኣልኮል ዘ'ይፍለዮ ኣእዳዉ እናኣፈሓፍሐ፣ "ትፈልጡ፣ ኣብ ዓድዋ ኽንመሃር ከለና፣ ከምዚ ንስኻትኩም ብቐሊሉ እትረኽብዎ ሉቺ ዘይኮነስ፣ ኣብ ጸልማት መደቀሲ፣ ኣብ ዜጭለምልም ብርሃን ፋኑስ ኬንና ኢና፣ ቀም ከየበልና ኽነጽንዕ እንሓድር ዝነበርና። ከማ'ኻትኩም ብሕንቃቕ በሽቀጥቀጥ ኣይበልናን፣" እናበለ ክሳዕ ዚዕልቅጠና የሰልክየና ነበረ። ካልእ ብኣመሃህራኡ ንቶዕ ክነሱ ግና በቲ ገውታር ባህሪኡ ዘይፈተኹዎ መምህር'ውን ነይሩ። ነቶም ዚደፍርዎ ብጐቦጐቦ ንምፍርራህ፣ ንኽምዚ ኽማይ ድቕቕ ዝበለ ናይ ምድሃል ሕማቕ ባህሪ ነይርዎ። መምህር ሙሳ ብኣንጻሩ ነቲ ጕብዝና ኣልዒሉ ኪደፍሮም ዚደናደን ሽንግላጡ እዮም ዜውጽእዎ፣ እንተድልዩ ድማ ክሳዕ ርእሱ ዜንጸራርዎ በቲ ዓንተር ኢዶም የላልድዎ ነበሩ።

ኣብቲ ዓመት'ቲ፣ ኣብ እዋን ልደት፣ ሓንቲ "ጁቢላተ" ዚብል ኣዝማች ዘሎዋ፣ ዥላትና እቶም ተምሃሮ ብሓባር ክንሳተፈላ ዝተመደበት መዝሙር ተመሃርና። ሓደ ረፍዲ፣ ኣጋ ሰዓት ዓሰርተ፣ ነታ መዝሙር ኣዐሪና ምስ መለኽናያ፣ ምእንቲ ናይ መጠረሽታ ልምምድ ክንገብር፣ ኣብ ውሽጥ'ቲ ቤተክርስትያን ከም እንእከብ ተገብረ። መምህር ሉንድስትሮምን ካልኦት ኣብቲ እንዳ ቐሺ ትሮን ዚነብሩ ምስዮናውያንን፣ ኣረ እንተ ዘይተጋግየስ ቀሺ ትሮን ባዕሎም እዮም ነይሮም ይመስለኒ፣ ኣብቲ ፊት ናይቲ ጽርሓ ቤተክርስትያን ኮይኖም፣ ሓደ ነገር ኣብ ምድላው ኬምሰስዉ ጸንሑና። ኣብ ጐኖም፣ ኣብ ልዕሊ ሓደ ሰደቓ፣ ሓንቲ ርኢናያ ዘይንፈልጥ ከም ናይ ፊልም ፕሮጀክተር ዚመስል መጠቕለሊ መንኰርኰር ዘሎዋ ንእሽቶ ሳጹን-መ'ሰል ንዋት ተቐሚጣ ነበረት። ዅሉ ብዝተዳለወ፣ መምህር ባህብላ ጉብሳ ፕያኖ እናተጻወቱ፣ *"Jubilate jubilate jubilate Amen!" ("ተሓጎሱ ተሓጎሱ ተሓጎሱ ኣሜን")* እናበልና ብውዕዉዕ ደሃይ ብሓባር ኣዜምና።

እቲ ብድሕሪኡ ዝቐጸለ፣ ሓደ ኻብቲ ኣብ ህይወተይ ዘይርስዖ ኽስተት ነበረ። መምህር ሙሳ ኩላትና ጸጥ ክንብል ኣዘዙና። ዝወደቐት መርፍእ ብዜስምዕ ፍጹም ህድኣት ሰፈነ። ብኡንብኡ፣ ካብቲ ቐድሚት ሸነኽ፣ ኣበይ ከም ዝነበሩ ዘይረኣናዮም ሰባት፣ ብሙዚቃ ፕያኖ ተሰንዮም፣ ልክዕ እቲ ንሕና ሒደት ህሞት ይገብር ዝዘመርናዮ ኺደግሙዎ ሰማዕና። ኩላትና ተመሲጥናን ደኒቑናን ትንፋስና ውሒጥና ብጽሞና ኣድመጽና። እቲ ድምጺ ናትና ምዃኑ ኽንፈልጥ ግዜ ኣይወሰደን። ለከስ፣ እታ ኣብ ልዕሊ እቲ ሰደቓ ዝነበረት ንዋት እያ ነቲ መዝሙርና ኽም መቓልሕ ደጊማቶ! "ተፕሪኮርደር" ከም እትብሃል ብቐጽበት ኣብ ማእከል እቲ ምሉእ ተምሃራይ ብሕሽኹሽኹታ ተወርየ።

መምህር ሙሳ ኣብቲ ውዕዋዐ ኣዘማምራናን ኣቀዳድሓኡን ሓደሓደ ጕድለት ስለ ዝተረኽበ ኽንደግማ ኸም ዘሎና ኣፍለጡና። ብዓል መምህር ሉንድስትሮም ነቲ መዝሙር ዳግም ቀዲሖም ኣስምዑና፣ በቲ ውጽኢት ከኣ ኣዝዮም ዝዓገቡ መሰሉ። እታ "ተይፕሪኮርደር" እትብል ቃል ንሓያሎ ግዜ ኣብ እዝነይ ደወለት፣ ሓደ መዓልቲ ከምኣ እትመስል ንብረት ኣብ ኢደይ ክትህልወኒ ግና ኣብ ሕልመይ ፍጹም ኣይነበረን።

ማቫይ ከበደሽ!

እቲ ሓድሽ ዝተኻረናዮ ገዛ እንተ ፈተናዮ'ኳ፣ ኣብኡ ብዙሕ ኣይጸናሕናን። ኣደይ ከበደሽ ኮነ ብዓል ቤተን ሕያዎት ሰባት እዮም ነይሮም። እተን ደቀን

ድማ እንታይ በሃልቲ! ወርትግ ኣብ ውራይ ንእስነተን ዝነበራ፣ ወርትግ ሕጉሳት፣ ናትና ህላወ ድማ ፍጹም ኣይረበሸንን። ጕርብትናና ብዙሕ ዘስተብሃላሉ ኣይመስለንን። እታ ኻልእ ጕረቤትና ሰበይቲ'ውን ተታናኹላትና ኣይትፈልጥን። ሰብኣያ ሓጺር ዘኹላል፣ ነተን ናብቲ ገዝኡ ዜደይባ ደረጃታት ኪወጽን ጥራይ ገበታ ዜስተንፍስ ነበረ። ውላድ ኣይነበሮምን። እታ ሰበይቲ ከም ብዓል ኣደይ እትቑነን፣ ረጓድ፣ ቀያሕ፣ መልክዓ በቲ ናይ ሽዑ ኣዒንተይ ጽብቕቲ ነበረት። ወርትግ ጽሩይ እትኽደን፣ ጸጕራ ወንጪሩ ኣይፈልጥን። ነቲ ቑናዋ መኣስ ከም እተርክበሉ እንድዒ። ኣብቲ ገዛ ግና ሓደ ጸገም ነይሩ። ብዓል ቤታ ምስ ደቀሰ ኪሕርንኽ ጕዳም'ዩ። እመኑ ኣይትእመኑ፣ ኣብቲ ገዛና ኼንካ ክትሰምዖ፣ ኣትሓራንኻኡ ንድምጺ ናይ ሓንቲ እናተወጽዐት ንዓቐብ እትድይብ "ላምብሬታ" እዩ ዚጥዕም። እቲ ኣውራ ኻብቲ ገዛ ብሃንደበት ክንለቅቕ ዘገደደና ግና ንሱ ኣይነበረን።

ሓደ ኣጋ ምሸት ኣደይ ጣይታ ኽትካስስ ከላ፣ ኣደይ ከበደሽ ናብኣ መጺ'ሞ ሰላምታ ድሕሪ ምልውዋጥ፤

"ኣትን ኣበባ፣ ሓደ ነገር *ኣጂ ኦ ዶማኒ* ኽነግረክን እናበልኩ *ታንቶ ጀርኖ* ሓሊፉ።"

"እንታይ ተረኽበ!" ሓተተት ኣደይ በቲ ጕራማይለ ትግርኛኣን ከይተደናገረት።

"መንግስቲ ጥልያን *ዳይ* ንዓድኹም ንቕሉ'ንድዩ ኢሉና።"

"እንታይ ትብላ ከበደሽይ፣ ካን ንቕሉ!"

"ግራስየ ዲዮ ግራስየ ኣቬርና" እዩ ዚብል ኣቦና (ንሱብኣየን ማለተን'ዩ)። ንኡ ኽነስልጥ ኲሉ፣ *ኣንክ* ንብረትና ኽንወጋግን *ትሮፖ* ላዕልን ታሕትን ክንብል ኢና ወሪሕና።"

"ዋእ፣ በላ መገዲ ደሓን ይግበሮ...!"

"ኣሜን... እሞ፣ *ፎርሰ ላ ካዛ* ኽንሸጦ ስለ ዝኾንና ኽትፈልጣ ኢለ'የ።"

ንምሸቱ ኣደይ ብዛዕባ'ዚ ጕዳይ'ዚ ነቦይ ነገረቶ። እቲ ዝተኻረናዮ ኽፍሊ ጽቡቕ እንተ ነበረ'ኳ፣ ምስቲ ብዝሒ ስድራና ስለ ዝጸበበ፣ ሓደ ኣባሉ ግፍሕ ዝበለ ኽትደሊ መምርሒ ሃባ። ነደይ ከበደሽ፣ ከም ወትሩ፣ ኣብቲ ኣብ ጕኒ መንበሪኦም ዝነበረ ኽሽነ መኅኅ ኽትኣጕድ ምስ ረኸበተን ድማ ድሕሪ ልውውጥ ሰላምታ፤

"ወዮ ጕዳይከ፣ ይሰልጠኩምዶ'ሎ ከበደሽይ! " ኢላ ሓተተተን።

"*ሲ*፣ ሰሊጡ'ዩ ኣበባየ፣ ባቡር ቀላይ ናብ ማሳዋ ክትኣቱ ጥራይ ኢና ንጽበ ዘለና። መኣስ ከም ትኣቱ *ሳሎ ዲዮ ኮናሽ! ኣምባሻታ፣ ፓሴንሳ፣* ባዕልና ኽንነግረኩም ኢና ኢሉና። ዓዲ ጥልያን *ቴምፖ ትሮፖ ፍሬዶ* ኢሎሞ ኣበባ ሓብተይ። እሔሔሔሔው! ቊሪ ኼፍርሓኒ ጕድ'ዩ!"

"ጋቢ ወዲ ጋቢ ኣብዝሕ ኣቢልክን ውሰዳ ከበደሸይ! እተን ደቅኽንከ ተደፋኒቐን ይኾና'ምበር!

"*ማኬ* ተደፋኒቐን! *ሓንሲ' ፓፓ ጓንዶ ሓሪቫ ላናሽ፤ '* ኪብላ መዓልቲ *ትሮፖ* ነዊሒውወን ኣሎ።"

"ዓደ'ቦአን ኪርእያ ተሃዊኽን ይኾና ግዲ!"

"*ቻርቶ! ፐሮ፣* ቊሪ ኣፍሪሑኒ'ሎ ኣበባ ሓብተይ፣ እሔሔሔሔው!"

ብኡንብኡ ድማ ኻብቲ ዝነበርናዮ ኽይረሓቕና፣ ሓደ ዓቢ መደቀስን ሓንቲ ንእስ ዝበለት ክፍልን ንኽልተኡ ድማ ዜሳሲ ኮረደዮ ዝነበሮ ገዛ ገዓዝና። እቲ ቦታ ርሕቀቱ ኻብ ሚእትን ሓምሳን ሜትሮ ዘይነውሕ ስለ ዝነበረ መጕዓዝያ ኣየድለየናን። እቲ ኽብድ ዝበለ ብረፋዕ እቲ ፈፈኩሱ ድማ ኵላትና ኢደይ ኢድካ ተባሃልናሉ።

እቲ ሓድሽ ገዛና ኣይጸላእናዮን። ኣብቲ ዝገዓዝናሉ መዓልቲ፣ ካብቲ ዝጸናሕናሉ ገዛ ምልቃቕ ዝሓንገደ እንተ ነበረ፣ እታ ደርሆይ ጥራይ እያ። ምስቶም ንጉዓት ኣባጃዊታት እንዳ'ደይ ከበደሽ ግዳመግዳም ዕንደራ ስለ ዝለመደት፣ ክንወስዳ እንተ ፈተንና ዕጭ ሓንፈፍኩ ኢላ ኸተሸክዓና ወዓለት። ብዙሕ ከይነንኣይያ ድማ ምናልባሽ ከተውድቖ ዝተዳለወት እንቋቝሖ ተሰይሩዋ ኸይትሞተኒ ፈራህኩ። ኣብ መጠረሽታ ግና ብዝገበርና ጌርና ኣብ ትሕቲ ቝጽጸር ኣእተናያ'ሞ፣ ሓቝፈ ናብቲ ገፌሕ ቀጽሪ ዝነበሮ ሓድሽ ገዛ ኽራይ ወሰድኩዋ። ኣብቲ ቐጽሪ ምስ በጻሕኩ፣ ምእንቲ ዓቕላ ጸቢቡዋ ኸይትርበሽ፣ ኣብቲ እትሓደረሉ ካሴታ ኣመሻሽየ ኣቐመጥኩዋ'ሞ፣ ዝተረፈ ኣቕሑ ገዛና ኽምጽእ ከድኩ። እቲ ኣቕሑ ብምሉኡ ኽሳዕ ዚግዕዝ ሓያሎ ግዜ ተመላለስና። ኣማስያኡ ምስ ኣደይ ተላዚበ፣ ነታ ደርሆይ ኣብዚ ሓድሽ መንበሪና ኽትሰፍረሉ እትኽእል ቦታ ኣፍቂደ፣ ምስ ሰፈራ ናብ ገዛ ኽእትዋ እንተ ኸድኩ፣ እቲ ካሴታኣ ባዶ ጸንሓኒ። ካብቶም ኣብቲ ምግዕዓዝ ኣቕሑ ዝሓገዙና ሰባት፣ ነቲ መኽደኒ ካሴታ ስለ ዝኣለዩዎ እያ ወጽኣ ሃውቲታ። ኣብ ውሽጢ መንቀራቕሮታት እቲ ኻንሸሎን ኣብቲ ጐረባብትን ኣናደናያ። ኣይረኽብናያን። ብድሕሪኡ እንተኾነውን ንሓያሎ መዓልቲ፣ ነቶም ኣብቲ ጐረባብትና ዝነበሩ ሰባት፣ ሓዲኦም ናይ ጃፓን መልክዕ ዘሎዎ እቲ ኻልኣይ ድማ ካውካዝያዊ ተኻረይቲ ኣመሪካውያን፣ በቶም ኣገልገልቶም ኣቢልና ደርሆ ናብቲ ቐጽሮም ኣላጊሳ ኸይትኸውን ተወከስናዮም። ደርሆኽ ትመስክር!

"ገንዘብ በቓቕ መከራ'ጽበ። ብ'ኻ'ኳ ኣብቲ ዝሓለፈ ኣውደኣመት መውዓሊ ጌርናያ! እቶም ዝሓረዱዋስ ብስብሒ ምኽፋት ኣብያቶም ትኸውን'ምበር!" በለት ኣደይ ኣብ ኵሉ ደሊና ምስ ቀበጽናያ።

እዚ ሓድሽ ገዛና፣ ግፍሕ ዝበለ፣ ምስ ካልኣይ ከማና ተኻራያይ እንቕመጠሉ ብቕዲ ጣልያን ዝተነድቀ እርግ ዝበለ ህንጻ እዩ ነይሩ። ብየማነ ጸጋሙ፣ ኣመሪካውያን ዝተኻረዩዎ ካልእ ቪላታት ነበረ። ነቲ ብቕድመኡ ዚሓልፍ ጽርግያ ሰጊሩ፣ ኣብ ዅርናዕ መስቀላዊ ጽርግያ ዝተደኰነ፣ ሓደ ኢጣልያዊ ሽያብ ሽማግለ ምስ ሓንቲ ረጓድ ሓጻር ብዓልቲ-ቤቱ ዚቕመጡሉ፣ ብርሒብ ካንሸሎ ዝተኸበ ናይ ቀደም ባራካ መሳሊ ነበረ። እቲ ውሽጢ ቐጽሩ፣ ገሊኡ ኣብ ገረወይናታት፣ ገለ ኣብ ባዞታት፣ ዝተረፈ ድማ ኣብቲ ብስርዓት ዝተጫኸረን ዝለስለሰን ባይታ፣ በብዓይነቱ ናይ ፍረታት ኩኸ፣ ሜለ ግራና፣ ወይኒ፣ ከምኡ'ውን ከምኒ ሰደኖ፣ ፕረሰሞሎ፣ ሮዝማሪኖ ካልእ ናይ ኤርባ ጅርን ተተኺሉሉ ፍጹም ገነት ይመስል ነበረ። ሎሚ እቲ ባራካ ብሕጡብን እምንን ዝተሃንጸ ቪላ-መሰል ገዛ ተሰሪሑሉ ኣብቲ ኻንሸሎኡ ጥር እትብል ናይ ሳዕሪ ሰበኽት'ኳ የብሉን።

ዕልወት ቍማል ናብ ወተግ

እዚ ኺኸውን ከሎ፣ ዕለት ዕለት ናብ ገዛ ኸኒሻ እናተጐዓዝና ውራይ ትምህርትና ምግባር ኣየቋረጽናን።

ኣብዚ ዓመት'ዚ፣ ሓደ ኻብቶም መምህራንና ብጠባዩ ጥራይ ዘይኮነስ፣ ብኣመሃህራኡ ነታ ኽፍልና ብምልእታ ስለ ዘየዕገበ ኺቕየረልና ደጋጊምና ጠሊብና ኔርና። ሰማዒ ምስ ሰኣንና ኸኣ ኣድማ ገበርና። እቲ ጕዳይ ከምኡ ጌርካ ኸም ዘይፍታሕ በቶም ሓለቓ ቤት ትምህርቲ ተነግረና፣ ብዘይ ምዕጥይጣይ ናብ ክፍልና ኽንምለስ ድማ ተኣዘዝና። ካብቶም መማህርትና ግና፣ ገለ ኻብቶም ብዕድመ ዚመርሑና ኢድና ኽይንህብ ጐሳጒሱና። ስለዚ፣ እቲ ኣድማ ንጽባሒቱ ቐጸለ። ብድሕር'ዚ፣ እቶም ሓለቓ ኣብቲ ዚስዕብ ዕለት ወለድና ሒዝና ኽንመጽእ፣ ከምኡ እንተ ዘይጌርና ግና ካብ ቤት ትምህርቲ ኸም እንስጐጐ መሰማዕታ ሂቦም ኣፋነዉና።

ኣቦይ ብዛዕባ'ቲ ዘጓነፈ ኹነት ምስ ነገርኩዎ ኺጥሕረኒ ተደናደነ።

"ሓቕኻ፣ ጸጊብካ! ጸጊብካ! ኣነ ንኣኻ ኸዕቢ ጋሕጋሕ እወፍር፣ ንስኻ ድማ ሽፍትነት ተራእዩካ፤ ሓደ ኣባሉ ናብ በረኻ ወጺእካ ሽፍት! ወይ ጽጋብ!" በለኒ ብቑጥዐ፣ ኣስዒቡ ኸኣ፣ "ኣነን እስጢፋኖስ ዓርከይን ከመይ ጌርና ጽሕፈትን ንባብን ከም ዝኸኣልና ትፈልጥዶ ኣንታ ጃዕባብ! ኣብ መንደቕ ብሕራራት እናሓናጠጥና ኢና ኣብ ንሓድሕድ እናተመሃሃርና ኸኢልናዮ። ንስኻ ግና ሓቕኻ፣ ኣብ ርሒብ ስታንሳ፣ መምህር ተገይሩልካ፣ መጽሓፍ እንተ ደለኻ መጽሓፍ፣ ላቢሽ እንተ ደለኻ ላቢሽ፣ ብርዒ እንተ ደለኻ ብርዒ፣ ጥራዝ እንተ

ደለኻ ዝቓሕታኻ እናተዓደገልካ፣ ሓደ ነገር ከይጐደለካ ምምሃር ጸጊሙካ። በል ሰሚዐልካ'ለኹ፣ ጽባሕ ትኽ ኢልካ ናብ ትምህርትኻ ኸም እትኸይድ ግበር ኣንታ ጃዕባብ! እምቢ እንተ'ልካ፣ ከምቶም ኣብ ሹቕ ዚውዕሉ ረፋዕ ትኸውን፣ እህም!" እናበለ ኣኈረረለይ። ሕልናይ ስለ ዝወቐሰኒ ኣጽቀጥኩ።

"ጽባሕ ባዕልኺ ናብ መምህር ሙሳ ወሲድኪ ኣስተልምዮ፣" በላ ነደይ ወሲኹ። ንጽባሒቱ ኸላትና ሓጺርን ተሪርን ስምዕታ ተዋሂቡና ናብ ክፍልና ኣቲና ምህሮና ቐጸልና።

ኣብዚ ግዜ'ዚ ኻብቶም ዘይርስዖም መማህርትና ሓደ ወትሩ ሕጉስ ኣድሃ ኪዳነ ገረድሃነ ዚብሃል፣ ጸጕሩ ለማሽ፣ ጸሊም ንሂጓይ፣ ምልኩዕ ኰተቴ እዩ። ኪዳነ ገረድሃነ ሰሓቕን ተጫራቕን፣ ዥላትና ብጠባዩ ንፈትዎ ነበርና። ሓድሓደ ግዜ ብፍላይ፣ ነተን መማህርትና ኣዋልድ ትንዅስዅስ የብለን ነበረ። ብፍላይ ሓንቲ ኻብተን መማህርትና፣ እንተስ ብሓቂ ክትሕግዝ ኢላ እንተስ ብደይመደይ ነቲ ጽቡቕ ቅርጺ ሽምጣን ጐሎኣን ኸተርኢ፣ እቲ መምህርና ነቲ ሰሌዳ ኼጽሪ ነቲ ጨርቂ ኣልዕል ኬብል ከሎ፣ ብጐያ ኻብ ኢዱ መንጢላ ትውልውለሉ ነበረት። ብንጥፈትን ብጸዓትን ኣብ እትውልውለሉ ግዜ፣ እቲ መቐመጫኣ ክሳዕ ዚፈናደስ ተውረግርጎ ስለ ዝነበረት፣ ብሃንደበት ሓደ ጐራዕ ደሃይ፤

"ዋእ!ዋእ!ዋእ!... ቀስ!ቀስ!ቀስ!..... ቀስ'ባ በሊ!" ዚብል ዝነበረ ኪዳነ ገረድሃነ እዩ።

ከም ብዓል ኣነ ግዳ፣ እንተስ ብእ'ማን ቅዱሳት ኴንና፣ እንተስ ፋራታት፣ በዚ ናይ ቅለት ዘረባ ኣብ ጽፍርና ኸንእቱ ዚተረፈና ነገር ኣይነበረን። እተን ጕርዝና ኼልዕላ ዝጀመራ መማህርትና'ውን፣ ከም ዘይተሓጐሳሉ ኼምስላ፣ ጽውግ ኢለን፣ "ጊስ ፈኵስ! ቀሊል!" ኪብልኦ ንሰምዐን ኔርና። ንቐልዓለም ዝደርበያሉ ቓላት ከም ዝነበረ ኣይሰሓትናዮን። ከመይሲ፣ ድሕሪ ሓጺር ህሞት፣ ተመሊሰን ምስኡ ደስ ኢሉወን ኪስሕቃን ኪውክኻን ንዕዘበን ኔርና ኢና።

ብድሕሪ እንዳ ኤቾ

ክሳዕ'ዚ እዋን'ዚ፣ እቲ ኣብ መንጎ ኣወዳት፣ ዓርብ-ዓርቢ ኣብ ድሕሪ እንዳ ኤቾ ዚካየድ ክርፍስ ኣየቋረጸን። ነዚ ቐንዲ ኣገሳጋስን ጐሳጓስን ሕጂ'ውን ኣብርሃም ሳህለ እዩ ነይሩ። እቶም ተባኣስቲ ኣብ መንጎ'ቲ ቑጸራኦም ገለ ናይ ዕርቂ ኣጋውል እንተ ኣርእዮም፣ ሕጂ'ውን ከም ቀደሙ፣ "ዓርቢ ኽርፍስ ከም ዘሎኩም'ባ ኣይትረስዑ!" ምባል ኣይገደፈን።

በየነ ዓጢነ፣ መዛርው ዕባራን ዓጭምን፣ ጸሊም ሳሬት ዚመስል ክነሱ፣ ንነብሱ ኸም አዝዩ ዓንተር ዚቔጽራ፣ እንቱርን ጕረኛን መማህርትና እዩ ነይሩ። ባዛዕባ ነብሱ ኺዛረብ ከሎ፣ ከም ሓደ ንጉስ "ንሕና" እናበለ'ዩ ንባዕሉ ዚረቑሕ ዝነበረ። ሓደ ኻብኡ ድቕቕ ዝበለ ተምሃራይ እንተ ተጻፊሩዎ፣ ኣብ ልዕሊኡ ናይ ሶዶምን ጎሞራን መዓት ከም ዜውርደሉ ገይሩ እዩ ዜምባልሕ። ሓደ መዓልቲ ግና፣ ካብቶም ብኽፍሊ እንመርሖም፣ ሓደ ንእሽቶ ዝዕድመኡ ተምሃራይ ከይፈለጠ ምስኡ ተጐናፈጠ'ሞ፣ በየነ ኸም ኣመሉ እቲ ኣብ ልዕሊ ሶዶምን ጎመራን ዝወረደ ዲንን ሓውን ኺፍንወሉ ኸም ዚኽእል እናጕባዕብዓሉ ኸሎ ኣብርሃም ሳህለ ንእግረ-መገዱ ስለ ዝሰምዮም፣ "ሕጂ ኣብዚ ኻብ ትርብሹና፣ ሓቂ እንተ'ሎኩም እቲ ኽርፍስ ንዓርቢ ይኹነልኩም፣" ኢሉ ብወግዒ ኣቋጸሮም።

ዓርቢ ኸምቲ ልሙድ፣ ኣጋ ሰዓት ሓምሽተ፣ እቶም ክልተ ተኻራፈስትን ካልኦት ከምኣቶም ቈጸራ ዝነበሮምን፣ ኣብቲ ሓሸዋም ባይታ ናይ ግ'ጥም ተራኸቡ። እቲ ምስ በየነ ዓጢነ ዝተጻፈረ መግደረኛ፣ ሽሕ'ኳ ገለ ኻብቶም መሳቶኡ ኺደራርዑዎን ኬደፋፍርዎን እንተ ፈተኑ፣ እቲ ሸልሓጥ መዛርዕ ናይቲ መባእስቱ ስለ ዘጠራጠሮ ኣይቀሰነን። እቲ ወዲ ኣካላቱ ምሉእን ድልዱልን እዩ ነይሩ፣ ከምዚ ኸነሱ ግዳ ቍመቱ ኻብ በየነ ዓጢነ ብርኡይ ሓጺር ነበረ። ዓጢነ ብዓወቱ ኣዝዩ ርጉጽ እዩ ነይሩ፣ ኻብዚ ዝተበገሰ ነቲ ሳርያን ጁባኡ ኬውጽእ'ኳ ኣይተጨነቐን።

እቶም ኣበኣስቲ እንታይ እዋኖም ኣጕዶ ሑጻ ኸም ዘዳለዉሎም፣ እዚኣ ናትካ እዚኣ ናይ በየነ ተባሂለን ተመቓርሓ። በየነ ዓጢነ ነታ ኣጕዶ ናይቲ መጋጥምቱ ተጠርዚዙ በቲ ባዶ እግሩ በንጨራ። እቲ መባእስቱ ንዓጢነ ዕድል ኣይሃቦን። ኣብ ውሽጢ ቓሕ ሰም ጠኒኑ ቀላጽሙ ኣብ ዙርያ እተን ክልተ ዓጭማት ኣሰላፉ ጠምጢሙ ኣዝዩ ስለ ዝፈኹሱሉ ልዕሊ መንዠቡ ሰፍሰፎ። በየነ ተሰፍሲፉ ኸሎ፣ ናብቲ መባእስቱ ኣንቈልቍሉ እናጠመተ ብኻዕናን ኣንደበት፤

"በዓለገ! እግርና'ባ ኣርግጸና፣ ከመይ ጌርና ደኣ ኽንብኣሰካ ደሊኻ፣" በሎ።

እቲ ወዲ ግና ነቲ በርጣጥ ዘረባ በየነ ኸይዓጀቦ፣ ኣዕጽምቱ ኽሳዕ ዚገራማዕ ኣብቲ ባይታ ሓነግ ኣበሎ። በየነ ዝባኑ ኣብቲ መሬት ብንጹፉ፣ ከም ዝተኸስተነ ደርሆ እናተፈራገጸ፣ ናይ ሞትን ሕየትን ብዚመስል ኪከራፈስ ፈተነ። ዕድል ኪገብር ግና፣ ናብ ስዩም ዓቢ ወይ ስዩም ንእሽቶ ኸይበጽሐ ኸሎ እቶም ንኡ ዚድግፉ ብጮቱ ተቐዳዲሞም ኣገላገሉዎ። በየነ ዓጢነ በቲ ልሙድ ኳዕናን ኣንደበቱ እናፈከረን ዝተኸድኖ ሓመድ ካብ ስረኡን ሳርያን ጁባኡን ለማሽ ጸጕሩን እናነገፈ፣ በቶም ኣዕሩኹ ተሰንዩ ናብ ገዝኡ ኣምርሐ።

ጀለዊስ

ኣብ ገዛ ኸኒሻ ናይ ኣዋልድ ክርፍስ ብዓይነይ ኣየጋጠመንን። ናይ ወድን ጓልን ግና ሓሓሊፉ ይርአ ኸም ዝነበረ እዝክር። አረ ገሊኣተንስ፣ ዋላ ንዕብይ ዝበሉ ኣወዳት፤ "ጽናሕ ኣጆኻ፣ ስራሕካ ኸርእየካ'የ ዚብላ ደፋራት'ውን ኣይተሳእናን።

ሓደ ግዜ፣ ኣብቲ ሽዑ ዓመት ኣብ ሓምሻይ ክፍሊ ኸለና እዩ ይመስለኒ፣ ጓል መዓሎ እንብላ መማህርትና፣ ምስ ሓደ ሰለሙን ልጃም ዝሽሙ ብዕድመ ኣዝዩ ዚመርሓና፣ ብምንታይ ከም ዝተባእሱ ዘይፈለጥኩዎ ተጻሊኣስ፣ ሓደ "ጀለዊስ" ዝተባህለ ዘ'ራይ ሒዛ ኸም ዝመጸት እዝክር። "ጀለዊስ" ኣብ ሹቕ ዚውዕል ተኻራፋሳይ ዕዋላ እዩ ነይሩ። መሸከሉ ሓጺር ደጕላጽ፣ መልክዑ ሕጂ እዚ ኽብሎ ዘይክእል ግናይ ምኺኑ ጥራይ እየ ዝዝክር። በቲ ዝናኡ ኹሉ ይፈርሆ ነበረ። ጕስጡ ቐሚሶም ኣብ መሬት ዝተሸብለሉ ውሑዳት ከም ዘይኮኑ ይውረየሉ ነይሩ። "ጀለዊስ" ሳጓኡ እዩ፣ ሽሙ ግና እንድዕሉ። ከምኡ ዝተባህለሉ ምኽንያት፣ በቲ ግዜ'ቲ ጕብለል ናይ ከቢድ ሚዛን ተጓሳጣይ *"ጆ ሉዊስ"* ዝተባህለ ጸሊም ኣመሪካዊ ስለ ዝነበረ ኸይኮነ ኣይተርፍን። እምበኣርከስ፣ ብናይ ሓደ ጕብለል ኣመሪካዊ ተጓሳጣይ ሽም ምጥማቑ ንባዕሉ ዚንዓቕ ዘ'ራይ ከም ዘይኮነ ዚእንፍት ነበረ። ምስኪን ሰለሞን፣ መዓት ናይ "ኣመሪካኖ" ጕስጥታት እዩ ዚጽበዮ ነይሩ!

ጓል መዓሎ ስድራኣ እንዳ ሜስ ከም ዝነበሮም መማህርታ ዘበልና ንፈልጥ ኔርና። ስለዚ፣ ጀለዊስ ምናልባት ኣብቲ ኽርፍስ ዓለባ-ልቢ እንተኾኖ፣ ብውሑዱ ሓደ ወይ ክልተ ብርለ ኻብቲ መስተ ፈርኣናት ጠዓዒሙ ኸም ዝመጸ ንምግማት ይከኣል። ቀላጽሙ ኣጣሚሩ፣ ዝባኑን ሓደ ኸብድ-እግሩን ኣብ መንደቕ ድኳን "እንዳ ሼባ" ኣጕዚጕዙ፣ ቈርባዕ ጠቃር ቆብዕ-መሰል ኣብ ርእሱ ወድዩ፣ ነታ ኣብ መንጎ መመልከቲቶኡን ማእከለይቶኡን ዝቐርቀራ ሽጋራኡ እናሳዕ እናመዓጕን ብኣፉን ብጽርንቕቱን እናብኰኹን እናብለኸለኸን ተጸዊጉ ብተርባጽ ይጽበ ነበረ። እቶም ኣቐዲምና ነዚ ዘስተብሃልና፣ እቲ ንወድ-ልጃም ዚጽበዮ ዝነበረ ጽሕፍቶ ኣሻቒሉና መዓንጣና ብፍርሒ ተዘርገ። ጓል መዓሎ ኣብቲ ናብ ሹቕ ዚምርሕ ማርሽቤዲ ቀይማ ውጽኢት ፈኸራኣ ኽትርኢ ኣብ ምጽባይ ነበረት።

ወድ ልጃም ሓደ ጋዕሳም ጕበዝ እዩ ነይሩ። ከማና ብዓል ሓጺር እጅገ ማልያን ቍምጣ ስረን ዝወደየ፣ ጥራሕ እግሩ፣ ድልዱል ቍመና ዝነበሮ፣ እንተ ዘይተጋግየ ድማ ዕባይ ሃገረሰብ እዩ ነይሩ። ትምህርቲ ኣዝዩ ስለ

ዝሃረፈ እዩ ምሳና፣ ምስቶም ሳልሳይ ወይ ራብዓይ መትሎኡ እንኸውን ብዕትበት ዚምሃር ዝነበረ። ስለዚ፣ ከማና ጥራዛውቱ ተኹልኲሉ፣ ካብቲ ቤት ትምህርቲ ናብ ሹቅ ብታህዋኽ እናሰጐመ ኸሎ፣ ካብ ሸነኽ እንዳ ሼባ፤

"ንዓስከ'ታ!" ዚብል ናይ ንዕቀት ቃና ዝተሓወሶ ገንጫር ደሃይ ተሰምዐ። ሰለሙን ኣተናኡ ብኣጋ ናብ ሹቅ ንምብጻሕ ጥራይ ስለ ዝነበረ ንጀለዊስ ኣየቕለበሉን።

"ንዓኻ'ኳ'የ ኣንታ ወድ'ዛ... . . !"

ሰለሙን ቍሊሕ በለ። ጀለዊስ ልክዕ ከምቶም ኣብ ቺነማ ዳንተ ዝረኣዮም ካውቦይ (ካይቦይ) ምእንቲ ኺመስል፣ ካብ ጆ'በርናኡ ሪቮልቨር ኺመዝዝ ከም ዝተዳለወ፣ ኣእዳዉ ብኽልተ ጐኑ ኣጐብጒቡ፣ ብቐስታ ናብ ሰለሞን ገጹ ገስገሰ።

"ንኣይ ዲኻ! " ሓተተ ሰለሙን፣ ናብኡን ናብታ ዛጊት ህላወኣ ዘስተብሃለላ ጓል መዓሎ ኣበራርዩ እናጠመተ።

"ገልዳም! ንኣኻ'ምበር ንመን ድኣ! ስለምንታይ ኢኻ ነዛ ሓብተይ ዝ... ."

እቲ ብድሕር'ዚ ዝተኸተለ ኹነት፣ ኣብ ውሽጢ ቕጽበት ዓይኒ ዝተኸስተ ፍጻመ እዩ ዝነበረ። ጀለዊስ ዝጀመሮ ዓረፍተነገር'ኳ ኺዛዝም ዕድል ኣይተዋህቦን። ሰለሞን መጻሕፍቱን ጥራዛውቱን ኣብ ባይታ ኣንቢሩ፣ ፈርገጽገጽ ናይ ጀለዊስ ቅጭጭ ከይበሎ፣ ልክዕ ከም ሓደ ሕጻን ነቲ ድኹም ጕስጡ በቲ ተሪር ኣእዳዉ እናተኸላኸለን እናዓምረረን፣ ብመቐመጫኡን በቲ ኣብ መንጎ ቕላጽሙ ዝቐርቀሮ ኽሳዱን ሰፍሲፉ፣ ቍልቁል ኣፉ ኣብቲ ባይታ ራዕርዮ። ጀለዊስ ኣብ ታርሆ'ሊን ከም ዝተጋጨወ ኻቡቲ ባይታ ነጢሩ ብድድ በለ፣ እታ ቒርባዕ ቆብዑ ኻብ ርእሱ ነጺላ ረሓቐት። ገጹ ብሓመድ ተደፍዲፉ፣ ግርጻኑን ኣስናኑን ግዳይ ኪምጆርጥ ዝጸንሐ ዝብኢ ይመስል ብደም ዘቕቢጡ ትርኢቱ ዜፍርህ ኮነ።

"ጽናሕ ኣጆኻ፣ ስራሕካ እንተ ዘየርእየካ!" ዓፈረ ጀለዊስ፣ ነቲ ብደም ዝቑሖ ምራቑ እናሳዕ እናንተፍተፈን፣ ነቲ ሓመድ ናይቲ ዝተራጸመ ገጹ እናጸራረገን። ፈኸራኡ ናይ ልቡ ኸም ዘይነበረ ኣይሰሓትናዮን። ሰለሙን ነቲ ንግዜኡ ኣብቲ ባይታ ኣንቢሩዎ ዝጸንሐ መጻሕፍቱን ጥራዛውቱን ኣልዒሉ፣ ናብ ጓል መዓሎ ግልብጥ በለ'ሞ፤

"ነዚ ተምባኽ ዕ'ደ'ዚ ያኢ ኢኺ ዘራይ ሒዝኪ መጺእኪ!" በላ'ሞ፣ ከም ቅድም ብፍጥነት ጕዕዞኡ ናብ ሹቅ ቀጸለ።

እዚ ፍጻመ'ዚ ንገለ ሰሙናት ኣብ መንጎ'ቶም ንብዓል ጀለዊስ ብዝ'ና እንፈልጥ ርሱን ወረ ኾይኑ ቐነየ።

ቡክ ዋን

ህይወት ነበርቲ ኸተማ፣ ካብቲ ቐደም በብዓመቱ እናተመሓየሸ ይኸይድ ስለ ዝነበረ፣ ኣብ ጥዕና፣ ኣብ ኣከዳድናን ኣመጋግባን ብፍላይ፣ ኣብ ማሕበራዊ ናብራ ድማ ብሓፈሻ ርኡይ ናይ ለውጢ ገስጋስ ምኽሳቱ ቐጸለ።

ምስ መንግስቲ ኢትዮጵያ ጥቡቕ ርክብ ዝነበርዎም ሰባት፣ ደቆም ካብቶም ደቂ እቲ ሓፋሽ ምርኡያት ኪኾኑ ዝጀመሩሉ ግዜ እዩ ነይሩ። በብቑሩብ፣ እቲ ናይ ዓደ'ምሓራ ባህሊ ኣብ ገሊኡ ስድራ ብፍሕኾፍሕኾ ምእታዉ ኣይተረፎን። ርኹባት ኤርትራውያን፣ ናብ ዓደ'ምሓራ ብፍላይ ናብ "ሓድሽ-ኣበባ" በጺሖም ዚመጹ ወይ ብተደጋጋሚ ዚመላለሱ እናበዝሑ ኸዱ። ከምኒ "ኣልጫ" ዝኣመሰለ ምግቢ፣ "ዙርያ" ዚብሃል ክዳን በብቑሩብ ኪትኣታቶ ግዜ ኣይወሰደን። ኣረ ሓደሓደ ደቅ-ኸበሳ ኤርትራውያንስ፣ እቲ ናይ ኣደታተን "ቍ'ናኖ" ናይ "ፋራታት" ኮይኑ እናተሰምዐን እዩ ይመስለኒ፣ ከምተን ኣምሓሩ ያኢ ኺመስላ፣ ነቲ ን'ሸር'በ ዜብህግ ዛውያኣን ከም ኣፍሮ ብሻሽ ምጥምጣም ከም ፍሉይ ቅዲ መለለይኣን ገይረን ወሰዳኦ። መብዛሕትኣን እዚኣተን፣ ሰብኡተን ምስ ሰበስልጣናት ኢትዮጵያ ጥቡቕ ርክብ ዝነበርዎም ወይ ክብ ዝበለ መዝነት ዝተወንዘፉ እየን ነይረን። "ሓድሽ ኣበባ" በጺሐን ናብ ኣስመራ ብዝተመልሳ፣ እቲ ዝዓበያሉ ቛንቋኣን ኣሻበን ከም ዝረስዓኦ፣ ምስ ኣምሓርኛ ኣዋህሪርካ ምድርጓስ ደስ ይብለን ነበረ።

ኣብ መጻሕፍቲ ናይ ቤት ትምህርት'ውን ብተመሳሳሊ ኣገባብ ለውጢ ኺርኣየሉ ዝጀመረ ግዜ እዩ ነይሩ። ቀደም "ቡክ ዋን፣ ቡክ ቱ፣ ቡክ ስሪ፣ ወዘተ." ዚብል ተኸታታላይ ናይ እንግሊዝኛ መምሃሪ መጻሕፍቲ "ብሪደር ዋን፣ ሪደር ቱ፣ ሪደር ስሪ፣ ወዘተ." ዚብል ተኸታታላይ ተተክአ። ካብዚ ዝተበገሰ ኸይኮነ ኣይተርፍን፣ ሽው ዚኸተቡ ዝነበሩ ምልምላት ወተሃደራት ፖሊስ ከይተረፉ፣ ብተምሃሮ ናይቲ ሽው እዋን "ቡክ ዋን" ዚብሃል ሳጓ ዝተለጠፈሎም። ካብቶም እንግሊዝኛ ዘይፈልጡ "ኣበዋት ቡሉስያ" ንምፍላዮም ዘጠመቒዎም መ'ናሸዊ መጸውዒ እዩ። እዛ "ቡክ ዋን" እትብል ሳጓኣም፣ ተረካቢ ይዓድዮ ኸም ዚብሃል፣ ሓደ መዓልቲ ቐዳም ድሕሪ ቐትሪ፣ ዘይሓሰብናዮን ዘይተጸበናዮን፣ ንኣይን ንመሳቶይን ሓደ ድቦላ ነገር ኣስዓበትልና።

ሽው መዓልቲ፣ ምሕረቱ እያሱ፣ ብርሃነ ኣድሓኖም ወይ ሓዉ ጠዓመ ርግጸኛ ዘይኮንኩ፣ ሕጂ እገለን እገለን ክብሎም ዘይክእል ካልኦት ሰለስተ፣ ኣብ ጥቓ'ቲ ናብ ማይ ጃሕጃሕ ዜውርድ ሰብዓ ደረጃታት ዘሎዎ ኣስካላ

እናተጻወትናን ኣብቲ ኸባቢ ኻብ ኦም ናብ ኦም ዚበርራ ደቀቕቲ ጨራሩ ብመንትግና ንምህዳን እናተቘመትና ኸለና፣ ክልተ ሓደሽቲ ምልምላት ወተሃደራት ፖሊስ ኣብቲ ጫፍ ሜዳኡ ዘወን ኪብሉ ጸንሑና። ተልእኾኦም ጸጥታን ስነ ስርዓትን ንምርግጋጽ ከም ዝኾነ ዜተሓታትት ኣይነበረን። እታ ብጐና ተዓጺፋ ሜታላዊት ምስሊ ጠለበዱ ዝጠበቓ ባርኔጣኦም ወድዮም፣ ዱላኦም ኣብ ጕን'ቲ ዕጣቕ ቍምጣኦም ኣንጠልጢሎም፣ በቲ ሃዋህው ዝሰልከዮም ኪመስሉ የዕገንግኑ ነበሩ። ዕድመኦም ካባና ብሰለስተ ወይ ኣርባዕተ መትሎ ዚዓብዩ መንእሰያት እዮም ነይሮም። ሓዲኦም ኣብ ምዕጕርቱ ጥባሕ ዝነበሮ፣ ጸጕሩ ስሑው ልምሽ ዝበለ ኸደራይ፣ ገጹ ጸዋግ ወዲ መታሕት ምዃኑ ኸነለልዮ ኣይጸገመናን።

ርእይ ብዘበሉና፣ እቲ ሓደ፣ "ንዕነ'ስከ ቢኮሎታት፣" በለና። እቲ ኣብ መዓጕርቱ ጥባሕ ዘይነበሮ፣ ቅይሕ ዝበለ ድልዱል ዝመዛርዑ፣ ሓጺር ከርዳድ ዝጸጕሩ እዩ ነይሩ። ካብቲ ኣንደበቱ ወዲ ኸበሳ ምዃኑ ተረድኣና። ክልተኣቶም ቍመቶም ማእከላይ፣ ማዕረ እዮም ነይሮም።

"እዚኣተን እኳ'የን 'ቡክ ዋን' ዚብላና፣" በለ እቲ ወዲ ኸበሳ ነቲ ብጫዩ።

"ወላሂ፣ ነዚኣተን ስራሐን መርኣናየን፣" መለሸ እቲ ኻልኣይ ቡሉስያ።

"እሞ፣ ብዓል ቢኮሎ፣ ሓንሳእዶ ምሳና ናብ *ሲታሰዮን* ምኸድክን፤ " በለና እቲ ወዲ ኸበሳ።

"እንታይ ጌርና፤" መለሽ ሓደና።

"እንታይ ከም ዝገበርክንስ ኣብቲ *ሲታሰዮን* ምስ በጻሕና ኽትፈልጣ ኢኽን፣" በለ እ·ቲ ወዲ ኸበሳ ቡክ ዋን።

"ያላ ሕለፉ!" ወሰኸ እቲ ወዲ መታሕት ቡክ ዋን።

ሕጂ ባህሪ ናይ ቡሉስያ ኤርትራ ኻብታ ሓጻር ናይ ህይወት ተመክሮና እንዶኡ ስለ ዝነበረና፣ ካብቶም መሳቶይ ኣነ ብዕድመ እመርሕ ነበርኩ'ሞ፣ ምናልባት መንትግ ሒዝኩም ኢሎም መጠንቀቕታ ሂቦም ይስ'ዱና ይኾኑ ብዚብል ግምት፣ "ሕራይ ንኺድ፣ ዝበደልናዮ ነገር የለን፣" በልኩዎም። እቶም ምሳይ ዝነበሩ ደቂ ገዛውተይ'ውን ትእዛዝ ፖሊስ ዘይምስማዕ ዜኸትሎ ሳዕቤን ፈሊጦም ብርድየት ናብቲ ኣብ ሰታንታ ኦቶ ዚርከብ *ሲታሰዮን* ወይ ብናይ ሎሚ ኣጸዋውዓ 'መደበር ቡሉስያ' ኣምራሕና። ብዙሕ ግዲ ኣይገበርናሉን ደኣ'ምበር፣ ኣብ መገዲ ኸለና፣ "ቡክ ዋን እንዲኽን ትብላና፣ ናይ ቡክ ዋንሲ ግርም ጌርና ኸነሪኣክን ኢና፣" ይብሉና ነበሩ፣ ንኣና ንምትላልን ንምስንጋልን ናይ ሓሶት እናሰሓቑ። ንሕና ግና ዚዋዘዩ ዘለዉ እዩ መሲሉና።

ኣብቲ ንእሽቶ ቐጽሪ መሰል ኣፈፌት ናይቲ መደበር ብዝረገጽና፣ ብጐነጽ እናደፍኡን በቲ ምጻሩ ዝጸገሞም ረዚን ቡት ሳእኖም እናሸንደሑ ኹብኰቡና። ሓደ ኽልተ ሽማግለታት ፖሊስ ኣብቲ ጥቓ መእተዊ ዝጸንሑ፤

"እንታይ ገይሮም'ዮም፣" እናበሉ ሓተቱ።

"እዚኣቶም ዝጸገቡ'ዮም፣" በለ'ቲ ወዲ ኸበሳ ቡክ ዋን።

"ወላሂ ስርሖም ከነርእዮም ኢና!" ኣጋውሐ እቲ ኻልኣዩ ቡክ ዋን።

እናረገሑ ናብ ውሽጢ ሓደ ጸልማት ክፍሊ ኣእተዉና። ዱላ ኣብ ልዕሊ ዝባነይ ኪዓልብ ተፈለጠኒ፣ ሓዲኦም ዳርጋ ኣብ ጥቓ ብልዕተይ ስለ ዝረግሓኒ ምእዋይ ክሳዕ ዝስእን ንገለ ህሞት ተዓበስኩ። በዚ ዘይተሓሰበ መጥቃዕቲ ሰንቢድና፣ ዥላትና ነታ ጸልማት ክፍሊ ነቕነቕናያ። ዚኣኽሎም ምስ ረገጹናን ምስ ዓምጠቑናን፣ ካባና ወጺኦም ነቲ ማዕጾ ኣግባእቢኦም ናብቲ ሓደ ሰፊሕ ጠረቤዛ ዝነበሮ ቤት ጽሕፈት ኣተዉ።

"እንታይ'ዮም ገይሮም!" ሓተቱ ሓደ ቀቅድም'ቲ ማዕጾ ምግፍታኑ፣ ብኽፉቱ ኸሎ ኣስሊኹ ዝረኣኹዎም ማዮም ስትይ ዘበሉ ወተሃደር ፖሊስ።

"ጐረባብቲ ኺርብሹ ረኺብናዮም፣" ሓሰወ እቲ ትግርኛ ተዛራቢ ቡክ ዋን።

"ወላሂ ነዚኣቶም ስርሖም ከነርእዮም ኢና!" በለ እቲ ጸማም ሓደ ደርፉ ቡክ ዋን።

ብድሕርዚ፣ ኣብቲ ቤት ጽሕፈት ያዕያዕ ሰዓበ። ካብቲ ናብ እዝንና ዝበጽሐ ዘረባን ቈየጃን፣ እቶም ማዮም ዝሰተዩ ወተሃደር ፖሊስ ነቶም ክልተ ቡክ ዋን በቲ ተግባራቶም ከይገሰጹዎም ኣይተረፉን። እቲ ሓደ ግብሩ ፈሊጡ ኼጽቅጥ ከሎ፣ እቲ ኻልኣይ ቡክ ዋን ግና ደጋጊሙ፣ "ወላሂ ኣነ ነዚኣቶም ኣይገድፎምን'የ" ኪብል ተሰምዐ። ድሕሪ ብዙሕ ዘይንጹር ምይይጥን መግናሕቲ ዚመስል ንግግርን፣ እቲ ዝነበርናሉ ኽፍሊ ተኸፍተ። ኣብ ቅድሚ እቶም ዝረቖሕኩዎም ሽምግል ዝበሉ ኣባል ፖሊስ ከአ ቐረብና። ኣብ ልዕል'ቲ ሰደቓኦም፣ ኣብ ብልቃጥ ቀለም ዝተኣልከ ብርዒ፣ ብዓል እጀታ ዓንካል መንቀጽ ቀለም፣ ሓደ ሽው ገንጺሎም ኪጽሕፉሉ ዝጸንሑ ዓቢ ደብተርን ካልእ ሕጂ እዚ'ዩ ኽብሎ ዘይክእል ኣቕሑን ነበረ። ኣብ ምናቶም ክልተ ሽራጥ ሽቭሮን ስለ ዝነበሮም፣ መዓርጎም ካብ ሰርጌንት ዚሓልፍ ኣይመስለንን።

"ስለምንታይ ኢኹም ጐረባብቲ ትህውኹ! " ሓተቱና እቶም ሰርጌንት።

"ኣይሃወኽናን፣ ጨራሩ ጥራይ ኢና ንሃድን ኔርና።"

"ደሓን ንሱስ፣ ጐረቤት ከይሃወኽኩም ናብዚ ሒዞሙኹም ኣይምመጹን... ንሎሚ ምሒርናኩም ኣለና....ዳሕራይ መዓልቲ እንተ ደጊምኩም ግና ክትእሰሩ ኢኹም፣" በሉና ኣቦይ ሰጌንት ኣዒንቶም እናፍረሩ።

ኣነ፣ ኣቦይ ኣብቲ ሰዓት እቲ ኣብ ገዛ ኸም ዝነበረ ዘከርኩ'ሞ፣ ነቶም ሰርጌንት ወላድየይ ኪጽዋዕ ከም ዝደሊ ነገርኩዎም። ኣቦይ ሰርጌንት ኣፍጢጦም ጠመቱኒ።

"አንታ ቈልዓ፣ ክትእሰር ኢኻ ደሊኻ 'መስለኒ። ሕጂ ሃየ ኺዱ!" በሉና፣ ዒራ ቈልው እዮም ኢሎም ስለ ዝደንደኑና። ኣነ ግና፤

"ዝበደልናዮ ዜብልና ኢና ተኸትኪትና፣ ስለዚ፣ ኣቦይ መጺኡ እንተ ዘይወሲዱኒ ኣይወጽእን፣" ኢለ መለሽኩ። እቶም ምሳይ ዝነበሩ'ውን ከማይ ስድርኦም ኪጽውዑ ሓተቱ።

ኣቦይ ሰርጌንተ ገሪሙዎም ጠመቱና። ነታ ኣብ ጥቓኦም ዝነበረት ጸላም ንዋት ተለፎን ለዓታ ኣልዒሎም፤

"ሃሎ! ሃሎ! ኣብዚ ጐረቤት ዘዕገርገሩ ቈልው ኣለዉ'ሞ ናብ ማሕቡስ ክንወስዶም ማኪና ለኣኹ፣" በሉ።

እቲ ተግባሮም ኣብ ክንዲ ዜሰንብደና፣ ክሳዕ ክንድ'ቲ ከም ደናቕር ስለ ዝሓሰቡና ኣዝዩ ኣሕረቕና። ሓደ ኻባና፤

"ነቲ መጸውዒ'ኳ ዘየዘርኩምዎ!" በለ።

ኣቦይ ሰርጌንተ ዚምልሽዎ ዝጠፍኦም ኪመስል ኣንጐልሒጦም ጥራይ ጠመቱና። ነቶም ብጮቶም ኣብ ቅድመና ኸየሕፍርዎም ደኣ ደልዮም እምበር፣ ከም ዝተበደልናስ ኣይሰሓቱዎን። ብድሕር'ዚ፣ ርግእ ኢሎም፣ ኣበይ ከም እንመሃርን ዝበጻሕናዮ ኽፍልን ሓተቱና። ሾላትና ተምሃሮ ገዛ ኸኒሻ ኸም ዝኾንና፣ ከምኡ ድማ ናይ ነፍስ ወከፍና ኽፍሊ በብሓደ ነገርና። ሽዑ ኣቦይ ሰርጌንተ፣

"እዞም ደቀይ፣ ከምዚ ኽትነግሩኒ ዝጸናሕኩም፣ ተምሃሮ እንተ ደኣ ኰንኩም፣ ብዛዕባ ስነ-ስርዓት ኣዐሪኹም ትፈልጡ ኢኹም። ተምሃራይ ድማ ለባም ሰብ ማለት እዩ።" ብድሕርዚ ናባይ ብምቕላብ፣ "ዝወደይ ንስኻ ተምሃራይ ሓምሻይ ክፍሊ'የ ኢልካኒ። ካብ ሾላቶም ብዕድመ ዚመርሕ ንስኻ ኢኻ። ስለዚ፣ ሕጂ ኣይትዓሹ፣ ነዞም ኣሕዋትካ ሒዝካዮም ናናብ ገዛኹም ኪዱ፣" በሉኒ፣ ኣዒንቶም ኣፍጢጦም ቍሩብ ርእሶም እናጠ'ለቑ።

ካልእ ክንገብሮ እንኽእል ነገር ስለ ዘይነበረ፣ ከምኡ'ውን ካብቲ ዛጊት ኣብ ልዕልና ዝወረደ መውቃዕቲ ኻልእ መዘዝ ከይንዕድም፣ ንሓድሕድና ተጠማሚትና ብምርድዳእ፣ ንብዓትና እናሓሰስና ኻብቲ መደበር ወጻእና።

ስለምንታይ እዞም ክልተ "ቡክ-ዋን" ንኣና ቈልው ምኽንና እናረኣዩ፣ ንዝተዋህቦም መዝነት ጕልባብ ገይሮም፣ ኣብ ልዕልና ግፍዒ ኸም ዝፈጸሙ ክሳዕ ሎሚ ኣይተረድኣንን። ምናልባት፣ ኣብቲ ኸባቢ ሓለዋኦም፣ ንኣና ዚመስሉ ኻልኦት ቈልው "ቡክ-ዋን!" እናበሉ ዜትክርዎም ስለ ዝነበሩ'ሞ፣ ሕንሕነኦም ድማ ኣብ ልዕልና ኣውሪዶምዎዶ ይኾኑ፣ ኢለ እግምት።

ብሓፈሻ ግና ሓይሊ ፖሊስ ኤርትራ ኣብ ልዕሊ ግዳያቱ ዝነበሮ ኣጠማምታ ኣይግድን። ንኣና ንቈልው ኸምዚ ኻብ ገበረ፣ ኣብ ልዕሊ ማዩ

ዝሰተየ እንታይ ከም ዚገብር እዝጊ ጥራይ እዩ ዋናኡ። "ምሒር ሰሓቕ ጥራጥ የኸትል" ከም ዚብሃል፣ እዚ ቕጥዒ ኣልቦ ተግባራት ቡሉስያ ኤርትራ ዘይሓሰቡዎ ድቦላ ዘምጽኣሎም ግዜ'ውን ነይሩ እዩ።

ሓደ መዓልቲ፣ ሓደ ድልዱል በጽሒ፣ እንታይ ከም ዝበደለ ሕጂ ዘይዝክሮ፣ ብሓደ ወተሃደር ፖሊስ ኤርትራ ተታሒዙስ፣ ከም ወትሩ እናተኸላበተ "ሃየ ንዓናይ ናብ ስታስዮነ፣" ተባሂሉ ተኾብኪቡ። እቲ በጽሒ ምኽንያቱ ብዘይ ተፈልጠ ተዳሂሉ፣ ከይተቓወመ ተኣዘዘ። ኣብቲ መደበር ምስ በጽሑ፣ ኣብቲ ዓንቀጽ ናይቲ ቤት ጽሕፈት ፖሊስ ገሊኦም ኣብ መንበር ተቐሚጦም ዜራጥጡ፣ ገሊኦም ቆብዕ ዜብሎም ቆይሞም ዜውዘንዝኑ ዝነበሩ ኣባላት ብጭርቃን፤

"ዝግታ፣ ኣንታ ሎሚ'ኸ እንታይ ሒዝካ መጻእካ!" ሓተትዎ ነቲ ብጫዮም።

"ሓደ ኳኾ ዝሓርኣሉ'የ ሒዘልኩም መጺአ!" መለሸ ሓለቓ ዓሰርተ ዝግታ፣ ኣንበሳ ኸም ዝቐተለ ብዓል ፋረ እናተንጓዕደደ።

"ያላ በል እቶ፣ ኣንታ ኳኾ ዝሓርኣሉ!" ኣዜሙ ብሓባር እቶም ኣብቲ ዓንቀጽ ዝጸንሑ ኻልኦት ቡሉስያ ብጭርቃን እናንካዕክዑ።

እቲ በጽሒ፣ ናብቲ ዓቢ ደብተር ዝነበሮ ኽፍሊ ኣተወ። እቶም ኣብኡ ዝጸንሑ መዝጋቢ ሰርጌንተ ምምጻኡ ኸሎ ገና ስለ ዘስተብሃሉ፣ ኣብቲ ጥቓ ሰደቓኦም ኣብ ዝነበረ ሰድያ ኾፍ ኪብል ነገርዎ።

"ሽም!" ሓተቱ እቶም መዝጋቢ ሰርጌንተ።

እቲ በጽሒ ኻብ ማሕፉዳኡ ወረቐት መንነት ኣውጺኡ ኣቐበሎም። ሰርጌንተ ነቲ ወረቐት መንነት ብጥንቃቐ ኣንበብዎ። ብድሕርዚ ከም ሞ'ላ ብቕጽበት ተፈንጢሮም ቀጥ ኢሎም ቆሙ'ሞ፤

"ዝግታ! ኳኾ ዝሓርኣልካስ ንስኻ ደኣ!" በሉ፣ ነቲ በጽሒ ወተሃደራዊ ሰላምታኦም እናቕረቡ።

ለካ እቲ ሰብ፣ ሓደ ኽብ ዝበለ ዝመዓርጉ መኰንን ናይ ወተሃደር ኢትዮጵያ እዩ ዝነበረ።

፲፩

ናብራ ድሕሪ ፌደረሽን

ኣብዚ ግዜ'ዚ ዚሕተማ ዝነበራ ጋዜጣታት፣ ቍጽረን ካብቲ ኤርትራ ምስ ኢትዮጵያ ቕድሚ ምቍራና ዝነበረ እናወሓደ ይኸይድ ከም ዝነበረ፣ እቶም ከነንብብ እንኽእል ዝነበርና ቈልዑ'ኳ ኣስተብሂልናሉ። ብወገነይ፣ ምንም'ኳ ገና ንእሽቶ እንተ ነበርኩ፣ እታ ኣቦይ ወርትግ ዚዕድጋ ዝነበረት "ሰሙናዊ ጋዜጣ" ብሰላሕታ ብጋዜጣ "ዘመን" ከም ዝተተክአት ኣቕሊበ። ትሕዝቶ ናይዛ ኣዝዩ ማራኺ ሸም ዝተጠምቀት ጋዜጣ፣ ሓደሓደ ግዜ ንፌደረሽን ዜከሻምሽ ከም ዝነበረ እዝክር።

"ፌደረሽን ኢልካኸ እንታይ'ዩ ቍንቍኛኡ! ኣይ ናየ'ቦና ኣይ ናየ'ዴና! ንሕና ፌደረሽን ኣይንደሊ ወዲ ፌደረሽን! ብዘይ ወዓል ሕደር ምስ እኖና ኢትዮጵያ ኸንከውን ኢና እንደሊ፣" እናበሉ፣ ንህዝቢ ዜጽምሙ ኤርትራውያን ውሑዳት ኣይነበሩን። ኣረ'ውን ገለ ሕ'ሉፋትስ፣ ብሓደ ንጉሳዊ ቛንቋ እንተ ንራኸብ ን"ኣንድነትና" መትረሮ እናበሉ ዝመጕቱ ኣይተሳእኑን። በቲ ገርሂ ልብና ዝሰማዕናዮ፣ እሞ ኸኣ ኻብቶም ብኣና ዚሓልዩ ዓበይቲ ኣቦታት ስለ ዝነበረ፣ ከም ቅኑዕ ዝተቐበልናዮ ድማ ኔርና። በዚ ምኽንያት'ዚ፣ ቋንቋ ኣምሓርኛ ኽንምሃርን ክንመልኽን ብዝተኻእለና እንተ ጸዓርና ዜገርም ኣይነበረን። ንህዝቢ ብቛንቋ ጌርካ ምዕብላሉ ዜምጽኦ መዘዝ ኣይተረድኣናን።

ከምቲ ቕድም ብሓጺሩ ዝተጠቕሰ፣ ሳላ ፈጣን ኤኮኖምያዊ ግስጋሰ ዓለም፣ ህይወት ኣብ ኤርትራ'ውን ብኡ መጠን ምጽላዉ ኣይተረፎን። ኤርትራውያን ዚናንዩዎ ዋኒናት፣ ድኳናት፣ ዝተፈላለየ ቤት ዕዮ ሰ'ሰነን ደንፍዐን። ኣብ ሓምሻይ ክፍሊ ኽንበጽሕ ከለና፣ እቲ መምሃሪ መጻሕፍትና'ውን ካብቲ ቅድሚኡ ዓመት ዝያዳ ተመሓየሸን በርከተን።

ሓምሻይ ክፍሊ፣ ልክዕ ከምተን ካልኣት ዓመታት፣ ዕለት ዕለት እታ ብኢድ እትጽወር ብዓልቲ እጀታ ኣስራዚ ቓጭል እናተደወለት፣ መዝሙርን ጸሎትን ንግሆን ምሸትን እናተጋውሐን እናተጸለየን፣ ልደት፣ ፋሲካ፣ ዕርገት እናተጸብጸበን እናተባዕለን ተሓልፈት። *"The March of Time"* ዘርእስቱ መጽሓፍ ዝዓደግኩ ሽው ነበረ። ብዛዕባ ታሪኽ ዓለም እዩ ዜውስእ። ንስልጣነ ምስራውያን፣ ባቢሎናውያን፣ ግሪኻውያን፣ ሮማውያን ዚምልከት ብሓፈሻ ተመሃርና። ኣዝየ ዝፈትዎ ዓይነት ትምህርቲ እዩ ዝነበረ። ናይ ቍጽሪ

ፍልጠት ካብ ሓደ *"Highway Arithimetic"* ዚብሃል ተኸታታሊ መጻሕፍቲ ቐሰምና።

ኣብ ቀዳመ ሰንበትን በዓላትን፣ ብእዋን ቀትሪ፣ ዅዕሶ፣ ኣሪማንዶ፣ ባሊና፣ ፊትሪኒ፣ ባላ ሙሮ፣ ጠለይጠለይ ንጻወት፣ ወይ ናብ ትራልቮሎ ናብቲ ጠላይን ብግንጽል ናይ ጨመተ ስፖርት ዜካይዱሉ፣ ነተን ካብ ተኾሲ ናይቶም ስፖርተኛታት ንስክላ ዘምለጣ ረጋቢት ብመንትግና ንምውዳቕን ንምሓዝን ንኸይድ ነበርና። እቲ ቦታ ኣብዚ ሎሚ ብድሕሪ ኣስመራ ፓላስ ሆተል፣ ቤት ማሕታም ሳቡር ተሃኒጹሉ ዘሎ ጐልጎል ኮይኑ ይስምዓኒ። ካልእ መዓልቲ ድማ ኣብቲ ኸባቢ ገዛውትና ዝነበረ መሮር፣ ጸኒሑ "ሰላሳ ኣምስተኛ" ዝተባህለ ሰፈር ጦር-ሰራዊት፣ ጨራሩ ኣብ ምህዳን ነሕልፎ ነበርና። እቲ ሰፈር "ጦር" ብትሪኮላታ ጥራይ ዝተሓጽረ እዩ ነይሩ። ኣቤት እተን ኣንስቶም ኪግዕግዓን ኪድ'ግላን! ቍጽረን ሓሸከት፣ ንሓድሕደን ኪቋንና ኸለዋ ድማ፣ እቲ ጭራሕምራሐን ካብ ርሑቕ፣ ድልገብያ ህዝቢ ዝተረኽበሉ ሓመድ ድብ ዚፍጸም ዘሎ እዩ ዚጥዕም። ከምቲ ደሓር ካብ ገለ ሰባት ዝሰማዕኩዎ፣ ለከ መብዛሕትአን ካብ ብዓል እንዳ መኾንን፣ ማይ ጨውን፣ ጋላ ዓዘቦን፣ ቆቦ ዓደ'ምሓራን ዝመጻ እየን ነይረን። እቲ ደ'ጋል ከዳውንተን ንኣተን ምልክት ሃብቲ እዩ ዝነበረ።

ኣብዚ ዓመት'ዚ፣ እታ ኤልሳቤጥ ወይ ኤልሳ እትብሃል ሕሳስ ልደ ሓብትና፣ በቲ ቐዛፊ ሕማም-ጻዕዳ (ኪሾክር) ስለ ዝተታሕዘት ሰውነታ ብቐጽበት ኪምህምን ጀመረ። ኣዝያ ንቕሕትን ተሳሓቒትን ዝነበረት፣ በብቕሩብ እናዛሕተለትን ዘይሕጒስትን እናኾነት ከደት። ኣብ ልዕል'ዚ፣ ኣደይ ኸው ሓዳስ ሓራስ እያ ነይራ። እታ ዝተወልደት ናጽላ ንባዕላ ጥዕይቲ ኣይነበረትን። ኣብ ሓንቲ ኻብተን ገና ዘይማዕበላ ናይ ናጽላ ኣጥባታ ብልዚ መሳሊ ወጺኡዋ፣ ከተቕጨውጭውን ክትበክን ወጋሕ ዕርብ ተብሎ ነበረት። ብሰር'ዚ፣ ኣብ ልዕሊ ገዛና ዳግም ናይ ሓዘን ድብነት ኣንጸላለወ። ኣደይ ንኽልቲአን ደቃ ናብቲ ናይ መንግስቲ እንዳ ሓኪም ወሲዳተን ነይራ። ነታ ዓባይ፣ ማይ ሩዝ ጥራይ ክትምገብ ተኣዘዘላ፣ ነታ ንእሽቶ ግና ተስፋ ኸም ዜብላ ኣስተውዒሎም ግዲ ኾይኖም ምንም ኣይተገብረላን፣ በብቕሩብ ከም ዚሓዊ ነገሮም ጥራይ ኣፋነዉዋ። ኣማስያኡ፣ ክልቲአን ሕጻናት ዓቕመን እናደኸመ ኸደ።

ሓደ ንግሆ፣ ኣቦይ ድሕሪ ቍርሲ ናብ ቤት ትምህርተይ ንምብጋስ እናተዳለኹ ኸለኹ፤

"ኪድሞ፣ ንቐሺ ሰርጹ፣ 'ኤልሳ ኸትዓርፍ ስለ ዝኾነት፣ ኣቦይ ቀልጢፍካ

ምጻእ፣' ኢሉካ በሎ፣" ኢሉ ለኣኽኒ። ወሲኹ ኸኣ፣ "ንስኻ ግና ብድሕሪኡ ኣመት ትምህርትኻ ግበር፣ ከይተብኰር፣" ኢሉ ኣሕሚሙ ኣዘዘኒ።

ቀትሪ ኻብ ትምህርቲ ምስ ተፈደስኩ፣ ብጉያ ናብ ገዛ ኸድኩ። እቲ ቐጽሪ ገዛና ብሰብኡትን ኣንስትን መሊኡ ጸንሓኒ። ንኤልሳ ኣዝየ እፈትዋ ስለ ዝነበርኩ፣ ደጊም ንሓዋሩ ኽም ዘይርእያ እናተዘከረኒ ኣምሪረ በኽኹላ። ምእባድ ኣበኹ። ኣደይ ንጽህቲ፣ ንደቀን ሃብትኣብን ምሕረቱን ኣጸዊዐን ናብ ገዛኦም ኪወስዱናን ኬጸናንዑናን ተላበዋኦም። እቲ ሽዑ ሃብትኣብን ምሕረቱን ዝገበሩልና ኬር ከቶ ዘይርስዖ እዩ። ንኣይን ንጸጋይ ሓወይን ናብ ገዝኦም ወሲዶም ብዓቕሞም ኪስንግሉና ፈተኑ። ምሳሕ ኪቐርብ ኣዚዞም ነብስና ኽም እንፈቅድ ገበሩ። እቲ ምሳሕ ጥዑም ስጋ ብድንሽ ከም ዝነበረ ኣዕርየ እዝክር። ምስቲ ንቑጽ ንብዓትና እናበላዕና ኸለና፣ እቲ ቕድሚኡ ሰሙን ምስ ብዓል ሃብተኣብ ብዘይጠቅም ነገር ተጐናፊጠ ዘጕሃኹዎም ዘኪረ ኣዝዩ ኣጠዓሰኒ። "እንሆ ሕጂ ንሳቶም ልቢ ኣዕብዮምስ፣ እቲ ዝበደልኩዎም ረሲያም የጸናንዑኒ ኣለዉ፣" እናበልኩ ንነብሰይ ኣዝየ ኸዓብኩዋ።

ድሕሪ ምሳሕ፣ ብዓል ሃብትኣብ፣ "እታ ሓንቲ ዝሞተት ሕጻንከ መን'ያ ሽማ?" ሓተቱኒ።

"እታ ሕንጢትከ መይታ ድያ?" ሓተትኩ መሊሰ ብድንጋጸ።

ብዓል ሃብተኣብ ከማይ ሰንቢዶም ጠመቱኒ።

"ኣይፈልጥካን ዲኻ?..." በለ ሃብተኣብ፣ ከምኡ ገይሩ ስለ ዘርድኣኒ እናተጸጸተ።

"መኪነይቲ ሕንጢት!" በልኩ ብልበይ። ሽዑ ንግሆ ኻብ ገዛ ቕድሚ ምብጋሰይ ቀሪበ ርእየያ ነይረ። ት'ስሓግ ከም ዝነበረት ኣስተብሂለላ ነይረ። ስለዚ፣ እቲ ሞታ ኽንድ'ቲ ናይ ኤልሳ ኣየሰንበደንን። ከምኡ ኸነሱ ግዳ ብህይወታ ስለ ዝረኣኹዋን ብዙሕ ግዜ ድማ ኣብ ሕቑፈይ ስለ ዝጸርኩዋን፣ ኣብ ልዕል'ቲ ምኽኣሉ ዝሰኣንኩዎ ሞት ናይ ኤልሳ ተወሳኺ ሓዘን ኮነኒ። ኣደይ ነዚ ኸመይ ከም ዝኸኣለቶ ንምርዳኡ ጸገመኒ። እተን ሕጻናት ምኽሪ ኽም ዝነበረን፣ ኣብ ውሽጢ ሒደት ደቓይቕ እየን ተተሓሒዘን ንጸለማእን ናብ ዓድኹልና ኸይደን። ሽዑ ኣደይ ውነኣ ስሒታ ኽም ዝወደቐት ጸኒሐ ሰሚዐ።

ድሕሪ ብዙሕ ብኽያትን ቀሐማማን፣ ኵሉ'ቲ ምስኡ ዚኸይድ ወግዒ ናይ ሓዘንን፣ እኒ ኤልሳን ሕንጢትን'ውን ከም ዓለመን በብቑሩብ ኣብ ሃሳስ ትዝታ ተሰወራ።

ቤት ትምህርቲ ዚዕጸወሉ ዕለት ደበኸ በለ። ሽዑ ዓመት፣ ከምቲ ኣብቲ ዝሓለፈ ክልተ ዓመታት፣ እቶም ናይ ክብሪ ጋሻ ኽይኖም ዝተዓደሙ፣ ናይ ኤርትራ እንደራሴ ቢትወደድ እንዳልካቸው መሳይ እዮም ነይሮም። ኣብቲ

መዛዘሚ ዓመተ-ትምህርቲ ኣብ ወንጌላዊት ቤት ትምህርቲ 1955.

ብልጫ ዚዕድሉ ዘለዉ ቢትወደድ እንዳልካቸው መሳይ፣ ኣብ ኤርትራ ናይ ጃንሆይ እንደራሴ፣ እቶም ብሸነኽ ጸጋም መጕልሕ ድምጺ ሒዞም ዘለዉ ኽልተ ሰባት ድማ መምህር ሙሳ ኣሮንን መምህር ሉንድስትሮምን እዮም።

ትጽቢት ዝተገብረሎም ሰዓት ስለ ዘይመጹ፣ መምህር ሙሳ በቲ ድንጓየኦም ከም ዝተረበሹ ንሕና ኽይተረፍና ኣስተብሃልናሎም። እቲ ቐርዓት ናይ ቤት ትምህርትና ብፍርቅ-ዙርያ ጻት ንጻት ብሰብ መሊኡ ነበረ። ካብ ራድዮ ማሪና ዝተዓደሙ ኣመሪካውያን ከይተረፉ ኣብቲ በዓል ነይሮም። ኣማስያኡ፣ መምህር ሙሳ እቲ በዓል ብዘይ ኣንዳልካቸው ኪጅመር ወሰኑ። ንግግር ብትግርኛን ብኣምሓርኛን ብመምህር ሙሳ ቐረበ። ኣብ መንጎኡ፣ ካብ ድሕሪና ድምጺ ዓጀብቲ ተጓትጐ ተሰምዐ። እንዳልካቸው ኣማስያኡ መጹ። እቲ ንግግር ኣብ ምክያድ ከሎ ኸኣ ብሰላሕታ ቦታኦም ሓዙ።

እንተ ዘይተጋግየ፣ ካብዚ ዓመት'ዚ ንደሓር እዩ፣ ኵለን ኣብያተ ትምህርቲ መንግስቲ፣ ዕለተ-መዕጸዊአን ኣብቲ ሽው ሓድሽ ዝነበረ ሜዳ ቺቸሮ ኼብዕላ ዝጀመራ። ሓደ መምህር ዓረቦ ዝተባህለ፣ ብተምሃሮኡ ገይሩ ንልቢ ተዓዘብቲ ዝሰቐለ ምርኢት ከም ዘቕረበ ብሰፊሑ ይዕለል ነበረ።

ሽው ኽረምቲ ከመይ ከም ዝሓለፈ ኣይዝከረንን። ከምቲ ልሙድ፣ ቀትር-ቐትሪ በለስ ክንበልዕ ጥራይ እዩ ትዝ ዚብለኒ። ሓደ ተስፋይ ዝተባህለ ዓጋመታይ ዓሚል ነይሩና። በለሱ ኺፈርን ኪምቅርን ጕድ'ዩ ነይሩ። ዕለት መጸ፣ ሓደ ገረወይናን ሓደ ዓቢ ዘምቢልን ብኾምራ በለስ ጠርኒቑ፣ ኣነባቢሩ

ኣብቲ ሶል ዝተነጽፎ መንበስበስትኡ ተዳዕኒኑ እዩ ናብቲ ገዛውትና ዚመጽእ ዝነበረ። ካብቲ ብገላዕታታት ዝተሸፈነ ገሓሕር ኣጻድፍ ዓርጒሎ ተበጊሱ፣ ጭዋዳታቱ ብጻዕሪ እናተገታተረ፣ ግንባሩ ገበታ ረሃጽ እናጅራዕርዐ፣ ብውሑዱ ድማ ዕስራ ኪሎመተር እናተጓዕዘ። ዳርጋ ኹሉ እቲ ጐረባብትና፣ ካብኡ'ዩ በለስ ዚዕድግ ዝነበረ፣ ጠባዩ ድማ ምስ ዓቢ ኾነ ምስ ንእሽቶ ምቕሉልን ሕያዋይን። እቲ ዓመውሉ ዝደለዩዎ ብዝሒ በለስ ቀሪፉ ብዝወድአ፣ ነቶም ቈልዑ ዘበሉ ሓሓደኦም ብናጻ ይህብ ከም ዝነበረ ኣ'ይር'ስዓ'ንን። በለሱ ንሳንቲም ክልተ፣ ሓሲሩ እንተ ተባህለ ድማ ሰለስተ እዩ ዚሸጠልና ዝነበረ። ካብቶም ናይ ብጮቱ ኽብር ዝበለ፣ ግና ተመራጻይ።

ኣብ ገዛ ኽኒሻ፣ ኣብ ቀዳማይ ክፍሊ መጽሓፍ ቅዱስ ክንምሃር ከለና፣ እግዚኣብሄር ንኣዳም፣ *"ምድሪ ብሰንክኻ ርግምቲ ትኹን፣ እሾኽን ተኽርባን ተብቍለልካ፣ ኵሉ ዘመን ህይወትካ እንጌራኻ ኸብላ ብረሃጽ ገጽካ ብላዕ"* ዝበሎ መርገም፣ ካባና ንላዕሊ ንተስፋይ ምተሰወጠ። ተስፋይ ግና ነቲ "መርገም" ዝተባህለ ቓል ብጸጋ ኸም ምርቓ ዝወሰዶ እዩ ዚመስል ነይሩ። በቲ ዜመርሖ ህይወት ንኣምላኹ ምሸት ምሸት እናመስገነ፣ ንጽባሒቱ ኸምታ ዝሓለፈት መዓልቲ ኼገባግበሉ ዚልምን ጥራይ። ገጹ ብረሃጽ ዝተሓጸበ ኸነሱ ወትሩ ብሩህ!

ቺነማ ካተድራለ

ካልእ ንኣና ሰሓቢ ዝነበረ ቺነማ (ሲነማ) ምርኣይ እዩ። ሃብትኣብ እያሱን ሓዉ ምሕረቱን ብዛዕባ ዝረኣዩዎ ፊልም ኣመሪካ፣ ኢጣልያ፣ ህንዲ ኺሕክዩና ኸለዉ ኣፍና ኸፊትና ንሰምዖም ነበርና።

በቲ ግዜቲ፣ ንሓደ ወደ'ባት ተምሃራይ፣ ናብ ቺነማ ኣትዩ ፊልም ኪርኢ ኣዝዩ ብርቂ ነገር እዩ ዝነበረ። ንስድራና ቺነማ ኽንርኢ ገንዘብ ሃቡና ኽይንብል ከም ዕብዳን እዩ ዚቝጸር ዝነበረ። ሓቃቶም ከኣ'ዮም። ዓቕሞም ዘየፍቅደሎም ኣብ ርእሲ ምዃኑ፣ ናይ ዓዋሉ ወልፊ እዩ ዚመስሎም ነይሩ። ስለዚ፣ ን'ኸምዚ ኸማይ ዝኣመሰለ ብቺነማ ፍዉስ፣ ሰባት ተሰሪዖም ቲከት ኣቕሪጾም፣ ብፍላይ ድማ ነቶም መሳቶይ ዝኾኑ ደቀም ሒዞም ኪኣትዉ ምርኣይ ስቓዩ ንምግማት ዜጸግም ኣይኮነን። እታ ሓንቲ ቺነማ ናይ ምርኣይ ዕድል ዝነበረትኒ፣ ከምቲ ቐደም ናብ ኮምቦኒ ምኻድ እዩ ነይሩ። እንተ ኾነ ግና፣ ኣብዚ ዘዘንትወሉ ዘለኹ ዓመት፣ ቤት ትምህርቲ ኮምቦኒ ንተምሃሮ ኪዳኑ ምህረት እንተ ዘይኮይኑ፣ ካብ ካልእ ንዝመጹ ምእታው ካብ ዜቋርጽዎ ሓያሎ እዋን ሓሊፉ ነበረ። በዚ ምኽንያት እዚ፣ ካልእ ቺነማ ብናጻ ዝርእየሉ ኣጋጣሚ ኻብ ምንዳይን ምጽንጻንን ኣይተሓለልኩን።

ኣብ ካተድራለ ቺነማ ብናጻ ኽም ዚርአ ዝፈለጥኩ፣ ናብ ገዛባንዳ ድሕሪ ምግዓዝና ነበረ። ሓደ ጸገም ግና ነይሩ። ናብቲ ቺነማ ኽትኣቱ ዚፍቀድ፣ ጻዕዳ (ኢጣልያዊ) ወይ ሓንፈጽ እንተ ኼንካ፣ ወይ ድማ ሓበሻ ኼንካ፣ ሰንበት ናብ ቤተ-ክርስትያን መጺእካ ቕዳሰ እንተ ሰሚዕካ ጥራይ ነበረ። እቲ ቕዳሰ ምስማዕ ንኣይ ዜጸግም ኣይነበረን። ስለዚ፣ ኣብቲ ኣብ ጥቓ ገዛውትና ዚርከብ ቤተክርስትያን "ማዶና ዲ ሎረቶ" (ብተራ ኣጸዋውዓ "ኢን ኬዛ")፣ ምስቶም ደቅ-ገዛውትና ቕዳሰ ናብ ምስማዕ ተሰጋገርኩ። እንታይ'ሞ ኺዓብስ፣ ካልእ መንከላልኦ ድማ ተረኽበ። ኵሉ'ቲ ናይ "ካተኪዝሞ" ኣስተምህሮን ጸሎትን ብኢጣልያንኛ ስለ ዝነበረ፣ ከምቶም ኣብኡ ዝነበሩ መሳቱና ጠላይን ወይ ሓነፍጽ ብወንን ርእሰ ተኣማንነትን ክሳተፍ ኣይከኣልኩን። እቲ ሰዓታት ኣስተምህሮ ኣብ ርእሲ ምንዋሑ፣ ንኡ ወዲእካ ተሰሪዕካ ናብ ካተድራለ ምስ ኣምራሕካ፣ ኣብ ድርኵኹት ናብቲ ቺነማ ዜእቱ ማዕጾ ክልተ ነዊሕ ምልምል ሓለንጊ ዝሓዙ ቐምሽ ካፑቺኖ ዝወደዩ ጀምጃም ዝጭሕሞም፣ ካብ ቊመቶም ውርዶም ዚዛይድ በርገደሊ ጸዓዱ ኻህናት እዮም ዚጽበዩኻ። ሓዲኦም ፓድሪ ዛ'ኖነ፣ እቶም ካልኣዮም ድማ ፓድሪ ማውሪ'ስዮ ይብሃሉ ነበሩ። መብዛሕትኡ ግዜ፣ ካብ ክልቲኦም ሓዲኦም ኣብቲ በሪ ናይቲ ቺነማ ቖይሞም፤

"ኢይ ስኮልታቶ ላ ሜሳ?" እናበሉ ይሓቱ። "ቅዳሰ ሰሚዕካዶ?" ማለቶም እዩ። ካብ ክልቲኣቶም እቶም ንፈውሲ ማሕላ ቝሩብ ዕብር ዝበሉ ፓድሪ ማውሪስዮ ብሕያውነት ዝሓሹ ነበሩ። ኣብ ቊጥዓ ፓድሪ ዛ'ኖነ ግና ኣየውዕልካ እዩ።

እቲ ዚጥየቕ ዘሎ ግዳይ *"ሲ!"* (እወ) እንተ'ይሉ፣ ኣብ ቅዳሰ መን ከም ዝነበረ ይሕተት። ሽዑ እቶም ኣብ ጥቓኡ ዝነበሩ ብጬቱ ሓነፍጽን ሓበሻን እናሕሸኹሸኹ ኺሕግዝዎ ይፍትኑ። እቲ ተሓታታይ እንተ ኣዕጠዮ ግና ዘይተጸበዮ ኵርማጅ ናይ ፓድሪ ዛኖነ እዩ ኣብ ገጹን ዝባኑን ዚዘንቦ። ሓድሓደ ግዜ ኣብ ቅዳሰ ተረኺብካ ኽነስኻ፣ እተን ብመስርዕ ናብ ካተድራለ ዘብጻሓኻ ኣረገውቲ ደናግል ተደናጊሩወን ዜግድዓኻ ኣጋጣሚ ነይሩ። ዚፈልጣና እንተ ኾይነን ብሓዲኦም ካብቶም ፓድረታት ምስ ዚሕተታ፣ ተጸዊገን፣ *"ኖን ኦ ቪስቶ ማይ"* (ፈጺመ ርእየዮ ኣይፈልጥን!) እንተ ኢለን፣ ፓድሪ ዛኖነ ብፍላይ፣ ቀቓዊቶም ከም ዝተተንከፈቶም ኣባ ጃዊ እዮም ዚሰሃሉኻ። ናይ ብዓል *ጆን ዋይን* (ወይን)፣ *ራንደልፒስኮት* (ራንደልፍስኮት) ፊልም ዘይኮነስ፣ ከዋኽብቲ ሰማይ ብተክኒኮሎር ክሳዕ ዚርኣዩኻ ብሓለንጊ ኢኻ እትጅለጥ። ካብ ኵሉ ዚገርመኒ፣ እዞም ደፊርና ኽንጥምቶምስ ይትረፍ ብማዕዶ ዜባህርሩና ዝነበሩ ን"ባቦ ዲ ናታለ" ዚመስሉ ዓነ'ትር ፓድረታት፣ እቶም መሳቱና ጸዓዱ ብጭሕሞምን በእዛኖምን እናመንጨጨን እናወጠጡን ኬላግጹሎም ከለዉ፣ እቲ ዜርእዩዎ ኣመና ዜስደምም ለውሃቶም እዩ ዝነበረ።

ኣማስያኡ፣ ሰንበት ሰንበት ብቐጥታ ናብ ካተድራል እናኸድኩ ቅዳሰ ኸሰምዕ ዝሓሸ ሜላ ከም ዝኾነ ተኸስተለይ። ብኡ'ቢለ ድማ እቲ *ኣቨ ማሪያ* ዚብል ጸሎት ዳርጋ ለመድኩዎ። *"ስላም ለኪ"* ብጣልያንኛ እንድኣሉ! ብፍላይ ከኣ ፓድረ ማውሪስዮ፣ ካብ ምሒር ምምልላሰይ ስለ ዘለለዩኒ፣ ካብኡ ንደሓር በሪ መንግስተ ሰማይ ናይ ቺነማ ካተድራል ጋህ ኢሉ ተራሕወለይ። ኣብ ካተድራል ዝረኣኽዎ ብዝሒ ናይ 35 ሚሜ. ፊልም ገሊኡ ብጻዕዳን ጸሊምን፣ ገሊኡ ብ*"ተክኒኮለር"* ብርክት ዝበለ እዩ። መብዛሕትኡ እቲ ፊልም ዝርርቡ ብጣልያንኛ ወይ ብእንግሊዝኛ እዩ ዝነበረ። ኣብቲ እዋን'ቲ፣ ኣብ ዓለመ-ቺነማ ብሰፊሕ ኪትኣታቶ ዝጀመረ *"ቺነማስኮፕ"* ዝተባህለ ገፊሕ ዝመቓኑ ፊልም ንመጀመርታ እዋነይ ዝረኣኹ'ውን ኣብ ካቴድራል እዩ ነይሩ።

ኣብቲ ግዜ'ቲ፣ መብዛሕትኡ ፊልም ንማዮም ዝሰተዩ ነጨበረራት፣ ሰብ ሓዳር፣ ከምኡ'ውን ንኣዛውንቲ ተባሂሉ ዝተዓይየ ስለ ዝነበረ፣ ብብዝሒ ናይ ክላሲካዊ ዛንታ ትሕዝቶ ነበሮ። ናይ ቈልዑ'ውን ነይሩ፣ ብፍላይ ድማ ካርቱን። ሓደሓደ ግዜ፣ ቈልዑ ተመሃሮ እንዳ ጥልያን ብመስርዕ ብመምህራኖም ተሰንዮም *" ማቲኔ "* ብዚብልዎ መደብ ኣብ ቺነማ ኢምፐሮ ናይ ካርቱን ወይ ትምህርቲ-ሓዘል ፊልም ዚርእዩሉ ኣጋጣምታት ከም ዝነበረ እዝክር።

ካብቶም መማህርትና፣ ብጆካ ብዓል ሃብትኣብ እያሱን ሓዉ ምሕረቱን፣ ኣብርሃም ሳህለን ሓዉ ኣማንኤልን እውን ዓመውል ናይተን ኣብያተ ሲነማ እዮም ነይሮም። ስድራኦምን ኣሕዋቶምን ጥቕሙን ጕድኣቱን ኣዐርዮም ይፈልጡ ስለ ዝነበሩ፣ ብሓቂ ዕድለኛታት እዮም ነይሮም ክብል እኽእል። እዞም ክልተ ዳሕረዎት ኣሕዋት፣ ደሓር ኣዚና እናተቐራረብና ብዝኸድና፣ ገለ ኻብቶም ኣብ ኣጠማምታይን ኣተሓሳስባይን ኣድማዒ ጽልዋ ዘሕደሩ ኾኑ።

ብጆካ'ዚ፣ ደርጐስጐስ እናበልና ደኣ ይኹን'ምበር፣ ገለና ብእንግሊዝኛ ገለና ብኢጣልያንኛ ዝተሓትመ ጆርናሊኖታት ምንባብ ዝጀመርናሉ ዓመታት እዩ ነይሩ። እቲ ጆርናሊኖታት፣ ስእልታቱ ብተክኒክን ብሕብሩን ብወካልነቱን፣ ካብቲ ኣብ ቤት ትምህርትና እንመሃረሉ ናይ "ቡክ ዋን" ወይ ናይ "ሪደር" ተኸታታላይ ዝያዳ ማርኺ ስለ ዝነበረ፣ ደጊምና ደጋጊምና ኣንቢብና ዘይንጸግቦ ነበረ። ካልእ ተወሳኺ መጻሕፍቲ ንኸነንብብ ድማ መ'ናግስቲ ኾነ።

ኣብዚ ዳሕረዋይ ክራይ ገዛ ኣስታት ክልተ ዓመት ከም ዝጸናሕና እዝክር። ምስ ብርክት ዝበሉ ደቂ ገዛውትና ኸኣ ተላለኹ። ሻድሻይ ክፍሊ ዘላኣምኩዎ'ውን ኣብኡ እዩ ነይሩ።

ቪያለ ለዮናርዶ ዳ ቪንቺ

ብዙሕ ከይጸናሕና፣ ኣብ ከባቢ ማይ ጭሆት፣ ሓደ ኽልተ ኽፍሊ ዝነበሮ ገዛ ተኻረና። ነቲ ገዛ ኸም ወኪል ኮይኖም ዜናንዩዎ ሓደ ኣቦይ ካሕሳይ ዝተባህሉ ሰራሕተኛ ሴዳው እዮም ነይሮም። እቲ ገዛ፣ ኣብ "ሓድሽ ኣበባ" ናይ ዝምቕማጠን ኣሕዋቶም እዩ ነይሩ። ብዙሕ ዘረባ ዘይፈትዉ፣ ቊመቶም ማእከላይ፣ ሽበት ዘር ዘበሉ ዕቱብ ሰብኣይ እዮም ነይሮም። ሓንቲ መኣዛ ዝሽማ ቐያሕ ጽብቕቲ መንእሰይ ሰበይቲ ነይራቶም። ውላድ ኣይነበሮምን።

መኣዛ ውላድ ኪህባ ዘይከደቶ ደብሪ ኣይነበረን። ማሕጸና ግና ኣቕብጽ ኣበለ። ዘይተማህረትን ዘመናውነት ዝሓረማን ስለ ዝኾነት ደኣ'ምበር፣ ብመልክዕ ንሶፍያ ሎረን እታ ኢጣልያዊት ተዋናዪት መወጻጽኣታ። ኣረ'ውን ንኣ'ያ ትመስል ነይራ! ኣነ'ኳ፣ በቲ ናይ ቊልዕነት ዓይነይ ከስተብህለላ ኽኢለ። ንሕና፣ ኣብ ውሽጢ ሓደ ጸቢብ ካንሸሎ ምስቶም ወኪልን መርዓቶምን ተጐራቢትና ኢና ኔርና። ንኣና ዝባኑ ሂቡ ናብቲ ጽርግያ ዚጥምት ክልተ ኻልእ ዝተኻረየ ገዛ'ውን ነይሩ። እቶም ሓደ፣ ንሶም ኣብ ዘይሰምዑና ኣቦይ ዓንደ "በሪኮሎ" እንብሎም፣ መዛርያም ገርጃዕ፣ ገጾም ሃዝሃዝ ቀዩሕ ነበሩ። ብዓልቲ ቤቶም፣ ሓንቲ ቐያሕ፣ ቀጣን፣ ነዋሕ፣ ብኽልተ መዓጕርታ ሃሳስ ማዳ ዝነበራ፣ ዕድመኣ ኽንዲ ብዓል ኣደይ እትኸውን እያ ነይራ።

እቲ ብጥቓ ገዛና ዚሓልፍ ጽርግያ፣ *"ቪያ ለዮናርዶ ዳ ቪንቺ"* እዩ ዚብሃል ዝነበረ። ክንዮኡ ንእንዳ ኣሰፋው ኣስመሮም ተጐዝጒዙ ዚሓልፍ ምስኡ ዝተመዓራረየ፣ *"ቪያ ሜዳሊያ ዲ ኦሮ"* ካልእ ከምኡ ዝኣንፈቱ፣ *"ቪያ ሉካ ፉስኮሎ"* ዝተባህለውን ነበረ። ኵሉ ሽማት ጽርግያ ምስ ታሪኽ ኢጣልያ ዝተዛመደ ነበረ።

ኣብዚ፣ ምስ ብዙሓት ሓደሽቲ መሳቶይ ተፋለጥኩ። ገሊኦም ከምኒ፣ ገብርህይወት በ'ይን፣ ገረህላሰ፣ ተኽለ (ፉንቲ)፣ ወልዱ ጸጋይ መጐራብትና፣ ገለ ድማ ካባና ርሕቕ ኢሎም ኣብ ዙርያና ዝነበሩ እዮም። መብዛሕትኦም ሓበሻን ሓነፍጽን፣ ክልተ ድማ ውጹኣት ኢጣልያውያን ደቂ "በሊኒ" ዚብሃሉ፣ ኣቦኦም ኣብቲ ጥቓ ማይ ጃሕጃሕ ፋብሪካ ስራሓት ስሚንቶ ዝነበሮን እዝክር። እዚ ንኣይ ሓድሽ ተመክሮ እዩ ነይሩ። ኣተሓሳስባ ሓነፍጽን ኢጣልያውያንን ምስ ናትና ኣነጻጺረ ክዕዘበሉ ዕድል ዝረኸብኩሉ እዋን እዩ ዝነበረ።

ክንዮ እንዳ ኣሰፋው ወ'ደስመሮም ሓደ ሽሙ ጋብሪየለ ሳጓኡ ድማ "ቺቺ" ዝተባህለ ኻባይ ብኽልተ ሰለስተ ዓመት ዚንእስ ምስ ኣቦኡ ዚቕመጥ ሓንፈጽ ነይሩ። ኣደ ዝነበረቶ ኣይመስለንን። ንሱን ወላዲኡን ድኻታት

ክነሶም ሰውነቱ ግና ኻብቶም ርኹባት ሓነፍጽ ዝያዳ ምስጉን ነበረ። እቲ ዚነብሩሉ ሰፊሕ ቃጽያ፣ ብኹና እምንን ብገላዕታ በለስን፣ ወጥዋጥ ኣሻኹ ቈልቋል በለስ ዝተኸብበ ነበረ። ኣብ ውሽጥ'ቲ ቐጽሪ፣ ሕጂ ኻብ ትዝታይ ዳርጋ ዝሃሰሰ፣ ዝተፈላለየ ኣሕምልቲ ዝተተኽሎ ንኣሽቱ ቓጽያታትን፣ ኣብ ሓደ ኣብ ፍርስራስ መናድቕ ዝተጸግዐ፣ ብዚንጎታትን ታኒካታትን ሉሕን ዝተሰርሐ መንበሪ ገዛን ነበሮም። ሓሓሊፉ፣ ዝተፈላለየ ሮታመ ናይ ካምዮንን ካልእ ዓይነት ማሺነሪን፣ እዚ'ዩ ኸብሎ ዘይክእል መዓት ናይ ሓጸውን ግተትን ፈቐዶኡ ተደርብዩ ኣጋዕዝዩዎ ነበረ። ኣብ ሓደ ኵርናዕ፣ ደራሁን ታኪናትን ደርሆማይን ኣርነብን (ማንቲለ ገዛ)፣ ኣብ ትሕቲ ወልወል ጽላል ገዛ፣ ሰፈርን ጋብያን ተዋዲዱለን ድምጸን ሓሓሊፉ ዚስማዕ ነበረ። ብሓጺሩስ፣ እንዳ ቺቺ ምስ ኣቦኡ፣ ካብቲ ኸባቢኦም ገዛውቲ ኣብ ዝተፈልየ ዓለም እዮም ዚነብሩ ነይሮም።

ቶ'ኒኖ፣ ኣቦኡ ጻዕዳ ኣዲኡ ሓንፈጽ እያ ነይራ። ካባና ኣዝዩ ዝነኣሰ ይኹን ደኣ'ምበር፣ ከም መሰታና ኣብ ኵሉ ንጥፈትና ይሳተፍ ነበረ። ሓንቲ መልኣኽ እትመስል፣ ጸጕራ ሓሸዋይ፣ ሕብራ ውጽእቲ ጻዕዳ ምጭውቲ ሓብቲ ነበረቶ። ቶ'ኒኖ'ውን ምጽዕዳዉ ዳርጋ ኸምኣ እዩ ነይሩ፣ ናይ ነገር ወዲ ግና ቍሩብ ካብኣ ዝደበነ ነበረ። ቶ'ኒኖ፣ ምስ ከማይ ዝኣመሰለ ጥልያንኛ ኣዐርዩ ዘይመለኸ ብጕራማይለ ትግርኛን ጥልያንኛን እዩ ዚዘራረብ ዝነበረ።

እንዳ ቶ'ኒኖ "ለተ" እትብሃል ሽንቅጥ ዝመሸከላ፣ ከደረይቲ፣ ዓይና ኾሕለይቲ ሽቃሊት ነይራቶም። "ለተ" ንብዓል ቶ'ኒኖ ኣዝያ ትፈትዎም ነበረት። ልክዕ ከም ወላዲቶም ትስህረሎም፣ ንሳቶም'ውን ብኡ መጠን የፍቅሩዋ ነበሩ። ለተ ሓደ መዛርው ለይለይ፣ ሕብሩ ናብ ቂሕ ዘዘንበለ ከደራይ፣ ሸለላኡ ተሪር፣ ኣዒንቱ ትኩር ጋዕሳም ዓርኪ ነበራ። ሰንበት ኣብ ኣጋ ምሳሕ፣ እንዳ ቶ'ኒኖ ናብ ግዳም ክሳዕ ዚወጹ ወይ ንለተ ፍቓድ ዕረፍቲ ሂቦምዋ ባዕላ ኸሳዕ እትመጸ፣ ኣብቲ ንሕና እንዘናግዓሉ ጐልጎል እናዛወነ ይጽበያ ነበረ። መብዛሕትኡ ግዜ ቍምጣ ስረ ምስ ጽሩይ ቃሚሻ ወይ ጐልፎ ደሪቡ፣ ዳንጋ ዚሽፍን ንቑሕ ጻዕዳ ኻልስን ኣደሳ ሳእንን ወድዩ እዩ ዚመጽእ ዝነበረ። መወጽ ኣብ መንጎ ኣስናኑ ቐርቂሩ፣ ወይ ኣብ መንጎ እዝኑን ቅርቅርቱን ሰ'ኹዑ ዘይመጸሉ ግዜ ኣይዝከረንን። ሰንበት ሰንበት እንዳ ቶ'ኒኖ ብስድራኦም ናብ ቺነማ ምስ ከዱ፣ ለተ ነቲ ዓርካ ኸም ቈልዓ ወጢጣ ናብቲ ኻንሸሎኦም ኺኣቱ ድሕሪ ምዕዳም፣ ርብዒ ወይ ፍርቂ-ሰዓት ጸኒሖም፣ ንባዕላ ብሓበሻ ዝተሰፍየ ቕጭን ቀምሽ በጋንጅሩ፣ ወይ ሲኞራኣ ዝጸደቐትላ ዜምሕረላ ዝበለቶ ኸዳን ኤውሮጳ ነጸላ ደሪባትሉ፣ እቲ ብጻዕዳ መሃረብ ተሸፊኑ ዝጸንሐ ኾሕሊ ዚመስል ድፍን ጋመኣ ኣዘውዚዋ፣ ገጻን ሰውነታን

ብቕብእን ሽቱምቱን ናይ ሲኖራ ኣወጃጂሃን ምስቲ ፈታዊኣ ተተሓሒዞም ናብ ቃሕ ዝበሎም ኪኸዱ እዝክር። ጥዑም ህይወት ኣል ብዳማ!

ሰርጅዮን ሉችያኖን፣ ደቂ "በሊኒ"፣ ገዝእም በሪኽ ብሓረግን ብዕምባባን ዝተመርወ ቀጽሪ ዝነበሮ ቪላ እዩ ነይሩ። ደቂ በሊኒ ፍልይ ዝበለ ባህርያት ነበሮም። ክልቲኣቶም ጨያፍ ክነሱ ብቐሊሉ ዚስማዕ ዳርጋ ስርዓቱ ዘይሰሓተ ትግርኛ ዜቕጠምጥሙ ጉዳማት እዮም ነይሮም። ምሳና፣ ባሊና፣ ሳልቫቲ፣ ማይዶ ጸባ፣ ዓካት፣ ፊጉሪኒ፣ ቡቻ፣ ሃድን ብመንትግ (ፍዮንዳ)፣ ኮታስ ዂሉ'ቲ ንሕና እንጻወቶ ዘበለ ዘይሳተፉዎ ኣይነበረን። ብሕልፊ እቲ ሉችያኖ ዝተባህለ ንእሽቶ ወዲ በሊኒ ጥልያንነቱ ፍጹም ዝረስዖ'ዩ ዚመስል ዝነበረ። 'ባላ ሙሮ' እንድሕሪ ተበሊዑ "ኣካልሰኒ! ኣካልሰኒ!" ወይ ድማ ገለ ኻብቶም ዕብይ ዝበሉ ምስ ዚሃርሙዎ፣ "ሓሳዊ'ወ ሓሳዊ፣ ስቕ ኢልካ ኣባና ጥራይ ትዕንትር፣ ሓቂ ተ'ሎካ ምስ ሰርጅዮ ሓወይ ግጠም!" እናበለ ብትግርኛ ዚከራኸር ዘይፋርግ ህልኽኛ መጻው'ቲ እዩ ነይሩ።

"ባር ባታልያ" እትብሃል ቤት መስተ፣ ነቲ ሰፈርና ሓንቲ ፍልይቲ መለለዪቱ እያ ነይራ። ዋናኣ ሲኞር ባታልያ ኢጣልያዊ እዩ ዝነበረ። ብጆካ ደቂ ዓዱ ኻልእ ዓማውል ዝነበሩዎ ኣይመስለንን። ኣብቲ ድርኾኹት ባሩ፣ ኣብ ትሕቲ ሓደ ገፊሕ ጽላል ቴንዳ፣ መብዛሕትኦም ስረታቶም ብብራቴሎ ዝተንጠልጠለ፣ ገሊኦም ቆብዕ ሲቺልያ፣ ገሊኦም ባርኔጣ ፎደራ ዝመለሱ፣ ገሊኦም ድማ ሌጣ ርእሶም፣ ኣብ ዙርያ ሓጺር ጣውላ ኣብ ተዓጻፊ መናብር ኣራጢጦም፣ ብጠራሙስ መስተን ብርጭቆታትን ዒግታ ሽጋራን ተማእኪሎም፣ ብዝተፈላለየ ላህጃ ዓዶም ኬጕጆምጅሙ፣ ኪጫረቑ፣ ኪስሕቁ ዜምስዩሉ ብሕቱውን ዕሙርን ባር እዩ ነይሩ። ኣብ ማእከል እቶም ዓመውል ናይቲ ቤት መስተ፣ ሓንቲ ኽሳዕ ብርካ ዚበጽሕ ጐና ዝለበሰት፣ ከምኣቶም ሽጋራ እተትክኽ፣ ጸጕራ ዂሕሊ ዚመስል ዛውያ፣ ሕብራ ኣይጻዕዳ ኣይጸሊም ምልያ፣ መሸከላ ቕንጹብ ግና ምጭው ዝበለት ሓንፈጽ ነበረት። ሰራሕተኛ ትኹን ኣመንዝራ ዝፈለጥኩዎ የብለይን። ካልኦት ንኣ ዚመስሉ ሳሕቲ እንተ ዘይኮይኑ ዳርጋ ዘይረኣዩሉ ትካል እዩ ነይሩ። ሓበሻ ኸኣ'ሞ ኣብቲ ኣፍደገኡ ተወር ዚብል ርእየ ኣይፈልጥን። ካብ ውሽጢ እቲ ባር፣ ሽረኽረኽታ ናይ መፍልሒት ቡንን ዚላጋዕ ኲዓሳሱ ቢልያርዶን ጥራይ እዩ ኬቃልሕ ዚስማዕ ዝነበረ። ከምዚ ኽነሱ ግዳ ባር ባታልያ ነቶም ነባሮ ናይቲ ሰፈር ከም ግምቢ-ፋና እያ ነይራ። ዝኾነ ሰብ ኣብቲ ኸባቢ ዚርከብ ገዛውቲ ኺሕብር ከሎ መወከሲት "ባር ባታልያ" እያ ነይራ።

ተወሳኺ ሌላ ኣብ ገዛባንዳ ጥልያን

ኣብ መንጎ እቶም ሓነፍጽን ጠላይንን፣ ገዳይም ተቐማጦ ዝነበሩ ሓበሻ ደቆም ምሳይ ዝተዓራረኹ ድማ ነይሮም። ገሊኦምስ'ኳ ኣዝማደይ እዮም።

ሓንቲ ኻብኣቶም ኣሞይ ማርያ ነበረት። ካብቲ ሕጂ ንሕና ዝነበርናሉ ናይ ኣስታት ክልተ ሚእቲ ሚትሮ ርሕቀት ንሰሜን ተፈንቲቱ ኣብ ዚርከብ ቓጽያታት፣ ካብቶም ቀዳሞት ተቐማጦ እያ ነይራ። ነዚ ኸይኮነ ኣይተርፍን፣ እቶም ደቃ ጣልያንኛ ቈጠምጠም ዚብሉ ዝነበሩ። ቀጽሪ ገዝኣ ከምቶም ኣብ ዙርያኣ ዝነበሩ ቺቺልያኖን ሓነፍጽን ሰፍራ ኣታኽልቲ ነበሮ። እቲ ገዝኣ፣ ከምቲ ናይቶም ድኻታት ጣልያን ብቕልል ዝበለ ማተርያላት ዝተነድቀ ጽፉፍን ምሹውን ነበረ። ልዕሊ ኹሉ ድማ እቲ ገዛ፣ ቤት ሓላላ ነበረ፣ ውሽኢ፣ ልቓቒ ዚብላ ዜብላ። ሃይማኖታ ኸኒሻ ም'ኳኑ'ውን ንኣ ሓደ ረብሓ ነበረ፤ ከመይሲ፣ ካብ ኣጉልን ዘይቅቡልን ባህሊ ሓበሻ ስለ ዘገላገላ። እዚ ኹሉ ምስቶም ናይ ጸዓዱ ባህሪ ዝነበሮም ጐረባብታ ብስኒት ክትነብር ዝሓገዛ ይመስለኒ። እቶም ጸዓዱ ዘይፈትዉዎ ጓይላ፣ ሆታ፣ ዋዕዋዕ፣ ነገር፣ ንሳ ንባዕላ'ውን ዘይትደልዮ እዩ ነይሩ። ኣብ ልዕል'ዚ፣ ብግዜ መግዛእቲ ኢጣልያ ብስራሕ ከድምና ይኹን መጕዚትነት ወይ ካልእ ዘይፈለጥኩዎ ምኽንያት ናብ ሮማ ኸይዳ ኸም ዝነበረት ኣብ ገዛና ብትሕምታ ይዕለል ነይሩ። ከምዚ ኺብሃል ከሎ ግና ካብ ዓጽመ ስጋኣ ድማ እግሪ ኣየርሓቐትን። ኣብ ጽቡቕን ኣብ ክፉእን በቲ ዚመስላ ኣገባብ ትጽንበር ነበረት።

ብጀካኣ፣ ካልኦት ኣነ ዘይፈለጥኩዎም ገዳይም ተቐማጦ ገዛባንዳ ጥልያን ከም ዝነበሩ ርግጸኛ እየ። ካብቶም መማህርተይ፣ ሕጂ ድማ ደቂ-ገዛውተይ ዝነበሩ መሳቱና፣ ሓደ ወድ'ስመሮም እዩ ነይሩ። እንዳ ወ'ድ'ስመሮም ካብ ገዛ ኸኒሻ ናብ ገዛባንዳ ዝገዓዙ፣ ኣብ ፈለማ ኽፍላ ሓምሳታት ይመስለኒ። ከመይሲ ኣቦኡ ሓንቲ ዕሚሙ ካምዮን፣ ሽንቲ ኡኖ ኾይኮነት ኣይትተርፍን፣ እናዘወሩ በቲ ጥቓ ሪጋ ፈሮቪያ ኺሓልፉ እዝክር። ሳላ'ዛ ዘይነዓቑዋ ዕሚሙ ካምዮኖም ድማ እዮም ገንዘብ ኣዋህሊሎም ኣብ ገዛ ባንዳ ጥልያን ኣብ ናቶም ገዛ ኺነብሩ ዝኸኣሉ። ኣቦይ ኣስመሮም ክሳዕ'ዚ ዘዘንትወሉ ዘለኹ ግዜ፣ ሓንቲ ድልድልቲ ጋንታ ኼቕሙ ዝቐረቡ ብዝሒ ኣወዳት ነበሩዎም። ካብ ብዝሖም ዝተላዕለ፣ ሃንደራእ ኢልካ ብዛዕብኣቶም ክትሓሚ ልቦና ዝጐደሎ ተግባር እዩ ዝነበረ። ኣሸበሸብ ሓደ ኻብ ደቀስመሮም ኣብ ጥቓ'ካ ኸይህሉ ግልጽ ምልጽ ኢልካ ኣፍካ ኽትከፍት ግድነት እዩ።

ኣብቲ ቐጽሪ ገዝኦም፣ ኣርብዓ ወይ ሓምሳ ዚኣኽላ ዘምበይቲ ርጋቢት ነይረናኦም። ዳርጋ ኹላተን ድማ ሽም ነይሩወን። *ቻንረ፣ ቢያንካ፣ ማሮን፣ ካርኔራ፣ ወዘተ.* እናበሉ፣ ደቀስመሮም ብዛዕባኣተን ኣስተምህሮ ኺህቡ'ኻ ኸለዉ

ኣፍካ ኸፊትካ ኢኻ እተዳምጽ። ነዘን ሕንቁቓት ረጋቢት እዚኣተን ጽንጽያ ዓይነን ኬንፍረለን ዚደፍር ብዓል ማንቲግ ወዲ ገዛ ባንዳ ኾነ ወዲ ዕዳጋ ዓርቢ፣ ወደ'ባሻውል፣ ወይ ወዲ ሓድሽ ዓዲ ሰይጣን ዝፈሰወሉ ጥራይ እዩ። ከም ገለ፣ ጌጋ መዓልቲ ውዒሉ፣ ሓንቲ ኻብኣተን ኬንጥብ መንቲት ናብኣተን ኬነጻጽር እንተ ፈቲኑ፣ በየን መጸ ዘይበሎ ፍሩይ ጸጸር እዩ መቐመጫኡ ዜጠምብዎ። ካብ ሓንቲ ዘይትስሕት መንትግ ደ'ቀስመሮም ዝተወርወረት።

ኣንቶንዮ (ኒኖ) ሶራቸ፣ ካብቲ ዝተኻረናሉ ገዛ፣ ግራዝማች ኣስበሮም ዝተባህሉ ዚቕመጡሉ ቪላ ሰገርካ ኣብ ዚርከብ ርሕቀት፣ ቀረባ ጐረቤተይ እዩ ነይሩ። ብጀከኡ፣ ጋይታኖ ዝተባህለ ሓዉን ዓንደማርያም ተስፋይ ዝተባህለ ወደኮኡን'ውን መ'ጻው'ትና ነይሮም። ክንላለ ብዙሕ ግዜ ኣይወሰደልናን። ኒኖ ሓንቲ *ፉቺለ ፕዮምቢኒ* እትብሃል ነፍጢ ነበረቶ። ብእንግሊዝኛ *ኤየር ጋን፣* ብትግርኛ ድማ ጠበንጃ ኣየር ክትብሃል ዚክኣል ናይ ሃድን መሳርያ እያ። ኣብ ክንዲ ባሩድ ዝመልአ ጥይት ወይ ካርቱሺ፣ ብጸቕጢ ኣየር ዓረር እተንትግ እያ። ብኣ ጌርካ፣ ንኣሽቱ ግዳያት፣ ከምኒ ጭሩ፣ ርግቢት፣ ኣንጭዋ፣ እንተ ኣጋጠመ ድማ ቈቛሕ፣ ዛግራ ዝኣመሰለ ንምህዳን ይክኣል። ድሕሪ ሌላና፣ ምስ ኒኖ ጨራሩ ኽንሃድን ብዙሕ ግዜ ናብቲ ኸባቢ ማይ ጭሆት ዚርከብ መሮር ወፊረ ነይረ። *ኩሎ ብዮንኮ ባለሪና፣* ፋሕሩ፣ ኣቖዳ፣ ቈሊባ፣ ኮታስ ኣብ ቅድመና ዝጸንሓ ብዘይ ምሕረት የጠምብወን ነበረ። ትኩሱ ዘ'ይስሕት እዩ ነይሩ። ግና፣ ሓንቲ መዓልቲ'ኳ ኣተኩስኒ ኣይፈልጥን። እቲ ዓረር ክቡር ስለ ዝነበረ ኣይተቐየምኩዎን። ስድራኡ ርኹባት ክነሶም፣ ንባዕሉ'ውን እናበቓቓ እዩ ዚትኩስ ዝነበረ። ኣቦኡ ሲኞር ሶራቸ ኣብ ድርፎ ኮንቺስዮነ ነይሩዎም። ሓንቲ ባናናን ካልእ ፍርያት ጀራዲንን እተመላልስ ዕርያን ናይ ጽዕነት ካምዮን ነይራቶም።

ካልኣት ሓነፍጽ፤ ጆርጆ ዚብሃል መሰታይ ግና ምሳና ብዙሕ ዘይሕወስ ዝነበረ፤ ዶመኒኮ፣ ፐሪኖ ስፓኖ፣ ፐሪኖ (ሽም ኣቦኡ ዝረሳዕኩዎ)፤ ሓደ ካርሎ ዝሽሙ ኣዒንቱ ፍሩይ ህዱእን ሰላማውን፤ በነዴቶ፤ ስቴፋኖ ገዝኡ (ምሳና ብነጸላ መንደቕ ዚጐራበት ዝነበረ)፤ ጁሰፐ፣ ገዛውቱ በየን ከም ዝነበረ ዘይፈለጥክዎ፤ ኪኮ ዚብሃል ኣዝዩ ምቕሉልን ባእሲ ዘይፈቱን ትዝ ይብሉኒ።

ጎላ ደል ዲያቮሎ

ኣብቲ ጥቓ ገዛውትናን ክንዮ እቲ ብዒላታት ዝተቘረ ጐልጎል ማይ ጭሆትን ክልተ ሓጽብታት ነይረን። እታ ሓንቲ “ፕሪሞ ላጌቶ” (ቀዳመይቲ ራህያ) ትብሃል። ኣብ እግሪ ሓደ ጎቦ ዝተኧዕተተ፣ ብእምንን ሓመድን

ዝተገደበት ራህያ እያ ነይራ። ብዙሕ ግዜ፣ ብሕልፊ እቲ ማያ ብጸሓይ ሓጋይ ክይሃፈፈ ኸሎ፣ ክሳዕ ዚምነወኒ ጥራይ ነብሰይ ሓምቢሰላን፣ ተንጨባሪቐላን፣ ተገጫጭበላን፣ ተሳሒቐላን፣ ተባኺየላን እየ።

እታ ኻልኣይቲ፣ ክንዮ ዒላታት ማይ ጨሆት እትርከብ፣ ርሕቕ ዝበለት፣ በቶም ደቂ ገዛ ባንዳ *"ኬሶንዶ ላጌቶ"* (ካልኣይቲ ራህያ) እናተባህለት እትጽዋዕ ነበረት። ብትሕዝቶኣ ኻብታ ቐድም ዝተጠቕሰት ዝዓበየትን ዝሰፍሐትን እያ ነይራ። ክንዮኣ፣ ብማእከል ክልተ ጎቦታት ዚርከብ ጐልጎል፣ ብሃንደበት ናብ ሓደ ኸዋሕ ስንጭሮ ዚሃትፍ፣ "ማይ ጻድቃናት" ዝሽሙ ገደል ኣሎ። እቶም ሓነፍጽ ደቂ-ገዛውትና ግና "ጎላ ደል ዲያቮሎ" እዮም ዚብልዎ ነይሮም። "ጐረሮ ድያብሎስ" ማለት እዩ። ካብ ዓዱም፣ ጸባ፣ መሓስእ ወይ ካልእ ፍርያት ሒዞም ናብ ኣስመራ ዚመጹ ደቂ-ጐልዒ በቲ ጥቓኡ እዮም ዚሓልፉ ነይሮም። ናብኡ ንፋልማይ ግዜ ምስ ደቂ-ገዛውተይ፣ መንትጋትና ገለኡ ኣብ ጎኒ ቑምጣና፣ ገለኡ ኣብ ክሳድና ኣንጠልጢልና ኣብ ዝኸድኩሉ፣ በቲ ልቢ ዚሰልብ ትዕይንቱ ዳርጋ ተዓዚመ ተረፍኩ። እቲ ኽንዮ'ቲ ጸድፊ ኣብ ታሕቲ ዝተሰጥሐ ጤራር ጐቦታት፣ ብስንጭሮታትን ቐራራትን ተሰናጢቑ፣ ምስቲ ብማዕዶ ብዝተጨሐ ጡጥ ዚመስል ግመ ማዕሪጉ ኸም ዘብዕኖ ዝቖመ እምባታት ቢዘንን ማይ ሓባርን ንዓይኒ ዚማርኽ ነበረ።

ብርሕርሒ፣ ብሸነኽ ጸጋም ናይቲ ገደል ብጥንቃቐ እናረገጽናን እናተሸለኾለኹናን ወረድና'ሞ ኣብቲ እግሩ በጻሕና። ሓደ ቐጢን ብሩር ዚመስል ማይ ካብቲ ጫፍ በቲ ብሰበባን ተንጠልጣሊ ቈጠቛጥን ዝተሰላለመ ገደል እናሃተፈ፣ ኣብቲ ዓበይቲ ቐይሕን ጻዕዳን ተረርቲ ኣኻውሕ እናተንጫዕጭዐ ሓደ ሓቒቕ ማይ ዘሎዎ ንእሽቶ ራህያ ፈጢሩ ነበረ። ሓደ ግዜ ኣብኡ ገበል ከም ዝረኣዩ፣ ኣሰፋው ወደስመሮም ብዙሕ ግዜ ኼዕልል ሰሚዐ ኣለኹ።

እቲ ትርኢት ምስቲ ቐጢን ብሩራይ ዚወድቕ ማይን ንሱ ዝፈጠሮ ንጹህ ዕያግን ንኣና ፍጹም ዜድምም ነበረ። ነቲ ውሑድ ግና ብሩር ዚመስል ብትሕቲ ኣኻውሕ እናተሸለኾለኹ ዚውሕዝ ዛራ ትኸቲልና ናብ ታሕቲ ወረድና። ብየማነ ጸጋሙ በብዘመኑ ኻብቲ መንደቕ ናይቲ ገደል ተተገሊዑ ተንከራርዩ ኣብ እግሪ ዝዓለበ ገዘፍቲ ደንጐላታት ነበረ። ኣፍልቦም ሊን ሰማያዊ ዝተዘውሐ፣ ንውሓቶም ክሳዕ ስድርን ፈረቓን ዚበጽሕ ጠበቓት ኣብ ዝባን እቲ ኣኻውሕ፣ ገሊኦም ጸሓይ ዚጽለዉ፣ ገሊኦም ጭርጭር ከም ዚጻወቱ ቈልዑ ዚጓየዩን፣ ጸጸኒሖም ርእሶም ዚጥ'ልቑን ነቲ ቦታ ዋናታቱ ኺመስሉ ብሒቶሙዎ ጸንሑና። ብዝቐረብናዮም እቶም ኣራጢጦም ጸሓይ ኪጽለዉ ዝጸንሑ ገሊኣቶም ብቕጽበት ናብቲ ማንቋታት ኣኻውሕ ተሸርቡ። ገሊኣቶም ግና እቲ ውራይ ጭርጭር ዓበደ ዝያዳ ዝዓጠጦም ይመስል ህላወና ኸየስከፎም ርእሶም እናጠለቑ ሸኹርተቶም ቀጸልዎ።

“ኒኖ፣ ቮዲ ኮመ ላ ሉቸርቶላ ፋ ኢል ሱዖ ኽሳድ ነቕ ነቕ!” ወጨጨ ቶ’ኒኖ ብተመስጠ፣ ድምጹ ኻብቲ ገደል መቓልሕ ክሳዕ ዚመልስ። ብድሕር’ዚ እቲ ስንጭሮ ብበብዓይነቱ ዋዕዋዕ ናይቲ ጕጅለ ወረርቲ ተመልአ።

“ኤይ ስትሮንሶ! ኖን ግሪዳ ኮዚ! ቮይ ካውዛረ ማዳራጋሕ!” ኒኖ እዩ ዚጋናሕ ነይሩ።

“ኮዛ ማዳራጋ! ” ሓተተ ሓደ ኻልእ ሓንፈጽ።

“ስትሮንሶ! ኳንዶ ቲ ግሪዳ ካደኖ ኬል ኤኖርመ ፐየትሪ!”

“ሰንቲ! ቸ ኤኮ!” በለ ሓደ ክሳዕ ሽው ተኣኒኑ ኬዳምጽ ዝጸንሐ።

“እንታይ’ዩ ንሱ! ” ሓተተ ሓደ ሓበሻ።

“ኖን ኮኖሺ መካልሕ! ”

“መቓልሕ ማለትካ ድዩ! ”

“ሲ ማቃልሕ!”

“ኮዛ ቮልዲረ መካልሕ! ”

“ስትሮንሶ! ምሸ ክነግረካ ጸኒሐ፣ ቮልዲረ ኤኮ!“

“ኒኖ፣ ዶመኒኮ፣ ተኬ፣ ፐሪኖ፣ ወልዱ፣ ቺቺ’፣ ተክለ፣ ሉቿያኖ! ሴንቲ!” ጨደረ እቲ ኬዳምጽ ዝጸንሐ መቓልሑ ንምስማዕ።

“ኖን ፋረ ኢል ሚንክዮነ! ባስታ! ፈርማርሲ ግሪዳረ!”

“ሚንኪያ!”

ኣብ መንጎ’ዚ ብሃንደበት ዚፈናጠር ድምጺ መንትጋትን ምስቲ ኸውሒ ተተጋጭዩ እናተንጠዝጠዘ ዚሕምበብ ደቂቕ ኣእማን ናብቶም ለመምቲ ተወርወረ። መብዛሕትኦም ዕላማኡ ኪስሕት ከሎ፣ ሓደ ግና ርእሱ ስለ ዝተረኽበ ንላዕሊ ነጢሩ ኣብ ጽፍሒ እቲ ሰፊሕ ቕልቀል ከውሒ ብዝባኑን ብኸብዱን እናተገላባበጠ ተሰጥሐ። እቲ ጠበቕ፣ ቆብዕን ጀበርናን ናይ ቴክሳስ ተሪፉዎ’ምበር፣ ኣወዳድቓኡ ልክዕ ከምቶም ኣብ ፊልም እንርእዮም ብጥይት ምስ ተቐልቡ ዚዝግዝጉ ካውቦይ እዩ ዚመስል ዝነበረ። ብጕያ ቐሪብና ረኣናዮ። ትንፋሱ ኣይነበሮን።

ሎሚ፣ ብጀካ’ዞም ዝተጠቕሱ ናብ ጻንታ ዚገማገሙ ዘለዉ ንእኒ ዲኖሶር ኣዝማዶም ዝኾኑ ለመምቲ፣ እቶም ንኣቶም ንምህዳን ኣብቲ ብሩህ ጠፈር ዚዝምብዩ ዝነበሩ ነጠቕቲ ኣዕዋፍ’ውን ካብቲ ቦታ ብኣራግጽ እናተደፍኡ ርሒቖም እዮም። ቅድሚ ሒደት ዓመታት ን“ማይ ጻድቃናት” ወይ ድማ ን“ጎላ ደል ዲያቮሎ” ብኣካል ክርእዮ ናብኡ ኸይደ ነይረ። ኣብ ታሕቲ፣ ኣብቲ ሓደ ግዜ ትንከቱሉብን ውንጅርን ዓለቕትን ዚዕንድሩሉን ዚጽወኑሉን ዝነበረ ጽሩይ ዕያግ፣ ሕጂ ብእግር-ሰብ ተበቲዑን ጋዕዝዩን ብዝረኣኹዎ ኣዝየ ሓዚንኩ። ፈቖዶኡ፣ ረሳሕ ኣጭርቕትን ማዕተብን ናይ ተሓጸብቲ ማይ ጨሎት ተደራብዩ፣ ከም ዝተፈንፈነ ቛንጣ ዝልዝል ኣብ ቈጥቋጣት ተንጠልጢሉዎ ቦታ ዛርቲ እዩ ዚመስል። እታ ኪዳነ-ምህረት ኣብ ሕልመይ

ተራእያትኒ ኢላ ነቲ ህድኣቱን ንጽህናኡን ዘግሃሰት ፈላሲት፣ ብደይመደይ ዝገበረቶ ኣይመስለንን፣ ከምዚ ኸነሱ ግና ኣብ ልዕል'ቲ ኣካባቢ ዘውረደቶ ዕንወት ቀሊል ኣይኮነን።

ትውፊት ፋሽሽቲ

ብጆካ እቶም ብቐጥታ መጻው'ትና ዝነበሩ ደቅ-ገዛውትና፣ ብዓይኒ ማዕዶ እንፈልጦም ወይ ሳሕቲ ምስኣቶም ብዝተፈላለየ ንጥፈት እንራኸብ ሓበሻን ሓነፍጽን ጸዓዱን ቈልዑ'ውን ነይሮም። እቶም ሓነፍጽ፣ ብፍላይ እተን ኣዋልድ ምስ ኣቦኣንን ኣዲኣንን ዚነብራ እንተ ደኣ ኾይነን፣ ትግርኛ ዚብሃል ሓንት ቓል'ኳ ኣየተንፍሳን ነበራ። ስለ ዘይሰምዕዖ ዘይኮነስ ከም ሓደ ናይ ደናቝር ቛንቋ ስለ ዝቈጽርኦ'ዩ ይመስለኒ።

ኣብ ልዕል'ዚ፣ እቲ ሓበሻ'ውን ንባዕሉ ቛንቋኡ ዜኽብር ኣይነበረን እንተ ተባህለ ካብ ሓቂ ዝረሓቐ ኣይኮነን። ነቶም ብትግርኛ ኬዛርብዎ ዚህቅኑ ጸዓዱስ ይትረፍ፣ ዋላ ነቶም ፍርቅ ጕኖም ኣሕዋትና ዝኾኑ ሓነፍጽ ከይተረፈ በቲ ዘይግዙር ጥልያንኛኡ ኺወላደፍ እዩ ህርድግ ዚብል ዝነበረ። ስለዚ፣ እቶም ዓኖት ነቲ ቛንቋ እንተ ነዓቕዎ መኣስ'ሞ ተጋግዮም። ክሳዕ ለይቲ ሎሚ ንሓነፍጽ ኣሕዋቶም ብዝተዓማጠረ ጥልያንኛ እናተንባእብኡ ኺዛረብዎም ዚፈትኑ ኣለዉ። ነቲ ሓንፈጽ ሓዎም የቕርብዎ ዘይኮነስ የርሕቕዎ ኸም ዘለዉ ዘስተብሃሉሉ ኣይመስልን። ናይዚ መልሰ-ግብሪ እምበኣር፣ እቲ ሓንፈጽ ድማ ነቲ ቛንቋ ዝግልግል ኣቢሉ እንተ'በላሸዎ ኺ·ት·ሓዘሉ ኣ'ይግባእን።

መብዛሕትኦም ሓነፍጽ ከማታትና ሕሱም ናብራ እዮም ዜሕልፉ ነይሮም። ኣዴታቶም ኣብ ትሕቲ ጠላይን እናኸደማ ንበይነን እየን ዜዕብያኦም ነይረን። ከምዚ ኸነሱ ግና፣ ካብቶም ደቂ ጕይተተን ትሒቶም ምእንቲ ኸይርኣዩ፣ ንባዕለን ሓሪመን፣ ካብታ ኣዝያ ሒደት ደሞዘን ዝዓቕመን ገይረናሎም እየን። ኪሰርሓ ውዒለን፣ ምሸት ዝሓዛ ሒዘን ንውላደን ዚዕንግላ ዝነበራ እየን። ካብ ቀ·ርን ቀዝሕን ዚከላኸለሎም፣ ካብ ገሊኡ *ፉኻሶ* ወይ ካብ ሓራጅ *"ሬኮንዶ ማኖ"* ዝዓደጋኦ፣ ሓደው እቶም ጣልያን ዓምታተን ዝጸደቑለን ክዳውንቲ ገይረን ዝባነንን ዝባን ደቀንን ይሽፍናን የማምቕን ነበራ።

በቲ ግዜ'ቲ፣ ምስ ኣቦኡ ዘይነብር ሓንፈጽ ኣብ ቤት ትምህርቲ ብሽም ኣዲኡ እዩ ዚጽዋዕ ዝነበረ። በዚ ምኽንያት'ዚ፣ *ዶመኒኮ ኣብርሀት! ፈሊቾ ኣዘነጋሽ! ፈደሪኮ መድህን! ኣርማንዶ ጕዶይ!"* እናተባህለ ኣብ ዝርዝር ደብተር ናይ ክፍልታቶም ኪጽውዑ ኸለዉ፣ ኣብ ልዕሊ እቲ ሓንፈጽ ኬስዕቦ ዚኽእል ናይ ስነ-ልቦና ቕ·ስሊ ንምግማት ይክኣል። ንባዕላቶም እቶም ሓነፍጽ ከምኡ እናበሉ ኪነሻሸዉን ኪከሻመሹን ምስ ሰማዕኩዎም፣

ነቶም ኣብ ገዛ-ባንዳ ዝጸንሑና ገዳይም መ'ጸው'ትና ሓበሻ እንተ ሓተትኩ፣ "ኣቦታቶም ሽም ስለ ዘይሃቡዎም፣ ኣብቲ ቤት ትምህርቲ ጥልያን ብኡ እዮም ዚጽውዑ፣" ዚብል ጉዳም መልሲ ረኺብኩ። ብሓቂ ቅስሚ ናይቲ ግዳይ ዚሰብር ሰብኣውነት ዝጐደሎ ተግባር። ሓደ ኻብቲ ፋሺሽቲ ኢጣልያ ኣብ ሃገርና ዝሓደጎ ሕማቕ በሰላ። ስለዚ፣ እቲ ሓንፈጽ ብሓበሻነቱ እንተ ሓነኽ ዚትሓዘሉ ኣይኮነን። ኢጣልያዊ ምእንቲ ኺብሃል ነታ ቛንቋ ኣዲኡ ብምክሽማሽ ዚሰልጦ ስለ ዝመሰሎ እዩ።

ኣብ ገዛ ኸኒሻ ምሳና ዝተማህሩ ናይ ጣልያንን ናይ እንግሊዝን ሓነፍጽ ነይሮም። ግና ኣቦኦም ኣፍልጦ ኣይሃቦምን ኢልካ ብኸምዚ ደረጃ ዜዋርድ ኣጸዋውዓ ኣይተተግበረን፣ እቲ ቤት ትምህርቲ ዜፍቅዶ'ውን ኣይነበረን። ብሽም ኣቦሓጎታቶም (ኣቦ ኣደታቶም) እዮም ተጸዊዖም።

ካብ ቍልዕነት ናብ ወርጠበነት

መብዛሕትኦም ካብቶም መምህራንና፣ ካብ ሻምናይ ክፍሊ ንላዕሊ ኺቕጽሉ ዕድል ዘይረኸቡ እዮም ነይሮም። ከምዚ ኸነሱ ግዳ ብሳላ እቲ እናተደራገፉን እናተሰናደሉን ዘማቕሉና ፍልጠት፣ ንብዙሓት ካባታትና ክሳዕ'ቲ ዝለዓለ ኣርከን ትምህርቲ ኸንበጽሕ ኣኽኢሎሙና እዮም።

መስርዕ ተምሃሮ ወንጌላዊት ቤት ትምህርቲ ኣብ መወዳእታ ዓመት 1957

ኣብ ሻድሻይ ክፍሊ፣ ብጀካ እቲ ኣቐዲሙ ዝተጠቐሰ፣ ከምኒ *ሪደር ፋይቭ፣ ሪደር ሲክስ* ዝኣመሰለ ናይ እንግሊዝኛ መጻሕፍቲ ስለ ዝተወሰኸ፣ ኣብ ዕብየት ኣእምሮና ርኡይ ውጽኢት ኬስዕብ ጀመረ። በብቑሩብ ጨራሩን ረጋቢትን ምህዳን ገዲፈ ናብ ብስል ዝበለ ነገር ከተዅር ኣትሓዝኩ።

ኣብዚ ግዜ'ዚ፣ እንዳ መምህር ሳህለ ኣብ ጥቓ ቪያ ነገሌ ገዛ ስለ ዝዓደጉ፣ ንኣይ ክይተፈለጠኒ ምስ ደቆም ኣብርሃምን ኣማኑኤልን ጥብቕ ዝበለ ሌላ ክምስርት ዕድል ረኸብኩ።

ብዓል ኣብርሃምን ኣማኑኤልን ንግሆን ድሕሪ ቐትርን ብጥቓ ገዛና ኺሓልፉ ኸለዉ ብሓባር ናብ ቤት ትምህርቲ ኽንከይድ ይጽውዑኒ ነበሩ። በዚ ድማ ብዝዓመቼ ኽንፋለጥ ጀመርና። ኣቦይ ነዚ ኣስተብሂሎ፣ "ሕጂ ምስ ጥዑያት ኣዕሩኽ ክትከይድ ጀሚርካ። እዚኣቶም ብስነ-ስርዓት ዝዓበዩ ደቂ እዮም። ምስኣቶም ደኣ ልገብ፣ ጽቡቕ ጌርካ፣" ኢሉ ናእዳኡ ብዝገለጸለይ፣ ምስኣቶም ምቕራብ ቀጸልክዎ። ብኣጋጣሚ፣ ኣተሓሳስባኦም ምስቲ ኣነ ዝግደሰሉ ነገራት ተሳናዪ እናኾነ ኸደ። ፊልም ይፈትዉን የስተማቕሩን፣ ብዛዕባ ሃይማኖትን ፍልስፍናን የንብቡን የዕልሉን፣ ልዕሊ ኹሉ ድማ ናይ ዓበይቲ ስነ-ጥበበኛታት ቕብኣን ስእልታትን ካልእ ዕዮን ዜድንቑ ምኳኖም ንኣይ ኣዝዩ ዚምእምእ ባህሪ ነበረ። በብቑሩብ ምስ ቤተሰቦም እናተላለኹ ብዝኸድኩ መጠን፣ ኣብ ህይወተይ ዝጠቐመኒ ብዙሕ ነገራት ክቐስም ከኣልኩ።

ሻድሻይ ክፍሊ፣ መብዛሕትና ናብ ጕብዝና ኣቢልና እንጽግዓሉ መድረኽ እዩ ነይሩ። ስድራና'ውን፣ ነዚ ብምስትብሃል፣ ማዕረ መሳቱና ኽንከውን በታ ዘላቶም ዓቕሚ ካብ ምክብኻብና ዓዲ ኣይወዓሉን። ብፍላይ ኣዋልድ፣ ሰውነተንን ኣእምሮኣዊ መዋቕረንን ብፍጥነት ስለ ዚልወጥ፣ ንወለዲ ዝያዳ ቖልቢ ዚስሕባሉ ጽፍሒ እዩ ነይሩ። በዚ ምኽንያት'ዚ ከይኮነ ኣይተርፍን፣ መብዛሕትአን፣ ብፍላይ እተን ደቂ ርኹባት ኣከዳድናአንን ኣመሻሽጣአንን ፍጹም ዝተለወጠ። እቲ ቐደም ጋመ ዚቝነን፣ ብመሃረብ ዚሸፈን ዝነበረ ጸጕረን፣ ብዘገምታ ኽም ናይተን ኣብ ከተማ እንርእየን ጸዓዱ ወይ ሓነፍጽ እናመሰለ ኸደ። ካልእ ዥሕለምሕል'ውን ይመጽእ ነይሩ ይኸውን፣ ኣብተን መማህርትና ኪንጸባረቕ ግና ኣይረኣናዮን። ዋላ እቲ ኣዴታትና ብኸንቲት ኣዒንተን ዜጐልሕማሉ ኹሕሊ ኣብ ቤት ትምህርቲ ፍቑድ ኣይነበረን። ኣዝማልቶን ሮሴቶን'ሞ ኸኣ ዘይሕሰብ እዩ ነይሩ።'

ኣብዚ ዓመታት'ዚ ሓደሓደ ናይ ደቂ ሃገር ናይ ስነ ጥበባዊ ስራሓት ኪቕልቀል ዘትሓዘ ግዜ እዩ ነይሩ። *"ኣስመረተየ ሓብተይ"* እትብል ደርፌ ኣብ ውድድር ዝተዓወተትሉ። ንኣና ነቶም ንኣሽቱ ግና ምስጢሩ ስዉር እዩ ዝነበረ።

ብጽሖት ናብ ድርፎ

ከይተፈለጠና ናብ ሻብዓይ ክፍሊ እንሰጋገረሉ ግዜ ኣርከበ። ሓደ መዓልቲ ኣብ ክረምቲ፣ ቤት ትምህርቲ ብዝተዓጸወ፣ ኣጋ ሰዓት ክልተ ድሕሪ ቐትሪ፣ ኒኖ ሶራቸን ሰርጅዮን ኣብቲ ጥቓ እንዳ በሊኒ ኾይኖም ብዕቱብ ኪመያየጡ ረኺበዮምስ፣ ኣብቲ ዕላሎም ተጸንበርኩዎም።

"ድርፎ ምሳና ትከይድ ትደሊ፧ " ሓተተኒ ሰርጅዮ ብትግርኛ። ዓይነይ ኣፍጢጠ ጠመትኩዎ። ኒኖ ኣብ መንጎ ብምእታው፤

"ኣነን ሰርጅዮን ናብቲ ኮንቺስዮንና ክንከይድ ኢና...*ኤ ፖይ* ምስ *ዚዮ* (ኣኮኡ) *ላቻ* ክንገብር ኢና። *ቮይ ኣንዳረ ኮን ኖይ፧*...ምሳና ትከይድ ትደሊ፧" ሓተተኒ ደጊሙ።

"*ፉቺለኻ* ሒዝካያ ኽትከይድ ዲኻ፧" ሓተትኩዎ ብግርህና ንኒኖ።

"*ሲ! ሚልያርዲ* ጨራሩ፣ *ፒችዮኒ ሰልቫቲቺ* (ረጋቢት በረኻ)፣ *ኣንከ* ቆቋሕ፣ ዛግራ ኣለዋ ኣብኡ... *ፔሮ* ክንሓድር ኢና... *ዳይ ኣንድያሞ፣* ክትፈትዎ ኢካ።"

"ኒኖ *ስታሴራ* በታ ዓባይ ማኪናኦም ከይዱ ኣብኡ ክሓድር'ዩ። ኣነን ንስካን ሰባሕ በታ ናተይ *ቢቺ* ድርፎ ንወርድ፣ *ቫ በነ፧* ኒኖ ምስ ዚዮኡ ይቕበሉና፣" ወሰኸ ሰርጅዮ። እቲ ነገር ኣመና ስለ ዝመሰጠኒ ከይሓሰብኩን ከይመመኹን ሕራይ በልኩዎም። ምስ ኒኖ ግልል ኢሎም ንሓያሎይ ደቓይቕ ብቛንቋኦም ድሕሪ ምቑርቛር ከኣ፤ *"ኣ ዶማኒ!"* ተበሃሂሎም ተፈላለዩ። ኣብ መንጎኦም ሓደ ምስጢር ከም ዘሎ ግና ልበይ ነገረኒ።

ንጽባሒቱ ንግሆ ድሕሪ ቑርሲ፣ ንወለደይ ከይነገርኩን ከየፍቀድኩን ካብ ገዛይ ናብ እንዳ ወዲ በሊኒ ኸድኩ። ሰርጅዮ ነታ ማይ ዘይጠዓመት *"ለኛና"* ትኹን *"ቶርፓዶ"* ሕጂ ዘይዝክሮ ዝሕላገታ ብሽክለታኡ ሒዙ ተዳልዩ ጸንሓኒ። ኣብ ሓደ ረጒድ ከረጺት ካኪ ወረቐት፣ ደርዘን ዚኣክል ዝዓደጎ ውዑይ ባኒ ሒዝና፣ ኽሳዕ'ቲ ትራፊኮ ዘይርከቡሉ እንዳ መሬንጊ ነታ ብሽክለታኡ እናደፋእና ብእግርና ተጓዒዝና። ብድሕር'ዚ፣ ንሱ ነታ ብሽክለታ እናዘወረ ተጐራቢትና ጽርግያ ምጽዋዕ ሒዝና ገስገስና። ካብቲ ስካሪኮ ኣትሒዝና ድማ እቲ ቑልቊለት እናንሃረና ኽይተፈለጠና ኣብቲ ጉቦታት ዓርጎሎ ዚብሃል ዚርከቦ ባር *"ቤል ቨደረ"* በጻሕና። ኩሉ እቲ ብዙርያና ዝነበረ ዝሓለፍናዮ ቦታታት፣ ምስቲ ጥሉል ክራማት ተደሚሩ፣ ጠጢዑን ለምሊሙን ንዓይኒ ደስ ዜብል ትርኢት ነበሮ።

ናብ ኮንቺስዮን እንዳ ሶራቸ ንምውራድ ብጸግዒ ጎቦ ዓርጎሎ ኣትሒዙ

ኸም መገዲ ጻጸ ዚመስል ጸቢብ ጥውጥዋይ ናይ ሓመድ ጽርግያ ነይሩ፣ ሕጂ'ውን ገና ኸምኡ ኢሉ ኸይተለወጠ ኣሎ። ካብቲ ኮንቺስዮነ ኣረገውቲ ካምዮን ኣብ ዝባንን ልዕሊ ዓቐን ዝቐመቱ ዅምራ ባናናን ካልእ ፍርያትን ተጻዒነን እናተነዋነዋ ብዘየባትኽ ዕሚምታን ምኒንታን ብጻዕሪ ኺድይብኦ ምዕዛብ ንባዕሉ ልቢ ዜንጠልጥል ትዕይንቲ እዩ ነይሩ። ካብቲ ጽርግያ መገደን ቀሩብ እንተ ዚስሕታ ወይ እቲ ጽርግያ ንባዕሉ እንተ ዚጠልመን እቲ ዚስዕብ ትራጀዲ ኣዝዩ ዜሰቅቕ ምኾነ። ነቶም እንጌራ ሕሱም ኮይንዎም ነዘን ካርካሳ ማካይን በዚ ሓደገኛ መገዲ ዚመርሑወን ዘወርቲ ብልበይ ኣድነቕኩዎም።

ሰርጅዮን ኣነን በታ ብሸክለታኡ ተጐራቢትና ኸንወርድ ናብቲ ሓርፋፍ ጽርግያ ኣቶና። እቲ ኣጻድፍ ብሙሉኡ ብበለስን ኣብ መንጎኡ ብዝተዋህረረ ኻልእ ቈጥቋጣትን ዝተሸፈነ እዩ ነይሩ። ኳኺትን ሊሎታትን ግዳያት ኼናድዩ ኣብቲ ብሩህ ሰማይ ኺዝምብዩን ግዳያት ንምንጣቕ መሸከሎም ኣብቲ ሃዋህው ተሰትዩ ኽሳዕ ዚስወር ንታሕቲ ኺንቈቱን ብተመስጦ ተዓዘብና። ካብ ሰሜን ብሸነኽ ቀይሕ ባሕሪ ዝተበገሰ ቈራሪ ንፋስ፣ ዛሕሉ ንገጽይ ኼረምስሶ ተፈ'ለጠኒ።

እቲ ጨረር ናይቲ ከዋሕ ጒቦታት፣ ብኸልተ ጐኑ ጸዳፍ፣ ናብ ታሕቲ ናብቲ ልሙጽ ዓበይቲ ደንጐላታት ዘዋሰኖ ርባታት እዩ ዚሃትፍ። ሓሓሊፉ ኣብ ዝባንን ጐንን ናይቲ ሓጺር ጎቦታት፣ በብጽምዲ ወይ በብጕጅለ ዝተኾደመ፣ ሰባት ብዕንጨይትን ብጨፈቃን ዝሃነጽዎ፣ ናሕሱ ብሰርወን ብማሕወጽን ዝተሃደመ ወይ ብመራት ዚንን ዝተኸድነ ማዕደኻታት ኣብ ትሕትና ይረኣየና ነበረ። በቲ ብበለስ ጥራይ ዝተሸፈነ ኣራእር፣ መገዲ ጻጸ ዚመስል ኣሰር መተሓላለፊ ካብ ሓደ ደምበ ናብቲ ኻልእ ወይ ናብቲ ንሕና ዝነበርናዮ ጽርግያ ዜምርሕ ነበረ። እቶም ኣብዚ ቦታዚ ዚቕመጡ ሰባት እንታይ ዓይነት ህይወት ከም ዚመርሑ እንዶኡ ኣይነበረንን። እዞም ስድራታት እዚኣቶም፣ ኣብዚ ኻብ ከተማ ኣዝዩ ርሑቕ ቦታ ኸመይ ገይሮም ንበይኖም ከም ዚነብሩ ገረመኒ። ኣብቲ ኣሰሩ ጥራይ ዚርአ ሸነኽ ናይ ርባ ድርፎ፣ ሓሓሊፉ ብዕምር ዝበለ ዕጻዋት ዝተንቈጥቈጠ ኮንቺስዮነታት ብማዕዶ ረኣና። ሓደ ኻብኡ ናይ እንዳ ሰራቶ እዩ ነይሩ።

ድሕሪ ቐሩብ ነግፈረግ፣ ምስ ሰርጅዮ ንሱ እናዘወረ፣ ኣነ ነቲ ባኒ ዝመልእ ካኪ ወረቐት ኣብ መንጎ እቲ ንማኖብርዮ ዝጨበጠ ቀላጽመይ ቀርቂረ ተጐራቢትና በቲ ሓውሲ ኽርንኪሕ ጸርግያ ብጥንቃቐ ኽንወርድ ጀመርና። ኣብቲ ጥቓ እግሪ ክንበጽሕ ኸለና ግና ሰርጅዮ በቲ ኣዘዋውራኡ ኣመና ተኣማሚኑ እዩ ዚመስል ኣብ ሓደ ሃታፍ ቍልቍለት ብናህሪ ኽሳዕ

እንውንጨፍ ነቲ ልጓም ብሽክለታኡ ፈነዎ። ክልተና ብስንባደ ኣእወና። ሰርጂዮ ፍሬኖ ኪሕዝ እንተ ፈተነ'ኳ እታ ብሽክለታ ብኣእማንን ግውርን ተደናቢራ ስለ ዝሰዓረቶ ካብቲ መገዲ ፈ'ጪና ኣብ ሓደ ብገላዕታ በለስ ዝተሓጽረ ደንደስ ተደርገምና። ሰብነተይ፣ ብፍላይ ሰለፈይን ኣእጋረይን ብመዓት ኣእሻኽ ኪውጋእ ምስናይ ብርቱዕ ቃንዛኡ ተፈለጠኒ።

ኣብ ኣካላትና ዝተዘርአ እሾኽ በብሓደ ክንነቅል ሓያሎ ደቓይቕ ወሰደ። እዝጊ ኺገብር፣ ናብቲ ገላዕታ ብእግርናን ብጐንናን ኢና ኣቲና። ብርእስና እንተ ንኣትዎ ሳዕቤኑ ዝኸፍኡ ምኾነ። እቲ ኣብ ካኪ ወረቐት ዝተዓሸገ ባኒ ብተኣምራት ኣይተበላሸወን። ብድሕር'ዚ ነታ ብሽክለታ ኣይተወጣሕናያን። ስለዚ፣ ሰርጅዮ ንኣ እናደፍአ ኣነ ነቲ ባኒ ጸይረ ሓንከስከስ እናበልናን ጸጸኒሕና ነቲ ኣብ ሰብነትና ዝተሸኸተ ብዓይኒ ዘይርአ ኣእሻኽ በለስ እናኣለናን ምስ ቃንዛና ጉዕዞና ቐጸልና። ኣብ ታሕቲ፣ ኣብቲ ርባ ኽንበጽሕ ከለና ጸሓይ በጣዕ ኢላ መሪረት። ብመንጎ እቲ ልሙጽ ደንጐላታትን ብልዕሊ ደቂቕ ሑጻን ጽሩይ ዛራ እናተጭረቕረቐ ኺውሕዝ ኣጋጠመና። ጸሚኤ ስለ ዝነበርኩ ናብቲ ማይ ተገምጊመ ብኢደይ እናሓፈንኩ ኣዐርየ ሰተኹ።

"ተኪየ! ሾይ ማንጃረ ፓኔ!" ሓተተኒ ሰርጅዮ። ጣልያን ኮነ ሓንፈጽ ምስ ሓበሽ ኺዛረብ ኸሎ፣ ነቲ ግሲ ኣካል ብዘይፈሊ፣ *ማንጃረ፣ ቤቨረ፣ ኣንዳረ፣ ካሚናረ፣ ኣፕሪረ፣ ወዘተ* እናበለ ኪዛረብ ምስማዕ ልሙድ እዩ ነይሩ።

ቀልዓለም ሓበሻ ኽይተርፍ ግና፣ ኣብ ልዕሊኡ ድማ እቲ ባኒ ብገንዘቡ ጥራይ ስለ ዝተዓደገ፤

"ኣይጠመኹን፣" መለሽኩሉ።

"ኣነ ክበልዕ'የ... *ፐርከ ኖን ማንጂ!...* ስለምንታይ ኣይትበልዕን!"

" ኣይጠመኹን፣" በልኩዎ ደጊመ።

ሰርጅዮ ነቲ ካኪ ኸረጺት ወረቐት ከፈቱ፣ ባኒ "ላውራቶ" ኣውጺኡ እናኸረተ ብኹራርምቱ ኺሓማሸኽ ኸሎ ኣፈይ ማይ መልአ። ቀልዓለም ሓበሻ ግና ሕሱም'ዩ። ምራቐይ ጐርዲዐ ኣጽቀጥኩ። እዞም ናይ ሎሚ ወለዶ ይስሕቁኒ ይህልዉ። ሰርጅዮ ኣብ ሓደ ልሙጽ ዓቢ ደንጎላ ተቐሚጡ ካብቲ ባኒ ክሳዕ ዚጸግብ በልዐ፣ ብድሕርዚ፣ ከም ቅ'ድምና ነታ ብሽክለታ እናደፋእና ነቲ ርባ ተኸቲልና መገድና ናብ ኮንቺስዮነ እንዳ ሶራቸ ኣምራሕና።

ጸሓይ ኣዝያ ስለ ዝመረረት፣ ሓሓሊፍና ኣብ ትሕቲ ኣእዋም እናጽለልና ወይ ኣብ ደንደስ እቲ ርባ ኾፍ እናበልና ነዕርፍ ነበርና። ኣጋ ፍርቂ መዓልቲ ኣቢሉ፣ ኣብ ሓደ እንታይነቱ ዘይዝክሮ ዓበይቲ ኣእዋም ዝመልአ ቦታ ኽንበጽሕ ኸለና፣ ሸማትና ብዓውታ ኺጽዋዕ ሰማዕና። ኒኖ እዩ ተዳህዩና። ምስኡ ሓደ ድልዱል ቍምጣ ዝለበሱ ሰብኣይ ቆይሞም ረኣና።

ጕዕዞ ናብ ማይ ጸሊም

ኣቦይ ተስፋይ፣ ንኒኖ ኣኮኡ እዮም ነይሮም። መልክዖም ሕጂ ኻብ ኣእምሮይ ሃሲሱ እዩ፣ ሕብሮም ጸሊም ከም ዝነበሩ ግና ኣዐርየ እዝክር። ኒኖ ሓንቲ ቅድሚ ሽው ርእየያ ዘይፈልጥ ጠበንጃ ሒዙ ነበረ። ድሕሪ ሓጺር ሰላምታ፣ ኒኖ ንሰርጅዮ ብኢጣልያንኛ "እቲ ነገር" ሒዝዎ መጺኡ እንተ ኾነ ሓተቶ። ሰርጅዮ ኻብ ጁባ ናይ ስረኡ ሓደ ንእሽቶ ኽረጺት ኣውጺኡ ሃቦ። ኣብ ውሽጡ ቍጽሩ ብርግጽ ዘይፈለጥኩዎ ጠያይት ነበረ።

"ሎም ምሸት ምስ ዚዮ ኣብቲ ጎቦ፣ *ካቻ* ክንገብር ክንከይድ ኢና፣" በለኒ።

ብድሕር'ዚ፣ ኒኖ ኻብታ ኽረጺት ሓንቲ ጥይት ኣውጺኡ ንሰርጅዮ ብጣልያንኛ ብምውካስ ነታ ጠበንጃ ብጐኒ እቲ ዓንቀራ ብዝነበረ መኽተቲ ሓንቲ ለጐመ። ዕላማ ደልዩ ድማ ናብ ጨናፍር እታ ኻብቲ ዜሰንስን ጸሓይ ዘጽለለትና ዓባይ ኦም ኣንቃዕሪሩ ዓ'የነ። ኣብ ሓንቲ ተጫሊዳ ዝተወጠመት ቀጣን ጨንፈር፣ ሓደ መትኰቦ ግዚፍን ዓንጋሎን ቀይሕ፣ ግልግለኡ ጻዕዳን ጸሊምን ዓይነት ዑፍ ተኾዲሙ ብዝረኣየ ኣፈሙዙ ናብኡ ኣነጻጸረ። ኒኖ ኣንኳይዶ ነዚ ኣብ ቀረባ ርሕቀት፣ እሞ ኽኣ ምድረ ሰማይ ደሓን ኣሎ ኢሉ ኣብ ትሕቲ እታ ዝዓኹኹላ ዓባይ ኦም ዝተኹየጠ ዑፍ ይትረፍስ፣ ኣብ ርሑቕ ኮይኑ ብዘይ ርግኣት ዚሽኾርተትን ዚቀላባዕን ንእሽቶ ጭሩ'ኳ፣ በታ "ፉቺለ ፕዮምቢኒ" ዚብላ ናይ ንፋስ ጠበንጃኡ ዚስሕተሉ እዋን ሳሕቲ እዩ ነይሩ። ጥይት ናይታ ጠበንጃ ምሉእ ስንጭሮ ድርፎ ክሳዕ ዜንደቕድቕ ተባረቐ። ደድሕር'ቲ ድምጺ፣ ሓደ ነገር ኣብ ጥቓ እግርና ብፈኲስ ፈጠቕታ ወደቐ። እቲ ዘይዕድለኛ ዑፍ እዩ ነይሩ። ኒኖ ነቲ ኽም ጨርቂ ኣብቲ ባይታ ዝተሰጥሐ ዑፍ ኣልዓሎ። ምስ ትንፋሱ ኺጸንሕ ፍጹም ዚሕሰብ ኣይነበረን።

"ኩቱ'ዩ! እንታይ ኪዓብሰልካ ቐቲልካዮ፣ ጥይት እንተ ዘይወዳእካ ይሓይሽ፣" በሉዎ ኣኮኡ።

ኣቦይ ተስፋይ እታ ጠበንጃ ኣብ ዘበን ዕስክርና ጥልያን ኣብ ኲናት ዚዋጉኡላ ዝነበረት ዓይነት ከም ዝኾነት ነገሩና። ዓገዘን ብቐሊሉ ኽተውድቕ ከም እትኽእል፣ ንጽባሒቱ ሓደ ቐቲልና ኽም እንምለስን ጠቢስና ኽም እንበልዖን ኣተስፈዉና። እቲ ዝበሉና ኺሰልጠና ኣዝየ ተሃንጠኹ። ብድሕር'ዚ፣ ናብቲ ኣቦይ ተስፋይ ምስ ብዓልቲ ቤቶም ዚነብሩሉ ማዕደሻኦም መሪሖም ወሰዱና።

እቲ ገዛ እንተ ዘይዘንጊዐዮ ሓውሲ ግድግዳ ዚመስል፣ ግፍሕ ዝበለ ኽፍሊ እዩ ነይሩ። ናሕሱ ካብ ብዝሒ ዓመታት ብትኪ ጠ'ቑሩ ነበረ። ኣብ ሓደ

ሽነኹ ድስትን ጸሕልን መቕሎን ዚስኽተተሉ፣ ካብ ጸብርን ዒባን ዝተነድቀ ብርከት ዝበለ እቶናት ነበረ። ብጀካ'ዚ፣ ሓደ ዘጣጥ ዓራትን ንእዲ-መ'ሰል ካልእ መደቀስን ኣብ ከብከብ ዝተቐመጠ ናይ ገጠር ኣቕሑን ዝሓዘ ኸም ዝነበረ ዋግዋኅ ይዝከረኒ። ኣብዚ ግዜ'ዚ ጥምየት ኣዝዩ ተሰምዓኒ፣ ዒራ ኣብ እንዳ ሰብ በጺሐ'የ ኢለ ግና ንነብሰይ ሓቦ ኸትገብር ኣገደድኩዋ።

ሰይተቦይ ተስፋይ ናብ ሃድን ምስ ከድና ስንቂ ምእንቲ ኺኾነና፣ ኣብ ዕብይ ዝበለ ሳንጣ ብዙሕ ቅጫ ተኸቲኽን ኣዳልየናልና ጸንሓ። ከም እንመጽእ ኣቐዲሙ ስለ ዝተነግረን'ዩ ይመስለኒ፣ ሰለስተ ዓበይቲ ኣዛን ፍሉሕ ጸባን ቅጫን ቀ'ረባልና። ከምቲ ኣቐዲመ ዝጠቐስኩዎ ጸባ ኣይፈቱን'የ። ኣነ ዝፈትዎ እቲ ዝሓሰረ ዝዋጋኡ ሻሂ እዩ። ኣቦይ ተስፋይ መሬት ከይመሰየ ምእንቲ ኽንብገስ ቀልጢፍና ኽንሰትዮ ሃወኹና። ኒኖን ሰርጅዮን ነቲ ጸባ ሓንፈፉዎ፣ ነቲ ቕጫ'ውን ኣየናሕሰዩሉን። ኣነ ግና ቅጫ በሊዐ ጥራይ እቲ ኣዛን ናብ ኣፈይ ኣቕርብ ብዘበልኩዎ ሽታ ናይቲ ጸባ ስለ ዘስገድገደኒ ገደፍኩዎ።

"እንታይ ኼንካ ዘይትሰትዮ!" ሓተቱኒ ኣቦይ ተስፋይ።

"ጸጊበ'የ፣" መለሽኩ።

"እንታይ በሊዕካ ደኣ ኢኻ እትጸግብ! "

ሻሂ እየ ዝደሊ ኽብሎም ኣዝዩ ኸበደኒ። ኣብ ልዕሊኡ ድማ ጸባ ኣይፈቱን'የ እንተ ዝብል ከም ዓሻ ምቑጸሩኒ። ስለዚ፣

"ቅጫ ጥራይ ይኣኽለኒ'ዩ፣" በልኩዎም።

ናብ ሃድን እንተ ዘይህወኹ ነይሮም ኣቦይ ተስፋይ ኣይምለቐቑንን፣ ኰርኲሮም መ'ለፋለፉኒ።

"ሃየ'ምበኣር ንበገስ!" በሉ ኣቦይ ተስፋይ። እቲ ሳንጣን ንመሕደሪ ዚኸውን ዝተጠርነፈ ነጸላታትን ንሓደ ኣብቲ ሃድን ዚሕግዞም ሰራሕተኛኦም ኣሓንገጡዎ። ማይ ዝመልአ ብራሾኦም ዓጢቖም፣ ነታ ጠበንጃ ኣብ ኢዶም ዓቲሮም ድማ መሪሕሙና ተበገሱ። ደሓር ጸኒሐ ኸም ዝፈለጥኩዎ፣ እታ ጠበንጃ ናይ ሲኖር በሊኒ ኣቦኡ ንሰርጅዮ እያ ነይራ። ሰርጅዮ ምእንቲ ምስ ኒኖ ናብ ሃድን ኪኸይድ ብዘይ ፍቓድ ኣቦኡ ኻብ መሕብኢኣ ኣውጺኡ ዘምጽኣ እያ። ለከ በዚ ምኽንያት እዚ እዮም ኒኖን ሰርጅዮን ጸጸኒሖም ብምስጢር ዚመስል ቃላት ዚቈራቝሩን ዜሕሸኾሽኹን ዝነበሩ።

ኰናዕ ማይ ጸሊም

ኣቦይ ተስፋይን እቲ ሓጋዚኦምን ወትሩ ኣብ ስራሕን ሃለኽለኽን ስለ ዝነበሩ እዩ ይመስለኒ፣ ኣካላቶም ትርኑዕ፣ ምንቅስቓሳቶም ድማ ንጡፍ ነበረ። ነቲ ማይ ጸሊም ዝተባህለ ኅቦ ክንድይቦ ኸለና ክልተኣቶም ንኣና ኺጽበዩ ብዙሕ ግዜ ባኸነ።

ኣጋግዘ ኪኸውን ከሎ፣ ነቲ በረኸ እምባ ወጺእና ክንዮኡ ንቑልቁል ወረድና። እቲ ቦታ ብተዃር ኣኻውሕን፣ ገሓሕርን፣ ኣብ ገሊኡ ሸነኽ ከኣ ዓበይቲ ዓረ-መሰል ደንጐላታት ዝመልአ፣ ኣብ መንጎኡ ሓሓሊፉ ብብዝሒ ሓጸርቲ ጨዓን ሰራውን ካልእ ሃገር በቌል ዕጸዋትን ዝተሸፈነ ደረቕ መሬት እዩ። ናብ ታሕቲ እናወረድና ኸለና፣ ኣቦይ ተስፋይ ብሃንደበት ኣብ ዘዘለናዮ ኽንቀውም ብሕሹኹታ ኣዘዙና። ብቕጽበት ደው በልና።

"ትርእይዎዶ'ለኹም እቲ ዓገዘን!" ሓተቱና ብሕሹኹታ።

"ሃእ! እወ እንሆለ!" በለ እቲ ሓጋዚኦም።

ነቲ ኣብ ስእሊ ጥራይ ዝፈልጦ እንስሳ-ዘገዳም ብህያዉ ኽርኢ ናብቲ ኣብ ፊትና ኣብ ትሕተና ዝነበረ ብዓበይቲ ደጐላታትን ቈጥቋጣትን ዝተሸፈነ ካልእ እምባ ኣተኵረ ዓየንኩ። ኪ'ርኣየኒ ኣይከኣለን። ኒኖን ሰርጅዮን'ውን ከማይ ስለ ዝተሰወሮም ናብቲ ዝሓበሩና ሸነኽ ኣድቂቖም ጠመቱ።

"ዶቨ ኤ!" ሓተተ ኒኖ ብሕሽኹታ።

"ኣብ ፊትና፣ ኣብቲ ማዕዶ፣ ኣይርኣየኩምን!"

ፍጹም ከም ዘይርኣየና በብሸነኽና ኣሕሸኹሸኹና።

"ካብዛ ዘለኹማ ኽይተነቓንቕኩም ኣብዚ ጽንሑኒ። ኣነ ናብኡ ቐሪበ ኽውድቖ'የ፣" ኢሎም ንሰለስተና ምስቲ ሓጋዚኦም ገዲፎሙና፣ ነታ ልጕምቲ ጠበንጃ ዓቲሮም ድምጺ ኽይገብሩ እናተጠንቀቑ ናብቲ ኣብ መንጎናን እቲ ዓገዘንን ዝነበሮ ጐኒ ኾርባን ዚፈላሊ ርባ ወረዱ።

ድሕሪ ብዙሕ ዕየና፣ ሡላትና ነቲ ዓገዘን ክንርእዮ ኸኣልና። ኣብ እግሪ ኽልተ ገዚፍ ከቢብ ደንጐላታት ኣብ ዝተወጠመ ጸፌሕ ከውሒ ተኺዕኒኑ ቖይሙ ረኣኹዎ። ንተጸባእቲ ንምቅኣማት ኪቀላባዕ ከሎ እቲ ገዘፍቲ ጥውይዋይ ኣቕርንቱ እንተ ዘይብ'ልሎ ነይሩ ብፍጹም ኣይመለለኹዎን። ሕብሩ ምስቲ ኣኻውሕ ተመሳሲሉ ንምፍላዩ ዜጸግም ነበረ።

ከምዚ እናተበሃሃልና ኸለና፣ ሓደ ብርቱዕ ተኾሲ ኣብቲ ስንጭሮ ኣቃልሐ። እቲ ኹናዕ በርጊጉ በቲ ኣእማን ዝበዝሖ ጐኒ ናይቲ ዝነበረሉ ሓጺር እምባ እናተደራጕሀ ተመርቀፈ፣ ብማእከል እቲ ቈጥቋጣት እናተሸለኹለኹ ድማ ብቕጽበት ካብ ኣዒንትና ተሰወረ። ስለ ዘይወደቐ ኣዚና ሓረቕና።

ድሕሪ ሓደ ሰዓት ኣቢሉ ኣቦይ ተስፋይ ካብቲ ሃድን ተመልሱ። ከም ዘቕሰሉዎን ነጠብጣብ ደሙ ኸም ዝረኣዩን ነገሩና።

"ግዲ የብልኩምን ናበይ ኣቢሉ ኸም ዘምለጠ ስለ ዝፈለጥኩ ጽባሕ ከየርፈድና ተኸታቲልና ኽነውድቖ ኢና፣" በሉና እናሓንሓኑ። ክልተ ተገራጫዊ ድልየት እዩ ነይሩ። ንሕና ንኡ ኣውዲኻና ኣብ ልዕሊ ጓህሪ እናሰሎና ምእንቲ ኽንበልዮ፣ ንሱ ድማ ነታ መተካእታ ዜብላ ህይወቱ ንምድሓን ካባና ኺሃድም!

መሬት ብፍጥነት ናብ ዕራርቦ ገስገሰ። ጸሓይ ብድሕር'ቲ ኸርባታት ጥሒላ ዓይኒ ኺሕዝ ጀመረ፣ ኣብ ሓደ ሓሸዋም መሬት ብቜጥቋጣት ጊንድዐ ዝመልአ እግሪ ጕርዒ በጻሕና። ድሕሪ ኣስታት ፍርቂ ሰዓት፣ ኣብ ሓደ ሑጻ ዝበዝሖ ንእሽቶ ጐልጎል ከነዕርፍ ወሰኑ። ብድኻም ስለ ዝተኸኣልና እቶም ሰለስተ ሰብ ከተማ ተሓጕስና ኣብቲ ሓሸዋ ተረፈቕና። ብሃንደበት፣ እቲ ቐደም ኣብ ሪጋ ፌሮቪያ፣ ኣብ ጥቓ መቓብር እንዳ ማርያም ክጻወት ከለኹ ኣዐርየ ዘለለኹዎ ሽታ ዒባን ሽንትን ናይ ገመል ሃንገፍ በለኒ።

እቲ ሰራሕተኛን ኣቦይ ተስፋይን፣ ካብቲ ዙርያና ዝነቐጸ ኣዕጫውን ጭራሮን ኣኻኺቦም፣ ሕጂ ብምንታይ ገይሮም ከም ዝተኰሱዎ ዘይዝከረኒ፣ ብኡንብኡ ሓደ ህጡር መጋርያ ሓዊ ኣጕዱ። ካብቲ ቕጫ ነንኣሽቱ ግማዕ ተዓደለና፣ ጠምየ ስለ ዝነበርኩ ብህርፋን በላዕኩ። እንታይ'ሞ ኺዓብስ፣ ንመቛስይቲ ዚኸውን ሻሂ ኣብ ዜብሉ! ዝገደደ ግና ነቲ ቕጫ ምስ በላዕና ኸላትና ጐረሮና ጋርጋር በለና።

እቲ ኣብ ብራሾ ናይ ኣቦይ ተስፋይ ዝተመልአ ማይ ደጊም ኣብ መገዲ ኸለና ተሰትዩ ተወዲኡ እዩ። ኣቦይ ተስፋይ ኣብቲ ጥቓ ዝሓደርናሉ ጐልጎል ፈልፋሊ ኸም ዘሎ ነገሩና፣ ንኣይን ንኒኖን ምስቲ ሓጋዚኦም ኼድና ቐዲሕና ኽነምጽእ ድማ ለኣኹና። ሽዑ መሬት ኣዐርዩ ጸልሚቱ ነበረ። እቲ ሰራሕተኛ፣ ነቲ ቦታ ኣጸቢቑ ዚፈልጦን፣ ከምኡ'ውን ቀረባ ስለ ዝነበረን ናብኡ ኽንበጽሕ ግዜ ኣይወሰደን። ንእግረ-መገድና'ውን ሰለስተና ግርም ክሳዕ እንረዊ ሰተና።

ኣብ ዙርያ'ቲ መጋርያ ተዓጕጕና፣ ብዛዕባ እንታይ ከም ዝነበረ ዘይዝከረኒ ንሰዓታት ኣዕለልና። ኣብቲ ሑጻ ተገምሲስና፣ ብልዕለና ሰማይ ብኸዋኽብቲ ተሰሊሙ ነበረ። እቲ ሃዋህው ዝሁም እዩ ነይሩ፣ ቊሪ ወይ'ውን ዝኾነ ዓይነት ቀዝሒ ኣይተሰምዓናን። እቲ ዜገርም፣ ብልዕሊ እቲ ዝሓደርናሉ ስንጭሮ፣ ንፋስ ብናይ ሓደ ብርቱዕ ህቦቡላ ዚጥዕም ድምጺ ነቲ እምባ ዜነቓንቕ ኪመስል ኪሽምበብ ሰማዕናዮ። ከምዚ ኽነሱ ግዳ ካብቲ ኣብ ዙርያና ዝነበረ ቜጥቋጣት ኣቕጽልቱ'ኳ ኣይተነቓነቕን። ሓሓሊፉ፣ ኣብቲ ብዜቕመጽምጹ

ኽዋኽብቲ ዝተሰለመ ጠቃር ሰማይ፣ ምሊሕታ ናይ ዚንቄት መትዮራይት ኬንተውልሕ እናረአና ነውክዕ ነበርና። እቲ መጋርያ በብቑሩብ ኪቕህም ጀመረ። ኣቦይ ተስፋይን እቲ ሰራሕተኛኦምን ግና ጭራሮን እያዳትን እናወሰኹ ኣህጠሩዎ። ኣዒንትና እናምባዕዘዘ፣ ኣብ ልዕል'ቲ ኣቦይ ተስፋይ ዘንጸፉልና ነጸላ ተኣንጒድና ኽለና ድቃስ ጠለመና።

ንጽባሒቱ ንግሆ፣ ሰማይ ቂሐ ጽልሚ ብዝቐደደ በብሓደ ተበራበርና። ዜገርምዩ፣ ሰለስተና ብድኻም ዚኣክል ከረው ኢልና ኢና ሓዲርና። ኣቦይ ተስፋይን እቲ ሰራሕተኛኦምን ግና ዛጊት ተባራቢሮምስ፣ ካብ ሓደ ጸባ ዝመልአ ሒላብ ክንሰቲ ዓደሙና። ካበይ ከም ዘምጽእዎ ገረመና።

"ስተይዎ፣ ጸባ ገመል'ዩ፣" በሉና ንሰለስተና።

ኣነ'ኳ፣ ኣንኳይዶ ጸባ ገመልስ ጸባ ላም ዝጽየን ክሰትዮ ዘይሕሰብ እዩ ነይሩ። እቶም ክልተ ብጮተይ ጸባ ገመል ሰትዮም ከም ዘይፈልጡን ከም ዘይለኽፍዎን ነገሩዎም።

"ተከአኽ!"

"ኣነ ጸባ ዚብሃል ኣይፈቱን'የ፣" በልኩዎም።

"ጸባ ኣይፈቱን! ለከ ብኡ ኢኻ ትማሊ ምስታይ ዝኣበኻ!"

ብሕፍረት ደነንኩ።

"ወይ'ዚ ዓሻ፣ ጸባ ደኣ ይእበ ድዩ! ወዮ ረኺብካዮ!" በሉኒ ለ'ቂቦም።

ነቲ ሰራሕተኛኦም ካብቲ ሒላብ ኪሰቲ ኣቐበሉዎ። ንሱ ድማ ግርም ገይሩ ኽሳዕ ዚዓግብ ካብኡ /ሓንፈፈ። ዓጊቡ ብዘቐበሎም ነቲ ዝተረፈ ባዕሎም ሰተዩዎ።

"ናይ ጨው መቐረት ኣሎዎ ደኣ'ምበር ምስ ለመድካዮስ ጥዑም'ዩ፣" በሉ ኣቦይ ተስፋይ ብዕግበት። "ካብዞም ኣብ ጥቓና ዘለዉ ትግረ ሰብ ገመል እየ ለሚነ ኣምጺአዮ። ካብ ዘይፈተኹሞ ግና እንታይ ይገበር፣" ወሰኹ ኣቦይ ተስፋይ። ነቲ ሒላብ ነቶም ኣብ ጥቓና ዝሓደሩ ሰብ ኣግማል ምስናይ ምስጋና ኺመልሰሎም ከኣ ነቲ ሓጋዚኦም ለኣኹዎ። እቶም ወነንቲ ገመል ብዓይነይ ኣይረአኹዎምን፣ ኣብቲ ድሮ ምሸት እቲ ሃንገፍ ዝበለኒ ሽታ ናይ ሽንትን ዒባን ገመልን ግና ኣፍንጫይ ከም ዘይተጋገየት ኣረጋገጸለይ።

ሰንፈላል ናይ ሃድን መዓልቲ

ጸሓይ ጨራታታ ኣብቲ ጫፍ ጎቦታት ኪዓልብ ኪጅምር ከሎ፣ ከምታ ናይ ቅድሚኣ ምሸት፣ ነንእሽቶ ግማዕ ቅጫ በሊዕና፣ ዝርካቡ ቐሊል ርያና ጴርና፣ ናብቲ እቲ ዓገዘን ተሰዊሩሉ ዝተባህለ ኣጻድፍ ኣምራሕና። ድሕሪ ኣዝዩ ኣህላኺ ሓጺር ጉዕዞ፣ ኣብ ሓደ ብደኸዳኸ ቈጠቋጥ ዝተሸፈነ ብረቂቕ ሓመድን ሰሳሕለን-መሰል ስብርባር ኣኻውሕን ዝቖመ ብርኽት ዝበለ ጫለዳ ኾዶታት ናይቲ ዓቢ እምባ በጻሕና። ኣቦይ ተስፋይ፣ ኣብ ሓደ ውሑስ ዝበሉዎ ቦታ ኸነዕርፍ ድሕሪ ምውሳን፣ ንሰለስተና ኻብቲ ቦታ ኸይንንቀሳቐስ ተላብዮም፣ ምስቲ ሳንጣን ቀሊል ርያን ገዲፎሙና ነቲ ሓጋዚኦም ኣኸቲሎም ናብ ሃድን ከዱ። ኣብቲ ዝገደፉና ኈንና፣ ሕጂ እዚ'ዩ ኸብሎ ብዘይክእል ናይ ቍልዕነት ዕላልን ቈየቛን ጢጥቅሚጥ ንኣሽቱ ጉንፍጥን ግዜ ኪሓልፈልና እንተ ፈተንና'ኳ ከይሰልከየናስ ኣይተረፈን። ጸጸኒሑ፣ መጀመርታ ኣብቲ ጥቓና፣ ብድሕሪኡ በብቝሩብ ብዝረሓቐ ተኾሲ ናይታ ጠበንጃ ንልብና ብተስፋ እናመልአ ኻብ ሰንፈላል ኣ'ገላገለና። ኣብ ነፍስ-ወከፍ ተኾሲ፣ ኣቦይ ተስፋይን እቲ ሓጋዚኦምን ሕንግሮ ሰለፍን ጒሎን ዓገዘን ጾይሮም ኪመጹሞ ብዓወት ናብ ገዛ ኸንምለስ ከለና ይቕጀለኒ ነበረ። ሕንግሮ ዓገዘንስ ይትረፍ ንባዕላቶም እቶም ሃደንቲ ምህላዎም ክሳዕ እንጠራጠር ህጣሞም ስለ ዝጠፍአ ተሻቐልና። ኣጋ ሰዓት ሓደ ኣቢሉ፣ ኣቦይ ተስፋይን እቲ ሓጋዚኦምን፣ ገጾም ብገበታ ረሃጽ ጀብጂቡ፣ እቲ ዘይምሕር ጸሓይ ኣሰንሲኑዎም፣ ቀላጽሞም ከምቶም ሰብ ገጠር፣ ኣብታ ኣብ ዝባኖም ዘጋደሙዋ ጠበንጃ ኣሓንጊሮም ብሰለይታ ናብቲ ንግሆ ዝገደፉና ነቝጣ መጽኡ።

"ኣቐሲልናዮ ግና ምውዳቕ ኣብዩ፣" በሉና ጌና ሕቶ ናይ ብዓል ኒኖ ኸይሰምዑ። ቀጺሎም'ውን፤

"ሕጂ ኽም ዚመስለኒ ኾላትና ጠሚና ስለ ዘለና፣ ኣበየሎ እቲ ሳንጣ፧" ሓተቱ ኣቦይ ተስፋይ።

"ባዶ'ዩ፣ ቅጫ የብሉን፣" በለ እቲ ሓጋዛዮም ኣቐዲሙ ነቲ ሳንጣ ስለ ዝፈተሾ።

"ኒኖ ኣ ማንጅያቶ ቱቶ፣" በለ ሰርጅዮ።

"ቡጅያርዶ! ኖይ ዱወ ጠሚና በሊዕናዮ ዚዮ።"

"ንበይንኹም!"

"ተኬ ትበልዕ ኢልናዮ ዓብዩ። ትሮፖ ጠሚና፣ ኣሎራ ኣብያም ማንጅያቶ ቱቶ።"

ኣቦይ ተስፋይ ባህሪ ናይ ጸዓዱ ኣብቲ እዋን'ቲ ኣጸቢቖም ስለ ዝፈለጡዎ

ብዙሕ ኣይገረሞምን፣ ኣይተቜጥዑን'ውን። ሽዑ እዩ እቲ ዘየድሊ ስክፍታይ ዘጣዓሰኒ።

"ሃየ መሬት ከይዓርበና ቐልጢፍና ንበገስ!" በሉ ኣቦይ ተስፋይ።

ሓምሽተና፣ ሕንግሮ ስጋ ዓገዘን ኣይጸርና ዋላ ስጋ ቖቛሕ፣ ብጀካ'ቲ ምስና ሒዝናዮ ዝተበገስና ቐሊል ርያን እታ ኣቦይ ተስፋይ ከም ሓንቲ ሻፎ ኣብ ዝባኖም ኣጋዲሞም ቀላጽሞም ዘንጠልጠሉላ ናይ ዘበን ጥልያን ጠበንጃን፣ ብዘይ ግዳይ ባዶ ኢድና ናብ ኮንቼስዮነ እንዳ ሰራቸ ገስገስና።

ጸሓይ ናብ ኣጋ ምዕራባ፣ ድኺምናን ተኻኢልናን ኣብቲ መዓልቦና በጻሕና። ሽዑ ቐጫ ተሰንከተ፣ ተጕምደ፣ ተኸርተ፣ ተመ'ደኾ። ኣየባ ናይ ሓቂ ጠሚ'ኻ ኸለኻ ዋላ'ቲ ንቐጽ ዚብሃል እንጌራ ኺጥዕም! ኣቦይ ተስፋይ ጸገመይ ስለ ዝተረድኦም ጥዑም ሻሂ ኺፈልሓለይ ኣዘዙ፣ ክሳዕ ወልፈይ ዚቋደስ ከኣ ደጋጊመ ብውዑይ ቅጫ እናቛሰኹ ሓንፈፍኩዎ። ኒኖን ሰርጅዮን'ውን ነቲ ዝፈልሓሎም ጸባ ኸምኡ።

ሽዑ ምሸት ኣብ ሓደ ዓራት ተጸፋጺፍና ዝርካቡ ኣረጊት ኮበርታን መደረብታን ተሸፊንና ሓደርና። ንግሆ ኸምቲ ልሙድ ገለና ጸባ ገለና ሻሂ ምስ ቅጫ ጌርና ብዝቜረስና፣ ንቕሎ ናብ ኣስመራ ኾነ። ኣቦይ ተስፋይ ንሰርጅዮ ነታ ብቺክለታኡ ኽሳዕ እቲ ናብ ቤት-ግዮርጊስ ዜቐልቅል ዓቐበት ተሰኪሙ ዜብጽሓሉ ሰብ ኣምጽኡሉ። ቍሩብ እንተ ዘይረሲዐዮ፣ እቲ ሰብኣይ ነቲ ንውልቅኻ ኽትድይቦ'ኳ ትንፋስ ዜምልቑ ዓቐብ ብሓንቲ ቕርሺ ኼብጽሓሉ እዩ ዳርጋ ብዘይ ክርክር ዝተሰማምዐ። *"ምድሪ እሾኽን ተኹርባን ተብቍለልካ፣ ብረሃጽ ገጽካ ብላዕ፣"* ዚብል ኣብ ቀዳማይ ክፍሊ ዝሰማዕኩዎን ብቓል ዘጽናዕኩዎን ናይ መጽሓፍ ቅዱስ ጥቕሲ ሕጂ'ውን ኣብ ኣእምሮይ ኣስተጋብአ። ነቲ ሰብኣይ፣ ካብ ገረወይና በለስ ተዳዕኒንካ ነቲ ዓቐብ'ቲ ምውጻእ፣ እዚ ብዓሰርተ ግዜ ዝሓሸ ነበረ።

ሰለስተና፣ እቲ ሰብኣይ ምእንቲ መገዲ ኺመርሓና ቐቅድመና እናኸደ ነቲ ርባ ሒዝና ተበገስና። ኣብቲ ጥቓ ናብ ቤት ግዮርጊስ ዜደይብ ዓቐብ ክንበጽሕ ኸለና፣ ካብቲ ዝጐሃረ ፍረ ዝጸረ በለስ ብኢደይ እናጐለምኩን እናቐረፍኩን ፍጊዕ ክሳዕ ዚብለኒ በላዕኩ። በለስ ምርኣዩ ጥራይ'ኳ ተጸልኣኒ። ኣብ ልዕል'ዚ፣ ኢደይ፣ ቀላጽመይ፣ ምናተይ፣ ከባቢ ከናፍረይ፣ እንተላይ እታ ለፍላፊት መልሓሰይ ከይተረፈት ብዓይኒ ብዘይርአ ደቀቕቲ እሾኹ ተዘሪኡዎ እናሸቕሸቐ ኣቕንዘወኒ።

ካብቲ ርባ ንየማን ተዓጺፍና ዓቐብ ሒዝና ኽንወጽእ ጀመርና። ብዙሓት ሰብኡት፣ ኰምራ በለስ ዝመልአ ገረወይናን ዘንቢልን ኣተሓናጊሮም፣ መቍለቦም ዓቲሮም፣ ገበታ ረሃጽ እናፍሰሱን እናላህልሁን፣ ብጻዕሪ እናተናእኩን ጻጸ ኺመስሉ ነቲ ብማእከል ገላዕታ በለስ ዜስለኽል'ኽ ኣሰር እግሪ ተኸቲሎም

ነቲ ተሪር ዓቐብ ይወጹዎ ነበሩ። ነዚ ምስ ረአኹ እቲ ብሽክለታ ናይ ሰርጆዮ ዝጸረ መራሒኡን ብዙሕ ዚድንገጸሉ ሰብ ኣይነበረን። ኣጋ ሰዓት ፋዱስ ኪኸውን ከሎ፣ ኣብቲ ብድሕሪ ቤተኽስያን ቤት ጊዮርጊስ ዘሎ ገምገም ናይ ጸድፊ ድርፎ ተቐልቀልና። እቲ ነታ ብሽክለታ ዝጸረ ሰብኣይ ገንዘቡ ኻብ ሰርጆዮ ተቐቢሉ ብኡንብኡ ናብ ድርፎኡ ገጹ ተገልበጠ።

"ናበይ ደኣ ትኸይድ ኣለኻ፧ " ሓተትናዮ።

"ዋይዋይ! ሎም ንግሆ ልኣረኹዎ በለስ ኽምጽእ እምበይ፣" መለሸልና።

እናተሃንደደ ድማ በቲ ቊልቊለት ሃተፈ።

እቲ ጥፉእ ወዲ

ሕጂ ብሃንደበት ገዛና ቕጅል በለኒ፣ ከመይሲ፣ ንወለደይ ከየፍቀድኩ እየ ኽልተ መዓልቲ ኣብ ግዳም ሓዲረ። ስድራይ ኪጽለሉ ኽም ዝወዓሉን ዝሓደሩን በብቑሩብ ኪስቈረኒ ጀመረ። ነደይ ናበይ እኸይድ ከም ዘለኹ እንተ ዝነግራ ብፍጹም ኣይምፈቐደትለይን። ስለዚ እየ ኽይነገርኩዎም ከም ሓውሲ ሕከላ ምስ ብዓል ኒኖ ናብ ድርፎ ዝወረድኩ። ኣብ ገዛይ ብዝበጸሕኩ ኣደይ ኣዒንታ እናፍጠጠት፤

"ኣበይ ኢኻ ጠፊእካ ኣንታ ኣብዲ!" በለትኒ። ከምቲ ቐደም ዋላ በቲ ድኹም ኣወቓቕዓአ ኽይትሃርመኒ፣ ደጊም ጒብዝና ኽልዕል ስለ ዝጀመርኩ እዩ ይመስለኒ ኣይደፈረትን።

ግብረይ ፈሊጠ ኣጽቀጥኩ።

"ኣንታ! ኣንታ! እንታ እንታይ ኢና ኽንገብረካ፧ ካን፧ መዊጽካ ኣይንስኒ ምዒድካ ኣይንልቢ! በል፣ ምሸት መእተዊኻ ፍለጥ። ኣቦኻ ኺስጥየካ'ዩ! ዘልዚሉ'ውን ዚጸግበልካ ኣይመስለንን፣" በለት ንብዓት ኣብ ኣዒንታ እናቕጸርጸረ።

ሓንቲ ቓል'ኳ ኣየተንባህኩን። ኣጽቕጥ!

ብድሕርዚ፣ እቲ ወረ እንታይ እዋኑ ኽም ዝተላብዐ፣ እተን ጐረባብትና ኣንስቲ እንዳ ሓዘን ዚበጽሓ ዘለዋ ይመስላ፣ በብሓደን በብጽምድን በብልፍንትን እናመጻ፤

"ኣንታ፣ ነዞም ወለድኻስ ከምዚ ጌርካ ኣጸልል ከተብሎም! ናትካስ ከኣ ጒዳም!" ትብል እታ ሓንቲ።

"ኣንታ ግናይ ፉሕሩ! ተካል ገጹ! ክረምቲ ምድሪ ሰብ ከተጸልል፧" ትብል እታ ኻልእ።

"ኤእ፣ ዝወደይ፣ ከምዚ ዘይግበር፧ እዞም ወለድኻን ኣሕዋትካን ድምጸም'ኳ ዘይስማዕ! ምስ ጠፉእካዮም ዘይኳሕኾሑዎን ዘይሓተትዎን ጐረቤት የለን፣"

በላኒ ሓንቲ ብዕድመ ድፍእ ዘበላ ሕጂ ሽመን ዝረሳዕኩዎ ሕያወይቲ ኣደ።

"ንዝስ ገመድ ኣምጺእካ ሸቐቕ ምባሉ!" በለት ሰይተ'ቦይ ዓንደ 'በሪኮሎ'።

ሰይተ'ቦይ ዓንደ በሪኮሎ ውላድ ኣይነበራን። ስለዚ፣ ዘረባኣ ኣይገረመንን።

ካልኣት'ውን በብተራ ናብታ ኽልተ ጸበብቲ ኽፍሊ ዝነበራ ቤትና ብዘርጠብጠብ እ'ናላገሳ፣ ወጅህንን ላህየኣንን ምምስ ቈለኣን እናተለዋዋጠ፣ ዘዚ.መስለን ተግሳጽ፣ መግናሕቲ፣ ጸርፊ፣ ምዕዶ፣ ም'ኽሪ፣ ለበዋ፣ መጠንቀቕታ፣ ታህዲድ፣ እናሰንደዋለይ፣ ኣብ መወዳእታ ድማ ነደይ፣ ኣባጅጎ ኽማይ ዝኣመሰለ ተረጋም ቈልዓ ብምሃቡ ንቐልዓለም እናኣጸናንዓን፣ ብልበን ድማ እዚ ዕጫ'ዚ ኣብ ልዕለኣን ብዘይ ምውራዱ ጠሰስ እናበለንን ነናብ ዋኒነን— ዋኒን ሓዳረን ከዳ።

ከም ብዓል ወዲ ኣዚዙ ናይ ዘበን እንግሊዝ ሽፈተ ዝቐነኹ ኾይኑ ተሰምዓኒ። ከም ዘይመሲ የለን መሬት ዓይኒ ሒዙ ጸልመተ። ድራር በሊዕና መኣዲ ብዝተላዕለ፣ ኣቦይ መብዛሕትኡ ግዜ ደንጉዩ ናብ ገዛ ስለ ዚኣቱ፣ ምእንቲ ኽየርክበኒ ተቐላጢፈ ኣብታ ዓራተይ ደዪበ ብኹቦርታ ተጐላቢበ ድቃስ ከም ዝጠለመኒ ኣምሲለ ተዓምጸጽኩ።

ኣጋ ሰዓት ዓሰርተው ሓደ ናይ ምሸት፣ ብሽክለታ ኣቦይ እቲ ዝኣረገ ባራፋንጎኣ እናተገላጠመ፣ እቲ ድምጺ ናብቲ ገዛና ገጹ ኺግስግስ ሰማዕኩ። እታ ብሽክለታ ከይትሰረቕ ምሳና ስለ እትሓድር፣ ናብ ውሽጢ ገዛ ኼእትዋ ኽሎ ኽረው ኢለ ዝደቀስኩ ኽምስል ምዕይ ከይበልኩ ኣጽቀጥኩ።

"መጺኡ'ምበኣር እዚ ጃዕባብ! " ኪብል ሰማዕኩዎ ነቦይ።

"ቀትሪ'ዩ መጺኡ፣" መለሸት ኣደይ።

"ሃየ ኣተስእዮ! ቀጣፊ፣ ይሰምዕ'ዩ ዘሎ።"

"ዓንተቦይ እንድዩ ደቂሱ! ደ'ኺሙ'ዩ ዚ.ኽውን።"

ኣደይ ጨካን ትምሰል ደኣ'ምበር ክትከላኸለለይ እያ ትፍትን ነይራ።

"እዚ ኣበይ ኪደክም፣ ሰብ የድክም'ምበር። ሃያ ኣተንስእዮ ጥራይ!"

ኣደይ ሽመይ እናጸውዐት ደጋጊማ ነቕነቐትኒ። ኣቦይ ድማ፤

"ተንስእ ኣንታ ፈስፋስ፣ ፈሊጠካ'ለኹ!" በለ ድምጹ ኽብ ኣቢሉ።

"እዋን ዜብሉ ምድሪ እንታይ ክትብልዎ ደሊኹም! ጽባሕ ድሕሪ ጽባሕ ዶ የሎን። ምእንቲ ኣመሉ ሽው ቐዳመ-ሰንበት'ዩ።"

"እስከ ስቕ በሊ! ሃየ ተንስእ ኣንታ ጃዕባብ!"

ካብ ዓሚቝ ድቃስ ከም ዝተበራበርኩ፣ እናተመጣላዕኩን ከም ዝባዕገግኩ ድማ ዓይነይ እናሓሰኹን እናቕባሕባሕኩን ግርም ተዋስእ ከቕርብ ፈተንኩ። እዚ ግና ነቦይ ቅጭጭ ኣይበሎን።

"ኣበይ ኢ.ኻ ቐኒ.ኻ! " ጨደረለይ ኪጸፍዓኒ እናተደናደነ። ኣደንጊጸዮ ግዲ ኾይነ ግና ኢ.ዱ ኣብ ኣካላተይ ኣየንበረለይን። ሕሰይሰይ እናበልኩ ዝምልሾ ጠፍኣኒ።

"ስለምንታይ ነደኻ ነጊርካያ ዘይትኸይድ!" ወሰኸለይ ሕቶ።

ሕጂ'ውን እንታይ ኢለ ኽምልሽሉ፣ ርእሰይ ኣወኒገ ኣጽቀጥኩ።

"እሞ ኽኣስ ክረምቲ ምድሪ! ውሕጅ እንተ ወሰደካኸ!"

"ኣብኡ... ዝናብ... ኣይነበረን" መለሽኩሉ እናተገኣጋእኩ።

"ናብቲ ኮንቺስዮነ ናይ እንዳ'ዞም ሲኞር ሶራቸዶ ኸይኮንካ ኼድካ!" ሓተተኒ። ከመይ ገይሩ ኽም ዝፈለጠ ገረመኒ።

ዝኾነ ኾይኑ፣ ኣብቲ ንሕና ኣብኡ ዝነበርናሉ እዋን፣ ዝናብ ከም ዘይወቕዐን ኣረ'ውን ብርቱዕ ጸሓይ ከም ዝነበረን እናተመሻኸንኩ ገለጽኩሉ። ለከስ ከምቲ ጸኒሐ ዝፈለጥኩዎ፣ ገለ ኻብቶም ደቂ ገዛውትና ምናልባት ሉችያኖ፣ ሓዉ ንሰርጅዮ እዩ ዚ'ኸውን ሰለስተና ናብ ዱርፎ ኽም ዝኸድና ነጊሩልና። በዚ ዚኣክል ኣቦይ፣ ነደይ መድህን፣ ኣዲኡ ንኒኖን፣ ንሲኞር በሊኒ ኣቦኡ ንሰርጅዮን፣ ብዛዕባ ሃለዋተይ ኪፈልጥ ተውኪሱዎም ነይሩ። ንሳቶም ድማ ከምቲ ንሱ ዝበሎ፣ ናብቲ ኮንቺስዮነ ኸይደ እንተ ደኣ ኮይነ ዜሰክፍ ነገር ከም ዘየሎ ስለ ዝነገሩዎ ቍሩብ ቀሲኑ ነበረ። ብዛዕባ እታ ጠበንጃን እቲ ሃድንን ግና፣ ብጀካ እቶም ኣብቲ ፍጻመ ዝወዓልና ሓምሽተ ሰባት፣ ካልእ ክሳዕ ለይቲ ሎሚ ዝፈለጠ ዘሎ ኣይመስለንን። ኣማስያኡ እታ ጠበንጃ ኣበይ ከም ዝዓለበት'ውን ወረኣ የብለይን። ኣቦይ እዚ ኹሉ ኣይፈለጠን።

፲፪

ጕዕዞ ናብ ጫፍ ኵትትና

ካልእ ዝረሳዕክዎ ብፍላይ፣ ኣብ ወርሓት ክረምቲ፣ ካብ ዝተፈላለየ ዞባታት ኣስመራ ዝተኣኻኸቡ ኣወዳት፣ ጋንታታት ኣቑሞም *"ጂሮን"* ዚብሃል ናይ ኵዕሶ እግሪ ውድድር ዜካይዱዎ ዝነበረ እዩ። *"ጂሮን"* እዚ ሎሚ "ዙር" እንብሎ ዘለና ማለት እዩ። ክልተ ወይ ሰለስተ ዓመት ቅድሚ እዚ እንዛረበሉ ዘለና እዋን፣ እቲ *"ጂሮን"* ብሓደ ገረዝግሄር ዝተባህለ እዩ ኺካየድ ጸኒሑ። ሕጂ ግና ገረዝጊሄር ምናልባት ብሰንኪ ጥዕና ስለ ዘቋረጸ እዩ ይመስለኒ፣ ሓደ የማነ ምሕጹን ሳጓኡ "ገዲል" ዝተባህለ ኣፍቃሪ ስፖርት ነቲ ዕማም ቀጸሎ። እቲ ንጥፈት ኣብዚ ሕጂ ብገዛውቲ መሊኡ ዘሎ፣ ሽዑ ግና ሰፊሕ ረምረም "ሜዳ ዕዳጋ-ሓሙስ" እዩ ዚሰላሰል ነይሩ።

ብዛዕባ ጂሮን ኹዕሶ፣ እቶም ኣብኡ ብጻዕቂ ዝተዋስኡ ብዙሕ ኬዘንትዉ ምኸኣሉ። ኣነ ግና ከም መጠን ወርጠበ፣ ኣዕሩኸይ ዝገበርዎ ኽፍትን ኢለ ወይ ከም ዓጃቢ ወይ ከም ቲፎዞ ኣብቲ ንጥፈት ክሳተፍ ፈቲነ ነይረ። የማነ ገዲል ንሰርየ "ዲ"ን ንሰርየ "ኢ"ን እዩ ዜጻውት ዝነበረ። ኣብ ሰርየ "ኢ" ዝነበረ ውድድር ጋንታታት ኣዝዩ ዕቱብን ሃላኺ ዝመልአ ኽም ዝነበረ ኣይርስዓንን። ገለ ኻብቶም ተጻወ'ቲ፣ ሽም ናይቲ ግዜ'ቲ ህቡባት ስፖርተኛታት ዓዲ ጥልያን ዝተጠመቑ ነበሩ። ካብዚኣቶም ሓደ *"ጋርባ"* ዝተባህለ ናይ ኣዱሊስ ተጻዋታይ እዝክር። ስድርኡ ዘውጽኡሉ ሽም እዝጊ ዋንኡ።

እቲ ጸወታ ብኹዕሶ *ካመራዳርያ* (ካላማዳርያ) ይካየድ ስለ ዝነበረ፣ ኣብቶም ተጻወትቲ ዜስዕቦ ጸቕጢ ቐሊል ኣይነበረን። ኵዕሶ በተን ተጋጠምቲ ጋንታታት እያ እትቐርብ። እታ ናብ ሜዳ ሒዞምዋ ዚኣትዉ ኹዕሶ ብግቡእ ዝተነፍሐትን ፍጹም ከባብ ክትከውንን ነይሩዋ። ቍሩብ ጨላቕ ወይ ካመራዳርያኣ በቲ መላግቦ ናይ ኮፐርቶነኣ እንተ ተቐልቂሉ ቅብልቲ ኣይነበረትን። እታ ኹዕሶ ጨላቕ ኮይና፣ ገዲል ቀቅድሚ ምጅማር ጸወታ ኣብቲ ባይታ ኼጥረብርባ ኽሎ እንተ ተደናቢራ *"ኦቫለ"* ተባሂላ ትንጸግ። እታ ጋንታ ኻልእ ኵዕሶ እንተ ዘየቕረባ ኽኣ ብ *"ፎርፋይት"*(ፎርፌ) ትስዓር።

ሓደሓደ ግዜ፣ እታ ጋንታ ናብ ሜዳ እትኣትወሉ ሰዓት ኣኺሉ ኹዕሶ ብስርዓት እንተ ዘይተቐብቂባ ዚስዕብ ሸበድበድ ትንፋስ ዜምልቕ እዩ ነይሩ። ሽዑ፣ ናብ ሹቕ ኣብ ዚርከባ እንዳ ብሽክለታ ኼድካ ኸተንፍሕ፣ ካመራዳርያኣ እንተ ተገዪጹ ኸኣ መሊስካ ኣንፊስካ ብጨፈታ ኺል'ግቡልካ

ናብ እንዳ ካልሶላዮ ኽትጉዪ፣ ንመስፈዪ ዚኸውን ገንዘብ ስኢ.ንካ ንሰባት ክትልምን፣ ኮታስ ጣጣኡ እዚ'ዩ ኢልካ ምጽብጻብ የጸግም።

እተን ጋንታታት ኣብ ሰሙን ሓንሳዕ ዋዕላ ይገብራ ኸም ዝነበራ እዝክር። ኣብቲ ዋዕላ እንታይ ኣርእስቲ ይልዓል ከም ዝነበረ እንድኡ የብለይን። ብዛዕባ'ዚ፣ ብዓል ኣሰፋው ወደ'ስመሮም እዮም ፈ'ላጣት ዝነበሩ። ገዲል ነተን ጋንታታት ዝበየኖ *"ምልታ"* (መቕጽዖ)፣ መደብ ጸወታ ዚሰላሰለሉ ኣገባብ፣ ምናልባት'ውን ሓደሓደ ሓድሽ ሕግታት ጸወታ ዘጠቓለለ ነይሩ ኪኸውን ይኽእል። ወደ'ስመሮምን እቶም ንኡ ዚመስሉ ናይ ሾዕሶ ሊቃውንትን ንገዲል ከም ሓደ ኣኽባር ሕጊ ናይ ቤት ፍርዲ እዮም ዚጥምቱዎ ነይሮም። *"ገዲል ዝበላ እዝጊ በላ፣"* እዩ ነይሩ። ንሱ ዘተንብሃ ወይ ዝወሰና ነገር ብዘይ ሓንቲ ዕሚም እያ እትፍጸም ዝነበረት። ንሕና'ውን ከምኣቶም ኣዚና ነኽብሮ ነበርና። ንኣብነት ጸወታ ኣብ እዋን ምሳሕ ምእንቲ ኸይቋረጽ፣ ገዲል ሓደሓደ ግዜ ንሓደ ኻባታትና ተምርን ባንን ከነምጽኣሉ ገንዘብ ሂቡ ምስ ዚእዝዝ፣ ክንልኣኾ ውርም እንብል ብዙሓት ኢና ኔርና። ኣነ'ኳ ብምንታይ ዕድለይ፣ ባንን ተምርን ከምጽኣሉ ተላኢኸዮ ኣይፈልጥን። ትኩር ሰብ እዩ ዚመርጽ፣ ምናልባት፣ ቋሕማም ኮይነ ተራእየዮ እኸውን። እቲ ዝተላእከ ወዲ ግና ልክዕ ሽመት ከም ዝተዋህቦ ነቲ ዕማም ብሓበን እዩ ዜሰላስሎ ዝነበረ።

እቲ ጂሮን ናይ ሰርየ "ዲ" ኾነ ናይ ሰርየ "ኢ" ንተዓወትቲ ናይ ገንዘብ ብልጫ ነይርዎ። እቲ ገንዘብ፣ በተን ጋንታታት ዝተዋጽአ፣ ክሳዕ'ቲ ጂሮን ዚዛዘም ገዲል ባዕሉ ዚሕዞ እዩ ዝነበረ።

ሕካያ ቺነማ

ቺነማ'ክ! ኣብዚ ግዜ'ዚ ምእንቲ ቺነማ ኽብል ናብ ካተድራለ ምኻድ ስለ ዘሕፈረኒ፣ ካልእ መገዲ ኸናዲ ተገደድኩ። ብዕድል እቲ ወላድየይ ዚሰርሓሉ ኣብ ገጀረት ዚርከብ ዝነበረ መደበር ኣመሪካ "ራድዮ ማሪና"፣ "ቃኘው" ብዚብል ሓድሽ ሽም ናብ ካምቦሎ ኻብ ዚግዕዝ ጸኒሑ ነበረ'ሞ፣ እዚ ነቦይ ኣብ እዋን ምሳሕ ናብ ገዝኡ በጺሑ ኺምለስ ጸገም ኮኖ። በዚ ምኽንያት'ዚ፣ ቀትሪ ኣነ ወይ ሓወይ ኣብ ስልጣንያ ዝተጸብሐ ምግቢ ኽነብጽሓሉ ጀመርና። ኣብቲ ጥቓ መዓደል ነዳዲ ናይ ፍያት ታሌሮ፣ ኣብ ጎኒ ባር ጅያ'ና ሓንቲ እንዳ ሻሂ ስለ ዝነበረት፣ ናብኣ ኽነምጽኣሉ እዩ ተነጊሩና። እታ እንዳ ሻሂ ሓንቲ ተይፕ ሪኮርደር ነይራታ። ዋናኣ ገሬሱስ ዚብሃል፣ ቀ'ይሕ፣ ነ'ዊሕ ብዓል ጽቡቕ ቍመና፣ ፍርቕ-መዓልቲ ኺኸውን ከሎ እዩ ነታ ተይፕ ሪኮርደር ዜጻውታ፤ ምኽንያቱ፣ ሽው'ዩ ዕዳጋኡ ዚዕምር። ብዙሓት ምሳሑም

ብስልጣንያ ሒዞም ዘመጹ ሰራሕተኛታትን ተምሃሮን ኣብቲ ትካሉ ኾይኖም ድሕሪ ምምጋብ ሻሂ ስለ ዚሰትዩሉ።

ኣብቲ ግዜ'ቲ፣ ኣብ ተጠቓላሊ ተይፕ ዝተመልአ ድርፍታት ትግርኛ ኺበዝሓሉ ዝጀመረ እዋን'ዩ ነይሩ። እቲ ኣብታ እንዳ ሻሂ ዚድረፍ ዝነበረ መብዛሕትኡ ናይ ኣቶ ኣቶብርሃን ሰጊድ እዩ ነይሩ። ገለ ኻብቲ ዚዝከረኒ፣ *"ዓደየ ዓዲ ጀጋኑ፣ ዘነበሸ ከመዓልኪ፣ ጨብጨባ ጨብጨባ፣ ሳዕሪ ጨብጨባ፣ ኳረንቲ ናይ ለይቲ፣ ወይናየ ወይናየ ወይናየ፣ ኣውቶቡስ ተሰቒለ፣ ወይዛ ዘውዲ' ዚኣ'የ፣ ከም ዕምባባ መስከረም ኾሉ በሃገኣ'የ፣ ዓለም ዳንደ ኣንቲ ዓለም ዳንደ፣ ዲያቮሎ ኣካቫሎ፣... ወዘተ.* ዘርእስቱ ደርፍታት ነይሩ። ሓደ ኻብቲ ነቦይ ምሳሕ ከነብጽሓሉ ደስ ዚብለና ዝነበረ ምኽንያት፣ ኣነን ሓወይን ነዚ ደርፍታት'ዚ ኽንሰምዖ ኣዚና እንብህግ ስለ ዝነበርና እዩ። ኣነ'ሞ ኸኣ ኽሳዕ ሕጂ። ነዚ ዘይምኖ ሓደሽቲ ደርፍታት ኣቶብርሃን ሰጊድ እናሰማዕና ግዜ ኽይተፈለጠና ኣብኡ ንጸበዮ ነበርና። ስለዚ፣ ቀትር-ቐትሪ ኣብታ ናይ ኣቶ ገሬሱስ እንዳ ሻሂ ምስ ኣቦይ ክምሳሕ ጀመርኩ።

ነቲ ብስልጣንያ ዝመጸ ምግቢ በሊዕና ምስ ወዳእና፣ ኣቦይ ንመመቀር ኣፍ ሓንቲ በራድ ሻሂ እዩ ዚእዝዝ። እቲ ሻሂ፣ ኣብ ንእሽቶ በራድ ተመሊኡ ኣብ ክልተ ረቀቕቲ ንኣሽቱ ቡሽ ጥርሙስ ይቕዳሕ። ዋጋ ሓንቲ በራድ ሻሂ ዓሰርተው ሓምሽተ ሳንቲም ጥራይ እዩ ነይሩ። እቲ ሻሂ ምስ ተወድአ፣ ነቲ ሰራሕተኛ ቕጥቃጥ ይኸፍሎ። ኮነ ኢሉ ዚገብሮ ዝነበረ ይመስለኒ። እቲ ሰራሕተኛ ነታ ዓሰርተ ሳንቲም ማልስ ምስ ኣምጽኣሉ ኸኣ ንኣይ ከም ሕሳብ መቑሸሸይ ይህበኒ ነበረ። እዚ ንኣይ ዘይተሓሰበ ሸሻይ እዩ ነይሩ። እቲ ኣብ ሳልስቲ እንሓንሳእ ድማ ዕለት-መጸ ዝመጠወኒ እናኣዋህለልኩ ብውሑዱ ኣብ ቒነማ ክሮቸ ሮሳ ብሓምሳ ሳንቲም ናይ ፊልም ወልፊይ ከቋድስ ጀመርኩ።

ሓደሓደ ግዜ ግና፣ በዚ ኣብ ሳልስቲ ወይ መዓልቲ መዓልቲ ዚትኩበለይ ዝነበረ ዓሰርተ ሳንቲም ጥራይ ናይ ቒነማ ቈለይ ከዕግብ ዘይክእለሉ ኣጋጣሚ ነይሩ። ንኣብነት *"ኾዎ ቫዲስ" (Quo Vadis)* ዘርእስታ ፊልም፣ ሳንቲም ኣብ ዘየዋህለልኩሉ እዋን እያ ኣብ ቒነማ ኢምፕሮ ዝተቓልቀለት። ፍቓዱ ካሳ፣ ነታ ፊልም መጀመርታ ኻብ ዝረኣዩዋ ሰባት ሓደን መማህርትናን እዩ ዝነበረ። ኣቦኡ ባህሪኦም ከምቶም ጣላይን ስለ ዝነበረ፣ ማዕረ'ቶም መሳቶኡ ጸዓዱ ኾይኑ ምእንቲ ኺሰምዖ ኢሎም እዮም ይመስለኒ፣ ጽቡቕ ዚብሃል ቒነማ ኺመጽእ ከሎ ሰንበት ኣብ ኢምፕሮ ኺኣቱ ይፈቕዱሉ ነበሩ።

መቸም ፊልም ርኢ'ኻ እንተ ዘይሓኪ'ኻሉ ቒነማ ኾይኑ ኣይስምዓካን'ዩ። ስለዚ፣ ንጽባሒቱ ሰኑይ ኣብ እዋን ዕረፍቲ፣ ሕካያኡ ኽንሰምዕ ኣብ ዙርያኡ ተዓኵኵና። ናይ ፍቓዱ ሕካያ ግና ኣይረኸብ'ዩ። ካብቲ ኣብ መእተዊ ናይቲ ፊልም ዝተጻሕፈ ነገራት እንተላይ ሙዚቃኡ ኣቀናቢሩ እዩ ዚሕክየካ።

"ደሓርከ!"

"ዕዕዕን! ዕን! ዕን! ጊሽሽሽ! ፓራራም..."

"ጊሽሽሽ!" ነቲ ናይ ኦርኬስትራ ጸናጽል ሽሓኒ ንምምሳል ባዕሉ ዝፈጠሮ ኣደማምጻ እዩ።

"ሕራይ ቀጽል! ድሕሪኡኸ!"

"ብድሕር'ዚ ብወርቃዊ ጽሕፈት *ሲታሪንግ* ዚብል ይመጽእ፣ ንሱ ጥፍእ ኢሉ ድማ... *ዦዎ...ቫዲስ፣*... ዕዕን! ዕን! ዕን! ጊሽሽሽሽ! ታራራም... ታ... ራራራም!

"ንሱ ጥፍእ ኢሉ...*ሮበርት ተይለር*...ይመጽእ... ዕዕዕን! ፓራራም ጊሽሽሽ! ... *ኮስታሪንግ* ይመጽእ ብድሕሪኡ፣... *ዴቦራ ኬር!*. . ጊሽሽሽሽሽ!"

እንሓንሳእ፣ እቲ ዛንታ ኣንጠልጣሊ ኣብ ዚኾነሉ፣ ነዚ ሙዚቃኡ ኪቓኒ ዳርጋ ሓደ ደቂቕ ይወስደሉ ነበረ።

ብሽምዚ ኣገባብ ተዓብሊኽካ እትሰምዖ ሕክያ እምበኣር፣ ብሓቂ ትዕግስቲ እዮብ ዚሓትት ነገር እዩ። ንሽምዚ ሽማይ ብፊልም ፍዉስ፣ ካብዚ ዚዓቢ ጽፍዒት ኣይነበረን። ስለዚ፣ ሓደ ንግሆ ኣቦይ ቊርሱ ብታህዋኽ በሊዑ፣ ኣብ ጸላም ጋሕጋሕ ናብ ስራሑ ኪኸይድ ብግስ ብዝበለ፣ መሬት ሓዲኡ ትውለድ ኢለ ግና ብለምባድ መልሓስ፤

"ኣቦ፣... ንፊልም ዚኸውን... ገንዘብ ግዳ... ሃበኒ፣" ኣተንባህኩሉ ኣዝየ እናተሰከፍኩን እናፈራህኩን።

"እንታይ!..."

እዝኑ ምእማን ዝሰኣነ ኺመስል ተጸዊጉን ኣፍጢጡን ጠመተኒ።

"ሓ... ሓ...ሓ...ሓንቲ ጽብቕቲ ፊልም መጺኣ'ላ... ኩሎም መማህርትና እዮም ርእዮምዋ፣..." ሓሰኹ። ቑንማ መሽም ዘይገብሮ ጕድ ኣይነበረን፤ ብፍላይ ንኣይ።

"ናይ ምንታይ ፊልም'ዩ! "

"ብዛዕባ... ሮማውያን።"

"እንታይ ዝኾኑ ሮማውያን'ዮም!"

"ዦዎ ቫዲስ እያ ትብሃል..."

"ኮ...እንታይ! "

"ዦዎ ቫዲስ..."

"ኮባዲስ!... ኮባዲስ ኢልካኸ እንታይ ዝእሙ'ዩ! "

"ንቶም ክርስትያን... ብኣናብስ ኬብልዕዎም ከለዉ ዜርኢ ፊልም።"

"ነዚ ደኣ እንታይ ኸትርእየሉ! ኣየናይ ጽቡቕ ነገር ኮይኑ'ዩ!"

"ኣብ ታሪኽ ከማን... ተማሂርናዮ ኢና።... ኣብ ዝሓለፈ መርመራ'ኳ ኻብኡ መጺኡና፣... " ሕጂ'ውን ሓሰኹ። እንታይ ደኣ'ሞ ይገብር፣ ካብ "ዦዎ ቫዲስ" ተምልጠኒ ታሽዓይ ትእዛዝ ኣምላኽ ምፍራስ ይሓይሽ።

"እስከ ኣይተዕገርግረኒ... ናብ ስራሕ ተሃዊኸ'የ ዘለኹ!" በለኒ ተቘጢዑ።

"ኣታ'ቦ...!" ተማሕጸንኩዎ፣ ወጅሁይ ናብ ገጽ-ሓምለሰነ እናተለወጠ።

ከይተገደሰለይ፣ ነታ ኸትኣርግ ዝጀመረት ብሽክለታኡ ባራፉንጎኣ እናተገላጠመ ናብ ግዳም ኣውጽኣ። ተመሊሱ ደኾን ይህበኒ ኢለ ተስፋ ገበርኩ፣ እቲ ድምጺ ናይቲ ባራፉንጎ ግና ገልጠምጠሙ እናሃሰሰ ሃጠመ። ኰረሮይ ብሕርቃን ውትፍ በለኒ። *ዥዎ ቫዲስ* ከይረኣኹዋ ንሓዋሩ ኸተምልጠኒ ማለት ድዩ! ልክዕ ካብ ኣፍ-ደገ መንግስተ ሰማይ ዝተሰጐጐኩ ኾይኑ ተሰምዓኒ።

ቀትሪ ኸም ወትሩ ምሳሕ ናብ ካምቦቦሎ ኣብጻሕኩሉ። ድሕሪ ምሳሕ እቲ ልሙድ መመቀር ኣፍ ሻሂ ምስ ሰተና፣ ነቲ ብዓል ግርምብያለ ሰራሕተኛ ሕርካም (ዕስራን ሓምሽተን ሳንቲም) ሃቦ። እታ ማልስ ዓሰርተ ሳንቲም ምስ ኣምጽኣሉ ኸኣ ከም መቐሸሽ ሃበኒ። እዚኣ ግና ን *ዥዎ ቫዲስ* ኣይትኣክልን'ያ ነይራ። ቍሩብ ነግፈረግ ድሕሪ ምባል፣

"ከንደይ'ዩ እቲ ዝበልካዮ ቺነማ!" ሓተተኒ።

እዝነይ ምእማን ሰኣንኩ።

"ኣብ ቺነማ ሮማ እታ ቢሌቶ እትቘርጽ ጥልያን ንዓበይቲ ሓንቲ ቕርሺ፣ ንሽከንዳና ዚኾኑ ግና ስሳ ሳንቲም ጥራይ እያ እተኽፍል፣" በልክዎ ብታህዋኽ።

ሓምሳ ሳንቲም ካብ ጁባኡ ሃሰውሰው ኢሉ ወሰኸኒ። ንኡ ዋጋ ናይታ ገንዘብ ቀላል ከም ዘይነበረት ኣይሰሓትኩዎን። ዓው ኢለ ኣየመስገንኩዎን፣ ከምኡ ዝኣመሰለ ልምዲ ኣብ መንጎና ስለ ዘይነበረ። ብልበይ ግና፣ ዳሕራይ መዓልቲ ስራሕ ጀሚረ ደሞዝ ምስ ረኸብኩ ወረታኡ መሊሰ ኸም ዘሐጉሶ ተመባጸዕኩ።

ኣብዚ እዋን'ዚ ኣቢሉ እዩ'ውን እኒ፣ *ሰ ፋቲስ ዲ ኤርኮለ* ዘርእስቱ ብሓደ *ስቲቭ ሪቪስ* (እቶም ጣልያን *ስተቭ ሪቨስ* ዚብሉዎ) ዝተባህለ ቀልጻም መንእሰይ ከም ጅግና (ኤርኮለ) ኾይኑ ዝዓየዮ ፍልም ኣብ ቺነማ ኢምፐሮ ዝተራእየ። በቲ ንምእማኑ ዜጸግም ቀላጽም ናይቲ ገጸ-ባህሪ ቀልቡ ዘይተሰልበ ዓሚል ቺነማ መንእሰይ ኣስመራ ዳርጋ ኣይነበረን። ኣብታ ፊልም፣ እቲ ኹሎም ጠላይንን ሓነፍጽን ዚንየቱሉ *"ካርኔራ"* ዝተባህለ ናይ *"ሎታ ሊበራ"* ተቓላሳይ ከም ተጻባኢ *ኤርኮለ* ኾይኑ ዝዓየየላ ስለ ዝነበረት፣ ፍሉይ ቅሻረት ኣልቢሱዋ ኸም ዝነበረ እዝክር።

እቲ ንእሽቶ ሓወይ እንተስ ጸወታ ምስቶም መሳቶኡ ይዕዘዞ፣ እንተስ ኣነ ሽሒጠ ሸሓሒጠ ኣስዲዔዮ፣ እቲ ናብ ካምቦቦሎ ምሳሕ ናይ ምብጻሕ ዕማም ኣባይ ጥራይ ይውደቕ ገደፎ። ስለዚ፣ ከምቲ ልማደይ፣ እተን ኣቦይ መዓልቲ መጸ ዚህበኒ ዝነበረ መቐሸሽ ኣዋህሊለ *ኤርኮለ'ውን* ኣየምለጠትንን። ቺነማ ሮማ ሰዓት ክልተ ኣቢሉ ምስ ተኸፍተ፣ ከሳዕ ፍርቅ-ለይቲ እናተደጋገመ እዩ

ዚርአ ዝነበረ። ካብ ሰዓት ክልተ፣ ዳርጋ ኺዕጾ ኽሳዕ ዚቐርብ ክሳዕ ሰዓት ዓሰርተ ደጋጊመ ረኣኹዎ። ከምኡ ገይረ ኽአ ካብቲ ዓቕሊ ዜጸንቅቕ ሕከያ ናይ ፍቓዱ ካሳ ተገላገልኩ።

ብድሕሪኡ እኒ ብዓል *"ማቺስተ"* እኒ *"ሑርኩለ"* ዝርእስቱ ከም ብዓል *ጎርዶን ስኮት* ዝሰርሑሉ ናይ ቀልጸማት ተዋንያን ፊልም ኪሕ ክሳዕ ዚብለና መጸ። እቲ ፊልምታት ኣመና ህቡብ ካብ ምዃኑ ዝተላዕለ፣ ደሓርሲ *"ሑርኩለ፣ ማቺስተ፣ ወዘተ..."* ዚብል ሳን ዝጠበቐም መማህርትና'ኳ ነይሮም።

ኣብቲ ግዜ'ቲ፣ ብፍላይ፣ ኣብ ሲነማ ኦደዮን ዓበይቲ ብዓለም ደረጃ ኣድንቖ ዘትረፈ ፊልም ይመጽእ ነበረ። ንኣብነት እታ ማርሎን ብራንዶ ዝተዋነየላ *"ሳዮናራ"* ከምኡ ድማ *"ዘ ብሪጅ ኦቨር ሪቨር ክዋይ"* ዝርእስተን ብሕከያ ጥራይ እየ ሰሚዐየ።

ኣካላዊ ለውጢ

ሻብዓይ ክፍሊ (1957-1958) ካብተን ረጊጽናየን ዝመጻእና ኽፍልታት ቀኑሩብ ፍልይ እትብለሉ ኣጋጣምታት ዝተኸስተላ ዓመት እያ ነይራ ኽብል እኽእል። ግዜ ንኹሉ ስለ ዚልውጥ፣ ናብራ ኤርትራውያን ሕጅ'ውን ከምቲ ዝተረፈ ዓለም ብፍጥነት ይቕየር ነበረ። ኣብ ውሽጢ ሃገርና፣ ኣብ ናብራ ገዛ፣ ኣብ መጕዓዝያ፣ ኣብ ህንጻ፣ ኣብ ትምህርቲ፣ ኣብ ካልእ ናይ ምዕባለ ንጥፈታት ጽቡቕ ገስጋስ ዝተራእየሉ ግዜ ኽም ዝነበረ ብዙሕ ዚጥቀስ ኣብነት ነይሩ። ንኣብነት ገዛባንዳ መብዛሕትኡ ጽርግያታቱ ብቕጥራን ዝተለበጠ ኣብዚ ዓመታት እዚ ነበረ። ኣውቶቡስ ከተማ፣ እተን ገልጣማት ነዊሕ ዝኣፍንጫአን ናይ ቀደም ኣውቶቡስ፣ ብሓደስቲ ኣፍንጫ-ኣልቦ ኻብ ዚትክኣ ጸኒሐን እየን። ጥሩምባአን ኣብ ክንዲ "ቢብ" ዚብል፣ ክሳዕ ርሑቕ ዚሰማዕ "ባጉም ባጉም" ዚብል ቀልቢ ተሳፋሪ ዚስሕብ ተለወጠ። ቈልዑ ኼላግጹ ኽለዉ፤

"ባጉም ባጉም ባጉም!
ሰልዲ እንተ'ለኩም!
ክንማልኣኩም!" ይብሉ ነበሩ።

ኣብዚ ዓመት'ዚ፣ ብዙሓት ካብ መሳቱና፣ ብፍላይ እቶም ብል'ደ ዚመርሑና ደቂ ተባዕትዮ፣ ድምጾም ኪጕርዕን ናይ ጕብዝና ባህሪ ኬርእዩ ዝጀመሩሉን ነበረ።

ስድራና፣ ብፍላይ ነቶም ደቂ-ተባዕትዮ፣ ጕብዝና ኽነልዕል ከም ዝጀመርና

ዘቕለቡሉ ዕድመ ኢና ኣርኪብና። ኣቦይ'ውን፣ ነዚ ስለ ዘስተብሃለ እዩ ይመስለኒ፣ ድሕሪ ምዕጻው ቤት ትምህርቲ ናይታ ዝሓለፈት ዓመት፣ ክልተ ጽቡቕ ናይ ኣመሪካ ነዊሕ ስረ ኣምጽኣለይ። ንጽባሒቱ ድማ ናብቲ ድሕሪ መስጊድ ዚርከብ እንዳ ሓራጅ ወሲዱ፣ ድሕሪ ብዙሕ ምርጻን ዕ'ቀናን፣ ሓደ ጽምዲ ኻልኣይ ኢድ ጫማ ዓደገለይ።

ኣብ መጀመርታ፣ ነቲ ጫማይ ወድየ ናብ ቤት ትምህርቲ ምስ መጻእኩ፣ ካብቶም መሳቶይ እናላገጹ ዝሰሓቑኒ ነይሮም። ብኡ ምኽንያት ንገለ እዋን ምውዳዩ ዳርጋ ጸላእኩዎ። ደሓር ግና ወይ ከም ብጮተይ ብዓል ሳእንን ነዊሕ ስረን ም'ዃን ወይ ቊምጣ ወዲ'ኻ ጥራሕ እግሪ ምስልፋዕ ስለ ዘኾነኒ፣ ንነብሰይ ደራሪዐ ነቲ ነዊሕ ስረን ሳእንን መረጽኩ። ኣብ ኣካላተይ'ውን ሓደሓደ ለውጢ ኸስተብህል ጀመርኩ።

ሓደ ንግሆ ኣብ ምዝዛም ሻብዓይ ክፍሊ እዩ ይመስለኒ፣ ኣብቲ ኸባቢ ኣጥባተይ ሓደ ሕብጥ ዝበለ ዕንኳር ነገር ኣስተብሃልኩ'ሞ ኣዝየ ሰንበድኩ። ነቲ ጽኪ መሳሊ ኣብ መንጎ ኣጻብዐይ ገይረ ኣትሪረ እንተ ጸቐጥኩዎ ማይ መሳሊ ኣንቅዐ፣ ቃንዛ ግና ኣይነበሮን። ከምኡ ኸነሱ ግዳ ኣፍርሃኒ። ቅድሚ ዝኣገረ ዝተቐጀለኒ፣ እታ ኣብ ኣጥባታ ብልዚ መሳሊ ቊስሊ ወጺኡዋ ምስ ኤልሳ ሓብተይ ኣብ ሓንቲ መዓልቲ ዝዓረፈት ዘይተጠምቀት ናጽላ ሓብተይ እያ ነይራ። ንጽባሒቱ ንግሆ ኣቦይ ከም ወትሩ ጋሕጋሕ ምድሪ ናብ ስራሕ ኪብገስ ከሎ ካብ መደቀስየይ ብድድ በልኩ'ሞ፤

"ኣቦ!..." በልኩዎ ብሻቕሎት። ኣቦይ እቲ ሻቕሎተይ ንቺነማ ገንዘብ ክልምን ዝደለኹ ኸይመሰሎ ኣይተረፈን።

"እሂ!... ሕጅ'ሽ እንታይ ደሊ'ኻ! " በለኒ።

"ኣብዚ ጡብይ ሓደ ጽኪ መሳሊ ወጺኡንስ... ፈሪሀ፣..." በልኩ።

ኣቦይ ከማይ ኣብ ክንዲ ዚስንብድ፣ በቲ ዘረባይ ዝገረሞን "እንታይ ዓይነት ዓዋን ቈልዓ ረኺበኩ፣" ዚብል ዘሎ ኺመስልን ጠመተኒ።

"እስከ ሃለውለው ኣይትበል!..." በለኒ፣ ብሸከለታኡ እናደፍአ ኺኸይድ ከኣ ተበገሰ።

"ኣቦ... .ናይ ሓቀይ'የ...!"

ከይተገደሰለይ ናብ ስራሑ ተዓዝረ።

ኣብቲ ንግሆ'ቲ፣ ቀልበይ ብምሉኡ በቲ ዘሰንበደኒ ሕማም ጥራይ ስለ ዝተባሕተ፣ ነቶም ዚልፍልፉ ዝነበሩ መምህራንና ዳርጋ ኣይሰማዕኩዎምን። ፍርቂ-መዓልቲ፣ ካብ ትምህርቲ ተፈዲስና ምስ ብዓል ወ'ደስመሮምን ዮሴፍ ወ'ደሞይ ማርያን ናብ ገዛውትና ኽንከይድ ከለና፣ እቲ ዳሕረዋይ ዘይኣመለይ ኣብ ጸወታይን ንጥፈተይን ዝሓለ ስለ ዘስተብሃለለይ፤

"እንታይ ደአ ኼንካ ስቕ ትብል! " በለኒ።

ነቲ ብድሕሪ ባር ሮማ ዚሓልፍ መገዲ ባቡር ሰጊርና፣ በቲ ሕሩስ ኣቋሪጽና፣ ኣብቲ ጥቓ ሓደ ኣረጊት ጣልያን ደራሁ ዜፋርየሉ "እንዳ ታኪን" እንብሎ ዑና ገዛ ዝነበሮ ቐጽሪ ኢና በጺሕና ኔርና። ጭንቀተይ ንሰብ ዘካፍለሉ ጽቡቕ ዕድል መሲሉ ስለ ዝተራእየኒ፤

"ኣብዚ ጡበይ ዕንኳር ኣውጺኣስ... እንድዒ... ፈሪሐ!" መለሽኩ። ስለምንታይ ከም ዝፈራህኩ ኣይገለጽኩሉን።

ዮሴፍ እናተንካዕከወ ሰሓቐ። በቲ ተግባራቱ ክቐየሞ ዕድል ከይሃበኒ፤

"ወወይ!!! ጐቢዝኪ ማለት'ዩ፣" በለኒ መመሊሱ እተንካዕከወ።

"ወይለይ፣ ኣነ'ውን ኣብ ጡበይ ዕንኳር ኣውጺኣ'ለኹ! በለ ወ'ደስመሮም በቲ ዓፍናቕ ደሃዩ ካሚቻኡ ቐሊዑ ንኣና እናርኣየ። ልክዕ ከምቲ ናተይ ኣብቲ ጫፉ ጽኪ መሳሊ ነበሮ። ኣረ ኻብቲ ናተይሲ ናይ ወ'ደስመሮም'ኳ ይፈሪ ነይሩ!

"ጐቢዝክን!...*ሀይ!...ቮልዲረ ስየተ ቢዞኚ ዲ ሓምረ...* !" ቀጸለ ምንክዕካው ዮሴፍ። ዮሴፍ ጥልያንኛ ምድብላቕ ይፈቱ ነበረ።

ዝተሰመዓኒ ረሓ ኽገልጾ ኣይክእልን። ስለምንታይ ኣቦይ ንግሆ ኽይተገደሰለይ ናብ ስራሑ ኽም ዘምርሐ ሕጂ ተረድኣኒ። "እንቋዕ'ኳ ጸገመይ ዘካፍሎም መሳቱ ዘለዉኒ ኾንኩ። ካብ ኣቦይ ንሳቶም ይሕሹ፣" ሓሰብኩ ብልበይ።

ብጽሖት ናብ ጕልዒ

ምስ ደቂ-ገዛውትና፣ ከም ቀደምና ናብቲ ኣዚና እንፈትዎ ማይ ጻድቃናት ምኻድ ኣይገደፍናዮን። ሓደ ግዜ'ውን፣ በቲ ኣብ ቤት ትምህርትና ኣብ *"ስኩል ሳየንስ"* ዝተመሃርናዮ ኣዝየ ስለ ዝተነሸጥኩ፣ ኣቦይ ኣብ እዋን ልደት ካብ ቃኘው ህያብ ሒዙሉ ዝመጸ፣ ካብ ፕላስቲክ ዝተሰርሐ ማይ ኪዓቕር ዚኽእል ሳጹን መሳሊ ኣቕሓ ሒዘ ኸድኩ። ካብቲ ኣብ ማእከል ኣኻውሕ ተዓቒሩ ዝነበረ ሰበባ ዝበዝሖ ጽሩይ ማይ ከኣ ትንኾሉብን ዓለቕትን ገፊፈ፣ ኣብቲ ማይ ዝመልአ ሳጹን ፕላስቲክ ኣእትየ ምእንቲ ኽመራመረሎም ናብ ገዛይ ወሰድኩዎም። ንጽባሒቱ፣ እቶም ትንኾሉብን ዓለቕትን ገሊኦም ጠፊኦም ገሊኦም መይቶም ረኺብኩዎም። ብህይወት ንኺሰርሩ ኣድላዪ ዘበለ ኽብክብ ከም ዘይገበርኩሎም ተረዲኡኒ እቲ ምኽራ ኣቋረጽኩዎ።

ሓደ ቐዳም መዓልቲ'ውን ክሳዕ ጕልዒ ወሪድና ኔርና። መንትግ ምሓዝ ገና ፈጺምና ኣይሓደግናዮን። ጠበቓት ማይ ጻድቃናት ደጊም ነዊሕ ከይጸንሑ

በቲ ናይ ለማሚ ባህሪኣም ከም ዘይነናሕስየሎም ዛጊት ፈሊጦምስ ብማዕዶ ኺስወሩና ኻብ ዚጀመሩ ጸኒሖም እዮም።

ኣብ ጕልዒ ምስ በጻሕና ኣዚና ስለ ዝደኸምና፣ ኣብ ትሕቲ ጽላል ሓንቲ ዓባይ ኦም ሳግላ ኣዕረፍና። እቲ ወልወል ደበንገረ ናይታ ገረብ ትንፋስ ሰኹዓልና። ብጽምኢ ዚኣክል ግና ጕረሮና ቐራዕ በለ። ነቶም ደቅ-ዓዲ ኽይንርብሾም እናተጠንቀቕና፣ ናብ ሓንቲ ብዝተመርወ ስላዕን ኣጕናድን ዝተሓጽረት ግድግዳ መሰል ገዛ ቐረብና። ክልተ ወይ ሰለስተ ዚኾና ልውየት መሳሊ ዝተገርበባ ኣንስቲ ምስ ረኣያና ሰንበዳሞ፣ ብቛንቋ ትግረ ንሓድሕደን ኪዳሃያ ሰማዕና። እናተመሻኸንና ኸኣ፤

“በጃኻትክን ጸሚእናስ፣ ዚስተ ማይ እንተለ'ክን ግዳ ሃባና፣” በልናየን። ሓንቲ ንእሽቶ ቈልዓ ዝሓቈፈት፣ ኣፍንጭኣ ዝተሰቕረት ብዓልቲ ልወየት፤

“ላእ የብልናን፣” በለትና።

ሓቃ ኸኣ፣ ኣብቲ ኣጻምእ'ቲ ማይ ምናልባት ብቐሊሉ ዘይርከብ ነይሩ ይኸውን። እዚ፣ እቲ ኣብ መንጎና ዝነበረ ናይ እምነት ፍልልይ ኣብ ግምት ከየእተኻ ኺሕሰብ ከሎ እዩ። ስለዚ፣ ኣብ ትሕቲ እታ ብር'ኸቲ ኦም ሳግላ ንኣስታት ሓደ ሰዓት ድሕሪ ምዕራፍን ኣብ ዙርያኣ ድሕሪ ምሕል'ኸላ'ኸን ጕዕዞ ናብ ገዛውትና ተተሓሓዝናዮ። ቅድም፣ ካብቲ ታሕታይ ሽነኽ ማይ ጻድቃናት፣ ብልዕሊ ዓበይቲ ልሙጽ ፋሕሻው ኣኻውሕ እናተንሻታሕና ብኣዝዩ ሓደገኛን ኣህላ'ኸን ኣገባብ ኢና ናብ ጕልዒ ወሪድና። ብኡ ምኽንያት ድማ እዩ ነዊሕ ግዜ ዝወሰደልናን ዘድከመናን። ሕጂ ግና በቲ ሰብ ጕልዒ መዓልቲ መጸ ናብ ኣስመራ ዚመላለሱሉ ንዓቐብ ብየማንና ዚርከብ መገዲ እግሪ ኢና እንጕዓዝ ዝነበርና። ብሓቂ ድማ ኸምቲ ዝፈራህናዮ ዘይኮነስ ናብ ማይ ጻድቃናት ክንበጽሕ ግዜ ኣይወሰደልናን።

ኣጋ ሰዓት ክልተ ኪኸውን ከሎ፣ ኣነ ዝመራሒኦም፣ ብጸግዒ ሓደ ጕቦ ዝንሕ ኽንብል ከለና፣ ሓደ ኣካላቱ ነዊሕ ቱቦ ዚመስል ኣብ ቅድመይ ኣስታት ክልተ ሜትሮ ርሒቑ ኣብቲ ባይታ ተሰጢሑ ረኣኹ። ሕብሩ ነቲ ዝነበርናሉ ሓመድን ኣኻውሕን እዩ ዚመስል። ተመን ም'ዃኑ ኸለልዮ ግዜ ኣይወሰደለይን። ቅድሚ ሽው፣ ዝሞተ ተመን ኣብ ከባቢ ብዓል ቤት ግዮርጊስ ብዙሕ ሳዕ ርእየ ነይረ። እቲ ፍልልዩ፣ እዚ ህያው እዩ ነይሩ። ርእሱ ልክዕ ከም ናይ ምንጭቕሊት እዩ ዚመስል። እቲ ኣርዌን ኣነን ዝተዓዘምና ኽንመስል ኣብ ዘዝነበርናዮ ቈምና ተጠማመትና። ነቶም ብጮተይ ከይነቓንቑ ብዘጠንቀቕኩዎም ልክዕ ከም ወተሃደራዊ ትእዛዝ ኣብ ዘዝነበሩዎ ደረቑ። ኵላትና ምኽሪ ኽም ዝነበረና ብሰላሕታ ነቲ ኣሸበሸብ ከም ጠያይት ኣብ ጁባታትና ሒዝናዮ እንጸንሕ ፍሩይ ጸጸር ኣብ ለቘታ መንትጋትና መላእናዮ።

“*ሴታይ ሳቱንቶ! ኤ ፕሪካሎዞ!* ተጠንቀቑ...” ኣሰምዐ ሓደ ኻብቶም

ሓነፍጽ መተሃድንተይ። ንነብሱ ከም ሓደ ኣብ ናይ "ታርዛን" ዛንታ፣ ካስኮ ዝወደየ፣ ኣብ "ሳፋሪ" ዘሎ ኤውሮጳዊ ገይሩ እዩ ወሲዱዋ።

"ደው በል! ኣይትነቓነቕ፣ ከነጠምብዎ ኢና፣" በለ ኻብቶም ሓበሻ መንትጉ እናለጐመ።

"ዚቶ! ቴሲታ ዲ ማያለ...! ሾይ ሲፖሸንታርሎ!...ሽሽሽሽ . . ፒያኖ ፒያኖ! ከይሓድም!" ኣሕሸኹሸኹ ሓደ ኻልእ።

ብኡንብኡ፣ ካብ ዂለን ለቜታታት ናይተን መነትግና እቲ ተጻዊዱለን ዝጸንሐ ጸጸራት በድራጋ ተፈነወ። ጢዝ! ጭዝ! ሕምቢው! ጫዕ! ጣዕ! ጢግ! ዚብል ድምጽታት ኣብቲ ረመጨት ባይታ ተቓልሐ። ዂሉ'ዚ፣ ዳርጋ ኣብ ውሽጢ ቓሕ ሰም እዩ ዝኾነ። ተኣምርዩ፣ ካብቲ ኹሉ ተወንጫፊ ሓንቲ'ኳ ነቲ ሓደገኛ ለማሚ ኣይረኸበቶን። ወዮ ተመን፣ ካብዚ ድቦላ መጥቃዕቲ'ዚ ንምምላጥ፣ ፍጹም ብዘይተጸበኹዎ ፍጥነት ከም መብረቕ ተወርዊሩ ናብ ሓንቲ ኣብ ጐነይ ዝነበረት ኣሻኹ ቜጥቛጥ ተዓቝበ'ሞ እቲ ዓን ዚመስል ዕርድራድ ከብዱ በቲ ኣጕናዳ እናንተውልሐ ኣብ ጥቓ ሱራ ናብ ዝነበረ ጕድጓድ ተሸርበ። ኣብ ቺንማ፣ መብዛሕትኡ ግዜ፣ ተመን ቀስ ኢሉ እናተስለኽለኸ ኺንቀሳቐስ እየ ዝርእዮ ነይረ። እዚ ግና ኻብኡ ኣዝዩ ዝተፈልየን ዝፈጠነን፣ ዝያዳ ድማ ሓደገኛ ከም ዝኾነ ንኽግንዘብ ኣኽኣለኒ። መን ይፈልጥ፣ እቲ ተመን ምናልባት ኣዝዩ ሕንዛም ነይሩ ይኸውን።

ነቲ ተመን ከም ዘይንረኽቦ ተስፋ ምስ ቀበጽና፣ ጕዕዞና ቐጸልና። ቀ፟ሩብ ብዝገስገስና፣ ሕጂ'ውን ኣብ ወሰን እቲ መገዲ-እግሪ፣ ሓደ ቐረንቀራ ርእሲ ኣብቲ ጸሓይ ተሰጢሑ ረኸብና። ሓደ ኻባታትና እዩ ብኣጋጣሚ ምስ ረኣዮ ዘፍለጠና። በቲ መገድ'ቲ ሰባት ይሓልፉ እዮም፣ ከይረኣዩዎ ዝተረፉ ኣይመስለንን። ምናልባት ኣብቲ ኸባቢ ልዕል ኢሉ ዝተቐብረ'ሞ፣ ደሓር ብብዝሒ ዓመታት ብዝናብን ግራቪቲን እናተባሕጐጐን እናተደፍኣን ኣብኡ ዝበጽሐ ይኸውን። ገለ ኻብቶም ሓነፍጽ ናይ ጥንቲ ፍጥረት ወድ-ሰብ ከይኸውን ርእይቶ ዝሃቡ ነይሮም። ኣብ ቤት ትምህርቶም መምህራኖም ካብ ዝነገሩዎም ተበጊሶም ይኾኑ።

"ፐረዘምፒዮ...እንታይ'ዩ ዚብሃል...ሰብ ከም *ሺምያ* ከሎ ይከውን...*ሲ!"* በለ ሓደ ኻብቶም፣ ኣብ ትምህርቱ ትጉህ ዚመስል።

"ማ ኖ! ኬ ሾኬስ!... ላ ቢብልያ ኖን ዲረ ኮዚ፣... ዝጊሔር ንዓዳም *ኤ ኤቫ ካብ ፋንጎ... ኮመ ሲ ዲቼ... ሲ፣* ጭቃ፣ እ,..እ... ጠፊዑ!... *ሲ..* ጠፍጢፉ *'ምሞ'* ጌሩዎ ዒዩ ይብል..." በለ ሓደ ኻልእ ሓንፈጽ።

ማ ሲ፣ ሚ ሪኮርዶ ማየስትራ ከምኡ ክትብለና፣ *ፐሮ ፓፓ* እታ *ማየስትራ* ሱቂ'ላ *ከያኬራረ* ትገብር ኢሉዋ!" መለሸ ቶ'ኒኖ ኻብታ መምህሩን ካብ ኣቦኡን ንመኖም ከም ዚኸሕድ እናተወላወለ።

"ቤንቲ ቴስታ ዲ ማያለ!... ቱዎ ባቦ ኤ ጁስቶ... ላ ትዋ ማየስትራ ትሮፖ ሓለውለው ትብዝሕ'ያ!"

ዝርርቦምን ምይይጦምን ነቶም ኣብ ባር ባታልያ ቪኖ ኺጕልጥሙን ኪግ'ጥጡን ዜምስዩ ኣቦታቶም ኪመስሉ፣ ኣእዳዎምን ቀላጽሞምን እናኣገናጨሩ እዮም ዚዘራረቡ ነይሮም።

ሕጂ ተመሊሰ ኽዝክር ከለኹ ግና፣ እቲ ኣብቲ ረመጨት ጸሓይ፣ ኣብ ጐኒ ገሓሕር ጎቦ ጥቓ እንዳ ኣትማን ዝረኽብናዮ ቀረንቀራ፣ ናይ ዘመናዊ ሰብ እዩ ነይሩ። ምናልባት ብዘበን ጥልያን ብግፍዒ ዝተቐትለ ወደ'ባት ነይሩ ይኸውን።

ሃንገፍታ ፍልጠት

ካብቲ ኣብ ሻብዓይ ክፍሊ ኸለና ዚዝከረኒ፣ ሓደ ኣዝዩ ኣገዳሲ ኽስተት፣ ብስራት ናይ ምዝዛም ትርጉም ምሉእ መጽሓፍ ቅዱስ እዩ ዝነበረ። መጽሓፍ ቅዱስ ተተርጒሙ ኸም ዝተወድአ ይሕመ ነይሩ፣ ብወግዒ ዝተነግረ ግና ኣይነበረን።

ኣብዚ ዘዘንትወሉ ዘለኹ ዓመት፣ ሓደ ረፍዲ፣ ተመሃሮ ገዛ ሽኒሻ ብሙሉኣትና፣ ኣብ ቅድሚ'ታ ብፍንጀራ ቦምባ ዝተዓጽፈት ተባሂሉ ዚውረየላ ናይ ኣሌክትሪክ ዓንዲ ሓጺን ክንስራዕ ትእዛዝ ተመሓላለፈ። ዂላትና ብዝተሰለፍና፣ እመቤት ኤልሲ፣ ኣብ ማዕዶ'ቲ ዝተሰርዐ ተምሃራይ፣ ኣብታ ወትሩ ምስኣን ዚማልኣኣ ተዓጻፊት መንበረን ተቐሚጠን ነበራ። ብዕድመ ኣዝየን ደፊኣን እየን ነይረን። ሓደ ጸሊም ዝገበሩ፣ ኣዝዩ ረጕድ፣ ወሰነወሰኑ ብቐይሕ ሕብሪ ዝተጠምዐ ገጻት ዝጠርነፈ መጽሓፍ፣ ልክዕ ከም ሓደ ሕጻን ናብ ደረተን ኣጸጊዐን ተኾልኩለናአ ነበራ። ለከስ እቲ ብዙሕ ዝተዘነየሉ ዕዮኡ ብ1953 ዝተዛዘመ ዓብዩ ትርጓም ቅዳሕ መጽሓፍ ቅዱስ ትግርኛ ንሱ እዩ ነይሩ። ነቲ ዕዮ'ቲ ዝጀመርዎ መብዛሕትኦም ብህይወት ኣይነበሩን። ሓደ ኻብኣቶም ብዓል ቤተን ነፍሰሄር ሓኪም ካርል ቪንኵስት ነበሩ።

በቲ ግዜ'ቲ፣ ሓለቓ ወንጌላዊት ቤት ትምህርቲ መምህር ሙሳ ኣሮን እዮም ዝነበሩ'ሞ፣ ንኽብሪ እመቤት ኤልሲ ኣብ ቅድሚኣን ቆይሞም ሓጺር ንግግር ከም ዝገበሩ ትዝ ይብለኒ። ካብቲ ዝበልዎ ቁም-ነገር ግና ሓንትኳ ኣይዝከረንን። እቲ ሓጺር ጽንብል ተዛዚሙ ነናብ ክፍልና ብዝተመለስና፣ ሓደ ኻብቶም መምህራንና፣ "መጽሓፍ ቅዱስ ብምትርጓሙ፣ ደጊም ትግርኛ ኸም ዘይጠፍእ ዓቢ ዋሕስ ኪኾና እዩ፣" ኪብሉ፣ ልክዕ ከምዚ ሕጂ ኾይኑ ኣብ እዝነይ ኪቃላሕ ይዝከረኒ።

ካልእ ኣብ ሻብዓይ ክፍሊ ዘጋጠመና ኣገዳሲ ነገር'ውን ነይሩ። ሓደ ድሕሪ ቐትሪ፣ ካበየናይ ክፍሊ ንላዕሊ ከም ዝኾነ ኣዐርየ ኣይዝክሮን ደኣ'ምበር፣ ገለ ኸፋል ተምሃሮ ገዛ ኸኒሻ ተሰሪዕና ናብ ማእከል ከተማ ገስገስና። ብማእከል ኮምብሽታቶ ሰንጢቕና፣ ናብቲ ኣብ ጥቓ ቤተ-መንግስቲ ዚርከብ "ክበብ መኰንናት" ዚብሃል ኣእተዉና።

ኣብቲ ውሽጥ'ቲ ኣዳራሽ፣ ብናይ ሓበሻ መሳርያ ብጭራ ዋጣ ብዝተሰነየ ልስሉስ ናይ ኣምሓርኛ ደርፊ ዝተዓጀበ ምርኢት ናይ ቅብኣ ተዳልዩ ጸንሓና። ሓደ ለማ ጉያ ዝሽሙ፣ ኣባል ሓይል-ኣየር ኢትዮጵያ ዘቕረቦ ናይ ቅብኣ ምርኢት እዩ ነይሩ። ፍጹም ናይ ቅብኣ ዓይነ-ስዉር ምዃነይ ዘግሃደለይ በኾር-ዓይነይ ዓውደ-ምርኢት እዩ ነይሩ። ንኣይ ጥራይ ዘይኮነስ ነቶም መማህርተይ'ውን ክብል እደፍር። ብሕብሪ ዘይቲ፣ ብቻርኮል፣ ብሕብሪ ማይ ዝተሳእለ መልክዕ ናይ ዓበይቲ መራሕቲ ዓለም፣ መልክዕ ናይ በብዓይነቱ ትዕይንቲ-መሬት፣ መልክዕ ናይ ካልኦት ዘይንፈልጦም ሰባት፣ ገሊኡ ኣብ መደገፍ-ሰሌዳ፣ ገሊኡ ኣብ መንደቕ ተሰቒሉ ነበረ። እዚ ንገለና፣ ነቲ ተደጒሉ ዝነበረ ናይ ስእሊ ዝንባለታትና ኽም ዘበራብሮ፣ እቲ ኣብ መወዳእታ ዓመት ኣብ ምዕጻው ቤት ትምህርቲ ብተምሃሮ ዝቐረበ ምርኢት ስእሊ እኹል ምስክር ነበረ።

መዓልቱ ብትኽክል ኣይዝክሮን ደኣ'ምበር፣ እቶም ሓለቓ፣ ኣብቲ ዓመት እቲ'ውን፣ ነቶም ኣብ ሻብዓይን ሻምናይን ክፍሊ ዝነበርና ናብቲ ኣብ እግሪ ፎርቶ ዚርከብ ቤት-ማሕተም መንግስቲ ብመስርዕ ወሰዱና። ዕዮ ሕትመት እንታይ ከም ዝኾነ ምእንቲ ኽንፈልጥ፣ ነቲ ኽፍልታቱ በብሓደ እናዞርና ኽም እንርእዮ ገበሩ። ብፍላይ፣ እታ ኻብ ዝመኸኸ ዓረር፣ ብደቂቕ መልበድ እናጨለፈት ፊደላት ቀቀሪጻ እትሰርዕ ማኪና፣ ንኣይ ሓንቲ ኻብተን ሽው ኣዝያ ዝመሰጠትኒ ምህዞ እያ ነይራ። ብጀካ'ዚ፣ ብዙሕ ግዱ ኣይገበርኩሉን ደኣ'ምበር፣ መስርሕ ሕትመት ጋዜጣ፣ መጻሕፍቲ፣ ናብ በብዓይነቱ መወዓውዕን መፋለጥን ዚውዕል ጽሑፋት'ውን ብኸመይ ዝኣመሰለ መስርሕ ኸም ዚሓልፍ ብሰብ ሞያ ኣሰንዮም ኣርኣዩና። ንወዲ ባርቡይ ኣቦኡ ሰራሕተኛ ቤት ማሕተም ከም ዝኾኑ ዝፈለጥኩ'ውን ሽው ነበረ። ብሓጺሩስ፣ እቲ ብጽሖት፣ ትምህርትን ትግባረን ተሳንዮ ኺኸይድ ከም ዚግባእ ዜስተምህር ጒዕዞ እዩ ነይሩ። ክሳዕ ሎሚ ድማ ኻብ ኣእምሮይ ኣይሃሰሰን። ሓደ ጸኒሑ ድሕሪ ብዙሕ ዓመታት ኣብ ኣእምሮይ ቅጅል ዝበለኒ ነገር፣ መምህር ሙሳ ኣብቲ ዓመት'ቲ ናብዚ ትካል'ዚ ዝወሰዱና ምስ ሕትመት "ሮቢንሶን ክሩሶ" ገለ ርክብ ዘሎዎ ኣጋጣሚ ነይሩዶ ይኸውን፧

ኣብ ሻብዓይ ክፍሊ፣ ብጀካ እቲ ልሙድ ዝኾነ ትምህርቲ መጽሓፍ

ቅዱስ፣ ዕምቆ ዝበለ ናይ ሳየንስን፣ ቍጽርን፣ ጂኦግራፊያን፣ ታሪኽን፣ ፍልጠት ዝቐሰምናሉ ዓመት እዩ ነይሩ። ሓደ *"ጀነራል ሳየንስ"* ዝተባህለ መጽሓፍ ትምህርቲ ነይሩና። መን ከም ዘዳለዎ ሕጂ እንተኾነ'ውን እንዶኡ የብለይን። ኣብ ዓባይ ብሪጣንያ ወይ ኣብተን ሽው ግዝኣታ ዝነበራ ሃገራት ዝተዳለወ ነይሩ ይኸውን ዚብል ግምት ኣሎኒ። ትሕዝቶኡ ሕውስዋስ እዩ ነይሩ። ካብ ፊዚካ፣ ካብ ከሚካ ወይ ካብ ስነ-ህይወት እናቐናጠበ ሓፈሻዊ ፍልጠት ኬቕስም ዚፍትን መጽሓፍ እዩ ነይሩ። ንእኡ ዝመሃሩና፣ መምህር በርሀ ሃይለ ዝተባህሉ እዮም ነይሮም። ኣብቲ መጽሓፍ'ቲ፣ ብዛዕባ ጋሊለዮ ጋሊለይ፣ ብዛዕባ ኮፐርኒኩስ፣ ብዛዕባ ኣይዛክ ኒውቶን፣ ብዛዕባ ፕላነታትን ከዋኽብትን፣ ብዛዕባ ጋላክሲ ሊሔ ብዛዕባ ኦክሲጅን፣ ብዛዕባ ሃይድሮጅን ብዛዕባ በብዓይነቱ ባእታታትን ባህርያቱን፣ ብዛዕባ ዝተፍላለዩ ስነ-ህይወታዊ ፍጡራን ዋግዋጎ ፍልጠት ቀሰምና። ልዕሊ ኹሉ ቀልብና ዝሰሓቦ፣ መምህርና ነቲ ኣብ መጽሓፍ ዘንበብናዮ ከም እንምከሮ ምግባሮም ነበረ።

፲፫

ብጽሖት ናብ ምጽዋዕ

ክረምቲ 1958 ኣቦይ ንኣይን ንሓወይን ናብ ባጽዕ ሒዙና ኸም ዚኸይድ ተመባጺዑልና ነበረ። በዚ ምኽንያት'ዚ፣ እቲ ወቕቲ ክሳዕ ዚኣቱ ኸም ጥንስቲ መዓልቲ ኽንቈጽር ጀመርና።

ኣብታ ዝሓለፈት ዓመት፣ ኣቦይ ጠንቂ ብዘይፈለጦ፣ መላእ ቈርበት ሰውነቱ ብዕንፍሩር መሳሊ ሕማም ስለ ዘተጠቕዐ፣ በቶም ኣዕሩኹን መማስይቱን ናብ ባጽዕ ወሪዱ ማይ ባድ ኪሕጸብን ኣብቲ ሑጻ ገማግም ኪድብን ተመኺረ። ሓደ ኻብዞም ፈተውቱ፣ ኣቦይ ገረንኪኤል ዝተባህሉ ወናኒ *ጌሪ ሳውንደርሪ*፣ ኣብ ካምቦቦሎ ትካል ዝነበሮም እዮም። ኣቦይ ነቲ ኽዳውንቲ ወተሃደራት ኣመሪካ ናብ *ጌሪ ሳውንደርሪ* እዩ ዚወስዶ ነይሩ። በዚ ምኽንያት'ዚ ጥቡቕ ዕርክነት መስረቱ። ቈርበቱ ምስ ሓመመ ናብ ባጽዕ ምስኦም ሒዞምዎ ዝኸዱ'ውን ንሶም ባዕሎም እዮም። ኣብኡ፣ ንኣስታት ሓደ ወርሒ ጸንሐ። እቲ ዕንፍሩር ምግንፋሉ ቆይሙ በብሓደ እናቐምሰለ ኺገድፎ ጀመረ። ገጹ ግና ክሳዕ ኣዚና እንገግዮ ሓረሮ መሲሉ ተመልሰ። ስለዚ፣ ኣብዚ ኽረምት'ዚ፣ ንበይኑ ምስ ደቁ ኺኸይድ ወሰነ። እተን ዓሚ ምስ ኣቦይ ገሪንክኤል ዘስተናበራኦም ወይዘሮ እምባፍራሽ ዝተባህላ ዓባይ ሰበይቲ፣ ኣብ ዝኾነ እዋን ናብ ባጽዕ ምስ ዚወርድ፣ ቤተን ንኡን ንስድርኡን ወርትግ ርሑው ምዃኑ ስለ ዝነገራኦ፣ ብዛዕባ መሓድሮ ጸገም ኣይነበረን።

መዓልትን ከልብን ከይጸዋዕካዮ ይመጽእ ከም ዚብሃል፣ እታ ናብ ባጽዕ እንብገሰላ ዕለት ደበኽ በለት። ኣበየናይ መዓልቲ ኸም ዝነበረ ብትኽክል ኣይዝከረንን። ቤት-ትምህርቲ ኻብ ዚዕጾ ስለ ዝጸንሐ፣ ብዓይኒ ተምሃራይ ኵሉ መዓልቲ ብዓልን ቀዳመ ሰንበትን እዩ ዝነበረ። ብግምት ግና ረቡዕ ዝነበረ ይመስለኒ። ኣቦይ ብዘውጽኦ መደብ፣ ጕዕዞና ብባቡር ክንከይድ እዩ ዝነበረ። ከምኡ ዝገበረሉ ምኽንያት፣ ገንዘብ ከየባኽን ጥራይ ዘይኮነስ፣ ጕዕዞ ብባቡር ዝያዳ መሳጢ ከም ዝኾነ ስለ ዝኣመነሉ እዩ።

ንግሆ ሰዓት ሸሞንተ ድሕሪ ቍርሲ፣ ዝርካቡ ንኽልተ ቕነ ዚኸውን ክዳውንትናን ነደይ እምባፍራሽ ዚውሃብ ንኣሽቱ ህያብ ናይ ሽሮን በርበረን፣ ካልእ ቀንጠመንጥን ተሰኪምና ኣብቲ ኣብ ፌሮቪያ ዚርከብ መደበር ባቡር (ስታስዮን) ተረኺብና። እቲ ዝሑል ኣየር ብሸታ ሕመት ተዓሊሱ ፍሉይ

ሃዋህው ፈጢሩ ነበረ። ኣብኡ፣ ከማና ናብ ባጽዕ ዚገይሽን ዜፋኑን ብዙሕ ህዝቢ ጸንሓና። ገለ የዕልሉ፣ ገለ ስላምታን ለበዋን ይለዋወጡ፣ ገለ ኣብ መንገ'ቲ ተጐዓዛይን ኣፋናዋይን እናሕለኽለኹን እናገዓሩን እናኣወዓውዑን፣ ለሚን፣ ካራመላ፣ ካልእ ንጐዕዞን ጸረ-ድንገትን የድሊ ዝብሉዎ ዕጸዋትን ቀንጠመንጥን ንዓዳጋይ ዜዙሩን ነበሩ።

ኣብ ውሽጥ'ቲ ስታስዮን፣ ክንዮ'ቲ ቛምናሉ ዝነበርና ሓጹር፣ ትኪ ሕመትን ሽታኡን ብጻዕቂ ዜብለኽልኽ ጸለምቲ ናይ ባቡር ኢንጂናት፣ ምስ ባጎኒታተን እናተናግዓ ኺቅኍረናን ኪፈላለያን ቦታ ንምልውዋጥ ንየው ነጀው ኬኸድዳን ኣነን ሓወይን ብኣግርሞ ተዓዘብናየን። ኣማስያኡ፣ ኣቦይ ቢሌ'ቶ ዓዲጉ መጸ'ሞ፣ ንኣና እናኾብኰበ ጋዕ ገልጠምና ሒዝና ኣብ ሓንቲ ኻብተን ካብ ዓሰርተው ሓምሽተ ንላዕሊ ዝምብዝሓን ካሬታታት ከም እንሳፈር ገበረ። እቲ ዝተረፈ ገያሻይ'ውን፣ ካብ ቈልዑ ጡብ ዘይሓደጉ ኣትሒዙ፣ ኣንስትን ጐራዙን ሽማግለታት ሰብኡትን ኣንስትን፣ ኣስላማዮም፣ ክስታናዮም ከማና ብብተርታ ነናብ ካሬታኡ ኣተወ። ሓወይን ኣነን ባቡር ክሳዕ እትንቅል ብትዕግስቲ ተጸበና። እታ ኻብታ ዝተሳፈርናላ ካሬታ ኣዝያ ርሒቓ ኽትመርሕ ዝተዳለወት ጸላም ባቡር፣ እናሳዕ ፋጻኣ ተስምዕ ነበረት። እቲ ፋጻኣ በኸሪ እዝንና ኣይነበረን፣ ቅድሚ ሽው ኻብ ገዛና ናብ ቤት ትምህርትና ወይ ብኡ ኣንጻር ኽንመላለስ ከለና መዓልቲ መጸ እንሰምዮ ዝነበርና እዩ። ኣብ ልዕል'ዚ፣ ኣብቲ ዝሓለፈ ዓመት ናብ ደብረ-ቢዘን ክንነግድ ክሳዕ ነፋሲት ብኣ ተጓዒዝና ኔርና። ሕጂ ብርቂ ኾይኑ እንተ ተሰምዓና፣ እቲ ድምጺ ኽሳዕ ባጽዕ መጓዕዝትና ከም ዚኸውን ብሃንደበት ስለ ዝተሰወጠና ጥራይ ነበረ።

እታ ጸላም ባቡር (ድሪት)፣ ነቲ ኹሉ ኣብቲ ስታስዮን ተዓኲት ዝነበረ ኣፋናዋይ፣ ብዒግታ ትካን ጸዕዳ ግመ ዚመስል ሃፋኣን፣ ተደጋጋሚ ፋጻኣን፣ ብፍላይ ድማ በቲ ቐንዲ መለልዩኣ ዝኾነ ቹግቹግታኣ ድሕሪ ምንዓዋ፣ ብሃንደበት እቲ ስታስዮን ብርግኣት ንድሕሪት ኪዕዘር ተፈለጠኒ። ነቲ ምስ ደቂ ገዛውትና ኣዕዋፍ ክንሃድን ወይ ኣብ በረኻ እናተጓየና ኽንዕንድር ወይ ኣብ ከባቢ *ሬኮንዶ ላጌቶ* ክንሕምብስ ወርትግ እንኸዶ ዝነበርና *ቺንቶ-ኩንዲቺ* ሓሊፍና፣ ንቕልቁል ናብቲ ብገረብ ቈልቋልን ብበለስን ብኻልእ ናይ ውሽጥ-ዓዲ ዕጸዋት ዕርቃኑ ዝተሰትረ ከዋሕ ኅቦታት ዝመልኣ ደንደስ ናይ ሃጓፍ ስንጭሮ ኣተና።

ጸሓይ ካብቲ ንግሆ ዝነበረቶ ቑሩብ በሪኻ ነበረት። ገና ኣይመረረትን። ኣብ ቅድመና፣ ካብታ ባጎኒና ርሒቑ፣ ትኪ ናይታ ባቡር ብጽዑቕ ኬብለኽልኽ ይርኣየና ነበረ። እቶም ኣብ መንጎ እተን ባጎኒታት ዝነበሩ ሰራሕተኛታት ኣብ ሽበድበድ ነበሩ። መንኰርኰር ናይተን ዝተሳፈርናለን ካሬታታት፣ ብቐጻልን መለሳ ኣልቦን ይንድራጓዕን ይፈሓፋሕን ይሃምምን ነበረ። እቲ መገሻ ብኣዝዩ ዝሕቱል ፍጥነት እዩ ዚሰላሰል ነይሩ። በቲ ኣብ ጐንና ዝነበረ

መስኮት፣ ብሃንደበት ሃው ዝበለ ገደል ተቐልዐ። ኣብ ታሕቲ፣ እቲ ኣብ ዝሓለፈ ዓመት ናብ ገዳም ደብረቢዘን ክንገይሽ ከለና፣ ኣቐዲሙ'ውን ኣብ ካልእ ብዙሕ ኣጋጣሚታት ምስ ብዓል ወ'ደስመሮም ዝፈልጦ፣ ብእምንን ቀይሕ ሕጡብን ዝተነድቀ ሓምሽተ ወይ ሽድሽተ ዓርሞሽሽ እግሪ ዝነበሮ ድልድል ሓዲድ "ኣርባዕተ እግሩ"፣ ኣብ መንጎ ኽልተ ጐቦ ዝተጋደመ ኣባጨጐራ ኺመስል ኣማዕደኹዎ። ብልዕሊኡ ኣቋሪጽና ኽኣ ሸግርኒ በጻሕና። ብኡንብኡ እታ ባቡር ብትሕቲ ሓንቲ ድልድል ሰቲኻ ብዝተጸርበ ከብከብ ገደል ተጸጊዓ ተጠውየት። ብሃንደበት በቲ መስኰትና፣ ንዓይኒ ዚማርኽ ስንጭሮ ናይ ዱርፎን ዓርጐሎን ኣብ ትሕተና ተሰጥሐ። እቲ ቕድሚ ሽው ምስ ሰርጅዮ በሊኒ ናብ ኮንቺስዮነ ሲኾር ሶራቶ ዘምራሕናሉ ሕልኽላኽ ሓሸዋም ርባታትን ኣብ ወሰነ ወሰኑ ዝበቘለ ኣእዋምን፣ ካብ ምሒር ርሕቀቱ ዝተላዕለ ሃሳስ ሰማያዊ ጠፈር ዘጐልበቦ ይመስል ነበረ። ንቕጽበት ዚኸውን ብኣየር ዝበርር ዘለኹ ጠዓመኒ። ነዚ ጽርግያ'ዚ ኺሰርሑ ህይወቶም ዝሓለፉ ሓበሻን ጠላይንን ብዙሓት'ዮም ይብሃል።

ናብቲ መገሻና ኽምለስ ግና፣ እታ ባቡር፣ ብድሕር'ዚ፣ ብተኸታታሊ ብውሽጢ እቲ ኣጻድፍ ናይቲ ጐቦታት ብዝተጐርጐሐ ገለርያታት እናቋረጸት ብተደጋጋሚ እናተዓጻጸፈት ሒዛትና ወረደት። የማነ ጸጋምና እቲ ዕጸዋት ናይቲ ጐቦታት ሳላ ትወን ህይወት ዘሪኡን ለምሊሙን፣ እቲ ፍንክሕካሕ ኣኻውሑ ድማ ብሰበባ ግርማ ለቢሱ ምርኣይ መሰጠኒ። እቲ ሸሻይ ክረምቲ፣ በለስ፣ ብጠሊ ኽራማት ጸጊቡ፣ ገሊኡ ዝበሰለ፣ መብዛሕትኡ ዝጐጐበ፣ ካልእ ድማ ንነዊሕ እዋን ፍረ ኽም ዚህብ ብዜረጋግጽ ብብዝሒ ዓምቢቡ ነበረ። ኣብ መንጎ'ዚ፣ ዳርጋ ብምሉኡ ብገላዕታ በለስ ጥራይ ዝተኸድነ ገሓሕር፣ ገሊኡ በዕጻውን በጐናድን ብመሮን ዝተሰርሐ፣ ገሊኡ ብጭቃን ብእምንን ብመራት ዚንጎን ዝተነድቀን ዝተገድገደን ማዕደሻኦም ሰሪሖም ምስ ስድርኦም ዚቕመጡ ሰባት ምርኣይ ንባዕሉ ንዓይኒ ደስ ዚብል እዩ ነይሩ። ገለ ኻብኣቶም፣ ብፍላይ ድማ እቶም ቈልዑ፣ በለስ ብመቑለብ ኪቕንጥቡ ጸኒሖም ኣእዳዎም ዘወዛውዙልና ነይሮም።

ኣብ ዓርበሮቡዕ ንሓጺር ግዜ ኽም ዘዕረፍና እዝክር። ምናልባት ገለ ገያሾ ወይ ተማላእተኛ ኣብኣ ዝወረዱ ነይሮም ይኾኑ፣ ቀንዲ መቐሚኣ ግና ማይ ንምምላእ ይመስለኒ። ከመይሲ፣ ንማይ ብሕመት እናፍልሖት ብሃፋ እትንቀሳቐስ ዓይነት መጐዓዝያ እያ ነይራ። እታ ወርትግ ግመ ዘይፍለያ ዓርበሮቡዕ፣ ብጀካ መደበር ባቡር፣ ከተማ ኼምስላ ዚኽእል ካልእ ህንጻ ኣይነበራን። መብዛሕትኦም ተቐማጦኣ ካብ ካልእ ቦታታት ኤርትራን ኢትዮጵያን፣ ብብዝሒ ግና ካብ ትግራይ ክረምቲ በለስን ዕንጨይትን ፈሓምን ንምሻጥ ፈሊሶም ዝመጹን ኣብኡ ዘንቈሩን እዮም። እቶም ኣዕርዮም ዘንቈሩ፣

ካብኣቶም ዚበዝሑ ኣብ ሕርሻን ካልእ ትሑት ናይ ንግድ ንጥፈታት ዝተዋፈሩ ዚርከቡዋ ንእሽቶ ግና ተፈታዊት መዕረፍ ባቡር እያ ነይራ።

ብድሕርዚ፣ ድሕሪ ሓያሎይ ቍልቍለታዊ ጕዕዞ፣ ነፋሲት በጻሕና። ኣብኡ ሓንሳእ ኣዕረፉ፣ ኣብ እምባትካላን ጊንዳዕን'ውን ብተመሳሳሊ ኣገባብ እናቖመት፣ ኣጋ ሰዓት ሰለስተ ኺኸውን ከሎ፣ ከንዮ ደንጎሎ ላዕላይን ታሕታይን፣ ናብታ መዓልቦና ወደብ ንምብጻሕ ብናህሪ ፍጥነታ ወሰኸት። ኵሉቲ ዝሓለፍናዮ እምባታት፣ ሕጂ ብጸሓይ ዝሰንሰነን ናይ ምድረበዳ ደኽዳኽን ኣዝዩ ኣሻኹን ዕጸዋት ዝተንቈጥቈጠን ሓጸርቲ ኾዶታት ተተከአ። እዚ ኾሉ ኪኸውን ከሎ፣ ኣብቲ ውሽጢ እተን ባጎኒታት ዝነበሩ ገያሾ ገሊኦም ብትግርኛ ገለ ብትግረ ገለ ብሳሆ ገለ ብዓረብኛ ወይ ካልእ ንግዜኡ ዘይተረድኣኒ ልሳን የዕልሉ፣ ይመያየጡ፣ ዓድታት እንተ ረአዩ ሓበሬታ ይለዋወጡ ነበሩ። ዚስሕቁ ዚበኽዩ ዜቕጭውጭዉ ቈልዑ'ውን፣ ኣካል ናይዚ ትዕይንቲ ጕዕዞ ባቡር ነበሩ።

ኣብ መንጎዚ፣ ብጫን ቀይሕን ሰደርያ ምስ ጀለብያ ዝተኸድኑ፣ ገሊኦም ሰብ መዓመምያ፣ ገለ ሰብ ኩፍየት፣ ሻሂ፣ ፍረታት፣ ካልእ ነገራትን ነቶም ገያሾ ብሕሱር ገንዘብ ዜሳስዩ ነበሩ። ርኹባት ኣይነበሩን፣ ግና ህይወቶም ፈኲስን ምቕሉልን፣ በታ ዝረኸብዋ ንኣምላኾም ኣመስጊኖም ዚሓድሩ ድገኛታት ሰባት እዮም ነይሮም ክብል እኽእል። ኣብዚ ዚጥቀስ ዘሎ ግዜ፣ ኣብቲ ኸባቢ ብዙሓት ዕሙራት እንተ ዘይተባህላ'ኳ ግና ሰብ ብሰላም ዚሓድረለን ንኣሽቱ ቍሸታት ከም ዝረገጽና ኣዐርየ እዝክር።

ባቡር ረምረም ሜዳ ስለ ዝኾነላ ኻብዚ ንደሓር ተሓምበበት። ደማስን ዶጋሊን ዝተባህለ ቦታ ሓሊፍናዮስ ናብ ባጽዕ እናቐረብና ኸድና። ሓደ ፍሉይ ሃንገፍታ ናብ ጽርንቕትና በጽሐ። ሽታ ባሕሪ ምዃኑ ኻብቶም መጓዕዝትና ተነግረና። ኣማስያኡ፣ እታ ብዓብዩ ሃንቀውታ ክንርበጸላ ዝወዓልና ወደብ ባጽዕ ብሃንደበት ውትፍ በለትና። ኵሉ'ቲ ትዕይንተ-መሬት ብቕጽበት ናብ ትዕይንተ-ባሕሪ ተቐየረ።

ንመጀመርታ ግዜ ነቲ ጨረፍታ ባሕሪ ብማዕዶ ብዝረኣኹ፣ እቲ ኻብ ሊን ክሳዕ ብሩህ ሓምላይ ሰማያዊ ሕብሩ ኣዐዘመኒ። ዕዳጋ መብዛሕትኡ መንበሪታቱን ድኳናቱን ብጻዕዳ ኖራ ዝተለቕለቐ ብጠዋሉ ዝተሃንጸ ጭቕጫቕ ገዛውቲ እዩ ዝነበረ። እታ ባቡር ንኡ ሰንጢቓ ናብ ሓደ ጸኒሐ ዝፈለጥኩዎ *"ኪጋለት ቀጣን"* ዝተባህለ ብየማን ጸጋሙ ባሕሪ ዘዋሰኖ ኣስታት ሓደ ኪሎመተር ዝንውሓቱ ጽርግያ ቕጥራን ተጸንበረት። ነቲ ማዕረማዕረኡ ተጐዛጕዙ ዝተነጽፈ ሓዲድ ሒዛ ኸኣ ጠ'ቃር ጽዑቕ ትካ እናብለኽለኸትን እናፋጸየትን እናተንቐጋቐገትን ናብ ውሽጢ ባጽዕ ገስገሰት። በቲ ዝነበርናዮ ሸነኽ የማን መስኮት፣ ሓደ ስፍሓቱ ኣብ ቺንማ'ምበር ብግህዶ ርእየዮ ዘይፈልጥ ሰጣሕ ማይ ኣብ ቅድመይ ምስ ተቐልቀለ ዝሓደረኒ ተመስጦ ንምግላጹ የሸግር።

ውሽጢ ባጽዕ ኣብ 1958

ብዙሓት ንኣሽቱ መራኽብን ዕብይ ዝበላ ጀላቡን፣ ገሊአን ኣብ ልዕሊኡ ዚሰፍፋ፣ ገሊአን ኣብ ንኣሽቱ መጸግዕታት ተጐዝጒዘንን ተቐይደንን፣ ኣብ ልዕል'ቲ ብጸሓይ ኣጋ ዕራርቦ ዜብረቕርቕ ማይ ይሰራሰራ ነበራ። ኣብ ማእከል እቲ ባሕሪ፣ ኣዝየን ርሒቐን ንኈኒ ደቂሰን፣ ፍርቂ ቀንበረን ትሕቲ ማይ ዝጠሓለ ኽልተ ኣዝየን ዓበይቲ መራኽብ ተገቲተን ረኣኹ። ኣብቲ ቦታ ንሓያሎ ዓመታት ኻብ ምጽናሐን ዝተላዕለ፣ ሕብረን ፈሲሙን ብማይ ባሕሪ መሪተንን ነበራ። ሓንቲኣን፣ እቲ ዓርሞሸሽ መውጽእ ትካ ልዕሊ ማይ ተወጢሙ ነበረ። ነቲ ኣብ ቔነማ ኮምቦኒ፣ ውግእ ኣብ መንጎ ኣመሪካን ጃፓናውያንን ብተክኒኮሎር ዝረኣናዮ ፊልም ኣዘኻኸረኒ። "እዚኣተንስ፣ ካፒታኖታተን መነመን ኮን ነይሮም ይኾኑ፧ እቲ መርከቡ ኽምዚ'ላ ኽጥሕል ዝረኣየ ካፕተንከ፣ ከምቲ ብሕከያ እንሰምዮ፣ ሽጉጡ መዚዙ ቀረንቀራኡ በቲኑዋ ዶኾን ይኸውን፧ ወይስ እናሓምበሰ ናብ ገምገም በጺሑ'ሎ፧" እናበልኩ ኣብ ዘይውራየይ ተሸመምኩ። ኣብ መንጎ'ዚ፣ ብኡንብኡ እታ ባቡር ቆመት'ሞ፣ ካብ ሓሳባተይ ተበራብርኩ። ካብታ ንኣስታት ሸሞንተ ሰዓት ተቐጺድና ዝወዓልናላ ካሬታ ኽእ ምስ ኣቦይን ንእሽቶ ሓወይን ርያና ጼርና ወረድና። እዋን፣ ኣጋ ሰዓት ሓምሽተ ኣቢሉ ነበረ።

ብድሕርዚ፣ ብእግርና ናብቲ እንዳ'ተን መሕደሪ ዚህባና ወይዘሮ እምባፍራሽ ኣምራሕና። ኣደይ እምባፍራሽ፣ ሓንቲ ሽምግል ዝበላ፣ ቍኖኣን ቍሩብ ዝተወናጨረ ሓጻር ጸላም ሰበይቲ እየን ነይረን። ህድእትን ብዙሕ ዘረባ ዘየዘውትራን መሲለን ተራእያኒ። ነቦይ ምናልባት ዝፈተዋኦ፣ ከምኣን ስቐተኛ ስለ ዝነበረ ይኸውን ዚብል ግምት ኣሎኒ። ኣቕሑና ተቐቢለን መደቀሲ ዓራት ኣዳልየናልና ኽም ዚጸንሓ ነገራና። ክስያይ፣ ኣቦይ ንኣና ሒዙ ነታ ወደብ ክንዛወራ መደበ። ጸሓይ ደጊም ናብ ምዕራባ ስለ ዝነበረት፣ ህዝቢ ኸተማ ባጽዕ ካብቲ ናይ ድሕር-ቐትሪ ሸልቂ ተናጊፉ፣ ካብ ስኻቡ ዚበራበረሉን ኣብ ዲቕ ዝበለ ንጥፈት ዚጥሕለሉን ሰዓታት እዩ ነይሩ።

ኣፍደገታቱ ብዙሕ መናብር ዝነበሮ እንዳ ሻሂታት፣ መስተን ኣመንዝራታትን ዘሎዎ ርሒብ ባራት፣ ንኣሽቱ ዕሙራት ረስቶራንትታት፣ ብኣቕሑ ዕዳጋ ዝተጠርነቐ ተርታ ድኳናት ኣብ ዝነበሮ ገፌሕ ጐደና ሸናዕ በልና። ሓሓሊፍና'ውን፣ ከም ጥዑያት ዓደግቲ ናብቲ ቨትሪናታት እናተጸጋዕና ኽሳዕ እንጸግበሉ ረኣና። ነፍስ-ወከፍ ድኳን፣ ባር፣ ኣስባሾ፣ ነጎስዮ፣ መንበርያ-ገዛ፣ ካብቲ ዘየናሕሲ ሃሩር ባጽዕ ዜናግፍ ከየባተኽ ዚሽከርከር ቨንቲላቶረታት ነበሮ። መብዛሕትኡ ኣብታ ወደብን ከባቢኣን ዚነብር ሰብ፣ ወዲ ተባዕታይ ይኹን ጓለንስተይቲ፣ ፈኵስ ክዳንን ጫማን ወይ ድማ ሸበጥ

መሳሊ ወድዩ እዩ ኸማና ዚዛውን ዝነበረ። ብዙሓት ካብቶም ግዳም ሓደር ኮተቴን ቈልውን፣ ንማለቱ ብላይ ረቂች ስረ ወይ አገልድም ተዓጢቖም፣ ኣብ ልዕሊኡ ብምሒር ዝውተራ ዝጋዕግዐ ካናቴራ ወይ'ውን ልዕሊ ሽምጦም ጥራዮም ዚዛወሩ ምርኣይ ንቡር እዩ ነይሩ። እዚኣቶም'ውን ከማና ብማእከል ገፊሕ ጐደናታት ምስ ህዝቦም እንተ ደልዮም ሸናዕ፣ ቃሕ እንተይሉዎም እናተጓየዩ ጸፋዕፋዕ ይብሉ ነበሩ። ምስናይ'ዚ ግና ባጽዕ ዳርጋ ገበን ዘይርኣየላ ሰላማዊት ወደብ ምዃና እዩ ዚንገረላ ነይሩ።

ካብ መራኽቦም ወሪዶም ኣብ ማእከል እቲ ህዝቢ ዜውዛሕዝሑ ናይ ወጻኢ ሃገራት መርከበኛታት'ውን ነቲ ሃዋህው ኣዐሚሮሙዎ ነበሩ። እቲ ናይቶም ተራ ባሕረኛታትን ታሕተዎት መኮንናትን ዲቪዛታት፣ ምስቲ ኣብ ምናቱ ዝነበረ ሸብሮናቱ፣ ሞያ ዚሕብር ትእምርቲ ቲሞነን መልሕቕን ኣዝዩ ማረኸኒ። "ካበየነይቲ ሃገር ኮን ይኾኑ፤ በየኖት ወደባት ኣቢሎም ኮን መጺኦም ይኾኑ፤ ከመይ ዝኣመሰሉ ኣህዛብ ኮን ኣጓኒፎሙዎም ይኾኑ፤ ተዓዊቱሎም! ንዓለም ኣብ ንእስነቶም ይጸግቡዋ'ለዉ፣" ሓሰብኩ ብቕንኢ። ብሃንደበት፣ ሓደ ደሃይ ኣብ ውሽጢ ሓንጐለይ ኪገማዳሕ ተፈለጠኒ። "ስለምንታይከ ባሕረኛ ዘይከውን፣" ሓሰብኩ ብልበይ። ብዕድል፣ ኣብዚ ግዜ'ዚ መንግስቲ ኢትዮጵያ ሓደ መደበር ሓይሊ ባሕሪ ኽም ዝኸፈተ ወረ ነይሩኒ። ብዓል ወልደኣብ የጊን፣ ስብሃቱ ኣልኣዛር (ቶቶ) ዚብሃሉ ኣብ ገዛ ኸኒሻ ብልዕለና ኣርባዕተ ወይ ሓሙሽተ ዓመት ኣያታትና ተምሃሮ፣ ኣብቲ ሽዑ ዝተመስረተ ሓይሊ ባሕሪ ኢትዮጵያ ኽም ዝተመልመሉ ብዕላል ሰሚዐ ነይረ። አረ ሓደ ግዜስ፣ ጃንሆይ ንወልደኣብ የጊን ያኢ ብመንፍዓቱ ባሕር-ነጋሲ ዚብሃል ሽመት ሂቦሙዎ ተባህለ። ናይ ኣድሚራል ሽመት ምዃኑ እዩ። ኤርትራውን ሽሙትን መሸም ፍቕሮም መኣስ ዜላቕቕ ኮይኑ! ጃንሆይ ከምኡ እንተ ደኣ ገይሮም፣ ግርም ገይሮም ኣጽኒያሙና ነይሮም ማለት'ዩ።

ቅድሚኡ ኽልተ ዓመት ይገብር፣ ኣብ ሓምሻይ ኽፍሊ ኸለኹ፣ ሓደ ተረፈ ገብረመድህን ዝተባህለ፣ ብኽልተ ዓመት ዚቕድመና፣ ከምቲ ወርትግ ተምሃሮ ናይቲ ግዜ'ቲ ዚገብርዎ ዝነበሩ፣ ንኹላትና ኣብ ጥቓኡ ዝጸናሕና ጸጽሕፍቶና ዚሕብር ቃል ዝሰተረ ቍርጽራጽ ወረቓቕቲ ዓደለና። እታ ናተይ ቀሊዐ እንተ ረኣኹዋ "ባሕረኛ" ዚብል ቃል ነበራ። እቶም መማህርተይ ነቲ ዝተዋህቦም ኣኣንቢቦም ከይተገደሱሉ ደርበዩዎ። ኣነ ግና ነታ ቓል ደጋጊመ ኣንበብኩዋ፣ ኣብ ልበይ'ውን ደጋገምኩዋ። "ባሕረኛ፤ ኣዝዩ ዜወናውን ጽሕፍቶ'ዩ!" ሓሰብኩ ብውሽጠይ። ስለዝስ እሂናይ ደኣኸ ባሕረኛ ዘይከውን ዚብል ትምኒት ሕጂ ኣብ ኣእምሮይ ደሚቑ ኣጋውሐ። እቲ ጽቡቕ ነገር፣ ኣቦይ ነቲ ኣብ ኣእምሮይ ዚዝንቢ ዝነበረ ሓሳባት ኣየንበቦን።

ባጽዕ ምስቲ ዜሕሰኽስኽ ነባሪኣን ብዙሓት በጻሒታን ብሓቂ ኣዝያ ዕምርቲ ወደብ እያ ነይራ። ንሽዑ ኣብ እዝነይ ዝበጽሐን ዝዝከሮን፣ "ቶሪኖ፣

ሳቮያ፣ ማሪያ፣ ፕሪማቬራ፣ ቺነማ ኮርሶ…" ወዘተ ዚብል በኹር እዝነይ ሽግት ናይ መዘናግዒ ቦታ ነበረ። እቲ እንዳ ሻሂታት ብዓመውል ተቐጺጹ፣ ኣብ መንጎኣቶም ዝተኣዘዝዎ ጠለብ ብዓረብኛ እናጋውሑ፣ ሻሂ፣ ሽሓን ፉል፣ ካልእ ዘይፈልጠ ሲሳይን ኬተኣናግዱ ኸለዉ፣ ምስቲ ዘየቋርጽ ደርፍታት ሱዳን ኣብ ካልእ ዓዲ ዘለኹ ኾይኑ ተሰምዓኒ።

እቲ ዙረት ብዙሕ ከይጸንሐ ንሰለስተና ኣድከመና። ኣብታ ባቡር ከለና፣ ብጀካ'ቲ ኣብ ከባቢ ማይ ኣጣል ምስ በጻሕና ኣብቲ ባጎኒ ዝሸጡልና ሓሓደ ኩባያ ሻሂ፣ ተኼሒንና ኢና ውዒልና። ከብድና ኪቐናጥወና ጀመረ። ኣቦይ ምስቲ ዓ'ዲ ቕሩብ ሌላ ኣጥርዩ ስለ ዝጸንሐ ኸይንጠፍእ ኣይሰጋእናን፤ ንሱ እናመርሓና፣ ኣብ ሓደ "ረስቶራንተ ኣልባ" ዝተባህለ ጽቡቕ ቤት ምግቢ ኣቶና። ብዙሕ ሰደቓታት ዝተሰርዖ ርሒብ ዝኣዳራሹ፣ ኣብቲ ናሕሱ ንዓመውል ካብቲ ኣብ ግዳም ዝጸንሐዎ ናይ ምሸት ሽልቂ ዜናግፍ ዚሽክርከር ቨንቲላቶረታት ነበሮ። ሰለስተና ሓደ ሰደቓ ሓዝና። እቲ ኣዳራሽ ምግቢ ብዓሚል ዳርጋ ተቐጺጹ ነበረ። ጒረሮና ብሃሩርን ብዙረትን ኣመና ስለ ዝነቐጸ፣ ደጋጊምና በረድ ዝኣተዎ ማይ እናሰተና ጽምእና ኣርወና። ኣቦይ ኣብዚሕና ኸይንሰቲ ነገረና፣ ሻሂ ወይ ዝሁም ማይ ዝያዳ ከም ዜርዊ መኸረና።

ሓወይን ኣነን፣ ብጀካ ኣብ ገዛና ኣብ ረስቶራንተ ኽንበልዕ ዳርጋ ናይ መጀመርታ ግዜና እዩ ዝነበረ። ብፍላይ ኣነ ጸያኒ ስለ ዝኾንኩ፣ እቲ ዝቐረበለይ መግቢ ኸይበላዕኩዎ ከይተርፍ'ሞ ነቦይ ከየሕፍሮን ከየሕርቖን ኣመና ተሻቒልኩ። ሓደ ግዜ፣ ኣብ ቀዳማይ ክፍሊ ኸለኹ፣ ኣደይ ንበይና ናብ ዓዲ ምስ ከደት፣ ልክዕ ከምዚ ሕጂ ዝገበርናዮ፣ ኣቦይ ንሓወይን ንኣይን ናብ ሓደ ኣብ ላዕላይ ሹቕ ዚርከብ እንዳ ኽሽነ ወሲዱናስ፣ ጸብሒ ስጋ ተቐሪቡለይ ፍጹም ከም ዘይለኸፎ ኣብየ ከም ዘሕፈርኩዎ ኣይረሳዕኩዎን።

ኣቦይ ነቲ ኣሳሳዪ ድሕሪ ምውካስ፣ ንሕና እንፈትዎ ኢሉ ዝገመቶ ዝግኒ ኣዘዘ። እቲ ዜገርም፣ ቀሩብ ብዝቐመስኩዎ ኽምቲ ዝፈራህኩዎ ኣይጸላእኩዎን። ጠሚና ስለ ዝነበርና ሰለስተና ብህርፋን በላዕና። ኣብ መንጎ ም'ግብናና፣ ሓደ ግርምብያለ ዝገበረ ሰብኣይ ናባና ቐሪቡ ምስ ኣቦይ ምዉቕ ሰላምታ ተለዋወጠ። ኣብቲ ዝሓለፈ ዓመት ምስ ኣቦይ ጌሪ ላውንድሪ መጺኡም ከለዉ፣ ናብዚ ገዛ'ዚ ከም ዝተመላለሱ'ውን ካብቲ ምይይጦም ክርዳእ ከኣልኩ። እቲ ሰብኣይ ለከስ ዋና'ቲ ቤት ምግቢ እዩ ነይሩ፣ ኪዳነ ዘርኡ ዝተባህለ ብዓል ወክድባ፣ ልዕሊ ኹሉ ዜገርም ድማ ንኣኮይ ኣፈወርቂ መተዓብይቱን ዓርኩን።

ድሕሪ ድራር፣ ሰለይ እናበልና፣ ኣብ ማእከል እቲ ንየውነጀው ዚሃጽጽን በብቕሩብ ድማ ዚጸርርን ዝነበረ ህዝቢ እናሕለኸለኽና፣ ግዜ ኣዐርዩ ምእንቲ

ኺመስየልና ናብ እንዳ ሻሂ እናላገስና፣ ምስ ዝተፈላለዩ አቦይ ዚፈልጦም ሰባት ኣብ ዕላልሎም ኣእዛንና እናጸሎናን ዳርጋ ናብ እኩላ ቐረበ። ኣብዚ ሰዓት'ዚ፣ ከምኒ ሳቮያን መሰል ክበባትን መዘናግዕታትን ኣብ ጥርዚ ንጥፈት ዚጥሕላሉ ሰዓታት እዩ ነይሩ።

ኣብ ገዛ እንዳ'ደይ እምባፍራሽ ብዝበጻሕና፣ ኣብቲ ኣፈፌት ገዝኣን ኣብ ዝነበረ ጐልጎል፣ ክልተ ተሊሽ ዝተነጽፎ ዓንገረብ ተዳልዩልና ጸንሐ። እተን ዋና ግና ኣብ ውሽጢ ገዝኣን ደቂሰን ነበራ። ኣብ ደገ ኽንድቅስ፤ ኣብቲ ዝሓለፈ ዓመት፣ ኣቦይ ካብ ባጽዕ ብዝተመልሰ፣ ብዛዕባ'ዚ ኣዕሊሉና ነይሩ። ግና ከምቲ ብቕጅልታይ ዝሰኣልኩዎ ኮይኑ ኣይረኸብኩዎን። ዝኾነ ኾይኑ፣ ኣብኡ ኸለና ምስቲ ለቢስናዮ ዝወዓልና ኣነን ሓወይን ኣጣምራ ሰራው ኴንና ኣብቲ ዓንገረብ ተገምሰስና፣ ኣቦይ ድማ ኣብታ ኻልኣይቲ ደቀሰ። ክላትና ኸረው ኢልና ሓደርና።

ናይ ሓመሳ ዕለት

ንግሆ መሬት ገና ኽይወግሐ፣ ኣብ ጥቓ'ቲ ዝተዓኾለልናሉ ዓራት፣ ናይ ክልተ ወይ ሰለስተ ዚኾኑ ሰብኡት ጒጅምታ ሰሚዐ፣ ካብቲ ጥሒለሉ ዝጸናሕኩ ድቃስ ተበራበርኩ። ገና ለይቲ ኽነሱ ሃሩር ግና ኣይገደፎን። ካብቲ ናይ ዝሓለፈ ቐትርን ምሸትን ዝተፈልየ ደስ ዚብል ምቔት። ብኣዝዩ ልስሉስን ዝሁምን ኮበርታ ኣየር ዝተጐምጐምኩ ኾይኑ ተሰምዓኒ። እቶም ተጓጀምቲ፣ ለከስ ሓለፍቲ መገዲ እዮም ነይሮም። ብለይቲ ናብ ስራሖም ወይ ናብ መስጊድ ዜምርሑ ሰባት ነይሮም ይኾኑ። ኮታስ ባጽዕ መን ኢኻ ዚብለካ ዜብሉ፣ ኣብ መገዲ በጥ ኢልካ እትሓድረላ ብርኽቲ ዓዲ እያ ነይራ። ነቶም ቀትሪ ዝረኣናዮም ማእለያ ዜብሎም ደቂ ጽርግያን በጋሚንዶታትን ለመንትን ብማዕርነት ኣማሚቛ እተሕድር ዓዲ ድኻታት።

ኣቦይ መሬት ወገግ ብዝበለ፣ ብሰላሕታ ኣተንስኣና። ዚንጸፍ ኮነ ዚእርነብ ኣይነበረናን። ምስ ክዳውንትና ኢና ሓዲርና። ኣደይ እምባፍራሽ'ውን ዛጊት ነቒሐንስ ይሰምዓ እየን ነይረን። ምስኣን እንታይ ከም ዝተበሃሃሉ ኣይሰማዕኩን፣ ግና ኻብቲ ድሕሪ ገዝኣን ሒደት ማይ ካብ ዝሓዘ መዕቔሪ ገጽና ተወጃጀህና። ብድሕር'ዚ፣ ምስ ኣደይ እምባፍራሽ ደሓን ወዓላ ተበሃሂልና ብእግርና ናብቲ ብቕድሚኡ መዓልቲ ዝኾለልናሉ ማእከል ናይቲ ወደብ ኣምራሕና።

ብዙሕ ሰብ ዘይረኣየሉ ህዱእ ንግሆ እዩ ነይሩ። ሓደሓደ ድኳናት፣ ብፍላይ እንዳ ሻሂታት ዛጊት ተኸፋፊቱስ እቲ ኣብ ግዳም ዚሰራዕ ንኣሽቱ ሰደቓታቱን ተዓጻፉይ ናይ ዕንጨይቲ ሰድያታቱን ኣዋዲዱ ነበረ። ቍርሶም

ዚበልዑ ሒደት ዓመውል ነይሮም፣ ናብ ስራሕ ቅድሚ ምእታዎም ነብሶም ዚፈቕዱ። ናብ ሓደ እንዳ ሻሂ ኣላጊስና፣ ሓንቲ በራድ ሻሂን ባንን ኪመጸልና ኣዘዝና።

"በራድ ሻይ ተጊል ሓሊ!" ገዓረ እቲ ኣሳሳዪ። ሓቂ ብሓቅስ ኣብ ባጽዕ ዲና ዘለና! ሓሰብኩ ብልበይ፣ ነቦይ ስለ'ቲ ነዚ መገሻ'ዚ ኸንጥዕም ዝሃበና ዕድል እናኣማሰኹ።

ዜህውኽ ነገር ስለ ዘይነበረ ሃዲእና ቍርስና ቀማመስና። መደብና እንታይ ከም ዚኸውን ምስ ኣቦይ ቍሩብ ተዛራረብና። ቅድሚኡ ዓመት፣ ኣብ ጥቓ ዕዳጋ ኣብ ዚርከብ ኣረጊት መጸግዒ ጀላቡ፣ ግርም መሓምበሲ ናይ ሓፋሽ ከም ዘሎ ስለ ዝነገረና፣ ብእግርና ናብኡ ኣምራሕና። ኣብቲ ግዜ'ቲ፣ ካብ ማእከል ባጽዕ ናብ ዕዳጋ እተመላልስ ኣውቶቡስ ትንበር ኣይትንበር ኣይዝከረንን። ምእንቲ ኣስተርሒና ኸንሕምብስ ግና ንስጋለት ቀጣን ብዙሕ ሳዕ ብእግርና ኸንመላለስ ኣዐርየ እዝክር።

ኣብ ውሽጢ ባጽዕ፣ ኣብቲ ጥቓ እተን ጀላቡ ናብ ግራር ዜመላልሳሉ ደንደስ፣ ሒደት ኣገልድም ዝተዓጥቁ ወርጠበታት፣ ዓሳ ንምቕላብ መቃጥናቶም ናብቲ ባሕሪ ደርብዮም፣ ዕድል ከሳዕ ዜጋጥሞም ኣብ ንሓድሕዶም ዚጫረቑን ዜዕልሉን ነበሩ። እዚ ንሓወይን ንኣይን ሓድሽ ነገር ስለ ዝነበረ ኣዝዩ መሰጠና። ሰለስተና፣ ብፍላይ ድማ ሓወይን ኣነን ነቲ ባሕሪ ተገምጊምና እናተዓዘብና ጕዕዞ ብእግሪ ናብ ዕዳጋ ተተሓሓዝናዮ። ጸሓይ ግና ኣይተቐልቀለትን። ሰማይ ግና ቑሐ ጽልሚ ቐዲዱ ነቲ ባሕሪ በቲ ወርቃም ሕብሩ ለቢጡዎ ዜደምም ትርኢት ነበረ።

እቲ ኣብ እግሪ እቲ ደንደስ ዝነበረ ማይ፣ ከም ሓቑቕ ብሩህ ካብ ምኻኑ ዝተላዕለ፣ እቲ ኣብ ባይታኡ ዝነበረ ሓሸዋን ኰረትን ዛዕጐላቱን ካልኦት ህያው ፍጡራቱን ኪንቀሳቐሱ ኸለዉ ብንጹር ዜርኢ ነበረ። ማእለያ ዜብሎም በብዓይነቱ ዝሕብሮም ደቀቕትን ከክንዲ ስድሪ ናይ ዓቢ ሰብ ዚኾኑ ፍርዝን ዝበሉን ዓሳታት ኣብ ውሽጢ ሓደ ዓብዪ ኣኳርዩም ዘለዉ ኺመስሉ ኺወናጀሩን፣ ኪህንደዱን፣ ኪገላበጡን፣ ኬንተውልሑን፣ ኪቕልቀሉን፣ ኪሽረቡን ብተመስጦ ረኣና።

ድሕሪ ናይ ኣስታት ፍርቂ ሰዓት ደስ ዚብልን ኣዛናዪን ሽናዕታ፣ ኣብቲ ኣቦይ ዝነገረና ኣረጊት መዓሽግ ጀላቡ በጻሕና። እቲ ቦታ፣ መሬቱ ብዝሃፈፈ ማይ ባድ ናብ ደረቕ መጠ'ቃ ዝተለወጠ ይመስል፣ ኪርገጽ ከሎ ይደራቐም ነበረ። ሒደት ጀላቡ፣ ምልኣት ባሕሪ ዝጠለመን ወይ ግተት ኮይነን ዝተጠንጠና ኣብቲ ሓሸዋ ባሕሪ ተሸኺለን ዝተረፋ ነበራ። እቲ መዓሽጊ፣ ከም ቀጢን ልሳን ናብ ባሕሪ ዝኣተወ፣ ብኮንክሪት መሳሊ ዝተነድቀ፣ ብጀካ ሓንበስትን ተሓጸብትን ካልእ ዘየላግሶ ብሕቱው ቦታ እዩ ነይሩ። ናብኡ ኸንመላለስ ኣብ ዝቐነናሉ፣ ዋላ ሓንቲ ጀልባ'ውን ኣይተጸግዐትን።

ብዙሓት ከማና ናብ ግርጉሱም ወይ ድማ ናብታ ኣብ ኣስመራ ኸለና ዝናኣ ዝሰማዕናዮ ሓምላይ ደሴት መኸዲ መጕዓዝያ ዘይነበሮም፣ ኣብዚ ዝተጠንጠነ ንእሽቶ መዓሽጊ-ነበር ኪሕምብሱ ጸንሑና። ገለ ቈልዑ፣ ደቅ'ቲ ዓዲ፣ ኣብቲ ደንደሱ ተቐሚጦም፣ ከምቶም ኣብ ውሽጢ ባጽዕ ዝረኣናዮም ዓሳ ንምቕላብ መቓጥኖም ናብቲ ባሕሪ ደርብዮም ፍጭም ዚብሉ ነበሩ።

ኣብ ባሕሪ ክእለኸ ንፋልማይ እዋነይ እዩ ዝነበረ። ብጀካ ኣቦይን እቶም ከምኡ ዝኣመሰሉ ተሓጻቦን፣ እቶም ንእሽቱ ዘበሉ ጥራዮም እዮም ነይሮም። እዚ ኣብ 1958 ከም ዝነበረ ዘይምርሳዕ። ክዳን መሓምበሲ መን ኪሓስቦ! ከመይሲ፣ ብጀካ'ቲ ስእነት ዓቕሚ፣ ኣብቲ እዋን'ቲ ገና ባህልና ኣይገበርናዮን። ብዕድል፣ ኣቦይ ካብ ቃኘው ብቐሊሉ ዝረኸቦ እቶም ወተሃደራት ዜዘውትርዎ ናይ ተንሰጥቲ ዚብሃል ዓይነት ሙታንቲ ንሓውይን ንኣይን ተማሊኡልና ስለ ዝነበረ፣ ብሰውነትና ኸይተሰከፍና ኣስተርሒና ኽንሕምብስ ከኣልና። ኣዝዩ ደስ ዚብል ሓድሽ ተመክሮ ዝረኸብናሉ ግዜ ኣሕለፍና። ኣነ'ውን፣ እቲ ኣብ ብዓል ፕሪሞ ላጌቶን ኣብ ሰኮንዶ ላጌቶን ኣብ ማይ ባሕርያን ዝቐሰምኩዎ ተመክሮ ብግብሪ ዘረጋግጸሉ ኣጋጣሚ ረኸብኩ። ኣቦይ ከይተጸገምኩ ኽሕምብስ ምስ ረኣየኒ፣ “እዚ ቐጣፊ ቈልዓ፣ ለካ የዘንግዓና እዩ ነይሩ!” ኢሉ ኸይሓመየኒ ኣይተረፈን።

ክሳዕ ሰዓት ክንደይ ኣብቲ ባሕሪ ኸም ዝጸናሕና ብርግጽ ኣይዝከረንን። ኣብ ኣጋ ሰዓት ዓሰርተው ሓደ ግዳ፣ ኣብ ውሽጢ ዕዳጋ፣ ብሓደ ብዙሕ ሰብ ንየው ነጀው ዚመላለሰሉ፣ ዚጥበስ ዓሳን፣ ድኳናት ክዳውንትን፣ በብዓይነቱ ኣቕሑት ዝተጠርነቐ ንእሽቱ ትካላትን እንዳ ሻሂታትን ዘዋሰኖ ጽርግያ ዘጓሕ ክንብል እዝክር። እቲ ሃዋህው ብሃንገፍታ ጥብሲ ዓሳን፣ ሽሓን ፉልን፣ ባንን ሻህን፣ ዚቕሎ ነገራትን ተጕቢኡ ዜጕምጁ ነበረ። ኣብዚ ድኳናት'ዚ፣ ሓሓሊፉ እንተ ዘይኮይኑ፣ ከምቲ ኣብ ውሽጢ ባጽዕ ዚርአ ብብዝሒ ቨንቲለይተራት ኣይነበሮን። በዚ ምኽንያት'ዚ፣ መብዛሕትኡ እቲ ቦታ ነፋሻን ጽላል ዘሎዎን ብጠዋሉ ዝተሃንጸ ነበረ። ኣቦይ መሪሑና ናብ ሓደ ብሉሕ ዝተሰርሐ ትሑት ዝደረጃኡ ቤት መግቢ ኣተና። ንሓንቲ ዋና ትኹን ኣሳሳዪት ብርግጽ ዘይፈለጥኩ፣ ተራ ናይ ገዛ ኽዳን ዝወደየት፣ ምሉእ ሰውነታ ብበቐጥ ዝፋእፍአ ድሕሪ ምውካስ፣ ጸብሒ ዓሳ ኣዘዘ።

ቀባእባእ ዚብል ጸብሒ ዓሳ ኣብ ልዕሊ ጣይታ ናይ ሓደ ሰንያ ተጸብሐ። ኣዝየ ኣውረርየ ስለ ዝነበርኩ ኣፈይ ማይ መልአ። ኢደይ ሰዲደ ሓንቲ ኾላሶ ሰኾለልኩ። መቐረቱ ቕድሚ ሕጂ ስለ ዘይቐመስኩዎ ሸውሃተይ ብሃንደበት ተዓጽወ። ሓወይን ኣቦይን ግና ግርም ገይሮም ተመገቡ። ፈውሲ ሞት እናተቐምጨጭኩ ምብላዐይ ኣይተረፈን። ኣቦይ በቲ ግብረይ ኣይተሓጐሰን፣ ኣብ ቅድሚ ጓኖት ኮይኑዎ ግና ብገጹ ጥራይ ገኒሑ ብተልዓሽታ ገደፈኒ።

እተን ገዛ ብጀካ ምግቢ፣ ስዋ እውን ዚሽጣ ነበራ። ስለዚ፣ ተመሲሕና ብዝወዳእና፣ ናብቲ ሰተይቲ ኣብ ርቦ ዝተቐመጡሉ ነፋሻ ጽላል ዝነበሮ ኽፍሊ ኣተና። ንሰለስተና ወዋንጫና ተቐረበ፣ ብስዋ ድማ ተመልአ። ኣብ ፈለማ፣ ልክዕ ከም ዓበይቲ ሰብኡት ቈጺረን፣ ንሓወይን ንኣይን መለሊኽና ምስ ዓደላና ቕሩብ ሕፍረት ተሰምዓኒ። “ብዓል መምህር ተኸለጽየን ዋንጫ ዓቲርና እንተ ዚርእዩ እንታይ ምበሉ፣” ሓሰብኩ ብልበይ። ብኡንብኡ ግዳ፣ “ብዓቢኡ ኣቦይ’ንዶ ግዳ ጥቓና የሎን!” በልኩሞ፣ ተደዓዓስኩ።

በዚ ኣጋጣም’ዚ፣ ኣብቲ ኽፍሊ ዝነበሩ ሃመማ ብዝሖም ዜሰንብድ’ዩ። ስስ ኢልካ ብቐሊሉ ዚባረሩ ኣይነበሩን። ምሳሕና ኽንበልዕ ከለና’ውን ኣዝዮም ኣሸጊሮሙና ነይሮም። ኣብቲ መለሊኽ ካብ ከንፈሩ ኽሳዕ መቐመጫኡ ኺዓስሉ ኸለዉ ብሃመማ ዝተሰርሐ ዋንጫ እዮም ዜምስልዎ ነይሮም። ኣንኳይዶ ኽትሰትዮስ ንምርኣዩ ዜሰክፍ ነበረ። እቶም ሰተይቲ ግና ከይተገደሱሎም ብርግኣት እናመጸዩ ይጕርድዎ ነበሩ። ንሕና’ውን ምስ ተቐድሓልና ጕረሮና ቀራዕ ስለ ዝበለ ኣይገደፍናዮን። ሃመማ ምሳና እናተሻመዉ ሓንፈፍናዮ። ጽምእና መሊሱ ገደደ። ከምቲ ኣብ ሆቴላት ውሽጢ ባጽዕ ዝረኣናዮ ማይ ብብራኳ ወይ ብጥርሙስ ተመሊኡ ዝተቐረበ ኣይነበረን። እተን ገዛ ነቲ ጸገምና ርእየን፣ ካብቲ ንውልቀን ኢለን ኣብ ዕትሮአን ዘዝሓልአ ማይ ብንኣሽቱ ብርጭቆ ቐዲሐን ቀረባልና። እዚ’ውን ኣዐርዩ ኽየርወየና ተጸንቀቐ። ሃሩር ባጽዕ ዚክኣል ኣይነበረን!

“ማይ ብበረድ ኣይትስተዩ፣ መሊሱ’ዩ ጕረሮኹም ዜድርቐ፣” በሉ ሓደ ኻብቲ ምለሊኾም ስዋ ኺመጽዩ ጸኒሖም ብጕርዳዕታኡ ዝተደሳደሱ ዚመስሉ ሽበት ዘር ዘበሉ ዓሚል። ባዶ እግሮም፣ ኣገልድምን እጅገ ኣልቦ ካናቴራን ዝወደዩ፣ ኣብቲ ዓዲ ንሓያሎ ዓመታት ዝተቐመጡ እዮም ዚመስሉ።

“ሓቅኹም፣ ሻሂ ምስታይ ይሓይሽ፣” በለ ኣቦይ ነቲ ዝበልዎ ብምድጋፍ።

“ካብኡ ዝሓሸ ድማ ተራ ናይ ግዳም ማይ ይበልጽ፣” በሉ እቶም ሰብኣይ። “ክተሰትዮ ኸለኻ ዝሁም ስለ ዝኾነ ዜርውየካ ኣይመስልን’ዩ። ተጸሚምካ ኣብዚሕካ እንተ ሰቲኻ ግና ምሉእ መዓልቲ ጽምኢ ዚብልዎ የለን።”

“እንታይ’ሞ ኽንገብር፣ እዚኣቶም ድማ እንተ ዘይዝሒሉ ኣየዕግቦምን እዩ፣” በለ ኣቦይ። “ነዘን ገዛ’ኳ ኻብታ ዕትሮአን ተቓጺጸምወን፣” ወሰኸ ተሰኪፉ።

“እዚ’ውን ካብቲ ማይ በረድ ዚሓይሽ ኣይኮነን፣” በሉ እቶም ሰብኣይ፣ “ዝገደደ ኼጽምኦም’ዩ። ብብዝሒ ማይ ጸሓይ ምስታይ ይሓይሽ! ልመድዎ ’ዞም ደቀይ!”

ብድሕርዚ ነቦይ ካበይ ከም ዝመጻእና ሓተትዎ። ንሱ ንባዕሉ ኣብቲ ዝሓለፈ ዓመት ንማይ ጨሎት ኢሉ መጺኡ ኸም ዝነበረ፣ ንኣና ግና ናብ ምጽዋዕ ኽንመጽእ ንፋልማይና ኸም ዝኾነ ነገሮም። ብኡ ዝጀመረ ዕላል እናዓመረ ኸደ። ኣቦይ ብዙሕ ዘረባ ኣይፈቱን’ዩ ዝነበረ። ስለዚ፣ ሳሕቲ እንተ

ዘይኮይኑ፣ ንሰብ መንነቱ፣ ስርሑ፣ ህይወቱ ንምፍላጥ ናይ ዂርኲራ ባህሪ ኣይነበሮን። ብጽሞና ኺሰምዕ ግና ዓቕሊ ነይርዎ። ከምኡ እናበለ ኸኣ እዋን ከይተፈለጠና እንሓንሳዕ ቍሩብ እናኣምባዕዘዘና መሬት ጠለስ በለ።

ድሕሪ ቐትሪ፣ ምድሪ ብዝወልወለ፣ ናብቲ ንግሆ ዘርፈድናሉ ኣረጊት መጸግዒ ጀላቡ ኸድና። ክሳዕ ኣጋ ዕራርቦ ድማ ሓምበስና። ከምታ ዝመጻእናያ ወሰነወሰን ስጋለት ቀጣን እናተጓዓዝናን ነቲ ዘናወጾ ምልሰት ምልኣት-ባሕሪ ብኣድንቖ እናተዓዘብናን ናብ ውሽጢ ባጽዕ ናብ እንዳ'ደይ እምባፍራሽ ተመለስና።

እቲ ንኽልተ ቕነ ኣብ ባጽዕ ዝጸናሕናዮ መዓልታዊ ህይወት፣ ካብዚ ኣብ ቀዳማይ መዓልቲ ዘጓነፈና ነገራት ብዙሕ ዚፍለ ኣይነበረን። ናብቲ መሓምበሲ ዘይከድናሉ ዕለት ኣይዝከረንን፣ ከመይሲ፣ ቅድሚ ዝኣገረ፣ ዕላማ ናይቲ መገሻና ጥዕና ኣቦይ ምእንቲ ኺምሓየሽ እዩ ዝነበረ።

ምሸት ምሸት ናብቲ ኺዳነ ዘርኡ ዚውንኖ *"ረስቶራንተ ኣልባ"* እናኸድና ሰውነትና በተን ዚሸክርክራ ሸንቲለይተራት እናዘሓለ ካብቲ ኣብ ልዕሊ ሰደቓ ዝተደርደረ ከትከት ዚብል ማይ እናጒርዳዕና ጥዑም ዝግኒ ንድረር ነበርና። ስሕት ኢሉ'ውን ኣቦይ ምእንቲ ኼገርመና ኣራንችያታ ዘእንገደና እዋናት ነይሩ።

ተዘካሪ ጥዑም መዓልትታት

ከምዚ እናበለ፣ እቲ ኣብ ባጽዕ እንጸንሓሉ መዓልትታት እናተወድአ ኸደ። ናብታ ዝተጠንጠነት መጸግዕ ጀልባ ምኻድ ኣየቋረጽናን። እንተወሓደ ሓንሳእ ኣብ ሰዓታት ናይ ንግሆ እናኸድና ምሕምባስና ኣይተረፈን። ኣቦይ ንኣይን ንሓወይን፣ ካብቲ ኣብ ውሽጢ ባጽዕ ዚርከብ ድኳናት ናይ ጠላይን፣ ሓንቲ ናይ ፕላስቲክ መቓጥንን ዓንቃሪቦን ዓዲጉልናስ፣ ከምቶም ደቂ ዓዲ ዓሳ ኽንቈልብ ፈቲንና ኔርና። ኣብቲ ደንደስ ዓሳ ንምቝላብ መቓጥናቶም ናብቲ ማይ ደርብዮም ፍጭም ካብ ዚብሉ ዝነበሩ መሳቶና፣ ንመተሃራረፊ ዚኸውን ደቀቕቲ ዓሳ ተለቂሕና፣ ንሳቶም ብዘርኣዩና፣ ኣብቲ ዓንቃሪቦና ኣጻዊድና ወርወርና'ሞ ተጸበና። እቲ ዜገርም ብዙሕ ኣይተጸበናን። ሓደ ኻብቶም ደቂ ከመይ ገይሩ ኸም ዘስተብሃለ እንድዒ፤

"ሰሓባ! እታ እሾኾካ ዓሳ ኾሊሱዋ'ሎ፣" በለኒ። ብር ኢለ ልክዕ ከምቲ ዝበለኒ ገበርኩ። እቲ ዘሊቑ ዝጸንሐ መቓጥነይ ብሃንደበት ብቕጽበት ተወጠረ።

"ከየምልጠካ ቀጠው ኣቢልካ ሰሓብ፣ ግዜ ኣይትሃቦ!" ጨርሐ እቲ ወዲ።

ከምቲ ዝበለኒ ከነው ኣቢለ ነቲ መቓጥን ቀላጽመይ በብተራ እናለኣኽኩን እናወጠጥኩን ነቲ ናይ ሞትን ሕየትን ዚከራኸር ዝነበረ ናይ ባሕሪ ፍጥረት ብግዲ ናባይ ጓተትኩዎ። ሓደ ወይናይ ቡናውን ጻዕዳን ሓበጀራይ ዓሳ ኣብ ኣፉ እታ ዓንቃሪቦይ ገትጊታቶ፣ ካብኣ ንምልቓቕ ብሓይሊ እንተነጽነጸን ጭራኡ እ'ናወናጀረን ካብቲ ማይ መሰስ በለ። ግዜ ኸይሃብኩ ብኢደይ ዓምጠርኩዎ፣ ኵሉ ኣካላቱ ብቕብኣት መሳሊ መልሓጥሓጥ ዝበለ ብነድሪ ተኣሺኹ ኺወግኣኒ ተፈለጠኒ። ኣፉ ኽፌቱ ብጻዕሪ የስተንፍስ ነበረ።

"ከየምልጠካ ሓዞ!" ጨርሐ እቲ ወዲ። ተቐላጢፉ ኻባይ መንጢሉ ኸኣ ነቲ ዓንቃሪቦ ኻብ ኣፉ መልቂቑ፣ ምእንቲ ብኽልተ ኢደይ ክሕዞ ኣቐበለኒ፣

"ጽቡቕ ጌርካ ሓዞ፣ እንተ ዘይኮነ..."

እቲ ወዲ ዘረባኡ ኸይወድኣ፣ ወዮ ዓሳ ጉድ ገበረኒ። ኣብ ማእከል ኢደይ እናተስተኾተኾ ኺወናጀር ጸኒሑ፣ ብቕጽበት ተጨቢጡ፣ ኣስማት ብዚመስል ምንቅስቓስ ብማእከል ኣጻብዐይ መሊቑ ኣብቲ ባይታ ኺነጥብ ተፈለጠኒ። ጭራኡ ምስቲ ባይታ ብፍጥነት እናጸፍዐ ናብቲ ደንደስ ተጸግዐ፣ ንምሓዙ እናተመጣጠርኩ ኸለኹ ኸኣ ናብቲ ማይ ተሸምመ።

ኣዒንተይ ኣፍጢጠ ቐዚዘ ተረፍኩ።

"... ሓንቲ ኣይምዓበሰልካን፣ ዚብላዕ ኣይኮነን፣" በለኒ እቲ ወዲ፣ ዓይነቱ እንታይ ከም ዚብሃል እናጠቐሰ።

ብድሕሪኡ ኻልእ ዓሳ ንምቕላብ ንሰዓታት እንተ ተጸበኹኳ፣ ከጽምድ ኣይከኣልኩን። ዝኾነ ኾይኑ እቲ ዓሳ ምሉእ መዓልቲ ኺርኣየኒ ወዓለ። ንፋልማየይ ካብ ባሕሪ ዝቘለብኩዎ ዓሳይ!

ካልእ፣ ካብቲ ኣቦይ መገረም ዝኾነ ልግሱ፣ ሓደ ንግሆ፣ ኣብ ድሮ እቲ ናብ ኣስመራ ኽንምለስ ዝመደብናዮ ዕለት፣ ናብ ሓደ ኣብ ውሽጢ ባጽዕ ዚርከብ ርሒብን ነፋሻን ዕሙር እንዳ ሻሂታት መሪሑ ወሰደና'ሞ፣ ሰደቓ ሒዝና ኾፍ በልና። እቲ ኣፈፌት ዛጊት ጠዋሉን መናብርን ተዋዲዱሉ ብዓመውል መሊኡ ነበረ። ነቲ ኣሳሳዪ ንሰለስተና ሓሓደና ሸሓን ፉልን ሓደ በራድ ሻህን ኬምጽኣልና ኣዘዘ። እቲ ሸሓን ፉል ምስ ውዑይ ባኒ ተቐረበ። ሓንቲ ንእሽቶ በራድ ሻህን ሰለስተ ብዓብዓባይቶን መመልከቲቶን ዚዕተር ረቀቕቲ ቡሽን ተወሰኸ። ኣዝዩ ጥዑም ቍርሲ እዩ ነይሩ። ካብ ሓንቲ ኣረጊት ራድዮ ብዚፍኖ ዝነበረ ደርፌ ሱዳን እናተዛነና፣ ነቲ ሸሓን ፉል እናስተማቐርና ተመገብናዮ። ድሕሪ ቑርሲ፣ ነቲ ጥዑም ደርፍታት እናዳመጽና ጸሓይ ኣዐርያ ኽሳዕ እትቕልቀል ኣብቲ እንዳ ሻሂ ጸናሕና።

ካብቲ እንዳ ሻሂ ወጺእና፣ ብማእከል ገዛውትን፣ ድኳናትን፣ በብዓይነቱ ትካላትን ሰንጢቕና፣ ብሓደ ቐልደዳይ ናሕሲ ዘሎዎ ዕሙር ዕዳጋ ሰሊኹና ዛወንና። ንእግረ መገድና፣ ብጥቓ ንኣሽቱ መሳጊድ ከም ዝሓለፍና እዝክር።

ህዝቢ ብንግሆኡ ኣብቲ ዕሙር ዕዳጋታት የሕሰኽስኽ ነበረ። ኣከዳድናኦምን ኣውዳድያኦምን ሰባላቃ ነበረ። ተሰባጢሮም፣ ኣብ ሓደ መድረኽ፣ ንተራ ዕለታዊ ህይወት ናይ ባጽዕ ንምጽብራቕ ዚዋስኡ ዘለዉ ይመስሉ ነበሩ።

ብሃንደበት እቲ ባሕሪ ኣብ ፊትና ተሰጢሑ ተቐልቀለ። ኣብ ቅድመና ሓደ ሓምላይ ዕጸዋት ዝመልኦ፣ ብሓደ ጋግ ባሕሪ ዝተፈልየ ብማይ ዝተኸብበ መሬት ረኣና። መብዛሕትኡ እቲ ዕጸዋት ኣብ ጨዋም ማይ ዚበቍል ተኽሊ እዩ ነይሩ። ዳሕራይ መዓልቲ እቲ ዕጸዋት ሾራ (ጕንደል) ከም ዚብሃል ክፈልጥ ከኣልኩ።

"እዚኣ'ያ ሓምላይ ደሴት፣" በለና ኣቦይ።

"ሓምላይ ደሴት ማለት... ኢዞላ ቬርደ! " ሓተትኩ ብልበይ።

ነታ ደሴት ንሓያሎ ደቃይቕ ኣማዕደናያ። ኣብ ኣስመራ ኸለኹ፣ ብዛዕባኣ ብዙሕ ኪዕለል ሰሚዐ ነይረ። "እምበኣርከስ እዚኣ'ያ እታ ኢዞላ ቬርደ ዚብልዋ! ..." ደገምኩ ብልበይ። "ዘይከ ጕዕ'ዩ፣" በለት ወኻርያ ደኣ ኸይኮነኒ 'ምበር፣ ብዙሕ ኣይመሰጠትንን። ምኽንያቱ ብጀካቲ ሾራ ዝተባህለ ሓደ ዝዓይነቱ ዕጸዋት ካልእ ኣይነበራን። ደሓር ዕድመ በሊዐ፣ ልቢ ምስ ኣጥረኹ እዩ ሓምላይ ደሴት ቀንዲ ጸጋኣ ትሕቲ እቲ ዝኸበባ ማይ ደኣ'ምበር ብልዕሊኡ ከም ዘይነበረ ዝተሰወጠኒ።

ንኢዞላ ቬርደ ክሳዕ ፍጊዕ ዚብለና ምስ ረኣናያ፣ ኣቦይ እናመርሓና ኻብኡ ገምገመ ገምገም ንሰሜን ተጕዓዝና፣ ካብ እምኒ ይኹን ወይ ካብ ካልእ ማተርያል ኣዝዩ ዘይዝከረኒ ዝተነድቀ፣ ኣብ ጫፉ ምሸት-ምሸት ብርሃን ዚፍኑ ብልሓት ዘሎዎ ነዊሕ ግምቢ-ፋና ኣብ ሓደ በሪኽ ከርከስ ተደኲኑ ረኣና። ነቲ ግምቢ ተሃኒንና ኻብ መሰረቱ ኽሳዕ ርእሱ ተዓዘብናዮ። እቲ ተሰሪቱሉ ዝነበረ ባይታ ኻብቲ ባሕሪ ብርኽ ዝበለ ብኮራልን መሬትን ዝቘመ ኽርከስ እዩ፣ "ርእስ-ምድሪ" ድማ ይብሃል። እቲ ግምቢ-ፋና ነተን በቲ ኣካባቢ ብለይቲ ዚጕዓዛ መራኽብ ምልክት ብርሃን ዚህብ መዋቕር ምዃኑ ኣቦይ በታ ዓቕሙ ነገረና። ብሓቅ'ውን ካብቲ ሽዑ ዝነበርናዮ ኼንና ሓያሎ መራኽብ ናብ ዝተፈላለየ ኣንፈት ኪሰፍፋ ብዓይንና ረኣና። ኣነ ነዚ ምስ ረኣኹ፣ እቲ ባሕረኛ ናይ ምዃን ባህገይ ከም ብሓድሽ ደገሰኒ። "ከም ገለ ኢሉ ይሰምረለይዶ ይኸውን!" እናበልኩ ንበይነይ ኣስተንተንኩ። እተን መራኽብ ገሊኣን ካብ ምጽዋዕ ብንግሆኡ ዝነቐላ፣ ካብ ደረት ትርኢት ክሳዕ ዚኸወላ ዳርጋ ሓደ ሰዓት ዝወሰደለን እየን ነይረን፣ ገሊኤን ካብ እምብዛ ርሕቀት ደበንገረኣንን ትከንን ንማለቱ ዚልለ፣ ክፉለን ንሰሜን ክፉለን ንደቡብ ብዘገምታ ዚሰፍፋ ይመስላ ነበራ። ናበይ ኣቢለን ኮን እየን ዚገሻ ነይረን፤ እቶም ባሕረኛታት፣ ነዘን ዓርሞሸሻት ናይ ባሕሪ ሓመራት ኬነቓንቑ ላዕልን ታሕትን ኪብሉ ኸለዉ ተቐጀለኒ።

ናይ ባጽዕ "ርእሲ ምድሪ"፣ ምስቲ ኣብ ኣስመራ ኸለኹ ኣብ ኣርባዕተስመራ

ወይ ሃዳሙ ኣብ ማይ ባውዛን ንሓመሳ ኽንከይድ ከለና ዝርኣኹዎ "ርእሲ ምድሪ" ፍጹም ዘይመሳሰል ኮይኑ ረኺብኩዎ። ማይ ባውዛን መደናገሪት መዋዕለ-ሕጻናት እያ ነይራ። ጌጋ እትምህር፣ ሓድሓደ ግዜ ድማ ህይወት ቈልዑ እትገ'ሚ።

ብሃንደበት፣ ካብቲ ኣብ ጥቓና ዝነበረ ሓቒቕ ባሕሪ፣ ከም ሓለንጊ ዝምቕጣኑ ጭራ ዘሎዎ፣ ጸፊሕ፣ ንዓለል ፈለል ዚመስል ናይ ባሕሪ ፍጡር ብኸልተ ጐኑ እናንገብገበ ኺጐዓዝ ከሎ ሓወይን ኣነን ቀዚዝና ተዓዘብናዮ።

"ኣቡ-ረሙሽ እዮም ዚብሉዎ፣" በለ ኣቦይ። እቲ ኻብ ካልእ ዓለም ዝመጸ ዚመስል ማያዊ ፍጡር፣ ነቲ ጸፊሕ ኣኸናፉ እናንበጥበጠ ናብ ሓምላይ ደሴት ገጹ ሓምበሰ።

ካብ ርእሲ ምድሪ ሸናዕ እናበልና፣ ብሓደ ቐደም ብዘበን ጥልያን ግሩም ኣስቢዳለ ነይሩ ዝበልዎ፣ ብግዜኡ ወሃ ዘበለ፣ ሕጂ ግና ኻብ ግዜ ምብላዕን ሳዕቤን ባህርያት ናይ ባጽዕን፣ ዝኣረገ ባራካ መሰል ህንጻታት ዘሎዎ ጕልጎል በጻሕና። ኣብ ጥቓኡ፣ እቲ መራኽብ፣ ካብቲ ቐላዕ ኣካል ቀ'ይሕ ባሕሪ ናብቲ መጸግዕን ዳገትን ወደብ ዚኣትዋሉ መጻብቦ ነበረ። ኣብቲ ዜብለቕልቕ ማይ ብበብዓይነቱ ድሙቕ ሽራጣትን ትርብዒታትን ሕብሪ ቦያ ዝተለኸየ፣ ገዘፍቲ "ቦዋ" ዚብሃል ኮናዊ ዝመሽከሉ ገንኢ እናተንሳፈፈ ይሰራሰር ነበረ። ትርጉሙን ምያኡን ኣይፈለጥኩዎን፣ ግና ነቲ ትዕይንቲ ዝያዳ ምስጢር ዘልበሶ ኾይኑ ተሰምዓኒ።

ኣብ ዙርያና ዝነበረ ብርቂ ነገራት እናኣቋመትናን ብዛዕብኡ እናዕለልናን ከሎ፣ ኣብቲ ኣማኢት ረጋቢት ዚዝንብያሉን ዚዓልባሉን ዳገት ናይቲ ወደብ ህሩግ በልና። ሰለስተ ይኹና ኣርባዕተ ዓበይቲ መራኽብ፣ ኣብቲ መጸግዒ ተጐዝጕዘን፣ ናይ ባሕሪ ጕዕዞአን ዳግም ንምፍላም ኣብ ሽብሽብ ከለዋ ረኣናየን። ካብቲ ደርማስ ቆንቆረን፣ ትኪ እናበነነ፣ ጸጸኒሑ ድማ ትሑት ዝቓናኡ ብርቱዕ ኡእታአን ካብ ርሑቕ ክሳዕ ዚስማዕ የስተጋብእ ነበረ። ንሒደት ደቓይቕ ሓወይን ኣነን ተገሪምና ጠመትናየን። ምእንቲ ኻብ መዓሸጊአን ከይነቓነቓ፣ ብኣዝዩ ረጕድ ሓብልታት ምስ ብዙሕ ኣብቲ ወሰን መጸግዒ ብጽኑዕ ዝተሃንጸ ደጕላጽ ጕርማጻት ሓጺን ተቐይደን ነበራ። ብጐነንን ብቕድሚኤንን ብድሕረአንን እ'ናዞራን፣ እናድሓርሓራን፣ እናቐረባን፣ እናተጠዋወያን ዜሕለኽልኻ ንኣሽቱ ጀላቡ መሰል መራኽብ'ውን ንኣተን ንምስሳይ ብዚመስል ኣብቲ ማርሳ የውደኽድኻ ነበራ። ክትርእየን ከለኻ ነተን ገዘፍቲ መራኽብ ደቀን እየን ዚመስላ። ለከስ ንሳተን እተን "ጐተትቲ-መርከብ" ዚብሃላ ዓይነት ጀላቡ እየን። ቁም ነገረን እቶም ዋናታት መራኽብ ጥራይ እዮም ኪፈልጥዎ ዚኽእሉ። ዝኾነ ኾይኑ ኣብ ትሕት'ተን ዓበይቲ መራኽብ ኮይነን ኬሕለኽልኻ ኸለዋ ምርኣይ ንባዕሉ መሳጢ ነበረ።

ኣብኡ ኸለና፣ ሓንቲ ኣብ ጥቓና ዝነበረት ዓባይ ጸሊም ዝሕብራ መርከብ፣ እቲ ሓብልታታ ኻብቲ ጕርማጽ-ሓጺን ብባሕረኛታት እናተፈትሐ ከም ዚመልቑ ተገብረ፣ ኣብ ጐኒ እታ መርከብ ድማ ዳምዳም ኮነ፣ ዳምዳም ናብ ብ'ገሳ ጕዕዞ ባሕሪ! እቲ ኽልተ ኣዝዩ ገዚፍ መልሕቓታ፣ ኣብ ቅድሚት፣ ኣብ ጥቓ ኣንፋ ኣብ ሰፈሩ ተኣርኒቡ ረኣናዮ። እተን ጐተትቲ ጀላቡ እናጕረራን፣ እናዕረምረማን፣ እናኹደዳን፣ እናኹዘምዘማን ዕግርግረን ዛየደ። ወያ መርከብ ድማ ነቲ ትሑት ዝቓናኡ ኡእታኣ ኣብቲ ምሉእ ወደብ ደጋጊማ ኣቃልሐት። በብቑሩብ ነቲ ተጐዝጕዛቶ ዝሓደረት መጸግዒ፣ ካብኡ ኽትፍለ ደም ዝጠዓማ ኽትመስል፣ ብ'ኸንደይ ጋዶ ተፈንተተቶ። ሓደ ደርማስ ሓጺን፣ ኣብ ልዕሊኡ ኽንድኡ ብዚኣክል ጽዕነት ዝተዳዕነ፣ ናብ መዓምቑ ኽይጠሓለ ኸም ክንቲት ብልዕሊ ማይ ኬንጸብልልን ኪሰፍፍን ምርኣይ ብሓቂ ኣዝዩ ዜስደምም ክስተት እዩ። እታ መርከብ ካብቲ መጸግዒኣ ኣዐርያ ኽሳዕ እትርሕቕ ድማ ነቲ ኹሉ መስርሕ ብትዕግስቲ ተዓዘብናዮ።

እዚ ኹሉ ዜደንቕ ትዕይንቲ ርኢና፣ ናብቲ ኣብ ጥቓ ብዓል ባር ቶሪኖ ዚርከብ ናብ ግራር ዚሳግራ ጀላቡ ዝተጸግዓሉ ደንደስ ኣምራሕና። ብዙሓት ቀንበረንን ኣንፈንን ብባንዴራ ኢትዮጵያን ካልእ መጸባበቕን ዝተለኸየለን ጃላቡ፣ ንዝመጸ ዓሚል ናብ ግራር ኬሳግራ ኣብቲ ማይ እናተነዋነዋ ፍጭም ኪብላ ጸንሓና። ካብቲ ዘስተብሃልኩዎ፣ ደሓር'ውን ጸኒሐ ዝተዓዘብኩዎ፣ ኵላቶም ደንከል ወይ ትግረ ደቅ-ባጽዕ'ዮም ነይሮም። በተን ጃላቡኦም ካብ ውሽጢ ባጽዕ ናብ ግራር ወይ ብኣንጻሩ፣ ተጐዓዛይን ከምዚ ኸማና ኣጋይሽን እናኣመላለሱ ምቕሉል ግና ሰላማውን ህዱእን ህይወት ዜሕልፉ እዮም ነይሮም።

ኣቦይ ንሓደ ኻብቶም ሰብ ጃላቡ፣ ናብ ግራር ኬሳግረና ኸም ዚደሊ ብዝተወከሶ፣ እቲ ብዓል ጃልባ ብታሕጓስ ናብቲ ደረጃታት ዝነበሮ ገምገም ኣጸግዓልና። ተጠንቂቕና ናብታ ጃልባ ኽንሳገር ድማ ነገረና። ናብታ ጃልባ ወሪደ ኣብቲ ማእከላ ኣብ ዝነበረ መቐመጢ-መሰል ኮፍ ብዝበልኩ ሓደ ፍሉይ ተመስጦ ተሰምዓኒ። ሽው ኣጋ ሰዓት ዓሰርተን ፈረቓን እዩ ዝነበረ። እቲ ኣብ ትሕተና ኾይኑ ጸይሩና ዝነበረ ባሕሪ፣ ህያው ፍጥረት ኮይኑ ተሰምዓኒ። ኣብቲ ጃልባ ኽለኹ፣ ብጐኑ ናብ መዓምቑ ብዝጠመትኩ፣ ማእለያ ዜብሎም በብዓይነቱ ዝቐለሞም ደቀቕትን ፍርዝን ዝበሉን ዓሳታት ናትና ህላወ ኽይዓጀቦም ብናጽነት ናብ ድላዮም መኣዝን ኪወናጀሩ ረኣኹ። እቲ ብዓል ጃልባ ፊቱ ናባና፣ ዝባኑ ናብ ኣንፈት እታ ጃልባ ሂቡ፣ በቲ ጸፍላሕ ኣንፊ ናይቲ ጵምዲ ባላታቱ ገይሩ ኪቐዝፍ ጀመረ። ብኡንብኡ እቲ መቕዘፍያ ኣብቲ ማይ እናተንጠባልሐን ንኣሽቱ ጃዕራያት እናፈጠረን ካብቲ ደንደስ ረሓቕና። እቲ ንኣሽቱ ሞገዳት ነቲ ኽብዲ ጃልባ እናገጨበን በቲ ኣንፋ እናተሰንጠቓን ከኣ ናብ ግራር ገጽና ኣቕናዕና። ካብ ግራር

ናብ ውሽጥ-ባጽዕ ብኣንጻርና ምስ ዚሳገራ እናተመሓላለፍና ቐጸልና። እቲ ኣብ ውሽጡ ኻልእ ዓለመ ፍጡራን ዝሓቑፈ እሙን ባሕሪ፣ ምስታ ንእሽቶ ጃልባ ናይቲ ወድ-ባጽዕ እናተሳነየ ብዘይ ጸገም ተሰኪሙ ኣሰፈፈና። ኣብ ማእከል ክንበጽሕ ኸለና፣ እታ ቕድም ብኽንደይ ተዓጢቕ ተሸብሺብ ካብቲ መጸግዒ ዝተፈልየት ዓባይ መርከብ፣ መሸከላ ኽንዮ እቲ ናብቲ ማርሳ ዜእቱ ወሽመጥ በጺሓስ ኣብቲ ቓልዕ ባሕሪ ብዘገምታ ትግስግስ ነበረት። እተን ንእ ዘፋነዋ ጕተትቲ ድማ ዝቐደመ ዕማመን ኣስሊጠን ንኻልእ ከምኣ መሳሊት ንምግልጋል ኣብ ምምስሳው ነበራ። ድሕሪ ናይ ሓሙሽተ ደቒቕ ዘይወሰደ መሳጢ ጕዕዞ ጃልባ፣ ኣብ ገምገም ግራር ወረድና። እንተ ዘይረሲዐዮ፣ እቲ ኣቦይ ነቲ ብዓል ጃልባ ዝኸፈሎ ካብ ሰላሳ ሳንቲም ዚበዝሕ ኣይነበረን።

ኣብ ጥቓ'ቲ ዝወረድናሉ፣ ሓደ መመንጨዊ ሓይሊ ኤለክትሪክ፣ ኮነል ብዝተባህለ ኩባንያ ጥልያን ዚመሓደር ነይሩ። ድምጺ ናይተን ጀነረይተራት ኣብቲ ዝወረድናሉ ኤንካ ይስማዕ ነበረ። ብድሕሪኡ ዚዝከረኒ፣ ብጥቓ ሓደ በብትርብዒት ዝተዳለወ ግራሁ ዚመስል ቃጽያታት ዘሎዎ ረምረም ጕልጎል እዩ። እቲ ቓጽያታት ግና፣ ኣብ ክንዲ እኽሊ፣ ማይ ባሕሪ ዝመልአ ካብ ሓደ ሜትሮ ዘይዓምቍ ለጥላጥ ራህያተት እዩ ነይሩ። ገሊኡ፣ እቲ ዝመልአ ማዩ ሓድሽ፣ ገሊኡ ሃፊፉ ዝሓፈሰ፣ ገሊኡ ድማ ማዩ ፍጹም በኒኑ ናብ ከውሒ ጨው ዝተለወጠ ነበረ። ኣብ ልዕሊ ሓደ ወይ ክልተ ኻብዚ ቓጽያታት፣ ኣጕዶ ኺመስል ኣስታት ኣርባዕተ ሜትሮ ወይ ካብኡ ቍሩብ ዚዛይድ ዝተኹመረ ጨው ረእና። ለከስ ግራት ጨው እዩ ነይሩ! ኣኸዛ ወይ ትወን ዘይጽበ፣ እኳ ደኣ ዚጸልእ ዓይነት ግራት! ኣንበጣ ኣየስግእ፣ ባርኖሳይ ኣይዓጅቦ፣ ዋግ ኣየጥቅዮ፣ ጋንሸራ ኣይደፍሮ፣ ህበይን ቅንፍዝን ኣየፍርሆ! ሳላ እቲ ዘየባትኽ ሃ'ረበርቂ ጸሓይ ባጽዕ፣ ነቲ ማይ ባድ ዜህፍፍ ናጻ ጸዓት ኣይተሳእነን። ኣብቲ ረመጨት እቲ፣ ሰባት ንእንጌራ ኺብሉ ነቲ ደረቕ ግራት በፍራዛታቶም ኪፍሕሩን ብባዴላታቶም ድማ ኪግሕፍሉን ብምግራም ረኣናዮም። ፋብሪካ ጨው ወይ ድማ በቲ ጣልያን ዝሃቡዎ ሽም "ሳሊና" ዚብሃል ንሱ እዩ።

እቲ እንጕዓዘሉ ዝነበርና መገዲ፣ ብማእከል እዚ ቓጽያታት'ዚ እዩ ዚስንጥቕ፣ ብሽናዕታ ኽነቋርጾ ድማ ልዕሊ ፍርቂ ሰዓት ወሰደልና። ጸሓይ ኣዝያ ስለ ዝመረረት ናብ ዕዳጋ ኽንበጽሕ ኣዚና ተሃንጠና። ብዛዕባ ድኻም ግና ገና ንኣሽቱ ስለ ዝነበርና ወይ ድማ ኣብ ባጽዕ ዝያዳ ኦክሲጅን ስለ ዘሎ ግዲ ኾይኑስ ኣይተሰምዓናን። ድሕሪ ሓጺር ዘይብሃል ዘንሕታ፣ ኣብቲ ሃንገፍታን ትክን ዚጥበስ ዓሳ ዝመልኦ ጐደና ናይ ዕዳጋ ረገጽና። እቲ ኣብያተ ሻህን፣ በብዓይነቱ ኻብ ዓደን ዝመጸ ኣዝዩ ሕሱር ዝዋጋኡ ክዳውንትትን ኣቕሑትን ዚሸየጠሉ ድኳናትን ኣብ ዲቕ ዝበለ ንጥፈት ጸንሓና።

ናብ ሓደ ጽላል-መ'ሰል ዝነበሮ እንዳ ሻሂ ኣላጊስና ኣብ ሓደ ሰደቓ ኾፍ በልና። እቲ ዘዕረፍናሉ ቦታ፣ ኣብቲ ምስቲ ናብ ኣስመራ ዚወስድ

ጽርግያ ኣርዑት ዝኾነ ጐደና ኣብ ወሰኑ ኢና ኔርና። ብቕድመና ንየውነጀው ዚመላለስ ህዝቢ ዝጸዓቐሉ ሰዓታት እዩ ነይሩ፤ ሰዓት ዓሰርተው ሓደ ናይ ቅድሚ ቐትሪ። እቲ ምሉእ ዕዳጋ ምስቲ ዋዕዋዕታኡ ናይ "ን'ግድ ሆባይ" ም'ኳኑ ዜመስክር ሃዋህው ነበሮ።

ሽዑ መዓልቲ፣ ኣብቲ እንዳ ሻሂ፣ ካብቲ መሪር ጸሓይን ሃሩርን ንምንጋፍ፣ ንንውሕ ዝበለ ሰዓታት ከም ዝጸናሕና እዝክር። ኣብኡ ኸለና ኣብ ኣስመራ እንፈልጦም ሰባት ረኺብና ተወሳኺ ሻሂ ኣዚዝና ግዜ ብዕላል ከነሕልፎ ዕድል ረኺብና። ኣጋ ፍርቅ-መዓልቲ፣ ህያው ዘ'በለ ፍጡር ነናብ ቤቱ እናተሸርበ እቲ ጽርግያ ጸረረ። እተን ገለ ተረፍመረፍ ናይ ዓሳ ኼንቀላውጣ ጭንን ዚብላ ድማሙ ኽይተረፋ'ኳ፣ ብ"ኮልቦ ዲ ሶለ" ኽይወድቃ ፈሪሀን'የን መስለኒ ተሰወራ።

ሰዓት ሓደን ፈረቓን ኣቢሉ፣ ኣቦይ ናብታ ቕድሚ ሽዑ ዓሳ ዝበለዕናላ ብሉሕ ዝተሰርሐት ነፋ'ሻ ገዛ ወሰደና። ሕጂ'ውን ጸብሒ ዓሳ ኣዘዘ። ኣብዚ ግዜ'ዚ ግና ነቦይ ከየሕፍሮ ኢለ፣ ኣብ ርእሲኡ'ውን ጥሜት ኬረኻኽበለይ ስለ ዝጀመረ፣ መቐረቱ እንተ ዘይፈተኹዎ'ውን፣ ካብቲ ቐባእባእ ዚብል መማዩ እናጠማዕኩ ግርም ገይረ ተመገብኩ። ብድሕሪኡ፣ ናብቲ እንዳ ስዋ ግዒዝና ሓወይን ኣነን መመለሊኻና ተዓዲልና፣ ነቶም መትከራት ደቀቕቲ ሃመማ ባጽዕ ከበሮም ከይገበርና፣ ከም ሰብና ለሓፍናዮ። ኣየ'ወ ኺጥዕም! እቲ ጋርጋርታን ሃሩር ባጽዕን ዘሰዓቦ ኣስተምቅሮ ኽይኮነ ኣይተርፍን። ከመዮ ኣይተ ኣቶብርሃን ሰጊድ፣ ኣብቲ ሽዑ እዋን ኣብ ተጠቕላሊ ተይፕ ዝተመልአ ደርፎም፤

ድገም ክደግም፣
ሰልስ ክስልስ፣
ረብዕ ክሳዕ ትነብዕ፣
ሓ'ምሽ ክሳዕ ትምሽምሽ!

ዝበልዎ፣ ኣቦይ ኣይምፈቐደልናን ደኣ'ምበር፣ ሓወይን ኣነን'ውን ምደገምናን ምሰለስናን፣...ምናልባት'ውን ምረባዕና!... ከይንምሽምሽ ግና ኣይምሓመሽናን!...

ኣጋ ሰዓት ኣርባዕተ፣ በቲ ስጋለት ቀጣን ወሰነ ወሰኑ ኽንከይድ ከለና፣ እቲ ባሕሪ ብሞገዳት ምልኣት እናንከራረወ ይናወጽ ነበረ። እቲ ማይ ኣብቲ ባይታኡ ብዝፈጠሮ ነውጺ ዳርጋ ሓቲሉ ነበረ። በቲ ብሸንኸ ቀንዲ ማርሳ ዝነበረ ባሕሪ፣ ማእለያ ዜብሉ መለግላጋይ ዓሳ (መዱዛ) ጐቢኡዎ ገሊኡ ምስቲ ሞገዳት ይጋልብ፣ ገለ ድማ በቲ ማዕበል እናተገፍዐ ኣብቲ ደንደስ ይላግጋዕ ነበረ። ናይ ነገር ጠንቀምቀም፣ ሓደ ኻብኡ ንምሓዝ ድንዕ ብዝበልኩ፣ ኣቦይ

ከምኡ ኸይገብር ገንሓኒ። እቶም ደቅ-ዓዲ፣ እቲ መለግለጋይ ዓሳ ሓደገኛ ሕንዚ ኸም ዘሎዎ ከም ዝነገሩዎ'ውን ሓበረና።

እተን ፈለማ በታ ዝመጻእናላ ባቡር ንውሽጢ ባጽዕ ኸንግስግስ ከለና ዝረኣናየን፣ ኣብ ወሽመጥ ሒርጊጎ ኣብ ርሑቕ ዝጠሓላ ክልተ መራኽብ፣ ኣብዚ ግዜ'ዚ ሰባት ኣብ ልዕሊኣን የምሰስዉ ነበሩ። ምናልባት ነቲ ገረንገረአን በብሓደ እናምለቑ ኼውጽእዎ ይፍትኑ ነይሮም ይኾኑ። መጠረሽታ መዓልትና ስለ ዝነበረ ብዓይኒ ማዕዶ ተፋነናየን።

ንምሸቱ፣ ኣብ ረስቶራንተ ኣልባ፣ እተን ናይ ኤለክትሪክ መንበድበድያታቱ ንፋስ እናነፍሓልና ግሩም ዝኾነ ናይ ዝግኒ ድራር ተኣንገድና። ማይ ዝሑል ክሳዕ ኣዐሪና እንዓግብ ሰተና። ከምኡ ኸነሱ ግዳ ብረሃጽ ምጅብጃብናስ ኣይተረፈን። ብድሕሪኡ፣ ንመጠረሽታ ግዜ ንባጽዕ ብማእከል እቲ መሽጐራጕራታ እናሰንጠቕና ዞርናያ። ኣብ ሓደ ወይ ክልተ እንዳ ሻህን ባራትን ኣላጊስና'ውን ኣዕረፍና። ኣብ መወዳእታ፣ ኣንጊህና ንጉዕዞ ናብ ኣስመራ ምእንቲ ኸንቀራረብ ናብ እንዳ ኣደይ እምባፍራሽ ኣምራሕና። ክንሃልኽ ስለ ዝወዓልና ከረው ኢልና ደቀስና።

ም'ልሶት ናብ ኣስመራ

ንጽባሒቱ፣ ኣቦይ ጋሕጋሕ ምድሪ ኣተንስኣና። እዋን ኣጋ ሰዓት ሓምሽተ እዩ ነይሩ። መሬት ወገግ ኪብል ጀሚሩ ነበረ። ኣደይ እምባፍራሽ'ውን እንምለሰሉ ዕለት ከም ዝኾነ ዘኪረን፣ ዛጊት ተበራቢረንስ ገጽና እንወጃጅሃሉ ማይ ቀራሪበን ኬፋንዋና ተዳለዋ። ምስ ኣቦይ ብትሑት ድምጺ ድሕሪ ምዝርራብ፣ ንኣና'ውን ደሓን ኩኑ ኢለን ሰዓማና። እቲ ኸዳውንትናን ካልእ ቀንጠመንጥን ሒዝናሉ ዝመጻእና ብዓል ብዙሕ ቻርኔራ ኽልተ ዝእዝኑ ዓቢ ናይ ኣመሪካውያን ሳንጣ፣ ሓወይን ኣነን ብኽልተ ጐኑ ኣንጠልጢልናዮ ኻብቲ ገዛ ተበገስና።

እቲ ብድሮ ምሸት ብሰብ ኣሕሰ'ኽሲ'ኹ ዝነበረ ገፋሕቲ ጐደናን ቅርዓትን፣ ሕጂ ጸምዩ፣ ብጀካ ኣንጊሆም ዝተበራበሩ ነናብ መዓልቦኦምን ዋኒኖምን ዚግስግሱ ሰባት፣ ሓሓሊፎም ድማ ዘንነፉና ዝፋለሉ ኣ'ኽላባትን ደማሙን፣ ካልእ ዚርአ ፍጡር ኣይነበረን። ኣብ ገሊኡ በረንዳታት ድኳን፣ ብጕጅለ ለም ዝበሉ ደቅ-ጽርግያን ለመንትን ኣብ ዓሚቝ ድቃስ ተዋሒጦም ከለዉ ሓለፍናዮም። ኣብቲ ቕድሚኡ መዓልቲ ኣብ ዝቜረስናሉ እንዳ ሻሂ ምስ በጻሕና ናብኡ ኣላገስና። እቲ እንዳ ሻሂ ብዓል ኽልተ ባብ፣ ነዊሕ ዝሰንቀኡ፣ ኣንኳይዶ ብለይቱስ ብቐትሩ'ውን ሳላ እተን ናይ ኤለክትሪክ መንበድበድያታቱ ነፋሻን ወልወልን እዩ ነይሩ። ኣብቲ ኣፈፌቱ ዛጊት

ሰደቓታትን ተዓጻፋይ ናይ ዕንጨይቲ ሰድያታትን ተሰሪዑ፣ ገለ ናብ ስራሕ ዝሽኰሉ ዓመውል ይቔርሱሉ ነበሩ። እቲ የመነታይ ብዓል ሻሂ ኣብቲ ባንኮኡ ተቐሚጡ፣ ነቲ ኣብ ጥቓኡ ዝተሰኽተተ ባልደንን ዚጥጠቐሉ ዓቢ ቝራዕ ብሓደ ነዊሕ ዝእጀታኡ ጭልፋ እናሳዕ እናደዓኸ፣ ኣመት ዓመውልን ኣመት እቶቱን ምግባር ብብጊሓቱ ተተሓሒዝዎ ነበረ።

ዜህውኽ ነገር ስለ ዘይነበረና፣ ረማዕ ኢልና ግርም ናይ ሻህን ባንን ቊርሲ በላዕና። በብቝሩብ፣ እቲ እንዳ ሻሂ ብዓመውል እናመልአ ኸደ። ረድዮ ተኸፊቱ *"ሁና ዑምዱርማን"* ኢሉ፣ ብዛዕባ እንታይ ምዃኑ ዘይሰማዕኩዎ ንነዊሕ ድሕሪ ምልፍላፍ፣ እቲ እንፈትዎ ደርፍታት ናይ እኒ ብዓል ኣሕመድ ሙስጣፋን ሓሰን ዓቲያን ካልኦትን ኬጋውሕ ጀመረ። እቲ ሃዋህው ናይ ባጽዕ ከአ ንኻልእ ሓድሽ መዓልቲ ድልዊ ምዃኑ ኣበሰረ። ነቲ ጥዑም ደርፍታት እናሰማዕና ጸሓይ ኣዐርያ ኽሳዕ እትበርቕ ኣብቲ እንዳ ሻሂ ጸናሕና። ደጊም ንእንግዶት ባጽዕ ንመጠረሽታ መዓልቲ እነስተማቕረሉ ግዜ ስለ ዝነበረ ብወገነይ ኣዘየ ተደፋነቕኩ።

እንተ ዘይረሲዐዮ፣ ኣጋ ሰዓት ሸውዓተ ምስ ኮነ፣ ናብቲ ኣብ ጥዋለት ዝነበረ መደበር ባቡር ብእግርና ኸድና። እቲ ባሕሪ ናይቲ ማርሳ ልሙጽ መስትያት ኪመስል ረጊኡ ነበረ። ከምቲ ቕድሚ ሸው ኣብቲ ደንደስ ዝረኸብናዮም፣ ዓሳ ኺቔልቡ መቓጥኖም ዝወርወሩ ወይ ድማ ኣብቲ ርጉእ ማይ ንምሕምባስ ተወርዊሮም ናብ ውሽጢ ዚሽመሙ ቈልዑ ብማዕዶ ረኣና። ግሩም ዝኾነ ህይወት እዮም ዜሕልፉ ነይሮም። እቲ ናጽነቶም ኣቕንኣኒ። ኣብቲ መደበር ባቡር ክንበጽሕ ኸለና፣ ከማና ብባቡር ናብ ኣስመራ ኺጕዓዝ ዝመጸ ኣዝዩ ብዙሕ ሰብ ጸንሓና። ብሎቶሪና ዚኸዱ'ውን ውሑዳት ኣይነበሩን። ዋጋ ጕዕዞ ባቡር ካብቲ ናይ ሎቶሪና ኣዝዩ ሕሱር እዩ ዝነበረ፣ ሻድሻይ እፉ ጥራይ። እታ ሎተሪና፣ ንሕና ኽይተበገስና ኣንጊሃ ኽም ዝኸደት ትዝ ይብለኒ።

ተሳፋራይ ዘበለ፣ ምስ ጋዕገልጠሙን ቤተሰቡን ዕያላቱን ነናብ ባጎኒታቱ ኣተወ። ኣቦይን ሓወይን ኣነን ኣብ ዝተሰፈርናላ ባጎኒ፣ ብዙሓት ዓበይትን ነኣሽቱን ተጐዓዝቲ ነበሩ። ገለ ቈልዑ እናቕጨውጨዉ ዚበኽዩ፣ ዘነቢሎምን ርያኦምን ንምቕማጥ ጭራሕምራሕ ዚብሉ ሰብኡትን ኣንስትን፣ ፍርያቶም ንምሻጥ ኣብ ማእከል እታ ባጎኒ ዜሕለኽልኹ ኣንብዝን፣ ምስቲ ቢለቶ ዚቔጻጸር ፎቶሪኖ ብኽፍሊት ናይ ኣቕሑን ዝተማልእዎም ዕያላቶም ንኣሽቱ ደቆምን ዚከራኸሩ ተሳፈርቲ፣ ብሓጺሩስ ኮታ ዕግርግር ዝሰፈኖ ሃዋህው እዩ ነይሩ። ጸጸኒሑ ኻብተን ጸለምቲ ባቡራት ካብ ዝተፈነወ ትክን ሃፋን ሃንገፍታኡ ናብ ጽርንቕትና በጽሐ። እቲ ንኣፋነውቲ ዜተክዝን ዜደፋንቕን ፋጻ ናይታ ጸላም ባቡር'ውን ነቲ ኣብቲ ስታስዮን ዝተዓጕጐ ህዝቢ ዚሓቝኖ ዘሎ ኺመስል የናውጾ ነበረ።

ኣማስያኡ ንቕሎ ናብ ኣስመራ ተጀመረ። እቲ ጉዕዞ ነዊሕን ኣድካምን ከም ዚኸውን፣ ካብቲ ኽንመጽእ ከለና ዝተመከርናዮ ስለ ዝተገንዘብና፣ ክሳዕ ናብቲ መዓልቦና እንበጽሕ ብትዕግስቲ ተጓዓዝና። ደጓሊ፣ ደማስ፣ ማይ ኣጣል ወዘተ. እናተባህለ እቲ መገሻ ብዘገምታ ተዓምመ። ኣብ ደማስ ንኻልእ ባቡር ይኹን ንሎተሪና ኽንጽበ ከም ዝቖምና ትዝ ይብለኒ። እምባትካላ ኽንበጽሕ ኸለና፣ እቲ ሸልቂ ናይ ባጽዕ ብጥዑም ዝሁም ኣየር ተተክአ። ኣጋ ሰዓት ክልተን ፈረቓን ኪኸውን ከሎ ድማ ንነፋሲት ሓሊፍና በቲ ሕልኽላኽን ገለርያ ዝበዝሑን ኣራእር ዓርበረቡዕን ሸግርንን እናተሰለኽለኽና “ቸንቶ ኩንዲቺ” በጻሕና። ባቡር ፋጻኣን ናህራን እናዛየደ ናብ መዓልቦኣ ናብ ፌሮቪያ ገጻ ገስገሰት። ኣጋ ሰዓት ሓምሸተ ኺኸውን ከሎ ድማ እቲ ብነዊሕ ጉዕዞ ዝረዘዘ መሓውርና መሬት ኣስመራ ረገጸ።

ኣብቲ ዝሰዓበ ሰሙናት'ሞ፣ እንታይ ኢልኩምዎ! ገዛና ብዕላል ባጽዕ ጸሚዋም እዮም። ኣዕሩኽትና'ውን ከምኡ። እቲ ባሕሪ፣ እተን መራኽብ፣ እናኽዝክረን፣ እታ ናብ ግራር ዝተሳገርናላ ጃልባ፣ እቲ ባሕረኛ ናይ ምኺን ታፍላይ ኪደግሰኒ ጀመረ። ካፕተን ናይ ሓንቲ መርከብ ኮይነ፣ ናብ ርሑቕ ኾርንዓት ዓለም ተጓዒዘ፣ ምስ ካልኦት፣ ኣብ ቺነማ ጥራይ'ምበር ብቐርበት ርእየዮም ዘይፈልጥ ህዝቢ ግውረት ክገብር ተቐጀለኒ። ለከ ዘይትፈልጦ ሃገር ይ'ናፈቕ፣ ኪብሃልስ ሓቂ'ዩ!

፲፩

መዛዘሚ ማእከላይ ቤት ትምህርቲ

ክረምቲ ኸመይ ከም ዝሓለፈ ሕጂ ብርግጽ ኣነጺረ እዝክሮ'የ ኽብል ኣይደፍርን። ከምቲ ወትሩ ድሕሪ ብርቱዕ ዝናም እንገብሮ ምስቶም ደቅ-ገዛውተይ ሓበሻን ሓነፍጽን ናብ ሰኮንዶ ላጌቶ፣ ኣብ ጥቓ'ቲ ፎሮንታዮ እምኒ ዝፈሓሩሉ ሓቂቕ ዕያግ ከይደ ኸም ዝሓምበስኩ፣ ናብ "ጎላ ደል ዲያቮሎ ብዙሕ ሳዕ ከም ዝተመላለስኩ ግና ርግጸኛ እየ።

እቲ ኣብ ማይ ጭሆት መብዛሕትኡ ስገም ዝተዘርአ ግራውቲ እኽሊ ምዒት ገሊኡ ደም ክሳብ ዚሰርብ ሸወተ። ዒላታት ክሳዕ ዓንቀሩ መልአ። እቲ ብሓደ ኢጣልያዊ ሓረስታይ ዚውነን በብዓይነቱ ዕምባባታት ዝተኹስኵሰሉ፣ ከብትን ካልኦት እንስሳ ዘቤትን ዝነበሮ ሕርሻ ምስ መንህቡ ገነት መሰለ። እቶም ኣብኡ ዜገልግሉ ዓሶትን ኵስኵስቲ ኣታኽልትን ዕዮ በዚሑዎም ዳምዳም ዚብሉሉ ወቕቲ እዩ ነይሩ።

መስከረም ብቕዱስ ዮሃንስ ብሒቱ መስቀል ብራቕ ኮነ። ኣብዚ ግዜ'ዚ ጕብዝና ኺስምዓኒ ጀሚሩ'ዩ መስለኒ ሆየ ሆየ ክብልስ ይትረፍ፣ መዓልቱ ኽዝክሮዲ ኣይተጨነቕኩን። ቤት ትምህርቲ ኸም ወትሩ ድሕሪ መስከረም 11 ተኸፊቱ ዕዮኡ ብጽዑቕ ኪጅምር ግዜ ኣይወሰደን።

እታ ዓመት እቲኣ ንኣይን ነቶም ከማይ ዝኣመሰሉ ሻምናይ ክፍሊ ዝበጽሑ ኣዝያ ወሳኒት እያ ነይራ። ኣብቲ ግዜ'ቲ፣ ካብ ማእከላይ ደረጃ ናብ ካልኣይ ደረጃ ትምህርቲ ኽንሳገር "ሓፈሻዊ መርመራ" (ጀነራል ኣግዛምነይሽን) እንወስደላ ዓመት እያ ነይራ። ቅድመና፣ ነቲ መርመራ እቲ ወሲዶም ትምህርቶም፣ ኣብቲ ሽዑ ሓድሽ ዝተሃንጸ ቤት ትምህርቲ ቐዳማዊ ኃይለ ሥላሰ፣ ልዑል መኮንን ወይ መርሓ-ሞያ ዝቕጽሉ ስለ ዝነበሩ፣ ከምኣቶም ተዓዊትና ኣብ ሓዲኡ ኽንጽንበር ሃረርታና ነበረ። እዚ ቐሊል ዕማም ከም ዘ'ይኸውን ኣይሰሓትኩዎን። ብኣጋኡ ኽተሓሓዞ ድማ ወሰንኩ። ሽዑ መበል ዓሰርተው ሓሙሸተ ዓመት ልደተይ ዝረገጽኩሉ እዩ ነይሩ። ኣብ ሻምናይ ክፍሊ፣ ካብቶም ምሳይ ኣብ ቀዳማይ ክፍሊ ዚምሃሩ ዘነበሩ ብርክት ዝበሉ ነበሩ። ኣብ መንጎ ኻብ ካልእ ዝተጸንበሩና ድማ ነይሮም።

ኣብቲ ዓመት'ቲ እንግሊዝኛ ዝመሃሩና መምህር ሙሳ ኣሮን እዮም

ነይሮም። እቲ እንመሃረሉ ዝነበርና መጽሓፍ *"Reader Eight"* ንባዕሉ፣ ትሕዝቶኡ ሓደ ምሉእ ልብ-ወለድ ወይ ኖቬላ እዩ ነይሩ። ኣርእስቱ *"The Vicar of Wakefield"* ዚብል ነበረ። ቅድሚኡ ዓመት'ውን፣ ሓደ *"David Copperfield"* ዘርእስቱ ጽማቝ ልብ-ወለድ፣ ኣብ ሰሙን ሓንሳዕ ኣብ ክፍሊ እናተነብበ ዘወዳእናዮ ነይሩ። ብጀካኡ፣ ኣብቲ *"Reader Seven"* ዝተባህለ መጽሓፍ ከኣ *"The Country of the Blind"* ምስ ዘርእስቱ ኻልእ ሕጽር ዝበለ ልብ-ወለድ ስለ ዝተላለና፣ ከምኡ ዝኣመሰለ መጻሕፍቲ ኽነስተማቕር ዝጀመርናሉ ግዜ ነበረ። እንግሊዝኛ ኣብ ሰሙን ክንደይ ክፍለ-ግዜ ኽም ዝነበረ ኣይዝከረንን፣ ነቲ እዋን'ቲ ኣዚና ንፈትዎን ንህንጠየሉን ከም ዝነበርና ግና ከቶ ኣይርስዖን። መምህር ሙሳ ነታ ብዳንየል ደፎ ዝተጻሕፈት *"ሮቢ ንሶን ክሩሶ"* ካብ ሓንቲ ብቐሊሉ ዝተዳለወት ርዕሞ ተርጕሞም ንሕትመት ዘብቅዑላ ዓመት ስለ ዝነበረ፣ ነቲ ናይ ምምህርና ወኖም መናግስቲ ዝኾኖ ይመስለኒ። በዚ ምኽንያት'ዚ፣ እንግሊዝኛና ኣዝዩ ኽም ዝተመሓየሸ ርግጽ ነገር'ዩ። እቶም ካልኦት መምህራንና'ውን ኣብቲ ሓፈሻዊ መርመራ ኽንዕወት ዓቕሞም ዘፍቀደ ገይሮም እዮም።

ተምሃሮ ወንጌላዊት ቤት-ትምህርቲ ፰ᵉ ክፍሊ ኣብ መወዳእታ ዓመተ ትምህርቲ 1958-59

(ቆይሞም ዘለዉ) ብርሃነ መሓሪ፤ ፍረወይኒ ገብረስላሰ፤ ሓጐስ —፤ ሚዛን መሓሪ፤ ተስፋየሱስ ምሕረትኣብ፤ ማቴዎስ ዘርኣይ፤ ሃይለ ተኸለ፤ ሃይለ ብስራት፤ የጊን ህብትየስ፤ ምኪኤል በየነ፤ ወልደኣብ ይስሃቅ፤ ፍስሓጽየን ግርማጽየን፤ ኪዳነ ገረድሃነ፤ ኣወጣሽ ስዩም፤ ክብርኣብ ትርፈ፤ ትብለጽ ነጋሲ።
(ኮፍ ኢሎም ዘለዉ) ኣሰፋው ኣስመሮም ኣብርሃም ሳህለ፤ ኣማኑኤል ሳህለ፤ ምኪኤል መንግስ፤ ተኪኤ ተስፋይ።

ኣብዚ ጉዳይ'ዚ ግና እቶም ጸለውቲ መምህራን ጥራይ ኣይነበሩን። ተምሃሮ'ውን ኣብቲ ኣብ ቅርርብ ን"ጀነራል ኤግዛምነይሽን" እንኽተሎ ዝነበርና ሜላ ግደ ነይሩዎም። ሽው ብዙሕ'ዩ ዚውረ ዝነበረ። እገሌ፣ ናይቲ ኹሉ ቅድሚኡ ዓመታት ዝተዋህበ ናይ "ጀነራል መርመራ" ኣኪቡስ' ሽምዲዱ መንጃኹዎን በሊዑዎን ኣኹምሲዑዎን'ዩ ዚብል፣ ንኽምዚ ኽማይ ተጣራጣሪ ኣዝዩ ዜርዕድን ዜባህርርን ወረ በብዕለቱ ይነፍስ ነበረ። ንኣይ ብሓቂ ዘየቕስን ጉዳይ እዩ ነይሩ። ብሕልፊ፣ ሓደ ሽሙ ንግዜኡ ዝረሳዕኩዎ፣ ሳንኡ ግና "መዓኮር ህበይ" ዝተባህለ ተምሃራይ ቤት-ግዮርጊስ፣ በዚ ወረ'ዚ ንሓሞትና ኽም ዝዘረጎ እዝክር። መዓኮር ህበይ፣ ካብ ገዝኡ ናብ ቤት ትምህርቱ ብሓንቲ ኣረጊት ግና ድልድልቲ ብሽክለታ እዩ ዚመላለስ ነይሩ። ካብ ቤት ትምህርትና፣ ሰዓት ሓሙሽተ ወይ ፍርቅ-መዓልቲ ምስ ተፈደስና፣ ንሱ ድማ ኽማና ኻብ ቤት ጊዮርጊስ ነቒሉ ኣብቲ ጽርግያ ኣስመራ ባጽዕ ኽንበጽሕ ኸለና ፔዳለ ብሽክለታኡ ብታህዋኽ እናረገጸ ይሓልፈና ነበረ። ግና በይኑ ኣይኮነን ዚጉዓዝ ነይሩ። ጽፍጻፍ ናይ ጀነራል ኤግዛም ወረቓቕቲ ኣጐርቢቱ እዩ ዚሕምበብ ዝነበረ። ኣብ ምሉእ ኢትዮጵያ ዝለዓለ ነጥቢ ዜምጽእ ብርግጽ ንሱ ከም ዚኸውን ድማ ብኹላ እታ እትፈልጦ ዘበለት ተምሃራይ ተሓምየ።

እዚ ኺብሃል ከሎ ግና፣ ብጀካ ናይ "ጀነራል" ምርመራ፣ ኻልእ ህይወት ኣይነበረናን ማለት ኣይኮነን። ሽው፣ ሩስያ ንመጀመርታ ግዜ ሮኬት ናብ ጠፈር ወንጪፉ፣ ኣብ ወርሒ ዘዕለበትሉ ግዜ እዩ ነይሩ። እዚ ኣብ ነፍስ-ወከፍ ተምሃራይ ናይቲ እዋን'ቲ ጽልዋ ኽም ዘሕደረ ምግማት ይክኣል። ኣብርሃምን ኣማኑኤልን፣ በዚ ናይ ሩስያ ዓወት ካብቶም ኣዝዮም ዝተነሸጡ ኣሕዋት እዮም ነይሮም። ክልተኦም ኣሕዋት ኣብ ትምህርቶም ካብቶም ሰነፋት ዚብሃሉ ኣይነበሩን። ካብቶም "ጭደድ" ዘ'በሉ ኻልኦት ተምሃሮ ዚፈልዮም ነገር ግዳ፣ ካብ ናብ ብልጫ ምዕታር ም'ጉያይ፣ ብዝያዳ ናብቲ ፍልጠትን ትግባረኡን ዚግደሱ ምኻኖም ነበረ። እምበኣርከስ፣ ኣብዚ እነዘንትወሉ ዘለና እዋን፣ ኣብርሃምን ሓዉን፣ ካልኦት መጓጅልቶምን፣ ካብ መደበር ብዝዓዳደጉዎ ሓንጀመንጂ (ምናልብት ተረፍ እየር ወይ ቀልሃ መድፍዕ ናይ ዘበን ጥልያን ነይሩ ይኸውን)፣ ሮኬት መሳሊ ኣዋዲዶም፣ ንሳቶም'ውን ብግዲኦም ነታ መከረኛ ወርሒ ኺፈግእዋ ከም ዝሃቀኑ ትዝ ይብለኒ። ንመንቀሳቐሲኣ እንታይ ዓይነት ነዳዲ ወይ ተባራዒ ኽም ዝተጠቕሙ ኣይፈለጥኩን። ጸኒሖ ኽም ዝተወርየ፣ ኣብ መገዲ ጸሎት ኣብ ዚርከብ ሓደ ሕሩስ ቦታ ተኺሎም እዮም ኪውንጭፉዋ ተዳልዮም። ኣብቲ ጽንብል ናይ ውንጨፋ ሮኬት ኣይነበርኩን። ግና፣ ከምቲ ንጽባሒቱ ኻብ

ኣፎም ዝሰማዕናዮ፣ እታ ሮኬት ኣብ ክንዲ ናብ ጠፈር ትውንጨፍ፣ ክትብገስ ሓዊ ምስ ኣጐዱላ፣ ንሓምሽተ ደቓይቕ ዚኣክል ልቦም ኣንጠልጢላ ከም ዘጸበየቶም፣ ኣማስያኡ ግና ንጕኒ ግምብው ኢላ ኣብቲ ሕሩስ ከም ዝደቀሰት ምስናይ እቲ ልሙድ ጭርቃኖም (ካብ ምሒር ሕንከት፣ መሬት ፍሒራ ኸትኣቱ ኣይጸልኣትን እናበሉ) ኣዘንተዉልና።

በደላ ጆርናሊኖ

ብጀካ'ቲ ብቤት ትምህርቲ ተኣዚዝና እነንብቦ ናይ እንግሊዝኛ መጻሕፍቲ፣ ሳላ'ቶም ኣብ ኣስመራ ዝነበሩ ደቂ ጸዓዱ ኢጣልያውያንን ኣመሪካውያንን፣ ኣብ መንን ተመሃሮ ሓበሻ በብቝሩብን ብሰላሕታን ንባብ ናይ "ጆርናሊኖ" ኺልመድ ጀመረ። ኣነ ጆርናሊኖ መቓጸልታ ሲነማ ገይረ ስለ ዝረኣኹዎ ኣዝየ እፈትዎ ነበርኩ። ትሕዝቶኡ እንተ ዘይተረድኣኒ'ውን ስእልታቱ ንባዕሉ ኣዝዩ ይማርኸኒ ነበረ። ካብዚ ዝተበገሰ ው'ሉፍ ኣንባቢ ጆርናሊኖ ኾንኩ። መብዛሕትኡ እቲ መዘናግዒ መጽሔት፣ ብቛንቋ እንግሊዝኛ ዝተዳለወ፣ እቶም ኣብ መደበር ቃኘው ዝነበሩ ደቂ ኣመሪካውያን ወተሃደራት ኣንቢቦም ምስ ደርበዩዎ፣ ኣብ ገለ ድኳናትን ክዮስክታትን ኣስመራ ኻልኣይ ኢድ ዚሸየጥ ዝነበረ እዩ። ትሕዝትኡ ናብ ቈልዑን ኰተቴን ዝድሃበ ኽነሱ፣ ንእግረመገዱ ንኣእምሮ ብሓሳብ ዜወሳውስ፣ ንቕጅልታ ዜደንፍዕ፣ ንምህዞ ዚደራርዕ ትሕዝቶ ነበሮ። ልዕሊ ኹሉ ድማ ኣብ ምምሕያሽ እንግሊዝኛና ዓብዪ ግደ ነይርዎ። ካብተን ድኳናትን ኪዮስክታት ንሓንቲ ብዓሰርተ ሳንቲም ጥራይ ኢና እንዕድጎ ዝነበርና። ፍሉይን ብርክት ዝበለን ትሕዝቶ ዘሎዎ እንተ ኾይኑ ድማ ብዓሰርተ ሓምሽተ ሳንቲም።

ኣብ ርእስ'ዚ፣ በብቝሩብ ንሓድሕድና ኽንፋለጥ ስለ ዝኸኣልና ጆርናሊኖ ንለዋወጥ ነበርና። እዚ ናይ ንባብ ልምዲ ኸም እነጥሪ ገበረ። ሒደት ካብቲ ብህርፋን እነንብቦ ዝነበርና ንምውካእ፣ *ቶፖሊኖወይ ሚኪ ማውስ፣ ዶናልድ ዳክ፣ ጉፊ፣ ፕሉቶ፣*ዚብሃሉ ናይ ዎልት ዲዝኒ ገጸ-ባህርያት፤ *ቶም ኣንድ ጀሪ፣ ባግስ ባኒ፣ ዉዲ ዉድ ፐከር፣ ፖፓይ፣ ስኑፒ፣ ዳግዉድ፣ ብሎንዲ፣ ሉሉ፣ ኣርቺ፣ ታርዛን፣ ሱፐርማን፣ ዲክ ትረይሲ፣ ሎን ረይንጀር፣ ፔኮዝቢል (ብጣልያንኛ)፣* ካልእ ኣብዚ ንምጽብጻቡ ዜጸግም ዝተፈላለየ ክላሲካዊ ልብ-ወለድ ከም ዘይሓልፍ ኣንበብናዮ። ኣብ ምልከት እንግሊዝኛና ኸኣ ዕዙዝ ግደ ኣበርከተ። ብፍላይ እቲ ናይ ዎልት ዲዝኒን ካልኦት ካርቱኒስታታት ኣመሪካን፣ ጸኒሑ ኸኣ "ማድ ማጋዚን" ዝተባህለ፣ ብመገዲ ኣብርሃምን ኣማንኤልን ዝተላለኹዎ ኣንቢበ ዘይጸግቦ መጽሔታት እዩ ነይሩ። ዳርጋ ብደመ-ነፍሲ ሓደ ህላወኡ

ስውር ዝኾነ "ክበብ በደላ ጆርናሊኖ" ተመስረቱ ነይሩ ኺብሃል ይከኣል። ሓደ ኽልተ ወርጸጽና ዚብሉ ኣያታትና ዚኾኑን መሳቶናን ተምሃሮ፣ ነዚ ብምንባብና ኼናሽዉና ዚፍትኑ ነይሮም። "ፋራታት" ስለ ዝነበሩ ኣይተገደስናሎምን። ንባብ፣ ትሕዝቶኡ ዝኾነ ይኹን፣ ጠቓሚ'ምበር ጕዳኢ ኺኸውን ከም ዘይኽእል ስኣን ምግንዛቦም እዩ ነይሩ።

ካብቶም ጆርናሊኖ እንባደል ዝነበርና፣ ብጀካ ኣብርሃምን ኣማንኤልን፣ ጸኒሖም ድማ ደቂ ሓውቶም፣ ኪሮስ ፍረ ወልዱ፣ ሚኪኤል ገብርህይወት ነበራይ፣ ዳንኤል ዮሴፍ፣ ሃብትኣብን ምሕረቱን (ቻክ በሪ) ደቀ'ቦይ እያሱ፣ ኤፍረም ብርጁ፣ ምክኤል መንግስ፣ ጸጋይ ኣስገዶም፣ ካልኦት ንግዚኡ ኻብ ተዘክሮይ ዝሃሰሱ ትዝ ይብሉኒ። ሕሉፍ ሓሊፍና'ውን ከም ብዓል ዎልት ዲዝኒ ኽንከውን ኢልና ናይ ገዛእ ርእስና ናይ ካርቱን ገጸ ባህርያት ክንፈጥር ዝጀመርናሉ ግዜ ነይሩ። ኣብ ሓምሻይ ይኹን ኣብ ሻድሻይ ክፍሊ ኸለና፣ ኣማንኤልን ኣነን ብፍላይ፣ ሓደ ሕጂ ሽሙ ኽጠቕሶ ዘየድሊ ኣዚና እንጸልኦ ናይ ቍጽሪ መምህርናን ጀለዊስ እቲ ዕዋላን ከም ገጸ ባህርያት ወሲድና፣ ልክዕ ከምቶም ኣመሪካውያን ዚገብርዎ ሓጺር ዝቴማኡ ግና ንኣና ኣዝዩ ዜስሕቕ ናይ ካርቱን ሽራጣት እናሰኣልና ንሓያሎ ግዜ ክንለዋወጥ እዝክር። ሓደ መዓልቲ ድሕሪ ቐትሪ ናብ ቤት ትምህርትና እናኸድና ኸለና፤

"እቲ ካርቱነይ ከመይ ረኺብካዮ፧" ሓተትኩዎ ንኣማንኤል።

"ጽቡቕ'ዩ... ዘካርያስ'ውን ርእዩዎ፣" በለኒ።

"እውይ! እንታይ ደኣ በለ፧"

" 'እሞ... እዛ ዓድስ ሓደ ዎልት ዲዝኒ ረኺባ'ምበር፣ ገረማርያም ዲዝኒዶ ንበሎ፧' " ኢሉ ጩሪቑልካ በለኒ፣ በተን ብድሕር'ቲ መነጽሩ ኾይነን ብምሳሕ ዘምባዕዛዛ ኣዒንቱ ኣሰንዩ ግይጽ እናበለ።

ከይረሳዕኩዎ ኸለኹ፣ ንቤት ትምህርቲ ደብረ ቅድስት-ማርያም ዘጽዮን (እንዳ ማርያም) ዘደንገለ፣ ሓደ ወረደ ካሳ ዝተባህለ ብሃንደበት ዝተጸንበረና፣ ኣብዚ ዓመትዚ ኣብ ሻምናይ ክፍሊ ኸለና እዩ። ብዕድመ ኣጸቢቑ እዩ ዚመርሓና ነይሩ። ንኣቶ ንፍታሌም ካሳ፣ ሓኀዳይ ወርቂ ጥቃ "ፕያሳ ሚኬለ" ዝነበሩ ሓዎም እዩ። በዚ ምኽንያት'ዚ፣ ናይ ገንዘብ ጸገም ኣይነበሮን። እቶም ሓለቓ ቤት ትምህርቲ ናይ እንዳ ማርያም፣ ኣባ ኪሮስ ሰመረ ብኡ ምስ ሰክሑ እዮም ሰጒጎሞ። ወረደ ካሳ ንዅሉ እቲ ወግዒ ትምህርቲ ዚሓ'ቶ ዘ'በለ ፍጹም ዘ'ይኽተል መትከር እዩ ነይሩ። ምሳና ምስ ተጸንበረ፣ ኣብ ቃሕ ዝበሎ ሰዓት ናብቲ ቤት ትምህርቲ ይቕልቀል ነበረ። ሓደ መዓልት'ኳ፣ ኣብ ኣጋ ንፋዱስ ርብዒ ጕደል ናብቲ ኽፍሊ ህርጕ ኢሉ፣ ከምቲ ኹሉ ተምሃራይ ቍሩብ ምስ ዚድንጕ ዚገብሮ፣ ኣብ ጥቓ'ቲ ልዳት ብዝቖመ፣ መምህር ሙሳ ገረሙዎም፤

"ክትምሃር ዲኻ ወይስ ክትበጽሓና ኢኻ መጺእካ፣" ኸም ዝበልዎ እዝክር።

ወረደ ኻሳ ስድርኡ ኣንጠረኛታት ብምኳኖም ፍጹም ዕጅብ ዘይብሎ እዩ ነይሩ። ካብቶም መጀመርታ ዝተዓራረኹም ደቂ ክላስና ኣብርሃምን ኣማንኤልን ሳህለ እዮም። ሓደ መዓልቲ ምስኣቶም ምስ ረኸበኒ ተኩሩ ጠመተኒ'ሞ፤

"እዛ ወዲ ነዚ ናትና ስራሕ ዚኸውን ጽቡቕ መዓጕርቲ'ለዋ፣" በለኒ።

"ከመይ ማለትካ ኢኻ፣ " ሓተተ ሓዲኦም ካብቶም ኣሕዋት።

"ረኣዮ'ንዶ እቲ ምዕጕርቱ፣ ወርቂ ንምፍሳስ ግርም መናፍሕ ምኾነ።"'

ወረደ ካሳ ጸኒሑ ምስ ስብሃቱ ኣልኣዛር (ቶቶ) ዝተባህለ ናይ ሓይሊ ባሕሪ ኣባል-ነበር፣ ወዲ ገዛ ኸኒሻ ኺተዓራረኽ ግዜ ኣይወሰደን። ኣውራ መፋተዊኦም መስተ ነበረ። ብዛዕባ ወረደ ካሳን ስብሃቱ ቶቶን ዚዝንቶ ዕላላት ብዙሕን ኣፍ ዘየኽድንን እዩ። ኣበየናይ እዋን ከም ዝኾነ ደኣ ኣይፈለጥኩን'ምበር፣ ወረደን ስብሃቱን፣ ኣብ ሓደ መርዓ ተዓዲሞምስ፣ ምስ ህዝቦም ስዋን ሜስን ተዓዲሉዎም ኪልሕፍዎ ኣምሰዩ። ኣብ መንጎኡ፣ ሓንቲ ጓል ጠቢብ ሒዙዋ ኣጕርዐት። ሰብ ተዓ'ጐ፣ እተን ብዛዕባ ጠቢብ ሊቕነት ዝነበረን ኣንስቲ ዚተኽኽ ጐማ፣ ሓርኢ ደርሆ ናብ ምድላይ ሸበድበድ በላ። ኣብ መንጎ'ዚ ግና ሓደ ኣዒንቱ ብሜስ ሕንዚዝ ዝመሰለ በጽሒ ኣብቲ መድረኽ ናይቲ ዳስ ደየበ። ስብሃቱ ቶቶ እዩ ነይሩ። ኢዱ እናኣጣቕዐ ድማ ብዕትበት፤

"ሒቕ! ሓንሳ'ስከ!.... ሓንሳ...ሒቕ!....ወረደ ካሳ ሒቕ! ... ወረደ ካሳ... ኣብ ዘለኻ'ሊኻ መሓር! ሒቕ! .... ወረደ ካሳ...ሒቕ!... ኣብ ዘለኻ'ሊኻ መሓር!..." በለ።

ብድሕርዚ ሓደ ኻልእ ኣዒንቱ ብሜስን ስዋን ዝያዳ ዝሓንዘዘ በጽሕ'ውን እናተደናበረን ኪወድቕ ከም ዝቐረበ ኦም እናተነዋነወን ናብቲ መድረኽ ደየበ። ንሱ'ውን ብናይ ሸገግታ ዕትበት፤

"ሒቕ!... ምሒርና'ለና! ሒቕ!.... ምሒር...ሒቕ!... ምሒርና'ለና!... ሒቕ!... " በለ።

ባዕሉ ወረደ ካሳ እዩ ነይሩ።

ሻምናይ ክፍሊ'ምበኣር፣ ምስ ብዓል ወረደ ኻሳ፣ ከምዚታት ዝኣመሰለ ጭርቃን እናሰማዕና ኢና ኸይተፈለጠና ሓሊፍናዮ።

ሓፈሻዊ መርመራ

ሓደሓደ ግዜ ግና፣ ኣብ መንጎ'ዚ ግርህነት ዝሰፈነሉ ናይ ዅትትና እዋን፣ ዘይተጸበናዮን ኣብ ኣእምሮና ዘይነበረ ነገራትን ምኽሳቱ ኣይተረፈን። ቅድሚኡ ወርሓት፣ ኣብ መጋቢት ኣቢሉ ይመስለኒ፣ ምስ መማህርተይ ካብ ገዛይ ናብ ቤት ትምህርቲ እናኸድኩ ኸለኹ፣ ሰራዊት ፖሊስ ኤርትራ ዝጸዓና ዓበይቲ ናይ ሚሊታሪ ካምዮናት፣ ናብቲ ኣብ ትሕቲ እንዳ ማርያም ዘሎ ሜዳ ኸም ዘምርሓ ሰሚዕናስ ናብኡ ኣላገስና። ኣብኡ ብዙሕ ሰብ ብዙርያ ተኾልኪሉ፣ ካብቲ መእተዊ በሪ ናይቲ ቐጽሪ ቤተክርስትያን ትሕት ኢሉ ኣብ ዝነበረ ነቑጣ ድማ ኣብ ኢዶም ዝቐሃመት ሽምዓ ዝሓዙ፣ ኣዒንቶም ብጭርቂ ዝተዓመተ በጽሒታት ነይሮም። ካብቲ ንሕና ዝነበርናሉ ርሕቕ ኢሎም እንተ ነበሩ'ኳ፣ ጽቡቕ ጌርና ንርእዮም ነበርና። በብተራ ንግግር ይግበር ከም ዝነበረ እዝክር። ብዛዕባ እንታይ ምዃኑ ግና ኣይተረድኣንን። ከምኡ ኽነሱ፣ ፖለቲካ ምዃኑ ቐሩብ ተሰቊሩኒ ነበረ። ኣነ'ኳ፣ ብኡ ኣሳቢበ ገለ ኻብቲ ኣሰልካዪ ትምህርቲ እንተ ተገላገልኩ ኢለ ደኣ'ምበር፣ ፖለቲካ እንዶኡን ባህጉን ኣይነበረንን። ከምዚ ኽነሱ ግና እቶም ፖሊስ ዓጢቐሙዎ ዝነበሩ ጠበናጁን፣ ኣብ ጀበርናኦም ዝተንጠልጠለ ቦምባ ኢድን ደስ ኣይበለንን። ምድረ ሰማይ ደሓን ከም ዘይኮነ ዘእንፍት ሃዋህው እዩ ዝነበረ። ደሓር ልቢ ምስ ሰቘርኩ ኸም ዝሰማዕኩዎ፣ ለከስ እቶም ሰልፈኛታት ኣባላት ማሕበር ሰራሕተኛታት ኤርትራ እዮም ነይሮም።

ከምቲ ተስፋ ዝገበርኩዎ ትምህርቲ ኣይተዓጽወን። ንድሕሪ ቐትሩ ግና ብተኸሰሲ ዝተሰነየ ዕግርግር ከም ዝነበረ ኣብ ገዛይ ከለኹ ኸም ዝሰማዕኩ እዝክር።

ቀልጢፉ ኣይተሰቈረንን ደኣ'ምበር ፖለቲካዊ ሃዋህው ደሓን ከም ዘይነበረ ኣብ ጋዜጣታት ጥራይ ዘይኮነስ፣ ኣብቲ ዕለታዊ ህይወት ናይቲ ህዝብ'ውን ብስዉር መገዲ ይንጸባረቕ ነይሩ እዩ።

ሓደ ንግሆ ናብ ክፍልና ኽንኣቱ ተሰሪዕና ኸለና፣ ሓደ ኻብቶም ንሕብረት ኤርትራን ኢትዮጵያን ዘድግፉ መምህራንና፣ ገጾም ብሓጐስ ተኾሊዑ፤

"ወያ ጠጠም በልዓታ ጤል!" በሉና። ስለ ዘይተረዳእናዮም ተደናገሩና ጠመትናዮም። ውስኽ ኣቢሎም ከኣ፤

"ድሕሪ ሕጂ ኤርትራ ኢትዮጵያ እያ። ፈደረሽን ወዲ ፈደረሽን ዚብሃል ዘይንፈልጦ ቛንቋ ደጊም ተሪፉ እዩ፣" በሉና።

እታ ጠጠም ዝተባህለት መሽም፣ ነታ ኣብ ባንዴራ ናይቲ ፌደረይሽን ዝነበረት ትእምርቲ ኣውሊዕ ንምክሻማሽ ከም ዝኾነ ጸኒሑ እዩ ተረዲኡኒ።

ኣብ ቅጅልታይ ብቕጽበት ዝመጸ ግዳ፣ እታ ፖሊስ ኤርትራ ኣብቲ ዕጻፍ ጕኒ ባርኔጣኣም ዝጠበቐት ምስሊ ጤል-ብዱ ነበረት። ንሳ ድያ ነታ ኣውሊዕ ጠጢማታ፧ ዝያዳ ግር በለኒ። መብዛሕትና ትሕቲ ዓሰርተው ሽድሽተ ዓመት ስለ ዝነበርና፣ ነቲ ዘረባ ብዙሕ ኣየቕለብናሉን። ብዛዕባ'ዚ ዚግደሱ ገለ ተምሃሮ ኣይነበሩን ማለት ግና ኣይኮነን። ብሕልፊ እቶም ኣቦታቶም ናብቲ ቤት-መንግስቲ እናኸዱ ኢድ ዚነስኡ ዝነበሩ። ዚበዝሑ ኻብዚኣቶም እዮም እቶም መጀመርታ ኣንጻር ኢትዮጵያ ኪትንስኡ ዝጀመሩ። እቲ ዝተረፈ ሓፋሽ ኣብ ካልእ ዕለታዊ ሃለብለቡ እዩ ዝነበረ። ነዚኣቶም፣ እቲ ፖለቲከኛ ኤርትራዊ ይኹን ኣምሓራይ መለሳ ኣይነበሮን፣ ከመይሲ ኻብ ሓድሕድ ዘይሕሹ ግናያት እዮም ነይሮም። ወገንተኛታትን ብልሹዋትን። ስለዚ፣ ድሕር እቲ ሓጺር ዘረባ ናይቶም መምህር፣ መብዛሕትና ነቲ መልእኽቲ ብሓደ እዝንና ኣእቲና በቲ ኻልእ ብምድርባይ ኣመት ትምህርትናን መጻኢ ዕድልናን ኽንገብር ናብ ክፍልና ኣቶና።

መዓልትን ከልብን ከይጸዋዕካዮም ይመጹ ኸም ዚብሃል፣ ወዮ ሓፈሻዊ መርመራ ደበኽ በለ። እቲ ቐዳማይ መርመራ፣ ኣብቲ ሽዑ ሓድሽ ዝነበረ ቀዳማዊ ኃይለ ሥላሰ ዝተባህለ ቤት ትምህርቲ ኻልኣይ ደረጃ ተዋህበ። እቲ መርመራ፣ ንመጀመርታ ግዜና ዝሰማዕናዮ፣ ካብ ብዙሕ መሪጽካ ንእሽቱ ኽበብቲ ዓንኬላት ብምጽላም ዚምለሽ ነበረ። ነቲ ብስርዓት ዝተኸታተለን ዘጽንዐን ተምሃራይ ጽቡቕ ሓገዝ እዩ ነይሩ።

ብድሕሪኡ'ውን ካልእ ኣብቲ ብዘበን ጥልያን "ኣተለሪያ" ዝተሰምየ ኣብዚ እዋን'ዚ ግና "መርሓ ሞያ" ወይ "ፖይንት ፎር" ተባሂሉ ናይ ግዕዝን እንግሊዝኛን ኸም ዝተጠምቀ ናይ ስነ-ጥበብ ቤት ትምህርቲ መርመራ ተዋህበ። ናብዚ ትካል ትምህርት'ዚ ንምእታው ሃረርታ ዝነበሮም ተመሃሮ ውሑዳት ኣይነበሩን። ስለዚ፣ ኣብቲ ኣፍ ደገ ኻብ በበይኑ ሸነኽ ናይ ኤርትራ ብዝመጹ ተሳተፍቲ መርመራ ተቐጺጹ ጸንሓና። እኒ ብዓል መዓኰር ህበይን ካልኦት መማህርትናን'ውን ኣብኡ ኸም ሰቦም ኪጸቓቐጡ ጸንሑና። ካብቶም ኣብኡ ዛጊት ዚምሃሩ ዝነበሩ መንእሰያት፣ ኣብቲ ኣፍ-ደገ ኾይኖም ቅድሚ ዝኣ'ገረ ነቶም ቈማታት ዘ'በሉ እናመረጹ ኼእትዉ ጀመሩ። እዚ ምስ ረኣኹ፣ ካብቲ መርመራ ኽይጥ'ለ ኣዝየ ፈራህኩ። እቲ ዝተሓተ ተጠላቢ ቑመት ሓደ ሜትሮን ፈረቓን እዩ ነይሩ። ሽዑ ቕድሚ ኹላትና ዝተመርጸ፣ ቍመቱ ልዕሊ ክልተ ሜትሮ ዚኸውን "ኣብርሃ ሕሩይ" ዝተባህለ ከም ዝነበረ እዝክር። ብቑመቱ ተኣማሚኑ ግዲ ኾይኑ ኸምቶም ዝተረፍና ኺምረጽ ኢሉ ኣይተደፋፍኣን። ኣይተጋገየን ድማ። ሓደ ኻብቶም ኣብቲ ኣፍደገ ዝነበሩ መልመልቲ፣ "ዝሓወይ ግዜ ምእንቲ ኸይነጥፍእሲ ቅድም ንስኻ እቶ፣"

በሎ። እቲ በሪ ቤት ትምህርቲ ተኸፊቱሉ ድማ ቅድሚ ኹላትና ኣተወ። ድሕሪ ብዙሕ ድፍፍእን ዋጭዋጭን፣ ኣነውን ተራይ ኣኺሉ ኣብታ ንመዓቀኒ ቍመት ምልክት ዝተገብረላ በሪ በጺሕኩ። እቲ መራጺይ፣ ካብቲ ዝተደልየ ቍመት ብሒደት ሰንቲሜተራት ለጠቕ ከም ዝበልኩ ምስ ረኣየ፣ ኣብ ገጹ ድንጋጸ ዝተሓወሶ ወጅሂ ኣናተራእየ፣ ርእሱ ብውልውል ኣነቓነቐ'ሞ፤

"ቢኮሎ፣ ቍሩብ ሓጺርኪ፣ ግና ክሳዕ መስከረም ቍመት ከይወሰኽኪ ኣይክትተርፍን ኢኺ'፣ ዕድልኪ በዚ ኼይበላሾስ ደሓን ሕለፊ፣" ኢሉ ኣእተወኒ። ናይ ፖይንት ፎር መርመራ ኸምቲ ናይ ቀዳማዊ ሃይለ ስላሴ ተመሳሳሊ ስለ ዝነበረ ኣይጸላእኩዎን።

ናይ ልዑል መኰንን መርመራ ክረምቲ ኣዐርዩ ምስ ኣተወ እዩ ዝተዋህበ። ኣቀራርባኡ፣ ካብቲ ኣቐዲሙ ዝተጠቕሰ ዓይነት ፈ'ተና ኣዝዩ ዝተፈልየ፣ ብርሳስ ዚጽለም ዘይኮነስ፣ ነቲ ዝቐረበ ሕቶ ብቐጥታ ብጽሑፍ ዚምለሽ እዩ ነይሩ። በቲ ዝሰራሕኩዎ ኣይዓገብኩን። ስለዚ፣ ምሉእ ተስፋይ፣ ኣብ ቀዳማዊ ሃይለ ስላሴ ወይ ኣብ ፖይንት ፎር ወደቐ።

ሽዑ ዝናብ ዝበዝሖ ኽረምቲ ኸም ዝነበረ ኣዐርየ እዝክር።

ሓደ ንግሆ፣ ኣብ መስከረም፣ ድሕሪ ቕዱስ ዮሃንስ፣ ምስ ደቂ ገዛውተይ ናብ ኮምብሽታቶ ኽንዛወር ብንግሆኡ ወረድና። ኣብቲ ሚዛን ዝነበረትሉ ፌት "እንዳ ፒፖ" ዚብሃል ምስ በጻሕና፣ ገለ መሳቱና፣ ኣብ ቅድሚ ሓንቲ ብመስትያት ዝተገርዘት ናይ ምልክታ ሳጹን ቆይሞም ተዓጕጎም ረእና። ሓደ ኻብቶም ኣብኡ ዝጸንሑ ሰባት ብሓጐስ እናተሰራሰረ ተመርቂፉ ኸደ። እንታይ ከም ዝተረኸበ እንተ ሓተትና፣ ውጽኢት መርመራ ናይ "ፖይንት ፎር" ተለጢፉ ኸም ዘሎ ነገሩና። ልበይ ትርግትኣ ወሰኸ። ፍርህን ሻቕሎትን ህንጥይናን ተሓዋዊሱኒ ኸይተፈለጠኒ ተደፋፊአ ኣብ ቅድሚ እታ ምልክታ ዝተለጠፈላ ሳጹን ቆምኩ። ኣብቲ ውሽጢ ሳጹን፣ ካብ ጋዜጣ ዘመን ተቘሪጹ ዝተለጠፈ ብላቲን ዝተጻሕፈ ዝርዝር ሽም እዩ ነይሩ። ኣብ ትሕቲ "T" ዚብል ፊደል ሽመይን ሽም ኣቦይን ብዘየወላውል ተሓቲሙ ምስ ረኣኹ ዓይነይ ኪኣምን ኣይከኣለን። ኣብ ህይወተይ ሓድሽ ምዕራፍ ኪኸፈት ከሎ ተፈለጠኒ። እቶም ምሳይ ዝነበሩ ኣዕሩኽይ'ውን ልክዕ ከማይ እንተ ዘይተባህለ'ኳ፣ ኣዝዮም ተሓጒሶም። ዙረተይ ኣቋሪጸ ናብ ቤተይ ጐየኹ። ኣደይ ነቲ ብስራተይ ብዝሰምዐት ደስ በላ። ነታ ጋዜጣ ምእንቲ ኽዕድጋ ከይበቐቐት ዓሰርተ ይኹን ሓምሽተ ሳንቲም ክትምጥወኒ'ውን እዝክር።

ናይ ኣቦይ ስምዒት ካብቲ ናይ ኣደይ ዝተፈልየ ኣይነበረን። ኣውራ ዘሐጒሶ ድማ እቲ ዝሓለፍኩሉ ቤት ትምህርቲ፣ ናብቲ ብዙሓት ብሃረርታ ዚምነዩዎ፣ ኣብ "ፖይንት ፎር" ወይ "መርሓ ሞያ" ወይ ድማ ንሱን ኣዕሩኹን

"ቡንቶ ኳትሮ" ዚብሉዎ ምኻኑ ነበረ። ኣብኡ ተማሂሮም ስራሕ ዝጀመሩ ደቂ ቡሉስያን ሸቃሎን፣ ገሊኦም ኣቦታቶም ዓመውል ኣደይ ዋጋይን መተዓልልቱን፣ ክዉንን ዘይክዉንን ወረ እናወሳሰኹ ኪንየቱን ኪሕበኑን ይሰምየም ስለ ዝነበረ ኣዝዩ ተሓጕሰ። ስራሕ ጀሚረ ሸምኣቶም መሸኸ ውላዱ ኪበልፅ ተስፋ ስለ ዝገበረ ይኸውን።

ጽንሖት ኣብ መርሓ ሞያ

ኣብ ሳልስቱ ይኹን ኣብ ሰሙኑ ዘይዝክሮ፣ ካብ ገዛይ ተፋንየ ሓድሽ ህይወት ተምሃራይ ክጅምር ናብ "መርሓ ሞያ" ኸድኩ። ኣብኡ ብዙሓት ከማይ ነጥቢ ረኺቦም፣ ካብ ገጠርን ካብ ነንበይኑ ዞባታት ኣስመራን ዝመጹ ተምሃሮ ነበሩ። ካብ ገዛ ኸኒሻ፣ ምኪኤል በየነን ያዕቆብ ተስፋይን ከም ዝነበሩ እዝክር። ሒደት ድማ ነጥቢ ስለ ዘየምጽኡ፣ እናዕገንገኑ ኣብቲ ጥቓ በሪ ናይቲ ተቐዋም ጭንን ዚብሉ ነበሩ። እቲ ወግዒ ምዝገባ ብዝተዛዘመ፣ መደቀሲናን ኣካባቢናን ከም እንፈልጥ ተገብረ።

ፍርቂ መዓልቲ ምስ ኮነ፣ ንምሳሕ ተደወለ። ተሰሪዕና ናብ ውሽጢ ሓደ ገፊሕ ኣዳራሽ ኣተና። ኣብኡ፣ ጻዕዳ ግርምብያለ ዝተዓጥቁ ዓበይቲ ሰብኡትን ኣባጽሕን፣ ካብ ዓበይቲ ድስትታት ብጭልፋ እናኸፈሉ ኣብቲ ጣይታ ዝተነጽፎ ጸፊሕ ግርዝራዝ ሸሓንታትና ጸብሑልና። እቲ ጸብሒ፣ በርበረ ዜብሉ ናይ ድንሽን ስጋን ቅቅል እዩ ነይሩ። እቲ ድንሽ ምስ ቈርበቱ ስለ ዝነበረ ገረመኒ። ሓደ ኻብቶም ኣመሓደርቲ ይኹኑ ወይ መምህር ብርግጽ ዘየጣለልኩ፣ ኣቶ ያዕቆብ ዝተባህሉ፣ ነቲ ብልበይ ኽግረመሉ ዝጸናሕኩ ዘንበቡዎ ይመስል፣ እቲ ድንሽ ዘይተቐርፈ ንጥቕምና ኽም ዝኾነ፣ ስለዚ ድማ ኸይተጸየንና ኽንበልዖ ምስናይ ፍሽሑው ገጽ ነገሩና። ነቶም ገሊኦም ሓደስቲ ተምሃሮስ'ኳ እዚ ምዕዶ'ዚ ዜድሊ ኣይነበረን፣ ናብቶም ኣሳሰይቲ ተተመላሊሶም ካብቲ ጸብሒ እናወሰኹ ሓመድ ኣስሓኑዎ። ኣነ'ሞ፣ ኣመል ኮይኑኒ፣ ብተፈጥሮይ መረቕ መሳሊ ስለ ዘይፈቱ፣ ብኸንደይ ቀምጨጭ ንፈውሲ ሞት ዚኾነኒ ቍሩብ በላሊዐ ገደፍኩዎ። እታ እተጸልለኒ ሻሂ ኣብ ዓይነይ ቅጅል እናበለትኒ ድማ ካብቲ ኣዳራሽ ወጻእኩ፣ ኣብቲ ጥቓ ሓጹር ናይ ቤት ትምህርቲ ሕብረት፣ ኣብቲ ልሙዕ ሳዕሪ፣ ሰዓት ኣኺሉ ኽሳዕ ዚድወል ከኣ በጥ በልኩ። ከማይ ኣብኡ ኼዕርፉ ዝተገምሰሱ ብዙሓት ኣብ ዙርያይ ነበሩ።

"ዓርከይ፣ ምሳሕ ከመይ ነይሩ!" በለ ሓደ ኻብቶም ኣብ ጥቓይ ዝተገምሰሱ፣ ሰላሳን ክልተን ኣስናንኑን ኰራርምቱን ገይጹ እናተንካዕከዐ።

"ዋእ! ናተይ ድንሽን ስጋን ትኽትኽ ዝበለት'ያ ነይራ!" መለሽ እቲ ተሓታታይ።

"አየባ'ታ ናተይ እንተ ትርእያ! ስጋ ብስጋ ተጠርኒቓ፣ ስኹልል ውሕጥ፣ ስኹልል ውሕጥ እንተ'በልኩምስ ክጸግቦ ድየ! ሓ... መደድ'የ ገይረዮ!"

"ቺዲ በሊ ዓርከይ! ክንዲ ኻላእ ኴንና ብዓል ክስቶ አንቃዕሪረን ኪጥምታና'የን!... በልከ... ወዮ'ቲ ቕራፍ ድንሽስ በሊዕካዮዶ ወይስ ገዲፍካዮ፧"

"ዋእ! ንመን ክገድፎ'ታ!..."

"አነ'ውን ዝገደፍኩሉ የብለይን...ከራቲመዮ እየ!"

"ሕራይ ገበርካ!.......አየ'ወ!... ፖይንት ፎር መጽመጽ ኽነብል ኢና!"

"... ካዕ ካዕ ካዕ ካዕ ካዕ ካዕ!"

"ተዓዊቱሎም ዝረኸብዎ ዚበልዑ፣ ወትሩ ሕጉሳት፣" ሓሰብኩ ብልበይ። ኣነስ እቲ ናይ ኣደይ ጸብሒ እንተ ዘይኮይኑ፣ ካልእ ዚብላዕ ኣይመስለንን እዩ ነይሩ። ልዕሊ ኹሉ መርዘን ዘለዓዓለለይ ግና ወልፊ ሻሂ ነበረ። ኣብ ገዛና፣ ቀትሪ ድሕሪ ምሳሕ እንተ ወሓደ ኽልተ ኹባያ ሻሂ እየ ዝሰቲ ነይረ።

ቃጭል ቅድሚ ምድዋላ፣ ካብቶም ዜዕልሉ ዝነበሩ ደቂ፣ ንሓደ ኻብቶም ብያንቶኒታት፣ ኣብቲ ጥቓ ዝተገምሰሰናሉ ሰውሒ ዘወን እናበሉ ኽለዉ፣ ብዛዕባ መጻኢ ዕድሎም ከመይ ከም ዚኸውን ሓደሓደ ጥያቐታት ኣቕረቡሎም።

"ትምህርቲ ምስ ወዳእና፣ መንግስቲ ድዩ ስራሕ ኪእትወና፧ " ሓተተ ሓዲኦም።

"ግዲ የብልኩምን፣ ንኣይ ንኣይ ኪብሉ'ኹም'ዮም፣" መለሹ እቶም ሰብኣይ፣ ሓደሓደ ኣብቲ ቤት ትምህርቲ ዝተመረቑ'ሞ ስራሕ ኣብ ብዓል መገዲ ኣየር ኢትዮጵያ ዝጀመሩ ሰባት ሽማቶም እናጠቐሱ። እቲ ሓታታይ ደስ ኢሉዎ ብዕግበት ተገየጸ። ኣነ ኸኣ ነግፈረግ እናበልኩ፤

"ኢትዮጵያን ኤየርላይንስ እንተ ዘይወሰዱና'ኸ፧ " ሓትኩዎም።

"ዋእ፣ ባዕል'ኻ ትደሊ ግዲ! ዘመድ እንተ'ሎካ ኸኣ ጸበቐ!" በሉኒ።

"ጠፋእኩ! ኣነ ደኣ ኻበይ እየ ዘመድ ዝረኽቦ፧ " ሓሰብኩ ብልበይ። ናብ ፖይንት ፎር ምእታወይ ጌጋ ኾይኑ ኺስምዓኒ ጀመረ። "ኣሕ! ኣብ ቀ.ኃ.ሥ. ወይ ልዑል መኰንን እንተ ዝሓልፍ ምጠንጠንኩዎ፣" እናበልኩ ኸኣ ሓሰብኩ። ቍልዕነተይ ከም ዘይወዳእኩ ዚእንፍት፣ እቶም ናብ "ጎላ ደል ዲያቦሎ" ምስይ ዚዕንድሩ ሓበሻን ሓነፍጽን፣ እቲ ኣብ ኮምብሽታቶ እነዝበጥብጦ ዝነበርናን ኪቕጀለኒ ጀመረ። ገዛና፣ ወለደይን ኣሕዋተይን፣ ልዕሊ ኹሉ ዜገርም ድማ ደወል ካተድራለ ናፈቕኩዎም።

ሰዓት ኣኺሉ ተቓጪሉ እንደገና ተሰራዕና። እቶም ቅድም ኣብቲ ቤት

ምግቢ ነቲ ድንሽ ከይንጽየኖ ዝመኸሩና ኣቶ ያዕቆብ ዝተባህሉ፣ ኣብ ፊት እቲ መስርዕ ቀይሞም፣ ናብ ሓደ ኸንዳይ ዝቑመቱ ወድን፣ ናብ ያዕቆብ ተስፋይ እቲ ኣብ ገዛ ኸኒሻ መማህርተይ ዝነበረን ናባይን እናኣመልከቱ፣ "ትርእይዎምዶ ኣለኹም እዞም ኣብ ቅድመይ ዘለዉ ደቀቕቲ፤ ድሕሪ መንፈቕ ከክንድ'ዚ ቐላሚጦስ ሰላዕ ኪብሉ'ዮም፣" በሉና። እቶም ብደሕረና ዝተሰርዑ ገሊኣቶም ሰሓቕ ኪመልቆም ሰማዕና። እቶም ሰብኣይ ጭርቃን ዚፈትዉ እዮም ዚመስሉ ነይሮም። ዝኾነ ኾይኑ፣ "ይግበረለይከ!" በልኩ ብልበይ።

ብድሕር'ዚ፣ ናብቲ ኣዳራሽ ኣተና፣ እቲ ኣብኡ ዝተዘርበ ኾነ ዝተዋህበና መምርሒ ግና ብንጹር ኣይዝከረንን። ብዛዕባ ኣብቲ ኣሕዳሪ ቤት ትምህርቲ ኸንክተሎ ዚግባእ ኣካይዳን፣ ኣጠቓቕማ መሳለጥያን ምስኡ ዝተተሓሓዘ ቀረብን መዓልቲ ዕረፍትናን ከም ዝኾነ ግና ቍሩብ ትዝ ይብለኒ።

ሽዑ ኻብቲ ኣዳራሽ ወጺእና ናብቲ መዳቕሶና ተመለስና። ኵላቶም እቶም መዛኖይ ክዳውንቶም እናውጽኡ፣ ኣብ ሓደ ብተርታ ኣብ ዝተደኰነ መኻፈዪ ዝነበሮ ንኣሽቱ ኽፍልታት መሕጸብ ሰብነት፣ በብኸልተን በብሰለስተን እናኣተዉ ብዝሑል ማይን ብዝዓደሉና ሳሙናን ተሓጽቡ። ቀደም ኣብ ማይ ባውዛንን ማይ ባሕርያን ኣብ ፕሪሞ ላጌቶን ጥራይ ነብሰይ ከም ዘይሓምበስኩን ከም ዘይተንጨባረቕኩን፣ ከምኣቶም ዛጥ ኢለ ምሕጻብ ኣሕነኸኒ። ስለዚ፣ ኵላቶም ክሳዕ ዚውድኡ ኽጸንሕ ተገደድኩ። እቶም ተምሃሮ ግና እናተንዘራጠቡ ይመጽኡን ሓድሽዎም ግዲ ኾይኑ ዳርጋ ንሰዓት ዚኣክል ስለ ዝተለቓለቑን ኣብ መንጎኡ ደወል ናይ ድራር ተቓጪሉ ንበይነይ ነብሰይ ክሕጸብ ዕድል ኣይረኸብኩን። ስለዚ፣ ከምቲ ዝነበርኩዎ ናብ ድራር ከምርሕ ግዲ ኾነ።

እንታይ ከም ዝተደረርና ኣይዝከረንን፣ እቲ ዘይርስዓኒ ግና ክንዲ ዋንጫ ብዚኸውን ናይ ፕላስቲክ ኣ'ዛን ሻሂ ስለ ዝተዓደልና ኣዝየ ተሓጒስኩ። እቲ ሻሂ ኸምቲ ናይ ገዛና ዕሙር ዘይኮነስ፣ ቀጢን ምኻኑ ቅር እንተበለኒ'ኳ ኣይጸላእኩዎን። ወልፈይ ክሳዕ ዚ'ቋደስ ሓንፈፍኩዎ። ናብቲ መሳሰዪ ባንኮ መሳሊ ኸይደ'ውን ከም ዝደገምኩ እዝክር።

ድሕሪ ድራር፣ እቶም ሓደሽቲ ተምሃሮ፣ ገሊኦም ናብ ሓደ ናይ ስፖርት ኣዳራሽ ከይዶም ፒንግፖንግ ዚጻወቱ፣ ገለ ተዓኵጎም ዜዕልሉን ዚስሕቁን ዚውክኹን፣ ገለ ዚጓየዩ፣ ገለ ኣብ ዓራውቶም ተገምሲሶም ዜዕርፉ ወይ ዜስተንትኑ ኾይኖም ኣምሰዩ። እቶም ነ'ባራት ተምሃሮ ሓላፍነት ወሲዶም ተቘጻጸርቲ ኾኑ። ሓደ ኻብኣቶም ይስሃቕ ዝሽሙ፣ ኣብ እንዳ ቢዘን ኣያና ዝነበረ፣ ካብቶም ሽዑ ዓመት ኪምረቑ ዝቐረቡ እዩ ነይሩ። እቲ ዜገርም፣

ብዝረአየኒ ኣይረስዓንን። ብዛዕባ'ቲ ቤት ትምህርቲ ሓደ ሓደ ሕቶታት ብዘቕረብኩሉ፣ ንጽባሒቱ ብሰፊሑ ኽም ዚግለጸልና ነገረኒ።

ምኪኤል በየነ፣ ዓራቱ ኣብ ጥቓይ እያ ነይራ። ኢዱ ኣብ ግንባሩ ኣዕሊቡ፣ ኣብቲ ልዕሊ ንጹፍ ዓራቱ ቀጥ ኢሉ ተገምሲሱ ዝተከዘ ኺመስል ኬስተንትን ረኺብኩዎ።

"ፈቲኻዮዶ ፖይንት ፎር፤ " ሓተትኩዎ።

"ክላእ፣ ስቕ ኢልካ'ዩ!" መለሸለይ፣ ቅጭ ከም ዝመጸ።

ንኣይ ዚመስል ብምርካበይ ቍሩብ ተደዓዓስኩ። እምበኣር ንበይነይ ኣይኮንኩን፣ እናበልኩ ድማ ምስ ነብሰይ ተቘራቘርኩ።

"ኣነው'ን ብዙሕ ኣይፈተኹዎን። ነቶም ብያንቶኒ ኣዘራሪበዮምስ ስራሕ መንግስቲ ኽም ዘየትሕዘና እዮም ነጊሮሙኒ።"

"ናይ ቀ.ኃ.ሥ. ውጽኢት ጥራይ እየ ዝጽበ ዘለኹ'ምበር ክጥንጥኖ'የ፣" በለኒ ቅዕሩር ዝኣፉ።

"ኣነ'ውን ከማኻ እዩ ትምኒተይ፣" ሓሰብኩ ብልበይ።

ንጽባሒቱ እቶም ነ'ባራት ተምሃሮ ጋሕጋሕ ምድሪ ኣበራበሩና። ናብ ሓደ ሜዳ መሳሊ ወሲዶም ድማ ትርር ዝበለ ኣካላዊ እንቅስቃሰ ኣግበሩና። ብድሕሪኡ ሰውነትና ተወጃጂህና ናብቲ ካፈተሪያ ኣቲና ቈረስና።

ሰዓት ሸሞንተ ኣቢሉ ምስ ኮነ፣ ናብ ሓደ ኻልእ ኣዳራሽ ከም እንእከብ ተገብረ። ኣብኡ፣ እቶም መምህራን ናይቲ ቤት ትምህርቲ በብተራ እናቐረቡ፣ ብዛዕባ እቲ ዚምህሩሉ ዓውዲ መማእዘኒ ሓበሬታ ሃቡና። *ማሺን ሾፕ፣ ኣለክትሪካል ሾፕ፣ ዉድ ወርክ ሾፕ፣* ዚብሃል ሓድሽ ስያመ እናልዓሉ ብዛዕባ ናይ ነፍስ ወከፍ ዓውዲ ባህርን ትሕዝቶን ካብቲ ተምሃራይ ዚድለ ጠለብን ኣብርሁልና። ዳርጋ ብፍርቂ ቐልበይ እየ ዝሰምዖም ነይረ። ኣብ መንጎ'ዚ ግና ሓደ ብያንቶነ ነቲ ኣኼበኛ ኣፍቂዱ፤

"ምኪኤል በየነ፣ ሰብ ኣብ ግዳም ይደልየካ'ሎ" በለ።

ምኪኤል ኣብ ጐነይ እዩ ኾፍ ኢሉ ነይሩ። ንሱ'ውን ከማይ ነቶም መምህራን ግዲ ዝገበረሎም መሲሉ ኣይተራእየንን። ብትሑት ድምጺ ድማ፤ "እ! ተመስገን!" ኢሉ ብቕጽበት ተንሲኡ ኻብቲ ኣዳራሽ ወጸ። ብቕንኢ ተሓመስኩ። "ናብ ቀ.ኃ.ሥ. ወይ ልኡል መኰንን መሕለፊ ረኺቡ'ሎ፣" በልኩ ብልበይ። "ኣነኸ፣ ሓሊፈዶ እኸውን፤..." መን'ሞ ይንገረኒ! ከብደይ ብሻቕሎት ኣሕበጭበጨ።

ድሕሪ ምኪኤል ብዙሕ ከይጸናሕና ንዕረፍቲ ናብ ግዳም ወጻእና። ምኪኤል ምስ ኣቦኡን ተኪኤ ሓዉን ናብ ሓንቲ ሓምኹሽተይቲ ቮልክስቫገን

ኺኣቱ ብማዕዶ ረኣኹዎ። ካብቲ ቤት ትምህርቲ ኣውጺኦም ናብ ገዝኡ እዮም ዚወስዱዎ ነይሮም። ኣብ ውሽጢ ቐጽሪ ቤት ትምህርቲ ሕብረት፣ ተምሃሮ ኣብ ዙርያ ሓደ ጋዜጣ ዝሓዘ ወዲ ተዓጒጎም ስለ ዝረኣኹ፣ ብጉያ ናብቲ ብሬት ዝተኸለለ ሓጹር ተጸጋዕኩ። እቲ ወዲ ኣብ ጥቓይ እዩ ነይሩ። ብዓውታ ኸኣ፤

"ናየናይ ቤት ትምህርቲ'ዩ ወጺኡ ዘሎ፤ " ሓተትኩ።

"ናይ ቀ.ኃ.ሥ.፣" መለሸለይ ሓደ ኻብቶም ኣብቲ ጥቓይ ዝነበሩ ተምሃሮ።

"ተኪኤ ተስፉይ ዚብል ሽም እንተሎ ግዳ ረኣየለይ፣" ለመንክዎ።

እቲ ወዲ እዝጊ ይሃቦ፣ ናብኡ ኽሰግር ከም ዘይክእል ጸገመይ ተረዲኡ ነቲ ጋዜጣ ዘመን ዝሓዘ ወዲ ሽመይ ነጊሩ ኣርኣየለይ።

"ሽምካ ኣብዚ'ሎ!" በለኒ ብሕጉስ ገጽ።

ምእማን ሰኣንኩ፣ ከረጋግጽ ድማ ደለኹ።

"በጃኻ ባዕለይ ክርእዮ ግዳ እታ ጋዜጣ ኣቐብለኒ፣" በልክዎ ኣናተለማለምኩ። እታ ጋዜጣ ኣብ ኢደይ በጽሐት። ኣብኡ፣ ብዘየወላውል ሽመይን ሽም ኣቦይን ከም ዝተሓትመ ብዓይነይ ኣማለልኩ። ሕጂ'ውን ምእማን ሰኣንኩ፣ ከምኡ ኽነሱ ግና ኣብ ክንዲ ናብቲ ተምሃሮ ዝተኣከቡሉ ኣዳራሽ ዝምለስ፣ ተቐዳዲመ ናብቲ መደቀሲና ኸድኩ። ኣብታ ኣቦይ ዝሃበኒ ተንጠልጣሊት ሳንጣ ዝነበረ ኽዳውንተይ ሒዘ፣ ትኽ ኢለ ናብቲ ቤት ጽሕፈት ናይቲ ሓለቓ ኣምራሕኩ። እቲ ሓለቓ ቤት ትምህርቲ ኣመሪካዊ እዩ ነይሩ። ጒዳየይ ምስ ሓተተኒ፣ ካብቲ ቤት ትምህርቲ ኽሰናበት ከም ዝደሊ ብናይ ሻምናይ ክፍሊ እንግሊዝኛይ ገይረ ገለጽኩሉ። ጆርናሊዮታት ብኣመሪካንኛ ምንባበይ'ውን ጠቒሙኒ ይመስለኒ። እቲ ሓለቓ፣ ቀቅድመይ ምስ ኣቦኡን ሓዉን ንምኪኤል በየነ ምጒት ሒዞም ከም ዝጸንሑ ኣብ ግምተይ ስለ ዘእተኹ፣ ዓስዓስ ምባሉ ኣይገረመንን።

"ደሓር ክትጠዓስ ኢኻ፣" በለኒ በቲ ጽሩይ ኣመሪካንኛኡ።

"ኣነ ናይ ተክኒክ ሞያ ኽምሃር ኣይኮነን ድልየተይ፣ ሳየንስ፣ ታሪኽ፣ ጂኦግራፊ፣ ፊዚክስ፣ ማተማቲካ፣ ኽመሃር እየ ዝደሊ፣" በልኩዎ።

"ኣብዚ ግና፣ ናይ ተክኒክ ሞያ ተማሂርካ፣ ቀልጢፍካ ስራሕ ኽትጅምር ኢኻ፣" በለኒ እንጽርጽሮት ብዝተሓወሶ ሓልዮት።

ከም ዘይኸውን ምስ ኣረጋገጽኩሉ፣ "ደሓር ተጣዒስካ እንተ ተመሊስካ፣ ከም ዘየእትወካ ፍለጥ!" ኢሉ ነቲ መሰናበቲየይ ከ'ቲሙ ኣፋነወኒ። ካብቲ በሪ ናይቲ ተቐዋም ክወጽእ ከለኹ፣ ኣብቲ ድርኩኹቱ ብዙሓት መሕለፊ ነጥቢ ዘይረኸቡ ተምሃሮ፣ ገለ ዕድል እንተ ተረኽበ ፍጭም ዚብሉ ነበሩ።

"ተኪኤ!" ጸውዓኒ ሓደ ደሃይ።

ቍሊሕ እንተ በልኩስ፣ ኣብ መንጎ'ቶም ፍጭም ዚብሉ፣ መዓኰር ሀበይ ብጐሁይ ገጽ ቈይሙ ረኣኹ። መዓኰር ሀበይ፣ እቲ ናይ ዝሓለፈ ወረቓቕቲ "ጀነራል ኤግዛም" ኣብ ብሽክለታኡ ብጽፍጻፍ ኣጐርቢቱ ብጥቓና እናሓለፈ ዜባህርረና ዝነበረ። ገሪሙኒ ጠመትኩዎ።

"እንታይ ደኣ ትገብር ኣብዚ! " ሓተትኩዎ።

"ምናልባት ኣብ ዝርዝር ተጸበይቲ ኽይንህሉ፣ ነዚ ሓለቓ ቤት ትምህርቲ ኽንውከሶ ኢና ኣብዚ ቐንፈዘው ንብል ዘለና፣" በለ ብዝወደቐ ፍናንን ኣእዛንን። "ንስኻኸ ናበይ ኣቢልካ ኢኻ ትወጽእ ዘለኻ! " ሓተተኒ ኣጥቢቑ።

"ኣብ ቀ.ኃ.ሥ. ሓሊፈስ ናብኡ ይሕሸኒ'ለ ነዚ እገድፎ'ለኹ።"

"ወይ ብዓል ተኪኤ ዘይትገብርኦ ዜብልክን... ንሕና ሓንቲ ዕድል ስኢንና ኣብዚ ቐንፈዘው ንብል፣ ንስኻትክን ከኣ ቤት ትምህርቲ ተ'ቓይሓ ኣለኽን!" በለ።

ዘረብኡ ልበይ ተንከፈኒ። ሓቁ እዩ ነይሩ። *"ጀነራል ኤግዛም"* ንዕድል ሓደ ተምሃራይ ኪውስን ዘየሕዝን ኣይኮነን። ግና እንታይ ይገበር፤ ካልእ መምዘኒ ኣይነበረን። ኣብቲ ዓመት'ቲ፣ ክንደይ በርቂ ዚብሃሉ ዝነበሩ ተምሃሮ ኸም ዘይተዓወቱ እዝጊ ጥራይ እዩ ፈላጢኡ። ውሑዳት ከም ዘይነበሩ ግና እዝክር።

ንዓቐበት ፎርቶ ኽድይቦ ሓምሽተ ደቒ'ቕ'ኳ ኣይወሰደለይን። ብኡንብኡ ድማ ኣብቲ ምብራቓዊ ገምገሙ ተቐልቀልኩ'ሞ፣ ኣስመራ ምስቲ ውቁብ ህንጻታታን እታ መዕለብ-ዓይኒ ዝኾነት ካተድራለን ኣብ ቅድመይ ተሰጢሓ ረኣኹዋ። ጽሩይ ኣየር ምስቲ ድሙቕ ብሩህ ሰማይ ተደሚሩ ንመንፈሰይ ኣሓደሶ። ልክዕ ከምዚ ነቲ ሓሳበይ ዘንበበቶ ኽትመስል፣ እታ ኣዝየ ዝናፍቓ ካተድራለ፣ ካብ ርሑቕ እቲ ዝሰ'በበ ዓርሞሽሽ ብሮንዞ ደወላታ ኺድህ ሰማዕኩዎ። ሰዓት ዓሰርተው ሓደ እዩ ነይሩ። ነቲ ቍልቍለት ፎርቶ ብጐያ ወሪደ ገዛባንዳ ጥልያን ክበጽሕ ዓሰርተ ደቒቕ ዝወሰደለይ'ውን ኣይመስለንን።

ምሸት ኣቦይ ናብ ገዛ ምስ መጸ ርእዩኒ ሰንበደ። ዝሰጐጉኒ እዩ መሲሉዎ። ነቲ ጋዜጣ ምስ ኣርኣኹዎን፣ ኵሉ ነገር ምስ ገለጽኩሉን ግና ብዙሕ ኣይተቓወሞን።

"ኣነ'ኳ ኣብ ቡንቶ ኳትሮ እንተ ትቕጽል ደስ ምበለኒ፣ ካብ ደለኻዮ ግና እንታይ ክብለካ ኢለ፣" ጥራይ በለ።

፲፫

ካልኣይ ደረጃ

ኣብ ቀ.ኃ.ሥ. ዝተመዝገብኩሉን ክላስ ዝጀመርኩሉን ዕለት ብትኽክል ኣይዝክሮን። እግረይ ኣብቲ ቐጽሪ እቲ ቤት ትምህርቲ ብዝረገጸ መጀመርታ ዘሕደረለይ ስምዒት ግዳ ኣዝዩ ዓሚቝ ነበረ።

ኣትክልቱ ብጽፉፍ ዝተጸልጸለ ንዓይኒ ዚማርኽ ነበረ። እቲ ቖንዲ ህንጻ ሓድሽ እዩ ነይሩ። ካብ ሓምሽተ ዓመት ዚዛይድ ዕድመ ኣይነበሮን። እቲ ብዓል ገፊሕ ገርዚ መሳኸቱ፣ ምንም ህፍቲ ዘ'ይርኣየሉ፣ መስትያታቱ ኣዝዩ ጽሩይ ነበረ። ናብቲ ገበላ ህንጻ ብዝኣተኻ፣ ብየማነ ጸጋሙ ንተምሃሮ ዝተፈላለየ ሓበሬታ ዚልጠፈሉ ኣብ መንደቕ ዝተሰቕለ ኽልተ ዓበይቲ ሰሌዳታት ነበረ። ፊትንፊት፣ ኣብ ውሽጢ ብመስትያት ዝተዓጽወ ሳጹናት፣ ኣብ ሓደ ስምዒ-መሰል ዝባን ብመራፍእ ተሸኺተን ዝደረቓ፣ በብዓይነቱ ዝሕብረንን ነንበይኑ ዝመጠነንን፣ ብዙሕ ዝጅረንን ጽምብላሊዕ ዝተዓቀባሉ፣ ኣብ መንጎ'ቲ መእተዊ መዓጹ ናብቲ ኦዲቶርዩም ተሰቒሉ ነበረ። ባይታን ኣዕኑድን ናይቲ ህንጻ ሓብጀራይ ቡናውን ኣምቡላይን ሽሮዋይን ዝሕብሩ ኣዝዩ ልሙጽን ዜብለጭልጭን ንጹህ ከም ዝነበረ ኣዐርየ እዝክር። ብዓል ኣቦይ ባህታ ዚብሃሉ ከምኡ'ውን ሽማቶም ንግዜኡ ዝዘንጋዕኩዎ ካልኦት ኤርትራውያንን ኢትዮጵያውያንን፣ ነቲ ኸባቢ ዚከባኸቡ ተላኣኣኽትን ሰራሕተኛታትን ብቕንጥብጣብ ወረቐትን ርስሓትን ከ'ይኽስሕ ብትግሃት ዚቋመቱ እዮም ነይሮም።

ኣብ ማእከል እቲ ብሓውሲ ኽቢ፣ ብጨላይ ክምካም ቈጥቛጥ ዝተሓጽረ ቐርዓት፣ ኣብ ሕምብርቲ ሓንቲ ብርኽ ዝበለት ንእሽቶ ዓንኬል፣ ናይ ሓጺን ፓሎ ተተኺላ ነበረት። ባንዴራ ኢትዮጵያ እተንበልብለላ ሰንደቕ እያ ነይራ። እቶም ቅድሜና ዝነበሩ ኣያታትና ተምሃሮ፣ ንግሆን ምሸትን *"ደሙ የፈሰሰ"* ብዚብል መዝሙር ይሰቕሉዋን የውርዱዋን ከም ዝነበሩ ዛንታ ጸንሓ'ና። ብኡ ዚኣክል፣ ኣብቲ ቤት ትምህርቲ፣ ሰለስተ ዓመት ኣቐዲሙ ህውከት ተላዒሉ ኸም ዝነበረ ትሕምታ ነበረ። ሓደ "ሲክ" ዝዓሌቱ ህንዳዊ፣ ናይቲ ቤት ትምህርቲ ሓለቓ ዝነበረ፣ "ንሓዊ የምል'ኽ'ዩ፣" ተባሂሉ በቶም ተምሃሮ ዝተበገሰ ናይ ተቓውሞ ህውከት ከም ዝነበረ ዜውርዩ ድማ ነይሮም።

እቲ ቤት ትምህርቲ፣ ኣብ ፈለማ ኣብኡ ዚሓድሩ ተምሃሮ ነይሮሙዎ እናተባህለ ክሳዕ ሕጂ ይዝንቶ። ጃንሆይ ንልቢ ኤርትራውያን፣ ኣውራ ድማ

ነቶም ኣብቲ ቤተ-መንግስቶም ገጾም ዜጽልዉን ጕምብሕ ጥልዕ ዚብሉን ንምስላብን ንምጥባርን እዩ እቲ ኣሕዳሪ ቤት ትምህርቲ ዝተጀመረ ይብሃል። ካብቲ ናይ ፖይንት ፎር ዚበልጽ ካፌተርያን መደቀስን ከም ዝነበሮ ድማ ይዕለል ነበረ። ድሕሪ'ቲ ህውከትን ብሰሩ ኣብ ልዕሊ እቲ ቤት ትምህርቲ ዝወረደ ጕድኣትን ግና፣ እቲ ኣሕዳሪ ቤት ትምህርቲ ኣቋረጸ። ንእግረ መገዲ ንምውካእ፣ ሓይሊ ባሕሪ ኢትዮጵያ ናይ ሕጹያት መኰንን ምልመላ ዝፈለመ ኣብዚ ቀ.ኃ.ሥ. ዝተባህለ ሓድሽ ናይ ካልኣይ ደረጃ ቤት ትምህርቲ ከም ዝነበረ ኺውረ ሰሚዐ ኣለኹ።

ትምህርቲ ኣብ ቀ.ኃ.ሥ. ብዝጀመርኩ፣ ንግሆ መጸ ምሳሐይ ብስልጣንያ ሒዘ ኻብ ገዛይ (ገዛ ባንዳ) ናብቲ ምስ ኣቦይ እንምስሓሉ፣ ጥቓ እታ ነስመራ መዕለቢት ዓይኒ ዝነበረት ገና'ውን ዘላን፣ ብቕርጺ ነፋሪት ዝተሃንጸት መዓደሊት ነዳዲ ፊያት ናብ እትርከብ እንዳ ሻሂ ኣምርሕ ነበርኩ። እቲ ቦታ ጥቓ ቤት ትምህርትና ስለ ዝነበረ፣ ንኣይን ነቦይን ዚምእምእ እዩ ነይሩ። ምሸት ካብ ትምህርቲ ምስ ተፈኖና፣ ንእግረመገደይ እቲ ባዶ ስልጣንያይ ተማሊአ ምስ ከማይ ዝኣመሰሉ እናተሳሓቕኩን እናተጓየኹን እናተሻደድኩን ናብ ገዛይ እምለስ ነበርኩ።

መምህራን ቤት ትምህርቲ ቀ.ኃ.ሥ.

ትምህርቲ ብስሩዕ ቅድሚ ምጅማርና ምስ መምህራንና ምእንቲ ኽንላለን ብዛዕባ እቲ ነፍስ-ወከፎም ካባና ዚደልዩዎ ነገራት ምእንቲ ኺስወጠናን ናይ መማእዘኒ ኣስተምህሮ ተዋህበ። ኣብቲ ዓመት እቲ፣ ናይ ታሽዓይ ክፍሊ ክላሳት ኣርባዕተ ጥራይ እየን ነይረን። ኣነ ዝተመደብኩላ ክላስ 9-B እያ ነይራ። ሓለቓ ቤት ትምህርቲ፣ ሓደ *"ምንስየ ደ'መርሰ"* ዝተባህለ ቀደም ኣብ ኣዲስ ኣበባ ኣብ ቤት ትምህርቲ ተፈሪ መኰንን ዝነበረ እዩ ይብሃል። መጀመርታ፣ ረቂቕ ዝኸፈፉ መነጸር ዝወደየ ቻርሊ ቻፕሊን መሲሉ ስለ ዝተራእየኒ ኣይጸላእኩዎን። ደመርስ ግና ባህሪኡ ኸምቲ ግዳማዊ መልክዑ ኣይነበረን። ድሕሪ እቲ ህውከት፣ ነታ ምልእቲ ኻልኣይ ደረጃ ኼግርዕ ካብ ኣዲስ ኣበባ ናብ ኣስመራ ዝተላእከ በጽሒ እዩ ነይሩ። ብሓቂ ድማ ንቐ.ኃ.ሥ. ኣግሪሩን ገሲጡን ሰጥ ለበጥ ኣ'በላ። ሰዓቢ ናይቶም የሱሳውያን ዚብሃሉ ብመቕጻዕቲ ዚኣምኑ ልኡኻት እምነት ከም ዝኾነ እዩ ዚውረ ነይሩ።

ደመርስ ሓንቲ ቕንዝሩ መሳሊት ሰበይቲ ነይራቶ። መልክዓ ምጭው ኢላ፣ ጸጕራ ደባን ጸሊም፣ ከናፍራ ወርትግ ውዕዉዕ ቀይሕ ሮሴቶ ለቢጣቶ ትመጽእ ነበረት። እቲ ኣብ ኣእዛና እትስቁሮ በብዓይነቱ ዝሕብሩን ዝቕርጹን ዘለላታት ዘሎዎ ስልማት፣ እቲ በብመዓልቲ እትልውጦ ኽሳዕ ብርካ ዚበጽሕ

ብቐለማት ዜጌጸ ክዳውንቲ ንቐንዘርዘራ ዚያዳ ዜጕልሕ ነበረ። መምህር ናይ ፈረንሳይኛ እያ ነይራ። ኣብቲ መጀመርታ ንገዛእ-ርእሳ ዘላለየትሉ ዕለት፣ ሽማ ድሕሪ ምንጋር፣ ብዛዕባ እትፈትዎን እትጸልኦን ባህሪ ተምሃራይ ዘርዚራ፣ ኣብ እዋን ክላሳ ንሳ ዘይትደልዮ ነገር እንተ ርእያትልና፣ ከመይ ዝኣመሰለ መቕጻዕቲ ኸም ዚጽበየና ምስናይ *"I warn you!" (ኣሰምዓልኩም ኣለኹ!)* ዚብል መፈራርሂ ኣጕረረትልና። ንሞንስየ ደመርስ እንተ ነጊራትልና ኸኣ ሳዕቤኑ እንታይ ኪኸውን ከም ዚኽእል ኣይሰሓትናዮን። ስለዚ፣ ከም ቍሪ ኽንፈርሃ ግድ'ነት ነበረ።

እቶም ካልኦት መምህራን፣ በብሓደ ናብቲ ኽፍልና እናመጹ ተመሳሳሊ ኣማእዛኒ ኣስተምህሮኦም ኣቕረቡልና። ሓደ ኻብዚኣቶም ሚስተር ዜንተክ ዝተባህለ ናይ ጂኦግራፍያ መምህር እዩ ነይሩ። መልክዑ፣ ምስቲ ጽዑቕ ጨዓይ ሽፋሽፍቱ፣ ካብ ጅር ህበይ ወለዶ ዘሎዎ እዩ ዚመስል። ንኡ ምስ ረኣኻ፣ ሰብን ህበይን ይዛመዱ'ዮም እንተ ተባሂልካ ጭብጢ ይቕረበለይ ምባል ዕሽነት'ዩ ዚኸውን። ብጽሬትን ብኣከዳድናን ዝመጸ ግና ዜንተክ ኣዝዩ ዘናጥ እዩ ነይሩ። ኣብ ርእስ'ዚ ድማ ነጨበረር! ዕድሚኡ ናብ ኣርብዓ ወይ ኣርብዓን ሓምሽተን ይበጽሕ ነይሩ ኢለ እግምት። በዚ ምኽንያት'ዚ፣ ኣብ ቀ.ኃ.ሥ. ካብ ዝነበራ ሰብ ሓዳር ጸዓዱ መምህራን፣ ብኡ ብፍቕሪ ተጸሚደን ክሳዕ ፍትሕ ከም ዝበጽሓ ይዕለል ነበረ። እተን ኣብቲ ገበላ ዝረኣናየን በብዓይነቱ ዝሕብረን ጽምብላሊዓት፣ ኣብቲ ውሽጢ ሳጹን ሸኺቱ ዝሰቐለን ንሱ እዩ ነይሩ። ቀጠልያ ፍያት 124 ነይራቶ። ብሓምሽተ ሽሕ ቅርሺ ማይ ዘይጠዓመት እያ ገዚኡዋ። ፒፓኡ ኣብ ከንፈሩ ቐርቂሩ ኺዝውራ ኸሎ፣ ፍጥነታ ተቐጺሩ ኣይፈልጥን። ካብ ኣርብዓ ኪሎመተር ንላዕሊ ዜሕንና ዝነበረ ኣይመስለንን። ደሓር ከኣ፣ ነዛ ዕንጭቍሊት ኣስመራ እንታይ ኣህጺጹዎ እዩ ኼሕንነላ!

ዜንተክ፣ ናብ ክፍልና እትው ብዝበለ፣ ኣፍንጫኡ ኣንቃዕሪሩ ኣቢሉ ቍሩብ ኣነፍኒፊ'ሞ ገጹ ኣጸወገ። ብድሕር'ዚ ብጕያ ናብ ግዳም ወጸ። እንታይ ከም ዝወረዶ ገሪሙና ተደናገረና። ቍሩብ ደቓይቕ ጸኒሑ፣ ናብቲ ኽፍሊ ተመልሰ፣ መንፍሒ ዘሎዎ ሽቱ ዝሓዘ ብልቃጥ ናባና ኣኣንፈቱ ድማ ብዙሕ ሳዕ ኻብቲ ጥዑም ሽቶ ኸም ፍሊት ነጸገልና። ለከስ ጨና ናይ ጫማታትና ዓዲ ዜሕድግ ኮይኑዎ እዩ ንኡ ንምውጋድ ነቲ ሽቱ ኻብ ማኪናኡ ንምምጻእ ዝጐየየ።

ንሱ'ውን ከም ማዳም ደመርስ፣ ብዛዕባ'ቲ ንሱ ዚምህረና ጂኦግራፍያ ድሕሪ ምዝርዛር፣ ኣብ እዋን ትምህርቲ ዚታኸስ፣ ዜምባዕዝዝ፣ ዚርብሽ፣ ዜሕተኽትኽ ወይ'ውን ናብ ካልእ ዜስግል እንተ ተረኺቡ፣ ሰንኬሎ ማይ ኣምሊኡ፣ ኣብ ልዕሊ እቲ ተምሃራይ ከም ዜደሽድሽሉ ወይ ድማ ከም ኣድጊ ኣሰኪሙ ኣብ ዙርያ'ቲ ቐንዲ ህንጻ እናኣዘባዘበ ኸም ዜዑዶ ምስናይ እቲ

ጓህሪ ዚመስል ናይ ጋውና ኣዒንቱ ኣጕረረልና። ብልበይ ድማ፣ "ኣንታ፣ እቲ ኣቦይ ዝተዛረቦስ ሓቅ'ዩ ግዲ፣ ፖይትፎርዶ ኣይምሓሸን!" እናበልኩ ብራዕዲ ዳርጋ ተጣዓስኩ።

መምህር ናይ እንግሊዝኛ *"መቪክ"* ዝተባህለ ወርቃም ጸጕሩ፣ መልክዑ ጽቡቕ፣ ድልዱል በጽሒ እዩ ነይሩ። እዚ ሰብ'ዚ ሽወደናዊ ምኻኑ ደሓር ኢና ፈሊጥና፣ ብዝተረፈ፣ ንዘይፈልጠ ኣመሪካዊ ምመሰሎ። ኣብቲ ዓመት እቲ፣ ኣብ ኣመሪካ ፕረሲደንት ምስ ተመርጸ፣ "ንመቪክ ዚመስል፣" ኢልና ንከነዲ ኸንገልጾ እዝክር። ሚስተር መቪክ'ውን ከም ብዓል ዘንተክ እንተ ዘየጕረረልና'ኳ፣ ደረጃ ትምህርቱ ብእንግሊዝኛ ማስተርስ ከም ዘሎዎ ኺነግረና ትዝ ይብለኒ። ናይ እንግሊዝኛ ኽእለትና ኣዝዩ ትሑት ከም ዝኾነ፣ ነዚ ምእንቲ ኽነመሓይሽ ሕጊ ኣደማምጻኡ ኣጽዒቑ ኽም ዚምህረና ተመባጽዓልና። ኣብ ርእስ'ዚ፣ ብዙሕ መጻሕፍቲ ብፍላይ ድማ ንምልከት እንግሊዝኛ ዚሕግዘና፣ ካብቲ ላይብረሪ ተለቂሕና እንተ ወሓደ ኣብ ሰሙን ሓደ ልብ-ወለድ ክነንብብ ከም ዚግባእ ኣሕሚሙ መዓደና።

ሓበሻ መምህራን'ውን ነይሮሙና። ኣቶ *"ግርማ"* ሓጐስ ዝተባህለ፣ ጸጕሩ ለማሽ፣ ቀ'ይሕ' ሕጽር ዝበለ፣ ጽቡቕ ዝመልክዑ ናይ ሳየንስ መምህርና እዩ ነይሩ። ኵሉ ግዜ ብእንግሊዝኛ ጥራይ እዩ ዜዘራርበና ዝነበረ። ዝኾነ ተምሃራይ ግር እንተ'ይሉዎ፣ ሓንቲ ወርትግ ዚደጋግማ ላ'ካ ነይራቶ። *Don't you worry, sooner or later you will get it! ("ኣይትጨነቑ ውዒልኩም ሓዲርኩም ኪስቈረኩም'ዩ!")* ካብዚ ዝተበገሰ ኣብ ንሓድሕድና ብዛዕብኡ ምስ እነልዕል፣ ኣብ ክንዲ ኣቶ ግርማ እንብል፣ *"ዶንቻ ዩ ዎሪ"* ወይ *"ዶንቻ ዎሪ"* እናበልና ንሱ ብዘይፈልጣ ሳጓኡ ኢና እንረቑሖ ዝነበርና። ኣዝዩ ሕያዋይ ሰብ ስለ ዝነበረ፣ ኣንጻይዶ ኬፈራርሃናስ፣ ሓደ ነገር ምስ ዘይርድኣና በታ "*ዶንቻ ዩ ዎሪ፣*" ላካኡ ንፍናንና ኽብ የብሎ ኸም ዝነበረ ኣይርስዖን። ንእግረ መገዲ፣ መምህር "ግርማይ" ትግራዋይ ምኻኑ ዝፈለጥኩ ድሕሪ ብዙሕ ኣዋርሕ ነበረ። ኣቐዲመ ግዲ ኣይገበርኩሉን ደእ'ምበር ኣብ መትልሑ ደቀቕቲ ድርብ ግርናብ ነይረናኦ።

ናይ ቍጽሪ መምህርና ሓደ ዘሪሁን ወልደየስ ዝተባህለ፣ ቍመቱ ሓጺር ክርንዲሉ እዩ ነይሩ። ጸጕሩ ኽርዳድ፣ ሕብሩ ጸሊም፣ ኣፍንጫኡ ሓጺርን ገፊሕ ዝጽርንቕቱን፣ መታልሑ ጕብጓብ ኣዒንቱ ድማ ደቀቕቲ ኽነሰን፣ ኪጥምተካ ኽሎ ምስቲ ኽምስታኡ ተደሚሩ ዜሽካዕለለካ ዘሎ እዩ ዚመስል። ኣብ መንጎ ዘረባኡ ጸጸኒሑ ታሕታይ ከንፈሩ ናይ ምንካስ ኣመል ነይርዎ። ኮታስ ትርኢቱ ኣይፈተኹዎን። ንሱ'ውን ነቲ ብመጠንቀቕታ ዝተጠርነቕ ኣስተምህሮኡ፣ ሃውሃዋ ኣምሓርኛ ብዘሎዎ እንግሊዝኛ እዩ ኣንጕድጕዱልና።

ሞንስየ ሶተር ዝተባህለ ረጕድ ብዓል ብዙሕ ዲግሪ መነጸር፣ እንተ

ዘይተጋግየ ስዊዘርላንዳዊ፣ መምህር ናይ ታሪኽ ከም ዝኾነ ብዘይ ዝኾነ መፈራርሂ፣ በቲ ናይ ፈረንሳ መልሓስ ዝደረኾ እንግሊዝኛኡ ንነብሱ ምሳና ኣላለየ። ርእሱ ገንጋን፣ ጸጉሩ ብሩራይ፣ ሸለላኡ ኽቢብ፣ መዛርዑ ገዚፍ፣ ብዓል ሓዳር በጽሒ እዩ ነይሩ። ሓንቲ ላዕላይ ሸነኻ ብቴንዳ ዝተሸፈነ "ሬኖ" ዝዓይነታ ንእሽቶ ማኪና ነይራቶ። ንሱን ደቁን፣ "ማዳም ሶተር"ን፣ በታ ሬኖ ማኪናኦም ኺጕዓዙ ኸለዉ፣ ግርም ኣብነት ናይ ምዉቕ ሓዳር እዮም ነይሮም። ሓደሓደ ግዜ ሶተር፣ በቲ ድርዕራዕ መነጽሩ ናብ ሓደ ነገር ኣስጊሉ ኣብ ሃዋህው ኪጥምት ከሎ፣ ዓንዳፍ ደርሆ እዩ ዚመስል ነይሩ። ሽው ኣብ ቅድሚኡ እንተ'ለኻ ኽይተኹበካ ኢኻ ትፈርህ። ሶተር፣ ኣብ ሃገሩ ኣብ ሓደ ዓቢ ላቦራቶሪ ይሰርሕ ነይሩ ይብሃል። ሓደ መዓልቲ ግና ኣብቲ ላቦራቶሪ ብርቱዕ ሂምታ ተሰምዐ'ሞ፣ ዓቢ ጕድኣት ወረደ። ሶተር፣ ካብ ሃገሩ ሃዲሙ ናብ ኢትዮጵያ ኽም ዝመጸ ብተምሃሮ ይሕከ ነበረ። ለከስ እቲ ፍንጀራ ብሰሪ ሶተር ዝፈጸሞ ጌጋ እዩ ነይሩ! እቲ ኣስግሎቱ ኻብኡ ዝተበገሰ ነይሩዶ ይኸውን፤ ዘውደ ረታ ዝተባህሉ ኢትዮጵያዊ ብዓል ስልጣን ብዙሕ ከም ዝሓገዙዎ፣ ድሕሪ ሓያሎ ዓመታት ካብ ሓደ ኣብቲ ቤት ትምህርቲ ብያንቶነ ዝነበረ ኣምሓራይ ሰሚዐ። ባዕሉ ሞንስዩ ሶተር'ውን ሳሕቲ ብዛዕብኦም የውክኣልና ከም ዝነበረ ኣዐርየ እዝክር። ሓደ ንግሆ ኪምህረና ናብ ክላስ ብዝኣተወ፣ ካብቲ ኣብ ቀዳማይ ደርቢ ዝነበረ መስኮትና ኽይኑ፣ ልክዕ ዓንዳፍ ኪመስል በቲ ረጕድ መነጽሩ ኣስጊሉ ናብቲ ማእከል ከተማ ኺዕዘብ ምስ ጸንሐ፣ ናባና ምልስ በለ'ሞ፤

" Bon! My friend Zewde Reta, the minister, has warned me that people in Eritrea are savages. On the contrary, I have found out that they are the real savages. Bon, let's now start the lesson... "

(" ግርም! ዓርከይ ኣበበ ረ'ታ፣ እቲ ምኒስተር፣ ኣብ ኤርትራ ዘለዉ ሰባት ኣረሜን እዮም፣ ኢሉ ኣጠንቂቑኒ ነይሩ። ኮር-ተገልበጥ ግና ንሳቶም እዮም ናይ ብሓቂ ኣረሜን! ግርም! ሕጂ ናብ ምህሮና ንእቶ. . . ") በለ'ና።

ዝኾነ ኾይኑ፣ ሶተር ተጸ'ላኢ ሰብ ኣይነበረን።

ንጽባሒቱ ካብ ዝመጹና ዘይተላለናዮም መምህር ኣባ ዮሃንስ ገብረእግዚኣብሄር ዝተባህሉ ካህን ናይ ኮተሊኽ እዮም ነይሮም። እግሮም ስለ ዝተጕድአ ይኹን ወይ ብምኽንያት ዕድመ፣ እናንደልፈጹ እዮም ዚስጕሙ ነይሮም። ሓደሓደ ግዜ ሻቦጥ ይኹን ሓለንጊ ብርግጽ ዘይዝክሮ

ኬዘውትሩ ትዝ ይብለኒ። ኣባ ዮሃንስ ናብ ክፍልና እትው ብዝበሉ፣ ድሕሪ ቑሩብ መእተዊ ዘረባ፣ “ምዕዶ” ዘርእስቱ ንግሆ ንግሆ ኽም ጸሎት ክንደግሞ እንሕተት፣ ኣብ ጥራዝና ኽንጽሕፎ ብቓል ነገሩና። እቲ ምዕዶ ብድብዱቡ ኽምዚ ዚስዕብ ነበረ፣

ምዕዶ

“ሰነፍ ተምሃራይ ንወለዱ ሓሳር፣ ንመምህሩ መስቀል ይኸውን።...
ግዜ ሕጂ ስርሓሉ፣ ዳሕራይ ከይሰርሓልካ፣ ግርማዊ ቀዳማዊ ሃይለ ስላሰ።”

ዝኣመ'ሰለ ትሕዝቶ ነበሮ። ኣባ ዮሃንስ ኣብቲ ዓመት እቲ ሓደ ናይ ትግርኛ-ኣምሓርኛ መዝገበ ቓላት ኣዳልዮም ስለ ዝነበሩ ካብኡ ሓሓደ ተዓደለና።

ኣብ ቀ.ኃ.ሥ. ጥራዝ ኮነ መጻሕፍቲ ብናጻ እዩ ዚውሃብ ዝነበረ። ጥራዝና ምስ ዚውዳእ፣ እቲ መምህር ኣብቲ መወዳእታ ገጹ ኽታሙ የንብረልና'ሞ ካብ ሓደ መገርሳ ዝተባህለ ኣመሓዳሪ ሓድሽ ጥራዝ ይወሃበና ነበረ። እዚ ንስድራና ዓብዩ እፎይታ እዩ ነይሩ።

ገስጋስ ትምህርቲ

ካብቶም ኣስታት ዕስራን ኣርባዕተን ዚኾኑ ኣብ 9-B ዝነበሩ መማህርተይ፣ መስፍን ሃይለ፣ ሓድሽ ስዩም፣ ወልደኣብ ይስሃቅ፣ ሚኪኤል በየነ፣ ተኽላይ ኣፈወርቂ፣ ጸጋይ ተገኝ፣ ማርቆስ ላቀው፣ ገረመስቀል (ሕጂ ጭቁን ዚብልዎ ተጋዳላይ ነበር)፣ ገረመስቀል ተዓረ፣ ገብረብርሃን ሃይለ፣ ሚካኤል ገዛሀኝ ጥራይ እዝክር።

ብጀካ'ዞም ኣብ ላዕሊ ዝጠቐስኩዎም፣ ኣብቲ ቤት ትምህርቲ ብዙሓት ናይ ወጻኢ ሃገር መምህራን ነበሩ። ሚስተር ኣብርሃምን ሚስተር ጆዘፍን ክልቲኣቶም ቍጽሪ ዚምህሩ ህንዳውያን እዮም ነይሮም። ሚስተር ግሪን፣ ገዚፍ ብዓል መነጽር፣ እንታይ ይምህር ከም ዝነበረ ኣይፈልጥን፣ ምናልባሽ ግና እንግሊዝኛ። ሚስተር ሞሪስ ምስታ ወርቃማ ሓጺር ዕኹላል ዝጸጕራ ብዓልቲ ቤቱ ሚሲዝ ሞሪስ፣ ክከም ተርታኦም እንግሊዝኛን ሳየንስን ዚምህሩ ነበሩ። ብፍላይ ኣብቲ ግዜ'ቲ ጉድ መሲሉ ዝተሰምዓና፣ ሚሲዝ ሞሪስ ነቶም ተመሃሮኣ፣ ድሕሪ ሞታ ኣዕጽምታ መምሃሪ ምእንቲ ኺኸውን፣ ኣብ ዓዲንግሊዝ ኣብ ዚርከብ ኮለጅ ኣብ ላቦራቶሪ ኺቕመጥ ብመብጽዓ ኽም

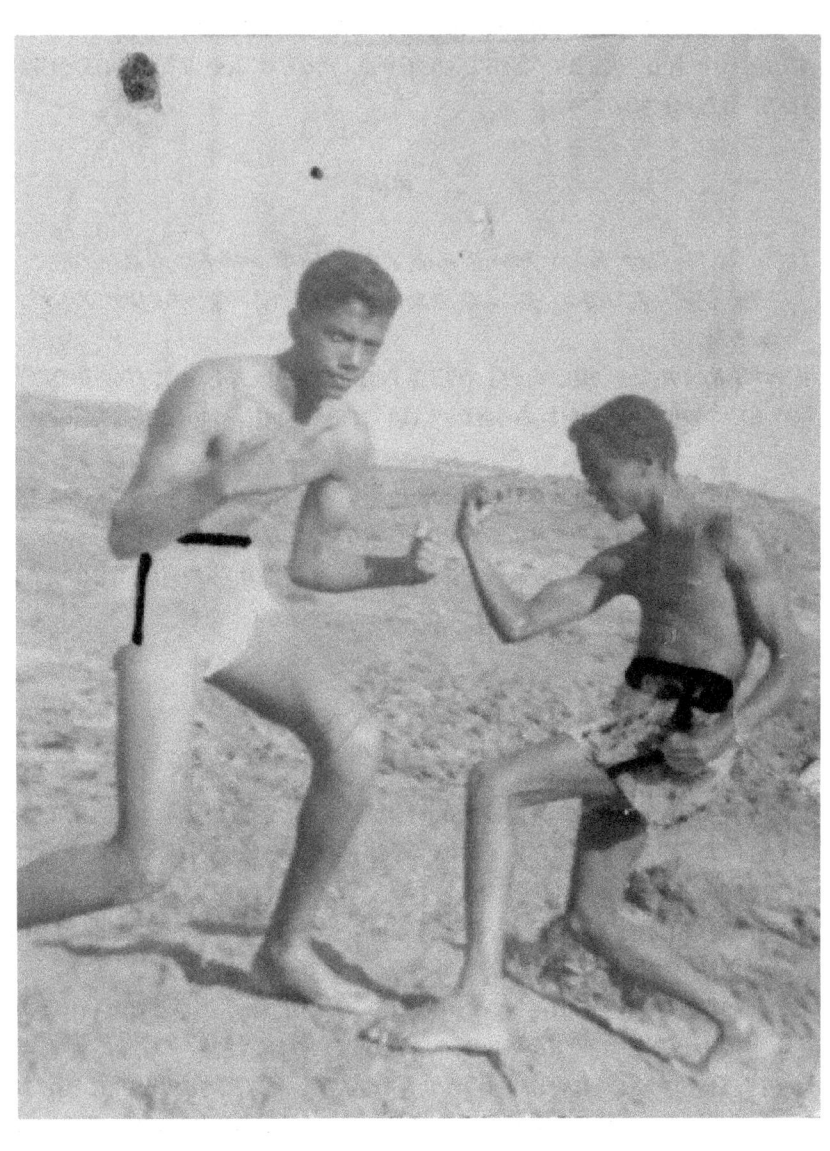

ምስ ኣንቶንዮ (ኒኖ) ሶራቹ (ጸጋማይ) ኣብ ከባቢ ፕሪሞ ላጌቶ ኣብ ክራማት 1960

ዝወፈየቶ ከም ዝነገረቶም ዝተወርየላ ዘመናዊት ሰብ እያ ነይራ። ካብ ሓበሻ ኸአ ሓደ ከሳቴ ዚብሃል ባዮሎጂ (ስነ-ህይወት) ዚምህር ንፉዕ ግና ስቕተኛ እዝክር።

ብጀካ'ዚ፣ ኣብቲ ቤት ትምህርቲ ምሉእ ናይ ጂምናዝዩም ንዋት ዝሓዘ ሓደ ሂላ ኣዳራሽ ነበረ። ኣብኡ፣ ታርፖሊን፣ ናይ መወሳወሲ ተመዓራረዪ ባላ፣ ካልእ ንኡ መሳሊ ንንጥፈት ውሽጢ ገዛ ዚኸውን ንዋት ነይሩ። ከምኡ ድማ ኣብ ናይ ግዳም ስፖርታዊ ንጥፈት ዚዝውተር ባላታት ናይ ዝላ፣ ጃቨሊን፣ ዲስካስ፣ ዚሸንጐጕ ሞገር ኣብዚ ኣዳራሽ'ዚ እዩ ዚዕቀብ ዝነበረ። ኣብ ምብራቓዊ ሸነኽ ናይቲ ቐጽሪ ቤት-ትምህርቲ፣ ኵዕሶ እግርን ኵዕሶ ሰኪዕትን፣ በብዓይነቱ ናይ ጕያን ዝ'ላን ውድድራት ዚካየዱሉ ንኡ ተባሂሉ ብግቡእ ዝተሃንጸ ገፌሕ ሜዳ ነበሮ። ኣብ ልዕል'ዚ፣ ኣብቲ ቐንዲ ህንጻ ኣብ ዚርከብ ኦዲቶርዩም፣ ሓደ ናይ ባድሚንተን መጻወቲ ነይሩ። ናይዚ ኹሉ ሓላፊ ሓደ ወርትግ ናይ ስፖርት ቱታ ዚለብስ መምህር መሓሪ ኣካሉ ዝተባህለ ነበረ።

መጻሕፍትን ጥራዝን ደጊም ተዓዲሉና እዩ። ትምህርቲ በብኣርእስቱ ብጽቡቕ ሃዋህው ተጀመረ። ሓደ ንግሆ፣ ኣብ ቀዳማይ ፐርየድ፣ ኣብ ፋልማይ ሰሙንና ይመስለኒ፣ ሚስተር መቪክ ሓንቲ ተይፕ ሪኮርደር ሒዙ ናብቲ ኽፍልና ኣተወ። ንኹላትና ድማ ካብ ሓንቲ *The Hounds of Baskerville* ዘርእስታ ዝተዓደለትና መጽሓፍ፣ ሓሓንቲ ሕጡብ-ጽሑፍ ከም እነንብብ ገበረ። ብድሕሪኡ እቲ ቕዳሕ ድምጽና ኣስምዓና።

"ከምዚ ኽተንብቡዎ ዝጸናሕኩም እንተ ደኣ ኾይኑ እንግሊዝኛኹም፣ ዚሰምዖ ሰብ ኣይኪህሉን'ዩ፣" በለና። ስለዚ ድማ ኣደማምጻኡ ብጻዕቅን ብጸዓትን ከም እንመሃሮ ነገረና።

ናይ ሚስተር ዜንተክ ጂኦግራፊያ ኻብ ኵሉ ዝበርትዐ ኾይኑ ረኺብናዮ። እቲ ትምህርቲ ብ"ኮንቱር ማፕ" (Contour Map) እዩ ጀሚሩ። እዚ ኣርእስት'ዚ ንኹላትና በኹሪ እዝንና ነበረ። ሚስተር ዜንተክ ኣመሃህራኡ ብወገነይ ዚጽላእ ኣይነበረን። ኣብ ኣወሃህባን ኣቀራርባን መርመራን ፈተናን ግና ጸገም ነይሩዎ። ከምቲ ብተምሃሮ ዚሕመ፣ ንተምሃራይ በቲ ዝሰርሖ ዘይኮነስ፣ ቈለኡ ብዝመርሖ እዩ ነጥቢ ዚህብ ዝነበረ። ንኣብነት ኣወዳድቓ ጽሕፈቱ ጽቡቕ እንተ ኾይኑ ደሓን ነጥቢ ይጅንጅኖ። ካልኦት መምህራንና'ውን ብቕዓቶም ኣይጸላእናዮን።

ኣብ ቊጽሪ በጺሕና ግና ክፍልና ኣይተዓደለትን። መምህርና፣ ዘሪሁን ወልደየስ ዘይዓቕሙ ዕማም እዩ ተዋሂቡዎ። ብጀካ'ቲ ዝተጨማለቐ ኣምሓርኛ ዚጥዕም እንግሊዝኛኡ፣ ኣብቲ ኣርእስቲ ዝነበሮ ፍልጠት ብገምጋመይ ኣዝዩ ትሑት እዩ ነይሩ። በዚ ምኽንያት'ዚ ኸይኮነ ኣይተርፍን፣ ብዙሕ ግዜ ሕመቑ

ንምኽዋል ብቐንጠመንጥን ሕልኩስ ምስምስን ምስ ተምሃራይ ኪጐናፈጥ ዚርአ ዝነበረ። ንኣይ ብፍላይ፣ ቍጽሪ ዚብሃል ዓይነት ትምህርቲ ዝያዳ ኸም ዝጸልኦ ዝገበረ መምህር፣ ዘሪሁን ወልደየስ እዩ ነይሩ።

ብጀካ'ቲ ስሩዕ ትምህርቲ፣ ተምሃሮ ብተወሳኺ ዚነጥፉሉ ክበባት'ውን ነይሩ። ንኣብነት ናይ ትያትር ክበብ። ኣብቲ ዓመት እቲ፣ ብኣምሓርኛ ዝተዳለወ ትያትር ኬርእዩና እዝክር። እዚ፣ ኣብ ውሽጢ እቲ ቐንዲ ህንጻ ኣብ ዚርከብ ኦዲቶርዩም እዩ ዝተኻየደ። ተምሃሮ ዜዳልዉዎን ዚናንዩዎን ብስተንሲል ብእንግሊዝኛን ብኣምሓርኛን ዚሕተም *The Student's Voice* (ድምጺ ተምሃራይ) ዘርእስቱ መጽሔት'ውን ነይሩ። ካብ ተምሃሮ ዝተወፈየ በብዓይነቱ ዘርእስቱ ዓንቀጻትን መዘናግዒ ጽሑፋትን ናይ ስፖርትን ካልእ ንጥፈታትን ዜና ዘካተተ ትሕዝቶ ነይሩዎ። ብጀካ'ዚ፣ *"Rock and Mineral Club"* ብሞንስየ ሶተር ዚናኒ ክም ዝነበረ ትዝ ይብለኒ። ኣብቲ ኻልኣይ ደርቢ፣ ኣብ ጥቓ እቲ ላይብረሪ፣ ብተምሃሮ ዝተኣከበ እንታይነቱ ዘይውክኣኒ ኣኻውሕ ኣብ ውሽጢ ብመስትያት ዝተገርዘ ኽብሒ ተዓቂቡ ኸም ዝነበረ ትዝ ይብለኒ።

ምሕደራ ደመርስ ኣዝዩ ተሪር እዩ ነይሩ። ተምሃሮ ኣብ ሰዓቶም እንተ ዘይተረኺቦም ምሕረት ዚብሃል ኣይነበረን። ቃጭል ናይቲ ቤት ትምህርቲ ኸም ናይ ገዛ ኸኒሻ ብኢድ እትንውነው ዘይኮነትስ፣ በጻብዕ ጠዊቕካ ንጽር ድምጺ እትህብ ብኤለክትሪክ እትዓዪ ብልሓት እያ ነይራ።

ንግሆ ሰዓት ሸሞንተ ደወል ብዝተዳህየ፣ ብቕጽበት በብኽፍልና ኣብ ትሕት'ቲ ደረጃታት ናይቲ ዓቢ ህንጻ፣ ኣብ ጥቓ እቲ ባንዴራ እትሰቀለሉ ሰንደቕ ዚርከብ ቅርዓት ህንጻ ብቕጽበት ንስራዕ ነብርና። ደመርስ ኣብ ዝባን እቲ ደረጃታት ቀይሙ፣ ንኹሉ ምንቅስቓሳትና ብደቒቕ ይከታተል ነበረ። እታ ቐዳመይቲ ቓጭል ንኽንስራዕ እትድወል እያ። ካልኣይቲ ብዝተቓጨለት፣ ካብ ሸነኽ የማን ናብ ጸጋም ብዘይ ቀልባዕባዕን ድፍፍእን ብስነስርዓት በብተራ ነቲ ደረጃታት ወጺእና፣ ናብቲ ወገፈ ናይቲ ህንጻ ኣቲና ነናብ ክፍልና ነምርሕ። ናይ ነገር ተምሃራይ ዚድንጉዩ ኣይሰኣኑን እዮም። ድሕሪ እታ ኻልኣይቲ ቓጭል ነቶም እናተንዘራጠቡ ዚመጹ፣ ደመርስ ሓንቲ ቓል ከየውጽአ፣ ከምቲ ናይ *"ናዚ"* ሰላምታ ብዚመስል ሓንቲ ኢዱ ሓፍ የብል'ሞ፣ ኩላቶም ኣብ ዘዘለዉዎ ኸም ዓንዲ ጨው ኪቕሙ ግድን ነበረ። ምዕይ እንተ ኢሎም ኣብኣ ይረኽቡዋ። ደመርስ ንየው ነጀው እናተንጓዕደደ ነቲ ናብ ኣዳራሽ ዚኣቱ ተምሃራይ ካብ ርእሱ ክሳዕ እግሩ ብደቒቕ እናተዓዘበ እዩ ዜሕልፎ። ሓሓሊፉ፣ ንሓድሓደ ተምሃሮ፣ ካብቲ መስርዕ ስሒቡ ኣብቲ ኣፍ-ደገ ቤት ጽሕፈቱ ኺጽበ ብተሪር ትእዛዝ ምስ ዚነግሮ፣ እቶም ዝተረፍና

ተምሃሮ እቲ ግዳይ እንታይ ከም ዝኣበሰ ስለ ዘይንፈልጥ ብራዕዲ ዳርጋ ነንቀጥቅጥ ነበርና።

ኣብቲ ባይታኡን ኣዕኑዱን ዜንጸባርቕ ገፊሕ ወገፈ ናይቲ ዓቢ ህንጻ ኣብ እንበጽሓሉ ግዜ፣ ካብቶም ኣቐዲሞም ብመስርዕ ዝኣተዉ ተምሃሮ ተምበርኪኾም ምርኣይ ልሙድ እዩ ነይሩ። እንታይ ከም ዝበደሉ ደመርስ ጥራይ እዩ ዋንኡ። ገዲዱ እንተ ተባህለ፣ ኣብቲ መስርዕ ከለዉ ዝተደፋፍኡ፣ ብዓውታ ዝተዛረቡ፣ ሓደው ስ'ድድ ዝበሉ ጽጋበኛታት እንተ ኾይኖም፣ ምስ ደቂ ክፍሎም እናተጐናፈጡ ኸለዉ በቲ ኸም ኣንበሳ ንየው ነጀው ዚንጐራደድ ደመርስ ብኣካል ዝተረኽቡ እዮም። እዚኣቶም ወይለኦም! እቲ ዝተምበርከኹዎ መኸፈት ሽውሃት ናይቲ መቕጻዕቲ እዩ። *"ቡኮንዶ"* መኣዲ፣ ነቲ ዕግርግረኛን ርቡኽን ባህሪኦም ከም መደበስታ ዜዝሕሎ ጅ'ለጣ ብቑልፊ ደመርስ ባዕሉ ዚጽበዮም እዮም ነይሮም። "እምቢ ኣይንግረፍን፣" እንተ በሉ'ኸ፣ እናበልኩም ትሓስቡዶ ኣለኹም፣ ከምኡ ዚብሉ ኣይተሳእኑን። እዚኣቶም መብዛሕትኡ ግዜ፣ እቶም ስድራኦም ካብ ኤርትራ ወጻኢ ናብ ካልእ ልኢኾም ኬምህርዎም ዓቕሚ ዘሎዎም እዮም ነይሮም። ድኹም ዝዓቕሙ እንተ ኾይኑ ግና፣ ካብቲ ቤት ትምህርቲ ብቕጽበት ብዝተሰጐ፣ ካብ ዓለመ- ትምህርቲ ንሓዋሩ ተሰናቢቱ፣ ዕድለኛ እንተ ኾይኑ ኣብ ገሊኡ ትካል ወይ ናይ መንግስቲ ተቐዋም በታ ዘላቶ ፍልጠት ስራሕ ይጅምር። ብዝተረፈ፣ ገለ ነገር ክሳዕ ዚጣበብ ዕዋኖዝዋና ኾይኑ ኺተርፍ እዩ ጽሕፍቶኡ ዝነበረ።

ሃዋህው ቀ.ኃ.ሥ. ካብቲ ናይ ገዛ ኸኒሻ ኣዝዩ ዝተፈልየ እዩ ነይሩ። እቲ ቐንዲ መፍለዪኡ፣ መብዛሕትና ተምሃሮ ልዕሊ ዓሰርተው ሓምሽተ ዓመት ዝረገጽና፣ ጠባይና ናይ ዥትትናን በጽሕነትን ዝተደባለቖ ውዑይ ዕድመ እዩ ነይሩ። ደረጃ ናብራና ዝተፈላለየ ነበረ። ገለ ስድራኦም ትካላት ዚውንኑ ሃብታማት፣ ገለ ሰብ ደሞዝ ሸቃሎ፣ ገለ ደቂ ላዕለዎት መኰንናት ናይ ጦር ሰራዊት፣ ገለ ድማ ስድርኦም ኣብ ዓዲ ብማሕረስ ዚናበሩ፣ ህይወት ዓኺይ ኣዐርዮም ዚፈልጡ ዘካተት ነበረ። ብፍላይ እቶም ካብ ርሑቕ ገጠር ዝመጹ፣ ዘመድ ዜብሎም ምስ ዚኾኑ፣ ኣብ ኣባሻውል፣ ገዛ ብርሃኑ፣ ሓድሽ ዓዲ ኣብ ዚርከብ ሰፈራት፣ ሕሱር ጸበብቲ ኽፍሊ ብጕጅለ ተኻርዮም፣ ስድራኦም ካብ ዓዲ ሒዞሙሎም ዝመጹ ሓርጭ ስገም ኣብ መቑሎ ባዕላቶም እናሰንከቱን ጸብሒ እናሰርሑን ዚምገቡ፣ ሓደው ኣብ ሕሱር እንዳ ኽሽነ ዚቕለቡ፣ ምሸት ምሸት ድማ ብመብራህቲ ቐንዴል እናተሓገዙ ዜጽንዑን ናይ ቤት ዕዮ ዚሰርሑን እዮም ነይሮም። ብዙሓት ካብዞም ዳሕረዎት ዝጠቐስኩዎም፣ ሎሚ ዶክተርን ፕሮፌሰራትን ኮይኖም፣ ኣብ ብዓል ኣመሪካ፣ ኤውሮጳ ወይ ካልእ ክፍልታት ዓለም ተድላን ዕግበትን ዘሎዎ ህይወት ዚመርሑ ኣለዉ።

መንግስቲ ሓጸይ ሃይለ ስላሴ፣ ዚገብሮ ኣዐርዩ ዚፈልጥ ብልሂ እዩ ነይሩ። ስለዚ፣ ነቲ ኣብ ኢትዮጵያ ዝነበረ ልምዲ፣ ብሓይሊ ኸነ ብታህዋኽ ናብ ኤርትራ ኣየተኣታተዎን። ከምቲ ሎሚ ብዙሓት እናጋነኑ፣ ብግዲ ኣምሓርኛ ኸኣሉ እናበለ ኸም ዜሸግር ዝነበረ ገይሮም ኪገልጽዎ ዚፍትኑ ዘይኮነስ፣ ብኣዝዩ ረቂቕ ሜላ እዩ በብቑሩብ ኣተኣታትዩዎ። ቤት ትምህርቲ ሓደ ኻብኡ እዩ ነይሩ። ኣብ ቤት ትምህርቲ ኻልኣይ ደረጃ ቀዳማዊ ሃይለ ስላሰ ተምሃሮ ዜካይድዎን ዜናንዩዎን ናይ ኣምሓርኛ ኽበብ ዚብሃል ነይሩ። እዚ ኽበብ'ዚ፣ ትያትር የዳሉ፣ ደረፍቲ የሰልጥን፣ ኣብ እዋን በዓላት ብሕልፊ ድማ ኣብ ቅነ ልደትን ፋሲካን ኣብቲ ግሩም ኦዲቶርዩም ብቛንቋ ኣምሓርኛ ጥራይ ምርኢት የቕርብ ነበረ።

ኣብ ልዕልዚ፣ እቶም ኣብ ኣዲስ ኣበባ ዚርከቡ ኣብ ስነ-ጥበባት ዝተዋፈሩ ሰብ ሞያ፣ ናይ እኒ ብዓል ኣገር "ፍቕር ማህበር"ን "ቀ.ኃ.ሥ. ትያትር"ን፣ ንብጽሖት ናብ ኤርትራ እናመጹ ኣብ ኣስመራን ምጽዋዕን ኣብ ዚርከባ ኣብያተ ሲነማ ምርኢት የቕርቡ ነበሩ። እዚ፣ ሓደ ኣካል ናይዚ ጐራሕ ሜላ እዩ ነይሩ።

ሓደ ንግሆ፣ መዓልቱን ዕለቱን ኣብ ዘይዝክሮ፣ ኵላትና ተመሃሮ ቀ.ኃ.ሥ. ተሰሪዕና ናብ ሲነማ ኦደዮን ከድና። ገለና ኣብቲ ተሕተዋይ መናብር፣ ገለና ኣብቲ ላዕለዋይ ተቐመጥናሞ፣ ሓንቲ "ኢትዮጵያ" ዘርእስታ ፊልም ከም እንርኢ ተገብረ። እታ ፊልም፣ ብሕብሪ ዝተዳለወት፣ ብቛንቋ ኣምሓርኛ ዝተዘንተወ፣ ብዛዕባ ታሪኽ ኢትዮጵያ ብሓጺሩ፣ ብዛዕባ ወረራ ፋሺሽታዊት ኢጣልያ፣ ብዛዕባ ገስጋስ ኢትዮጵያ ድሕሪ ናጽነት፣ ባህርያዊ ሃብታ፣ ናይ ትምህርትን ስነ-ጥበብን ተቐዋማታ፣ ኣርካናትን በሃራትን ዜጋታታ፣ ከምኡ ድማ ሓፈሻዊ ትዕይንተ-ምድራ፣ ወደባታን ባሕራን (ኤርትራ ብፌደረሽን ስለ ዝተቘርነት) ብጥንቃቐ ዝተዳለወ ዶኩመንታሪ እዩ ነይሩ። ኣብ ነፍስ-ወከፍ ጃንሆይ ኣብቲ ትዕይንቲ ዝተቐልቀሉሉ፣ ብሕልፊ ድማ ኣብቲ ብእዋን ወረራ ፋሽሽቲ ኢጣልያ፣ ምኒኮሎ ሒዞም ንጸላኢ ኺዕይኑ ጸኒሖም ናባና ናብ ተዓዛብቲ ግልጽ ኢሎም ፍሽኽ ዝበሉሉ፣ ንሲነማ ኦደዮን ብጣቕዒት ከም ዘናወጽናያ ፍጹም ኣይርስዓንን።

ሽዑ መዓልቲ ይኹን ኣብ ካልእ ዕለት፣ ሕጂ ቍሩብ ተሓዋዊሱኒ ዘሎ፣ ግና ኣብቲ ዓመት እቲ ምኻኑ ዘይዝንግዖ፣ ናይ "ኣገር ፍቕር ትያትር"ን "ቀ.ኃ.ሥ ትያትር"ን ንኣና ንተምሃሮ ቤት ትምህርቲ ቀ.ኃ.ሥ. ጥራይ ምርኢት ኣቕሪቦም ነይሮም። ኣብቲ እዋን'ቲ፣ ሓደ ጥላሁን ገሰሰ ዝተባህለ ደራፋይ ሽሙ በብቑሩብ ኣብ መንጎ ተምሃሮ ኺርቋሕ ይስማዕ ነበረ። ጥላሁን ምስዞም ጕጅለታት ኣይነበረን። እታ ሽዑ ኣዝያ ገኒና ዝነበረት ደርፉ *"ኣንቺ ከቶ ግድ የለሽም፣ ስለ ፍቅር ኣልገባሽም፣"* ዚብል ስኒት ዘለዋ ደርፉ ግና

ብሓደ ባህታ ገብረህይወት ዝተባህለ መንእሰይ ኣድሪፎሙልና። ኣደዮን ክሳዕ እተንደቕድቕ ድማ ኣጣቒዕናሉ። ባህታ ግና ኣብዚ ጥራይ ኣየቕመን፣ ነታ ደርፊ ብትግርኛ'ውን ደገመልና! እቲ ግጥሚ ሕጂ ኣይዝክሮን ግና ኣብቲ ኣዝማች፤

"ይቕረየኒ ይቕረየኒ፣
ኣይደልየክን ይቕረየኒ"

ኢሉ ምስ ደረፈ፣ እቶም ብጮቱ ኢትዮጵያውያን ክሳዕ ዜስተብህሉልና፣ ምናልባት'ውን ክሳዕ ዚኸዕቡና፣ ሓውና ኢልና ንኡ ዝያዳ እቶም ካልኦት ኣጣቓዕናሉ። እቲ ትያትርን በብዓይነቱ ናይ ህዝብታት ኢትዮጵያ ሳዕስዒትን ጨፈራን ትልሂትን ኣዝዩ መሰጠና። ካብኡ ንደሓር ደርፊ ኣምሓርኛ እግሩ ኣብ ሃገርና ኣደልዲሉ እናረገጸ ኸደ። ገለ ኻብኡ'ውን ኣብ ዘመናዊ ደርፍታት ትግርኛ ኣሰሩ ኺሓድግ ጀመረ። ኪዝንጋዕ ዜብሉ፣ ትምህርቲ ኣምሓርኛ ናብ ኤርትራ ዝተኣታተወ ብመንግስቲ ሃይለ ስላሴ ኣይነበረን። ቅድሚ ጃንሆይ ናብ ኤርትራ ምምጻኦም፣ ኣምሓርኛ ኣብ ገለ ኣብያተ ትምህርቲ ኤርትራ ኸም ስሩዕ ይውሃብ ከም ዝነበረ ኣይከሓድን። እቲ ምኽንያት፣ ልሳን ናይ ንጉስ ተባሂሉ ስለ ዝተኣምነሉ ይመስለኒ።

ከምዚ ኸነሱ ግዳ፣ ነቶም ኣብቲ ቤት ትምህርትና ዝነበሩ ኣምሓሩን ዘምሓርሓሩ ኢትዮጵያውያንን ደስ ዘይብል፣ ገርሂ መሰል ግና ዜቑጥዕ ነገራት ምኽሳቱ ኣይተረፈን።

ሓደ መዓልቲ ሚሲዝ ደመርስ፣ ነቲ ናይ ፈረንሳይኛ ትምህርታ ይሕግዝ እዩ ዝበለቶ ብስተንሲል ዝተሓትመ ናይ መዝሙር ሕላይ ብፈረንሳይኛ ሒዛ መጸት'ሞ፣ ንኹላትና ሓሓደና ዓደለትና። እቲ ግጥሚ ብምሉኡ ኸዝክሮ ኣይከእልን። ትሕዝቶኡ ብሓፈሻ ግና ብዛዕባ ባህሊ ህዝቢ ኤርትራ ዜዘንቱ እዩ ዝነበረ። ሓንቲ ኻብተን ስንኪት ከምዚ ዚስዕብ ትብል፤

Vive l'Eritreyene vole mon cour vole
vive l'Eritreyene avec son blanc shama
avec son blanc shama ma ma
avec son blanc shama... መዘተ:

"ሻማ" ብትግርኛ ዓቢ ጉልባብ ወይ መወንዘፊ ነጸላ ማለት'ዩ። ነዛ ግጥሚ እዚኣ ዘዳለዉዋ፣ ሓደ ሓርነት ሳምኤል ዝተባህለ ተምሃራይን ሓንቲ ኣልጋነሽ ኮኾቡ (ጓል ኮኸቡ) ዝተባህለት ተምሃሪትን፣ ብሓደ ወይ ክልተ ኸፍሊ ኻባና ብርኽ ዝበሉ እዮም ነይሮም።

ሚስዝ ደመርስ፣ ነታ መዝሙር ንሓያሎ መዓልቲ ኣብ ኣጋ ምሸት ኪሕ

ኸሳዕ ዚብለና ኣዘመረትና። ዓንቀርና ኸሳዕ ዜሕምመና ምስአ ኸንግዕር ግድን እዩ ነይሩ። እንተዘየሎ...ኤእ፣ ኣብኣ ትረኸባ! ሓደ መዓልቲ ግና፣ ብሃንደበት፣ እታ መዝሙር ካብ ምልእቲ ቀ.ኃ.ሥ. ህጣማ ጠፍአ። እኒ ብዓል ዘሪሁን ወልደየስ እንታይ ድዩ ነይሩ ስራሖም!

እዝን ወድዝን ሕልኩስ ተግባራት ናይ ሓደሓደ "ኣምሓሩ" ኢና በሃልቲ እዩ ነቲ ተምሃራይ ኣዕሚቑ ኸም ዚሓስብን ኣረኣእያኡ ከም ዚቕይርን ዝገበሮ። እታ መዝሙር፣ ብጀካ ንባህሊ ኤርትራ ምንጽብራቕ ሓንቲ ኣበሳ ኣይነበራን። ህዝቢ ኤርትራ፣ ከምቲ ገለ ኢትዮጵያውያን ክሳዕ ሕጂ ዚሓስቡዎ ጽልኣት ናይ ዝኾነ ኻልእ ህዝቢ የብሉን። ግና፣ ባህሉ ንኺድምስስ ዝመጸ ድማ ብስቕታ ኺርእዮ ባህርያዊ ኣይኮነን። እቲ ኣብ ቺነማ ኣደዮን፣ ነቶም ናይ "ኣገር ፍቅር ማህበር"ን ናይ "ቀ.ኃ.ሥ. ትያትር"ን ስነ-ጥበበኛታት ባህሊ ናይ ኣምሓርኛ ኸርእዩና ኸለዉ ኾነ፣ ነታ "ኢትዮጵያ" ዘርእስታ ፊልም ኸንዕዘብ ኸለና እዝኒ ዚስንጥቕ ጣቕዒት ብዝለገስናሎም፣ እኒ ብዓል ዘሪሁን ወልደየስ ቅር ኣይበሎምን። ብኣረኣእያኦም እዚ'ዩ ኢትዮጵያውነት። ባህልኻ ኣጥፊእካ ባህሊ ኣምሓራ ምርዓም። ወዳጀ ኢትዮጵያውነት!

ኣብዚ ዓመት'ዚ፣ ኣብ መንጎ ናይ መላእ ኢትዮጵያ ኣብያተ ትምህርቲ ኻልኣይ ደረጃ ናይ መደረ ውድድር ብእንግሊዝኛ ተገይሩ ነይሩ። እቲ ኣርእስቲ እንተ ዘይተጋግየ፣ *"Might is right and you are never wrong unless you are obliged to give it back."* ዚብል ነበረ። ንቐ.ኃ.ሥ. ወኪሉ ናብ ኣዲስ ኣበባ ዝኸደ፣ ሓደ በላይ (ወዲ ጆርጆ) ዚብሃል እዩ ነይሩ። በላይ፣ ኣብታ ቕድሚኣ ዓመት፣ ሓደ ሽሙ ብግቡእ ዘይሓዝኩዎ፣ ግና "ወዲ ሽቕበጥበጥ" ዝበሉዎ ተዓዊቱ ንዘምጽኣ ዋንጫ ሒዙ እዩ ናብ ኣዲስ ኣበባ ኸይዱ። ስለዚ፣ ነታ ዋንጫ ንኻልእ ቤት ትምህርቲ ኣስተሊሙዋ ጥራይ ኢዱ ኸይምለስ ዓቢ ሓላፍነት እዩ ተሰኪሙ። ኣይሓመቐን ድማ ዓቲሩዋ ተመልሰ። ተምሃሮ ቀ.ኃ.ሥ. ብብዝሒ ኸይዶም ኣብ መዓርፎ ነፈርቲ ኣስመራ ተቐበሉዎ። ኣብታ እትስዕብ ዓመት፣ ቀ.ኃ.ሥ. እንተ ተዓዊታ፣ ብመሰረት ሕጊ ናይቲ ውድድር፣ ንሰለስተ ተኸታታሊ ዓመታት ስለ ዝሰዓረት ንሓላላ ኸም እትኸውን ተስፋ ገበርና።

ድሕሪ ቑሩብ ኣዋርሕ፣ ኣብ ወርሒ ሰነ፣ ቀቅድሚ ምዕጻው ቤት ትምህርቲ፣ እቲ ዓመት-መጸ ዚግበር ናይ መሮር-ኣቋራጭን፣ ኣብቲ ናይ ስፖርት ሜዳ ዚሰላሰል ናይ መስመርን ሜዳን (ትራክ ኣንድ ፊልድ) ውድድርን ዚካየደሉ ዕለት ተቘርጸ። ኵሉ ተምሃራይ ኣብ ዘዚደልዮን ዚኽእሎን ንጥፈት ንምስታፍ ተመዝገበ። ኣብ ዝኾነ ንጥፈት ዘይተሳተፉ ተዓዘብቲ ጥራይ ዝኾኑ ድማ ነይሮም።

እቲ መሮር ኣቋራጭ፣ ካብ ቀ.ኃ.ሥ. ጀሚሩ፣ ብሆስፒታል እተጌ መነን ኣቢሉ፣ ዓቐበት ናይ ፎርቶ ወጺኡ፣ በዚ ሎሚ መቓብር ሓርበኛታት ዚርከበሉ ዘሎ ዝባን ናይቲ ሽው መደበር ቃኘው ዝተባህለን ሰንጢቑ፣ ናብቲ ካብ ኣክስፖ ናብ ቀ.ኃ.ሥ. ዚወስድ ጽርግያ ዚጽንበር፣ ኩሉኹሉ ናይ ሓምሽተ ኪሎሜተር ርሕቀት እዩ ዝነበረ። ኣነ ድማ ከም ሰበይ፣ ኣብቲ ናይ መሮር ኣቋራጭ፣ ኣብ ናይ 640 ሜትሮ፣ 100 ሜትሮ ናይ ምርቀፉ ጒያን ናይ ክብታ ዝላን ክሳተፍ ተመዝገብኩ። ናይታ ጋንታና ሓለፍቲ፣ መምህር ግርማይ ሓጐስን *(ደንቾዩ ዎሪ)* ተምሃራይ በርሀ ሃብተግዮርጊስን (ሎሚ ዶክተር) እዮም ነይሮም። ድሕሪ ቐትሪ፣ ካብ ትምህርቲ ምስ ተፈኖና ንሓያሎ ሰሙናት ልምምድ ክንገብር ቀነና። መሓሪ ኣካሉ፣ እቲ ዓላማይ ድማ ብዛዕባ በብዓይነቱ ናይ ሜዳን ቅድድምን ናይ ዝላን ስፖርት ብዓቕሙ ፍልጠቱ ኣካፈለና።

እቲ ንጥፈት ንኽልተ መዓልቲ ከም ዝተኻየደ እዝክር። ብጀካ'ቲ ናይ መሮር ኣቋራጭ፣ ኣብቲ ናይ ስፖርት ጒልጎል፣ ውርወራ መዝረቕ (ጃቨሊን)፣

መዓልቲ ስፖርት ኣብ ቀ.ኃ.ሥ. ቅድድም ናይ 640 *ሜ. ርሕቀት፣* 10 *ሰነ* 1960

(ካብ ጸጋም) በርሀ ሃብተገርግሽ (ዓላምን ተኻታታልን)፤ ተኪአ ተስፋይ (1ይ)፤ ሰመረ — (6ይ)፤ እስጢፋኖስ ኣካሉ(2ይ)፤ ምስግና ዮሃንስ (3ይ)፤ ገረመስቀል ተዓረ (7ይ) ። እቲ ውጽኢት ግና፣ ብምስግና (1ይ)፤ ተኪኤ (2ይ)፤ እስጢፋኖስ (3ይ) እዩ ተዛዚሙ። ብሸነኽ የማን ዘሎ ብዓል መነጸር ህንዳዊ መምህር ሚስተር ሲንግ "ደ'ፈር" (Mr. Duffer) እዩ።

ዳርባ ዲስከስን ዓረርን፣ ሽንጐዳ ሞገር (ሃመር)፣ ዝልላ ብባ'ላ፣ ዝ'ላ ክብታ፣ ነዊሕ ዝ'ላ፣ ከምኡ'ውን ካልእ ንግዚኡ ዘይዝከረኒ ውድድር ተገብረ። መዳልያን ምስክር ወረቐትን ንተዓወትቲ ተዓደለ። ብሓቂ ኣዝዩ ደስ ዚብል ዘይርሳዕ ኣጋጣሚ እዩ ዝነበረ።

ኣብቲ ዓመት'ቲ ኣብ ትምህርቲ ኣይነፋዕኩን። ዕዮ ቤት፣ ብፍላይ ናይ ቍጽርን ጂኦሜትርን ፍጹም ዕሽሽ በልኩዎ። ኣመሃህራ ናይ ዘሪሁን ወልደየስ ክቕበሎ ኣይከኣልኩን። በዚ ምኽንያት'ዚ፣ ኣብቲ ቐዳማይ ተርም ዓስራይ ተርታ ወጻእኩ። ኣብ ፓጀላይ ነጥበይ ኣዕጋቢ ኸም ዘይኮነ መጠንቀቕታ ተጻሕፈ። ዓስራይ ተርታ ኻብ ኣርብዓ ዚኾኑ ተምሃሮ ምውጻእ ናብ ምውዳቕ ዜገምግም ምዃኑ ገሪሙኩምዶ፤ ቀ.ኃ.ሥ. ጕዳም ቤት ትምህርቲ እዩ ነይሩ። ሓደ ተምሃራይ ዝድላዩ ተርታ ይውጻእ፣ ብሓንቲ ሳብጀክት ትሕቲ 45 እንድሕሪ ረኺቡ ኸም ዝወደቐ እዩ ዚቝጸር ዝነበረ። እዚ ነቲ ተምሃራይ ኣደዳ ጽቡቕ ፍቓድ ናይቲ መምህር ዚገብር እዩ ነይሩ።

እመኑ ኣይትእመኑ፣ ቀዳማይ ወይ ካልኣይ ብልጫ ወጺኡ፣ ሚስተር ዜንተክ ስለ ዘይፈተዎ ጥራይ፣ ብጂኦግራፍያ ትሕቲ 45 ነጥቢ ኣምጺእካ ተባሂሉ ኣብ ታሽዓይ ክፍሊ ኺደግም ዝተገደደ ኣዝዩ ንቑዕ ተምሃራይ እፈልጥ። ኣነ ግና እቲ ምድጋመይ ፍትሓዊ እዩ ነይሩ። ኣይነፋዕኩን።

ትምህርቲ ተዛዚሙ ወረቐት ምስክር ምስ ተዋህበ'ና፣ ከም ወትሩ ነቦይ ምሳሕ ከብጽሓሉ ኸድኩ። ኣብ ትምህርቲ ኸም ዝወደቕኩ ኸመይ ገይረ ኸም ዘርድእ ሓርበተኒ። ከም ልሙድ፣ ካብታ ስልጣንያ ኢድና እናሰደድና ኻብቲ ብጸብሒ ትምትሞ ዝተርከሰ ጣይታ ኽንስኹልል ጀመርና። ሓንቲ ኣዝየ ዝፈትዋ ደርፊ ናይ ኣቶብርሃን ሰጊድ እናሰማዕና ብህድኣት ምብላዕ ቀጸልና። ልበይ ግና ኣይቀሰነን። ነቦይ ዓቢ መርድእ እዩ ነይሩ! እቲ ምግቢ ተወዲኡ፣ ናብቲ ማይ ብሩቢኔቶ ዜፍስስ በብተራ ኼድና ኣእዳውና ተሓጸብና። ኣቦይ ከምቲ ወርትግ ዚገብሮ ዝነበረ ሓንቲ በራድ ሻሂ ኣዘዘ።

"በራድ ሻሂ ተጊል መዓመር !" ገዓረ እቲ ግርምብያለኡ ብዝፈሰሰ ሻህን ሕባስምባስ ናይ ኢዱን ዝረስሐ ኣሳሳዪ። በራድ ሻሂ ምስ ክልተ ረቐቕቲ ቡሽ ብኡንብኡ ደበኽ በለት።

እታ ተይፕ፣ *"ግዜ!...ግዜ! ግዜ! ግዜ!...ግዜ ዋይ ግዜ!"* ዚብል መስቈንቈኒ ደርፊ ናይ ኣቶ ኣተወብርሃን ሰጊድ፣ ኣብ ማእከል እቲ ዋዕዋዕታ ዓመውልን ትእዛዝን ጣቕዒትን ጭድርታን ናይ ኣሳሰይቲ ተጋውሕ ነበረት።

"ክነግሮዶ፤ " ተወላወልኩ ብልበይ።

"ግዜ!...ግዜ! ግዜ! ግዜ!...ግዜ ዋይ ግዜ!" ቀጸለት ኣዝማቻ እታ ደርፊ።

ከይነግሮ ኣዝዩ ኣደንገጸኒ። ንኣይን ነሕዋተይን ኪብል'ዩ፣ ልቢ

ኻብ ዝሰቀ·ር ኣትሒዙ፣ ጋሕጋሕ ምድሪ መሬት ብጸልማቱ፣ ቡት ናይ ኣመሪካውያን ኪውልውል፣ ዓራቶም ኬንጽፍ፣ ባራካታቶም ኬጸራሪ፣ ናብ ቍሸትን ዓደምነገርን ብዓበይቲ ማኻይን ተጻዒኑ፣ ነቲ ረዚን ሳጹናቶም ኪስከም፣ ዝረስሐ ኽዳውንቶም ናብ ላቫንዳዮ ኼበጻጽሕ ሃለኽለኽ ዚብል ዝነበረ። ኣብ ርእሲኡ፣ ካብታ ዘይትጠቅም ደሞዙ ገንዘብ ከፊሉ እዩ ኣብ ገዛ ኸኒሻ ዘምሃረኒ።

"ትምህርቲ ኣይሓለፍኩን..." ኣምለቕኩሉ እናተሸቑረርኩ።

ነታ ኺሰትያ ዝጸንሐ ረቃቕ ቡሽ ካብ ኣፉ ምልስ ኣቢሉ፣ ኣስደሚሙ·ዎ ጠመተኒ።

"ኣይሓለፍኩን!...ከመይ ማለትካ ኢኻ! " በለኒ ርግእ ኢሉ።

"... ካብ ታሽዓይ...ናብ ዓስራይ ኣይሓለፍኩን።"

ነቦይ፣ ኣብ ቅድሚ ዳኛ ኽም ዚቐርብን ምስ ዘይመዛርብቱ ኣፍ ከም ዚኽፍትን ዝገበረ ውላድ፣ ኣብ ገዛና ኣነ ጥራይ እየ ነይረ። ብዙሓት ካብ ኣዝማድናን ፈተውትናን እናኺርእዩኒ፣ በዚ መዕገርገሪ ባህረይ ብተደጋጋሚ ኺወቕሱኒ ኸለዉ፣ ኣሕሊፉ ዝሃበኒ ግዜ ኣይነበረን።

ሕጂ ግዳ በታ ሓንቲ ዚሕበነለይ ዝነበረት እየ መጺኣዮ። ኣብ ትምህርቲ ኣይነፋዕኩን እየ ዝብሎ ነይረ። ከም ዝደንዘዘ ብቐውታ ጠመተኒ፣ በቲ ሓደ ሸነኽ ድማ ኣብ ዙርያና ሰባት ስለ ዝነበሩ ኺዕዘቡና ኣይደለየን።

"ንእኻ ገደደካ!... ከማይ፣ ናይ ሰብ ረፋዕ ትኸውን፣ " በለኒ'ሞ ነታ ኺሰትያ ዝጸንሐ ቡሽ ብቐስታ ኣቐመጣ። እታ ተይፕ፤

"ካብ ገዛይ እወጽእ ስራሕ ከም ዘሎኒ፣
ክዘውር እውዕል ኩሳዕ ዚደኽመኒ፣
ናብ ገዛይ እምለስ ምሳሕ ኽም ዘሎኒ፣
ኣብ መንገዱ ድማ ድቃስ ይወስደኒ'
ወዮ ርጉም ጥምየት ይበራብረኒ... .
ግዜ!...ግዜ! ግዜ! ግዜ!...ግዜ ዋይ ግዜ!" ቀጸለት ደርፋ።

ብድሕርዚ ኻብ ጁባኡ ሃሰውሰው ኢሉ፣ ናይ ሻሂ ሕሳቡ ኸፊሉ ባርኔጣኡ ኣልዓለ። ተመራሪሕና፣ ኣነ ብሕፍረት ርእሰይ ኣወኒገ እናተኸተልኩዎ ኻብቲ እንዳ ሻሂ ወጻእና። ነታ ኽትኣርግ ዝጀመረት ብሽክለታኡ ኣልዒሉ፣ ነቲ ፔዳለኣ ተሓጕቡ እናረገጸ ናብ መደበር ቃኘው ኬምርሕ ከሎ፣ እታ ጥራያ ስልጣንያይ በቲ ዝተጠቕለለትሉ ጨርቂ ኣንጠልጢለ ብደወይ ብዓይነይ ተኸታተልኩዎ። ምስ ከቢድ ጓሂኡ ገና ንእይ ኪዕንግል ናብቲ መለሳ ኣልቦ ኣድካምን ኣሰልካይን ሸቕለቱ እዩ ዚኸይድ ነይሩ።

ኣቦይ ምሸት ናብ ገዛ ብዝመጸ፣ ብዛዕባ'ቲ ኣብቲ እንዳ ሻሂ ዘተንባህኩሉ መርድእ ሓንቲ'ኳ ኣየተንፈሰለይን። እዚ ድማ ንሕልናይ ዝያዳ ወቐሶ። ክረምቲ ብቐልጡፍ ሓሊፉ ናብ ትምህርቲ ኽምለስ'ሞ፣ ከም ቀደመይ ተጊሀ ኽጽንዕ ምስ ነብሰይ መብጽዓ ኣተኹ።

ልዕሊ ኹሉ ዘጕሃየኒ፣ ገለ ኻብቶም ካብ ቀዳማይ ክፍሊ ኣትሒዙ መማህርተይ ዝነበሩ፣ ሕጂ ብሓደ ኽፍሊ በሊጾሙኒ ማዕረኦም ኣፈይ ክኸፍት ዘይክእል ምኻነይ ብዝበርሃለይ እዩ። ምኪኤል በየነ፣ ወልደኣብ ይስሃቕ፣ ኣብርሃም ሳህለ፣ ኣማንኤል ሳህለ፣ ተስፋየሱስ መሓሪ፣ ተስፋየሱስ ምሕረትኣብ፣ ተኽላይ ኣፈወርቂ፣ ክፍለማርያም፣ ኮታስ እቶም ቀደም ኣብ ገዛ ኽኒሻ ኣብ ክፍሊ መወዳድርተይ ዝነበሩ ሕጂ ልዕለይ ኮኑ። ዓቢ ውርደት ተሰምዓኒ።

፲፯

ካብ ጌጋይ እእረም

ሽዑ ዓመት ክረምቲ ኸመይ ከም ዝነበረ ዜዘኻኽር ኣጋጣሚ ኣይዝከረንን። እቲ ኣብ ትሸዓይ ክፍሊ ኸደግም ዚጽበየኒ ዝነበረ ኸቢድ ጾር ግና እናሳዕ ናብ ኣእምሮይ እናተቐልቀለ ኸም ዘሕቀየኒ እናስሓልኩም። ንግሆ መጸ ኻብ ድቃሰይ እናኸበራበር፣ እቶም ናይ ኣምሓርኛ መምህርና ኣባ ዮሃንስ ገብረ እግዚኣብሄር፣ *"ኣንተ ሓሮጌ! ሸማግሌው!"*እናበሉ ኣብ ቅድሚ ሓደስቲ ተምሃሮ ኼከሻምሹኒ፣ ሕቶ ኺሓቱኒ፣ ምዕዶ ኸደግም ኪእዝዙኒ እናተቐጀለ ኣባህረረኒ።

ኣባ ዮሃንስ፣ ክፍሊ ንዝደገመ ተምሃራይ፣ ምእንቲ ኺስቈሮን ኪነፍዕን ከምኡ እዮም ዚብልዎ ነይሮም። ኣብቲ ዝሓለፈ ዓመት፣ ሓደ ሕጂ ኣዝዩ ንፉዕ ኣርኪተክት ዚብሃል ዘሎ፣ ክንደይ ህንጻታት ዝነደፈን ዘንደቐን መሰታና፣ ንሕና ኣብ ታሸዓይ ክፍሊ ሓደስቲ ኸለና ምሳና ኺደግም ብዝመጸ ከምኡ እዮም ኢሎምዎ። ከምዚ ኸነሱ ግና ከም ቀደመይ ነቦይ ናብ ካምቦቦሎ ስልጣንያ ሒዘ ምኻድ ቀጸልክዎ።

መዓልትን ከልብን ከይጸዋዕካዮም ይመጹ ኸም ዚብሃል፣ መስቀል በሪቑ ኣብያተ ትምህርቲ ኣፍ-ደገታቱ ዚርሓወሉ ወቕቲ በርደግ በለ። ኣብዚ ግዜ'ዚ፣ ባህሪ ናይቶም መምህራንና ስለ ዘጽናዕኩዎ፣ ነቲ ትምህርቲ ኸመይ ገይረ ኸም ዝተሓሓዞ ብዓቕመይ ወጠንኩ። ዝወደቕኩሉ ምኽንያት ብቊጽርን ብጂኦግራፍን ትሑት ነጥቢ ስለ ዝረኸብኩ ነበረ። ስለዚ፣ ንዕዮ ቤት ናይ ቊጽሪ ኣዘውቲረ ብምስራሕ ንጂኦግራፊ ድማ ንዘንተከ በቲ ጽባቖ ጽሒፈተይን ብናይ ስእሊ ኸእለተይን እንተላይ ኣበርቲዐ ብምጽናዕን ካብቶም መማህርተይ ዝሓሸ ውጽኢት ክረክብ ብምሕላን ተዳለኹ።

ኣብታ ቐድሚኣ ዓመት፣ ታሸዓይ ክፍሊ ኣርባዕተ ጥራይ እየን ነይረን። ኣብዚ ዓመት'ዚ ግና ኸልተ ዝያዳ ኽፍልታት፣ 9E ወ 9F ተወሰኻ። እቶም ደገምቲ ዘበልና ኹላትና ኣብ 9F ተመደብና። ገለ ኻብቶም ተምሃሮ ቀ.ኃ.ሥ. *Nine failures* (ዝወደቑ ታሸዓይ) እናበሉ ዘባጨዉልና ነይሮም። ኣብዛ ኽፍሊ እዚኣ ንፍናነይ ዘበረኽ ጒድ ነገር እዩ ኣጓኒፉኒ። ገብረታትዮስ ወልደግዮርጊስን ፍረወይኒ ገብረስላሰን ዝተባህሉ፣ ክልተኦቶም ዥሉ ተምሃራይ ኣዝዮም ንፉዓት ምዃኖም ዝመስከረሎም፣ ዜንተከ ብዝኣረሞ፣

ብጂኦግራፍያ ትሕቲ 45 ኣምጺኦም ተባሂሎም ዳግማይ መርመራ ኺወስዱ ዝተበየነሎም ነበሩ። እቲ ኣብ ታሽዓይ ክፍሊ እንመሃሮ ጂኦግራፍያ ትሕዝቶኡ ኣዝዩ ብዙሕ እዩ ነይሩ። ካብ ኮንቱር ማፕ ኣትሒዙ ኽሳዕ ኣብ ዝተፈላለየ ዓለም ዘርከብ ትዕይንተ-ምድሪ፣ ቅርጹ፣ ዘርከበሉ ነቑጣ፣ ወሓይዙ፣ ቀላያቱ፣ ክሊማኡ፣ ዕጸዋቱ፣ እንስሳታቱ፣ ብዛዕባ ኣብኡ ዘርከቡ ህዝቢ፣ ናብራኦም፣ ኢንዱስትርያውን ሕርሻውን ንግዳውን ንጥፈታቶምን ፍርያቶምን፣ ከተማታቶም፣ ወደባቶም ምሕደራኦም፣ ካልእን ዘጠቓለለ እዩ ዝነበረ። ዜንተክ ግና ኻብዚ ኹሉ ኺሽምድዱዎ ዝኸረሙ ሓንቲ ሕቶ ጥራይ ኣምጽኣሎም።

Draw a contour map of Asmara እትብል።

እዚ ኣካዳምያዊ ግፍዒ እዩ ዝነበረ። ገብረታትዮስ፣ ገዛውቱ ጐዳይፍ፣ ካብ ካምቦቦሎን ቀ.ኃ.ሥን ንሰሜን ዘሎ ገዛውቲ ኾነ ቅርጺ መሬት ናይ ኣስመራ ዳርጋ ርእይዎ ዘይፈልጥ እዩ ነይሩ። ፍረወይኒ ገብረስላሰ፣ ካብ ቀዳማይ ክፍሊ ኣትሒዙ መማህርተይ ዝነበረት፣ ካብ ከባቢ ቐዳማይ ብልጫ ርሒቓ ዘትፈልጥ፣ ንሳ'ውን እንተ ኾነት ፈቐዶ ዞባታት ኣስመራ ቱስቱስ በሃሊት ኣይነበረትን። ስለዚ፣ ክልቲኣቶም ከመይ ገይሮም እዮም፣ ኣብቲ ዕድመ'ቲ፣ ናይ ኣስመራ ኮንቱር ማፕ፣ እሞ ኸኣ ኣብ ውሽጢ ሓደ ሰዓት ዘይመልእ ግዜ ኺነድፉሉ ሓሲቡ፧ ብዓል ደመርስ፣ ኣብዚ ግፍዒ'ዚ ተሓባበርቲ እዮም ነይሮም ክብል እደፍር። ስለዚ፣ እዞም ክልተ ኣብ ክፍሊ 9F ምሳና ብዝተጸንበሩ ገሪሙና ሰንበድና። ንኣና ነቶም ዝተረፍና ግና ጒልቡብ ምርቓ እዩ ነይሩ።

ኣብ 9F ኣስታት 36 እንኸውን ተማሃሮ ነበርና። ሓሓደ መንበር ኣብ ዝነበሮ ኣስታት ዓሰርተው ሸሞንተ ዚኸውን በብጽምዲ ኣብ ዝተዋደደ ሰደቓታት በቦታና ሓዝና። ኣብቲ መጀመርታ መዓልቲ፣ ኣብ ሰፈርና ተቐሚጥና መምህር ክሳዕ ዚመጸና እናተጸበና ኸለና፣ እቲ መጻምዲ ኾፍ መባህልተይ ዝነበረ፣ ሕጂ ሽሙ ኽጠቕሶ ዘየድሊ፣ ንሓደ ብድሕረና ዝነበረ ናይ ሃገረሰብ ባህሪ ዝነበሮ ብዓል ቍምጣ ጨጓር ዳንጋ፤

"ሎም ዘመን ብልጫ እንተ ዘይረኺበ፣ ኣነ ወዲ እገለ ኣይኮንኩን፣" ኢሉ ፈከረ።

"ቀዳማይ ብልጫ'ኳ፣ ትሕዝቲ ናይ ገረታትዮስ'ያ በለ፣" እቲ ጨጓር ዳንጋ። "ካልኣይቲ ግና ግድን ናተይ ክትከውን ኣሎዋ!"

"ደሓን ውሰዳ፣ ገዲፍናልካ'ለና፣ እታ ሳልሰይቲ ግና ናተይ ምዃና ፍለጥ!" ዓ'ደኹ እቲ መጻምዲ ኾፍ መባህልተይ።

"እንታይ'ሞ ኺዓብስ፣ እዛ ኾፍ መባህልተይ ኣይግድን!" በለ እቲ ጨጓር ዳንጋ። ትዕግስቲ ገብርኣብ ነቲ ጨጓር ዳንጋ ኾፍ መባህልቱ እያ ነይራ።

ኣምሓረይቲ ትኹን ደኣ'ምበር፣ ትግርኛ ኣጽፊፉ ትዛረብን ትርዳእን ነበረት። ብዕድል ግና እቲ ጨጓር ዳንጋ ብኣሽሙር ኺረቑሓ ኸሎ ብሓውሲ ሕሽኹታ ስለ ዝተዛረበ፣ ኣይሰምዓቶን። እቲ ናተይ መጻምዲ ኸኣ ብናይ ደ'ቀ'ባሻውል ኣቃጫጭ ዳርጋ ብዓውታ፤

"ከምዚ ናተይ ኣድጊ እንተ ዚበጽሓካ ደኣ እንታይ ምገበርካ፧" በሎ። እቲ "ኣድጊ" ዚብሃል ዘሎ መሸም ኣነ'የ። ኣዝየ ሓረቕኩ ግና ኣሽሙር ስለ ዝኾነ፣ ከምኡ ድማ ኣብ ክላስ ስለ ዝነበርናን ውሒጠዮ ኸጽቅጥ ተገደድኩ።

"ሕራይ ደኣ ኾንኩ! እዚ'ኳ ኺውሕደኒ!" በልኩ ብልበይ።

ኣብታ ኽፍሊ ኻብ ዝነበሩ መማህርተይ፣ ብጆካ ገረታትዮስን ፍረወይንን፣ ኢትዮጵያ ቐለታ፣ ኣብርሀት (ሽማ'ቦኣ ንግዜኡ ዘረሳዕኩዎ)፣ ሃብቶም ባይሩ፣ በርሀ ፍትዊ፣ ግርማይ በራኺ፣ ገብረሚካኤል እስጢፋኖስ፣ መስፍን ተኪኤ፣ ኪዳነ ተስፉንኪኤል፣ ተስፉንኪኤል ወልደዳዊት፣ ሓጐስ ጳውሎስ (ጳውሎስ ሓጐስ፧)፣ ጸሃየ ወዲ ደቀምሓረ ጥራይ ሽማቶም ትዝ ይብለኒ። ሎሚ እዞም ከምኒ ዜንተክ ናይ ዝኣመሰሉ ጨካናት መማህራን ግዳያት ኮይኖም ኣብ ታሽዓይ ክፍሊ ምሳይ ብሓባር ዝደገሙ፣ ገረታትዮስ ብልዑል ጸብለልትነት ኣብ ዩኒቨርሲቲ ኣዲስ ኣበባ ተመሪቑ፣ ሕጂ ኣብ ኣመሪካ ኸም ፕሮፌሰርን ተመራማርን ናይ ደቂቕ ስነ-ህይወት ኮይኑ ዘሎ'ዩ፣ ፍረወይኒ ገብረስላሰ፣ ከምቲ ኣቐዲመ ዝጠቐስኩዎ፣ ካብ ቀዳማይ ክፍሊ ኣትሒዛ ምሳይ ፊደል ዝቘጸረት፣ ብዓልቲ ብሩህ ኣእምሮን ትዅርትን፣ ኣብ ዩኒቨርሲቲ ኣዲስ ኣበባ፣ እንተ ዘይተጋግየ ብሰክረታርያት ሳየንስ ዝተመረቐት እያ፣ ብድሕሪኡ'ውን ናብ ኣመሪካ ኸይዳስ ዝያዳ ፍልጠት ከም ዝደለበት ኣይጠራጠርን። ኢትዮጵያ ቐለታ፣ እዚኣ'ውን ናይ እኒ ብዓል ዜንተክን መሰልቱን መምህራን ሓላፍነት ዝጐደሎ ኣሰጋግራ ፍልጠትን ኣተኣራርማን ንፍናና ዘይሰበሮ፣ ኣብ ዩኒቨርሲቲ ኣዲስ ኣበባ ብጂኦግራፊ ምርቕቲ፣ ኣብዚ ግዜ'ዚ ዶክተር ኢትዮጵያ ቐለታ እትብሃል ዘላ፣ ኣዝየ ዘኽብራን ዝፈትዋን መማህርተይ ስለ ዝነበረት ድማ ዝሕበነላን እያ።

ዅላቶም እቶም ኣብ 9ᵉ F ዝነበሩ ተምሃሮ፣ ካባይ ጆሚርካ ግና ብሰሪ ሓላፍነት መምህራን ተሪፎም ማለት ኣይኮነን። ብግቡእ ስለ ዘየጽንዑ ዝወደቑ'ውን ነይሮም። ኣነ ሓደ ኻብኣቶም ነበርኩ።

ከምቲ ዝወጠንኩዎ፣ ትምህርተይ ብትግሃት ተተሓሓዝኩዎ። ዕዮ ቤት ከየባተኽኩ ሰራሕኩ፣ ምስ ዚሳነዩኒ ተምሃሮ ኾይነ'ውን ክሓትትን ክምልሽን ጀመርኩ። ከምዚ ኽነሱ ግና እቲ ትምህርቲ ቐሊል ኣይነበረን። ነቲ ትምህርቲ ኽንግንዘቦ ጥራይ ዘይኮነስ፣ ፎርሙላታት፣ ተየሮማት እንተሎ'ውን ክንሽምድዶ ግድነት ነበረ። ስለዚ፣ እንግሊዝኛ፣ ሓፈሻዊ ሳይንስ፣ ማተማቲካን ጂኦመትርን፣ ጂኦግራፍያ፣ ታሪኽ፣ ፈረንሳይኛ፣ ከይበልኩ ኣብ ዅሉ ብዘሎኒ

ዓቕሚ ተማወትኩ። ምኽንያቱ፣ ካልኣይ ሳዕ እንተ ወዲቕካ፣ "ትምህርቲ ደሓን ወዓሊ" ማለት እዩ ዝነበረ።

ጂኦግራፍያ ኣብዚ ዓመት'ዚ'ውን ዘንተከ እዩ ምሂሩና። ኣብዚ ግዜ'ዚ ግና ኣይተዓሸኹን። ዜንተከ ስእሊ ኣዝዩ እዩ ዚፈቱ ዝነበረ፣ ንባዕሉ እውን ንፉዕ ቀብኣይ እዩ ነይሩ። ቅብኣታቱ ኣብቲ ቤት ጽሕፈት ናይ ሚስተር ደመርስን ኣብቲ መናድቕ ናይቲ ገበላ ህንጻን ሓሓሊፉ ተሰቒሉ ነበረ። ኣብ እዋን መርመራ፣ ስእሊ ዜድልዮ ምላሽ እንተ ደኣ 'ልዩ፣ ካብ ናብቲ ንምንባቡ ኣዝዩ ኣሰልካዪ ዝኾነ መግለጺ ግዜኻ እተጥፍእ፣ ብዚማርኽ ሕብርታት ዘሎዎ ንድፊ ኣሰኒኻ ሓጺር ምላሽ ክትህቦ እዩ ዚመርጽ። ንባዕሉ ኺምህር ከሎ'ውን ብቐሊል ንድፍታት እናኣነሰየ እዩ ፍልጠቱ ዜካፍል ዝነበረ። ነዚ ባህሪኡ'ዚ ሒዘ ኸኣ ዝለዓለ ነጥቢ ኽምጽእ ወጠንኩ። እቲ ንመብዛሕትኦም ተመሃሮ ሕማም ርእሲ ዝኾነ ኮንቱር ማፕ፣ ኣብቲ ቕድሚኡ ዓመት ክንመሃሮ ኸለና እንተ ኾነ'ውን ኣይበርትዓንን። ነቲ ቕርጺ መሬት ኣብ ሰማይ ኴንካ ኽም ምዕ'ያን ምኻኑ እንተ ተሰዊጡካ ንምርዳኡ ቐሊል እዩ።

ዘሪሁን ናብታ ዓቕሙ፣ ኣምሓርኛ ናብ ምምሃር ስለ ዝተመደበ፣ ንኣይ ዓቢ ቕሳነት ነበረ። ኣብ ክንድኡ ሚስተር ራትናም ዝተባህለ፣ ኣብ ላዕላይ ከንፈሩ ጽዑቕ ለማሽ ሪዝ ዘብቈለ፣ ሰብነቱ ረጕድ፣ ገጹ ህጣራ፣ ከምቶም ኣብ ናይ ብዓል "ጆን ወይን" ናይ ካውቦይ ፊልም ንብዓል "ሓያል" (ጆን ወይን) "ግሪንጎ" እናበሉ ዚጽውዕዎም፣ ሶምብረሮ (ቆብዕ) ምውዳይ ጥራይ ዝተረፎ ሃዝራጥ ወዲ መክሲኮ እዩ ዚመስል ነይሩ። ጠባዩ ድማ ኣዝዩ ጥዑምን ለዋህን። ብዙሕ ጨረምረም ኣብዝሕ ስለ ዝነበርኩ፣ *"ቻተር ቦክስ"* እናበለ እዩ ሕቶ ዚሓተኒ ወይ ጨረምረመይ ከቋርጽ ዚነግረኒ ዝነበረ። ኣመሃህራኡ ድማ... እንታይ'ሞ ኽብሎ... ብሓጺሩስ ኮታ፣ ጠሰስ ዜብል ነበረ። ከምዚ ኽነሱ፣ ብሰንኪ ዘሪሁን ወልደየስ ኣእምሮይ ሕጂ'ውን ኣብ ቍጽሪ በጺሑ ጃጃዊ ኾነ።

መምህር ናይ እንግሊዝኛ ዝተመደበትልና፣ ሓንቲ ሚሲዝ ዊዛም ዝተባህለት መንእሰይ እያ ነይራ። ሚስተር መቪከ፣ እቲ ቕድሚኡ ዓመት ዝመሃረና ደጊም ንጸለማኡ ኸይዱ እዩ። ሚሲዝ ዊዛም፣ ብናተይ ግምት ዕድመኣ ኻብ ዕስራን ክልተን ዘይዛይድ፣ መልክዓ ምጭውቲ፣ ጸጕራ ጨዓይ ክሳዕ ወተጋ ጥራይ ዚበጽሕ ክምኩም፣ መዛርዓ ጽምእ ዝበለ ወይዘሮ ነበረት። ክትምህር ከላ ደሃያ ዘወዓወዓትሉ ግዜ ኣይዝከረንን። ብህዱእን ብልዙብን ቃና ስለ እተስተምህር፣ እቲ ናታ ኽፍለ-ግዜ ኣዝየ እፈትዎ ነበርኩ። ሓደ ኻብቶም ደቂ ኽላስና ኣብ እዋን ትምህርቲ ምስ ዚርብሽ፣ ከይተቘጥዐት ግና ኣጽኒዓ ህድኣት ኪገብር እያ እትነግሮ ዝነበረት። ኣከዳድናኣ ቐሊልን ምቕሉልን፣ ከናፍራ መብዛሕትኡ ግዜ ብሮሴቶ ዘይተለበጠ ነበረ። ብዛዕባ

ክእለት ኣመሃህረኣ፣ ብቛንቛን ስነ ጽሑፍን እንግሊዝኛ ዓሚቕ ኣፍልጦ ኽም ዘሎዋ ኽንግንዘብ ግዜ ኣይወሰደልናን።

ታሪኽ፣ ሚስተር ሶተር እዩ ምሂሩና። ብዛዕባ ስልጣነ ግብጺ፣ ነቲ ፒራሚዳት ንምህናጽ ዝተጠቕሙሉ ሜላን ተክኒክን ብደቂቕ ስለ ዝገለጸልና ኣዝየ ፈተኹዎ።

ኣምሓርኛ፣ ሓደ ኣቶ ደምሴ ዝተባህለ፣ ዕድመኡ ብግምት ልዕሊ ሰላሳን ሓምሽተን ዚበጽሕ፣ ጸጕሩ ሓጺር፣ ሕብሩ ኽደራይ፣ ገጹ ዕጥርጣር፣ እቲ ረጕድ ከንፈሩ ብምሒር ምትካኽ ሽጋራ ዝሓረረ፣ ኪስጉም ከሎ ቍሩብ ዜንደልፍጽ፣ ኣዝዩ ሕያዋይን ንኤርትራውያን ድማ ዚፈቱን እዩ ነይሩ። በዚ ምኽንያት'ዚ "ጋሼ ደምሴ" ንብሎ ነበርና። ኣብ እዋን ትምህርቲ፣ ናይቲ ቛንቛ ልምምድ ኬግብረና ኸሎ እንተ ተጋገና ወይ ትግርኛ እንተ ሓወስና፣ *"ብትሳሳቱ ግድ የለም፣ ቋንቋችሁ'ኮ ኣይደለም፣ እኔም ትግርኛ ኣልችልም፣ ብችል ግን ደስ ይለኝ ነበር፣"* ይብል ከም ዝነበረ እዝክር።

ተምሃራይ ረኻብ መከራ

ኣብቲ ዓመት እቲ፣ ኣብ ወርሒ ታሕሳስ 1960፣ ሓደ ጀነራል መንግስቱ ንዋይ ዝተባህለ ምስ ሓዉ ግርማሜ ንዋይ፣ ንጃንሆይ ካብ ዝፋን ንምውራድ መፈንቅለ-መንግስቲ ዝፈተኑሉ እዋን ነበረ። ጋሼ ደምሴ ነቲ መፈንቅለ መንግስቲ ብምሉእ ልቢ ኸም ዝደገፎ ኻባና ኣይከወሎን። ካብቶም ደቂ ኽፍልና፣ እቲ ኹነት ኣብ ምንታይ ከም ዝበጽሐ ኺሓቱዎ ኸለዉ ድማ ብዓል መንግስቱ ኺዕወቱ ኽም ዚኽእሉ ብውዕዉዕ ስምዒትን መንፈስን ኪገልጸልናን፣ ብኡ እንተ ተዛዚሙ ኸኣ ኢትዮጵያ ኽትግስግስ ተስፋ ኽም ዘሎዋ ኼረድኣና ይፍትን ነበረ። እቲ ዕልዋ መንግስቲ ግና ኣይሰመረን። በቶም ዝተረፉ ሓይልታት ሚሊታሪ ተቐባልነት ስለ ዘይረኸበ ፈሺሉ ተባህለ።

ጃንሆይ፣ ሽዑ ኣብ ወጻኢ ሃገር፣ ብራዚል፣ ኣብ ብጽሖት እዮም ነይሮም። ብዛዕባ'ቲ ወዶም ልዑል ኣልጋወራሽ ኢድ ነይሩዎ ዝተባህለ ዕልዋ ብዝሰምዑ ኸኣ ብቕጽበት ብ*"ሪትለስ"* ናብ ሃገሮም ኣቕንዑ። ናብታ ምቕማጦምን መናገሻኦምን ዝኾነት ኣዲስ ኣበባ ግና ኣይነበረን። ንድሕነቶም ተባሂሉ እዩ ይመስለኒ፣ ብእኒ ቢትወደድ ኣስፈሃ ወልደሚካኤል ናይ "ኤርትራ ጠቕላይ ግዛት" ኣመሓዳሪን፣ ቀሺ ዲመጥሮስን፣ ጀነራል ተ'ላ ዕቑቢት ናይ ፖሊስ ኤርትራ ኣዛዚን ተዓጂቦም፣ ካብ መዓርፎ ነፈርቲ ኣስመራ ኽሳዕ ቤተመንግስቶም፣ የማነ ጸጋሙ ብተምሃሮን ብህዝብን ጻትንጻት ዝተኾልኮለ ጐደና፣ ብጣቕዒትን ብኸበሮን ብጭራ-ዋጣን ብእልልታን ብሆታን ኢና

ተቐቢልናዮም። ንምሽቱ፣ ነቲ ዕልዋ ዚኸውንን፣ ንልዑል ኣስፋወሰን ድማ ተገዲዱ ዝገበሮ ደኣ'ምበር ፈትዩ ኸም ዘይኮነ ዚሕብር፣ ቅድሚ ሽዑ ሰሚዕናዮ ዘይንፈልጥ፣ ብኣምሓርኛን ብትግርኛን ብራድዮ ተፈነወ። በዚ ኣጋጣሚ'ዚ፣ እቶም ንጃንሆይ ብቱግቱግ ዝዓጀቡዎም፣ ከምቲ ኻልእ መዓልቲ ናይ ኢትዮጵያ ወተሃደራት ዘይኮኑስ፣ ፖሊስ ኤርትራ ዚዝውሩወን ሞቶር-ሳይክል እየን ነይረን።

ድሕሪ ፍሽለት ናይቲ ዕልዋ፣ መንግስቱን ሓዉን ብኡንብኡ ተሃድኑ። ግርማሜ ኺቕተል ከሎ፣ መንግስቱ ግና ተታሕዘ። ናብ ፍርዲ ቐሪቡ ኸኣ ብማሕነቕቲ ተቐጽዐ። ጋሼ ደምሴ ኣዝዩ ኸም ዝጕሃየ ኺነግረና ኣየድለየን፣ ኣብኡ ኸሎ ኻብ ገጹ ኣንበብናዮ። ጋሼ ደምሴ ሾቦሮ (ኣድማ) ተምሃሮ ኣንጻር መንግስቲ ኢትዮጵያ ኺገብር ከሎ፣ ከምቶም ካልኦት ኢትዮጵያውያን ተጻራሪ ባህሪ ኣርእዩ ኣይፈልጥን። ንኢትዮጵያ ስለ ዝጸልኣ ኣይነበረን፣ እኳ ደኣ ኣዝዩ ይፈትዋ እዩ ነይሩ። ከምዚ ኸነሱ ግና እቲ ተምሃራይ ሓሳባቱ ኺገልጽ ሓርነት ኣሎዎ ዚብል እምነት ዝነበሮ እዩ ዚመስል።

ጋሼ ደምሴ ሕማቕ ኣጋጣሚ ኾይኑ ምሳና ነዊሕ ኣይጸንሐን፣ ሓደ ተርም ኺተርፎ ኸሎ ብሓደ ኣለምሰገድ ዝተባህለ ትግራዋይ ናይ ኣምሓርኛ መምህር ተተክአ። ኣለምሰገድ ጸጕሩ ልምሽ ዝበለ ሓጺር፣ ቍመቱ ነዊሕ፣ መዛርዑ ዋጽኡ ጕበዝ እዩ ነይሩ። ሕብሩ ናብ ቂሕ ዘዘንበለ፣ ሽለላኡ ተሪር ጽቡቕ ክነሱ፣ ብሰንኪ'ቲ ኣብ ልዕሊ ሽፋሽፍቱ ዝነበረ ናይ መውቃዕቲ በሰላ ነቲ መልክዑ ቀኍሩብ ደዊኑዎ ነበረ። ድሕሪ ገለ ዓመታት ከም ዝሰማዕኩዎ፣ ኣለምሰገድን ኣቶ ግርማይ ሓጐስን *(ደንቻ ዩ ምሪ)*፣ ትምህርቶም ወዲኦም ናብ ትግራይ ኪምለሱ ኸለዉ፣ ልዑል መንገሻ ስዩም ባዕሎም ብኣካል ኣብ መገዲ ተጸብዮም እዮመ ብሓውሲ ኸብካብ ዝተቐባሉዎም ይብሃል።

ኣለምሰገድ ጕዳም ዝኾነ ምሁር እዩ ነይሩ። ትግራዋይ ኸነሱ፣ ነታ ቛንቛኡ ልዕሊ እቶም ኣምሓሩ ይጽ'የና፣ ን"ኣማርኛ" ኸኣ ከም ልሳን ናይ ፈጣሪ ይርእያ ነበረ። ኣለም ሰገድ፣ *"ለምን ክላስ ውስጥ 'ትግሬኛ' ተናገርክ!"* እናበለ፣ ንተምሃሮኡ ምሸት ድሕሪ ምፍዳስና ኣብ መካበብያ ዝወደቐ ወረቓውቲ ዜእሪ ህልኸኛ ሰብ እዩ ነይሩ። ስልጣን እንተ ዚውሃቦ ምናልባት'ውን ተምሃሮ ምረሸነ። ኣብ ክላስ ኪምህረና ኸሎ፣ ነቲ ቛንቋ፣ ዋላ'ቲ ሓደ ናይ ቅዱሳን ልሳን፣ በለላ ብዜብሉ ቓና፣ ኮታስ ኣምሓርሒርና ኸንድምጸሉ ዘይገብሮን ዘይኮኖን፣ ዘይሰ'ርሖን ዘ'ይፍንጥሖን ኣይነበረን። ዜማ ብዝተደባለቐ ኣንደበት ድማ፤

"እስቲ 'ነው!' በሉ፣" ይብለና'ሞ፣ ንሕና ድማ እቲ ትግርኛ ስለ ዝደረኸና፣ *"ኖው!"* ንብል።

"ኣይይይ... እንደሱ ኣይደለም።... እስቲ እንደዚህ፣ 'ነው' በሉ።"

"ኖው!"

"ኣደደደደደደደደደ… ኣሁንም እንደሱ ኣይደለም፣" ድሕሪ ምባል፣ ገጹ ናብ ወይዘሪት ኢትዮጵያ ቐለታ ጠውዩ፣ ብምዉቕን ዕዙምን ፍሽኽታ፤

"እስቲ ኢትዮጵያ፣ እባክሽ… 'ነው' በይ።"

"ነው!"

ኢትዮጵያ ቐለታ ኤርትራዊት እያ፣ ኣምሓርኛ ድማ ኣጽርያ ትዛረብ ነበረት። ብጀካኡ'ውን፣ ንሳ ደኣ ኣየስተብሃለትሉን እምበር፣ ኣለምሰገድ ልቡን ቀልቡን በቲ ሽገ መልክዓ ሽም ዝተሰልበስ፣ ብፍላይ ነቶም ብኣ ዝመጸ ቐ'ንኣት ዝነበርና ኣወዳት ኣይተኸወለናን።

"እስቲ እባክሽ ድገሚው… 'ነው!' በይ።"

"ነው!"

"ሰማችሁ! ኣማርኛ ማለት ይህ ነው። እስቲ ኣሁን ሁላችሁ 'ነው!' በሉ።"

"ኖው!"

ኣለም ሰገድ ሕርር ኩምትር… .

ዜገርም'ዩ! መሓልፎ ጋሼ ደምሴ ኣምሓራይ ክነሱ፣ ዋላ ትግርኛ ሓዊስናሉ ዘይዓጀቦ፣ እዚ ሓውና ዝበልናዮ ሰብ'ዚ፣ ካብ ጳጳስ ንላዕሊ ኾተሊኽ እየ ዚብል እዩ ኣጋጢሙና።

ፈረንሳይኛ ሽምታ ዝሓለፈት ዓመት ወይዘሮ ደመርስ እያ ምሂራትና። ኣብዚ ግዜ'ዚ ግና ንሕና ንኣ ኣጋይሽ ኣይነበርናን። ካብቶም ኣብቲ ክላስ ዝነበርና ገለና ብሰ'ራ ንኻልኣይ ዓመት ኣብ ታሽዓይ ክፍሊ ነንፈቱ ሽም ዝነበርና'ውን ኣይተዘንግዐን። ንሳን ሚስተር ዜንተክን፣ ብልሕን መጕረብን ኮይኖም ንብዙሓት ካባና ስለ ዘሳቐዩ፣ ደሓን እተዉ ዚብሎም ተምሃራይ ኣይነበረን። ኣብ ልዕል'ዚ፣ ገለ ኻብቶም መማህርትና ሽም ብዓል ጸሃየ ወዲ ደቀምሓረን ጳውሎስ ሓጐስን ዝኣመ'ሰሉ፣ ዳርጋ ሽም ሓንቲ ቈልዓ እዮም ዚርእዩዋ ነይሮም። በዚ ምኽንያት'ዚ፣ ሓሓሊፉ፣ እቲ ናይ ትምህርቲ ሃዋህው ምርባሹ ኣይተረፈን።

ሓደ ንግሆ ወይዘሮ ደመርስ ቈለኣ ተበሪህዋ ናብቲ ኽፍልና ብዝኣተወት፤ "ካብ ሎሚ ንደሓር፣ ኣብ ናተይ ክፍለ-ግዜ ፍረንሳይኛ ስለ እትምሃሩ፣ ምስቲ ሃዋህው ምእንቲ ኺሳነ ናይ ፈረንሳውያን ሽም ከጠምቐኩም'የ፣" በለትና።

ገሪሙናን ተደናጊሩናን ዓይንዓይና ጠመትናያ።

"ንስኻ፣ መን ኢኻ ሽምካ! " ሓተተቶ ንገብረታትዮስ።

"ገብረታትዮስ።"

"ካብ ሎሚ ንደሓር ኣብ ክላሰይ *'ፍረደሪክ'* እዩ ሽምካ። ንስኺ ኸ! " ሓተተታ ንፍረወይኒ ገብረስላሰ።

"ፍረወይኒ።"
"ካብ ሎሚ ንደሓር ኣብ ክላሰይ *'ኢትየን'* እዩ ሽምኪ! ንስኻኸ፧ "
"ተኪኤ"
"ካብ ሎሚ ንደሓር *'ሉዊ'* ኢኻ ትብሃል።"
"ንስኻ *ናፖለዮ!*" ኣጠመቐቶ ንሓደ ኻልእ።
"ካርካርካር!"
Don't laugh, I am warning you!!!..."
ኣጽቀጥ።
ንስኻ *'ፍራንሰዋ'*፣ ንስኺ *'ዣክሊን'*፣ ንስኻ *'ጋስፓር'*፣ ንስኺ *'ማድሌን'*፣ ንስኻ *'ፒየር'*፣ ንስኺ *'ዣኔት'*፣ እናበለት ንዅላትና ብዘይ ቀሽን ኣብ-ነብስንን፣ ብዘይ ኣባልገን እማልገን ሽም ናይ ደቂ ዓዳ ኣጠመቐትና። ሽመይ ምስ ሰማዕኩ ብቐጽበት ናብ ኣእምሮይ ዝመጸ፣ መምህር ገብርኣብ ጋሮይ፣ ኣብ ገዛ ሽኒሻ ብዛዕባ ሰውራ ፈረንሳ ኣብ ዝመሃረና ግዜ እዩ። ሰይቲ ደመርስ 'ሉዊ' ኢላ ዘጠመቐትንስ፣ ካበየናት *ሉዊሳት* ማለታ እዩ ነይሩ፧ *ሉዊ* መበል ፲፭ ዶ፣ ወይስ ሓደ ኻብቶም ካልኦት *ሉዊሳት* ለውሳሳት፧
ሓደሓደ እዋን፣ ማዳም ደመርስ ኣብ እትምህረሉ ግዜ ንዝኾነ ተምሃራይ ብሕቶ ንምውጣር፤
"ጋስፓር!" ኢላ ትጽውዕ።
ስቕ።
"ጋስፓር!"
ስቕ።
"I am warning you... . Gaspar!..."
"... ሰሪ ማዳም... " ይብል፣ እቲ በዚ ሓድሽ ሽም'ዚ ኽም ዝተጠምቀ ዝዘንግዐ ተምሃራይ ብብህራረ ብምብርባር። ከመይሲ፣ ኰደብ ኰደብ እናበለት ናብ ቤት ጽሕፈት ሰብኣያ እንተ ደኣ ኸይዳ መዘዙ ነዊሕ ኪኸውን'ዩ።

ከምቲ ኣቐዲመ ዘተንባህኩዎ፣ ስእሊ ሽም "ሆቢ" ኽፈታትን ካብ ዝጀምር ሓያሎ እዋን ኮይኑኒ ነበረ። ኣብ ቀ.ኃ.ሥ ብጆካይ ስእሊ ዚፍትኑ ኻልኦት ተምሃሮ'ውን ነይሮም። ክልተ ኻብኣቶም፣ ኣብርሃም ሳህለን ሓዉ ኣማኑኤልን፣ ኣብ ገዛ ሽኒሻ መማህርተይን መተዓብይተይን ዝነበሩ እዮም። ብጆካኣቶም ግና ኻልእ እቶም ተምሃሮ ኣዝዮም ዜድንቕዎ ክፍላይ ጐነጽ ዝተባህለ፣ ኣውራ ድማ ብሕብሪ ማይ ካባና ዝያዳ ምኩር ቀባኣይ ነይሩ።
ኣብዚ ዚዝንተወሉ ዘሎ ዓመት፣ ዜንተክ ሓደ ናይ "ኣርት ክላብ" ኬቕውም ከም ዝመደበን፣ ናብኡ ኺጽንበር ዚደሊ ተምሃራይ እንተሎ ድማ ኪምዝገብን ኣብቲ ናይ ምልክታ ሰሌዳ ተጠ'ቀዐ። እቲ ዜገርም፣ ኣርባዕተና ጥራይ ኢና ናብ ዘንተክ ቀሪብና። ዘንተክ ክእለትና ምእንቲ ኺግምግም፣ ዘዳለናዮ ስራሕ

እንተሎ ናብኡ ኸነምጽኦ ጠየቐና። ነቲ ስራሓትና ምስ ረአዮ ኣዝዩ ነኣደና። ገዝኡ ጥቓ ባር ኦርየንተ ኣብ ዚርከብ ደርቢ እዩ ነይሩ። ሓደ ድሕሪ ቐትሪ፣ ካብ ትምህርቲ ምስ ወጻእና በታ ፍያት ማኪናኡ ናብኡ ሒዙና ኸደ።

ኣብቲ መናድቕ ናይ ክፍልታቱ፣ ብሕብሪ ማይን ብቕብኣ ዘይትን ዝተዳለወ፣ ኣብ በበይኑ ሸነኽ ኤርትራ ናይ ዚርከብ እምባታትን፣ ስንጭሮታትን፣ ንኣሽቱ ናይ ገጠር ቐላያትን ራህያታትን ትዕይንትታት ዘሎዎ ስእልታት ተመ'ቂኑ ተሰቒሉ ነበረ። ንኡ ብዝረኣኹ፣ ንሓያሎ ደቓይቕ ዳርጋ ተዓዚመ ተረፍኩ። ብፍላይ ሓደ ብሕብሪ ማይ ዝተዳለወ፣ ነቲ ቕድሚ ሽዑ ኣብ ከባቢ ዓርበረቡዕን ድርፎን ዝረኣኹዎ ዚመስል፣ ብማእከሉ ግመ ዚንፈሓኹሉ ናይ ኣኽራን ትዕይንተ-መሬት፣ ብኢድ ዝተሰርሐ ምኻኑ ምእማኑ ኣጸገመኒ። ኣብቲ ቕብኣታቱ፣ ካሜራ ኽትርእዮን ክትምዝግቦን ዘይትኽእል ቅሻረት ህይወት ነበሮ።

ነዚ ርኢና ብዘደንቐና፣ ዘንተክ ኣብቲ ዚመጽእ ሰሙን ምስኡ ናብ ግዳም ወጺእና ሓድሓደ ኣፋፍኖት ናይ ኣሰኣእላን ኣ'ቀባብኣን ምእንቲ ኼርእየና መዓልቲ ፈለየልና። እታ ዕለት ረቡዕ ከም ዝነበረት ኣዐርየ እዝክር።

ኣብታ ዝሰዓበት ሰሙን፣ ዘንተክ በታ ማኪናኡ ንሰለስተና ናብ ቤት ግዮርጊስ ሒዙና ኸደ። ብሕብሪ ማይ ከመይ ጌርካ ኽም ዚስኣል ድማ ንመጀመርታ ግዜ ተመሃርኩ። ዘንተክ እቲ ናይ መስኣሊ መሳርያ ከም ዜብልና ምስ ፈለጠ፣ ነታ ሕብሪ ማይ ዝሓዘት ኣስቃጥላን ፒኔሎታታን ክንጥቀመላ ንኣይን ንኣብርሃንምን ንኣማኑኤልን ሃበና። ክፍላይ ጕነጽ ግና ብዛዕባ'ዚ መድዩም'ዚ ኣቐዲሙ ሌላ ስለ ዝነበሮ ኣይተቓጸጸናን።

መርመራ በብቑሩብ እናኣተወ ኸደ። ሚሲዝ ደመርስ ኣብ እዋን ክ'ለሳ፣ ሓደ ኣጋ ምሸት፣ ነቲ ናይ ፈረንሳይኛ ረባሕታ ሓጋዚ-ግሲ ብትኽክል ምእንቲ ኽነድምጾ ንኹላትና ባዕላ እናኣተንብሀት ብሓባር ተድግመና ነበረት። ነቲ ረባሕታ ኵላትና ብሓባር ደድሕረኣ ኣብ እንደግመሉ ዝነበርና ግዜ፣ ገለ ኻብቶም ረበሽቲ መማህርትና ኽምኒ ብዓል ጸሃየ ወዲ ደቀምሓረ፣ ብደይመደይ ኣበላሽዮም ስለ ዘድመጽዎ፣ ማዳም ኣዝያ ኹርያ ኽትጠርዕ እናኹደብደበት ናብቲ ቤት ጽሕፈት ሰብኣያ ኸደት። ሚስተር ደመርስ፣ ዋላ'ቲ ሓደ ቐጃዊቱ ዝተደፍረቶ ዀኩናይ፣ ሽፋሽፍቱ ብልሒ ኹናት ኪመስል ክሳዕ ዚላገብ ተጸዊጉ ናብ ክፍልና ኣተወ። ኣብቲ ክላስ ዝረበሸ መነመን ከም ዝኾኑ ኽንናሳሕ እናጕረረ ሓተተና። ኵላትና ብዘጽቀጥና፣ ኣብ ውሽጢ ሓደ ሰሙን መርመራ ቕድሚ ምእታዉ ወለድና እንተ ዘይጸዊዕና ኻብ ትምህርቲ ኽም እንስጐጕ ኣሰምዓልና። እቲ መሰማዕታ ደመርስ ባዕሉ ዝበሎ ስለ ዝኾነ ፈራህኩ፣ ነቦይ ከመይ ገይረ ኽም ዘርድኦ ሓርበተኒ። ካብ ምድጋም ሓሊፈ ሕጂ ኸኣ ተሰጒጎ ኽብሎ ኣዝዩ ኸበደኒ። እቶም ሰብ ዘሎዎም ካብ

ኤርትራ ናብ ሸዋ ኸይዶም ትምህርቶም ኪቕጽሉ ይኽእሉ'ዮም፣ ኣነ ግና ናበይ ከኸይድ ምኸኣልኩ፤ ስለዚ፣ ሓቀይ እየ ኸፈርህ።

እዝጊ ኺገብር፣ እቲ ወለድና ኽነምጽእ ብደመርስ ዝተወሰነ ገደብ-እዋን ከም ዝተረፈ፣ ኣብ ክንድኡ ግና ካብቲ ኽፍሊ ዚስጐት ተምሃሮ ከም ዚህልዉ ብዘይ ወግዒ ተነግረና።

ከምቲ ንቡር፣ ናይ ቀዳማይ ተርም መርመራ ኣብቲ ምዱብ መዓልቲ ተዋህበ። ከምቲ ንነብሰይ መብጽዓ ዝኣተኹላ፣ ብዚከኣለኒ ኣጽኒዐ ስለ ዝነበርኩ፣ ከም ዝሓልፍ ተስፋ ገበርኩ። እቲ መርመራ ተኣሪሙን ተገምጊሙን ተወዲኡ ብዝተባህለ፣ ኣብቲ ውጽኢቱ ኣብ ዚንገረሉ መዓልቲ እቶም ንማዳም ደመርስ ዘኾረዩን ነቲ ክላሳ ዝረበሹን ንጸለማኦም ከም ዚስጐት ኣብ መላእ እታ ቤት ትምህርቲ ደስ ዘይብል ወረ ኺናፈስ ቀ'ነየ።

ሓደ ኣጋ ምሸት፣ ካብ ክፍሊ ቀ'ቅድሚ ምፍናውና፣ ደመርስ ብሃንደበት ናብቲ ኽፍልና በርደግ በለ። ሽዑ ዚከታተለና ዝነበረ መምህር ኣይዝከረንን፣ ብዝረኣናዮ ግና ዅላትና ብራዕዲ ከካብ መንበርና ብድድ በልና። ኣብ ኢዱ ሓደ ጽፍጻፍ ፓጀላ ሒዙ ነበረ። ኮፍ ክንብል ድሕሪ ምንጋር ድማ፣ ገለ ኻባታትና ኣብ ትምህርቲ ብዘምጻእናዮ ኣዕጋቢ ዘይኮነ ውጽኢትን ኣብ ክላስ ብዘርኣናዮ ስድነትን፣ ካብቲ ቤት ትምህርቲ ኸም እንስጐ ብዜርዕድ ቃና ኣርድኣና። ከምዚ ድሕሪ ምባል ካብቲ ጽፍጻፍ ፓጀላ፣ ነታ ኣብ ላዕሊ ዝነበርት ፈልዩ ብእንግሊዝኛ፤

" ተኪኤ ተስፋይ! " በለ ወተሃደራዊ ትእዛዝ ብዚጥዕም ቃና።

ብራዕዲ ዚኣክል ኣብራኸይ ኺጠልመኒ ተፈለጠኒ።

"ተሰጒጐ ማለት ድዩ፤ " በልኩ ብልበይ ዳርጋ እናንጸራረወኒ።

" ብሉጽ ስራሕ፣...ቀዳማይ! " በለ ብቕጽበት ኣከታቲሉ፣ ንኣይ ዝያዳ ብዘደናግረ ኣንደበት።

ገሪሙንን ደንጺዩንን ክነስይ፣ ከይተፈለጠኒ ናብኡ ቐሪበ ነታ ዊጥ ዘበለለይ ፓጀላ ተቐበልኩዎ።

"ግብረታትዮስ ወልደማርጊስ... ንኡድ ስራሕ...ካልኣይ!"

ፍረወይኒ ገብረስላሰ...ንኡድ ስራሕ... .ሳልሰይቲ!

ኣብዚ ግዜ'ዚ፣ ከም ዘይስጐጕ ኣዐርየ ስለ ዘረጋገጽኩ፣ ነቲ ንእሽቶ ረጒድ ዕጻፍ ሃሳስ ቀጠልያ ፓጃላይ ብሰላሕታ ቀሊዐ ነቲ ነጥብታተይ ረኣኹዎ። እቲ ቐዳማይ ዚብል ውጽኢተይ ብዓይነይ ርእየ ኣጣለልኩ። እቲ ቕድሚ ሒደት ኣዋርሕ ብኣሽሙር "ኣድጊ" ዝበለኒ ኮፍ መባህልተይ፣ ድቦላ ኸይኑዎ ግዲ ኸይኑስ፣ "እንቋዕ ደስ በለካ፣" እኳ ኣይበለንን።

ኣብታ መዓልቲ እቲኣ፣ ካብታ ኽፍልና ኣርባዕተ ተምሃሮ ንጸለማኦም ተሰ'ጉ።

ሙዚቃን ፖለቲካን

ኣብቲ ዓመት'ቲ፣ ሓደ ጥላሁን ገሰሰ (ጥሉሁን ጎሶሰው) ዝተባህለን ሓንቲ ብዙነሽ በቀለ ዝተባህለትን ደረፍቲ ዚርከቡዎም ጉጅለ ስነ-ጥበበኛታት፣ ካብ ኣዲስ ኣበባ ብኣካል ናብ ኣስመራ መጺኣም፣ ምርኢቶም ኣብ መደበር ቃኘው ብዝነበረ ናይ ተለቪዥን ስቱድዮ ናብ ህዝቢ ኣስመራ ኣቕረቡ። ዕለቱን ወርሓቱን ብትኽክል ኣይዝክረንን።

እንግዲህ በሉ፣
ተደሰቱ፣
ሙዚቃ ምልኋል፣
ቢያይነቱ፣
ይህ ነው ለሰው ልጅ
መድሃኒቱ።
ፖራራ ፖራራ...
ፖራ ፖራ ፖራራ

እናበሉ ርእሶም እናቐንቀኑ ዜንጕርጕሩን፣ ነቲ ምርኢት ዜድንቑን ተምሃሮ ድማ በርከቱ። ርግጽ'ዩ፣ ነቲ ምርኢት ዝተኸታተሉ ተቐማጦ ኣስመራ ኣዝዮም ውሑዳት እዮም ነይሮም፣ ኣረ'ውን፣ ዳርጋ ኣይነበሩን ኪበሃል ምተኻእለ። ከመይሲ፣ ኣብቲ ግዜ'ቲ ኣብ ገዝኡ ተለቪዥን ዚውንን ወዲ ሃገር ዳርጋ ኣይነበረን። ኣንኳይዶ ተለቪዥንስ፣ ራድዮ'ኳ ንጋዳ እዩ ነይሩ። እቶም ዚውንኑ እንተኾኑ'ውን ሰብ ትካል እዮም ነይሮም። እቶም ነቶም ህቡባት ደረፍቲ ኺርእይዎም ዕድል ዝረኸቡ ተምሃሮ እምበኣር፣ ኣብዘን ትካላት እዚኣተን ምስ ብዙሓት ከምኣቶም እናተጸቓቐጡን እናተደፋፍኡን እዮም ተዓዚቦሙዎ። ኣነ ንባዕለይ፣ ብዓል ብርሃነ ኪዳነ (ቻርለስ) ኬውርዩ ጥራይ እየ ሰሚዐ።

ምስ'ዚ ማዕረ ማዕረ፣ ኣብዚ ዓመት'ዚ ንዕብለላን ጭቆናን መንግስቲ ኢትዮጵያ ኣብ ልዕሊ ኤርትራውያን ዚቃወም ኣድማ ተኸስተ።

ሓደ ድሕሪ ቐትሪ፣ "ሾቦሮ" ተባሂሉ፣ ገለ ተምሃሮ በብሓደ እናዞሩ ናብ ውሽጥ'ቲ ዓቢ ህንጻ ኺይንእቱ ስለ ዘጠንቀቑና፣ እቲ መስርዕ ካብ ምንቕናቕ ሓንገደ። ብኡንብኡ፣ ሓደ ጭፍራ ፖሊስ ኤርትራ ደበኽ በለ። እቶም ወተሃደራት ፖሊስ ብዙርያና ኸቢቦም ነናብ ክፍልና ኽነምርሕ ብዝኣዘዙና፣ ኣመንቲ መሰኻኽር የሆዋን ሒደት ነቲ ሾቦሮ ዘይኣመኑሉን ጥራይ ነቲ ምሕጽንታ ናይቶም ኣድመኛታት ብምንጻግ ናብቲ ዓብዪ ህንጻ ኣተዉ። ኣነኳ

ናይ ምእማንን ዘይምእማንን ጉዳይ ዘይኮነስ፣ ምስቶም ዝበዝሑ መማህርተይ ንዝኾነ ይኹን እንተ ሰመርኩ ኸም ዚሓይሽ ብምምራጽ እየ ዘይኣተኹ። ኣብ ልዕል'ዚ፣ ሓደሓደ ግዜ ኻብ ትምህርቲ ምብኳር ንባዕሉ ዕረፍቲ እዩ ነይሩ። ድሕሪ ብዙሕ ታዕታዕ፣ እቶም ወተሃደራት ፖሊስ ትዕግስቶም ስለ ዝተጻንቀቐ፣ በቲ ዝሓዙዎ ዱላ 'ዓይንይብለይ ስንይብለይ' ኪድጕድጉና ጀመሩ። እቲ ነገር ኣጋውሉ ስለ ዘይተበርሃኒ እግረይ ኣውጽእኒ ኢለ፣ ነቶም ብቕድመይ ዘዝጻንሑኒ ሰብ ዱላ ፖሊስ እናሽካዕኩ ኻብቲ ቐጽሪ ተመሽኲተ ወጻእኩ።

እቶም ወተሃደራት ፖሊስ ኪዕንጅሉ ዜገርም'ዩ። ሓደ ኻብኣቶም ንኣብነት፣ ከሽክዖ ድንን ብዝበልኩ፣ እቲ ሽውታ ዱላኡ ኣብ ገጸይ ክሳዕ ዚፍለጠኒ እዩ ንስክላ ርእሰይ ዝሰሓተኒ። እንተ ዚረኽበኒ ብርግጽ ናላይ መንሃለኒ። ብዓንተቦኡስ፣ ካብ ሓደ እንግሊዛውያን ዲቪዛ ፖሊስ ኣውድዮም ዱላ ዘዕጠቑዎ ዓኺይ እንታይ ይ'ጸበ፤ ኣረ ደሓርስ፣ እቲ ሾቦሮ ሓሊፉ ናብ ሕካያ ምስ ተሰጋገረ ኸም ዝሰማዕኩዎ፣ ሓደ ኻብቶም ወተሃደራት ፖሊስ ንሓደ ተምሃራይ በቲ ዱላኦም ኪድጕድጉዎ ኸለዉ፣ ዓይንዓይኖም እናረኣየ፤"...ኣቱም ኣቦይ ሰርጌንተ... ረሲዕኩምኒ ዲኹም፤... ወዲ እገለ ጐረቤትኩም እኳ'የ፣..." ኢሉ እናተመሻኸነ እንተ ለመኖም፤

"ኣታ ቈልዓ! ... እስከ ኣዕይየና!... " እናበሉ ድጕደኋኦም ደኣ ቐጸሉ።

ንጽባሒቱ፣ ትምህርቲ ኸም ቀደሙ ብስሩዕን ብህድኣትን ቀጸለ።

ሽሕ'ኳ ኣብ ካልኣይ ደረጃ ትምህርቲ ኻብ ዝጅምር ምሉእ ግዜይ ኣብ ዕዮ ቤትን ሽምደዳን እንተ ተጸመድኩ፣ ካብ ካልእ ንጥፈት ኣይተገለልኩን። ምስ ኣማኑኤልን ኣብርሃምን ፍልጠትና እናዓመቈ ኸደ። እቲ ገዝኦም መውዓልየይ ስለ ዝነበረ፣ ዳርጋ እንዳ ስድራይ ኮይኑ ኪስምዓኒ ጀመረ። እቶም ወለዶምን መቕርቦምን ሕያዎት እዮም ነይሮም፣ ዳርጋ ምስ ዅላቶም ድማ ሌላ ነበረኒ። ,ሓደሓደ ግዜ ብዓል ኪሽውን ከሎ ብሓንሳእ ንዛወር፣ ናብ እንዳ-ሻሂ ኣቲና፣ ሻሂ፣ ከርከደ ወይ ካካው ኣዚዝና ደርፊ ናይ ብዓል *ኣልቪስ ፕረስሊ፣ ቻክ ቤሪ፣ ሊትል ሪቻርድ (ቱቲ ፍሩቲ)፣ ፋትስ ዳምኖ፣ ዘ ኤቨርሊ ብራዘርስ፣ ናት ኪንግ ኮል፣ ሃሪ ቤላፎንተ* ዝኣመሰሉ ህቡባት ደረፍቲ ንሰምዕ ነበርና። ኣብ ገዝኦም ራድዮ ስለ ዝነበረቶም፣ ካብ ቃኘው ዝተፈነወ ዘይምኖን ዜተዝትትን ደርፍታት ንሰምዕን ነስተማቕሮን ነበርና። ስለዚ፣ ዳርጋ ኣሕዋተይ ኮይኖም እዮም ዚስምዑኒ ነይሮም። ልዕሊ ዅሉ መኸሰበይ ዝብሎ ግና እቲ ኣብዞም ኣሕዋት እዚኣቶም ዝነበረ ናጻ ኣተሓሳስባ እዩ። ንሓደ ነገር ብሽም ሰብ ገበሮ ኢሎም ዘይጽንበሩዎ፣ እንተ ደኣ ኣሚኖሞሉ ድማ ሰብ ዝበለ ይበል ካብ ምቕባሉን ምርዓሙን ድሕር ዘይብሉ እዮም ነይሮም።

እቲ ዕለት ብንጹር እንተ ዘይዘከርኩዎ'ኳ፣ ኣብ 1961 ይመስለኒ፣ ብዓል ናይ ክርስትያን ኣብ ዝነበረሉ ዕለት፣ ምስ ክልቲኦም ኣሕዋትን ሓደ ሕጂ ኣዐርየ ዘይዝክሮ ራብዓይናን፣ ኣብ ማእከል ከተማ እናተዛወርና ኸለና፣ ኣብ ትሕቲ እቲ ዓብዪ መስጊድ፣ ቀደም ብዘበን ጥልያን ኰርሶ ደል ረ፣ ኣብዚ ዚዝንተወሉ ዘሎ ዘበነ ሃይለ ስላሰ ድማ ጐደና እተጌ መነን ዝተባህለ ወሰን ጽርግያ ናብ ዝነበረ ሓደ ቤት-ምግቢ መሪሖሙና ኣተዉ። ለከስ እቲ ቤት-ምግቢ ናይ ኣስላም እዩ ነይሩ። እዚ ጸሓፊ እዚ፣ ኣብ ቤት-ምግቢ ኣስላም ኪኣቱ ንመጀመርታ ግዜኡ ስለ ዝነበረ፣ ስድራኡ ድማ ጽኑዓት ተዋህዶ ስለ ዝኾኑ፣ ብመንጽር እቲ ዝዓበየሉ እምነት በዚ ሃንደበት ስጕምቲ ኺይሰንበደ ኣይተረፈን። ናይ ስነ-ኣእምሮ ጕዳይ ስለ ዝኾነ ኼስገድግዶ ግድን እዩ ነይሩ። በቶም ዝተረፉ ብጫቱ ኺይከዓብ ስለ ዝፈርሀ ግና፣ ነቲ ዚስዕብ ትዕይንቲ ብትዕግስቲ ኺጽበ መረጸ። ሓደ መዓመምያ ዝገበሩ፣ ብዕድመ ዕብይ ዝበሉ ሰብኣይ፣ ናይቲ ቤት ምግቢ ኣሳሳዪ፣ እንተስ ብወጅህና እንተስ በዘራርባና ኣለልዮሙና ግዲ ኾይኖምስ፤

"እዞም ደቀይ፣ ተጋጊኹም ደኣ ኺይትኾኑ!" በሉና ኣብ ዙርያ ሓደ መመገቢ ሰደቓ ብዝተቐመጥና። እቲ እንኣትዎ ዝነበርና ቤት ምግቢ ናይ ኣስላም ምኻኑ ኽነስተብህል ደልዮም እዮም።

ኣብርሃምን ኣማንኤልን ግና ፈሊጥናን ኣስተውዒልናን ከም ዝኣቶና ነጊሮም፣ ነቶም ኣዕሩኽቶም ዝኾንና ተወኪሶም ጸብሒ ደርሆ ኺመጸልና ብትሕትና ኣዘዙ። እቲ ጸብሒ ደርሆ፣ ሓሓደ ሜላን እንቋቝሖን ዘሎዎ፣ ምስ ጣይታኡ ነንሓደና ተቐረበ።

እቲ ጸብሒ ብጣይታ ተቛስዩ ብእንቋቝሖ ተሰንዩ ተሰኺለለ፣ እቲ ሜላታት፣ መልሓጩ፣ ሰለፉ፣ ፈረሰኛኡ፣ እግሩ፣ ከከም ዝተዓደሎ፣ በቶም ተኣንገድቲ ተጋህጸን ተጐልመጸን። ወይ ጕዳይ ስነ ኣእምሮ ድማ ብኡ ኣቢሉ ተረስዐ። እዚ ጸሓፍ'ዚ'ውን ነቲ ሽሻይ ኣይገደፎን። እቶም ዘሳሰዩና ኣቦ፣ ኣብቲ እዋን'ቲ ብኣግርሞት ግና ብሕጉስ ወጅሂ፣ ጸጸኒሖም ዜድሊ ዘበለ መስተንግዶ እናቐ'ረቡ፣ ክሳዕ እንዛዝም ተመልከቱና። ክንወጽእ ከሎና ድማ ካልእ መዓልቲ እንተ መጺእና ብዝበለጸ ኽም ዜሳስዩና ተመባጺዖም፣ ኣመስጊኖምን ንኢዶምን ኣፋነዉና።

እዚ ተርእዮ'ዚ፣ ነዞም ናይ ሕጂ ወለዶ ምናልባት ዘየገርም ወይ'ውን ዜስሕቕ ኪኸውን ይኽእል። ኣብቲ እዋን እቲ ግና ትብዓትን ሰፊሕ ኣረኣእያን ዚሓትት እዩ ነይሩ። ኣንኳይዶ ሽዑስ፣ ሕጂ ኺይተረፈ፣ እቲ ኽስተት ኣብ ሃገርና ስለ ዘሎስ፣ ቀሊል ከም ዘይነበረ ንምግንዛቡ ኣየጸግምን።

ከምቲ ኣብቲ ዝሓለፈ ናይ 1960 ዓመት ዝተገብረ፣ ኣብ 1961 እውን

ኣብ መንጎ ኣብ መላእ ኢትዮጵያ ዚርከባ ናይ ካልኣይ ደረጃ ኣብያተ ትምህርቲ ናይ መደረ ውድድር ብእንግሊዝኛ ተሰላሰለ። እቲ ኣርእስቲ ኣይዝከረንን። ንቤት ትምህርትና ወኪሉ ዝኸደ ሓደ ኣለምሰገድ ተስፋይ ዝተባህለ ተምሃራይ ዓሰርተው ሓደ ኽፍሊ እዩ ነይሩ። ሽሕኳ ኣብ ክእለትን ብቕዓትን ኣለምሰገድ እንተ ዘይተጠራጠርና፣ ኣብዚ ግዜ'ዚ ግና እቲ ነታ ዋንጫ ንሓላልና ኽንገብሮ ዝነበረ ባህግና ኣይሰመረን። እቲ ዓመታዊ ስፖርታዊ ውድድር'ውን ብድሙቕ ንጥፈታት ከም ዝተሰላሰለን ሚስተር ደመርስ ድማ ብፍላይ ነቲ ናይ ሃገር ኣቋራጭ ጉያ ብሓንቲ ናይ ተንቀሳቓሲ ፊልም ንእሽቶ ኻመራኡ ተኩሱ ከም ዝመዝገቦን ጸኒሑ ኣብቲ ኦዲቶርዩም ከም ዘርኣየናን ኣዐርየ እዝክር።

እታ ዓመት ብደሓን ሰላም ተዛዘመት። ውጽኢተይ ተመሓይሹ ናብ ዓስራይ ክፍሊ ኸም ዝተሳገርኩ ዚምስክር ፓጀላ ድማ ተቐበልኩ። ኣቦይ ባህሪኡ ስለ ዝኾነ ኣብ ገጹ ኣየርኣየንን ደኣ'ምበር ኣዝዩ ተሓጉሰ። "ሰኣን ከምዚ ምጽናዕ ኢኻ ዝደገምካ፤ " ጥራይ በለኒ።

ክረምቲ፣ ካብቲ ቕድሚኡ ዝነበረ ፍልይ ብዝበለ፣ ብብዝሒ ስእሊ ብቻርኮልን ብሕብሪ ማይን ኣብ ምንዳፍን ምቕባእን ኣሕለፍኩዎ። ንወለደይ፣ ብፍላይ ነደይ ገለ ሓገዝ እንተ ኾና ኢለ፣ ሽም ናይ ትካላት ኣብ መንደቕን ኣብ ቨትሪናን ክጽሕፍ ዝፈተንኩሉ ዓመት'ውን እዩ ነይሩ። ሓደ ዚውከኣኒ ነገር ግና፣ ኣብቲ ዓመት'ቲ፣ ብዙሓት ጠላይንን ሓነፍጽን፣ እንተላይ ሰርጅዮን ሉቺያኖን ደቂ በሊኒ መንግስቶም ብዝገበረሎም ጻውዒት፣ ካብ ኣስመራን ካልእ ቦታን ናብ ባጽዕ እናወረዱ፣ ኣብ ባቡር ቀላይ ተተሳፊሮም ናብ ሃገሮም ብብዝሒ ዝኸዱሉ ነበረ።

ገለ ኻብቶም ናይ መንትግ መተዓብይተይ ጣልያንን ሓነፍጽን ደጊም ስለ ዝጐበዙ፣ ምሳና ምቕራብ ካብ ዜቋርጹ ሓያሎ እዋን ኮይኑዎም ነበረ። መብዛሕትኡ ናይ መዛንዪ እዋናዎም ኣብ ከባቢ ቺነማ ኢምፐሮ፣ ኣብቲ ጥቓ ባር ኮይኖም፣ ከምቶም ቅድሚኦም ዝነበሩ ኣያታቶም ንዝሓለፈት ጐርዞ ጥልያን ጸጕራን፣ ዳናጉኣን፣ መሸከላን እናድነቑ ኬሽኰርምሙ ኻብ ዚጅምሩ ጸኒሖም እዮም። ብኣጋጣሚ ምስ ዚርእዩና፣ ከምዛ ምሳና ዘይተጻወቱን ዘይተሳሓቑን ዘይተባኸዩን፣ ርእሶም ናብ ካልእ ኣንፈት የዙሩ ነበሩ። እዚ ድማ ኻብቲ ፋሺስታዊ ባህሪ ናይቶም ኣቦታቶም ዝወረሱዎ ነበረ። ንሕና'ውን ካብኡ ኣይሕለፍ ኢልና ከም ዘይንፈልጦም ንኸ'ቶም ነበርና። እዚኣቶም፣ ኣምላኽ ይመስገን፣ ኵላቶም በብሓደ ንዓዶም ተዓዝሩ። ሰርጅዮን ሉቺያኖን ነስመራ ናፊቕናያ ኢሎም ንኣስታት ሓደ ወርሒ ዚኸውን ካብ ኢጣልያ ናብዚ መጺኦም ነይሮም። እቲ ዜገርም፣ ምስቶም ኣብ "ቦቴጎ" መማህርቶም ዝነበሩ ገና ካብ ኤርትራ ዘይለቐቑ ደቂ ሃገሮም ጥራይ እዮም ዳግም ተራኺቦም

ዝተመልሱ። ምስ ሰርጅዮ ኣብቲ ጥቓ ሕጂ ቤት-ስራሕ ናይ ተለኮሙኒከሽን ዘሎዎ ጐፍንጐፍ ተራኺብናስ ርእዩኒ ኸነሱ፣ ክሳዱ ናብ ካልእ ስለ ዝጠወየ ኣነ'ውን ከም ዘይፈልጦ ረጊጸዮ መገደይ ቀጸልኩ።

ብዙሓት ኤርትራውያን፣ እታ *ኣዝማሪና ኣዝማሪና* እትብል ደርፎም ንሓንቲ ሓበሻ ጓል ኣስመራ ዝተደርፈ ዚመስሎም፣ በዚ ድማ ዚሕበኑን የውሃት ኣለዉ። ባህሪ ናይ ፋሽሽቲ ስለ ዘይፈለጡዎ እዩ። እቲ ደራሲ ንሓንቲ *"ኣብ ኣስመራ ዝተወልደት ኢጣልያዊት ሓውቱ"* ከም ዝጸሓፎ እቲ ሕላይ ንባዕሉ ግርም ምስክር እዩ።

፲፯

ቀ.ኃ.ሥ. ድሕሪ ደመርስ

ኣብ ዓስራይ ክፍሊ ኸንጅምር ከለና ሓለቓ ቤት ትምህርቲ ሚስተር ግሪን ነበረ። ደመርስን እታ ቐንዝሩ ብዓልቲ ቤቱን ደጊም ናብ ካናዳኦም ከይዶም እዮም። ዜንተክ ንሓደ ተሾመ ዚብሃል ዝረዓሞ ቈልዓ ሓበሻ (ምናልባት ነታ ኽዳሚቱ ዝነበረት ወዳ) ሒዙ ናብ ብራዚል ተበጊሶ። ኣብኡ፣ ሰፊሕ ሕርሻ ዓዲጉ፣ ዝተረፈ ህይወቱ ብተድላ ይመርሕ ከም ዝነበረ ብገለ ተምሃሮ ኪዕለል ሽዑ ሰሚዐ። ሚስተር ሞሪስን ሚስዝ ሞሪስን'ውን ኣነ ናብ ዘይፈለጥኩዎ ዓዲ ግዒዞምስ ኣብቲ ቤት ትምህርቲ ከም ዝነበሩ'ኳ ብቐጽበት ተረስዐ።

ሚስተር ደመርስ ከምቲ ዚውረየሉ ወርትግ ጨ'ካን ኣይነበረን። ኣቐዲሙ ኸም ዝተዘንተወ፣ ተመሃሮ ተሰሪያም ናናብ ክፍሎም ኪኣትዉ ኸለዉ፣ ንገለኦም ፈልዩ ኣውጺኡ ኣብቲ ኣፍ ደገ ቤት-ጽሕፈቱ ኺጽበዩዎ ይነግሮም ነይሩ እዩ። ንሕና፣ ሾላቶም እዚኣቶም ብቕልፊ ደመርስ ዝተጀለጡ እዩ ዚመስለና ዝነበረ። ከምኡ ግና ኣይኮነን። ከምቲ ሓደ ኻብኣቶም ድሕሪ ሓያሎ ዓመታት ዘዘንተወለይ፣ መብዛሕትኦም ኣብ ኣከዳድናኦምን ኣብ ወጅሆምን ሕሰምን ድኽነትን እንተ ርእዩሎም ፈልዩ የውጽኦም። ንነፍስወከፎም ንበይኖም ድሕሪ ምዝርራብን ብዛዕባ ናብራኦም እኹል ሓበሬታ ድሕሪ ምእካብን፣ ኣብ ትርፊ ግዜኦም ንመጽናዕቶም ብዘየተዓናቕፍ፣ ስራሕ ብደሞዝ ዚደልዩ እንተኾኑ ይሓ'ቶም። እቲ ተምሃራይ እንተ ተሰማሚዑ፣ ኣብቲ ኸባቢ ተ'ኻርዮም ምስ ዚቕመጡ ወተሃደራት ኣሜሪካ ጀርዲን ኬስትየሎም ወይ ኪለኣኾም የላዝቦ ነበረ። እቲ ናይ ቀደም መማህርተይ፣

"ኣነ፣ ምሸት ሰዓት ሓምሽተ ድሕሪ ትምህርቲ፣ ኣብ እንዳ ሓደ ሳጅን ኣመሪካዊ ጀርዲን እናስተኹ ንወርሒ ዕስራ ቕርሺ እረክብ ነይረ። ንነብሰይ ኮይነ ነቶም ድኻታት ሓረስቶት ወለደይ'ውን ሓጊዘዮም፣" በለኒ እናስተንተነ።

ዓስራይ ክፍሊ ዝነበርኩላ ዓመት ብዙሕ ተዘክሮ ኣሎኒ። ምስ ብርክት ዝበሉ ሓደስቲ ደቂ ኽፍልን መምህራንን ዝተለላለኹላ እያ ነይራ። ሚስተር ጆዘፍ ናይ ቍጽሪ፣ ሚስተር ሳሙወል ኣድሞንድ ናይ ሳየንስ፣ ኣቶ ከሳቴ ናይ ባዮሎጂ፣ ሚስተር በሊው ናይ እንግሊዝኛ፣ ሚስተር ሶተር (ይመስለኒ) ናይ ታሪኽ፣ ነበሩ። ሓደ ይልማ ዝተባህለ፣ ትርኢቱ ሓሹል፣ ስኒ-ወርቂ ዝነበሮ፣ ክኢለዮ ኢሉ ንተምሃሮ ብጃህራን ዓደኾደኾን ናይ "ኢትዮጵያውነት" ዘጽመመ ናይ ኣምሓርኛ መምህርና ኾነ። ብሰሩ እታ "ኣርኣያ" ዝርእስታ

ልብ-ወለድ ከየስተማቐርኩዋ ሓለፈት። እዚ ሰብዚ፣ ካብ መምህር ኪብሃል፣ ኣብ ዘይምልከቶ ጉዳይ ዚኣቱ "ቃርማ" ወይ "ጀሮ ጠቢ" ምባሉ ዝያዳ ምቐንዐ። ንኢትዮጵያ ካብቲ ዝጠቐማ ብሰንኪ ውስልትናኡ ዝጕድኣ ይዛይድ።

ኣቶ ከሳቴ ቊመቱ ሓጺር፣ ሰውነቱ ዘሸኣል፣ ጸጕሩ ለምጫጭ፣ ኣዒንቱ ፍሩይ፣ ምስቶም ህንዳውያን ዜዳዲ ቐይሕ ኢትዮጵያዊ እዩ ነይሩ። ዘረባ ዘይፈቱ ስቕተኛ፣ ኪምህር ከሎ ድምጹ ንምስማዕ ኣዝዩ ኣጸጋሚ ነበረ። በዚ ምኽንያት'ዚ፣ ብዙሓት ተምሃሮ ይፈርሁዎ ነበሩ። ብወገነይ ግና ኣይጸላእኩዎን። ንመወዳድርትኻ እትብልጸም፣ ነቲ ኣዝዩ ዚፍራህ መምህር ብምኽሳብ ከም ዝኾነ ካብ ዝሓለፈ ተመክሮይ ተማሂረ ነበርኩ። ስለዚ፣ ከላሱ ኣዝየ ፈተኹዎ። ብኣረኣእያይ፣ ካብ ዓደኾደኸ "ኢትዮጵያውነት" ንጹህ፣ ግና ንሃገሩ ብቕንዕና ዜገልግል ሓቀኛ ኢትዮጵያዊ እዩ ነይሩ።

ሚስተር ሲንግ፣ ዓሌቱ "ሲክ" ህንዳዊ፣ ናይ ጂኦግራፊ መምህርና ዳርጋ ኾላትና ዘይንፈትዎ እዩ ነይሩ፣ ኣብ ኣወሃህባ ነጥቢ ድማ ኣዝዩ ጠማዕ። ኣመል ኮይኑዎ ንዝኾነ ተምሃራይ፣ *"you duffer shameless begger!" (ኣንታ ኣብዲ ዘይሓፍር ለማኒ!)* እናበለ ይጸረፍ ስለ ዝነበረ "ሚስተር ደፈር" ዚብል ሳጓ ጠበቐ።

እንግሊዝኛ ዝመሃረና ሓደ ሚስተር በሊው ዝተባህለ ካልእ ህንዳዊ እዩ። ንሚስተር በሊው፣ እቲ ቛንቋ ንኡ ዳርጋ ናይ ኣዲኡ ልሳን እዩ ነይሩ ኪብሃል የድፍር። እናተዛረበ ኸሎ ኣዒንትኻ ዓሚትካ እንተ ደኣ ሰሚዕካዮ፣ ኣብ ጥቓኻ ሓደ እንግሊዛዊ'ምበር ህንዳዊ ዘሎ ኣይመስለካን'ዩ። ከምቶም ካልኦት ህንዳውያን ኣይጭይፍ ርእሱ ድማ ንጕኒ ኣየወዛውዝ። ገለ ተምሃሮ፣ እቲ ወረ ኻብይ ከም ዝረኸቡዎ እንድዒ፣ ሓንፈጽ ናይ ህንድን እንግሊዝን እዩ እናበሉ ዚሓምዩዎ ነይሮም። ጠባዩ፣ ብፍላይ 'ገሪኪኤሉ' እንተ መጺኡዎ ኣየርኢኻ እዩ። ንሓደ ተምሃራይ ንኣብነት፣ እንታይ ከም ዝበደለ ኣይፈለጥኩን፣ ብዝሓዞ መስመር ወቒዑ ስኑ ሽም ዝሰበሮ እዝክር። በዚ ዚኣክል ተምሃሮ ብዙሕ ኣይደፍርዎን እዮም ነይሮም። ኣስናኖም ከይረግፉ!!

እንተ ዘይዘንጊዐ፣ እታ ዝነበርናላ ኽፍሊ 10A ኣስታት ሰላሳ ተምሃሮ ነበሩዋ። ዕድለኛ ኾይነ፣ ገብረታትዮስ ሕጂ'ውን ወዲ ኽፍለይ እዩ ነይሩ። ብዓል ኣብረሃም ገብረስላሰ፣ ምኪኤል ገብርሂወት፣ መሓረና፣ ኣስራት ከምኡ ድማ ንግዜኡ ኻብ ተዘክሮይ ዝሃሰሱ ካልኦትን ንመጀመርታ ግዜ ደቂ ኽፍለይ ዝኾኑ እዮም። ፍረወይኒ ገብረስላሰ፣ ኢትዮጵያ ቐለታ፣ ኣብርሀት፣ ትዕግስቲ ገብርኣብ፣ እታ ቐዳመይቲ ናብ ደብረዘይቲ፣ እተን ክልተ ናብ ሃረር መሰልጠኒ መምህራን፣ እታ ናይ መጠረሽታ ድማ ናብ ዘየጣልልኩዎ ኣብ ኣዲስ ኣበባ ናብ ዚርከብ ቤት ትምህርቲ ኺጽንበራ ስለ ዝኸዳ እቲ ኽፍልና በወዳት ጥራይ ተባሒቱ ተረፈ። ዕምባባ ኣብ ዜብሉ ባድም ቀጽሪ ጠንጢነናና ዝኸዳ ኾይኑ ተሰምዓኒ።

ኣብዛ ዓመት'ዚኣ ብተምሃሮ ዚናኒያ ኽልተ ብስተንሲል ዚሕተማ መጽሔታት ነይረን። እታ ሓንቲ ኣቐዲማ ዝነበረት *The Student's Voice* ከትከውን ከላ፣ ትሕዝቶኣ ብእንግሊዝኛን ብኣምሓርኛን ዚዳሎ ነበረ፣ እታ ኻልኣይቲ *The News Hunter* ዘርእስታ ግና ብእንግሊዝኛ ጥራይ እተቐርብ ሓዳስ እያ ነይራ።

ብጀካ'ዚ፣ እታ ዓመት፣ ምርኢት ናይ ትያትርን ደርፍን ዝበርከተላ እያ ነይራ። ሓደ ጌታቸው ኣብዲ ዝተባህለ ተምሃራይ፣ ንጥላሁን ገሰሰ ኺመስል ዓንቀሩ ኽሳዕ ዚስንጠቕ ኣብ ቅድሚ ምሉእ ኣባል ናይታ ቤት ትምህርቲ ኣብቲ ኦዲቶርዩም እናገዓረ ስለ ዝደረፈ ድሙቕ ጣቕዒት ተለገሰሉ። እዚ ሰብዚ ደሓር ብግዜ ደርጊ ናይ ባህሊ ምኒስተር ኮይኑ ነይሩ።

ኣብ ካልኣይ ተርም፣ ኣብ ቅነ ፋሲካ፣ ሓይሎም ፍስሃየን ጐጅለኡን ሓደ ኣዝዩ ኣዛናይን መስሓቕን ክሳዕ ሕጂ ካብ ትዝታና ዘይሃሰሰ ኮመዲ ዘቕረቡሉ ዓመት እዩ ነይሩ። ሽሕኳ እቲ ትያትር ኪድገም ካብ ተምሃሮ ብዙሕ ጠለብ እንተ ቐረበ፣ ዘሪሁን ወልደየስን ይልማን፣ ፖለቲካ ኣሎዎ ኢሎም ናብ ፖሊስ ጠሪዮም ኣኸልከሉዎ።

ካልእ ኣብዚ ዓመት'ዚ ዝተሰላሰለ፣ "መዓልቲ ወለዲ" *(Parent's day)* ዚብሃል መደብ እዩ ነይሩ። ኣብዚ መደብ'ዚ፣ ወለድን ካልእ ሕብረተሰብን ተዓዲሞም፣ ኣብቲ ቤት ትምህርቲ ዚካየድ ሓፈሻዊ ናይ ፍልጠት ንጥፈት ከመይ ከም ዚመስል ምእንቲ ኺዕዘቡ፣ በብኽፍልን በብዓውድን ተዳልዩ ዝቐረበ ምርኢት ነበረ። ገብረታትዮስን ኣነን፣ ንበጻሕቲ ኽነርእየላ ሓንቲ ማይክሮስኮፕ ተዋህበትና። ሓደ ዝዋህዮኣም "ኣሚባ"ን "ፓራመስዩም"ን ናይ ዚብሃሉ ብዓይኒ ዘይረኣዩ ናሙና ዝሓዘ ስላይድ ጌርና፣ ንዝመጸ ወላዲ ብዛዕባ'ዞም ኣዝዮም ደቀቕቲ ተህዋሳት መግለጺ ኽንህብ ወዓልና። ከም ሽው ገይረ ንትምህርቲ ዘስተማቐርኩሉ ዕለት የለን እንተ በልኩ ኣይሓሰኹን። ነቶም ወለዲ፣ ክእለትናን ፍልጠትናን ጕሊሑ ምእንቲ ኪኽሰተሎም፣ ባዕልና ዘዳለናዮ ኣብ ሰሌዳ ብሕብራዊ ኽሮሽ ዝተዳለወ ስእልታት'ውን ወሲኽናሉ ኔርና።

ሓንቲ ኻብተን ነቲ ምርኢትና ኺዕዘባ ዝመጻ፣ ኣደይ ሓጐሳ እየን። ቀደም ኣብ ገዛ ኽኒሻ ዝፈልጠን፣ ዓባዩ ንምኪኤል መንግስ (እንግሊዝ)፣ ካብ ቀዳማይ ክሳዕ ሽምናይ ክፍሊ መማህርተይ ዝነበረ።

ኣደይ ሓጐሳ፣ ምኪኤል ወዲ ጓለን፣ ሓደ ግዜ ተባዕታይን ኣንስተይትን ጽምዲ ረጋቢቱ ምሳይ ክሕዘንን ከም ድላየይ ክከናኽነንን ሂቡኒ ነይሩ። እተን ረጋቢት እንቋቝሖ ወሊደን ምስ ጨጭሓኣ፣ ምስ ክልተ እኹላት

ጨቓዊተን ሒዘሉ ናብ ገዝኡ ኸድኩ። ምኪኤል ኸው ስለ ዘይጸንሓኒ ንአን እየ ረኺበየን። ነተን ረጋቢት እናተቐበላ ኸአ፤

"አንታ ኸመይ ዝበሉኻ እሙን ሰብ ኢኻ! በዚ ሎምስ ብሓቂ እሙን ሰብ አሎ፤ " እናበላ ደጋገመን ነአዳኒ። ሓሓሊፉ፣ አብ መገዲ እናኺረኸባኒ፣ "አንታ እሙን ወዲ!" እ'ናባላ ኻብ ምንአደይን ምምራቐይን ዓዲ ውዒለን አይፈልጣን።

አደይ ሓጐሳ ናብቲ አነን ገብረታትዮስን ዝነበርናሉ አዳራሽ ምርኢት ብዝአተዋ ስለ ዘለለያኒ፤

"አንታ እሙን ወዲ! አብዚ ኢኻ'ምበአር እትምሃር፤ " በላኒ።

"እወ፣" በልኩወን። ብድሕርዚ፣ ብዛዕባ እቶም ደቀቕቲ ተሀዋስያን ከምቲ ንኻልእ በጻሓይ ዝገበርናዮ ናብቲ አብ ሰሌዳ ዝነበረ ስእሊ እናሓበርና ገለጽናለን።

"እዚ ግናይ፣ ክፉእ እምበአር'ዩ ኸብድና ዜሕምመና፤" ሓተታኒ በቲ ዘቐረብናለን ማይክሮስኮፕ ነቲ አሜባ ኺርእይአን ኬለልይአን እናሃቀና።

"እወ፣" በልኩወን።

"ከመይ ጌርኩም ደአ አብዚ ሓዝኩምዎ፤ " ሓተታኒ።

"እዚ'ኮ አብ መንጎ ረቂቕ ቬትሮ ዝተቐርቀረ ህይወት ዜብሉ እዩ፣" በልኩወን።

"ሕራይ ገበርኩምዎ...ወይ'ዚ ግናይ፣ ክፉእ!... ግናይ'ወ ግናይ!"

ብድሕርዚ መሪቐናኒ ሓለፉ። አ'ደይ ሓጐሳ ነተን ረጋቢት ናብ ምኪኤል ወድ-ጓለን ቅድሚ ምምላሰይ፣ "ክወስደሉዶ ወይስ ከይነገርክዎ ስቕ ክብል፤" እናበልኩ ንሓያሎ መዓልቲ ምስ ነብሰይ ከም ዝተማጐትኩ እንተ ዚፈልጣስ እንታይ ኮን ምበላ፤

ክፍለ ወደ'ደይ እልፉጋ

አብ 1962፣ አበየናይ ወርሒ ም'ኳኑ ብት'ኽክል አብ ዘይዝክረኒ፣ ሓደ አጋ ምሸት፣ ካብ ትምህርቲ ተፈዲስና፣ ነታ አብ እንዳ ሻሂ ምስ አቦይ እንምስሓላ ዝነበርና ስልጣንያይ ንእግረ መገደይ ክማልአ ናብ ካምቦቦሎ እናምራሕኩ ኸለኹ፣ ሓደ ሓምሳ ወይ ስሳ ዚኸውን ሰባት ዝጠርነፈ ጒጅለ ጦር ሰራዊት፣ በቲ ንቐጽሪ ቀ.ኃ.ሥ. ተጐዝጒዙ ናብ ሆስፒታል እተጌ መነን ዜምርሕ ጽርግያ እናፋጸዩን እናመረሹን፣ ናብቲ አነ ዝነበርኩዎ አንጻት ኪመጹ ረአኹ። ዜማ ናይቲ ናይ ሓባር ፋጻ፣ ካብታ *"The Bridge over River Kwai"* ዘርእስታ ፊልም፣ አብ አስመራ አብ ቺነማ ኦደዮን ብኸቡር ክፍሊት

ዝተራእየት ዝተወሰደ እዩ ነይሩ። ነታ ፊልም ከይርእያ ክፍሊታ ልዕሊ ዓቕመይ እዩ ነይሩ። ዜማኣ ግና ካብቶም ዝተዓዘቡዋ'ሞ ኬንጐርጕሩዋ ዝሰማዕኩዎም መማህርተይ ዛጊት ኣጽኒዐያ ነበርኩ። እቲ ፋጻ ናይቶም ጠበንጃ ዝተሓንገጡ ወተሃደራት ምስኣቶም እናቐረበ መጸ። በቲ ዜማ ናይቲ ፋጻ ተመሲጠ ምስቲ ህርመቱ ብውሽጠይ እናኣቐንቀንኩ ኸለኹ፣ ኣብቲ ፊት ናይቲ መስርዕ ሓደ ንእሽቶ ጐበዝ ወቓሕ በለኒ። ከምቶም ብጮቱ ጠ'ቃር ቀጠልያ ዲቪዛን ናይ ኣመሪካውያን ዚመስል ተመሳሳሊ ዝሕብሩ ህልመት ወድዩ፣ ኤም ዋን ዚብሃል ጠበንጃ ተሓንጊጡ ነበረ። ብሃንደበት፣ ኣእምሮይ ብቕጽበት ናብ እዋን ቍልዕነተይ ናብ ሪጋ ፌሮቪያ ተመልሰ። ለከ እዚ ወተሃደር'ዚ፣ ክፍለ ወደ'ደይ እልፋጋ እዩ ነይሩ። ክፍለ እቲ *"ማይ ቦኒ ኢ ዝ ኦቨር ዚ ኦሽን"* ዚደርፈልና ዝነበረ። ሓንቲ ምናተይ ሰፍ ኣቢለ ኸኣ፤

"ክፍለ!" ኢለ ተዳሃኹዎ።

ክፍለ ኸም ዝረኣየኒ ርግጸኛ እየ። ናይ ወተሃደር ዲሲፕሊን ኮይኑዎ ግና፣ ሓንሳእ ብጐቦ ዓይኑ ሰሪቑ ምስ ጠመተኒ፣ ከም ዘየስተብሃለለይ ምስቶም ብጮቱ *"The Bridge over River Kwai"* እናፋጸየ ናብ ሆስፒታል እተጌ መነን ገጹ ምረሻኡ ቐጸለ።

ኣዝዩ ሕማቕ ተሰምዓኒ። ክፍለ ኣዝዩ በሊሕን መስተውዓልን ወዲ እዩ ነይሩ። ጠባዩን ስነ ስርዓቱን'ውን ንኡድ ከም ዝነበረ ባዕለይ ምመስከርኩሉ። ኣደይ እልፋጋ ኸም ኣደን ኣቦን ኮይነን እየን ምስ ሓደ ንእሽቶ ሓዉ ዚናብያኦም ነይረን። ግና፣ ዘይዕድለኛ ኾይኑ፣ ኣብቲ ሰዓት'ቲ፣ ኣብ ክንዲ ኸማይ መጽሓፍ ተኹልኩሉ ናብ ገዝኡ ዜምርሕ፣ ማዕረ ቑመቱ ዚኸውን ኤም-ዋን ዚብሃል መሳርያ ተሓንጊጡ፣ ህይወቶም ወርትግ ሓደጋ ሞት ምስ ዜንጸላልዎም ወተሃደራት ተጸንቢሩ ኺምርሽ ርእየዮ። ብልበይ ድማ፣ "ከማይ ዚስህረሉ ኣቦ እንተ ዚነብሮ፣ ምናልባት ተምሃራይ ቀ.ኃ.ሥ. ኮይኑ ንማትሪክ ዚዳለወሉ ዓመት ምበጽሐ፣" እናበልኩ፣ ንነብሰይ በቲ ሓደሓደ ግዜ ዘርእዮ ዝነበርኩ ሸለልትነትን ሕንቃቐን ወቐስኩዋ።

ኣብ ካልእ ዘይርስየ ኣጋጣሚ፣ ሓደ ድሕሪ ቐትሪ፣ ካብቶም ኣብ ቀ.ኃ.ሥ. ዚመሃሩ ደቂ ገዛውተይ፤ "ተመሃሮ ሾቦሮ ገይሮም ኣብ ማይ ኣንበሳ ይእከቡ ኣለዉ፣ ትኸይድ ዲኻ!" በለኒ።

"ኣነስ እንድዒ፣ ክኸይድ ደስ ኣይበለንን፣" በልክዎ እቲ ዓንጃል ቡሉስያ በቲ ረጕድ ዱላኡ ንስክላ ርእሰይ ዝሰሓተኒ እናዘከርኩ። "ሓንጐለይ እንተ በቲኑኒ ኣብ ምንታይ ውዒለ ኽብልየ!" ሓሰብኩ።

"ንዓናይ በጃኻ፣ ካብ ሰብካ ኣይትፈለ፣ ኵሉ ሰብ እናኸደስ በይንኻ ኽትተርፍ!" እናበለ ደራርዓኒ።

ድሕሪ ብዙሕ ዕጥይጥይ፣ ካብ መሳቱኻ ምትራፍ ጽቡቕ ኣይኮነን ብዚብል ፍልስፍና፣ ሕራይ በልኩ።

ንኣስታት ኣርብዓን ሓምሽተን ደቒቕ ብዝወሰደ ናይ ተብተብ ጉዕዞ፣ እቲ ወዲ ገዛውተይ እናመርሓኒ፣ መገድና ኸይወንደብና ስሳ ወይ ሰብዓ ዚኣኽሉ ተምሃሮ ኾፍ ኣብ ዝበሉሉ ጐልጎል በጻሕና። ኣብ ዙርያኦም ኣብ ፈረስ ዝተወጥሑን እግረኛታትን ሓይሊ ፖሊስ ኸቢቦሙዎም ነበሩ። ሒደት ሰብ መዓርግ መኰንናት ነቶም ተምሃሮ የዘራርቡዎም ነይሮም። እቲ ወዲ ገዛውተይን ኣነን ሰላሕ ኢልና ምስቲ ዝተኣከበ ተምሃራይ ተጸንበርና። ሓደ ኻብቶም ተምሃሮ፣ ኣብ ማእከል እቲ ኣኼበኛ ቖይሙ ነቶም መኰንናት ይምልሸሎም ነበረ። እቲ ንግግሩ ምስቲ ዝነበረ ጭኑቕ ሃዋሁው ብግቡእ ኣየዳመጽኩዎን። ኾሉ ቐልበይ፣ ናብቶም ቡሉስያ ኣተኲረ ነበርኩ። እቲ ተምሃራይ መደርኡ ብዝወድኣ፣ ሓደ ማጆር ዝመዓርጎም መኰንን ብልዙብ ኣባታዊ ምዕዶ፤

"እዞም ደቀይ፣ ሕጂ ናትና እዋን ስለ ዝኾነ፣ በታ ቕንዕቲ እትመስለና መገዲ ነዛ ሃገር ነመሓድራ ኣለና። ጽባሕ ንግሆ፣ ነቲ ስልጣን ካባና ምስ ተረከብኩም ድማ ከመይ ጌርኩም ከም እተመሓድሩዋ ንርኢ። ክስያይ ግና ሃየ'ዞም ደቀይ፣ ናብ ትምህርትኹም ተመለሱ፣" በሉ።

እቶም ኣድመኛታት ግና ብተደጋጋሚ በብሓደ እናተንስኡ ተቓወሙ። ሕጂ'ውን እቲ ዓቕል'ንጣጢ ናይ "ቡሉስ" ኪጽንቀቕ ጀመረ። እቶም መኰንናትን ታሕተዎት ሹመኛታቶምን፣ ካብቶም ኣድመኛታት ንሓደሓደ እናጠ'ቄሙ፣ ናብ ሓንቲ ተዳልያ ዝጸንሐት ዓባይ ናይ ወተሃደራት ማኪና ኺስቀሉ ኺእገዙ ጀመሩ። ካብቶም ዝተረፉ ኣድሠኛታት ብዙሓት ግና፣ "ንሕናውን ምስኣቶም ኢና ንኸይድ፣" እናበሉ ኣዕገርገሩ። ነገር እናኸረር ኪኸይድ ስለ ዝጀመረ፣ ዝጸልቔሉን ዘምልጠሉን ነኻል እንተሎ ኸናዲ ጀመርኩ፣ ከመይሲ፣ እቲ መ'ጻወቲ ሻኩ ዚመስል በትሪ ብዓል ኣቦይ ሰርጌንትትን ቡክ ዋንን ተጐዝጒዙና እዩ ነይሩ። ካብኡ ዝገደደ ድማ እቶም ኣብ ኲረሻ ተወጢሖም ዜዕለብጡ ዝነበሩ ፈረሰኛታት ፖሊስ ብሸኹናታት ከይዓማጥቑንን ብዱላኦም ከይሰሃሉንን ቈጃሕ ኮይነ ተዳለኹ።

ብሃንደበት እቶም እግረኛታት ኪደኳደጉ፣ እቶም ፈረሰኛታት ኪጥሕሩናን ናላና ኬንህሉናን ተሃንደዱ። ከመይለ ከም ዝምለጥኩ እንድዒ፣ ድሕሪ ሒደት ህሞት ነቲ ሓጹር ፖሊስ ሰጊረ ከም ማንቲለ ተሓምበብኩ። ንፋዕ ጒያያይ እየ ነይረ። ስለዚ፣ ረዚን ዱላ ዝሓዘት ቡሉስያ ኸም ዘይተርክበኒ ርግጸኛ ነበርኩ። ከምኡ ኸነሱ ግዳ ጒያይ ኣየቋረጽኩን። እቲ ወዲ ገዛውተይ'ውን ብደሓነ ሰላም ኣምሊጡ እግርእግረይ ጐየየ። ሓደ ኻልእ ዘይንፈልጦ ወዲ ግና እቶም ቡሊስያ ግንባሩ ስለ ዝተንኲሑዎ ምኒን እናበለ እናሰዓለን ደድሕረና ይመጽእ ነበረ።

ካብ ድንገት ከም ዝደሓንና ብዘረጋገጽና፣ ብድኻም ስለ ዝተኻእልና፣ ገበታ እናላህላህና ደው በልና። እቲ ግንባሩ ዝተተንዘዐ ወዲ ዳርጋ እናበኸየ፤ "ሁፍ! ሁፍ! ሁፍ!...ሓሰውቲ!... ሓሰውቲ'ወ ሓሰውቲ!...ሁፍ! ሁፍ! ሁፍ!... እሑ! እሑ! እሑ!...ሓሰውቲ! ናባና እንድኣለን ዝዕንትራ።...... ደሓን ወዲ ዓዋተ ምስ መጸ ስርሐን ከርእየን'ዩ፣..." በለ።

ካብቲ ወዲ ምስ ተፈለላልና፣ ነቲ ወዲ ገዛውተይ፤

"እንታዋይ'ዩ እዚ ወዲ ዓዋተ ኺብሎ ዝጸንሐ፧ " ሓተትኩዎ።

"ወዲ ዓዋተ መን ምዃኑ ክሳዕ ሎሚ ኣይትፈልጥን፧ "

"ኣይፈልጥን።"

"ኢድሪስ ዓዋተ፣ እቲ ባንዴራ ኼምልስ በዚ መታሕት ምስ መንግስቲ ዚዋጋእ ዘሎ እኳ'ዩ።"

"በይኑ ድዩ ምስ ሰብ፧"

በቲ ዓንጃል መልሰይ ገሪሙዎ'ዩ መስለኒ፤

"ምስ ዓሻኸሩ'ምበር!..." በለኒ ብሓውሲ ቊጥዐ።

"ክንደይ ይኾኑ፧"

"ክንዲ ጸጕሪ ርእሲ!...ደሓር ከኣ ጥይት ከይትረኽቦ መዓት ከታብ ኣሎዎ፣" በለ እቲ ወዲ ገዛውተይ።

"እሞ እዞም ፖሊስ ሕንሕነኡ'ዮም ኣብ ልዕልና ዜውጽእዎ ዘለዉ..."

"እሂናይ ደኣ! ኣይ ወዲኡወን እንድዩ፣ ዝገደፈለን ዜብሉ!... ,ቤድራይ፣ ኣብዛ እትመጽእ ዘላ ዓመት ወዲ ዓዋተ ኣስመራ እንተ ዘይኣትዩ ሓሳዊ በለኒ!..." በለ እቲ ወዲ ገዛውተይ፣ ኣብቶም ቦሊስያ ዝነበሮ ነድሪ ኽይነከየ።

እቲ ኣብ መንጎ ኣብያተ-ትምህርቲ ኻልኣይ ደረጃ ናይ መላእ ኢትዮጵያ ዓመት-መጸ ዚካየድ ዝነበረ ናይ መደረ ውድድር ከምቲ ዝተመደበሉ ኣብ እዋኑ ተሰላሰለ። እቲ ኣርእስቲ *"A Woman's Place is at Home"* ዚብል ዝነበረ ይመስለኒ። እቲ ንቤት ትምህርትና ወኪሉ ዝኸደ፣ ሕጂ'ውን ኣለምሰገድ ተስፋይ እዩ ነይሩ። ኣብዚ ግዜ'ዚ ግና ኣየሕፈረናን፣ ነታ ዋንጫ ናብቲ ዝለመደቶ ቤት መለሳ።

ዓስራይ ክፍሊ ብሰላም ተዛዚሙ ናብ መበል ዓሰርተው ሓደ ኽፍሊ ተሰጋጊርኩም ዚብል ፓጀላና ተቐቢልና ክረምቲ ኣተወ።

እቲ ጥዑም ግዜ ኣብ ቀ.ኃ.ሥ.

ክረምቲ 1962፣ በቲ ኻብ ሓደሓደ ስእሊ ሸይጠ ዘዋህለልኩዎ ገንዘብ ወረቓውትን ቻርኮልን ፊክሳቲፍ ዚብሃል መድረቕን መንፍሒኡን ዓደግኩ።

ኣብ ኣስመራ፣ ስካብያ፣ ላውረንቲ፣ ፉሞ፣ ዚብሃሉ ብሕብሪ ማይን ዘይትን ብቻርኮልን ዚስእሉ ጣላይን ነበሩ። ብስራሓቶምን ብወረኦምን ደኣ'ምበር፣ ብኣካል ኣይፈልጦም እየ። ንኣነን ከማይ ዝኣመሰሉ ኻልኦት ሓበሻን ድማ ናቶም ስራሕ እናረኣና ናይ ስእሊ ንጥፈት ካብ እንጅምር ሓያሎ እዋን ኮይኑ ነበረ። ኣብ ልዕል'ዚ፣ ሓደ ተኸለሃይማኖት መንግስትኣብ ዝተባህለ ሓላፊ ናይ መ.ደ.ክ.ማ (መንእሰያት ደቂ ተባዕትዮ ክርስትያናዊ ማሕበር) ብሓደ ጸጋይ ኣስገዶም ዝተባህለ መንእሰይ፣ ሓደ ናይ ኣርት ክበብ ኪቖውም ስለ ዝፈቐደ፣ ሰንበት ሰንበት ናብኡ እናኸድና ንሓድሕድና ተመክሮ ንለዋወጥ ነበርና። መንግስተኣብ ዓርክይን ኣነን ኣባላት ናይዚ ኽበብ ኬንና ንጡፋት ተሳተፍቲ ነበርና። ሓደ ኣስመሮም ኣድሓኖም ዝተባህለ ንእሽቶ ወዲ፣ ደሓር ደኣ ብሞት ተኸሊፉ'ምበር ምሳና ሓርኰትኰት ከም ዝበለ ኣይርስዓንን። ሽው መ.ደ.ክ.ማ. ኣብዚ ሕጂ መጽሓፍ ቅዱስ ዚዝርግሓሉ ዘሎ ድኳን ጥቓ እቲ ቤተ መንግስቲ እዩ ነይሩ።

ሓደ መዓልቲ፣ ብርክት ዝበለ ናይ ደቀባት ኤርትራ ገጽ ዘሎዎ ስእልታት ብቻርኮል ኣዳልየ ሒዘዮ ናብ ሓደ ኣብቲ ጥቓ ክበብ *"ባሉ ናይል"* ዚርከብ *"African Curio Shop"* ዚብል ዝተጻሕፎ ድኳን ከድኩ። እቲ ዋናኡ ሓደ ዝኸልል ዝበለ፣ ገጹ ብሩህ ኢጣልያዊ እዩ ዝነበረ። መጀመርታ ኸምቶም ቅድሚ ሕጂ ዝፈልጦም ጣላይን መሲሉኒ፣ ብስብርባር ኢጣልያንኛ ኺዕድግ ዚደሊ እንተ ኮይኑ ሓተትኩዎ።

"ሃባ'ስከ ኸርእዮ፣" በለኒ ብኢጣልያንኛ። ነቲ ቛንቋ ኽዛረቦ ደኣ'የ ዝጽገም ዝነበርኩ'ምበር ምስማዑስ ኣይበርትዓንን። ነቲ ስእልታተይ ብዘቐበልኩዎ፣ ኣብ ልዕሊ እቲ ብቬትሮ ዝተሰርሐ፣ በብዓይነቱ ኣቕሑ ናይ ባህሊ ኣፍሪቃ ንምርኢት ዝተቐመጠሉ ባንኮኡ ኣንበሮ። ነታ ኣብ መንጎ ኽልተ ኣጻብዑ ዝጸንሐት ሽጋራኡ ናብ ኣፉ ሰኺዑ ግርም ገይሩ ድሕሪ ምምዓጉን ምብካኽን ድማ ኣብቲ ጥቓኡ ኣብ ዝጸንሐ መንገፍ-ሓምኹሽቲ ኣንበራ። ብድሕር'ዚ በብሓደ እናልዓለ፣ ኣቕሪቡን ኣርሒቑን ኣዒንቱ እናኣጨምጨመ ድሕሪ ምጥማትን ጸጺኒሑ ድማ ካብታ ሽጋራኡ እናመዓጐን እናብከኸን ድሕሪ ምዕዛብን፣

"ብራቮ! ብራቮ!" በለኒ።

ወግዒ ስለ ዘይፈልጥ ፍሽኽ ኢለ፣ ርእሰይ ብትሕትና ነቕነቕኩ።

"Quanto per uno? (ክንደይ እዩ ንሓደ፧)" ሓተተኒ። ምድንጋረይ ኣስተብሂሉለይ እዩ ይመስለኒ፣ *"The price for one... How much?"* ደገመለይ እቲ ሕቶ። ደስ እናበለኒ በታ ዝመልካ እንግሊዝኛይ ገይረ፣

"Five dollars." (ሓምሽተ ቕርሺ) በልኩ ኣኸቢረዮ ኽይከውን እናፈራህኩ። በቲ ግዜ'ቲ ነቲ ቕርሺ ብእንግሊዝኛ "ዶላር" እናበልና ኢና ንጽውዖ ዝነበርና።

"I will give you four.... Ok? (ኣርባዕተ ኽህበካ. . . ሕራይዶ!)"

". . ኦው ከይ፣ ኦው ከይ!" መለሽኩሉ ሕጂ'ውን ብትሕትና። ነተን ገንዘብ ኣብ ኢደይ ክሳዕ ዜስተልመኒ ሓሳባቱ ኽይልውጥ ኣዝየ ተሻቐልኩ።

መሊሱ ነተን ዓሰርተ ስእሊ በብሓደ እናልዓለ ረኣየን'ሞ፣ ኣብ ሓደ ኾርናዕ ኣርነበን። ካብ ተመዛዛዩ ገንዘብ ኣውጺኡ ኽኣ ኣርብዓ ቕርሺ ኣብ ኢደይ ኣረ'ከበኒ። ብልበይ ሕጉስ፣ ጭድድ፣ ፍንጭሕ በልኩ፣ ንመጀመርታ ግዜ ብስእሊ ብዙሕ ገንዘብ ዝረኽብኩሉ ስለ ዝኾነ።

እንታይ እዋነይ ናብ ገዛይ ከም ዝበጻሕኩ ኣይተፈለጠንን። ነደይ ኣርብዓ ቕርሺ ኣብ ኢዳ ብዘዕመኾኩዋ፣ ፈለማ ስለ ዝተደናገራ ብቐውታ ጠመተትኒ።

"እንታዩ'ዚ!" በለትኒ። ምናልባት ካብ ገለ ብዘይ ግቡእ መገዲ ዘምጻእኩዎ ኽይከውን ፈሪሃ እያ።

"ገንዘብ፣" መለሽኩ።

"ካበይ ዝመጸ! "

"ስእሊ ሸይጠ።"

ሕጉስ በለት። ናይ ስእሊ ስቱድዮ ኽነ ፍሉይ ክፍሊ ኣይነበረንን። ኣብ ልዕል'ታ ኻብ ምስትራር ሒዝካ ኽሳዕ ሉቺ ናይ ገዛና እንተ ሓሪራ ምእንቲ ኽልውጣ ኽም መሳልል ዝጥቀመላ ኣረጊት ሰደቓና፣ ወረቐተይ ዘርጊሐ ዝሰኣልኩዎ እዩ ነይሩ። ኣረ'ውን ዝርካቡ መመታተሪ ኻራናን ማንካታትናን ፎርኬታታትናን መብረድናን ኣብኢ ተመዛዝያ ይቕመጥ ስለ ዝነበረ፣ ነቲ ስእሊ ኣብ ዘዳልወሉ ዝነበርኩ ግዜ ብዙሕ ተጋራጪና ኔርና። ንሳ ኣብ መንጎ ስራሕይ ናብራ ሓዳር ኩይኑዋ ኣቕሓ ኽትወስድ፣ ኣነ ድማ ስእለይ ከይተበላሸወለይ ብምስጋእን ስለ ዘኰላለፈትንን።

ቅድሚኡ፣ ነታ በተኸስያን ዓድና ብሕብሪ ዘይቲ ምእንቲ ኽቐብኣ፣ ምስቲ ንእሽቶ ሓወይ፣ ንዘይንፈልጦም ዘወርቲ ዓባይ ማኪና ብምልማን ክሳዕ ዓ'ዲቀ ተሳፊርና ኔርና። ካብኡ፣ ሰማይ ጸለሎ ኪመስል ኣንጠዋዩ ኽሎ፣ ብእግርና እናተጉዓዝና፣ ኣይሂ ዝኾነ ዝናብ ኣብ ዓሻ ጕልጎል ኣርኪቡ ፈቲና ኽሳዕ ንጸልእ እናኸትከተናን ልቢ ብዚመልሕ በርቂ እናኣሰንበደናን ብቝሪ እናንቀብቀብና ኣባርዳእ በጻሕና። ንጽባሒቱ፣ ነቲ ንሓያሎ ኣዋርሕ ክውጥኖ ዝሓገኹ ቕብኣ ኽሰላስል፣ ኣብቲ ምቕማጥ ራውያ ዝተባህለ ኽርከስ ተቐሚጠ ኽነድፍን ክቐብኣን ቅኒን ክብል ኣርፈድኩ። ሓደ ኻብቲ ብዙሕ ዝደኽምኩሉ ማሕለፍያ ዕዮይ እዩ ዝነበረ። ነቲ ሽዑ ኣብ ረቂቕ ፋየዚት ዝቐባእኩዎ ምስሊ ናይ ዓድና ምስታ ናይ ቀኑስቋም ቤተ-ክርስትያና ኣደይ መጽሓር ሓውን መናኽስን ከም ዝገበረቶ ከቶ ኣይረሳዕኩዎን። ሕጂ ግና ክንድ'ቲ ኣቦይ ንወርሒ ምሉእ ንቐለብና ዚህባ ገንዘብ ኣብ ኢዳ ምስ ኣዕመኾኩዋ ንምእማኑ ጸገማ። መሸኸ ውላዳ ረኺባ!

ካብ ሽዑ ንደሓር ኩሉ'ቲ ንስእሊ ዜገልግለኒ ኣቕሑተይ ከም ብሌን ዓይና ኽትርእዮ ጀመረት። ነቶም ንኣሽቱ ኣሕዋተይ መሳርያይ ከይትንከፉለይ ወረቓቕተይ ከየበላሽዉለይ እናሳዕ ክትደሃዮምን ክትገንሖምን እሰምዓ ነበርኩ።

ካብ ገዛ ባንዳ ናብ ቪላጅዮ ጄንዮ ዝገዓዝና ኣብዚ ኽረምት'ዚ እዩ ነይሩ። ኣባላት ስድራና ትሽዓተ ኢና ኔርና። እቶም ቈልዑ፣ ሰለስተ ኣወዳትን ኣርባዕተ ኣዋልድን ነበርና። ዓራውትናን ከብሕናን ዝተረፈ ጋዕገልጠምናን ኣብ ሓንቲ ዓረብያ ጀበሊ ጽዒንና ኢና ወሲድናዮ። እቲ ሓድሽ ዝተኻረናዮ ገዛ፣ ካብቲ ንቤት ትምህርቲ ሕብረት ተጐዝጒዙዋ ዚሓልፍ ጽርግያ ቕጥራን ንምዕራብ ንውሽጢ ኣቲኻ እዩ ዚርከብ ነይሩ። ዋናኡ፣ ሓደ ገና እግሪ ዘይተኸለ ቈልዓ ዝነበራ፣ ደቃቕን ጽሙእ ዝሰውነታን ብዓልቲ ቈለ ሰበይቲ እያ ነይራ። ኵሉ ኣቕሑና ብዝገበርና ጌርና ኣብታ ሓንቲ ግና ገፊሕ ኣስታንሳ ኸም ዚኣቱ ገበርና።

ቪላጅዮ ጄንዮ፣ ካብ ገዛ ባንዳን ካብተን ቅድሚኡ ብኸራይ ዝተቐመጥናለን ዞባታትን ዝተፈልየት እያ ነይራ። ነበርታ፣ ብናብራን ብሞያን ብባህርን ዘይመሳሰሉ ኽነሶም፣ ተሳንዮምን ተኸባቢሮም እዮም ዚነብሩ ነይሮም። ጥቓ ሰፈር ጦር ብምዃኑ፣ ሓደ ሓደ ኢትዮጵያውያን ኣብ ማእከልና ተጸምቢሮም ምርኣይ ሸፋሸፍትኻ እተበርኸሉ ኸስተት ኣይነበረን። ምስታ ዋና ገዛ ኣብ ውሽጢ ሓደ ቐጽሪ ኢና ኔርና። እታ ዋና፣ ብፍላይ ኣብ ቅነ በዓላት፣ ቈላኣ ይለዓላ ስለ ዝነበረ፣ ኣብቲ ሰፈር ምሉእ ዘመነን ዝተቐመጣ ሰብ ጐንደር ናይ ዛር ሊቃውንቲ ኼሽርጣኣን፣ እምቢሕ እናበለት ድማ ቈለኣ ዝኣዘዛ ኽትልፍልፍን ኽተጕርዕን ይዝከረኒ።

ኣብዚ ዓመታት'ዚ ኣቢሉ እዩ'ውን ኣፈወርቂ ኣኮይ፣ ኢዱ ኣብ ፖለቲካ ኣእትዩ ተባሂሉ ንሓያሎ ግዜ ኣብ ትሕቲ ቐይዲ ፖሊስ ኤርትራ ጸኒሑ ዝተፈትሐ። እንታይ ኣበሳ ኸም ዝረኸቡ ኣይፈለጥኩን፣ ግና ኣብ ጽሙው ቀይዲ ንሓያሎ ግዜ ኸም ዝተዓጽወን ብበትሪ ድማ ኢዱ ኸም ዝሰበሩዎን እዝክር። ብሰንኩ፣ ንሓያሎ ኣዋርሕ ኣብ ኣስቢዳለ ደ'ቀሰ። መተኣስርቱ እኒ ተኪኤ በየነን ኣማኑኤል ተስፋጽየንን፣ በርሀ ማርኮን ካልኦት ንግዚኡ ዝዘንጋዕኩዎም ከም ዝነበሩ ኼዕልል እሰምዖ ነይረ። እኒ ኣቦሓጎይ፣ ዓባየይን ኣሕዋቱን ብኡ ሕጉሳት ኣይነበሩን፣ ከመይሲ፣ ንኣቶምን ነታ ብዓልቲ ቤቱን ኣደዳ መዓልቲ መጸ ናብ ካርሽሊ ምምልላስን ስ'ጓን ብድዐን ፖሊስ እዩ ገይሩዎም። ንሱ ግና በቲ ዝገበሮ ሕቡን ደኣ ይመስል ነበረ። ካብ ካርሽሊ ወጺኡ ዳርጋ ንኽልተ ዓመት ብቐንፈዘው እዩ ኣሕሊፍዎ። ስራሕ ኣይነበሮን። "ዲዞ" እዩ ነይሩ። "ዲዞ" ሓጺር ኣበሃህላ ናይቲ "ዲዞኩፓቶ" ዚብል ቃል ናይ

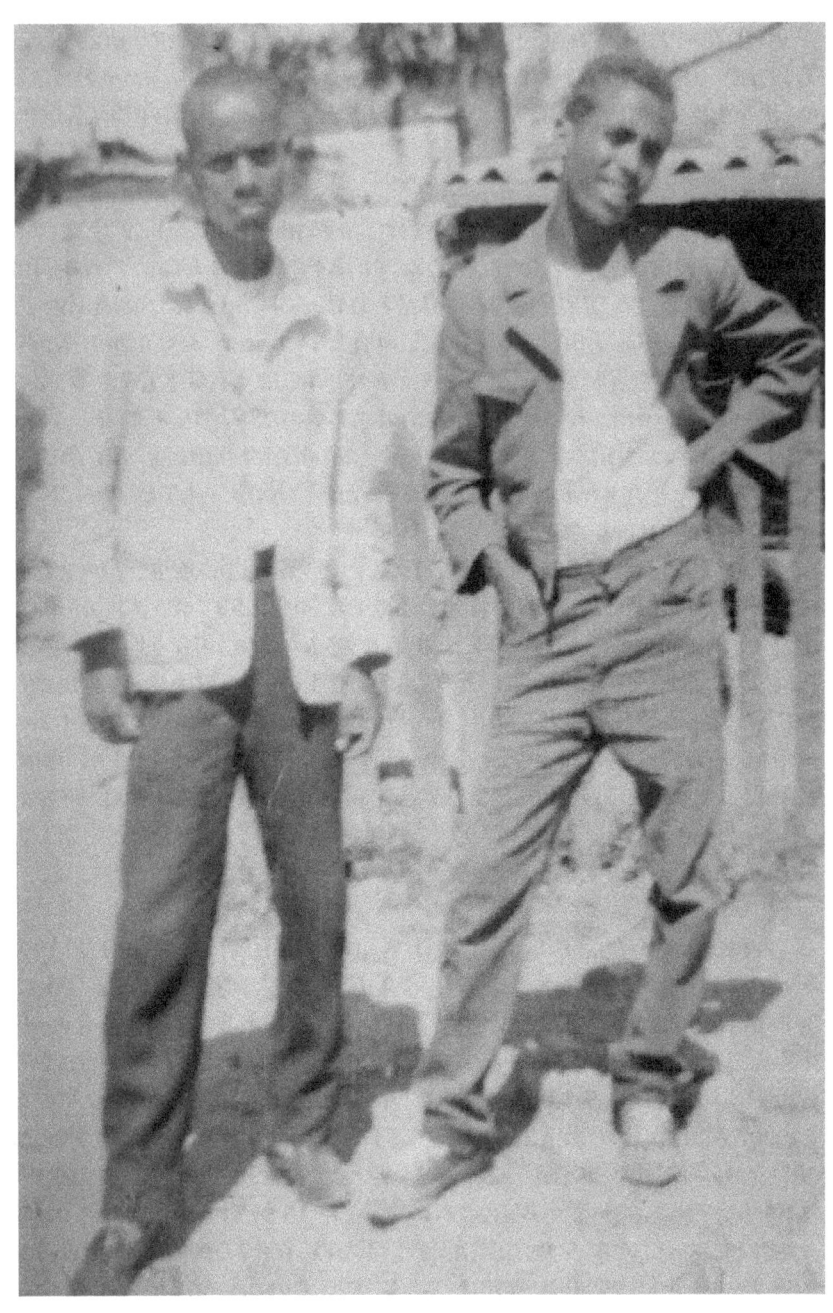

ኣብ ቪላጅዮ ምስ መንግስትኣብ ዓርከይ (ጸጋማይ) 1963

ጣልያንኛ እዩ፣ ትርጉሙ ድማ "ኣብ ሽቕለት ዘይተጸምደ" ወይ "ቦዘኔ" ማለት እዩ። ተኪኤ በየነ ሓንቲ፣ "ካብ ሪቕ ሕፍንቲ" ዘርእስታ መጽሓፍ ኣብዚ ቐረባ እዋን ደሪሱ ናብ ኣንበብቲ ከም ዝዘርግሓ ይፍለጥ። ዜሕዝንን ዜገርምን ግና ኣብታ መጽሓፍ እቲኣ ሽሙ ንማለቱ'ኳ ኣይተረኽሑን። ብቐደሙስ፣ ሓደ *"ደዞ"* ዝነበረ ወዲ ሓረስታይ እንታይ ኪዝከረሉ፧ በጃ ኢድ ናይ ፖለቲከኛታት ጥራይ እንድኣሉ!

ሰራዊት ሰላም

መበል ዓሰርተው ሓደ ኽፍሊ፣ ሓንቲ ኻብተን ኣብ ህይወተይ ዘይርስዓ ናይ ቤት ትምህርቲ እዋን እያ። እቲ ዝተመሃርናሉ ስታንሳ ኣብ ደቡባዊ ሸነኽ ናይቲ ጤሳ ኣብ ዚርከብ ብተርታ ዝተሃንጸ ገዛውቲ ነበረ። ኣነ ዝነበርኩላ ኽፍሊ 11-A ትብሃል ነበረት። ኣብታ ኽፍሊ፣ ኣስታት ሰላሳን ሽድሽተን እንኸውን ተምሃሮ ነበርና። መብዛሕትኦም ካብቶም ጸብለል ዝበለ ነጥቢ ዘምጽኡ ኣብኣ እዮም ተመዲቦም። ስለዚ፣ እቲ ውድድር ኣዝዩ ብርቱዕ ከም ዚኸውን ግምተይ ነበረ፣ ኣበርቲዐ ኽጽንዕ ከኣ ኣንቀድኩ። መምህራንና ሚስተር ኣብራሃም ናይ ቍጽሪ፣ ሚስተር ኣመን ናይ ታሪኽን ጂኦግራፍን፣ ሚስተር ቪግነን ኣባል ሰራዊት ሰላም ናይ እንግሊዝኛ፣ ሚስተር ኣድሞንድ ሳሙኤል ናይ ሳየንስ፣ ዘሪሁን ወልደየስ ድማ ናይ ኣምሓርኛ እዮም ነይሮም። ኣብ ክፍለ-ግዜ ናይ ሳየንስ ናብቲ ኣብ ጥቓ እቲ ላቦራቶሪ ዚርከብ ህንጻ እናኸድና ኢና ምህርና እንከታተል ዝነበርና።

ናይ ሚስተር ኣመን ክፍለ-ግዜ፣ ብፍላይ ኣብ ታሪኽ መስደመምን ንምስምዑ ድማ ዘይምኖን፣ መብዛሕትኡ ግዜ ስውያ ዝተሓወሶ ኣስተምህሮ እዩ ዝነበረ። ኣብ ኣወሃህባ ነጥቢ ግና ኣይግድን፣ እቲ ኹሉ ኣጽኒዕካ ሓሸም እዩ ዜብለካ። ኣመሃህራ ቍጽሪ ናይ ሚስተር ኣብርሃም፣ እጹብ ድንቂ ኢልካ ምሕላፉ ይኣክል። ኣብ ነጥቢ በጺሕካ ኽኣ ከም ሰቡ እዩ ነይሩ። ነዛው ኣይነበረን። እቲ ምኽንያት፣ ተምሃራይ ወትሩ ተምሃራይ ምኻኑ ምእንቲ ኽይዝንግዕ ዚዝውተር ዝነበረ ሜላ እዩ ይመስለኒ። በቲ ግዜ'ቲ፣ እቲ ዝነፍዐ ዚብሃል ተምሃራይ፣ ነጥቡ ኣብ ከባቢ ሰብዓን ሰማንያን እዩ ዝነበረ። ከምዚ ሎሚ ኣርባዕተ ደፊኑ'ባ ሰለስተ ነጥቢ ትሽዓተ ጥራይ ረኺቡ እናበልካ ዕሚም ዚብሃል ናይ ሕንቁቓት ኣይነበረን። ስለዚ፣ ሓደ መምህር ጉድ ከይሰርሓካ ዓመት ምሉእ ኢኻ እትጥንቀቕ። እዞም መምህራና፣ እዚ ኹሉ ደኺሞም ደሞዞም ክንደይ ከም ዝነበረ ምግመትኩምዶ፧ ሓምሽተ ምእቲ ብር። ኣብቲ ግዜ'ቲ እዚ ብዙሕ እዩ ነይሩ። በከዳድናኦም ድማ ግርማ ሞገስ ዝለበሱ ነበሩ።

ሚስተር ቪግኖን፣ ከምቲ ልዒሉ ዝተጠቕሰ፣ ኣባል ሰራዊት ሰላም ናይ ሕቡራት መንግስትታት ኣመሪካ እዩ ነይሩ። እቲ መደብ ብፕረሲደንት ሕ.መ.ኣ. ጆን ኤፍ ከነዲ ኣብ 1962 ዝተበገሰ፣ መንእሰያት ኣመሪካ ናብ ኵሉ ዓለም ተዘርጊሖም ኣብ ኣብያተ ትምህርቲ ብናጻ ኣገልግሎት ዚህቡሉ ዝነበረ እዩ። ኣብ መጀመርታ፣ ገለ ህዉኻት ተምሃሮ ብቕዓት ከም ዜብሎም ኬናሽዉዎም እንተ ፈተኑ'ኳ፣ ኣዝዮም ንፉዓትን ህርኩታትን፣ ልዕሊ ኹሉ ድማ ዝኸነ ነገር ኪፈልጡ ህርቡታት ምኻኖም ኪፍለጥ ግዜ ኣይወሰደን። ቪግኖን ሓደ ኻብዚኣቶም ነበረ። ብወገነይ ካብቲ ኣብ ታሽዓይ ክፍሊ ዝመሃረኒ ሚስተር መቪክ ዚሰንፍ ኮይኑ ኣይረኸብኩዎን። እቲ ኽፍለ-ግዜኡ ኣዝዩ ዚናፈቕ ነበረ።

ቪግኖንን ሓደ ሹመይከር ዝተባህለ ብጫዩን ንገለ ተመሃሮ ሓርዮም፣ ኣብ ኣመሪካ ምስ ዚርከቡ ተምሃሮ ናይ ካልኣይ ደረጃ ቤት ትምህርቲ፣ ኣብ ተይፕ ብዝተቐድሐ መልእኽትታት ከም እንራኸብ ገይሮም ነይሮም። ኣብቲ እቶም ተመሃሮ ዝሰደዱልና መልእኽቲ፣ ኣብ እዋን ዕረፍትና እንታይ ከም እንገብር፣ ኣናብስ፣ ዝዖታ፣ ጒማረ፣ መፍለስ፣ ጐሪላ፣ ሓረግጽ ኣብ ጥቓ ኣጒዱና እንተ'ለዉ፣ ኣብ ሃድን እንስሳ-ዘገዳም ንነጥፍ እንተ ኾንና ሓተቱና።

ክላስ 11-A ምስ ሚስተር ቪግነን መምህር እንግልዝኛ ኣባል ሰራዊት ሰላም ሕ.መ.ኣ. 1962

ቪግኖንን ሹመይከርን፣ በቲ ሕቶ ከም ዝሓነኹ ኽይሓብኡ፣ ካብተን ዚምህሩለን ናይ መበል ዓሰርተው ሓደ ኽፍሊ፣ መልሲ ዚህቡ ተመሃሮ መሪጸም ኣብ ተይፕ ተመሊኡ ተላእከሎም። ኣነ ሓደ ኻብቶም ነቲ ብተይፕ ዝተዋህበ መልሲ ዘንበበ ነበርኩ። ኣብ ሓንቲ ጕደናታታ ብኸልተ ጐኑ ብኣእዋም ስየ ዝተዓጀበ፣ ንጽህቲ፣ ናይ ማእከላይ ባሕሪ ዚመስል ወልወል ንፋስ ዘሎዋ፣ ኣዝያ ምጭውቲ ኸተማ ኽም እንነብር፣ ቀዳመ ሰንበት ናብ ሲነማ ወይ ናብ ግጥም ኵዕሶ እግሪ ዘሎዎ ሜዳ ኽም እንኸይድ ነገርናዮም። ወሲኽና'ውን እቶም ዝጠቐሱዎም ከምኒ ኣንበሳን ዝያታን ጉማረን ጕሪላን ሓርገጽን ዝኣመስሉ ኣራዊት ንዕምርና ርኢናዮም ከም ዘይንፈልጥ ሓበርናዮም።

እቶም ተምሃሮ፣ እንተስ ግዜ ይስኣኑ፣ እንተስ ምስ ኣራዊት እንውዕልን

ቀ.ኃ.ሥ. ክላስ 11-A ምስ መምህር እንግሊዝኛም፣ ሚስተር ቪግነን፣ ኣባል ሰራዊት ሰላም ሕ.መ.አ ኣብ 1963።

(ቀዳማይ ተርታ ካብ ጸጋም) ሚስተር ቪግነን፤ ያሲን እድሪስ፤ ? ፤ተኪኤ ተስፋይ፤ ገብረታትዮስ ወልደገርግሽ፤ ማህደረ ዘርኣጽየን፤ ሓይሎም ፍስሃየ፤ ኣብርሃም ገብረስላሰ፤ ዘውገ ለማ፤ ገብረሚካኤል መሓረዝጊ (ኡርሱስ)።
(ካልኣይ መስርዕ ካብ ጸጋም) ዕቑባስላሰ ገብረኣምላኽ፤ ከሰተ በላይ፤ ሓጐስ ኪዳነ፤ ረዘነ ሓጐስ፤ ? ፤ ፍቕረየሱስ ገብረክርስቶስ፤ ምሕረትኣብ ተኪኤ፤ በየነ ገብረንጉስ፤ ኣሕፈሮም ተስፋጋብር።
(ሳልሳይን ራብዓይን መስርዕ ካብ ጸጋም)፣ ገብረሚካኢል ይስሓቅ፤ ከንፈ ረዳ (ማቺስተ)፤ ሓጐስ ኪዳነ፤ ርእሶም ተኽለማርያም (ታርዛን)፤ ተስፋየሱስ ምሕረትኣብ፤ ገረመስቀል ተዓረ፤ ኣስራት ?፤ ክፍላይ ጐነጽ፤ ዓንደብርሃን ብእምነት፤ ገረዝግሄር ሃይለ፤ ገብረሚካኤል እስጢፋኖስ፤ ?።

እንሓድርን ከም ዘይኮንና ምስ ፈለጡ ቅጭ የምጽኣሎም፣ ምላሽ ስለ ዘይሰደዱ ብድሕረኡ እቲ ርክብ ኣይቀጸለን።

ኣብታ ዓመት'ቲኣ፣ እታ *"Ben Hur"* (ቤን ሀር) ዘርእስታ ፊልም ተዛዚማስ፣ ቅድሚ ናብ ዓለም ምዝርግሓ፣ ኣብቲ ኣብ መደበር ቃኘው ኣብ ዝነበረ *"ትያትር ሩዝቨልት"* ኽትርእ ስለ ዝመጸት፣ ብኡ ኣቢላ ኣብ ሲነማ ኣደዮን ተመሃሮ ቀ.ኃ.ሥ. ከም እንርእያ ተገብረ። ሚስተር ቪግኖን፣ ነቲ ኣብታ ፊልም ዘርእ ትዕይንቲ፣ ብፍላይ ድማ "በን ሀር" ምስቲ "መ'ሳላ" ዝተባህለ ወደረኛኡ ኣብ ዝገበሮ ናይ ሰረገላ ቅድድም፣ እቲ ውሩይ ተዋናይ ቻርለስ ሀስተን ዝፈጸሞ ሓደገኛ ቅያ ብዝርዝር ኪገልጸልና ቐነየ። ብፊልም ጽሉል ስለ ዝኾንኩ ካብቲ ዝገለጸልና ሓንት'ኳ ኣየምለጠንን።

መበል ዓሰርተው ሓደ ዳርጋ ኽይተፈለጠትኒ እያ ናብ ምዝዛም ቀሪባ። እዚ ኪኸውን ከሎ ግና እቲ ስእሊ ናይ ምስኣል *"ሆቢየይ"* ኣየቋረጽኩዎን።

ዕድመ ናብ ላብ-ስኩል

ሓደ ድሕሪ ቐትሪ፣ ቀቅድሚ እቲ ናይ ሳልሳይ ተርም መርመራና፣ ሓደ ኻብ ኣዲስ ኣበባ ዝመጸ ጒጅለ መምህራን ናብታ ኽፍልና በርደግ በለ።

ሓደ ካብኣቶም፣ ቍመቱ ማእከላይ፣ ጸጒሩ ሓጺር፣ ሕብሩ ጸሊም፣ ከንፈሩ ብሽጋራ ዝሓረረ ፍሽሑው ዝገጹ፣ ብዛዕባ ሓድሽ መደብ ስልጠና መምህራን ኣብያተ ትምህርቲ ኻልኣይ ደረጃ ዝርዝር መግለጺ ሃበና። ኣብቲ መደብ'ቲ እንተ ደኣ ተጸንቢርና፣ ናይ ጁባ ገንዘብ እናተዋህበና መበል ዓሰርተው ክልተ ኽፍሊ ትምህርትና ኣብ ኣዲስ ኣበባ ወዲእና፣ ማትሪክ ንሕለፍ ኣይንሕለፍ ናብ ዩኒቨርሲቲ ኽም እንኣቱ፣ ብዲግሪ ኽም እንምረቕ፣ ኣብ ምምህርና ምስ ተዋፈርና ኸኣ ደሞዝና ሓምሽተ ሚእቲ ብር ከም ዚኸውን ኣፍለጠና። ስለዚ፣ ነቶም ካብ ቀዳማይ ክሳዕ ዓስራይ ተርታ ዝወጹ፣ ፍቓደኛታት እንተ ደኣ ኾንና ኽንምዝገብ ከም እንኽእል ዕድመ ኣቕሪቡ፣ ዚምላእ ቕጺ ኣቐበለና። እዚ ንኣይ ኣዝየ ዝምነዮ ነገር እዩ ዝነበረ። ዲግሪ! ሓምሽተ ምእቲ ቕርሺ! ነዚ ደኣ እንታይ ዓይነይ ክሓስየሉ! ስለዚ፣ ከይተወላወልኩ ብርግጽ ከም ዝምረጽ ገይረ ነቲ ቕጺ ብጥንቃቐ መላእኩዎ።

ናብ ኣዲስ ንምኻድ ተዓጠቕ ተሸብሸብ ዝብለሉ እዋን እናኣተወ ኸደ። ሽው ጥሉል ክራማት ኢና ኣሕሊፍና። ብዙሓት ካብ ኣዝማድና ነዚ ብስራት እዚ ብዝሰምዑ ንወለደይ እንቋዕ ኣሓጒሰኩም በሉዎም። ሓደሓደ ኣበር ዘይርስዑ መቕርብናን ፈተውትን ግና፤

(ዝቖሙ ካብ ጸጋም) ረዘነ ሓጐስ፣ ፧ ፣ ጸጋይ ተስፋጽየን (ድንሽ)፣ ጕይትኦም በርሀ፣
(ኮፍ ዝበሉ ካብ ጸጋም) ተኪኤ ተስፋይ፣ ዘርኣጽየን ገብረልዑል።

"ኣንታ ሽኦል!...እዚ ኾሉ ነዞም ወለድ'ኻ፣ ኣይ ብኣፎም ኣይ ብኢዶም ፈቐዶ እንዳ ዳኛ ከም ዘየከላበትካስ ቀ'ም-ነገር ጌርካ፥ እስከ ኣገናዕ!" ዝበሉኒ'ውን ኣይተሳእኑን። ኣብ ገዛ ባንዳ ኽለና ሓደ ኣንቶንዮ ዝተባህለ መሰታይ ብእምኒ ስኑ ሰይረዮስ ወለደይ "ጓሪቢለ"ዶ፣ ካሕሳዶ፣ ኺብሉ ተካል ግዜ ኸም ዘሕለፉ ዘኪሮም እዮም።

ነቦይ ግና እቲ ናብ ኣዲስ ኣበባ ም'ኻደይ እንተ ኣሓጐሶ'ኳ፣ ዜቕስን ጕዳይ ኣይነበረን። ከመይሲ፣ ንኣውቶቡስ፣ ኣብቲ ዓዲ ምስ በጻሕኩ ንዜድሊ ቐንጠመንጢ፣ ከምኡ ድማ እቶም ቤት ትምህርትና ኾበርታን ኣንሶላን ክንማላእ ስለ ዝኣዘዙና፣ ንኡ ዚኸውን ገንዘብ የድሊ ስለ ዝነበረ። ኣቦይ ገንዘብ ካበይ ከም ዚልቃሕ ሓርበቶ። ኣነ ግና ሓደ ንሱ ዘይሓሰቦ "መገረም" ሓሲበሉ ስለ ዝነበርኩ፣ ከይጭነቕ ነገርኩዎ።

ቀቅድሚ ቕዱስ ዮሃንስ ምእታዉ፣ ሓደ ረፍዲ፣ ኣቦይ ቀ'ሩብ ገንዘብ ስለ ዝረኸበ፣ ኮበርታ ኺዕድገለይ ምስኡ ናብ ከተማ ኽወርድ ነገረኒ። ብሸከለታኡ ባዕለይ ሒዘሉ፣ ብቐስታ ብእግርና ኻብ ቪላጅዮ ናብ ሹቕ ከድና። ኣብ ሓደ ኣብቲ ጥቓ ፕያሳ ምኪኤለ ዚርከብ ድኳናት ኣቲና ድማ ድሕሪ ብዙሕ

ውረድ ደይብ፣ ሓደ ሓርፋፍ ክነሱ ግና ረጒድ ኮበርታ ዓደገለይ። ኪሽፍል ጅባኡ ብዘህሰውሰወ፤

"ደሓን ኣሎኒ፣ ባዕለይ ክሽፍሎ'የ፣" በልኩዎ፣ ነቲ ምስቲ ብዓል ድኳን ዝተሰማማዕናሉ ዋጋ ኣብቲ ባንኮ እናኣቐመጥኩ።

ኣቦይ ገሪምዎ ጠመተኒ። ኣስዕብ ኣቢለ፤

"ስእሊ ሽይጠ ዘዋህለልኩዎ'ዩ፣" ወሰኽኩ።

"እሞ ኣብኡ ኽለና በዚ ናተይ እቲ ኣንሶላ ኽዕድገልካ፣" በለ።

"ንኡ ዚኸውን'ውን ኣሎኒ ኣቦ፣ ኣይትሰከፍ።"

ሓደ ጽምዲ ኣንሶላ ኣብኡ ኽለና ዓደግና።

"እሞ ባልጃ ኽዕድገልካ።"

"ንኡን ኣብኡ ምስ ከድኩ ንቐዳመ ሰንበት ወይ ምስ ሰብ መሓወሲ ዚኾነኒ ሓደ ምሉእ ክዳን እንተላይ ናይ ዋጋ ኣውቶቡስ ስለ ዘለኒ ኣይትጨነቕ፣ ኵሉ ባዕለይ ክኽእል'የ። ስእሊ እናሸጥኩ ልዕሊ ሚእቲ ቕርሺ ኣዋህሊለ'ለኹ፣" በልኩዎ።

"ብኻ ኣቐዲምካ ነጊርካኒ! ከበይ'የ ዘምጽኣሉ እናበልኩ ድቃስ ስኢነ እንድየ ወሪሐ፣" በለኒ። እቲ ኣብ ገጽ ኣቦይ ዝረኣኹዎ ቕሳነት ክሳዕ ሕጂ ኻብ ተዘክሮይ ኣይሃሰሰን።

(ካብ ጸጋም) ጸሃየ ሃይለ፣ ሓይሎም ፍስሃየ፤ ተኪኤ ተስፋይ፤ ክፍላይ ጉነጽ፤ ኣብ ድሮ ንቕሎ ናብ ኣዲስ ኣበባ፣ መስከረም 1963።

በዓላት መስቀል ምስቲ ናብ ኣዲስ ኣበባ ኽኸይድ ተሃንጥየዮ ዝነበርኩ ብሓጐስን ብሓውሲ ተደፋንቖን ኣሕለፍኩዎ። ኣብ መስከረም 11፣ እቲ ኣብ ጥቓ ቺነማ ኢምፐሮ ኣብ ዝነበረ ውሩይ ሳርቶ ዝተሰፍየ (ማሕሙድ'ዩ ሽሙ ይመስለኒ እንተ ዘይረሲዐዮ)፣ ምሉእ ክዳነይ ለቢሰ፣ ምስ ብዓል ሓይሎም ፍስሃየን፣ ክፍላይ ጐነጽን፣ ጸሃየ ሃይለ ዝተባህለ ዓርከምን፣ ኣብ ከባቢ ካተድራለ ንመወዳታ ግዜ ዘወንወን በልና። ኣነን ሓይሎም ፍስሃየን፣ ንጽባሒቱ ብኣውቶቡስ ኣንበሳ ኣብ ጉዕዞ ኢና ኽንውዕል። ቲከትና ካብ ዚቖረጽ መዓልትታት ሓሊፉ ነበረ።

፲፰

ዓመት ኣብ ላብ ስኩል

ንጽባሒቱ ንግሆ፣ ሓሙስ መዓልቲ ኸም ዝነበረ ትዝ ይብለኒ፣ እቲ ኮቦርታይን ኣንሶላይን ዝርካቡ ኽዳውንተይን ኣብቲ ብረጒድ ኣደጎ-መሰል ማተርያል ዝተሰርሐ ባልጃይ ኣእቲኹዎ። መሰኣኣሊ ወረቐታትን ቻርኮላትን ፊክሳቲቭን መንጸጊኡን ዝሓዘ ኣስቃጥላይ'ውን ብጥንቃቐ ኣብ ሓደ ኸርናዑ ሸኺዕኩዎ። ኣሸበሸብ ኢለ፣ ሽድሽተ ዚኸውን ብቻርኮል ዘዳለኹዎ መልክዕ ናይ ደቀባት ኤርትራን ኢትዮጵያን ተማላእኩ። ብድሕር'ዚ፣ ነቲ ባልጃ ምስ ጸጋይ ሓወይ እናተበራረናሉ ኣብቲ ጥቓ ምሕራድ ስጋ ዚርከብ ዝነበረ እንዳ ኣውቶቡስ በጻሕና። እዚ ሎሚ ኣብኡ ዘሎ መዓርፎ ኣውቶቡስ ሽው ገና ኣይተሰርሐን። ሌጣ ጐልጎል እዩ ነይሩ። ኣብ ዙርያ እታ እንጐዓዘላ ኣውቶቡስ "ኣንበሳ" ብዙሕ ህዝቢ ተኣኪቡ ነበረ። ባልጃታትና ኣብ ልዕሊ ፖርቶ ባጋልያ ብተሰከምቲ እናተሰቕለ ብቴንዳ ተሸፊኑ ብረጒድቲ ገመድ ተጠምረ። እቶም ተሳፈርቲ ዘበልና ምስቶም ዜፋንውና ቤተሰብ ተተሰዓዒምና ናብ ውሽጢ እታ ኣውቶቡስ ኣቶና። ገለ ዓዳኺት ተምሃሮ፣ ናብ ኣዲስ ኣበባ ንመጀመርታ ግዜኦም ይኸዱ ኸም ዘይነበሩ ሰብ ምእንቲ ኺፈልጠሎም ንሓድሕዶም በምሓርኛ ይወላደፉን ልክዕ ብናይ ደቂ ሸዋ ዘይቤ ብዚመስል ቅላጼ እናተጫረቑ ይውከኹን ነበሩ። ገሊኦም ኣብ ኣዲስ ኣበባ ሓንቲ ዓመት ጥራይ ዝጸንሑ እዮም ነይሮም። ትግርኛ እንታይ እዋኖም ከም ዝረስዑዎ ገረመኒ። ሓቂ ይሓይሽ፣ በቲ ንኣይ ጽሩይ ኣምሓርኛ መሲሉ ዝተሰምዓኒ ኣዘራርባኦም ከይቀናእኩሎም ኣይተረፍኩን።

እታ ዝተሳፈርናላ ኣውቶቡስ ኣንበሳ ብርቱዕ ትኪ እናብለኽለኸትን እናጒርዐትን እናሓንሓነትን፣ እዝኒ ዚስንጥቕ ጥሩምባኣ እናነፍሐት ብደፋእታ ካብቲ ፊታ ኣጒዝጒዛትሉ ዘርፈደት በሪኽ ደንደስ ኣድሓርሓረት። እልልታ ኣድለቕለቐ፣ ጎንጎን ሕምባሻን ዕምባባ መሸላን ናብቶም ተጓዓዝቲ ተደርበየን ተነጽገን። ኣቦይ ደጊም ሰዓት ስለ ዝኣኸሎ ዛጊት ተፋንዩኒ እዩ። ኣደይ ግና እታ ኣውቶቡስ ኣብ ዝተነቓነቐትሉ ግዜ ብነጻላኣ ንብዓታ ኽትደርዝ ስለ ዘስተብሃልኩላ ከብደይ ኣሕበጭበጨ፣ ጒረሮይ'ውን ተወተፈኒ። ከመይሲ፣ ካብ ቤተሰበይ ንመጀመርታይ እየ ነነዊሕ እዋን ዝፍለ ነይረ።

ድሕሪ ሒደት ሰዓታት እታ ኣውቶቡስ መሬት ኣከለጕዛይ ሰንጢቓ ብምሉእ ፍጥነት ትሕምበብ ነበረት። ተጓዓዝቲ ምእንቲ ኸይሰልክዮም

ኣብ ተይፕ ዝተመልአ ደርፍታት ትግርኛን ኣምሓርኛን፣ ከየባተኸ ኣብቲ ሰንቀ ናይታ ተሽከርካሪት ብዝገጠመ መጕልሒ ይጋዋሕ ነበረ። ኣብዚ ግዜ'ዚ እቶም ኣብታ ኣውቶቡስ ዝነበርና መብዛሕትና ተምሃሮ፣ በብቐሩብ ንሓድሕድና ኽንላለን ክንተዓለልን ጀመርና። ኣብ ጐነይ ሃይለ ስላሴ ኺዳነ እዩ ተቐሚጡ። ደርፊ ናይ ኣምሓርኛ ኣዝዩ ስለ ዚፈቱ፣ ጥላሁን ገሰሰ፣ ብዙነሽ በቀለ፣ ተፈራ ካሳ፣ ታምራት ሞላ፣ ፍሬው ሃይሉ፣ ሂሩት በቀለ፣ ተዘራ ገለመለ፣ እናበለ ከምዛ ምሉእ ህይወቱ ዚፈልጦም ሽማቶም እናረቑሐ፣ ምስቲ ኣብታ ኣውቶቡስ ዚስማዕ ዝነበረ ዜማታቶም ርእሱ እናቖንቀነ፣ እቲ ኹሉ ጕዕዞ ዳርጋ ኣይተፈለጠን። ገብረሚካኤል እስቲፋኖስ ምሉእ ክዳውንቱን ከራባታኡን ገጥ ኣቢሉ፣ ምስ ሃይለ ስላሰ ገብርዝጊ ጐንጐኒ ኣብ ቅድመና ተቐሚጦም ነበሩ። እኒ ሓይሎም ፍስሃየን ረዘነ ሓጐስን ኣብ ጥቓና ስለ ዘይነበሩ ክሳዕ ኣዲስ ኣበባ እንበጽሕ ዳርጋ ኣይረአናዮምን። ኣብቲ ኻልኣይ ተርታ መናብር፣ ብጐንና ሓንቲ ኣብ ካልኣይ ክፍሊ መማህርተይ ዝነበረት ቀያሕ ጓል፣ ጽሩይ ክዳን ተኸዲና፣ ባህርናን ትርኢትናን ከም ዝገረማ ኽትመስል ንኹላትና ብዓይና እናኾለለት ጠመተትና። ከም ዘለለየትኒ ርግጸኛ'የ፣ ግና እንተስ ናይ ነገር ሕፍረት ኮይኑ ወይ ኣየለለየንን ኢላ ሸለል ትበለኒ፣ ከም ዘይትፈልጠኒ ኣጽቀጠት። ኣነ'ውን ካብኣ ዝያዳ ሓፋር ስለ ዝነበርኩ፣ ከምቲ ናታ ኽም ዘየለለኹዋ ስቕ በልኩ። ናጽነት ሓጐስ ጓል መምህር ምሕረት ባይሩ እያ ነይራ።

ተዘወሪ ማኪና ተዘወሪየ!

ሃይለ ስላሴ ብደቀንስትየ ዝመጸ ደፋርን ጽሉልን እዩ። ንናጽነት ርእይ ብዘበላ ናባይ ግልብጥ ኢሉ፣ "ትኾርምየኒ ነዚኣ ዘይገድፉ፣ ወይ ክትጽብቕ!" በለኒ።

"እንታ ወዲ ከይተዋርደና'ባ!" በልክዎ ብሕሽኹታ።

"ክላእ!... ንስኻ ኸኣ፣ ፈራሒ!"

"ኣታ ቐስ እንዶ በል!"

"ክላእ !...ስቕ በል፣ እዚኣተን ከምኡ'የን ዚፈትዋ!..."

ብድሕርዚ ንኣይ ገዲፉ፣ ምስታ ጓል በቲ መተሓላልፎ ጥራይ ተፈልያ ኣብ ጐኑ ስለ ዝነበረት ቀስብቐስ ዕላል ጀመረ። ኣነ ብወገን መስኮት ኮይነ፣ ከምዛ ምስኡ ሓንቲ ፍልጠት ዜብለይ፣ ናብ ግዳም፣ ናብቲ ርእየዮ ዘይፈልጥ ትዕይንት-ምድሪ ምምዕዳው ጀመርኩ። ነቲ ዕላሎም ክሰምዖ'ውን ኣይደለኹን።

ኣብዚ ግዜ'ዚ፣ እዋን ኣዝዩ ረፊዱ፣ ዳርጋ ናብ ብዓል ዓዲ ቐይሕ ቀረብና።

ሃይለ ስላሰ እቲ ዕላል ኣብ መንጎኡን ኣብ መንጎ እታ ጓልን ምኺኑ ጥራይ ኣሰልኪይዎ ግዲ ኾይኑ ምእንቲ ኸጽንበሮም፤

"እዚኣ ናጽነት'ያ፣ ትፈልጣ ዲኻ፧ " በለኒ።

"መማህርቲ ኢና'ኮ ኔርና፣" በልኩዋ። "ኣየለለኽንን ኢለ'የ'ምበር።"

"ኣለልየካ'ምበር፣ ዘየለለኻኒ መሲሉኒ'የ ስቕ ዝበልኩ፣" መለሸትለይ።

ሃይለ ስላሰ ገሪሙዎ ኣበራርዩ ጠመተና።

ፍኹስ በለኒ። ሓቂ ይሓይሽ ናተይ ጌጋ እዩ ነይሩ። ብድሕር'ዚ፣ እቲ ኹሉ ዓመታት ኣበይ ከም ዘጠፍኣት ሓተትኩዋ። ናብ ኣዲስ ኣበባ ኸትከይድ ንመጀመርታ ግዜኣ ኸም ዘይነበረ ኸኣ ፈለጥኩ። ብግምተይ፣ ኣብ ቤት ትምህርቲ ኮተቤ ወይ ኣብ ደብረ ዘይቲ እያ ትምህርታ ቐጺላ ይመስለኒ።

"ኣማረ ኣፈወርቂ ትዝክርዶ፧" ሓተትኒ።

"እዝክሮ'ወ፣" መለሽኩ።

"ኣብ ቤት ትምህርቲ ኮተቤ ንሱን ጸሃየ ጀርመንን እዮም ንቐዳማይ ብልጫ ተወዳደርቲ፣" በለትኒ።

"ጸሃየ ጀርመን ዲኺ ዝበልኪ፧ "

"ኣይትዝክሮን ዲኻ፧ "

"ከመይ ዘይዝክሮ... ኣብ ገዛ ኸኒሻ ንብዓል መምህር ተኽለጽዮን ደባስ ዘደንገለ።...እሞ ኸኣስ ምስ ኣማረ፧"

"ኦ! ሎሚ ጸሃየ ጀርመን ከም ቀደም ከይመስለካ፣ ካልእ'ዩ ኾይኑ ዘሎ... ኣረ'ውን ነታ ብልጫ ኻብ ኣማረ ኸይመንጠላ ኣይኪተርፍን'ዩ!"

"ኣማረ ኣፈወርቅስ ሓቃ... እንተ ጸሃየ ጀርመን ግና...ደቂሱ ዝጸንሐ እሳተ-ጐመራዶ ደኣ ኾይኑ፧ " በልኩ ብልበይ።

ንዛላምበሳ ሕልፍ ብዝበልና፣ እቲ ናይ ቅጥራን ጽርግያ ብሓመድ ተተክአ። ኣብ ኣጋ ፍርቂ መዓልቲ፣ ዓዲ ግራት ኣብ ቅድመና ተቐልቀለት። ናብቲ ማእከል ከተማ እናቐረብና ብዝኸድና፣ ኣብ ማዕዶ ጐመዳ ዚመስል ዜፍለኽልኽ ነገር ናባና ገጹ ኺውሕዝ ረአና። እቶም ነቲ ነገር ዝተመከሩሉ ብጕያ ናብ ሆተል ክንኣቱን፣ እቶም ዘይኣትዉ ድማ ማዕጾ ኣውቶቡስ ኪርግጥዎ ተነግረ። ለከ ማእለያ ዜብሎም ለማኖ እዮም ናብቲ እታ ኣውቶቡስ እትቘመሉ ገጾም ዚህንደዱ ነይሮም። ክዳውንቶም ኣዝዩ ዝዓረቐ፣ ካብ ኣመና ርስሓትን ኣብ ሓመድ ምንፍፋውን መብዛሕትኡ እጀ ጠባብ ምኺኑ ንምልላይ ብዜጸግም ዝለበሱ እዮም ነይሮም። ዳርጋ ፍርቆም፣ ገሊኦም ብኣረገውቲ ወለዶም፣ ገለ ብመሳቱኦም፣ ገለ ብሕጻናት ዚምርሑ፣ ዕድመኦም ካብ መዓንጣ ዘይቄጸሩ ኸሳዕ ብዕድመ ዝጐበጡ፣ ገለ ዓይኖም ዝሓ'በለ፣ ገለ ዝነቘረ፣ ገለ ዝነጠቖ ዓይኒ ስዉራት እዮም ነይሮም። ኵላቶም ብሽም እግዚኣብሄር፣ ብሽም ማርያም፣ ብሽም ሓራስ፣ ብሽም እቲ ዚመርሑዎ ዓይኒ ስዉር እናለመኑ ዓጐጉና።

ገሊኡ ዘላቶ እናተኹበ፣ ገለ ይርዳእኩም እናበለ ድማ ነናብ እቲ ዚምገበሉ ትካል ጐየየ። ንሕና፣ ተቓዳዲምና ኣብ ሓንቲ ኣብ ልዕሊ ድርኮኹታ ብዓቢ ፊደላት *"ኢትዮጵያ ሆቴል"* ዝተጻሕፉ ኣብቲ ኸተማ ምርእይቲ እትብሃል ብዘመን ጥልያን ዝተነድቀት እትመስል ትካል ኣተና። ኣብ ውሽጣ ሓደ ርሒብ ቤት ምግቢ ብርክት ዝበለ ሰደቓታት ዝተዋደደሉ ጸንሓና።

ጸብሒ ደርሆ ብዕስራን ሓምሽተን ሳንቲም ስለ ዝነበረ፣ ከምኡ ኣዘዝና። ኣብ ሓደ ዝ'ላል ጸብሒ፣ ሓንቲ ደቃቕ ሜላ ናይ እግሪ ምስ ሓንቲ ደቃቕ ጥጥቕቲ እንቋቑሖ ብብያቲ ምስ ሓደ ጣይታ ተቐረበለይ። ደርሆ ክትብሎ ዜጸግም ነበረ። ጠምየ'ኳ እንተ ነበርኩ፣ ቃውቃው እናበለኒ ኸይሃረፍኩ በላዕኩዎ። ኣብቲ ሆቴል ንነዊሕ እዋን እንጸንሓሉ ምኽንያት ስለ ዘይነበረ መብዛሕትና ብሽዓ ናብታ ኣውተቡስ ተመሊስና ኣብ መመንበርና ተቐመጣና።

ኣውቶቡስ ጉዕዞኣ ቐጸለት። እቲ ደርፍታት ከም ቅድም ምግዋሑ ቐጸለ። እቲ ደርፊ ትግርኛ መብዛሕትኡ ናይ ኣቶ ኣቶብርሃን ሰጊድን ናይ ጸሃይቱ በራኺን እዩ ነይሩ። ኣጋ ሰዓት ኣርባዕተ መቐለ በጻሕና። ኣልቤርጎ ኸም ዘሎ ዜወዓውዑን ለማኖን ብቕጽበት ነታ ኣውቶቡስ ዓጐቱዋ። ገለ ገያሾ ግና ዝርካቡ ኻብ ኣስመራ ዝተማልኡዎ ምግቢ ቛሪፎም ኣብታ ኣውቶቡስ ኪሓድሩ ወሰኑ። ኣበየነይቲ ኣልቤርጎ ኸም ዝኣተኹ ብርግጽ ኣይዝከረንን። ኣብ ሓደ ዋግኡ ሕሱር ግና ኣንሶላኡን ኮበርታኡን ጽሩይ መሕደሪ፣ ኣብ ጥቓ'ቲ ኣውቶቡስ ዘዕረፈትሉ ረኺብና። መቐለ በቲ ኻብ ኣውቶቡስ ክወርድ ከለኹ ዝረኣኹዋ ዓባይ ከተማ ኣይነበረትን። ሓደ ብፋሕሻው ጽንጽሕለ ዝተነድቀ ግንቢ ዘሎዋ መቐጸልታ ዕዳጋ ዓርቢ ኾይና ተራእየትኒ። እቲ ኣብቲ ዝሓደርናሉ ኣልቤርጎ ዚዝረብ ቋንቋ፣ ላህጃኡ ገዲፍካ ተመሳሳሊ ስለ ዝኾነ ካብ ዓደይ ዝወጻእኩ ኾይኑ ኣይተሰምዓንን።

ንጽባሒቱ ንግሆ፣ ኣጋ ሰዓት ሓምሽተን ፈረቓን ኣውቶቡስ ዛጊት ሞተራኣ ተንሲኡስ እቲ ንምዉታን ዜበራብር ውዕዉዕ ጥሩምባኣ ኣብቲ ገና ዘይበርሀ ሃዋህው ፈነወቶ። ሾላትና ከካብ ዝሓደርናሉ ብተበተብን ጠምበርበርን ተንሲእና ገጽና ተወጃጂህና፣ እቶም ዘርከብና ድማ ሻህን ባንን ኣብ ገሊኡ ትካል ቈሪስና ብህጹጽ ኣብታ ኣውቶቡስ ተሳፈርና። ዝደንጐየ ወይ ዝተረፈ ኸይህሉ ንሓድሕድና እናተዘ'ኻኸርና እታ ኣውቶቡስ ድማ ደጋጊማ ጥሩምባኣ ድሕሪ ምንፋሕ፣ ንቕሎ ናብ ደሴ ኾነ።

ኣብዚ ግዜ'ዚ፣ እቲ መልክዓ ምድሪ በብቑሩብ ካብቲ ናይ ኤርትራን ትግራይን እናተለወጠ ኸደ። ኣብ ክንዲ እቲ ደኸዳኸ ጨዓን ሒሖትን ታህሰስን ዕረን፣ ዘለግ ዝበለ ሰራውን ቀላሚጦስን ብብዝሒ ኺልቀል ጀመረ። ንማይ ጨው ሓሊፍና፣ ብጐኒ ሓደ ሓሸንጌ ዝተባህለ ቐላይ ተጐዝጒዝና፣ ኣብ ኣጋ ፍርቂ መዓልቲ፣ ኰረም ኣብ ዝተባህለት፣ መብዛሕትኡ ገዛውታ ብዝተመርወን ብጭቃ ብዝተመ'ርዐን ስላዕን ሓረክምን ዝተሃንጸ በጻሕና።

ናብ ሓንቲ ኣብቲ ወሰን ጽርግያ ዝነበረት፣ ቤት ምግቢ ትኹን ቤት መስተ ዘይትፍለጥ ግድግዳ መሰል ኣቲና፣ ብጕጅለ ጸብሕን እንጌራን ቀማሚስና ብዙሕ ከይጸናሕና ጕዕዞ በቲ ጽርግያ ጸጸር ቀጸልና።

ብዙሕ ከይከድና፣ እቲ ብሓደገኛነቱ ብዙሕ ኪውረየሉ ዝሰማዕኩዎ ጸድፌ ኣላማጣ ወትፍ በልና። ኵላትና፣ ብፍላይ ድማ እቶም ሓደሽቲ ዝኾንና፣ እታ ዝተሳፈርናላ ኣውቶቡስ ልብና ኸሳዕ ዚንጥልጠል በቲ ጽንኩር ገደል ንኣስታት ሓደ ሰዓት ዚኣክል ኽትጠዋወ ኸላ ኣንጭዋ ኣብ ማይ ከም ዝኣተወት ኳንና ብህጥመት ወረድና። ኣብቲ እግሪ ብዝበጻሕና ግና፣ ወያ ኣውቶቡስ፣ ከምዚ ኻብቲ ገደል ክትሃድም ዝተሃወኸት ክትመስል ፍጥነታ ኣዝዩ ወሰኸ። ካብቲ ኣብ ሰንቀኣ ዝተገጥመ መጕልሒ፣ *“ኻስመራ ኣዲስ ኣበባ፣ በትዝታ ወጥመድ፣”* ወዘተ ዝትሕዝቶኡ ደርፌ ይቃላሕ ነበረ።

ንሓንቲ ኣላማጣ እትብሃል ሒደት ገዛውቲ ግድጊዳ ዝነበራ ሓሊፍና፣ የማነ ጸጋምና ዕረፍቲ ዜብሉ ልዕሊ ሰለስተ ሜትሮ ብዝቕመቱ ዘራእቲ መሽላ ዝተሸፈነ ረምረም ጐልጎል ሰንጢቕና ብትኽ ዝበለ ጽርግያ ሓመድ ንሓያሎ ሰዓታት ተሓምበብና። እቲ መልክዐ-ምድሪ ዝያዳ እናለምለመን ትርኢቱ ንሓደ ኸምዚ ኸማይ ናይ ቅብኣ ህርፋን ዘሎዎ ዝያዳ ዜወናውንን እናኾነን ከደ። ኣብ ገሊኡ፣ ጸሓይ በጣዕ ኣብ ዝበለትሉ፣ ጽሩይ ወሓዚታት ብድልድል ኣብ ዘቋረጽናሉ፣ ኣብ ደንደስ ኮይነን ክዳውንተን ዚጅፍጅፋ ኣንስቲ፣ ነቲ ዕዮአን ኣቋሪጸን ኪጥምታና ኸለዋ፣ እቲ ዜውላህልህ ወጅህንን ምጨው መልክዐንን፣ ሽሕ ግዜ ደ'ጋላት ይኹና ኸም ዝማረኸኒ ኸይተናሳሕኩ ኸሓልፍ ኣይደልን። ኣብ ካልእ ድማ ብማእከል ዘንጠጠወ ጸሊም ደበና ፈንጢሱ ኣብ ልዕሊ ጕቦታትን ኣራእርን ጕላጕልን ዝወደቐ ድሙቕ ጸዳላት ጸሓይ ወይ ብቐድሚ ጠቃር ጨላይ ሰማይ ዝተገተረ ቐስተ ደመና ምርኣይ ዜዐዝም ነበረ። ወልድያ፣ ሓይቅ፣ ዚብሃላ ንእሽቱ ገጠራት ዘሎዎ ቅርጸ-መሬት ምስቲ ዜማታት ናይቲ ኣብታ ኣውቶቡስ ዚፍኖ ዝነበረ ናይ መሳርያ ሙዚቃ ተሳንዩ፣ ብቕብኣ ኣብ ወረቐት ወይ ሽራዕ ከስፍሮ ኣወናወነኒ። ነዚ ኹሉ ሓሊፍና፣ መሬት ኣዕርዩ ኼጽለግልግ ከሎ ደሴ በጻሕና።

ሰውነተይ በቲ ነዊሕ ጕዕዞ ኣዝዩ ስለ ዝረዘዘ፣ ከረው ኢለ ኸይድቅስ'ሞ ኣውቶቡስ ከይትገድፈኒ እየ ፈሪህ ነይረ። ግና ተጋገየ። ብሓምሳ ሳንቲም ንእሽቶ ቕልዋ በጊዕ ብጣይታ ቀማሚሰ ናብ ዓራተይ ኣምራሕኩ። ኣብቲ ብሰንከፍ ጣውላን ኮምፐንሳቶን ዝተሰርሐ ክፍሊ ናይቲ ዝሓደርኩሉ ኣልቤርጎ፣ ማእለያ ዜብሎም ኣዝዮም ዘውረረዩ ቍንጭን ትኻንን ዝገደፉለይ ኣይነበረን። ደመይ ዘየንቀጽዎ እየ ኣመስጊነ። ስለዚ፣ ከመይ ኢለ ኸድቅስ፤ ኣብ ርእሰ'ዚ ድማ ኣብ ኣዕጽምቲ ዚኣቱ ቕሪ። “ወይ ደሴ ዓዲ ጣፍ!” በልኩ ብልበይ።

መሬት ውግሕ ብዝበለ፣ ድቃስ ከይጸገብኩ ኻብቲ ኽፍሊ ወጻእኩ። ኣብቲ ጥቓ ኣልቤርጎ፣ ኣብ ሓደ እቲ ሉሕ ናይ ባይታኡ ብኦልዮ ብሩኻቶ ተወልዊሉ ዝጠዝአ ንእሽቶ እንዳ ሻሂ ኣትየ ድማ ቘረስኩ። እቶም ካልኦት ከማይ ተመሃሮ'ውን ተመሳሳሊ ለይቲ ኣሕሊፎም እዮም ይመስለኒ ብሸዓ ኽካብ ክፍሎም ወጽኡ። ተተሓሒዝና ኽአ ብሓባር ናብቲ እታ ኣውቶቡስ ዝሓደረትሉ ኼድና ተሳፊርና።

ነዊሕ ከይጸንሐት፣ እታ ኣውቶቡስ ኣብቲ ጽርግያ ጸጸር ሕምበባኣ ቐጸለቶ። ምሳሕ ኣብ ጭራ ሜዳ፣ ጥቓ ደብረ ሲና ዚብሃል ግርማ ዝለበሰ ዓበይቲ እምባታት ዚርከብ ኣርከን ጐቦ ኣዕረፍና። ኩሉ'ዚ በኹሪ ዓይነይ ስለ ዝነበረ ኣይጸላእኩዎን። ካብ ጭራ ሜዳ ብቕጽበት ተበጊስና፣ እታ ኣውቶቡስ ምስናይ ብዙሕ ዕሚምታን ዓገግታን ብዘሰነዮ ጕዕዞኣ ነቲ ሓጺር ዓቐብ ደብረ ሲና ወጸቶ። ኣብቲ ብገልገለ መስቀል ዘሸብረቐ ወሰናስን ናይቲ ጥውጥዋይ ጽርግያ፣ ሓሓሊፎም፣ ወለላኡ ዜወናውን ጻዕዳ ልብዶ መዓር ዝሓዙ ደቂ ሓረስቶትን ዓኺያትን፣ ፍርያቶም ንሓላፍ-ተጐዓዛይ ዘርጊሖም ፍጭም ዚብሉ ነበሩ።

ኣብ ዝባን ደብረ ሲና፣ ነቲ ብዘበን ጥልያን ዝተሃንጸ ሓጺር ገለርያ ብዝሓለፍናዮ፣ እታ ኣውቶቡስ ብምሉእ ፍጥነት ነቲ ጽርግያ እናሰተየቶ ተመርቀፈት። ሓደ ንየኔታ ገብረስላሰ ናይ እንዳ ቢዘን ዘዘኻኽረኒ፣ ልሙዕ ሳዕርን ገልገለ መስቀልን ዝተነጽፎ ረምረም ጐልጎል ሰንጢቕና ቀጸልና። ልክዕ ነቲ ኣብ ቅርሺ ኢትዮጵያ ዝነበረ ስእሊ ሓረስታይ ዝነበሮ ለምለም ቦታ እዩ ዚመስል። ብጭኽጫኽ ምልምል ጻዕዳ ቐላሚጦስ *(Eucalyptus globulus)* ዝተዓጀበ ኣንዱ ሓሓሊፉ ተዘሪኡዎ፣ ኣብ ሽራዕ ብሕብሪ ዘይቲ ዝተቐብአ ትዕይንቲ መሲሉ ተራእየኒ። እቶም ኣቐዲሞም ብኡ ዝገሹ መጓዕዝትና ደብረብርሃን፣ ሸዋ፣ ሓሙስ ገበያ፣ ፍቼ፣ ሰንዳፋ፣ ለገዳዲ፣ ወዘተ ኸም ዚብሃል ነገሩና። ዕቦላይ ሜስ ብዚመስል ገልገለ-መስቀል ወቂቡ ምስቲ ናይ ኣጋግዛ ድሙቕ ጸሓይ ንመንፈስ ብሓሴት ዚመልእ ነበረ።

ኣብ ኣጋ ሰዓት ኣርባዕተ ናብ ኣዲስ ኣበባ ንኣቱ ኸም ዝነበርና እቶም መጓዕዝትና ኣበሰሩና። ኣብ ውሽጢ እታ ኣውቶቡስ፣ እታ ኣብ ካምቦሎ ኣብ እንዳ ሻሂ ዝሰምዓ ዝነበርኩ *"ዝነበሽ ከመዓልኪ"* እትብል ደርፊ ናይ ኣቶብርሃን ሰጊድ እናጋውሐት፣ ብማእከል ብኦም ቀላሚጦስ ዝበዝሖ፣ ሓሓሊፉ ኣብ ማእከሉ ኣብ ውሽጢ ቐጽሪ ብሉሕ ዝተሃንጸ ፍሉይ ዝቕዱ ኣባይቲ ዝነበሮ ሓለፍና። ኣብ መንጎ'ዚ፣ ብሃንደበት ኣብ ሓደ ሓወልቲ ዝተተኸሎ ኽቢብ ቅርዓት ህሩጕ በልና። እዚ ኣራት ኪሎ ኸም ዚበሃል ተነግረና። ኣብቲ ወሰናስን ናይቲ ጽርግያ፣ ብዙሕ ሰብ ኣብቲ ቅድሚ ሒደት ሰዓታት ብርቱዕ ማይ ዘኒሙዎ ዝጠልቀየን ዘዕለቕለቐን ዘይጥጡሕ መገዲ

ኣጋር ጨፈቕ እናበለ ይጕዓዝ ነበረ። ገሊኦም ቀልቦም በቲ ውዕዉዕ ደርፊ ምስ ተሳሕበ ኣእዳዎም ዘወዛውዙልና ነይሮም።

ኣማስያኡ፣ ኣብ ሓደ ብጸብሪ መርገጽ እግሪ ዘይነበሮ ጐልጎል ቆምና። እንተ ዘይዘንጊዐዮ ኣብ ቅድሚ ሓደ "ኣዲስ ከተማ ቡና ቤት" ዝተባህለ ትካል ኣብ ዝነበረ ጨቃው ጐልጎል እዩ ኣቍሑና ኻብታ ኣውቶቡስ ዝተራገፈ። መንግስቱ ንዋይ ምስ ሓዉ ግርማመ ንዋይ መፈንቅለ መንግስቲ ኣብ ዝፈተኑሉ፣ ካበይ ከም ዝተተኰሰ ዘይተፈልጠ ናይ መድፍዕ ቦምባ ኣብኡ ውዲቑስ፣ ኣብኡ ኣቦይ እያሱ ወላዲኡ ንሃብትኣብ እያሱ ቈሲሎም ንስክላ ኻብ ሞት ከም ዘምለጡ ሰሚዐ ነይረ።

ኣብቲ ጨቃው ጐልጎል፣ ማእለያ ዜብለን "ሰይ ቸንቶ"፣ ዓርሞሽሽ ቍርያብ ኪመስላ ቖይመን ነበራ። እቶም ኣውቲስትታተን ባልጃታትና ናብ ዝደለናዮ ኼብጽሑ ተሻመዉልና። ባልጃይ ካብታ ኣውቶቡስ ወሪዱ ብዘልዓልኩዎ፣ ሓደ ጸሊም፣ ከንፈሩ ረጕድ ሰብኣይ ብጉያ ናባይ መጺኡ ኻብ ኢደይ መንጠለኒ። ተቐዳዲሙ ኸአ ኣብ ልዕሊ ፖርታ ባጋልያኡ ሰቐሎ። ናይ ሃይለ ስላሴ ገብርዝጊ'ውን ብሓንሳእ ምስኡ ጽዒኑ ብገመድ ጠመሮ። ካልእ ታክሲ ንረዘነ ሓጐስን ንሓደ ዘይዝከረኒ መጓዕዝትናን ዘሳፈረት ሰይቸንቶ እናመርሓትና ንቤተ ክርስትያን ግዮርጊስ ዚጽጋዕ ጽርግያ ሒዝና ኣማስያኡ ዶሮ ማነቅያ ኣብ ዝተባህለ ሰፈር ኣብ ውሽጢ ቐጽሪ ሓደ ሆቴል ቆምና። "ፍረህይወት" ዚብሃል መሕደር ኣጋይሽ እዩ ነይሩ።

ዋጋ ታክሲ ዕስራን ሓምሽተን ሳንቲም ከፊልና፣ እቲ ዝርካቡ መደቀሲ በቶም መሪሑሙና ዝመጹ ስለ ዝተታሕዘ፣ ኣነን ሃይለ ስላሰ ገብርዝግን ኣብ ሓደ ኣብ ጥቓኡ ዚርከብ ካልእ፣ ወለሉ ብናፍታ ዝጠዝአ፣ ክልተ ዓራት ዝነበሮ ኣልቤርጎ ኽፍሊ ሓዝና።

ዶሮ ማነቅያ

ባልጃና ኣብታ ኽፍሊ ኣቐሚጥና፣ ነታ ኸተማ እንታይ ከም እትመስል ምእንቲ ኽንርኢ፣ ማዕጾና ረጊጥና፣ ነቶም ወነንቲ ሆቴል ኣቐሑና ኺይስረቕ ብዝተወላደፈ "ኣምሕርኛ" ሓደራ ኢልና ወጻእና።

ኣብ ኣስመራ ኸለኹ፣ ብዛዕባ ኣዲስ ኣበባ ብዙሕ ዜሻቕል ነገራት ሰሚዐ ነይረ። *"ማጅራት መቺ"* ዚብሃሉ፣ ብኻራ ዚጕይሑ፣ መልክዖም ብፖሊስ ምእንቲ ኸይልለ ድማ ነቲ ግዳይ ኣዒንቱ ጐጥጕጦም ዜውጽኡ ቀተልቲ ሰብ ኣለዉ፣ ዚብል ልቢ ዚዘብሕ ዕላል እዩ ነይሩ። ስለዚ፣ ነዚ ዜርዕድ ዛንታ ኣብ ኣእምሮና ኣስፊርና ኢና ኻብታ ሆተል ወጺእና ናብቲ *"ፒያሳ"* ዚብሃል ኣብ ጥቓና ዝነበረ ኣደባባይ ዝወረድና። *ደሃብ ሆተል፣ ልኡል መኮንን ቡና*

ቤት፣ ኪንግ ጆርጅ ባር ዚብሃል ትካላት ዝነበሮ ኣካባቢ ንሓያሎ ደቓይቕ ዛወንና። ብድሕረኡ፣ መሬት ዓይኒ ኺሕዝ ብዝጀመረ ምስ ብዓል ረዘነ ሓጐስ ከነዕልል ናብ ሆተል ፍረህይወት ኣምራሕና።

በተን ካብቲ መሸጣ ስእሊ ዝተረፈኒ ገንዘብ፣ ክሳዕ ናብቲ ቤት ትምህርቲ ኣቲና ምግብናን መደቀሲናን እነረጋግጽ ብቕጠባ ኽጥፍእ መደብኩ። ሃይለ ስላሰ'ውን ኣብ ተመሳሳሊ ኾነት እዩ ነይሩ፣ ስለዚ፣ ኣብቲ ሆቴል ኣቲና ሓሓደ ብያቲ ዝግኒ ወይ *"ቀይ ወጥ"* ዚብልዎ ኣዘዝና። ዋጋኡ ንሓደ ሓምሳ ሳንቲም እዩ ነይሩ። ኣብቲ ባር ዝነበረሉ ኣስታንሳ ኈንና ተመገብና። ሓደ ቕድሚ ሽዑ ሰሚዕናዮ ዘይንፈልጥ ብኽራርን ከበሮን ዝተሰነየ ደርፊ ትግርኛ፣ ነቲ ናይ ድራር ሃዋሁው ኣዐሚርዎ ነበረ።

"ለሚነየ ለሚን ቋላ፣ ላሎየ፣
ሓይ ንሳ ንድያ ኣብ ልበይ ዘላ፣
ላሎየ፣ ለሚን ተማልእለይ።
ኣብቲ ዕዳጋየ ኣይተብዝሓ ዋጋ!
ጓለበይ ብላታየ ንበይና ዓይነታ!
ኣንታ ብዓል ካሮሳ፣ ምለሳ ምለሳ!

ዚብል ቀጢን ድሙቕ ዝደሃዩ እዩ ነይሩ።

"ይበል ደራፋይ!" ሃበ ርእይቶኡ፣ ሓደ ኻብቶም መማጽእትና ተምሃሮ።

"እንታዋይ ደኣሉ እዚ ደራፋይ፧ " ሓተታ ሓደ ነታ ብዓልቲ ሆተል።

"በረኸት ዝተባህለ ወድ-ዓድና'ዩ፣" መለሸት እታ ዋና።

"ሓዉ ደኣ ኣይፈተወሉን'ምበር፣" ወሰኸ ሓደ ኻልእ ኣብቲ ባር ቆይሙ መለክያ ብምጕልጣም ኣዒንቱ ሕንዚዝ ዝመሰለ።

"ሓንትስ ነዛ ኽራር ግደፉ'ምበር ዝድላይካ ኽገብረልካ እንተ በሎስ ኣቕብጽ!" ወሰኸ ሓደ ኻልእ ዓሚል።

"ሓቂ ድዩ ባር ከፊቱሉስ እምቢ መሰንቆይ ኣይገድፍን፣ ኢሉ ዚብሃል፧"

"እንድዒ !...ኣይገድፍን'ዩ...ኢሉዎ'ውን ይኸውን!"

"ጓለበይ ብላታየ ንበይና ዓይነታ!...
ኣብቲ ዕዳጋየ ኣይተብዝሓ ዋጋ!
ኣንታ ብዓል ካሮሳ፣ ምለሳ ምለሳ!. . ." ቀጸለት እታ ተይፕ።

ንጽባሒቱ ሃይለ ስላሴ ገብርዝግን ኣነን፣ ኣብቲ ብናፍታ ዝጠዝአ ሉሕ ዝባይታኡ ኽፍሊ ኣንጊህና ተበራበርና። ምስቲ ሆተል ኣብ ዝተጋወረ፣ ጥቓ ጽርግያ ኣብ ዝነበረ ሽጕሽጕ እንዳ ሻሂ፣ ብዙሓት ሰባት፣ ኣብ ዘይቲ ተሰንኪቱ ዝፈኾኾ ብ'ዥየ ፊኖን፣ ኣብ ዓቢ ብርጭቆ ቡሽ ዝተቐድሓ ሻህን

እናኣቋሰዩ ብህርፋን ቀ'ርሶም ኪበልዑ ረኣና። እቲ ዝፈኸኸ ብ'ኸ'ዖ ኺዓቢ ጕዳም'ዩ። ሃነንታኡ ኣዝዩ ዜጕምጁ ነበረ። ሃይለ ስላሴ ኣብኡ ኽንቈርስ ሓሳብ ኣቕረበለይ። ዓይነይ ኣይሓሰኹን። ናብታ ብዓሚል ዝተጨቕጨቐት ጸባብ እንዳ ሻሂ ኣቲና ኽኣ ኣብ ሓደ ጸላም ኵርናዕ፣ ካብ ኣመና ኣገልግሎት ሕብሩ ዘይልለ ኣረጊት ሰደቓ ዝነበሮ ሩ'ቦ ተጐዛጕዝና ተቐመጥና።

እናኣቕባሕባሕና፣ ንሓደ ጠቃር ግርምብያለ ዝተሸረጠ ሰራሕተኛ ናባና ኺመጽእ ምልክት ገበርናሉ። ብዜገርም ንቕሓት ብቕጽበት ተጸግዓና'ሞ፣

"እንታይ ክእዘዝ!" በለ ብኣምሓርኛ። ናብቲ ፈኾኾታ እናኣመልከትና፣

"እዚ ሽንደይ እዩ!" በልናዮ፣ ክልተና ብለምባድ ኣምሓርኛ። ክቡር ከይኸውን'ሞ ካብ ዓቕምና ንላዕሊ ኽይንኸፍል ፈሪህና ኢና።

"ቦምቦሊኖ! ሓምሽተ ሳንቲም ጥራይ!" መለሸልና እቲ ወዲ፣ ኣኃይሽ ም'ኳንና ከየስተብሃለ ኣይተረፈን። በቲ ምሕሳሩ ኣዚና ተገረምና። ካብቲ ሻህን ካብቲ "ቦምቦሊኖን" ሓሓደና ኼምጽኣልና ኣዘዝና።

ሓሓደ ቡሽ ሻህን፣ ኣብ ብያቲ ድማ ሓሓደ ገዚፍ ቦምቦሊኖን ኣብ ቅድመና ኣብ ልዕሊ እቲ ቐርቃዕ ዝባን ጠረቤዛ ተቐረበ። ልክዕ ከምቶም ካልኦት ዓመውል፣ ነቲ ኢድ ዜንድድ ቦምቦሊኖ ብውዑይ ሻሂ እና'ቋሰና ብህርፋን ተሳሃልናዮ። እቲ ቦምቦሊኖ ኣዝዩ ምቁርን ፈኵስን ካብ ም'ኳኑ ዝተላዕለ ብሒደት ደቓይቕ ሰ'ኸለልናዮ። ብወገነይ ኣይጸገብኩን። እቲ ቦምቦሊኖ ኽምቲ ትርኢቱ ብርኩት ኣይነበረን። ዜጕምጁ ዓፍራ ዝበላዕኩ ጥራይ ጠዓመኒ። ሃይለ ስላሴ'ውን ከማይ ስለ ዘይዓገበ፣ ብውክሳ ተጠማመትና።

"ንወስኽዶ! " በለኒ።

"ንወስኽ!"

እቲ ኻልኣይ ቦምቦሊኖ'ውን ተሰኸሊሉ ተቓበጸ። እቲ ሃህ ኢሉ ዝሓደረ ኽብድና ኽኣ ብመጠኑ ተዓንገለ።

ቀ'ርስና ብዝበላዕና፣ ንኣዲስ ኣበባ እንታይ ከም እትመስል ጨረፍታኣ ንምርኣይ፣ ናብቲ ብድሮኡ ቐ'ሩብ ዝተላለናዮ *"ደሃብ ሆቴል"* ዚርከበሉ ፕያሳ ዚብሃል ገጽና ኣምራሕና። ቺነማ ኢትዮጵያ፣ ቺነማ ዓድዋ ኳድሮታተን ኣብ ኣፍ-ደገኣን ገቲረን ምስ ረኣኹ ልበይ ረስረሰ። "ደሓን ዝኾነ ዓመት ከሕልፍ'የ ግዲ፣" በልኩ ብልበይ። ክንዮ ቺነማ ዓድዋ፣ ኣብ ሓደ ቈልቋል ኲርኳሕ ዓቐበት፣ "ቤት ሻሂ ኣስመራ" ዚብል ብናይ ተልመዴን ፊደል ዝተጻሕፎ ኣረጊት ገዛ ርኢና ናብኡ ኣላገስና። ሻሂ ኣዚዝና ኾፍ በልና። ዋናኡ ሓደ ወዲ ሃገርና ኽም ዝነበረ ፍሉጥ እዩ። ኣብኡ፣ ብዙሓት ኣብ ኣስመራ እንፈልጦም መሳቱና ረኸብና።

ኣብቲ ጽርግያ ኽንዛወር ከለና፣ ንቕልበይ ኣዝዩ ኻብ ዝሰሓቦ ሓደ፣ ደቂ ተባዕትዮ ይኹኑ ደቀንስትዮ ናይቲ ዓዲ፣ ተራኺቦም ሰላምታ ኣብ ዚለዋወጡሉ ግዜ ዝረኣኹዎ ኣገባብ ኣሰዓዕማ ነበረ። መዓጕርቶም በብተራን ብፍጥነትን

እናተወሃሃቡ፣ ሓዲአም ነቲ ኻልእ ብኣፉ እናመጥመጠ ንሓያሎ ግዜ ድሕሪ ምምጭጫቕ፣ ኣብ መወዳእታ ክልተ ወይ ሰለስተ ግዜ ኸንፈር ንኸንፈር ከም ረጋቢት ተተኻኺቡም እዮም ዚዛዘሙዎ ነይሮም። ብድሕሪኡ፣ ፍሉይ ቃናን ስውያን ብዘሎዎ ኣንደበት፣ *"እንደምን ነህ፣ ደህና ነህ ወይ! እንደምን ነሽ! ደህና ነሽ ወይ!"* ኪብሃሃሉ ኸለዉ ምስማዕ ንኣይ ኣዝዩ ኣገራምን ምስ ካልእ ሓድሽ ባህሊ እላለ ኸም ዘለኹ ዘተሓሳሰበንን ክስተት እዩ ዝነበረ።

ንጽባሒቱ ሰኑይ፣ ዳርጋ ኹላትና እቶም ኣብቲ ናይ ዩኒቨርሲቲ መደብ ምልመላ ምምህርና ዝተመዝገብና፣ ብመሰረት እቲ ኣቐዲሙ ዝተዋህበና መምርሒ ኣብ ሓደ "በዕደ ማርያም" ዝተባህለ ቤት ትምህርቲ ተረኸብና።

እቲ ህንጻ፣ ናይ መባእታ ተምሃሮ ዚውዕሉሉ፣ ኣብ ውሽጢ ቐጽሪ እቲ ቐደም ጃንሆይ ባዕሎም ዚቕመጡሉ ዝነበረ፣ ደሓር ንተምሃሮ ዩኒቨርሲቲ ኺኸውን ዝመጠዉዎ ጤሳ እዩ ነይሩ። ብቕዲ ኤውሮጳውያን ዝተሃንጸ፣ መናድቑ ጽኑብ ኣእማን፣ ኣብ ገለ ሸነኹ ድማ ካብ እምኒ ዝተወቕረ ምስልታት ኣናብስን ብበዓይነቱ ኻብ ወጻኢ ሃገር ብዝተኣታተወ ዕሙር ኣእዋምን ዕምባባታትን ናይ ጌጽ ኣትክልትን ዝተኸበ ዓንኬላይ ጋብላ ፈልፋሊት ዝሓቘፈ መናፈሻ ነበሮ። ብዕድል፣ ሓንቲ ኻብ ኣስመራ ዝተማላእኩዋ *ፒንጉሆል ካመራ* ስለ ዝነበረትኒ ንመዘከርታ ምስ ሓደ ምስሊ ኣንበሳ ተላዓልኩ።

ሓደ ኻብቶም ኪቕበለና ዝተመዘዘ ሰብ፣ ካብቲ ቤት ትምህርቲ ርሕቕ ናብ ዝበለ ጤራር ዝናሕሱ ሓጸርቲ ገዛውቲ ወሲዱ፣ ተር ዝበለ መምስ ፍርናሹ ዓራት በብሓደ ኣትሓዘና። እዚ ንግዜኡ ኸም ዝኾነ፣ ጸኒሕና ትምህርቲ ኣዐርዩ ምስ ተኸፍተ ግና ናብ ካልእ ከም እንግዕዝ ነገረና። ቤት ትምህርቲ ብስሩዕ ዚኽፈተሉ መዓልቲ ሰሙን ጥራይ እዩ ተሪፉዎ ዝነበረ። ክሳዕ እቲ ካፈተሪያ ዚርሖ ኣብ ደገ ኸንምገብ ከም ዘለና፣ ንመጸንሒ ኸኣ ዓዓሰርተ ቕርሺ ኸም ዚም'ጠወና ኣርድኣና። በዚ ኹላትና ሓረቕና። ገለ ኻብቶም ተምሃሮ፣ ብፍላይ እቶም ደቂ ኣዲስ ኣበባ ነቲ ሰብኣይ ብሕቶ ወጠሩዎ። እቲ ዝተዋህበና ገንዘብ ንሸውዓተ መዓልቲ ኸም ዘይኣክል ከኣ ኣትረሮም ተኸራኸሩ። እቲ ሰብኣይ ግና፣ "ማእምኣኩም ተቐበሉ፣ ሓሰመኩም ድማ ጠን ኣብልዎ፣" ብዜስምዕ ቃና ኣቕበጸና። ኩሉ'ዚ ብኣምሓርኛ እዩ ዚብሃል ዘሎ።

"ወዮ ናይ ጁባ ገንዘብከ! " ሓተቱ እቶም ደቂ ኣዲስ ኣበባ።

"ንሱ'ሞ ኸትምሃሩ ኸለኹም ኣብቲ ካፈተሪያ ንምግብኹም ዚውዕል'ዩ" መ'ለሸ ብጽኑዕ ኣንደበት።

"ናይ ጁባ ገንዘብ'ዩዶ ኣይበልኩምናን! " በልና በብሸነኽና።

"ሕጂ'ውን'ኮ ናይ ጁባ ገንዘብ'ዩ። ባዕልኻትኩም ከተመሓድሩዎ ስለ ዘይትኽእሉ ግና ብኡ ገይሩ እዩ እቲ ካፈተሪያ ዚምግበኩም፣" መለሸልና ኸየወላወለ።

"ብምንታይ ጌርና ደኣ ኽንሕሸሸ ኢና፧ " በለ ሓደ ምርኡይ ብዓል ኣዲስ ኣበባ። ንኡ ንበይኑ ጥራይ ዝመሰሎ ርእይቶ ግና ኣይኮነን። እቶም ካብ ኣስመራ ዝመጻእና ኸኣትና፣ እቲ ዘተስፈዉና ንወርሒ ዕስራን ሓምሽተን ቅርሺ ናይ ጁባ ገንዘብ ንመሓሸሺና እዩ መሲሉና ነይሩ።

"ኣብዚ ዝመጻእኩም፣ ክትመሃሩ'ምበር ገንዘብ ክትሕሸሹ ኣይኮነን፣" በለና ወዮ 'ሰካሕ' ሰብኣይ።

"ደሓን ኩኒ መሓሸሺት!" በልኩ ብልበይ። ኣነስ ገለ ቺነማ እንተ ረኣኹሉን ዝተረፈ ድማ ንስድራይ ሓገዝ ክሰድድን እየ መዲበ ነይረ።

በተን ዝተዋህባና ዓሰርተ ቕርሺ ምንባር ንባዕሉ ሓደ ግድል ነበረ። እቲ ኻብ ኣስመራ ዝተመላእኩዎ ገንዘብ ፈጺሙ ስለ ዝተወድአ፣ እተን ዓሰርተ ቕርሺ ልክዕ ኣብቲ ዜድልየኒ እዋን እየ ረኺበየን። እቶም ካልኦት መማህርተይ ካብ ኣስመራ ዝመጽኡ'ውን፣ ብጀካ ሓደ ኽልተ ኣብ ኣዲስ ኣበባ ዘመድ ዝነበሮም፣ ኣብ ተመሳሳሊ መግደራ እዮም ጥሒሎም። እምበኣርከስ፣ ነዘን ዘይጠቕማ ገንዘብ ብዝገበርኩ ገይረ ኸተኣኻኽለን ነይሩኒ። ክሳዕ እቲ ካፈተርያ ተኸፊቱ ኣብኡ ምምጋብ እንጅምር ምርጫ ኣይነበረን።

ሓደ ድሕሪ ቐትሪ፣ ስእለይ ጠለብ እንተሎዎ ኽውከስ፣ ናብቲ ኣብ ፊት ቺነማ ኢትዮጵያ፣ ብዝባን ኪንግ ጆርጅ ባር ኣብ ዝነበረ ናይ ባህሊ ኣቕሑ ዚርከበሉ በረንዳታት ከድኩ። ኣብ ሓደ ድኳን ብኢድ ዝተሳእለ መልክዕ ናይ ደቀባት ስለ ዝረኣኹ ናብኡ ኣላገስኩ። እታ ዋና ዓሌታ ዘይፈለኹዎ ጻዕዳ እያ ነይራ። ብእንግሊዝኛ ድማ ናይ ኢድ ስእሊ ትዕድግ እንተ ኾይና ሓተትኩዋ። እታ ሰበይቲ ገሪሙዋ ጠመተትኒ።

"እንታይ ኢኻ ደሊኻ፧" ሓተተትኒ ብዜስደምም ጽሩይ ኣምሓርኛ።

ባዕለይ ዘዳለኹዎ ስእሊ ኽም ዘለንን ኣብ ድኳና ኽትዝርግሓለይ ወይ ካባይ ዓዲጋ ኽትሸጠ ትደሊ እንተ ኾይና ብኣምሓርኛ መለሽኩላ።

"ኣይደልን!" በለትኒ ተማእዲዳ። እናጕሃኹ ወጺአ ናብቲ ጕረቤቱ ድኳን ኣተኹ። ኣብዚ'ውን ሓደ ጻዕዳ እዩ ጸኒሑኒ። ሕጂ ግና ኣይዓሸኹን። ብኣምሓርኛ ተወከስኩዎ። ንሱውን ከም ዘይደሊ ነገረኒ። ከምኡ እናበልኩ ንኹሉ እቲ ሪጋ ድኳናት በጻሕኩዎ። ተስፋ ቑሪጸ ናብ መሕደርየይ ተመለስኩ።

ኣብቲ ዝሰዓበ ቐዳም ግና እተን ዝሃቡና ገንዘብ ስለ ዝወዳእኩ፣ ክሳዕ ሰኑይ ከመይ ገይረ ኽም ዝጸንሕ ሓርበተኒ። ለቓሕ ዘይሕሰብ እዩ ዝነበረ። መን ኬለቅሓኒ፧ ስለዚ፣ ምናልባት ብዓይኖም እንተ ረኣዩዎ ዝያዳ የወናውን ይኸውን፣ ኢለ ኻብቲ ባልጃይ ክልተ ኣውጺአ ከይረስሓንን ከ'ይዕምጸጸ'ንን ተጠንቂቐ ኣብ መንካ ኣቕጽልቲ ናይ ጋዜጣ ቀርቂረ ወሰድኩዎ።

ኣብቲ ፊት *"ኪንግ ጆርጅ ባር"* ኣብ ጐኒ መሸጣ ሳእኒ "*ዳርማር"* ምስ በጻሕኩ፣ ኣብ ውሽጢ ሓደ ኸምቲ ናተይ ዚመስል ናይ ኢድ ስእሊ ዚሸየጠ ድኳን፣ ሓንቲ ረጓድ ፈረንጂ ኣብ ባንኮኣ ቖይማ ረአኹ። ኣምሓርኛ ኣይትኽእልን'ኳ ትኸውን ኢለ እናተጠራጠርኩ፧

"ስእሊ ትደልያዶ/ " ሓተትኩዋ፣ ኣብቲ ድርኰኹት ኮይነ ምእንቲ ኽትርእዮ ዘርጊሐ።

"እስከ ሃባ ኸርእዮ፣" በለትኒ ብርጡብ ኣምሓርኛ።

ብታሕጓስ ኣረከብኩዋ።

"ክንደይ ኢኻ እትሸጦ/ " በለትኒ ነቲ ስራሐይ እናረኣየት።

"ዓሰርተ ቅርሺ።"

"*ኣይ፣—"* ኢላ ኽትመልሰለይ ድንዕ ኽትብል ከላ፣ ገና ኽይተቐበልክዋ፧

""ክንደይ/" ኢለ መሊሰ ሐተትኩዋ።

"ሓምሽተ።"

"ሕራይ፣" በልኩ ብልበይ ንኣምላኽ እናመስገንኩ።

ዓሰርተ ቕርሸይ ሒዘ ኣስተርሕየ ኣስተንፈስኩ።

ገለ ኻብቶም ምሳይ ዝመጹ ብጮተይ ግና ከማይ ዕድለኛታት ኣይነበሩን። ካብ ፒያሳ ውርድ ኢሉ፣ ኣብ ጐደና ቸርችል (*ሎሚ ጋንዲ መንገድ*)፣ "ካስቴሎ" ዝሽሙ ሓደ ኢጣልያዊ ዚውንኖ ሆቴል ነይሩ። ምግቡ ኣዝዩ ጽቡቕ፣ ብፍላይ ንደቂ ኣስመራ ዜውናውን "ሜኑ" ነበሮ። ሓይሎም ፍስሃየን ሓጐስ ዮሃንስን ዚርከቡዎም፣ "ከም ናይ ዓድና ዚመስል ሪስቶራንተ፣" ኢሎም ዋጋ ኸየጣለሉ "ፕሪሞን ሰኮንዶን" ምስ "ማቾዶንያ" ዚብሃል መመቀር ኣፍን ሓሓደ ፍረን ግርም ገይሮም ኣጣምም ኣየብልልኩምን! ሆቴል ሆየ ሰለስተ ቕርሺ ኣንቀ-ድ! እኒ ሓይሎም ልቦም ምልሕ! በዚ ምኽንያት'ዚ፣ እቲ ናይ ጁባ ገንዘብ ምእንቲ ኺተኣኻኽለሎም ድራር ወይ ምሳሕ ብምግዳፍ፣ ወይ ንሓንቲ ብያቲ ምግቢ ንኽልተ፣ ሰለስተ እናተማቐሉ፣ ወይ ካብ ሰብ ተለቂሖም ከም ዝሰገሩዎ እዝክር።

፲፱

ኣእምሮ ዜስፍሕ ተመክሮ

ኣብቲ ዝሰዓበ ሰሙን፣ ትምህርቲ ናይቲ ዩኒቨርሲቲ ብሓፈሻ ብስሩዕ ተጀመረ። መደቀሲና፣ ናብ ሓደ ብዕንጨይቲ ዝተሃንጸ ብዙሕ ኽፍልታት ዘሎዎ ሓደ ዝደርቡ ኣረጊት ገዛ፣ ቀጽሩ ምስቲ ናይ ቀደም "የንግድ ትምህርት ቤት" (ቤት ትምህርቲ ን'ግድ) ዚጋወር ነበረ። ኣነ ኣብቲ ላዕላይ ደርቢ ምስ ኣስታት ዓሰርተ መዳኾስቲ ኣብ ሓደ ኽፍሊ ተመደብኩ።

ኵላትና፣ ካብተን ሽዑ ኤርትራ እትርከበን ዓሰርተው ሰለስተ "ጠቕላይ ግዛት" (ጠቕላል ግዝኣት) ዚብሃላ ስለ ዝመጻእና፣ ጠባይናን ባህልናን ኣተሓሳስባናን ኣዝዩ ዝተፈላለየ ነበረ።

ኣብ ጽ'ባሕ እቲ መጀመርታ ኣብኡ ዝሓደርናሉ፣ ንግሆ ተበራቢርና፣ ዓራትና ኣንጺፍና ናብ ካፈተርያ ንምኻድ ክነሸበድብድ ከለና፣ ኣብቲ ጥቓና ብርቱዕ ታዕታዕ ተፈጥረ።

ላብ-ስኩል ኣብ ሰገነት መዳኾሶ ተምሃሮ 1963

"ምን ሆና ነው፥ (እንታይ ኾይና እያ") በለ ሓደ ዝተደናገረ ዚጥዕም ደሃይ። ጸጕሩ ኵርዳድ ዓይኑ ሽውርር ዝበለ፣ መዛርዑ ደቂቕ መስኪን መሳሊ ወዲ እዩ ነይሩ።

"ስምዓዮ ሕጂ'ውን ዚብለኒ ዘሎ!" ገዓረ ሓደ ኻብቲ ወዲ ዝጐልበተን ዝደልደለን ቀይሕ ጐበዝ። በየነ ገብረንጉስ እዩ ነይሩ። ክልተ ወይ ሰለስተ ዚኾኑ ነቲ ወዲ ኽይወቕዮ ይኽልክልዎ ነበሩ።

"እንዴ! ምን ኣልኩሽ (ዋእ! እንታይ ኢለኪ)!" ተለማለመ እቲ ወዲ በቲ ሽውራር ዓይኑ እናጠመቶ።

"ስምዕዎንዶ፣ ይጸርፈኒ'ዩ ዘሎ!" ገዓረ በየነ ገብረንጉስ ኪተሃራረም ወጠጥ እናበለ።

"ምን ብለህ ነው የሰደብከው (እንታይ ኢልካ ኢኻ ጸሪፍካዮ)፥ " ሓተትዎ ነቲ ወዲ፣ እቶም ደቂ ዓዱ።

"ምንም ኣላልኳትም። እንደምን ኣደርሽ ብቻ ነው ያልኳት!" (ዋላ ሓንቲ ኣይበልኩዎን። ደሓንዶ ሓዲርኪ ጥራይ እየ ኢለያ)

"ኣይትሰምዕዎን ኣለኹም፤ ሕጂ'ውን 'ኣቲ' እኳ'ዩ ዚብለኒ ዘሎ፣" ነደረ በየነ እናገንፈለ።

ሓደ ኻብቶም ደቂ'ስመራ ብዝተወላደፈ ኣምሓርኛ፣ ኣብ ዓድና ንወዲ ብኣንስታይ ጾታ ምርቃሕ ናይ ንዕቀት ኣበሃህላ ምዃኑ ነቶም ኣምሓሩ ኼብርሃሎም ፈተነ።

እቶም ኣምሓሩ፣ እቲ ጒዳይ ምስ ተገልጸሎም፣ ከም ዝተረድኦም ኬፍልጡ ኣራእሶም ነቕነቑ። ክምስ እናበሉ፣ እቲ ወዲ ኽምኡ ዝገበረ ኣቕሪቡ ኽም ዝኾነ ነቶም ደቀ'ስመራ ብወገኖም ኣብርሁሎም። ነቲ ወዲ ዓዶም ||ኣ ድሕሪ ደጊም ከምኡ እናበለ ኽይረቕሑ ተላበዉዎ።

"አረ ምን በወጣኝ!... ካላናገረችኝ እኔም ኣላናግራትም፣" (ወረ ይትረፈኒ፣ ... እንተ ዘይተዛረባትኒ እንታይ ኢለ' ኽዛርባ)፣ በለ እቲ ወዲ እናተመሻኸነ፣ በቲ ሽውራር ዓይኑ ንኹላትና ብዙርያ እናጠመተ።

በዕደ ማርያም፣ ሽም ናይ ወድ-ወዶም ንሃጸይ ሃይለ ስላሴ እዩ ነይሩ። ከም ዚመስለኒ፣ ምናልባት ነቲ ኣብ 1957 ኣብ መገዲ ደብረ ዘይቲ ሞይቱ ዝተባህለ ልዑል መኮንን መስፍን ሃረር ዝነበረ ወዱ። ኣብቲ ንሕና ናብቲ ቤት ትምህርቲ ዝኣተናሉ ግዜ ንእሽቶ ቈልዓ እዩ ነይሩ። ብዙሓት ካባና ብሽም ሓደ ሕጻን ክንስመ ደስ ኣይበለናን። "የለን፣ ንስኻትኩምሲ ላቦራቶሪ ስኩል ኢኹም እትጽውዑ፣" ምስ ተባሃልና'ውን ጌና ዘይፈተዉዎ ነይሮም። ኣብ መጠረሽታ ግና እቲ ሽም በብቕሩብ ስለ ዝተራዕመ፣ ኣብ ክንዲ "ላቦራቶሪ ስኩል" ብሓጺር ኣበሃህላ "ላብ-ስኩል"ተባህለ።

ኣብ ልዕል'ዚ፣ ምስቶም ኣብ ኣራት ኪሎ ዝነበሩ ተመሃሮ'ውን

ኣይተቓዶናን። ንግሆ ኾነ ቐትሪ ወይ ምሸት፣ እቶም ነ'ባራት ተምሃሮ፣ መስርዕ ካፈተሪያ በዞም እንታይነቶም ዘይተረጋገጸ ተምሃሮ ተታሒዙ እናጸንሐ ስለ ዘሸገሮም *"ታምቾ"* ዚብል ሳጓ ኣውጽኡልና። ንባዕለይ እታ ቓል መጀመርታ ምስ ሰማዕኩዋ ትርጉም ኣይሃበትንን። እቶም ኣምሓሩ መማህርትና ግና በዚ ኣዝዮም ነ'ደሩ። ለከስ ሓሰኻ "ባርኖሳይ" ማለት እዩ።

ከምዚ ኸነሱ ግና፣ ድሕሪ ሓያሎ መዓልቲ፣ ትምህርቲ ብምሉእ ዓቕሚ ኺግስግስ ጀመረ። መማህራና ነንበይኑ ባህርን መንነትን ዜግነትን ዝነበሮም እዮም። ኣብቲ ዓመት እቲ፣ ሰራዊት ሰላም ብብዝሒ ስለ ዝኣተዉ፣ ላብ-ስልኩል'ውን ሽድሽተ ወይ ሸውዓተ ዚኾኑ "ሪማ" ረኺበት። ኣዝዮም ንፉዓት መምህራን፣ ፍልጠቶም ፍጹም ዘይበ'ቁ እዮም ነይሮም። እቲ ዘጕሂ፣ ዝፈተንኩ እንተ ፈተንኩ ሽማቶም ርግጸኛ ኾይነ ኽዝክሮ ኣይከኣልኩን።

ናይ ፊዚክስን ባዮሎጅን መማህራንይ ሰራዊት ሰላም እዮም ነይሮም። እቲ ናይ ፊዚክስ መምህርና፣ ሚስተር ኤድዋርድ (፧)፣ ብሞያኡ ዕቱብ፣ ኣመሃህራኡ ርጡብ ስለ ዝነበረ ንኣይ ዳርጋ ናይ ማትሪክ ዋሕሰይ እዩ ነይሩ ኽብል እኽእል። እቲ ናይ ባዮሎጂ መምህርና ሽኣ'ሞ፣ ንበይኑ ዝዓይነቱ ኣመሃህራ ዚኸተል ሰብ እዩ ነይሩ። ካብ ማሳቹሰትስ ዝመጸ፣ ነቲ ፍልጠት ናብ ተምሃሮ ንምትሕልላፍ ብሓውሲ ድራማ እዩ ዜቕርቦ ነይሩ። ንኣብነት ብዛዕባ "ክንሻር" (fern) ዝተባህለ ዕጸዋት ኪምህረና ኸሎ፣ እቲ ተባዕታይ ክንሻር ነታ ኣንስተይቲ ኽንሻር ከመይ ገይሩ ኸም ዜኳሽማን ኣማስያኡ ድማ ኣርድዩ፣ ብፍቕሪ ኣዐዚሙ፣ ተራኺቡ ኸም ዜጽግያ እ'ናኣዘናግዐ እዩ ዚገልጾ ዝነበረ። እታ ናቱ ኽፍሊ ሰሓቕ ብሰሓቕ ኮይና እያ እትውዳእ። ኵላትና ናብቲ ክላሱ ብህንጣየ ኽንርከብ ይዝከረኒ።

ኣብ ልዕል'ዚ፣ እዚ ናይ ባዮሎጂ መምህርና፣ ኣብቲ ዩኒቨርሲቲ ኣብ ሓደ መ'ኽዘን፣ ካብ ወጻኢ ሃገር ብሓገዝ ተዋሂበን ኣደዳ ደሮናን ዕሻሽን ኮይነን ዝጸንሕኦ ማይክሮስኮፕ ናብቲ ክላስና ኣምጺኡ፣ ንኽልተ ተምሃሮ ሓንቲ ብምዕዳል በብዓይነቶም ደቀቕቲ ህይወታውያንን ዋህዮታትን ብዓይንና ከም እንርእዮ ገበረ። ንኣይ ብውልቀይ ድማ ስእሊ ኸም ዝኽእል ምስ ፈለጠ፣ ናብታ ኣብ ፒያሳ ዝነበረት ጣልያን ብሕሱር ኣብ ክንዲ ዝሸጦ፣ ብዕጽፊ ዋጋ ኣብቶም ኩሎም ሰራዊት ሰላም ከም ዚሸጠለይ ተመባጽዓለይ። ከምታ መብጽዓኡ ድማ ገበረ።

ሚስተር ኬንደል ዝተባህለ ኣባል ሰራዊት ሰላም ወትሩ ፍሽኽታ ዘይፍለዮን ኣዝዩ ትሑትን እዩ ዝነበረ። እዚ ኺብሃል ከሎ ግና ነጥቢ ብኸምኡ ዚህብ ነይሩ ማለት ኣይኮነን። ንተምሃሮ ናብ ሰለስተ ጕጅለ ዝኸፈለና'ውን ንሱ ይመስለኒ። ማለት ብእንግሊዝኛ፣ *horses, mules, donkeys (ኣፍራስ ኣባቕል ኣእዱግ)* ብዚብል መፍለዪ።

እንግሊዝኛ ዝመሃረትና ሓንቲ ሚስ ብራይድ እትብሃል ርእሳ ቈናኒት

ዝሰኣነት እትመስል ወንጫር ኣረጊት ብሪጣንያዊት እያ ነይራ። ኣመሃህራኣ ኣበር ኣይረኸብናሉን፣ ስለዚ ዅላትና ንፈትዋ ነበርና።

ጂኦግራፍያ ዝመሃረና ሚስተር ግሪስደይል ዝተባህለ እንግሊዛዊ ነበረ። ንጂኦግራፊ "እስክሽም" እናበለ እዩ ዜሾድዳ ነይሩ እንተ በልኩ ኣየጋንንኩን። ልዕሊ ኹሉ፣ ቅድሚ ሕጂ ሰሚዕናዮ ብዘይንፈልጥ፣ ንጂኦግራፍያ ምስ ቍጠባን ልምዓትን፣ ምስ ኣካባቢያዊ ሳዕቤን፣ ምስ ዞባውን ኣህጉራውን ፖለቲካ ኣብ ኢትዮጵያ ዝያዳ ብምትኳር እዩ ምሂሩና።

ሓደ ጋሼ ኣበበ እንብሎ ናይ ኣምሓርኛ መምህር ድማ ነይሩ። ንኤርትራውያን ዚፈቱ ኣዝዩ ሕያዋይ ነበረ። ከምቶም ካልኦት ኣምሓሩ ንቐልዓለም ዘይኮነስ ብልቢ። የኣስመራ ልጆች እናበለ የደሃህረና ነይሩ። ንኤርትራውያን ብሓፈሻ ንኤኮኖምያዊ ምንቅስቓስ ናይታ ሃገር ከም ሞተር ገይሩ እዩ ዚገልጾም ዝነበረ። ኣብ ክላሱ ፍሉይ ትኹረት ስለ ዚገብረልና ኣምሓርኛ ኽንመልኽ ዅላትና ንጽዕር ነበርና። ባህሪኡ ነቲ ኣብ 1960 ኣብ ቀ.ኃ.ሥ. ዝመሃረና "ጋሼ ደምሴ" ዜዘኻኽር ነበረ።

ኣብ ሰለስተ ወርሕና ግና እቲ ናይ ባዮሎጂ መምህርና፣ ንኣና ግሉጽ ብዘይኮነ ምኽንያት ኣብ ውሽጢ ዕስራን ኣርባዕተን ሰዓት ካብ ኢትዮጵያ ብጥርዝያ ወጽአ። እቶም ኣብ ትሕተኡ እንምሃር ዝነበርና ኣዚና ጕሂና።

ጥቅምቲ 1963 ምስ ሒደት ኻብቶም ኣብ ላብ-ስኩል መማህርተይ ዝነበሩ። መምህር ናይ ኣምሓርኛ ኣቶ ኣበበ ኣብ ማእከልና ኣሎ።

ደሓን ኩኑ ኺብለና'ኳ ዕድል ኣይተዋህበን። ትምህርቲ ባዮሎጂ ኸኣ ብሓደ ተወልደብርሃን ገብረእግዚኣብሄር ዝተባህለ ምሩቕ ተሓጋጋዛይ ኣስተምሃሪ ከም ዚቕጽል ተገብረ።

ተወልደብርሃን ብዕድመ ቍሩብ ጥራይ ዚመርሓ'ና ኸነሱ፣ ብፍልጠቱ ኣዝዩ ተኣማማኒ፣ ዳርጋ ሓድሽ ምሩቕ መንእሰይ እዩ ነይሩ። ኣመሃህራኡ ኻብቲ ናይቲ ሰራዊት ሰላም ፍልይ ስለ ዝበለናን ምሒር ዕትበት ስለ ዝሰፈኖን ግና ክሳዕ እንለምዶ ሓያሎ ግዜ ወሰደልና።

ላብ-ስኩል ንኣይ ሓንቲ ምርእይቲ ነጥቢ ኣብ ህይወተይ እያ። ኣብኣ ምስ ብዙሓት ካብ ዝተፈላለየ ሸነኽ ኢትዮጵያ ዝመጽኡ ወርጠበታት ተላልየ። ገለ ኣብ ትምህርቶም በርቕታት፣ ገለ ኣዝዮም ምቕሉላት፣ ገለ ህኩያት፣ ገለ ነገረኛታት፣ ገለ ሰ'ባባት፣ ገለ ረባሻት፣ ገለ ድማ ዕውልና ዜንጸባርቑ ነበሩ። ኣብ መንጎና ሓንቲ ጓል ጥራይ እያ ነይራ። ካብ ኤርትራውያን፣ እኒ ሃይለ ስላሴ ገብርዝጊ፣ ተኪኤ ዘርእዝጊ፣ እስጢፋኖስ ዘርኣይ (ወደልሓዪት)፣ ገብረታትዮስ ወልደግዮርጊስ፣ ኢሳያስ መርሃጽየን፣ መስዋእቲ ገብረህይወት፣ ጴጥሮስ ሃብተማርያም፣ ኪዳነ ገብረልዑል፣ በየነ ገብረንጉስ፣ መንገሻ በ'ኺት፣ ረዘነ ሓጐስ፣ ሓጐስ ዮሃንስ፣ ሓይሎም ፍስሃየ፣ ሃይለስላሴ ኪዳነ፣ ዓንደብርሃን ኪዳነ፣ ሓድጉ ዓንድንኪኤል፣ ገብረሚካኤል እስጢፋኖስ፣ ጸጋይ ኣሰፋው፣ ገብረስላሰ ዘድንግል፣ ተኽለሃይማኖት ብርሃነ (ወዲኒ)፣ ጕልበት፣ ወልደገብርኤል ኣብርሃም፣ ፍስሓጽየን ገብረንድርያስ (ጦብያ)፣ ግርማ(ይ) ተኸስተ ንግዚኡ እዝክር። ካብ ኢትዮጵያውያን፣ ምስጉን ስብሃቱ (ሕጂ ኣብ ኣመሪካ ሓደ ዓብዪ ሊቅ ከም ዝኾነ ሰሚዐ)፣ ተወልደ ዮሃንስ (ወዲ መቐለ)፣ ኣይንኣለም (ስድራኡ ነታ ኣብ ዓዲ ግራት ዝተመሳሕናላ ሆቴል ኢትዮጵያ ዚውንኑ)፣ መሰለ(፧) ሃይለማርያም፣ ክንፈ ኣብርሃም (ዶክተር)፣ ጂራታ ፊዳ፣ ዮሃንስ — (ደሓር ኣብ ጥቓ ላየን ሆተል እንዳ ወርቂ ዝወነነ)፣ ስለሺ —፣ መልኣኩ —፣ ጥላሁን ደምሴ (ናብ ሓይሊ ኣየር ዝተጸንበረ)፣ ኣንዱኣለም — (ናብ ሓይሊ ምድሪ መኰንን ዝኾነ፧)፣ በቀለ —፣ ሰለሞን ጅሩ (ደሓር ናይ ከሚስትሪ ፕሮፌሰር ዝኾነ)፣ ክንፉ ወዳፍራሽ (ምሳይ ናብ ሓይሊ ባሕሪ ኪጽንበር ሓሲቡስ ዝገደፎ)፣ ተስፋዬ ናትናኤል (ደሓር ናይ ብሄራዊ ሎተሪ ዋና ኣካያዲ ዝኾነ)፣ ሰይፉ —፣ ግርማ ንዋይ (ኣብ ፖሊስ ተጸንቢሩ ናይ ጋዜጣ ፖሊስና እርምጃው ዋና ኣዳላዊ፣ ከምኡ'ውን ክሳዕ ጀነራልነት ዝበጽሐን ብግዜ ደርጊ ድማ ናይ ወሎ ኣመሓዳሪ ዝኾነን)፣ ዘበንጉስ — (ደሓር ግኑን መምህር ኮይኑስ ንሱ ዝጸሓፎ ናይ ትምህርቲ መጻሕፍቲ ኣብ ጽርግያታት ኣዲስ ኣበባ መሊኡዎ ርእየ ኣለኹ)፣ ተዘራ —፣ ግርማ ብጅጋ፣ በንቲ ራና፣ ስቲቨን — (ተወላዲ ጋምቤላ)፣ ተስፋዬ ደገፉ፣ ኣልማዝ ኣቦየ (፧) ትዝ ይብሉኒ።

ሓለቓ ናይቲ ቤት ትምህርቲ ላቀው ሙላት ይብሃል ነበረ። ኣብ ቀ.ኃ.ሥ ከለና ካብ ኣዲስ ኣበባ መጺኡ ዘዘራረበና ንሱ እዩ ነይሩ። ገጹ

ወትሩ ፍሽሑው፣ ንዝኾነ ተምሃራይ ድማ ምቕሉል ክነሱ ኣብ ውሳነኡ ግና ጽኑዕ ነበረ። ዘምረሮ ሰብ ኣይዝከረንን። ኣብቲ ግዜ'ቲ *"ፂፓ"* ናይ ፋኩልቲ ትምህርቲ ዶክተር ኣክሊሉ ሃብቴ ዝተባህለ እዩ ነይሩ።

ኣብ መንጎ ተመሃሮ ዩኒቨርሲቲ ደቂ ኣራት ኪሎን ደቂ ስድስት ኪሎን፣ ሕጂ ብዘይዝከረኒ ምኽንያት ህልኽን ባእስን ከም ዝነበረ እዝክር። ምስ ፖለቲካ ኼተሓሕዝዎ ዚፍትኑ ሰባት ነይሮም፣ ግና ኣይመስለንን። በቲ ግዜ'ቲ፣ ኣብ መንጎ ተምሃሮ፣ እንትርፎ ብሕሽኹታ፣ ንመንግስቲ ሃጸይ ሃይለ ስላሴ ብቕሉዕ ዚቃወም ዳርጋ ኣይነበረን። እኳ ደኣ፣ ጃንሆይ ነቲ ተቕዋም ኣዝዮም ዚሕበኑሉን ዚግደሱሉን ከም ዝነበረ እየ ዝዝክር። ሳሕቲ'ውን ኣዳህሊሎም፣ ናብቲ ተምሃሮ ብብዝሒ ዚርከቡሉ፣ ከም ካፌተሪያ ዝኣመሰለ ወይ ኣብቲ ውሽጢ ግቢ ተምሃሮ ተኣኪቦም ኬዕልሉን ኪዛነዩን ወይ'ውን ብስፖርት ኺዘናግዑ ኸለዉ በርደግ ዚብልሉ ግዜ ነይሩ። ንኣብነት ሓደ ድሕሪ ቐትሪ ኣብቲ *የልደት ኣዳራሽ* ዚብሃል ካፌተርያ ከም ወትሩ ተምሃሮ ፒግፖንግ እናተጻወቱ ኸለዉ ደበኽ ዝበሉሉ ኣጋጣሚ እዝክር። ነቲ ኣብኡ ዝነበረ ምድረ ተምሃራይ ምእንቲ ኺመስሉ ድማ ምስቲ ናይ ዩኒቨርሲቲ ናይ ስፖርት ኣሰልጣኒ፣ ራኬት ተዓዲሎም ክልተ ወይ ሰለስተ ጠረብረብታ ከም ዝተጻወቱ ትዝ ይብለኒ። ነታ ፒግፖንግ ኪቐልዕዋ ኸለዉ፣ እቶም ዓጀብቶም ገጾም ሕ'መት ኪመስል ክሳዕ ዚቝጥዑ እዩ እቲ ምድረ-ተምሃራይ ሰሓቕ ምእንቲ ኸይመልቖ ኣፉ ሓቲሙ ነቲ ሃጸያዊ ስፖርት ዝተዓዘበ።

ኣብ ሓደ ኻልእ መዓልቲ'ውን፣ ብዓል ተኪኤ በርሀን ብርሃነ ኪዳነን (ቻርለስ) ዚርከብዎ ጒጅለ ተምሃሮ ኣብ ሓደ ጽሙው ሸነኽ ናይቲ ግቢ ስድስት ኪሎ እናዕለሉ ኸለዉ፣ እታ "ሉሉ" ዝተባህለት ደቃቕ ከልቦም እናመርሓቶም ብሃንደበት ህሩግ በሉዎም። እንቋዕ "ሉሉ" ተራ ኸልቢ መሲሉዎም እምኒ ኣየሸንጐጉላ! እቶም ተምሃሮ ኵላቶም ኤርትራውያን እዮም ነይሮም።

"ትምህርት ትምሃሩዶ?" ሓተቱ ጃንሆይ፣ ግድን'ዩ፣ ብኣምሓርኛ።

"እወ፣" መለሹ ብኣምሓርኛ ብሓባር ብሓውሲ ዜማ።

"እንታይ ትምሃሩ?"

"ሂ ዝነስ፣ ሶሺያል ሳየንስ፣ ጂኦግራፊ፣ ሎው፣" መለሹ እቶም ተምሃሮ በብሓደን እናተንዘራጠቡን ብትሕትና።

"ግዕዝከ?"

"ግዕዝ ኣይንምሃርን ኢና።"

"እንታይ'ም ኺዓብስ፣ መቕዘፍያ ኸም ዜብላ ጃልባ ኢኹም።"

ሃጸይ ሃይለ ስላሰ ግና ወትሩ ዲፕሎማስኛ ወይ ድጊ ሰብ ነይሮም ማለት

ኣይኮነን። ቅድሚ እዚ እዋንዚ፣ ገና ሓደስቲ ኸለና፣ ኣብቲ ናይ ኣራት ኪሎ ካፊተሪያ መጺኣም ተመሃሮ እናተመገቡ ኣብ ዝተዓዘቡሉ ህሞት፣ ንሓደ ኻብቶም ናይ ላብ-ስኩል መማህርትና ኣብ ጥቓኡ ምስ በጽሑ ኣተኲሮም ጠመቱዎ። ዕትብ ኢሎም ድማ ዳርጋ እናጕረሩ፤

"ኣሁንም እንጀራችን እየበላችሁ ነው! (ሕጂ'ውን እንጌራና ትበልዑ 'ለኹም!) በልዎ።

ለከስ እቲ ተምሃራይ፣ ኣቦኡ ደግያት ሃይለማርያም ዝተባህሉ፣ ነቲ "ወያነ" እናተባህለ ዚጽዋዕ ዝነበረ፣ ድሕሪ ስዕረት ጣልያን ብሰራዊት እንግሊዝ፣ ኣንጻር ሃጸይ ሃይለ ስላሴ ዝተንስአ ጭፍራ ዓለወኛታት መራሒኡ እዮም ነይሮም። ብዙሓት ካባና፣ በቲ ኣብ ልዕል'ዚ ምንም ዘይኣ'በሰ መሰ'ታና ኸምኡ ምዝራቦም ኣይተሓጐስናሎምን።

ዓመተ 1963

ኣብ ላብ-ስኩል ከለኹ፣ ርክበይ ምስቶም መተዓብይተይ ኣየቋረጽኩዎምን። ብፍላይ ምስ ኣማኑኤልን ኣብርሃምን። ኣውራ ግና ምስ ኣማንኤል። ሓደ ኣዝዩ ዜመሓዝወና ቈ'ለ ነይሩ።... ቺነማ! እንቋዕ *" የቀዳማዊ ኃይለ ሥላሴ"* ትያትር ዚብሃል ኣብ ኣዲስ ኣበባ ዘሎ ኾነ። ሓደ ሰንበት፣ ሒደት መዓልቲ ድሕሪ ናብ ኣዲስ ኣበባ ምእታውና፣ ኣማንኤልን ኣነን ተራኺብናሞ፤

"ቺነማዶ ንርአ! " በለኒ፣ እቲ ሕቶ ኸም ዘየድሊ እናፈለጠ።

"ኣበይ! " ሓተትኩዎ።

"ኣብ *'ቀዳማዊ ኃይለ ሥላሴ ትያትር'*፣ ብኡ ኣቢልና ኸኣ ነቲ ኣዳራሽ ንርእዮ።"

"እሞ፣ ቅድም እንታይ ቺነማ ኸም ዘሎዶ ኽንሓትት! " ጠየቕኩዎ።

"ኣበይ ኴንና ኽንሓትት! ብእግርና ናብኡ ምኽድና፣ ቺነማ እንተ ዘየሎ ወይ ዘይንፈትዎ እንተ ኾይኑ ግና ንኸንቱ ኽንደክም ኢና።"

"ኣብ ፒያሳ፣ ኣብ ፊት ቺነማ ኢትዮጵያ፣ ብጐኒ ኪንግ ጆርጅ ባር ሓንቲ ናይ ጽርግያ ተለፎን ኣላ።"

"እ! ሓቅኻ፣ ናብኡ ንኺድ ኣብ ቀ.ኃ.ሥ. ቺነማ ዘየሎ እንተ ኾይኑ ኣብ ቺነማ ኢትዮጵያ፣ ወይ ቺነማ ኣምፒር፣ ወይ ቺነማ ዓድዋ ንኣቱ፣" መለሸለይ።

ኣብ ፒያሳ ብዝበጻሕና፣ ቍጽሪ ስልኪ ናይቲ ትያትር ንሰራሕተኛ ተለኮምዩኒከይሽን ድሕሪ ምውካስ፣ ናብታ ተለፎን ዓሰርተ ሳንቲም ከቲተ ናብቲ ትያትር ደወልኩ።'

"ሃለው! ቀዳማዊ ኃይለ ሥላሴ ተያትር፣" መለሸ ሓደ ድሱእ ናይ ሽማግለ ዚጥዕም ደሃይ።

“ሎሚ ሲነማ እንታይ ኣሎ፧ ” ሓተትኩ ብኣምሓርኛ።
“ ‘እስፖርታኩስ’ ከምኡ’ውን ‘ካውንት ድራኩ’ላ’ ፣” በለ እቲ ደሃይ።
“ሰለስተ ፊልም ዶ ይኮነን ዘሎ፧” በልኩ ብስስዐ።
“ንሎሚ ክልተ ጥራይ እዩ ዚርአ።”
“ሰዓት ክንደይ እዩ ዚጅምር፧”
“ሰዓት ሸውዓተ ምጁ ጐይታይ።”

ሰዓት ሸውዓት ብናይ እትዮጵያ ኣቈጻጽራ ሰዓት ሓደ ድሕሪ ቐትሪ ማለት እይ። ግዜ ኣጋ ፍርቂ መዓልቲ ስለ ዝኣኸለ፣ ናብ ሓንቲ ኣማንኤል ዚፈልጣ ኣብ “ዶሮ ማነቅያ” እትርከብ ቤት ምግቢ ኸድና። ዋናኡ፣ ደሓር ከም ዘዕለሉና፣ ቀደም ሰይቲ ጣልያን ዝነበረት ኣምሓረይቲ እያ። ሓደ *“ኪያይነቱ”* ኣብ መሰጣሕ ኪመጸልና ኣዘዝና። ዝግንን ኣልጫን ትምትሞን ፖልፔትን ኣሕምልትን በብንእሽቶ ኣብ ልዕሊ ጻዕዳ ጣይታ ተቐረበልና። ግርም ጌርና ኢና ጸጊብና። ብሓምሳ ሳንቲም ጥራይ።

ትያትር ቀ.ኃ.ሥ. ካብ ብዓል ኦደዮን ስፍሕ፣ ግፍሕ ዝበለ ኣዝዩ መሳጢ

ኣብ ፊት መዳቕሶ ናይ ተምሃሮ ላብ-ስኩል፣ 1964

1. (ዝቖሙ ካብ ጸጋም) መንገሻ በኺት፤ ተኪኤ ዘርእዝጊ፤ ጐልበት ?፤ ፍስሓጽየን (ገብንድርያስ (ጦብያ)፤ ረዘነ ሓጐስ፤ ግርማ ብጅጋ።
2. (ዝተኾየጡ ካብ ጸጋም) በየነ ገብረንጉስ፤ ኪዳነ ገብረልዑል፤ ጴጥሮስ ሃብተማርያም?፤ ገብረታትዮስ ወልደገርግሽ፣ ተኪኤ ተስፋይ።

ኣዳራሽ'ዩ። እቲ ናይ ድምጺ ስርዒቱ ጽቡቕ ስለ ዝነበረ፣ ነተን ክልተ ፊልም ግርም ጌርና ኣስተማቐርናየን።

ትምህርቲ ኣብ ላብ-ስኩል ብጻዕቂ ቐጸለ። ኣብ መንጎ ተምሃሮ ሓያል ውድድር እዩ ነይሩ። ኣብ ልዕል'ዚ፣ ዋላ'ኳ ማትሪክ ንሕለፍ ኣይንሕለፍ ናብ ዩኒቨርሲቲ ምእታውና ዘይተርፍ እንተ ነበረ፣ ጽቡቕ ነጥቢ ምርካብ ጥቕሚ ነይሩዎ። ኣሸበሸብ ናብ ካልእ ፋኩልቲ ኸንቅይር እንተ ደሊና። ስለዚ፣ ኩሉ ተምሃራይ ኣብ ጽዑቕ መጽናዕቲ ተጸምደ።

ኣብቲ ዓመት እቲ፣ ኣብ ኣስመራ ተሸከርከርቲ ከምቲ ናይ ዓድንግሊዝ ብሸነኽ ጸጋም ጽርግያ ዚጐዓዛ ዝነበራ፣ ናብ የማን ዝተለወጠሉ ግዜ እዩ ነይሩ። እቲ ወርሒ ኣይዝከረንን፣ ህዝቢ ብራድዮ ብግቡእ ስለ ዝተነግሮ ግና ብዘይ ገለ ጉድኣት እዩ ተሰላሲሉ።

እቲ መንእሰይ ፕረሲደንት ጆን ኤፍ ከነዲ ብሓደ ቐንጻሊ ዝተቐትለ'ውን ኣብታ ዓመት እቲኣ፣ ኣብ ወርሒ ሕዳር ነበረ። ምሸት ኣብቲ መደቀሲና እናዕለልና ኸለና ብድምጺ ኣመሪካ ኣቢልና ኢና ሰሚዕናዮ። እቲ ፕረሲደንት ኣዝዩ ህቡብ ስለ ዝነበረ፣ በቲ ኣማውታኡ ብዙሕ ሓበሻ ሰንቢዱን ጉህዩን። እቲ ናይ ሰራዊት ሰላም መደብ ናቱ ስለ ዝነበረ ዚተኣሳሰል መሰለና። ከምኡ ግና ኣይተገብረን።

ኣዲስ ኣበባ ጓና ዓዲ እንተኾነት'ኳ፣ ግዜ እናሓለፈ ብዝኸደስ፣ እናፈለጥናያን እናለመድናያን ከድና። ሓደ ንግሆ፣ ገና ብሓደስትና ኸለና፣ ምስ ሓደ ሕጂ ዘይዝከረኒ ወዲ'ስመራ፣ ብጥቓ ሓደ ብግድግዳ ዝተሃንጸ ገዛ ኽንሓልፍ ከለና፣ ዲቕ ዝበለ ጓይላ ርኢና ኣፍና ኸፊትና ኽንዕዘብ ቆምና። ሓደ ጉጅለ ዚኣኽላ ኣንስቲ ፍረኡ ዘይንሰምዖ ደርፊ እናደረፋ፣ ሓንቲ ከራሪት መሳሊት ኣብ ማእከለን እናዘለለት፣ ብድሙቕ ጣቕዒት ዚመስል ኬሰንይኦ ረኣና።

ቀሪብና ብዝተዓዘብና ግና እተን ኣንስቲ ገጸን ከምቲ ኣብ ዝኾነ ጽምብል ዚርአ ፍሱሕ ኣይነበረን። ኵላተን፣ የጣቕዓ ዘይኮነስ ኣፍ ልበን ይሃርማ እየን ነይረን። ገሊኤንስ ኣረ፣ ኣብ መዓጕርተን ዘፋር ንብዓት ስለ ዝረኣናለን ንግዜኡ ተደናገርና። ለከ ሰብ መይቱስ፣ ይል'ቀስ እዩ ነይሩ! እታ ኣብ ማእከል እተን ደረተን ዚወቕዓ ኣንስቲ እናዘለለትን ኣፍ ልባ እናደለቐትን እትደርፍ እትመስል፣ እታ ሓዘን ዝወረዳ ሰብ እዩ መሲሉና ዝነበረ። ንሳስ፣ ነተን ሓዘን ዝወረደን ቤተሰብ ምእንቲ ኺበኽያ እተደሃህር ዕስብቲ እያ ነይራ። ደሓር ንሰብ ተወኪስና ኸም ዝፈለጥናዮ *"ኣስለቃሽ"* (ኣብካዪት) እያ እትብሃል። ወይ ባህሊ ዘይገብሮ ዘየለ!

ኣብ ላብ-ስኩል፣ ግዜና ወርትግ ብሸምደዳን ብዕዮ ቤትን ጥራይ ተጽሚድና

ኣየሕለፍናዮን። ከም ማንም ነባሪ ኣዲስ ኣበባ፣ ናይ ለይቲ ህይወታ ኽመይ ከም ዚመስል ብዓቕምና ጨረፍታኡ ንምርኣይ ፈቲንና ኢና። ምስቶም መማህርተይ፣ ኣብቲ ናይ እኒ ብዓል ጥላሁን ገሰሰ፣ ብዙነሽ በቀለ፣ ተዘራ ካሳ፣ ወዘተ. ዚብሃሉ ደረፍቲ ኣብ ተይፕ ዝተመልአ ድምጾም ዘየቋርጸሉ ንኣሽቱ ባራት ነላግስ ኔርና። ገለ ኻብቶም ድፍር ዝበሉ መሳቶና ምስተን ባሪስታታት፣ *ሮክ ኣን ሮል፣ ማሪንጌ፣ ቻቻ፣ ትዊስት፣* ዝተባህለ ሳዕስዒት ዝተላሃዩን ዝተደራገፉን እውን ነይሮም። ኣነ'ውን ከምኡ ኽገብር ኣይምጸላእኩን። ግና ነታ ባሪስታ መስተ ኽትጋብዛ ነይሩካ። እተን ባሪስታታት ገሊአን "ወልዕ" እየን ኪብሉ ስለ ዝሰማዕኩ ኣይደፈርኩን። ናብ ኣዲስ ኣበባ ዚኣክል ንትምህርቲ ኽይደ፣ ብሓንቲ ዝተቘጥዐት ባሪስታ ርእሰይ ብጥርሙስ ቢራ ግዮርጊስ እንተ ተተለዝኩኽ! እንታይ ወረድኒ ኽብል'የ፧ ስለዚ እቲ ደራፋይ፤

ላብ-ስኩል ኣብ ውሽጢ ቐጽሪ ካምፓስ ስድስት-ኪሎ 1963-1964።

(ዝተቐመጡ ካብ ጸጋም) ተኪኤ ተ.፤ ረዘነ ሓጐስ፤ ሓይሎም ፍስሃየ፤ መንገሻ በኺት፤ ገብረታትዮስ ወልደግዮርጊስ። (ብድሕሪት ዝቖመ) ሓጐስ ዮሃንስ።

የንባየ ፏፏቴ
መሳለጠው ፊቴ
መሳለጠው ፊቴ
ኣሃ ኣሃሃ!

ኢሉ እናገዓረ ኸሎ፣ ዕስራ ሳንቲም ናይታ ዝሰተኹዋ ኮካ ኮላ ከፊለ ናብታ ጥዕምቲ መዳቕሶይ ኣምራሕኩ።

ኣብ ጥቓ'ቲ ባራት ዝበዝሖ ሰፈር፣ ኣብ ወሰን እቲ ጽርግያ፣ ኣብ ደድርኾኹተን ዝቔማ ኣመንዝራታት እየን ዚ'ርኣያ። ግዳያ ንምጉባጥ ከም ዝተዳለወት ሳሬት፣ ኣብ ደበንገረ ተኸዊለን ዓሚል እንተ ረኸባ ይቋመታ። መልክዐን ከይቀረብካየን ኣይልለን እዩ። ዕለት መጸ፣ ቊሪ፣ ካፋ፣ ከውታ ኸይበላ ኣእጋረን ክሳዕ ዚረዝዝ ፍጭም ይብላ። ካብቲ ባራት ብኣልኮል ጠዚኡ ዝተቐልቀለ ሰኽራም ጥራይ እዩ ምንም ሕፍረት ከይተሰምየ ኣብ ጥቓ ገጸን ተጸጊዑ ኼዘራርበን ዚኽእል ዝነበረ። ናይ ነገር መስተ ግና፣ ብኡንብኡ ምስኣተን ኪጕናፈጥን ኪጻርፍን ግዜ ኣይወስደሉን። ናብ ውሽጢ እቲ ድርኾኹተን ምስ እትእቱ፣ ሕሰም ናይቲ ናብራአን ከብዲ ይበልዕ። ርኳን፣ ሽንቲ፣ ጸረርታ ሽቓቕ ኣብ ዘጨ'ቀዎ መሸጕራጕር፣ ዕስራ ወይ ሰላሳ ኣመንዝራታት ብተርታ፣ ብዘይ ስርዓት ኣብ ዝተረቓቐዐን ዝተጸጋገዐን ናይ ጭቃ ግድጊዳታት ከም ኣናጹ ይነብራ። ውሽጣዊ መንደቕ ናይቲ ኽፍልታተን፣ ብጋዜጣታት የዛሬዩቱ ኢትዮጵያን ኣዲስ ዘመንን ኣቕጽልቲ ናይቲ ሽዑ እዋን ዚሕተም ዝነበረ "መጽሔት ሰላምታ" ብኾላ ዝተለጠፎ፣ ገሊኡ ዝዓመለ፣ ገሊኡ ዝተበጣጠቐ፣ ገሊኡ ብህፍትን ርስሓትን ተደዊኑ ይርአ። እታ ሰለስተ ወይ ክልተ ሜትሮ ብሓደ ሜትሮን ፈረቓን ዝስፍሓታ መደቀሲተን ቀንዲ ንብረታ ዓራት ጥራይ እዩ። ኣበይ ኮይነን ምግበን ከም ዜብስላ እንድዒ። ሕሰም ዓይና ኣፍጢጣ እያ እትገንሓካ። ሕልና ንዘሎዎ፣ ረሲኑ ንዝጸንሐ ሰብነቱ ብቐዝሒ ዚጅልሕ!

ክረምቲ 1964

ድሕሪ ኣዝዩ ኣህላኽን ዘይውዳእ ዚመስልን ናይ ዕዮ ቤትን ሽምደዳን ክ'ለሳን፣ እቲ ናይ ካልኣይ ደረጃ መልቀቒ መርመራ ዚወሃበሉ ዕለት ዘገም እናበለ ኣተወ። እቲ መርመራ፣ ኣብቲ "ኣዳራሽ ምንሊክ" ዚበሃል፣ ትሕቲ ኣራት ኪሎ ዚርከብ፣ ኣብ ሓደ ኾርባ ዝተደኰነ እዩ ነይሩ። ንኣስታት ሰለስተ ወይ ኣርባዕተ መዓልቲ ኽም ዝተመላለስና እዝክር። መምህራንና ግርም ስለ

ዘዳለዉና ብዙሕ ኣይጸገመናን። መርመራን ጸወታ ኹዕሶን ድምብልብሎ ስለ ዝኾነ ግና ምጭናቕና ኣይተረፈን። ላብ-ስኩል ኣካል ናይ ፋኩልቲ ትምህርቲ ስለ ዝነበረ፣ በቲ ተምሃራይ ዩኒቨርሲቲ ብዙሕ ክብሪ ኣይነበሮን። ብኡ ምኽንያት ድማ እዩ ኣብቲ መጀመርታ ዝመጻእናሉ ሰሙናት፣ ብፍላይ ደቂ ኣዲስ ኣበባ ጠጠንጢኖሞ ናብ ካልእ ፋኩልቲ ወይ መምርሕያ ዝሰለሉ። ንሕና እቶም ካብ ጠቕላይ ግዝኣት ዝመጻእና ግና ከምኡ ኽንገብር ዓቕምን ድፍረትን ኣይነበረናን።

ኣማስያኡ፣ ቤት ትምህርትና ዚዕጸወሉ መዓልቲ ደበኸ በለ። እቶም ተመሃሮ፣ ከምቶም ተመረቕቲ ናይ ዩኒቨርሲቲ ጸሊም ጋውን እንተ ዘይለበስና ኢሎም ኣዕገርገሩ። ኣቶ ላቀው ሙላት፣ ሓለቓ እቲ ላብ-ስኩል ግና ወግዒ ናይቲ ዩኒቨርሲቲ ዚጥሕስ ስለ ዝኾነ፣ ከም ዘ'ይፍቀድ ነገሮም። ድሕሪ ኣርባዕተ ዓመት ክንምረቕ ከለና ኽንለብሶ ስለ ዝኾንና፣ ክንህወኽ ከም ዘይግባእ ኬረድእ ፈተነ። ኣማስያኡ፣ ድሕሪ ብዙሕ ድርድር፣ ነቲ ጸሊም ጋውን ብዘይ እቲ ሞርታር (ቆብዑ) ለቢስና ኽንምረቕ ተፈቕደ። ብወገነይ ካልእ ሓሳብ ኣብ ኣእምሮይ ይዝንቢ ስለ ዝነበረ ኣይተገደስኩሉን። ኣብ ልዕሊኡ፣ ንነብሰይ ዘታልል ዘለኹ ኾይኑ ስለ ዝተሰምዓኒ ኣይፈተኹዎን። ግና፣ ከም ሰበይ ንኡ ለቢሰ ተመረቕኩ። ኣብቲ ጽንብል መመረቕታ፣ ብተምሃሮ ላብ ስኩል ዝተዳለወ በብዓይነቱ ምርኢት ነበረ። ኣነን ሓይሎም ፍሰሃየን እውን ናይ ስእሊ ምርኢት ኣቕረብና።

ኣብቲ መመረቕታ ዝመጽኡ ኣቶ ተስፋይ ገብርዝጊ ናይ ትምህርቲ ምኒስተር እዮም ነይሮም። እቶም ዝለዓለ ነጥቢ ዝረኸቡ ተምሃሮ ካብ ኢዶም ሽልማት ተመጠዎም። ዅላትና ድሕሪ ኣርባዕተ ዓመት ብምሉእ ወግዒ ኽም እንምረቕ ተደራሪዕና ድማ እቲ ጽንብል ተዛዘመ።

ደግሲ ሕልሚ ቍልዕነት

ብድሕር'ዚ፣ ንቕሎ ነናብ ዓድ'ኻ ኾነ። እቶም ካብ ኤርትራ ዝመጹ ተመሃሮ'ውን ናብ ኣስመራኦም ተዓዝሩ። ሒደት ዘይከዱ ግና ነይሮም። ኣነ ሓደ ኻብኣቶም ነበርኩ።

ከም ዚዝከር፣ እቶም ሰራዊት ሰላም፣ ነቶም ተመሃሮ ናብ ሰለስተ ጕጅለ እዮም ሓ'ሊጎሙና። እቶም ብፊዚክስን ብማተማቲካን ልዑል ነጥቢ ዘመዝገቡ ኣፍራስ ተባህሉ፣ እቶም ማእከላይ ነጥቢ ዘመዝገቡ ኣባቕል፣ እቶም ሰብ ትሑት ነጥቢ ድማ ኣእዱግ። እዚ ንኣና ንምንሻው ዝተገብረ ኣይነበረን። ንመፍለዪ ተባሂሉ ብንጹህ ሕልና ስለ ዝተገብረ ቅርታ ኣይተሰምዓናን።

ኣብ ኣጋ ምዕጻው እቲ ቤት ትምህርቲ፣ ድሕሪ መርመራ፣ ዝኾነ ተምሃራይ ብማተማቲካ ወይ ብፊዚክስ ምስዞም ኣፍራስ ዝተጐጀለ፣ ድልየት እንተ'ልዩዎ፣ ኣብ ክረምቲ በቶም ሰራዊት ሰላም ፍሉይ ትምህርቲ ስለ ዚውሃብ ኪምዝገብ ከም ዚኽእል ኣብቲ ናይ ምልክታ ሰሌዳ ተለጠፈ። ኣነ ድማ እቲ ናብ ሓይሊ ባሕሪ ናይ ምጽንባር ትሕልንተይ ገና ስለ ዘይቐሃመ ነዚ ኸም ሓደ ዓቢ ዕድል ቈጺርኩዎ። ከመይሲ፣ ኣብ ፋኩልቲ ትምህርቲ ኸቕጽል ኣይደለኹን። ብጀካይ፣ ሃይለ ስላሴ ገብረዝግን ገብረ-ታትዮስ ወልደ ግዮርጊስን'ውን ነዚ ዕድል'ዚ ኺጥቀሙሉ ወ'ሰኑ።

እቲ ኽረምታዊ ትምህርቲ ኣብ ኣራት ኪሎ፣ ኣብቲ ኽፍልታትን ህንጻታትን ናይ ሳየንስ ፋኩልቲ እዩ ተዋሂቡ። ኣነ ኣብቲ ናይ ፊዝክስ ክፍሊ ኽከታተል ነይሩኒ። ኣዝዩ ብዙሕ ጠቓሚ ኣርእስቲ ዝሸፈነ ኸም ዝነበረ እዝክር። ንኣብነት፣ እታ ናይ ኣልበርት ኣይንሽታይን ምዕሪት $E=mc^2$ እቲ ቐንዲ ፓራሚተራት ናይ ጸዓት ብመንጽር ርዝነትን ፍጥነት ብርሃንን ብምዝማድ ከመይ ኸም እትወራረድ፣ ደረጃ ብደረጃ ብኣዝዩ ፈኲሱ ኣገባብ ተብራህርሃልና። ከምኡ'ውን ዝምድና ግዜን ህዋን ብመንጽር ርዝነትን ፍጥነት ብርሃንን ዝቴማኡ ናይ ኣይንሽታይን ክልሰ ሓሳባት ምስ ደረጃ ፍልጠትና ብዘዳረግ ተገልጸልና። ካልእ ዚዝከረኒ፣ ዘራእቲ ንዜጥፍእ ወይ ሕማም ንዜላብድ ሓሸራ፣ ነተን ኣንስትዮ ዚፍንዋእ ጸረን ኣብ ላቦራቶሪ ብም'ቅማምን፣ ብኡ ነቶም ተባዕትዮ ብምጽዋድን ብምምካንን መሊስካ ድማ ብምልቃቕን እቲ ዕስለ ዚጠፍኣሉ ኣገባብ ተማሃርና። ኣብ መጠረሽታ፣ ኣብ ውሽጢ ዝተወሰነ ሰሙናት እንዛዝሞ ባዕልና እንሰርሖ ዅትምታት (project) ተዋህበና። ገብረታትዮስን ኣነን ሓደ "ገለርያ-ንፋስ" (wind tunnel) ዚብሃል መሳርያ ብተግባር ከነርኢ ዅትሚ ተዋህበና። ምስጉን ስብሃቱ፣ ብሓደ ኣዝዩ ረዚን ገዚፍ ዚነዋነው ዓረር-ሓጺን ዙረት መሬት ዚግለለሉ ፈተነ ኸም ዅትሚ ተዋህቦ። ናይ ሃይለ ስላሴ ገብርዝጊ ግና ረሲዐዮ።

ገብረታትዮስን ኣነን፣ ብመሰረት እቲ መምህርና ዝሃበና መምርሒ ብመስትያት ጌርና፣ ሓደ ንእሽቶ ገለርያ መሳሊ መዋቕር ኣዳለና። ዋሕዚ ናይቲ ብኡ ዚፍኖ ንፋስ ምእንቲ ኺርአ ድማ ትኪ ናይ ሽጋራ ተጠቐምና። ብሓጺሩስ ኮታ፣ ኣዝዩ ኣገዳስን ደስ ዚብል እዋንን ኢና ኣሕሊፍና። ም'ግብናና ምስቶም ኣብ ክረምቲ ንተወሳኺ ስልጠና ዝመጹ መምህራን ተለኪሙ ኺዳሎ ተመደበ።

እዚ ኺኸውን ከሎ፣ ኣብቲ መንነ ትምህርቲ ሳሕቲ ናብቲ ቤት ጽሕፈት ሓይሊ ባሕሪ ኢትዮጵያ እናኸድኩ፣ ሕጹያት መኰንናት ዚምልምሉ እንተ ኾይኖም ካብ ምውካስ ዓዲ ኣይወዓልኩን። ኣነ ጥራይ ግና ኣይነበርኩን።

ሃይለ ስላሰ ገብረዝግ'ውን ከማይ ናብ ሓይሊ ባሕሪ ኺጽንበር ብርቱዕ ሃረርታ ነይሩዎ። ስለዚ፣ ክልተና ናብቲ ብጐኒ ብርሃንና ሰላም ንዓቕብ ኣብ ዚድይብ ወሰን ጽርግያ ዚርከብ ቪላ መሰል ህንጻ ጸጸኒሕና ኽም ደገ-ሰላም ንመላለስ ነበርና። ሓደ መቶ ኣለቃ ዘውዴ ዝተባህለ መኰንን፣ ከም'ኡ'ውን ካልኦት ንግዜኡ ዘይዝክሮም ኣባላት ሓይሊ ባሕሪ ኣብቲ ቤት ጽሕፈት ኬውዛሕዝሑ ብዝረአና ህርብትናና ዛየደ።

ሓደ ንግሆ፣ ኣብ ኣጋ መወዳእታ ሓምለ፣ እቲ ናይ ማትሪክ ውጽኢትና እንፈልጠሉ ወረቐት ምስክር ኣብቲ ኣዳራሽ ናይ ምንሊክ ካብ ጃንሆይ ከም እንቕበል ተነግረና። በቲ ዝተዋህበና መምርሒ ድማ ድሕሪ ቐርሲ፣ ሾላትና ኣብ ኣዲስ ኣበባ ዝተረፍና ናይ ላብ-ስኩል ተምሃሮ ኽረምቲ ናብኡ ኸድና። እቲ ኣዳራሽ ኣመና ኻብ ምግፋሑ ዝተላዕለ፣ ምስቲ ቌራሪ ሃዋህው ተደሚሩ፣ ብረቂቕ ሰማያዊ ጣቓ ዝተሸፈነ ይመስል ነበረ። ኣብኡ፣ ካብ መላእ ኣብያተ ትምህርቲ ኣዲስ ኣበባ ዝመጹ ተምሃሮን ወለድን ኣጋይሽን ሆጭ ኢሎም ጸንሑና።

ኣጋ ሰዓት ትሽዓተ ኪኸውን ከሎ፣ ጃንሆይ ምስ ዓጀብቶም ናብቲ ኣዳራሽ ኣተዉ። ካብቲ ንሕና ዝተሰራዕናሉ ርሕቕ ኢሎም እዮም ነይሮም፣ ግና ገጾም ይረኣየና ነበረ።

ድሕሪ ሓያሎ ደቓይቕ ዝወሰደ መደረ፣ እቲ ምስክር ወረቐት በብሓደ ሽምና እናተጸውዐ ኻብ ጃንሆይ ተቐበልና። ኣነ ሽዑ እየ ገጾም ብቐረባ ዝረአኹዎን ኢዶም ድማ ዝጨበጥኩዎን። ምስቲ ዕድመ ምድፋኦም፣ ኣዝዩ ልስሉስን ዕባራን ኮይኑ ተሰምዓኒ። ምስጉን ሰብሃቱ፣ እቲ መማህርትና፣ ኣብቲ ዓመት'ቲ ኻብ መ'ላእ ኢትዮጵያ ዝለዓለ ነጥቢ ስለ ዝረኸበ፣ እቶም ንጉስ ከም ዘዛረረብዎ ትዝ ይብለኒ። ኣብ ትምህርቱ ዝያዳ ምእንቲ ኺነፍዕ ዘተባብዑዎ ይመስለኒ። ኣብቲ ዓመት'ቲ፣ "ውጹእ መሕለፊ" ነጥቢ ዝረኸቡ ሚእትን ዕስራን ጥራይ ከም ዝኾኑ፣ እቲ ሽዑ ዲን ናይ ትምህርቲ ዝነበረ ዶክቶር ኣክሊሉ ሃብቴ ምስናይ ወቐሳኡ ነገረና። "ውጹእ መሕለፊ" ማለት ብማተማቲካን፣ ብእንግሊዝኛን፣ ብኣምሓርኛን ዝሓለፈ ማለት እዩ።

ኣማስያኡ፣ ኣብቲ ቤት ጽሕፈት ሓይሊ ባሕሪ ኣብ "ናቫል ኮለጅ" ኺመዝገብ ዚደሊ እንተሎ፣ ናይ ማትሪክ ምስክር ወረቐት ሒዙ ኺመጽእ ዚብል ሓበሬታ ኣብቲ ናይ ምልክታ ሳጹኑ ተለጠፈ። ከምቲ ዝተጠልበ፣ እቲ ኻብ ጃንሆይ ዝተቐበልኩዎ ወረቐት ምስክር ኣረከብኩ። ሓደ ለፍተናንት (መቶ ኣለቃ) ተኪኤ ሰለሞን ዝተባህለ እዩ ነቲ ናይ ማትሪክ ምስክረይ ዝተቐበለኒ። ነቲ ነጥብታተይ ምስ ረኣየ፣ ስለምንታይ ማትሪክ ሓሊፈ ኽነሰይ

ኣብ ክንዲ ኣብ ዩኒቨርሲቲ ዝቕጽል ናብ ሓይሊ ባሕሪ ኽጽንበር ከም ዝደለኹ ኣጥቢቑ ጠየቐኒ። ኣነ ግና ኣባል ሓይሊ ባሕሪ ኾይነ ሃገረይ ከገልግል ከም ዝደሊ ጥራይ ከየወላወልኩ መለሽኩ።

ድሕሪኡ ኣብ ዝነበረ መዓልትታት፣ ንቓለ-መጠይቕ ክንቀርብ ብምልክታ ተነግረ። ኣብዚ'ውን፣ እቲ ዘውዴ ዝተባህለ ምሉእ መቶ-ኣለቃ (ለፍተናንት) ከም ለፍተናንት ተኪኤ ተመሳሳሊ ሕቶ ኣቕረበለይ። መልሰይ ከምቲ ዝቐ'ደመ ነበረ።

እቲ ናይ ላብ-ስኩል ክረምታዊ ትምህርቲ፣ ኣብ ክፍላ ነሓሰ ተዛዘመ። ምስቶም መማህርተይ ብሓባር ንመዘከርታ ፎቶግራፍ ተላዓልና። ሚስተር ኤድዋርድ፣ እቲ ናይ ፊዚክስ መምህርና፣ እቲ ዝተሰጉጐ ናይ ባዮሎጂ መምህርና ምስኡ ሓደ ነገር ገዲፉለይ ከም ዝኸደ ነገረኒ። ናብቲ ኽፍሉ ጸዊዑ ኽኣ ኣስታት ሰማንያ ቕርሺ ዚኸውን ከም ዝገደፈለይ ነገረኒ፣ ነቲ ገንዘብ እናስተለመ።

"ካብቲ ኺሸጠልካ ዝሃብካዮ ስእሊ እዩ፣" በለኒ።

ዘይምርሳው ገረመኒ፣ ኣዝዩ ዜድልየኒ ስለ ዝነበረ ተሓጐስኩ።

ላብ-ስኩል ኣብ ክረምታዊ ትምህርቲ ዝተሳተፉ ነሓሰ 1964።

ገለ ኻብቶም መማህርተይ፣ ናብ ሓይሊ ባሕሪ ኽጽንበር ኣተና ኽም ዘሎኒ ስለ ዝነገሩዎ ድማ ቅጽል ኣቢሉ፤

"ሓቂ ድዩ ናብ ነይቪ ኽትኣቱ ሓሲብካ ዚብሃል ዘሎ!" ሓተተኒ።

"እወ፣" በልኩዎ ዳርጋ ብሕፍረት። ሰብ ከይሰምዐ ኽኸይድ'የ ዝደሊ ነይረ።

ትምህርተይ እንተ ዝቕጽል ኣብ ህይወተይ ዓቢ ለውጢ ኽምጽእ ከም ዝኽእል ብዕትበት ኬረድኣኒ ፈተነ። ኣነ ግና ዛጊት ምስክር ወረቐተይ ስለ ዝሃብኩ፣ ግድን ክኸይድ ከም ዘሎኒ መለሽኩሉ። ድልየተይ እንተ ኸይኑ ኽም ዘይቃወመኒ፣ እንተኾነ መሊሰ ኽሓስበሉ ምዒዱ ብድሕሪኡ ኣይተዛረበንን።

ጕዳም ኣፈታትሻ

ሠላትና እቶም ሓይሊ ባሕሪ ኢትዮጵያ ዝተቐበለና፣ ኣብ ሓደ ውሱን ዕለት ናይ ድሕሪ ቐትሪ፣ ንምርመራ ሕክምና ኣብ ሆስፒታል ምኒሊኽ ከም እንርከብ ብምልክታኡ ኣፍለጠ።

ቀቅድም'ዚ ውሱን ዕለት'ዚ፣ ሃይለ ስላሴን ኣነን፣ ናብ ሓደ ባህሩ ታፍላ ዝተባህለ ተምሃራይ ራብዓይ ዓመት ክንፋነዎ ኸድና። ባህሩ ታፍላ ንገብረሚካኤል እስጢፋኖስ እቲ መማህርትና ዘመዱ፣ ዓይነ-ስዉር እዩ። ከምኡ ኸነሱ ግና፣ እቶም ምስ ክልተ ፈጣጥ ኣዒንቶም ዘየስተብህሉሉ ነገራት እዩ ዚርኢ። ንቶም ኣብ ላብ-ስኩል ዝነበርና ደቀ'ስመራ ኣዚና እንኽብሮ ኣያና እዩ ነይሩ። ኣነ'ኳ ምስ ገብረሚካኤል እናኸድኩ ሓያሎ ግዜ በጺሐዮ ነይረ። ኣነን ሃይለ ስላሰን ንኡ ኽይተሰናበትና ኽንከይድ ሕልናና ኣይፈቐደን። ናብ ሓይሊ ባሕሪ ኽም ዝተጸንበርናን ድሕሪ ምርመራ ሕክምና ድማ ብቕጽበት ናብ ምጽዋዕ ከም እንኸይድ ምስ ነገርናዮ ኣዝዩ ሰንበደ።

"ትምህርቲ ገዲፍኩምስ ናብ ሓይሊ ባሕሪ! " በለና ብድንጋጸ።

"*ኤዱከይሽን* ኮይኑስ ኣይፈተናዮን፣" ሓደና መለሸ።

"ኣነ ኣብ *ኤዱከይሽን*እንድየ ዘለኹ፣ ካብቶም ካልኦት ጕደሎ ትምህርቲ ኣይተማሃርኩን፣" መጕተና ባህሩ።

"እንተ ወሓደ ንሸውዓተ ዓመት ኣብ ምምህርና ኽተገልግሉ ኢኹም እንድዮም ኢሎሙና፣ ናብ ካልእ ደፓርትመንት ከይንልውጥ ድማ ሓምሽተ ሚእቲ ናይ ዘምሃርናኩም ኣምጽኡ'ዮም ዚብሉና፣" በልናዮ እናተበራረና።

"እንታይ'ሞ'ለዎ። ሸውዓተ ዓመት'ኮ ብዙሕ ኣይኮነን። ብድሕሪኡ ድማ ትምህርትኹም ትቕጽሉ። ኣይፋልኩምን፣ ሓይሊ ባሕሪ ውትህድርና እዩ፤

ኣዝዩ ጽንኩር ስለ ዝኾነ ደሓር ከይትጠዓሱ። ስለዝስ ቅድሚ ምውሳንኩም ኣዕሚቕኩም እንተ ትሓስቡሉ ምሓሸ፣" በለና።

ብድሕርʼዚ ብዛዕባ ኻልእ ነገራት ኣዕሊልና ኻብኡ ተፈላለና።

ድሕሪ ሳልስቲ ይኹን ራብዕቲ ኣይዝከረንን፣ ኣጋ ሰዓት ክልተ፣ ሃይለ ስላሴ ገብርዝግን ኣነን፣ ናብቲ ኻብ ስድስት ኪሎ ብጃን ሜዳን ፈረንሳይ ለጋስዮንን ዚብሃል ሰፈር ሰንጢቑ ንምብራቕ ዝኣንፈተ ጽርግያ ሒዝና፣ ድሕሪ ናይ ኣስታት ሓደ ኪሎሜተር ጕዕዞ ኣብ ሆስፒታል ምንሊኽ በጻሕና። እቶም ከማና ናብ ሓይሊ ባሕሪ ኢትዮጵያ ኺጽንበሩ ዝተመርጹ ኻልኦት ተምሃሮʼውን ኣብኡ ጸንሑና።

ዥላትና ዘይንፋለጥ ስለ ዝነበርና፣ ሰዓት ኣኺሉ እተዉ ኽሳዕ እንብሃል ኣብ መንጎና ዕላል ኣይነበረን። ሓደ ዲቪዛ ካክን ናይ ሓይሊ ባሕሪ ኣርማ ዝነበሮ ቖብዕን ዝወደየ፣ ደሓር "ፐቲ ኦፌሰር" ምዃኑ ዝተነግረና፣ ካብቲ ቤት ጽሕፈት ተላኢኹ ዝመጸ፣ ጠርናፊና ደጊም ንሱ ምዃኑ ኣፍለጠና። ሽሙ ግርማ መድሃኔ እዩ ነይሩ።

ኣጋ ሰዓት ሰለስተ ኣቢሉ፣ ብፐቲ ኦፌሰር ግርማ እናተኾብኰብና ኣብ ውሽጢ ሓደ ርሒብ ክፍሊ ናይቲ ሆስፒታል ኣተና። ድሕሪ ሒደት ደቓይቕ፣ ሓንቲ ብግምት ካብ ሰላሳን ሓምሽተን ክሳዕ ኣርብዓ ዝዕድመኣ ክዳን ጦር ሰራዊት ዝለበሰት ሰበይቲ ናብቲ ኽፍልና ህሩግ በለት። መዓርጋ ኣይዝከረንን። ብግምት ግና ሓለቓ ሓምሳ ኽይኮነት ኣይትተርፍን። ብዕቱብ ወተሃደራዊ ትእዛዝ ድማ ብኣምሓርኛ፤

"ሃየ ተሰራዕ!" ኢላ ኣጓጠጠትልና።

ናይ ነገር ሲቪል መጠዋ እናበልና ሽመይ ከም እንሰራዕ ጠፊኡና ኣዕገንገንና።

"ንጐኒ ተር በል! ፍጠን! ፍጠን! ተሎ በል ፍጠን! ወተሃደር ክትከውንዶ ኣይኮንካን መጺእካ! ፍጠን ናይ እንዳመን ቀርፋፍ ኢኻ! ሃየ ተላይ በል ብተርታ ኣብዚ ቑም!" ኣምባልሓትልና እናነውነውትን እናተቒጥዐትን። ንዅላትና ከም ሓደ ኣሃዱ ቜጺራ እያ ብንጽል ኣካል እተረቕሓና ዝነበረት።

ኩላትና ብተርታ ቈምና። ኣስታት ዕስራ እንኸውን ኣጓብዝ።

"ሃየ ኽዳንካ ኣውልቕ፣ ፍጠን!!!" ጋሕግሐት።

ሕጅʼውን ኣብ ቅድሚ ሓንቲ ሰበይቲ ኽዳንና ኽነውጽእ ስለ ዘሕፈረና ገለና ካሚቻ፣ ገለ ድማ ጎልፎ ጥራይ ኣውጺእና ኽንዕነድ ብዝተመልከተት፣

"ካዳንካ ኣውልቕ ክትብሃል ከለኻ፣ ክዳንካ ኣውጽእ፣ ጥራሕካ ኹን ማለትʼዩ፣ ቀርፋፍʼወ ቖርፋፍ! ሃየ ተላይ!" ገዓረት ብዝያዳ ነድሪ። ዥላትና ካምቻታትናን ስረናን ኣውጺእና ምስ ሙታንትና ተረፍና።

"ኃያትዶ! ከዳንካ ኣውጽእ ማለት ኣይርድኣካን ድዩ፧ ዕርቃንካ ኹን ማለት እዩ፤ ቀርፋፍ'ወ ቐርፋፍ!" ኣምባልሐት ሓራስ ነብሪ ኽትመስል።

ብስንባደ እንታይ እዋንና ሙታንትና ኽም ዘውጻእናዮ ኣይዝከረንን፣ ብቕጽበት ኣብ ቅድሚኣ "ዛጥ" ኢልና ንጋድም ተሰራዕና።

ብድሕር'ዚ ነቲ ኣብ ወሰን ዝነበረ ወዲ ነቲ ብልዕቱ ኽትምርምሮ ብኢዳ ትንክፍ ብዘበለቶ፣ ምዩቕ ስለ ዝበለ'ዩ መሰለኒ፤

"ኣብየት! ኣንኳይ ናትካ ናይ ክንደይ ዘይተራእየ፣ ቀጥ ኢልካ ቑም!" ጨደረትሉ። እቲ ወዲ ኽምቲ ዝበለቶ ምስ ቆመ፣ ነቲ መትሎኡን ኣስኪት ፍረ ነብሱን ገለባቢጣ መርመረቶ። ንኹላትና ድማ በብሓደ ሕፍረትና ኽም ድልየታ እናከላበተት ፈተሸቶ። ተራይ በጺሑ ኽትፍትሸኒ ኽላ ኳለንስተይቲ ምኽና'ውን ፍጹም ክሳዕ ዝርስዖ ደንዘዝኩ። ብድሕርዚ፤

"ቀኝ ጓላ ዙር! (ራት ለስ!)" ኣዘዘትና።

ኵላትና ከምቲ ዝተነግረና ኽንገብር ተደናበርና። ብዝተሓናፈሸ ኣንፈት ምስ ዞርና፣ እታ ሓለቓ ሓምሳ በቲ ዚርድኣና ቛንቋ ዝባንና ኽንህብ ኣትሪራ ኣዘዘት። ኵላትና ዝባንና ብዝሃብናያ፤

"ተጐንበስ! ተሎ ተሎ በል! ምን ትንቀራፈፋለህ! ቅርፋፋ ሁሳ!" ኣዘዘት ብዓውታ እናጋሕግሐት።

ኵላ ተጐንቢሓ እንታይ ከም ዚስዕብ ንምርኣይ ተጸበየት። ብድሕርዚ፣ ካብቲ ወሰን ጀሚራ፣ ዋላ'ታ ሓንቲ መጽሓፍ ወይ ጋዜጣ ተንብብ ዘላ ትመስል፣ ንነፍስ ወከፍና፣ ፍናት መዓኰርና ብኽልተ ዓብዓባይቶኣ እናገንጸለት ንፍንጭጭና በብተራ መርመረቶ።

"ኣባል ሓይሊ ባሕሪ ኽትከውንስ እዚ ኹሉ ጣጣ፧ " በልኩ ብልበይ።

ብድሕርዚ፣ ከዳንና ኽም ብሓድሽ ወዲና እቲ ዝተረፈ ናይ ሕክምና መርመራ ገበርና። ኣዒንትና ናይ ምርኣይ ጥራይ ዘይኮነስ ሕብሪ ናይ ምልላይ ጸገም ከይህልዎ፣ ናይ ውሽጢ ወይ ሕዱር ሕማም ከምኡ'ውን ካልእ ኣበር ዜብልና ከም ዝኾንና ዜረጋግጽ ናይ ራጅን ካልእ ሕክምናዊ ምርምርን ተገብረልና።

ብድሕርዝኽ፧

ኣብቲ ዚስዕብ ዛንታ የራኽበና።

www.ingramcontent.com/pod-product-compliance
Lightning Source LLC
LaVergne TN
LVHW021231080526
838199LV00088B/4306

* 9 7 8 9 9 9 4 8 0 1 7 9 4 *